RECONNAISSANCE

AU

MAROC

Héliog. P. Albert Dujardin.

TIKIRT._DEMEURE DU CHIKH.

VICOMTE CH. DE FOUCAULD.

RECONNAISSANCE

AU

MAROC

1883-1884

OUVRAGE ILLUSTRÉ DE 4 PHOTOGRAVURES ET DE 101 DESSINS
D'APRÈS LES CROQUIS DE L'AUTEUR

TEXTE

PARIS
CHALLAMEL ET Cie, ÉDITEURS
LIBRAIRIE COLONIALE
2, RUE JACOB, ET RUE FURSTENBERG, 5

1888

Au moment de livrer au lecteur le récit de mon voyage, lorsque les événements qui l'ont rempli, les travaux qui l'ont accompagné, passent ensemble devant mes yeux, que de noms, que de choses, que de sensations montent en foule à mon esprit! Parmi les souvenirs, ceux-ci agréables, ceux-là pénibles, que cet instant évoque, il en est un d'une douceur infinie, un devant lequel tous les autres s'effacent. C'est le souvenir des hommes en qui j'ai trouvé bienveillance, amitié, sympathie, de ceux qui m'ont encouragé, protégé, aidé, dans la préparation de mon voyage, dans son accomplissement, dans les occupations qui l'ont suivi. Les uns sont Français, les autres Marocains; il en est de chrétiens, il en est de musulmans. Qu'ils me permettent de les unir en un seul groupe pour les remercier tous ensemble et les assurer d'une gratitude trop vive pour que je puisse l'exprimer comme je la sens.

Que celui dont les savantes leçons ont préparé mon voyage, dont les conseils l'ont dirigé, dont la prudence en a organisé l'exécution, que M. O Mac Carthy, président de la Société de Géographie d'Alger, protecteur-né de quiconque travaille pour la science ou pour la grandeur de notre colonie, reçoive le premier l'hommage de ma profonde reconnaissance.

MM. Maunoir et Duveyrier m'ont encouragé avant mon départ, accueilli à mon retour. Je leur dois la brillante distinction qu'à peine revenu, me décernait la Société de Géographie de Paris. Je ne saurais assez les remercier de leur bienveillance.

Ḥadj Bou Rḥim, Bel Qasem el Hamouzi, qui m'avez, au risque de vos jours, protégé dans le danger, vous à qui je dois la vie, vous dont le souvenir lointain me remplit d'émotion et de tristesse, où êtes-vous à cette heure? Vivez-vous encore? Vous reverrai-je jamais? Comment vous exprimer ma reconnaissance et mon regret de ne pouvoir vous la prouver?

Enfin que tous ceux que je ne mentionne pas, non par oubli, mais parce que leur liste serait trop longue, reçoivent l'hommage de toute ma gratitude.

Vte Ch. de FOUCAULD.

Paris, octobre 1887.

RAPPORT

FAIT A LA SOCIÉTÉ DE GÉOGRAPHIE DE PARIS,

DANS LA SÉANCE GÉNÉRALE DU 24 AVRIL 1885,

PAR

M. HENRI DUVEYRIER,

SUR LE VOYAGE

DE M. LE VICOMTE CHARLES DE FOUCAULD AU MAROC.

Il est un État, limitrophe d'un département français, où le voyageur européen en général, et le voyageur français en particulier, n'a jamais été très bien vu. Cet État est le Maroc. Nos cartes et nos manuels de géographie nous montrent bien un vaste territoire qu'ils attribuent comme domaine au sultan du Maroc. Les géographes européens ont cherché ainsi l'expression la plus simple pour rendre un état de choses incertain, variable, embrouillé; sans s'en douter, ils ont été depuis cent et tant d'années les complices d'une fiction. Car le sultan du Maghreb, cet empereur d'Occident des musulmans, n'est pas, à beaucoup près, le souverain temporel de tout le pays marqué à sa couleur sur nos atlas. Prenons-nous, au contraire, sa souveraineté sous le jour du spirituel, alors non seulement les cartes ont raison, mais il faudrait tellement élargir les limites de son diocèse que personne, ni à Paris ni à Constantinople, ne consentira à reconnaître que le sultan du Maroc peut juger comme d'abus sur un mandement pastoral ou sur une décision juridique rendus à Alger, à Tunis, à Tripoli ou à Ben-Ghâzi, villes dont il est pourtant juge suprême et le pape, et où la logique voudrait que l'imâm de chaque mosquée, lors du service public du vendredi, appelât les bénédictions du ciel non pas sur le président de la République française ou sur le padichâh de Constantinople, mais bien sur le sultan du Maroc, qui est en même temps le grand imâm de tous les musulmans mâlekites.

Mais le Maroc d'aujourd'hui n'est plus, à beaucoup près, celui d'il y a deux cent cinquante ans, alors que (de 1590 à 1660 environ) le souverain de Fâs envoyait ses armées et dictait sa loi jusque sur les rives du Niger et dans le Bâguena et le Tagânt, au nord et assez près du Sénégal. Cette ère-là s'est évanouie, et quiconque connaît bien la situation actuelle du Maroc ne comprendra pas le rêve de son gouvernement qui songerait maintenant à faire valoir ses droits périmés sur Timbouktou et sur Djinni. Sans être resté indifférent au progrès ni insensible aux événements, l'héritier des souverains de Fâs, à la fin du XIXe siècle, est dominé par une situation, la résultante d'un long passé; et, tandis que chez nous le chef de l'État sait bien qu'il commande non seulement aux préfets de nos quatre-vingt-dix départements, mais aux gouverneurs de notre Inde, de la Cochinchine, du Sénégal, de nos Antilles, etc., Sa Majesté chérifienne est parfois forcée de faire parler la poudre quand elle veut prélever l'impôt, et cela jusque dans des cantons qui sont visibles, sans télescope, de l'une quelconque de ses capitales.

A côté de provinces ou de banlieues réellement soumises à l'administration du sultan, quelquefois même enclavées dans ces provinces, qui forment le *beled el makhzen*, ou « pays des bureaux », on trouve des territoires aussi sevrés des bienfaits de la bureaucratie marocaine que sont le Transvaal ou la république d'Andorre.

Dans un État comme celui-là, inutile de parler d'ordre et de sécurité.

C'est là pourtant qu'un jeune Français, M. le vicomte de Foucauld, soucieux de nous révéler ce qui touche à nos portes, avait résolu de faire un voyage d'exploration. Il l'a accompli, sans l'aide du gouvernement, à ses frais, et en faisant avec le sacrifice de son avenir dans la carrière militaire un autre sacrifice plus grand encore, si possible. Il s'est résigné à voyager sous le travestissement du juif, au milieu de populations qui considèrent le juif comme un être utile, mais inférieur. Prenant bravement ce rôle, il a fait abnégation absolue de son bien-être, et c'est sans tente, sans lit, presque sans bagages, qu'il a travaillé pendant onze mois chez des peuples qui, ayant plus d'une fois démasqué l'acteur, l'ont, à deux ou trois reprises, placé en face du châtiment qu'il méritait, c'est-à-dire de la mort.

Nous avions déjà vu un étudiant musulman, René Caillié, et deux derviches musulmans, Richard Burton et Arminius Vambéry, faire de très beaux voyages d'exploration; leurs cartes pourtant prêtaient à la discussion, parce qu'un faux étudiant ou un faux derviche musulman doit rester fidèle à son rôle sous peine d'expier de sa vie un écart, un simple oubli... Le voile qui abrite le juif pendant sa prière a servi à cacher le baromètre et le sextant de M. de Foucauld! C'est un véritable miracle qu'il ait pu rencontrer partout et toujours des caravaniers aussi complaisants ou aussi indifférents! Mais le fait est qu'il vient placer sous nos yeux des itinéraires et des observations astronomiques exécutés d'après les principes enseignés à l'École de guerre.

Ajoutons tout de suite que le rabbin Mardokhaï Abi Souroûr, celui-là même dont vous connaissez déjà l'histoire et les travaux, a été le compagnon constant du vicomte de Foucauld. Cette association, qui dans l'espèce était un passe-partout nécessaire, a coûté à l'explorateur bien autre chose que les 270 francs de gages mensuels convenus; les défauts de caractère prennent des proportions inouïes quand on se trouve dans l'isolement, et vous permettrez à votre rapporteur de déclarer, à la louange de M. de Foucauld, expérience faite en Seine-et-Oise, que le rabbin Mardochée n'est pas toujours un auxiliaire agréable et commode.

Voilà donc le voyageur dans son bien humble équipage. Voyons maintenant où en était la connaissance géographique du Maroc au moment où il commençait son exploration. En 1845, un géographe aussi savant que consciencieux, M. Émilien Renou, avait donné une première carte générale du Maroc, au 1/2,000,000^{e}, qui a encore sa valeur aujourd'hui; trois ans plus tard, le capitaine Beaudoin, disposant de renseignements nouveaux, refaisait, pour le Dépôt de la guerre, le même travail à l'échelle du 1/1,500,000^{e}. Utilisant tous les documents et tous les renseignements qu'ils avaient pu se procurer, ces deux géographes français avaient livré les modèles de toutes les cartes générales qui ont été publiées pendant les trente-cinq années suivantes. Mais le nombre des itinéraires et des déterminations de positions s'est accru entre temps, et le 20 juin 1883, quand M. le vicomte de Foucauld commençait à Tanger son voyage d'exploration, les cartographes avaient à leur disposition 12 208 kilomètres d'itinéraires jalonnés de bien rares déterminations de latitude et de déterminations de longitude plus rares encore; on n'avait fait de géographie astronomique que sur une vingtaine de points dans l'intérieur de l'empire. Ajoutons qu'ici la France ne s'était laissé distancer par personne et que, des vingt et un auteurs d'itinéraires au Maroc, seize étaient des Français; que, sur le nombre des kilomètres levés, 9 232 l'avaient été tant par nos propres compatriotes que par deux étrangers patronnés et subventionnés par le gouvernement français (Badia y Leblich) ou par la Société de géographie de Paris (Mardochée).

En onze mois, du 20 juin au 23 mai 1884, un seul homme, M. le vicomte de Foucauld, a doublé pour le moins la longueur des itinéraires soigneusement levés au Maroc. Il a repris, en les perfectionnant, 689 kilomètres des travaux de ses devanciers, et il y a ajouté 2 250 kilomètres nouveaux. Pour ce qui est de la géographie astronomique, il a déterminé quarante-cinq longitudes et quarante latitudes; et, là où nous ne possédions que des altitudes se chiffrant par quelques dizaines, il nous en apporte trois mille. C'est vraiment, vous le comprenez, une ère nouvelle qui s'ouvre, grâce à M. de Foucauld, dans la connaissance géographique du Maroc, et on ne sait ce qu'il faut le plus admirer, ou de ces résultats si beaux et si utiles, ou du dévouement, du courage et de l'abnégation ascétique grâce auxquels ce jeune officier français les a obtenus.

Jetons un coup d'œil rapide sur ces résultats, en envisageant séparément les travaux de M. de Foucauld au nord de la chaîne de l'Atlas, puis ceux qu'il a faits dans l'Atlas même, et enfin ce qu'il ajoute à notre connaissance des contrées au sud de cette chaîne.

Partant de Tanger le 20 juin 1883, il fait d'abord une pointe, par Tétouân, au sud-ouest, jusqu'à Chichawân, où commence le territoire des Berbères indépendants du Rîf, populations guerrières dont les tendances fanatiques sont excitées, ici dans l'ouest du pays, par les chorfâ (pl. de cherîf) marocains. Il est là, déjà à 60 kilomètres de Tétouân, sur un terrain nouveau pour la géographie. Le projet de M. de Foucauld d'atteindre Fâs directement en partant de Chichawân, et en levant un itinéraire des plus précieux, échoue devant l'impossibilité même pour les indigènes musulmans de traverser les territoires de tribus pillardes indépendantes, les Ghezâwa, les Beni-Hamed et les Rehôma. Il revient à Tétouân et relie directement cette ville à El Qaçar El-Kebîr par un chemin nouveau, traversant un pays dont la population nomade, de race arabe, est assez dense.

De là à Fâs et à Sefero, il ne fait que compléter les observations topographiques de ses devanciers. Il y a de cela quatre ans, un officier anglais, le capitaine Colville, accompagné de sa jeune et courageuse épouse, faisait le voyage de Fâs à Oudjeda et rapportait le premier itinéraire détaillé fait dans cette partie du Maroc qui touche à l'Algérie, car son prédécesseur, le célèbre Espagnol Badia y Leblich, s'était appliqué principalement aux déterminations astronomiques. A son tour, M. de Foucauld s'enfonce dans le dangereux pays à l'est de Fâs, et il trace jusqu'à Tâza deux itinéraires qui fixent pour la première fois la configuration du cours et du bassin de l'Ouâd Jennawen. Sans doute le voyageur voudra bien vous communiquer lui-même les observations qu'il a faites dans cette contrée, où les tribus arabes des Ghiâta et même des Hiyaïna ne laissent guère d'autre liberté au représentant du sultan, le gouverneur de Tâza, que celle de végéter prisonnier dans sa citadelle.

Mentionnons pour mémoire le trajet de Fâs à Meknâs (Méquinez), route tant de fois parcourue qu'à peine un explorateur aussi sérieux pouvait-il y compléter les notions acquises.

Mais à Meknâs précisément commence une des parties les plus nouvelles et les plus intéressantes du voyage de M. de Foucauld; de là jusqu'à près de cinq degrés plus au sud, son itinéraire est à proprement parler celui d'un voyage de découverte dans la province de Tâdela (ici déjà l'expression administrative est illusoire), et plus au sud, dans le territoire parfaitement indépendant des Berbères. Pour rester fidèle à notre programme, nous considérerons maintenant le pays jusqu'à Qaçba Beni-Mellâl (aussi nommée Qaçba-Bel-Kouch), où commencent les premiers plis du soulèvement de l'Atlas. Il se présente d'abord avec une surface accidentée, puis il devient montagneux et ici les montagnes sont boisées. A 20 kilomètres de Boû-El-Dja'd, le voyageur entre dans la plaine pierreuse et aride de Tâdela, qui s'étend au sud, montrant des signes de fertilité quand on se rapproche de l'Ouâd Oumm Er-Rebia', sur lequel est bâtie la Qaçba de Tâdela, à l'intérieur des murs de laquelle le sultan est obéi par un qâïd si désœuvré, par suite de l'insoumission de ses prétendus administrés, qu'il passe ses journées à réciter son chapelet. Entre la Qaçba de Tâdela et la Qaçba Bel Koûch, ou Qabça Beni Mellâl, bâtie au pied d'une première chaîne dépendant de l'Atlas, on passe dans un pays bien arrosé, couvert de cultures, de jardins et de villages. — Toute cette partie du voyage est entièrement nouvelle.

Beaucoup plus à l'est, au retour, en rentrant en Algérie, M. de Foucauld a relevé, entre Debdou et Oudjeda, une autre partie de la même zone naturelle.

Nous arrivons à l'Adrâr-n-Deren, à la chaîne du seul véritable grand Atlas, et à ses contreforts. Quiconque a jeté une fois seulement les yeux sur la carte d'Afrique a vu son attention éveillée par les forts coups d'estompe qui y accusent avec fermeté la chaîne de l'Atlas. Pour qui n'est pas bien au courant de l'histoire moderne de la géographie, la sûreté du dessin rassure l'esprit, et on se croit là en terrain à peu près sinon complètement connu. Il n'en est pourtant rien. De l'Iguîr Oufrâni, du cap Guîr de nos cartes, à la frontière de l'Algérie, le soulèvement du grand Atlas mesure, vous le savez, une longueur de 700 kilomètres. Eh bien, sur ce long développement de la chaîne, les itinéraires de tous les voyageurs européens n'avaient encore traversé et fixé que quatre cols, en comprenant le col qui touche au rivage de l'Océan : Tizînt El-Rioût, Tagherot, Onq El-Djemel et le col sur l'Iguîr Oufrâni (cap Guîr). Après René Caillié et Gérard Rohlfs, M. le vicomte de Foucauld, lui aussi, a passé par le Tizînt El-Rioût; il est le premier explorateur qui ait franchi et mesuré le Tizi-n-Guelâwi, à l'est-sud-est de Merâkech. Ses observations du baromètre nous apportent donc les altitudes de deux cols dans l'arête maîtresse de l'Atlas; ces chiffres sont les premiers que nous possédions, ni Rohlfs ni Lenz, qui avaient pourtant des baromètres, n'ayant fait d'observations sur les points culminants de leurs deux itinéraires dans le Maroc. De plus, sur une longueur de 300 kilomètres au moins, les itinéraires de M. le vicomte de Foucauld passent à une distance de l'Atlas qui permettait de déterminer sur la carte la direction de la chaîne.

Mais à 50 kilomètres dans le nord, à 150 et à 200 kilomètres dans le sud, cette arête maîtresse est flanquée de chaînes parallèles dont le tracé sur la carte de M. de Foucauld est toute une révélation. Malgré le soin apporté par les géographes les plus habiles, aucun d'eux jusqu'ici n'avait trouvé dans les observations et les renseignements des voyageurs assez de données pour débrouiller ce qui était resté souvent un chaos, un enchevêtrement presque fantastique de sierras anastomosées. M. de Foucauld rectifie et simplifie tout cela d'après ce qu'il a vu et observé, et les géographes ne seront peut-être pas seuls à s'en réjouir, les géologues, eux aussi, en éprouveront de la satisfaction. Au nord de l'Atlas, court, nous le savons maintenant, une chaîne de 300 kilomètres, qui prend les noms de Djebel Aït Seri et de Djebel Beni Ouaghaïn; au sud, c'est d'abord le petit Atlas, l'Anti-Atlas de la carte de Lenz, avec son prolongement oriental, le Djebel Sagherou, et enfin, encore plus au sud, le Djebel Bani, dont le rabbin Mardochée nous avait appris le nom, et que Lenz a coupé sans s'inquiéter de ce nom.

Votre rapporteur devine que vous voudriez bien entendre aujourd'hui autre chose que le résumé aride des découvertes purement géographiques de M. de Foucauld, que l'état des populations au sein desquelles il a voyagé vous intéresse aussi, car l'homme se préoccupe toujours d'abord de son semblable. Sur ce point, la moisson de M. de Foucauld est extrêmement riche; mais mieux vaut lui laisser, à lui qui a vu, qui a senti, qui a souffert, l'honneur de satisfaire votre légitime curiosité. A lui donc, dans une autre séance, de vous peindre les mœurs et la politique des Imazîghen, de ces montagnards berbères de l'Atlas, avec lesquels jusqu'à ce jour personne n'a fait une connaissance aussi intime. Il vous montrera les Aït Atta d'Amelou, et tous les Imazîghen à l'est de Tizi-n-Guelâwi, vivant dans des villages dont chacun est dominé par un château fort où les villageois emmagasinent leurs récoltes (cette coutume existe aussi dans le Djebel Nefousa, en Tripolitaine, où j'ai pu l'observer); il vous montrera au contraire les Imazîghen de la région entre Tizi-n-Guelâwi et l'Océan groupant leurs villages autour d'un centre fortifié qui reçoit les récoltes de tout un canton. Au point de vue de l'administration que se sont donnée ces tribus berbères indépendantes, il vous fera distinguer deux groupes de population : celles du nord, organisées en démocraties et ennemies de la centralisation, où chaque fraction de tribu obéit, et obéit exclusivement, à l'assemblée de ses notables; celles du sud, qui ont adopté un régime mixte entre celui des communes et celui de la féodalité, et qui se sont donné des cheïkhs héréditaires, dont quelques-uns bravent le sultan et pourraient fort bien s'approprier la fière devise d'un haut baron français du temps passé :

Roi ne suis, ne duc, ne comte aussy;
Je suis le sire de Coucy.

Ces sires de Tikirt, de Tazenakht, et cætera, ont des résidences fortifiées, aux murs flanqués de quinze à vingt tours. Leurs vassaux aussi sont loin d'inspirer la pitié, car ils vivent dans des maisons à un ou deux étages, construites en pisé épais et solide, et dont les murailles extérieures sont ornées de moulures.

Un peu au sud et au nord du 30° degré de latitude, l'arête du petit Atlas marque une division tranchée. Au nord de cette chaîne, nous apprend M. de Foucauld, on est encore dans la zone tempérée; la flore dans ses traits généraux rappelle celle du midi de l'Europe. Le versant sud du petit Atlas est déjà dans la zone saharienne caractérisée par un climat à extrêmes. Ici, le dattier et les acacias à gomme remplacent le figuier, l'amandier, le grenadier, l'olivier et même le noyer du versant septentrional et de la région plus au nord. Le dattier, il est vrai, cet arbre cultivé, n'existe que dans les vallées que la fonte des neiges et les pluies de l'Atlas viennent mouiller de temps en temps; l'acacia à gomme se trouve de loin en loin sur les plaines d'un sable blanc. Quant à l'eau, on est réduit à celle de sources cachées sous le sable.

Au milieu de cette plaine M. de Foucauld trace, d'après ses observations, une bien singulière montagne, longue de 500 kilomètres, le Djebel Bant, dont je mentionnais tout à l'heure l'alignement parallèle avec l'Atlas. C'est, dit le voyageur, une simple arête rocheuse, tranchante au sommet, épaisse d'un kilomètre à la base, et haute de 200 à 300 mètres, au sud de laquelle court la partie inférieure de l'Ouâdi Dhera'a, le fleuve le plus important de ce que nous appelons le Maroc, si l'on ne mesure que la longueur du cours, mais malheureusement fleuve sans eau. Une arête rocheuse, un long tesson, comme le Djebel Bant, ne peut naturellement pas fournir une quantité appréciable d'eau à un fleuve; aussi les trois affluents nord de l'Ouâdi Dhera'a, que M. de Foucauld a relevés, descendent-ils du petit Atlas et traversent-ils le Djebel Bant par autant de brèches de cette étrange digue naturelle. Au sud de chacune de ces brèches (le mot cassure serait peut-être plus exact) on trouve, sous la montagne, de belles oasis : c'est Tissint, c'est Tatta, c'est Aqqa, patrie du rabbin Mardochée. Et M. de Foucauld ne nous fait pas attendre l'explication du phénomène : les affluents nord de ce fleuve mort, l'Ouâdi Dhera'a, sont de belles rivières d'eau courant à pleins bords. Telle est la puissance du climat du Sahara! Le lit de l'Ouâdi Dhera'a, large de 4 kilomètres, a tellement soif que l'apport permanent de ces rivières ne sert qu'à lui conserver de la fertilité. Pour que cette vallée redevienne le fleuve que les Romains ont connu sous le nom de Darat, lorsque venaient s'y désaltérer et s'y baigner les éléphants dont les figures sont gravées sur le Djebel Tabayoudt, excroissance dans la chaîne du Bani, il faut ou bien une fonte subite des neiges du Djebel Dâdès et du Djebel Guelâwi, ou bien des pluies torrentielles continues dans les parties de l'Atlas que nous venons de nommer. Alors, pendant deux ou trois jours, la vallée est entièrement inondée, et le voyageur assez heureux pour que son passage coïncide avec une de ces crues aurait sous les yeux un cours d'eau de 3 ou 4 kilomètres de large.

Au mois de décembre 1883, le vicomte de Foucauld touchait le Dhera'a, au sud de Tatta. Quelque temps après, il le revoyait, loin dans le nord-est de ce point, dans le district de Mezguita, et là, sous le Djebel Sagherou, c'est un beau et large fleuve permanent, coulant avec une rapidité moyenne au milieu de plantations de dattiers; je ne résiste pas au plaisir de vous faire part d'une découverte que M. de Foucauld m'a fait faire. Son itinéraire reporte d'un degré plein, vers l'ouest, le tracé de cette partie du cours du fleuve telle qu'elle est indiquée sur la carte du docteur Rohlfs, et, bien que les deux voyageurs n'aient pas touché le même point de l'Ouâdi Dhera'a, la correction si importante que je signale pourra sans doute être utilisée pour redresser l'itinéraire même du docteur allemand.

Toute la partie haute de l'Ouâdi Dhera'a est constellée de villages, peuplés d'Imazighen et de subéthiopiens, de ces noirs, indigènes du Sahara et parlant aujourd'hui la langue berbère.

Plus haut encore en remontant vers le nord, le voyageur français arrive dans le canton populeux de Dâdès, arrosé par un affluent du Dhera'a. Ici déjà on entre dans le domaine des Aït Attâ, l'un des deux grands groupes formant la fameuse confédération des Berâber, dont le nom dispense d'ajouter qu'ils sont de race berbère. De toutes les tribus de cette expression géographique, le Maroc, les Berâber sont la plus nombreuse, la plus belliqueuse et à la fois la plus riche, ce qui indiquerait qu'ils ne méprisent ni les travaux des champs et de l'industrie, ni le commerce, car chacun sait que la guerre et le pillage ne sont jamais les sources d'une fortune durable pour un peuple.

Toujours en terrain neuf, M. de Foucauld continue sa route sur Todegha, Ferkela et Gheris, trois oasis qui, dans son langage imagé, « s'allongent comme trois tronçons de serpent » dans les lits de cours d'eau affluents du Ziz. Il entre donc là dans le bassin hydrographique à l'extrémité sud duquel s'épanouit le Tafilelt, le berceau de la dynastie marocaine régnante, le lieu d'exil pour ceux de la famille impériale qui pourraient devenir des prétendants, le groupe d'oasis célèbre, dans une vaste partie de l'Afrique, pour les cuirs qu'on y prépare avec une grande perfection.

Plus loin encore, notre hardi et méritant explorateur atteint, à Qeçar Es-Soûq, le cours supérieur de l'Ouâd Ziz, séparé de ses premiers affluents par un désert des plus arides. Qeçar Es-Soûq touche l'oasis de Medghâra ou Medâghra, où M. de Foucauld tombe sur les traces de René Caillé et du deuxième voyage du docteur Rohlfs, qu'il ne quittera qu'au col de Telghemt, ou Tissint Er-Rioût, comme l'appelle Rohlfs, au moment où il traversera une dernière fois le grand Atlas. C'est ici seulement que finit dans la direction du nord-est le territoire des Berâber, et que commence celui des Aït Ou Afella, tribu d'Imazighen que nous aurons la surprise de compter parmi les loyaux sujets du sultan du Maroc. Du col de Telghemt, où l'Atlas n'accuse que 2182 mètres d'altitude, M. de Foucauld peut laisser planer sa vue sur la vaste plaine de la Moloûya, de ce fleuve qui aurait formé une frontière si commode et si naturelle de l'Algérie, si l'État voisin, du côté de l'ouest, avait la puissance voulue pour la faire respecter de ses nationaux.

M. de Foucauld touche la Moloûya à Aqçâbi Ech-Chorfâ (c'est-à-dire *les citadelles des cherifs*), où un qâïd marocain est gardé par une centaine de soldats avec deux canons. Grâce à cette force, le représentant du sultan se fait obéir dans un rayon d'une vingtaine de kilomètres, au delà desquels on retrouve, comme presque partout, des tribus bel et bien libres de toute attache gouvernementale.

Avec le bassin de la Moloûya, notre vaillant explorateur trouve, sur le versant nord de l'Atlas, d'abord une région dont la flore rappelle la nature des hauts plateaux d'Algérie. Bientôt des groupes de villages, des forêts d'oliviers et de pommiers et de splendides cultures accusent une transition rapide à la région de Tell, autrement dit aux conditions naturelles qui font, de l'autre côté de la Méditerranée, la richesse de notre Provence.

J'abrège, car il y a beaucoup à garder dans les résultats de la dernière partie du voyage, chez les Oulâd El Hâdj et de là à la ville algérienne de Lâlla Maghnia en passant par Debdou et Oudjeda, c'est-à-dire sur un terrain qui touche aux dernières reconnaissances faites lors de l'expédition du général de Martimprey contre les Beni Senâsen (1859). Le 21 mai 1884, M. le vicomte de Foucauld mettait le pied en Algérie après avoir traversé le Maroc du nord au sud et du sud-ouest au nord-est. Sacrifiant bien autre chose que ses aises, ayant fait et tenu jusqu'au bout bien plus qu'un vœu de pauvreté et de misère, ayant renoncé, pendant près d'un an, aux égards qui sont les apanages de son grade dans l'armée, et s'étant consolé en recueillant les seuls et rares témoignages de bienveillance auxquels un caractère heureux pouvait lui donner quelque droit, même chez des peuples sauvages, il nous avait conquis des renseignements très nombreux, très précis, qui renouvellent littéralement la connaissance géographique et politique presque tout entière du Maroc. C'est là, disons-le hautement, un mérite peu ordinaire, que ne récompenserait pas trop, à l'avis de votre rapporteur, la plus haute distinction que nous ayons à décerner. Mais notre Société ne doit jamais oublier son caractère universel et international; elle a dû tenir compte des mérites d'autres lutteurs qui venaient concourir à ses récompenses, et, forcée cette année-ci de ne pas choisir entre trois concurrents qu'elle estime être égaux en mérites, elle a transformé cette récompense en plusieurs médailles d'or, dont elle attribue la première à M. le vicomte de Foucauld.

AVANT-PROPOS.

A la veille d'entreprendre mon voyage au Maroc se dressaient deux questions : quel itinéraire adopter? quels moyens prendre pour pouvoir le suivre?

La première question se résolvait naturellement : il fallait, autant que possible, ne passer que par des contrées encore inexplorées et, parmi celles-ci, choisir les régions qui, soit par leurs accidents physiques, soit par leurs habitants, paraissaient devoir présenter le plus d'intérêt. Partant de ce principe, je me décidai pour l'itinéraire suivant :

Tanger, Tétouan; de là gagner Fâs par une route plus orientale que celles suivies jusqu'alors; de Fâs aller au Tâdla en traversant le massif montagneux occupé par les Zemmour Chellaḥa et les Zaïan; parcourir le Tâdla, gagner l'Ouad el Ạbid, passer à Demnât; franchir le Grand Atlas à l'est des cols déjà explorés, gagner le Sahara Marocain et en reconnaître autant que possible la vaste portion encore inconnue, c'est-à-dire le versant méridional du Petit Atlas et la région comprise entre cette chaîne, l'Ouad Dra et le Sahel; puis voir le haut bassin du Dra et les affluents de droite du Ziz; de là revenir vers la frontière algérienne en franchissant une seconde fois le Grand Atlas et en explorant le cours de l'Ouad Mlouïa : comme dernières étapes, Debdou, Oudjda, Lalla Maṛnia.

Tel fut le but que je me proposai. Restait la seconde question : quel moyen employer pour l'atteindre? Pourrait-on voyager comme Européen? Faudrait-il se servir d'un déguisement? Il y avait lieu d'hésiter; d'une part, me donner pour ce que je n'étais pas me répugnait; de l'autre, les principaux explorateurs du Maroc, René Caillé,

MM. Rohlfs et Lenz, avaient voyagé déguisés et déclaraient cette précaution indispensable : c'était aussi l'opinion de nombreux Musulmans marocains que je consultai avant mon départ. Je m'arrêtai au parti suivant : je partirais déguisé; une fois en route, si je sentais mon travestissement nécessaire, je le conserverais; sinon, je n'aurais qu'à le jeter aux orties.

Ce premier point arrêté, restait à faire un choix parmi les déguisements qu'on pouvait prendre. Il n'y a que deux religions au Maroc. Il fallait à tout prix être de l'une d'elles. Serait-on Musulman ou Juif? Coifferait-on le turban ou le bonnet noir? — René Caillé, MM. Rohlfs et Lenz avaient tous opté pour le turban. Je me décidai au contraire pour le bonnet. Ce qui m'y porta surtout fut le souvenir des difficultés qu'avaient rencontrées ces voyageurs sous leur costume : l'obligation de mener la même vie que leurs coreligionnaires, la présence continuelle de vrais Musulmans autour d'eux, les soupçons même et la surveillance dont ils se trouvèrent souvent l'objet furent un grave obstacle à leurs travaux. Je fus effrayé d'un travestissement qui, loin de favoriser les études, pouvait y apporter beaucoup d'entraves; je jetai les yeux sur le costume israélite. Il me sembla que ce dernier, en m'abaissant, me ferait passer plus inaperçu, me donnerait plus de liberté. Je ne me trompai pas. Durant tout mon voyage, je gardai ce déguisement et je n'eus lieu que de m'en féliciter. S'il m'attira parfois de petites avanies, j'en fus dédommagé, ayant toujours mes aises pour travailler : pendant les séjours, il m'était facile, dans l'ombre des mellaḥs (1), et de faire mes observations astronomiques et d'écrire des nuits entières pour compléter mes notes; dans les marches, nul ne faisait attention, nul ne daignait parler au pauvre Juif qui, pendant ce temps, consultait tour à tour boussole, montre, baromètre, et relevait le chemin qu'on suivait; de plus, en tous lieux, j'obtenais par mes « cousins », comme s'appellent entre eux les Juifs du Maroc, des renseignements sincères et détaillés sur la région où je me trouvais. Enfin j'excitais peu de soupçons : mon mauvais accent aurait pu en faire naître; mais ne sait-on pas qu'il y a des Israélites de tous pays? mon travestissement était d'ailleurs complété par la présence à mes côtés d'un Juif authentique : le rabbin Mardochée Abi Serour, connu par son séjour au Soudan. Je l'avais pris à mon service et le gardai durant tout mon

(1) Dans les localités marocaines où se trouvent des Israélites, ils sont confinés dans des quartiers spéciaux; ces quartiers uniquement habités par des Juifs portent le nom de *mellaḥ*.

voyage; parti d'Alger avec moi, il y revint de même. Son office consistait, d'abord, à jurer partout que j'étais un rabbin, puis à se mettre en avant dans toutes les relations avec les indigènes, de manière à me laisser le plus possible dans l'ombre; enfin à me trouver toujours un logis solitaire où je pusse faire mes observations commodément, et, en cas d'impossibilité, à forger les histoires les plus fantastiques pour expliquer l'exhibition de mes instruments.

Malgré tant de précautions, je ne prétends pas que mon déguisement ait été impénétrable. Dans les quatre ou cinq points où je séjournai longtemps, ni mon bonnet noir, ni mes nouâders (1), ni les serments de Mardochée ne servirent de rien : la population juive s'aperçut tôt ou tard que j'étais un faux frère; mais une seule fois, et pour des raisons toutes particulières, cela pensa me mettre en un sérieux péril; en général, les Juifs marocains, tous commerçants, appelés fréquemment par leurs affaires soit dans des ports où ils trouvent nos consuls, soit en Algérie, ont avantage à être en bonnes relations avec les Chrétiens, surtout avec les Français. Aussi gardaient-ils religieusement le secret qu'ils avaient découvert; rien ne transpirait hors du mellaḥ; même avec moi, ils étaient fort discrets; rien ne changeait dans leurs manières, sinon qu'ils devenaient plus prévenants encore et plus disposés à fournir tous les renseignements que je demandais. Quant aux Musulmans, il ne m'arriva que bien rarement de leur inspirer des soupçons.

Il y a une portion du Maroc où l'on peut voyager sans déguisement, mais elle est petite. Le pays se divise en deux parties : l'une soumise au sultan d'une manière effective (*blad el makhzen*), où les Européens circulent ouvertement et en toute sécurité; l'autre, quatre ou cinq fois plus vaste, peuplée de tribus insoumises ou indépendantes (*blad es sîba*) (2), où personne ne voyage en sécurité et où les Européens ne sauraient pénétrer que travestis. Les cinq sixièmes du Maroc sont donc entièrement fermés aux Chrétiens; ils ne peuvent y entrer que par la ruse et au péril de leur vie. Cette intolérance extrême n'est pas causée par le fanatisme religieux; elle a sa source dans un autre sentiment commun à tous les indigènes : pour

(1) Les *nouâder* sont deux longues mèches de cheveux que les Israélites marocains laissent pousser auprès des tempes.

(2) بلاد السيبة.

eux, un Européen voyageant dans leur pays ne peut être qu'un émissaire envoyé pour le reconnaître; il vient étudier le terrain en vue d'une invasion; c'est un espion. On le tue comme tel, non comme infidèle. Sans doute la vieille antipathie de race, la superstition, y trouvent aussi leur compte; mais ces sentiments ne viennent qu'en seconde ligne. On craint le conquérant bien plus qu'on ne hait le Chrétien.

RECONNAISSANCE AU MAROC.

PREMIÈRE PARTIE.

VOYAGE.

I.

DE TANGER A MEKNAS (1).

1°. — DE TANGER A TÉTOUAN.

Je débarquai à Tanger le 20 juin 1883, accompagné du rabbin Mardochée. N'ayant aucune chose nouvelle à voir en cette ville, qui est connue par maintes descriptions, j'avais hâte de la quitter. Ma première étape devait être Tétouan. Je m'informai, aussitôt arrivé, des moyens de m'y rendre. Il y avait une journée de marche; de petites caravanes partaient quotidiennement de Tanger; la route était sûre : inutile de prendre d'escorte. Je décidai le départ pour le lendemain.

Malgré le peu de temps que je passai à Tanger, c'en fut assez pour que le ministre

(1) Les trois villes que les Français appellent inexactement Fez, Mequinez et Maroc s'appellent *Fâs*, *Meknâs* et *Merrâkech*. Nous écrirons tous les noms propres marocains avec leur orthographe véritable, à l'exception de trois auxquels nous conserverons celle qui depuis longtemps est adoptée en France : Tanger, Tétouan, Mogador.

Pour la transcription des mots arabes, nous suivrons en général la méthode suivante : ا, a, e — ب, b — ت, t — ث, t et rarement ts — ج, dj — ح, ḥ — خ, kh — د, d — ذ, d — ر, r — ز, z — س, s — ش, ch — ص, ç — ض, ḍ, — ط, ṭ — ظ, ḍ — ع, ạ et quelquefois ọ — غ, ṛ — ف, f — ق, q, g — ك, k — ل, l — م, m — ن, n — ه, h — و, ou, o — ي, i — ﻻ, a.

Quant aux mots appartenant à la langue tamaziṛt, qui ne s'écrit plus au Maroc, nous nous attacherons à les reproduire comme nous les aurons entendus, nous servant pour cela des lettres de notre alphabet et de cinq lettres arabes, le ḥ, le *kh*, le ḍ, le ṭ et le ṛ.

Dans les noms imaziṛen comme dans les noms arabes, toutes les lettres devront se prononcer : ainsi, *Selman*, *Zaïan*, *Taourirt*, *Demnât*, *Ibzâzen*, etc., se liront comme s'il y avait, *Selmane*, *Zaïane*, *Taourirte*,

de France, M. Ordéga, à qui M. Tirman, gouverneur général de l'Algérie, avait bien voulu me recommander, me fit, avec une bienveillance et une bonne grâce sans égales, préparer des lettres pour ses agents, m'en fit donner une de Moulei Ạbd es Selam, le célèbre cherif d'Ouazzân, ordonnant à quiconque était son ami de me prêter aide et protection, enfin me munit de toutes les recommandations qui pouvaient m'être utiles au cours de mon voyage. Il n'en fut pas une qui ne me servît par la suite; aussi eus-je plus d'une fois à me souvenir, avec reconnaissance, de la sollicitude dont j'avais été l'objet.

21 juin 1883.

Je quitte Tanger à 3 heures de l'après-midi : ma caravane se compose de six ou sept hommes, Israélites la plupart, et d'une dizaine de bêtes de somme. Nous traversons d'abord une série de vallons bien cultivés, séparés entre eux par des côtes couvertes de palmiers nains. Vers le soir, on s'engage dans la vallée de l'Ouad Meraḥ : nous y cheminons durant le reste de la journée, au milieu de superbes champs de blé qui la couvrent tout entière. Nous nous arrêtons à 9 heures un quart auprès de quelques huttes : nous passons la nuit en ce lieu. La route, sûre le jour, cesse de l'être au crépuscule. C'est le moment où les maraudeurs se mettent en campagne. Aussi ai-je vu, au coucher du soleil, des vedettes, armées jusqu'aux dents, se poster à l'entrée des villages, auprès des troupeaux, sur des tertres d'où elles surveillaient les récoltes. Les rôdeurs, surtout en *blad el makhzen*, font une terrible guerre au pauvre paysan; leurs rapines d'une part, les exigences du fisc de l'autre, lui laissent à peine, au milieu de ces belles moissons que je viens de traverser, de quoi vivre misérablement.

22 juin 1883.

A 4 heures du matin on se remet en marche. Nous ne tardons pas à entrer

Demnâte, *Ibzâzene*. La lettre *g* sera toujours dure : ainsi on prononcera *Agerd*, *Aginan*, comme s'il y avait *Aguerd*, *Aguinan*.

Nous nous servirons dans le courant de cette relation de plusieurs mots étrangers tels que *qaïd*, *ṭaleb*, *tiṛremt*, *agadir*, *cherif*, *qçar*, etc. : le singulier seul en sera employé, afin de faciliter la lecture. Pour le pluriel on se bornera à y ajouter une *s*. Nous dirons des *qaïds*, des *ṭalebs*, des *tiṛremts*, des *qçars*, et non des *qïad*, des *ṭolba*, des *tiṛrematin*, des *qçour*. Nous ne ferons exception à cette règle que pour trois mots appelés à revenir très souvent; l'un, nom de race; les deux autres, appellations par lesquelles les étrangers désignent des fractions de cette race : ce sont, d'abord, *Amaziṛ;* puis *Chleuḥ*, qui veut dire Amaziṛ blanc, et *Ḥarṭâni*, qui veut dire Amaziṛ noir. Nous dirons un *Amaziṛ*, une *Tamaziṛt*, des *Imaziṛen*, un *Chleuḥ*, une *Chleuḥa*, des *Chellaḥa*, un *Ḥarṭâni*, une *Ḥarṭania*, des *Ḥaraṭin*.

L'arabe qui se parle au Maroc est à peu de chose près celui de l'Algérie : il n'en diffère que par une corruption un peu plus grande : les mots étrangers y sont plus nombreux. L'accent présente quelques différences dont la plus importante et la plus générale est que le ج se prononce simplement J : ainsi l'on dit, *Jzaïr*, Alger, *Oujda*, Oudjda. Quelquefois la même lettre se prononce G; exemple : *gaïz*, passant.

dans la montagne. Nous nous élevons d'abord par des pentes douces couvertes de bois ou de broussailles; ce sont surtout des oliviers et des lentisques; beaucoup de gibier : lièvres, perdreaux, tourterelles. A partir d'un fondoq (1) devant lequel nous passons, le terrain change : le sol devient rocheux, les côtes raides, le chemin difficile; les arbres s'éclaircissent et sont remplacés par le myrte et la bruyère. A 6 heures et demie, nous atteignons le col.

Voici le profil du versant que nous venons de gravir.

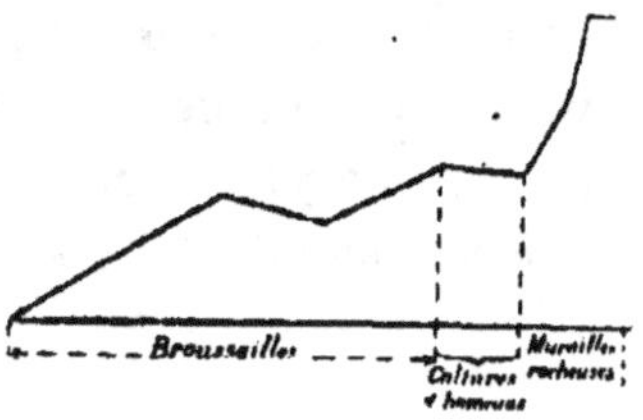

La descente, rocheuse d'abord, nous ramène ensuite dans une région boisée où la culture réapparaît dans les fonds. Peu à peu les ravins s'élargissent; leurs flancs s'abaissent. Enfin nous voici en plaine. Jusqu'à Tétouan, ce ne sont que larges vallées toutes couvertes de grands champs de blé s'étendant à perte de vue; au milieu, des rivières roulent paisiblement leurs eaux limpides. A 9 heures et demie nous voyons la ville. Elle se dessine en ligne blanche sur un rideau de hautes montagnes bleuâtres; à 11 heures, nous y entrons.

Aujourd'hui comme hier, j'ai rencontré beaucoup de passants sur le chemin, surtout en plaine : c'étaient presque tous des piétons, paysans qui se rendaient aux champs; peu étaient armés : il y avait un assez grand nombre de femmes; la plupart ne se voilaient pas. Hier, j'ai vu une grande quantité de troupeaux, beaucoup de bœufs; ces derniers m'ont frappé par leur haute taille. Dans toute la route, un seul passage difficile, les environs du col. Sol en général terreux. Un seul cours d'eau important, l'Ouad Bou Çfiḥa (berges escarpées de 5 à 6 mètres de haut; eau claire et courante de 6 à 8 mètres de large et de 0,30 à 0,40 centimètres de profondeur; lit de gravier). On le franchit sur un pont de deux arches en assez bon état. Il ne faudrait pas conclure de là que les ponts soient au Maroc le moyen de passage ordinaire des rivières : ils sont, au contraire, fort rares : je ne pense pas en avoir vu plus de cinq ou six dans mon voyage. Je citerai en leur lieu ceux que j'ai rencontrés. Habituellement c'est à gué qu'on traverse les cours d'eau.

Il est inutile, je pense, de dire qu'il n'y a point de routes au Maroc : on n'y trouve qu'un très grand nombre de pistes qui s'enchevêtrent les unes dans les autres, en formant des labyrinthes où l'on se perd vite, à moins d'avoir une profonde connaissance du pays. Ces pistes sont des chemins commodes en plaine, mais très difficiles et souvent dangereux en montagne.

Deux choses surtout m'ont frappé dans cette première journée de voyage : d'abord l'eau fraîche et courante qui, malgré la saison, coule dans la multitude de

(1) Les *fondoq* sont des sortes d'hôtelleries.

sources, de ruisseaux, de petites rivières que j'ai rencontrés; puis la vigueur extraordinaire de la végétation : de riches cultures occupent la majeure partie du sol et les endroits incultes eux-mêmes sont couverts d'une verdure éclatante : pas dé plantes chétives, pas de places sablonneuses ni stériles : les lieux les plus rocheux sont verts : les plantes percent entre les pierres et les tapissent.

2°. — SÉJOUR A TÉTOUAN.

Tétouan s'élève sur un plateau rocheux qui se détache du flanc gauche de la vallée du même nom et qui la barre en grande partie. Dominée au nord et au sud par de hautes montagnes, ayant à ses pieds les plus beaux jardins du monde, arrosée par mille sources, elle a l'aspect le plus riant qu'on puisse voir. La ville est assez bien construite et moins sale que la plupart des cités du Maroc : ses fortifications consistent en une qaçba (1), s'élevant au nord-ouest de la ville, et en une enceinte en briques de 5 mètres de haut et de 30 ou 40 centimètres d'épaisseur; quelques canons hors d'usage grimacent en manière d'épouvantails aux abords de chaque porte. Tétouan est grande, mais les quartiers excentriques en sont peu habités et en partie ruinés : beaucoup de mosquées : pas de bâtiment remarquable, si ce n'est le massif donjon du mechouar. Le quartier commerçant est animé, surtout le mercredi, jour de marché. Il y a un grand mellaḥ, le plus propre et le mieux construit que j'aie vu au Maroc. Tétouan peut avoir 20000 à 25000 habitants, dont environ 6000

Revers nord des monts Beni Hasan. (Vue prise à 8 kilomètres de Tétouan, du chemin de Tanger.)
Croquis de l'auteur.

Israélites. Elle a pour gouverneur un qaïd nommé directement par le sultan. L'autorité de ce magistrat s'étend sur le territoire situé entre la mer et les tribus indépendantes du Rif d'une part, et les provinces de Tanger et d'El Ąraïch de l'autre. Les environs de la ville sont d'une grande fertilité; les fruits de ses immenses jardins sont renommés dans tout le nord du Maroc : on les exporte à El Qçar et à Fâs. La vallée de l'Ouad Tétouan, après s'être resserrée en face de la ville au point d'y former un véritable kheneg, reprend aussitôt au-dessous d'elle une grande largeur :

(1) Citadelle.

en même temps, les montagnes qui la bordent, et qui étaient très hautes jusque-là, s'abaissent et deviennent des collines. Dès lors la vallée n'est plus, jusqu'à la mer, qu'un immense champ de blé semé de fermes et de jardins.

Je demeurai dix jours à Tétouan; ce n'est pas que ce long séjour entrât dans mes projets; bien au contraire. Mon désir était de partir le plus tôt possible pour Fâs : mais je tenais à y aller par un chemin déterminé, passant par les territoires des Akhmâs, des Beni Zerouâl, des Beni Ḥamed (1). Je me mis donc, dès mon arrivée, en quête d'un guide qui me conduisît par cette voie. Je rencontrai de graves obstacles. Les tribus dont je voulais traverser les terres étaient insoumises, et de plus célèbres par leurs brigandages; les caravanes évitaient avec soin leurs territoires; les courriers n'osaient y passer : on leur prenait leurs lettres et leurs vêtements; les ṭalebs mêmes ne s'y aventuraient qu'à condition d'être à peu près nus. — Bref, malgré mes recherches, malgré mes offres, je n'avais encore, après huit jours, pu trouver personne qui se chargeât de me conduire. Je fis une dernière tentative : je m'adressai à des cherifs, à des marabouts de Tétouan : peut-être avaient-ils de l'influence, des amis, dans ces régions, et pourrait-on les traverser avec leur protection : partout la réponse fut négative; mais, me disait-on en même temps, ce qui était impossible d'ici devenait aisé de Fâs; là se trouvaient des personnages pour qui me faire voyager en ces tribus serait chose facile. Ces dernières paroles, que je reconnus plus tard être la vérité, me décidèrent à ne pas m'obstiner davantage. Je résolus de partir pour Fâs par le chemin ordinaire, celui d'El Qçar.

Auparavant je consacrai deux journées à une excursion à Chechaouen, petite ville du Rif située à une cinquantaine de kilomètres au sud de Tétouan.

3°. — EXCURSION A CHECHAOUEN.

2 juillet.

Je sors de Tétouan à 8 heures du matin; un guide musulman est mon unique compagnon. D'ici à Chechaouen, nous avons à traverser les territoires de trois tribus, les Beni Ạouzmer, les Beni Ḥasan, les Akhmâs : les deux premières sont soumises : on y voyage seul en sécurité; la dernière ne l'est pas : quand nous en approcherons, nous aviserons à prendre nos précautions.

Durant toute la route le chemin est aisé. On est continuellement en montagne : par conséquent beaucoup de montées, beaucoup de descentes, un terrain généralement pierreux; mais de passage difficile, point. Au début, dans la basse vallée de l'Ouad Meḥadjra, le pays a un aspect sauvage : la rivière est encaissée entre deux hauts

(1) Cet itinéraire est le suivant : Tétouan, Beni Ạouzmer, Beni Ḥasan, Akhmâs, Beni Zerouâl, Beni Ḥamed, Raḥôna, Cherâga, Fâs.

talus tout couverts de broussailles; myrte, bruyère, palmiers nains, et surtout lentisques : au delà de ces talus on ne voit, à l'ouest, que de longues croupes boisées se succédant les unes aux autres; à l'est, que la haute muraille rocheuse qui couronne le Djebel Beni Ḥasan. Cette dernière se dresse toute droite au-dessus de nos têtes : à peine se trouve-t-il entre elle et les lentisques une étroite bande de cultures : quant à l'ouad, c'est un torrent aux eaux vertes et impétueuses. Mais après quelque temps le paysage se modifie : la bande de cultures s'élargit; des troupeaux paissent dans les broussailles; on rencontre des villages. On marche encore : la rivière prend un autre nom : un palmier solitaire croissant sur sa rive la fait appeler Ouad en Nekhla. A ce moment s'opère un changement complet : lentisques et palmiers nains disparaissent : les talus s'arrondissant deviennent des côtes assez douces, que garnissent des cultures. Le Djebel Beni Ḥasan présente maintenant un aspect enchanteur : des champs de blé s'étagent en amphithéâtre sur son flanc et, depuis les roches qui le couronnent jusqu'au fond de la vallée, le couvrent d'un tapis d'or : au milieu des blés, brillent une multitude de villages entourés de jardins : ce n'est que vie, richesse, fraîcheur.

Des sources jaillissent de toutes parts : à chaque pas on traverse des ruisseaux : ils coulent en cascades parmi les fougères, les lauriers, les figuiers et la vigne, qui poussent d'eux-mêmes sur leurs bords. Nulle part je n'ai vu de paysage plus riant, nulle part un tel air de prospérité, nulle part une terre aussi généreuse ni des habitants plus laborieux.

D'ici à Chechaouen, le pays reste semblable : le nom des vallées change, mais pareille richesse règne partout; elle augmente même encore à mesure que l'on s'avance. J'arrive dans la vallée de l'Ouad Arezaz : les villages maintenant se succèdent sans interruption : le sentier, bordé d'églantiers en fleurs, ne sort plus des vergers; nous cheminons à l'ombre des grenadiers, des figuiers, des pêchers et de la vigne, dont les rameaux couvrent les arbres : les ruisseaux sont si nombreux que l'on marche presque constamment dans l'eau. C'est ainsi que je parviens non loin du confluent où finit, avec le territoire des Beni Ḥasan, le *blad el makhzen*. Au delà commencent les Akhmâs : c'est le *blad es sîba*. Nous ne pouvons aller seuls plus loin. D'ailleurs il est 7 heures du soir. Nous nous arrêtons dans un beau village où l'on nous donne l'hospitalité.

Ici les habitations sont bien différentes des huttes que l'on voit près de Tétouan : ce sont des maisons, les unes de pisé, les autres de briques, toutes bien construites; la plupart sont blanchies; elles sont couvertes de toits, soit de chaume, soit de tuiles; point de terrasses. Auprès de toute demeure est un clos de gazon; des murs bas l'entourent, de vieux figuiers l'ombragent : là rentrent chaque soir les troupeaux qui, le jour, paissent dans la montagne. Des ruisseaux courent en tous les sentiers du village; ils apportent l'eau devant chaque porte. Tout est propre, frais, riant.

Toute la journée, il y avait des passants sur le chemin, dans les champs une foule de travailleurs. Ainsi que nous l'avons dit, la plupart des cultures consistent en blé; cependant on rencontre aussi de l'orge et, de loin en loin, quelques champs de maïs. Deux cours d'eau importants : l'Ouad Tétouan (berges de terre presque à pic de 4 ou 5 mètres de haut; lit de 12 mètres de large, rempli d'eau courante et assez claire, de 50 à 60 centimètres de profondeur; fond de sable); et l'Ouad Meḥadjra (voici ce qu'il est dans sa partie inférieure : berges à peine marquées; eaux vertes, de 6 à 8 mètres de large et de 30 ou 40 centimètres de profondeur, serpentant dans un lit de galets beaucoup plus large; courant très rapide). Le Djebel Beni Ḥasan est un massif extrêmement remarquable : le versant occidental en affecte, dans sa partie nord, la forme suivante : α; dans sa région sud, celle-ci : β; les plus hauts sommets, dont les cartes marines nous donnent les altitudes, 1410 mètres, 2210 mètres, 1818 mètres, en sont invisibles du fond de la vallée; une haute muraille de pierre grise, à crête dentelée, le couronne de ce côté et lui donne l'aspect le plus étrange : on dirait une série de rochers de Gibraltar juxtaposés sur un piédestal de montagnes : quelque chose comme ceci : γ. La crête supérieure de cette muraille me paraît être à une altitude à peu près uniforme pouvant varier entre 1200 et 1500 mètres. Au-dessus, quelques cultures entrevues en deux ou trois points semblent révéler l'existence d'un plateau.

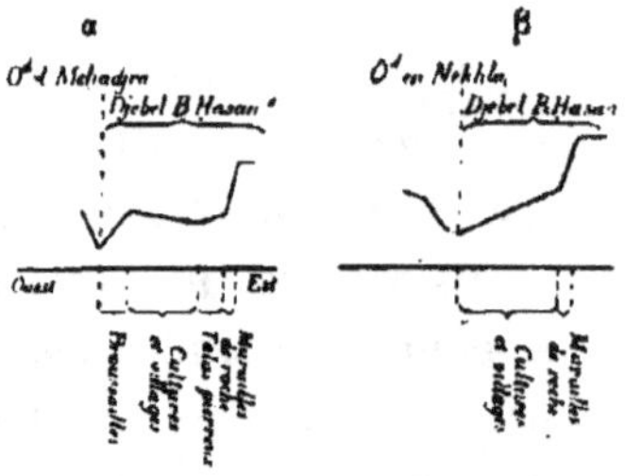

3 juillet.

A 3 heures et demie du matin, nous nous mettons en route; un jeune homme du village où nous avons passé la nuit nous accompagne : son père, qui, moyennant une faible rétribution, nous a accordé son ạnaïa, nous le donne pour nous servir de zeṭaṭ (1). Il est sans armes, comme toutes les gens qu'on rencontre de Tétouan

(1) زطاط, pluriel زطاطة. Dans toutes les tribus indépendantes du Maroc, ainsi que dans celles qui sont imparfaitement soumises, la manière de voyager est la même. On demande à un membre de la tribu de vous accorder son *ạnaïa*, « protection », et de vous faire parvenir en sûreté à tel endroit que l'on désigne : il s'y engage moyennant un prix qu'on débat avec lui, *zeṭaṭa* : la somme fixée, il vous conduit ou vous fait conduire par un ou plusieurs hommes jusqu'au lieu convenu; là on ne vous laisse qu'en mains sûres, chez des amis auxquels on vous recommande. Ceux-ci vous méneront ou vous feront mener plus loin dans les mêmes conditions : nouvelle ạnaïa, nouvelle zeṭaṭa, et ainsi de suite. On passe de la sorte de main en main jusqu'à l'arrivée au terme du voyage. Ceux qui composent l'escorte sont appelés *zeṭaṭ*; leur nombre est extrêmement variable,

à Chechaouen. Nous descendons d'abord les dernières pentes du Djebel Beni Ḥasan; puis, suivant le fond de la vallée qui se déroule à son pied, nous ne tardons pas à entrer sur les terres des Akhmâs. C'est toujours la même prospérité, la même richesse : l'Ouad el Ḥechaïch roule ses eaux paisibles à l'ombre d'oliviers séculaires; sa vallée est couverte de beaux champs de blé où travaillent gaiement une foule de moissonneurs. Ce n'est que sur les premières pentes du Djebel Mezedjel, prolongement du Djebel Beni Ḥasan, trop raides ici pour recevoir de culture, qu'on retrouve pendant quelque temps les palmiers nains. Encore cela dure peu : le premier talus franchi, les côtes deviennent plus douces, et au milieu de champs dorés, en traversant des ruisseaux innombrables, je monte à Chechaouen.

La ville, enfoncée dans un repli de la montagne, ne se découvre qu'au dernier moment : on a gravi tous les premiers échelons de la chaîne; on est parvenu à la muraille rocheuse qui la couronne; on en longe péniblement le pied au milieu d'un dédale d'énormes blocs de granit où se creusent de profondes cavernes. Tout à coup ce labyrinthe cesse, la roche fait un angle : à cent mètres de là, d'une part adossée à des montagnes à pic, de l'autre bordée de jardins toujours verts, apparaît la ville. Il était 6 heures du matin quand j'y arrivai : à cette heure, les premiers rayons du soleil, laissant encore dans l'ombre les masses brunes des hautes cimes qui la surplombent, doraient à peine le faîte de ses minarets : l'aspect en était féerique. Avec son vieux donjon à tournure féodale, ses maisons couvertes de tuiles, ses ruisseaux qui serpentent de toutes parts, on se serait cru bien plutôt en face de quelque bourg paisible des bords du Rhin que d'une des villes les plus fanatiques du Rif. Chechaouen, dont la population compte un grand nombre de cherifs (1), est en effet renommée pour son intolérance : on se raconte encore le supplice d'un malheureux Es-

je l'indiquerai toujours : on verra qu'un seul homme suffit parfois, lorsque ailleurs, souvent très près, quinze ne suffisent pas. L'usage de l'ạnaïa, appelé aussi *mezrag*, forme une des principales sources de revenu des familles puissantes. C'est à elles, en effet, que les voyageurs s'adressent de préférence, la première condition chez un zeṭaṭ étant la force de faire respecter son protégé. Il y a une seconde qualité non moins essentielle qu'il faut chercher en lui : c'est la fidélité. En des lieux où il n'y a ni lois ni justice d'aucune sorte, où chacun ne relève que de soi-même, des zeṭaṭs peuvent piller, égorger, chemin faisant, les voyageurs qu'ils avaient promis de défendre; nul n'a un mot à leur dire, nul n'a un reproche à leur faire; c'est un accident contre lequel rien au monde ne peut garantir : une fois en route avec des zeṭaṭs, on est entièrement à leur merci. Aussi faut-il les choisir avec la plus grande prudence et, avant de demander à un homme son ạnaïa, s'informer minutieusement de sa réputation. D'ailleurs, quoiqu'on en voie un très grand nombre qui trahissent, soit ouvertement en vous pillant eux-mêmes, soit par stratagème en vous faisant dépouiller par un parti plus nombreux auquel ils donnent le mot; quoiqu'il y en ait d'autres qui vous abandonnent, chemin faisant, après s'être fait payer d'avance, ou bien qui ne consentent à vous accompagner jusqu'au bout qu'à condition d'augmenter leur salaire, malgré ces genres divers de trahison, genres que j'ai expérimentés tous sans exception, on trouve aussi des hommes honnêtes qui, les uns par sentiment d'honneur, les autres pour garder intacte une réputation source de nombreux bénéfices, non seulement vous conduisent fidèlement jusqu'à la fin, mais montrent même un dévouement qui va jusqu'à risquer leur vie pour vous défendre.

(1) Parmi ces cherifs, se distingue au premier rang la famille des Oulad El Maddjich; ils font partie de la

Héliog. P. Albert Dujardin — Challamel aîné Édit.

CHECHAOUEN

pagnol qui, il y a une vingtaine d'années, voulut y pénétrer : même les Juifs, qu'on tolère, sont soumis aux plus mauvais traitements; parqués dans leur mellaḥ, ils ne peuvent en sortir sans être assaillis de coups de pierres : sur tout le territoire des Akhmâs, auquel appartient la ville, personne ne passa près de moi sans me saluer d'un *Allah iḥarraq bouk, ia el Ihoudi* (1), ou de quelque autre injure analogue. Chechaouen a 3 ou 4 000 habitants, parmi lesquels une dizaine de familles israélites. Le marché s'y tient le dimanche. C'est une ville ouverte. Derrière elle s'élève à pic la haute muraille de roche qui couronne le Djebel Mezedjel; en avant commencent de superbes jardins qui, s'étendant sur le flanc de la montagne, couvrent un espace immense; les fruits qu'ils produisent, leurs raisins surtout, sont célèbres dans tout le nord du Maroc. Chechaouen est renommée aussi pour l'excellence de son eau.

Pendant cette dernière partie de ma route, j'ai encore rencontré beaucoup de personnes sur le chemin. Celui-ci ne cesse pas d'être bon : une seule côte un peu raide, aucun passage difficile. Sol terreux, peu de pierres. J'ai traversé deux cours d'eau assez importants : l'Ouad Arezaz (berges de terre d'un mètre; eau claire et courante de 60 centimètres de profondeur; 8 mètres de large; lit de galets), et l'Ouad el Ḥechaïch (il coule à pleins bords dans un lit de gravier de 10 mètres de large; eau claire et courante de 60 centimètres de profondeur). Le Djebel Mezedjel, identique au Djebel Beni Ḥasan, n'est que la continuation de celui-ci sous un autre nom : on le voit se prolonger bien loin encore dans le sud, appelé alors Djebel el Akhmâs.

Vers 7 heures du matin, je quitte Chechaouen pour reprendre la direction de Tétouan. Le chemin qui m'a conduit me ramène. Pas de nouvelles remarques à faire. Je ne me lasse pas d'admirer cette merveilleuse quantité d'eau courante qu'on rencontre le long de la route : si ce n'est dans les hautes vallées de la Suisse, je n'ai vu nulle part un aussi grand nombre de sources, de ruisseaux grands et petits, tous pleins d'eau douce et limpide. La population sait tirer parti de tant de bienfaits; aucune place cultivable qui ne soit ensemencée : on voit des champs suspendus en des points qui paraissent presque inaccessibles. — Chemin faisant, je rencontre un *ḥadj* (2), qui suit la même direction que nous; apprenant que je suis étranger, il me salue en français et nous causons. J'avais remarqué déjà, et

descendance de Sidi Ȧbd es Selam ben Mechich, célèbre saint marocain mort en 1227 de J.-C. et enterré non loin de Tétouan, au Djebel el Ȧlam.

C'est à l'obligeance de M. Pilard, ancien interprète militaire, qui d'ailleurs m'a, ainsi qu'on le verra, fourni la matière de plusieurs autres notes, que je dois ce renseignement. Le Djebel el Ȧlam, où se trouve le mausolée de Sidi Ȧbd es Selam ben Mechich, est situé à une journée de marche de Tétouan, dans le Djebel Beni Ḥasan. Il fait partie de cette chaîne. Il s'élève sur son versant oriental.

(1) Que Dieu fasse brûler éternellement le père qui t'a engendré, Juif!

(2) Musulman qui a fait le pèlerinage de la Mecque.

c'est un fait que je ne cesserai de constater dans la suite, que les ḥadjs étaient généralement plus polis et affables que les autres Musulmans. C'est à tort qu'on se figure parfois qu'ils reviennent de la Mecque plus fanatiques et intolérants qu'ils n'étaient; le contraire se produit : leur long voyage, les mettant en contact avec les Européens, leur fait voir d'abord que ceux-ci ne sont pas les monstres qu'on leur avait dépeints; ils sont surpris et reconnaissants de ne point trouver chez nous d'hostilité; puis nos bateaux à vapeur, nos chemins de fer, les frappent d'admiration : au retour, ce n'est pas le souvenir de la kaba qui hante leur esprit, c'est celui des merveilles des pays chrétiens, celui d'Alexandrie, de Tunis, d'Alger. La plupart du temps, le Pèlerinage, loin d'augmenter leur fanatisme, les civilise et leur ouvre l'esprit.

Quelle que pût être notre célérité, il n'était pas possible d'arriver à Tétouan le jour même : nous passâmes la nuit dans un village des Beni Ḥasan. Le lendemain, nous repartîmes de très bonne heure; à 6 heures du matin, nous étions dans la ville.

Les Beni Ḥasan, sur le territoire desquels j'avais marché pendant la plus grande partie de cette excursion, sont de race et de langue tamaziṛt. Ils sont dits Qebaïl (1). Tout le massif montagneux auquel ils ont donné leur nom leur appartient. Cette tribu me paraît riche et nombreuse, à voir la quantite et l'importance des villages, la fertilité du pays, les belles cultures qu'il renferme, le monde qu'on y rencontre sur les routes. Elle est fort dévote, à en juger par la grande pro-

(1) Les expressions de *Qebaïl*, *Chellaḥa*, *Ḥaraṭin*, *Berâber*, sont autant de mots employés par les Arabes pour désigner une race unique dont le nom national, le seul que se donnent ses membres, est celui d'*Amaziṛ* (féminin *Tamaziṛt*, pluriel *Imaziṛen*). Au Maroc, les Arabes appellent *Qebaïl* les Imaziṛen de la partie septentrionale, ceux qui habitent au nord du parallèle de Fâs; ils donnent le nom de *Chellaḥa* à tous les Imaziṛen blancs résidant au sud de cette ligne (A); celui de *Ḥaraṭin* aux Imaziṛen noirs, Leucaethiopes des anciens; enfin celui de *Berâber* est réservé à la puissante tribu tamaziṛt dont il est proprement le nom. M. le colonel Carette ne s'était pas trompé en disant que le mot de Berâber, appliqué par les généalogistes arabes à toute la race tamaziṛt, devait être celui de quelque tribu importante de ce peuple, tribu dont on avait par erreur étendu le nom à toutes les autres. Cette tribu des Berâber existe toujours : c'est encore aujourd'hui la plus puissante du Maroc; elle occupe toute la portion du Sahara comprise entre l'Ouad Dra et l'Ouad Ziz, possède presque en entier le cours de ces deux fleuves, et déborde en bien des points sur le flanc nord du Grand Atlas; elle est jusqu'à ce jour restée compacte, et elle réunit chaque année en assemblée générale les chefs de ses nombreuses fractions : nous donnerons ailleurs sa décomposition. Dans le Sahara, dans le bassin de la Mlouïa, on est près de la tribu des Berâber : on la connaît; on n'a garde d'appliquer son nom à d'autres qu'à elle. Mais qu'on s'éloigne vers le nord, qu'on aille à Fâs ou à Sfrou, on trouve déjà la confusion. On entend généraliser le nom de la célèbre tribu du sud et l'appliquer indifféremment à toutes celles des environs qui parlent la même langue, comme les Aït Ioussi, les Beni Ouaṛaïn, les Beni Mgild, les Zaïan, etc., tribus que, mieux informés, les Arabes de Qçâbi ech Cheurfa ou des Oulad el Ḥadj auront soin de n'appeler jamais que du nom général de Chellaḥa. Pour nous, suivant l'exemple des tribus limitrophes des Berâber, nous donnerons le nom de Qebaïl aux Imaziṛen que l'usage fait désigner ainsi, aux autres celui de Chellaḥa ou de Ḥaraṭin, réservant celui de Berâber pour la seule tribu à laquelle il appartient.

(A) En d'autres termes, et plus exactement, les Imaziṛen du massif Rifain sont appelés Qebaïl et ceux du massif Atlantique Chellaḥa. La ligne de démarcation entre les deux noms est la large trouée qui sépare les deux massifs, celle qui conduit de Lalla Maṛnia à Fâs et de là à l'Océan par la vallée du Sebou.

portion de ḥadjs qui s'y trouve, par le nombre de ses qoubbas et de ses zaouïas, à en juger aussi par les immenses détours qu'on me faisait faire à travers champs, chaque fois qu'on approchait d'un de ces lieux vénérés, de peur de le souiller par la présence d'un Juif.

Dans cette tribu, aussi bien que chez les Akhmâs, les costumes sont les suivants : pour les hommes de condition aisée : caleçons étroits s'arrêtant au-dessus du genou, courte chemise sans manches, en laine blanche, descendant jusqu'à mi-cuisse, enfin djelabia brune; comme chaussure, la belṛa (1) jaune; comme coiffure, une calotte rouge. Cette dernière se supprime souvent : dans tout le Maroc, les populations des campagnes ont d'habitude la tête nue, quelque soleil qu'il fasse, et bien que la plupart se rasent les cheveux. Les pauvres n'ont qu'une chemise de laine blanche et une djelabia ou un court bernous de même étoffe; rien sur la tête, ou bien quelque chiffon blanc ou rouge noué autour, laissant le crâne à découvert; les pieds nus ou chaussés de sandales. Ici, par exception, peu de cheveux sont rasés : on se contente de les porter très courts. Rien de particulier dans le costume des femmes : elles ont celui qu'elles portent dans les campagnes du Tell algérien; il est uniformément en laine ou en cotonnade blanches; toutes laissent leur visage découvert; pour travailler aux champs, elles s'enroulent autour des jambes un épais morceau de cuir fauve fixé sur le devant par une agrafe : c'est quelque chose comme les cnémides que mettait Laërte pour jardiner.

En général, les hommes sont assez beaux et surtout vigoureux, les femmes laides et communes. Bien que le tamaziṛt soit leur langue habituelle, les Beni Ḥasan savent la plupart l'arabe; mais ils y mêlent diverses expressions étrangères : telle est la particule *d*, dont ils font précéder les noms au génitif : ainsi ils disent Ouad d en Nekhla, Djebel d el Akhmâs, etc. Cet emploi du *d* se retrouve d'ailleurs dans le Maroc entier, avec le même sens, celui de notre préposition « de »; mais nulle part avec autant d'excès qu'aux environs de Tétouan.

4°. — DE TÉTOUAN A FAS.

4 juillet.

Pendant cette première journée de marche, je me borne à gagner le fondoq devant lequel j'étais déjà passé, entre Tanger et Tétouan. La route a été décrite; je n'en reparlerai pas. J'ai fait prix, pour me conduire à Fâs, avec un muletier musulman : c'est en sa compagnie que je suis parti ce matin; notre caravane est peu nombreuse : dix bêtes de somme; le muletier, son fils et un domestique; voilà, avec Mardochée et

(1) La *belṛa* est une sorte de pantoufle très large, en cuir souple, à semelle mince, sans talon. C'est la seule chaussure qu'on voie au Maroc.

moi, tout ce qui la compose. D'ici à Fâs, par la route que nous allons prendre, il n'y a rien à craindre; nous serons constamment en blad el makhzen et en pays peuplé : inutile de prendre d'escorte.

Le fondoq où nous passons la nuit est une vaste enceinte carrée dont le pourtour est garni, à l'intérieur, d'un hangar : les voyageurs s'installent sous cet abri; les animaux restent au centre : le maître du lieu perçoit une légère rétribution sur bêtes et gens; de plus, il vend de l'orge et de la paille. Les établissements de ce genre, rares au Maroc dans la campagne, y sont très nombreux dans les villes : le hangar se surmonte alors d'un étage où sont disposées de petites cellules fermant à clef qu'on loue aux étrangers : ce sont les seules hôtelleries qui existent. Le fondoq où nous sommes paraît très fréquenté : vers le soir, près de cinquante voyageurs s'y trouvent réunis; la cour est pleine : chevaux, ânes, mulets, chameaux, s'y pressent pêle-mêle avec des troupeaux de bœufs et de moutons.

5 juillet.

A 4 heures du matin, nous quittons le fondoq. La caravane s'augmente de trois personnes : un homme se rendant à Fâs; il porte à la main une cage contenant six canaris; c'est pour les vendre qu'il entreprend ce voyage; il compte sur un bénéfice d'environ trente francs. Puis une femme et sa petite fille, allant je ne sais où. Aujourd'hui, la route traverse deux régions fort différentes : durant la première partie de la journée, je suis dans un pays montueux, très arrosé, souvent boisé : ce sont les dernières pentes du revers occidental des montagnes du Rif. Puis, vers midi, après avoir passé un col aux abords rocheux et difficiles, je débouche dans une immense plaine légèrement ondulée où je marche jusqu'au gîte. Cette plaine, couverte tantôt de champs de blé et de maïs, tantôt de pâturages, tantôt de nouara hebila (1), s'étend à perte de vue dans les directions de l'ouest et du sud; au nord et à l'est, elle est bornée par une longue ligne de hauteurs bleuâtres, au flanc desquelles on distingue de blancs villages et les taches sombres de vergers. La nouvelle région où je viens d'entrer et où je demeurerai jusqu'à l'Ouad Sebou présente le contraste le plus complet avec celle que je quitte : là on ne voyait que des villages, ici presque que des tentes; là une foule de jardins, ici pas un arbre; là tous les ruisseaux, toutes les rivières avaient de l'eau courante, tous étaient bordés de lauriers-roses; ici bien des lits sont à sec, d'autres ne contiennent qu'une eau croupissante et le laurier-rose a disparu. Cependant, sans être riante comme la première, c'est encore une riche

(1) Les *nouara hebila* sont de larges fleurs blanches portées par des tiges raides qui atteignent jusqu'à 1m,20 à 1m,40 de hauteur; elles poussent sans culture, très serrées, formant comme de vastes champs blancs; les tiges ont en moyenne 1 mètre à 1m,20 d'élévation; elles servent, une fois sèches, à allumer le feu et à faire des huttes grossières. Cette plante n'est propre à aucun autre usage : les animaux ne la mangent point.

contrée : le sol, terreux partout, est entièrement cultivable; de beaux champs de blé, d'orge et parfois de maïs, en couvrent une grande partie et en prouvent la fécondité. D'ailleurs, si elle n'a pas ces ondes fraîches et limpides que j'admirais près de Tétouan, les rivières pourtant y sont nombreuses et l'eau est loin d'y manquer, malgré la saison.

Nous nous arrêtons à 4 heures du soir, dans un douar des Bdaoua (1), en un lieu où se tient un marché hebdomadaire, Souq el Arbaa el Bdaoua. Pendant cette journée, je n'ai rencontré sur la route qu'un passage difficile : les environs du col signalé plus haut. Parmi les cours d'eau traversés, trois avaient quelque importance : l'Ouad el Ḥericha (berges escarpées de 2 ou 3 mètres de haut; 6 mètres de large; eau claire de 50 centimètres de profondeur, qui coule sur un lit de gros galets; courant rapide); l'Ouad el Kharroub (berges de terre escarpées de 2 ou 3 mètres de haut; 5 mètres de large; eau claire et courante de 50 centimètres de profondeur; lit de gravier); l'Ouad Ạïcha (6 mètres de large; eau de 50 à 60 centimètres de profondeur; courant insensible). En général, peu de monde sur le chemin, mais sur quelques points beaucoup de travailleurs dans les champs : partout, de Tétouan à Fâs, on moissonne. Souvent les douars qu'on rencontre sont grands, mais ils ont l'aspect misérable : les tentes, petites et mauvaises, ne descendent qu'à 0,80 centimètres de terre, laissant un vide mal fermé par une cloison de nouara hebila. Encore tout n'est-il pas tentes; celles-ci sont mêlées la plupart du temps de huttes en nouara hebila. Huttes et tentes sont groupées sans ordre, formant un ensemble qui rappelle peu le sens primitif du mot douar. Ainsi sont tous les campements de Tétouan à Fâs.

6 juillet.

Départ à 5 heures du matin. Toute la journée, je continue à marcher dans la plaine ondulée décrite hier; rien n'y change : même terrain, mêmes habitants, même

El Qçar el Kebir, ses jardins, le Djebel Sarsar.
(Vue prise à 2 kilomètres de la ville, du chemin de Tétouan.) Croquis de l'auteur.

horizon; seulement, à partir de 11 heures, j'ai en vue le Djebel Sarsar. Sa croupe massive apparaît à l'est, dominant les hauteurs qu'on aperçoit de ce côté. El Qçar est située au milieu de la plaine. Nous entrons dans la ville à 4 heures du soir.

(1) La tribu des Bdaoua fait partie de la province d'El Ạraïch, province gouvernée par un qaïd résidant à El Araïch. Les Bdaoua, ainsi que toutes les populations que je rencontrerai d'ici à Fâs, ne parlent que l'arabe.

Plus de voyageurs aujourd'hui qu'hier sur la route. Le principal cours d'eau traversé est l'Ouad el Mkhâzen (berges de terre à 1/2 de 4 à 5 mètres de haut; 10 à 12 mètres de large; belle eau courante de 50 centimètres de profondeur).

Un événement se produit ce soir dans notre caravane : en entrant à El Qçar, l'homme aux canaris nous fait part de son mariage : en marche, il a fait connaissance avec notre compagne de route; elle lui a plu; il lui a offert sa main; elle a accepté; ils vont se marier à El Qçar : on vendra les canaris comme on pourra; le prix en servira au don nuptial et aux frais de la noce.

7 juillet.

C'est aujourd'hui samedi : force m'est de rester ici pendant 24 heures. De tous les ennuis auxquels m'a soumis ma condition de Juif, je n'en connais aucun qui approche de celui-là : perdre cinquante-deux jours par an. Certains Israélites du Maroc sont d'avis que c'est le point le plus admirable de leur religion. Je n'y ai rien trouvé de plus dur : on voudrait se mettre en route, on ne peut pas : on est en voyage, il faut s'arrêter. Encore si l'on pouvait profiter de ce retard pour rédiger ses notes, mais c'est presque toujours impossible. Se trouve-t-on seul? On barricade sa porte, on bouche les fentes, et on se met au travail. Mais il est si difficile d'être seul ce jour-là! Et il ne faudrait pas qu'on vous surprît à écrire : votre secret serait trahi; on saurait que vous n'êtes pas Israélite. A-t-on jamais vu au Maroc Juif écrire durant le sabbat? C'est défendu au même titre que voyager, faire du feu, vendre, compter de l'argent, causer d'affaires, que sais-je encore? Et tous ces préceptes sont observés, avec quel soin! Pour les Israélites du Maroc, toute la religion est là : les préceptes de morale, ils les nient; les dix commandements sont de vieilles histoires bonnes tout au plus pour les enfants; mais quant aux trois prières quotidiennes quant aux oraisons à dire avant et après les repas, quant à l'observation du sabbat et des fêtes, rien au monde, je crois, ne les y ferait manquer. Doués d'une foi très vive, ils remplissent scrupuleusement leurs devoirs envers Dieu et se dédommagent sur les créatures.

Encore ici ne suis-je pas très à plaindre : je profiterai de cette journée pour visiter la ville. Celle-ci a pu mériter autrefois son nom de El Qçar el Kebir (1), mais aujourd'hui elle n'est plus ni grande ni fortifiée. Très mal construite, avec ses maisons non blanchies qui lui donnent un air de saleté et de tristesse, c'est la plus laide des villes que j'aie vues au Maroc : elle manque d'eau; on est obligé d'en aller chercher dans des outres à l'Ouad el Qous, à près d'une demi-heure de distance. La population peut être de 5 ou 6 000 habitants, dont un millier d'Israélites : ceux-ci étaient autre-

(1) Le grand château.

fois enfermés dans un mellaḥ; comme il est devenu trop étroit, on leur permet aujourd'hui d'habiter dans toute la ville. Malgré cela, il est difficile de se loger : j'ai eu toutes les peines du monde à trouver une chambre, et quelle chambre! Je n'aurais jamais cru qu'une telle quantité d'araignées et de souris pût tenir en un si petit espace. Quant aux anciennes fortifications, on en retrouve peu de traces : quelques pans de murs ruinés, de pisé extrêmement épais, se dressant çà et là aux abords de la ville, voilà tout ce qu'il en reste. Une des choses remarquables de ce lieu est la quantité innombrable des cigognes : point de maison sans un nid de ces oiseaux; il y en a, je pense, presque autant que d'habitants. El Qçar est la résidence d'un gouverneur, lieutenant du qaïd d'El Ạraïch (1).

Auprès de la ville, sont de grands vergers : j'y ai remarqué de belles plantations d'orangers, entretenues avec soin et arrosées par des norias. Mais ce sont des exceptions : en général, ces jardins sont plus vastes que florissants; ils produisent peu de fruits; la plupart de ceux qu'on consomme ici viennent de Tanger ou de Tétouan.

8 juillet.

Départ à 5 heures du matin. Je marche dans la même plaine : telle elle était avant-hier au nord d'El Qçar, telle elle sera encore toute cette journée. Il n'y a qu'une différence : la ligne de hauteurs qui la bordait vers l'est disparaît et fait place aux

Djebel Sarsar.
(Les parties ombrées sont boisées.)
(Vue prise du chemin d'El Qçar à Fâs, à 22 kilomètres d'El Qçar.)
Croquis de l'auteur.

Djebel Kourt. (Vue prise du chemin d'El Qçar à Fâs, à l'ouest-sud-ouest et à environ 12 kilomètres de la montagne.) Croquis de l'auteur.

lourds massifs du Djebel Sarsar et du Djebel Kourṭ. A 3 heures de l'après-midi, nous arrivons à Chemmaḥa, petit douar où nous devons passer la nuit.

Je n'ai traversé aujourd'hui qu'une seule rivière, mais elle est importante : c'est l'Ouad el Qous (berges de terre à 1/1 de 7 à 8 mètres de haut; eau courante de 60 à 0 centimètres de profondeur et de 20 à 25 mètres de large; lit de gravier).

Une caravane qui chemine en ces pays arrive toujours plus nombreuse qu'elle

(1) Le qaïd d'El Ạraïch est le chef de la province du même nom. De Tanger à Fâs, je traverse cinq provinces : lles de Tanger, de Tétouan, d'El Ạraïch, du Ṛarb, et de Fâs. Les quatre premières sont gouvernées chacune r un qaïd; dans la dernière l'autorité est partagée entre trois bachas. Ces sept fonctionnaires relèvent tous rectement du sultan. La province du Ṛarb est très étendue : je vais y entrer, et j'y resterai jusqu'auprès de ls. Les tribus des Ṭegaga, des Hejaoua, des Oulad Ạïssa, des Cheraga, en font partie.

n'était partie. En marche, elle se grossit de tous les isolés qu'elle rencontre et qui suivent la même route. A chaque gîte, elle s'accroît de quelques personnes qui profitent de l'occasion. *El ạmara mliḥa*, « la société est bonne », dit-on : la société est une sûreté et souvent une économie. Cinq au départ, nous sommes déjà une douzaine : nous arriverons quinze ou vingt à Fâs.

9 juillet.

Départ à 4 heures et demie du matin. Nous reprenons notre marche au travers du même pays. A 2 heures, nous parvenons au bord de l'Ouad Ouerṛa. Le fond de la vallée, très large ici, est limité des deux côtés par un talus de terre presque à pic d'une dizaine de mètres de hauteur. L'aspect de la vallée est riant : c'est une grande prairie où paissent de nombreux troupeaux; quelques bouquets d'arbres l'ombragent; des jardins, des douars s'y voient en grand nombre. Au milieu, la rivière, large de 80 mètres, aux eaux vertes, coule claire et rapide sur un lit de galets. Ce lit est bordé de berges de terre à pic, de 4 à 5 mètres de haut; la largeur de la rivière atteint près de 100 mètres au gué où nous la traversons; en ce point, elle a environ 60 centimètres de profondeur; au-dessous, son cours se rétrécit, mais elle devient profonde de $1^m,50$. Nous nous arrêtons sur la rive gauche de l'ouad, dans un petit douar ombragé de figuiers : c'est là que nous passerons la nuit.

Avant d'arriver à l'Ouad Ouerṛa, j'avais franchi un cours d'eau assez important, l'Ouad Rḍât (berges de terre de 4 à 5 mètres de haut; eau claire et courante de 50 centimètres de profondeur; 15 mètres de large; lit de gravier). Aujourd'hui, un peu moins de monde sur le chemin que les jours derniers. Les cultures semblent aussi un peu moins nombreuses et moins soignées. Les pâturages augmentent.

D'ici on voit, tout à fait dans le lointain, bornant l'horizon vers l'est, une longue série de crêtes grisâtres très découpées; elles paraissent appartenir à des massifs élevés; un sommet se distingue par ses formes escarpées : c'est le Djebel Oulad Ạïssa. Plus près de moi, dans la direction du sud, j'aperçois le Djebel Tselfat. — L'Ouad Ouerṛa renferme beaucoup de poissons; des hommes de la caravane pêchent, et en prennent une quantité étonnante. Il contient aussi des tortues, comme la plupart des cours d'eau entre Tanger et Fâs.

Djebel Tselfat. (Vue prise du chemin d'El Qçar à Fâs, à environ 16 kilomètres de la montagne.) Croquis de l'auteur.

10 juillet.

Départ à 5 heures du matin. Je marche jusqu'au gîte dans la même plaine que les jours précédents; mais le terrain se modifie un peu. Il commence à changer vers 9 heures et demie, à la frontière des Oulad Ạïssa. Jusque-là c'était toujours la même plaine à ondulations légères, succession de plateaux peu élevés, coupés de vallées sans profondeur. A partir de là, les rides se creusent, les reliefs se prononcent. Cependant les mouvements sont encore peu accentués, et la région d'ici à l'Ouad Sebou peut se considérer comme appartenant à celle où je suis entré le 5 juillet. Mais, par divers côtés, elle annonce la contrée qu'on trouvera sur la rive gauche du fleuve : déjà les flancs des vallées se couvrent de jardins; déjà apparaissent sur les côtes des plantations d'oliviers, de vignes et de figuiers; déjà les collines se couronnent de villages. De plus, la nouara hebila, plante curieuse qui couvre une partie de la plaine que je finis de traverser, et que je n'ai jamais rencontrée ailleurs, devient rare : par contre, le jujubier sauvage commence à se montrer; depuis que je suis chez les Oulad Ạïssa, j'en vois çà et là des buissons poussant dans la campagne. On rencontre plus de passants qu'hier; le pays paraît plus habité et plus riche. Vers 3 heures et demie, nous atteignons la vallée du Sebou : moins large que celle de l'Ouad Ouerṛa, elle est aussi nettement dessinée. Un double talus à pente très raide en limite le fond de chaque côté. Ce fond est en partie sablonneux : on y voit peu de cultures, mais il y a des pâturages avec plusieurs grands douars; au milieu coule, en serpentant beaucoup, l'Ouad Sebou. La largeur moyenne

paraît en être de 60 mètres, la profondeur d'un mètre; il coule entre deux berges de terre de 3 à 4 mètres de haut; les eaux en sont moins claires que celles de l'Ouad Ouerṛa, mais le courant en est extrêmement rapide : nous profitons, pour le passer, d'un gué où il prend une grande largeur et se divise en trois bras : dans les deux premiers je trouve une profondeur de 50 centimètres environ; dans le troisième, large de 50 mètres, une profondeur de 70 centimètres : le lit est formé de gros galets. Nous faisons halte dans un douar, sur la rive gauche du fleuve, tout près d'un rocher isolé, *Ḥadjra ech Cherifa*, qui donne son nom à ce lieu. Ici encore mes compagnons font une pêche abondante. De l'Ouad Ouerṛa à l'Ouad Sebou, je n'ai traversé que des ruisseaux.

11 juillet.

Départ à 5 heures du matin. Après nous être élevés par degrés en franchissant une succession de côtes coupées de ravins assez profonds, nous arrivons à 10 heures au cœur même du massif du Gebgeb. Nous nous mettons à gravir cette montagne : le sol reste terreux, mais le chemin, en pente très raide, devient difficile. La fatigue de la route est compensée par la beauté du paysage : autour de soi on ne voit que vastes plantations de vignes et d'oliviers, s'étendant sur tout le flanc de la montagne et en couronnant le faîte; puis, de temps en temps, on aperçoit vers la droite la haute cime du Terrats, ou bien, dans le lointain, la silhouette grise du Zerhoun. A midi, j'atteins le col, situé presque au niveau des sommets du massif. De là on jouit d'un spectacle merveilleux : à droite, le Terrats et le Zerhoun; à gauche, l'arête rocheuse du Zalaṛ; en avant, bornant toute l'étendue de l'horizon, une ligne confuse de montagnes lointaines que dominent la haute cime du Djebel Ṛiata et les crêtes neigeuses du Djebel Beni Ouaṛaïn : au milieu de cette ceinture grandiose, au pied même du Gebgeb, apparaît Fâs, émergeant comme une île blanche de la mer sombre de ses immenses jardins.

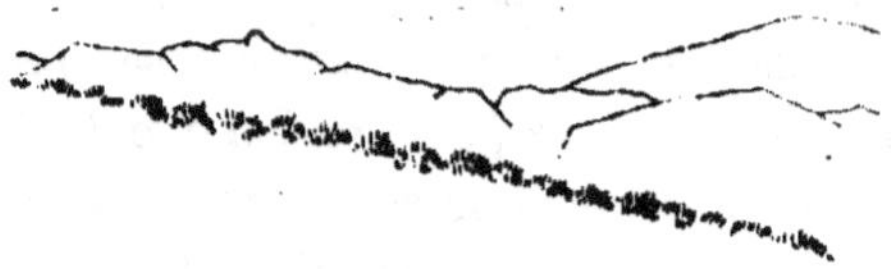

Djebel Gebgeb et Djebel Terrats. (Vue prise au nord-ouest de ces montagnes, du chemin d'El Qçar à Fâs.) Croquis de l'auteur.

Du col, la descente est aisée : à 2 heures, j'arrive à Bab Segma et j'entre dans l'antique cité de Moulei Edris.

Pendant cette journée, une foule de voyageurs n'a cessé de sillonner le chemin :

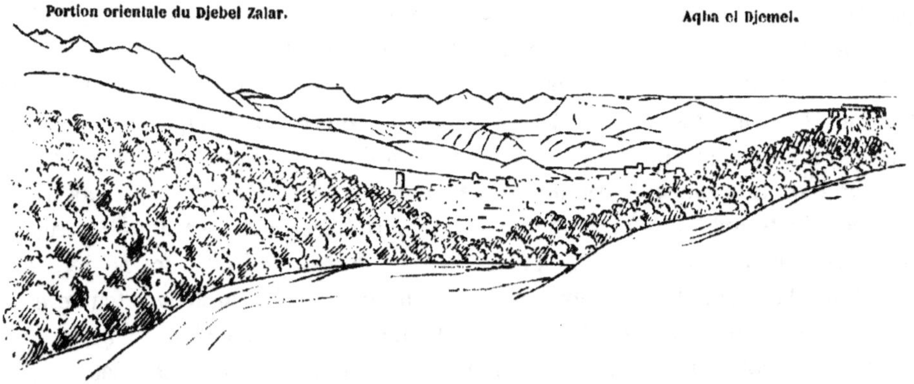

Partie orientale de Fâs el Bâli. (Le reste de la ville est caché par des collines couvertes de vergers.) (Vue prise à un kilomètre du mellah de Fâs, du chemin de Sfrou.) Croquis de l'auteur.

de Ḥadjra ech Cherifa à Fâs, le pays est d'une richesse extrême; ce ne sont que cultures, villages, jardins, plantations de vignes et d'oliviers; quelques ravins sont boisés; peu de places incultes, celles qu'on voit sont couvertes de jujubiers sauvages et de palmiers nains : la nouara hebila a entièrement disparu. Peu d'eau courante, mais des sources et des puits. Vers 7 heures et demie, j'ai passé au milieu de l'Arbạa des Oulad Djemạ; malgré l'heure matinale, il était animé : il s'y trouvait 300 ou 400 personnes, et on venait de toutes parts.

5°. — SÉJOUR A FAS.

A mon passage à Tanger, M. Benchimol, dont le nom est connu en France par les importants services que, depuis plus d'un siècle, sa famille ne cesse de rendre à notre pays, m'avait donné une lettre pour un des principaux négociants de Fâs, M. Samuel Ben Simhoun. Je me fis immédiatement conduire à la maison de ce dernier. Je reçus de lui le meilleur accueil. Je lui demandai aussitôt de m'aider à trouver les moyens de gagner le Tâdla; il me promit de le faire, et il m'offrit si cordialement l'hospitalité que je n'hésitai pas à l'accepter. D'ailleurs je comptais ne passer que peu de temps à Fâs : cette ville étant décrite dans plusieurs ouvrages en grand détail et mieux que je n'eusse pu le faire, je n'avais pas à l'étudier; il me tardait, au contraire, de la quitter pour entrer enfin en pays inconnu. Je priai donc M. Ben Simhoun de hâter mon départ pour le Tâdla : je tenais à y aller en coupant au court, à travers le massif inexploré qu'occupent les Zemmour Chellaḥa et les Zaïan.

Ce que je désirais n'était pas chose aussi facile que je l'avais cru. Nous n'obtînmes d'abord que les renseignements les plus décourageants : le chemin que je voulais prendre était impraticable, jamais on ne le suivait; les Zaïan et les Zemmour Chellaḥa étaient des tribus sauvages chez lesquelles il était impossible de voyager; il ne fallait pas songer à une route pareille; d'ailleurs n'en avait-on pas une autre, aussi sûre que celle-ci l'était peu? celle qui se prenait toujours, et qui passait par Rebaṭ et Dar Beïḍa. On eut beau chercher, questionner, s'informer, ce fut tout ce qu'on put obtenir. Au bout de huit jours, force fut de s'avouer qu'il n'y avait rien à espérer à Fâs. Mon hôte fit alors une dernière tentative : il écrivit à Meknâs, priant un de ses amis d'y continuer les recherches qui jusque-là avaient si peu réussi. La réponse ne se fit pas attendre : il existait à Meknâs un cherif, homme honorable, qui connaissait le chemin que je demandais; il l'avait suivi lui-même plusieurs fois : comble de bonheur, il avait l'intention d'aller à Bou el Djạd dans quelque temps; je pourrais partir avec lui, il se faisait fort de me faire passer partout. Mais il ne voyagerait qu'à la fin du Ramḍân. Or le Ramḍân commençait à peine. Il était dur d'être arrêté un mois à Fâs; d'autre part, l'occasion qui s'offrait était unique : il fallait ou l'attendre, ou se résigner à suivre la route ordinaire. Je ne balançai pas, j'acceptai la proposition du cherif. — Quant à mon séjour à Fâs, je m'efforcerais de l'employer le plus utilement possible, j'en profiterais pour aller visiter Tâza et Sfrou.

Je ne puis dire combien de zèle montra M. Ben Simhoun en ces négociations. C'est lui qui fit toutes les démarches, toutes les recherches. Jusqu'au moment où la dernière disposition fut prise pour mon départ, il quitta ses occupations, négligea ses affaires, pour se consacrer en entier à ce que je lui avais demandé. Il montra en tout une intelligence, une activité, une discrétion dont je ne devais pas trouver d'autre exemple au Maroc parmi ses coreligionnaires.

La population de Fâs est d'ordinaire estimée à 70000 habitants, dont 3000 Israélites : ces chiffres ne sont, je crois, pas loin de la vérité. Fâs fait un commerce considérable; elle est le centre où affluent d'une part les marchandises européennes

Monts Terrats, Gebgeb et Zalar et plaine du Saïs. (Vue prise du chemin de Sfrou à Fâs.)
Croquis de l'auteur.

Djebel Terrats. (Vue prise du mellah de Fâs.)
Croquis de l'auteur.

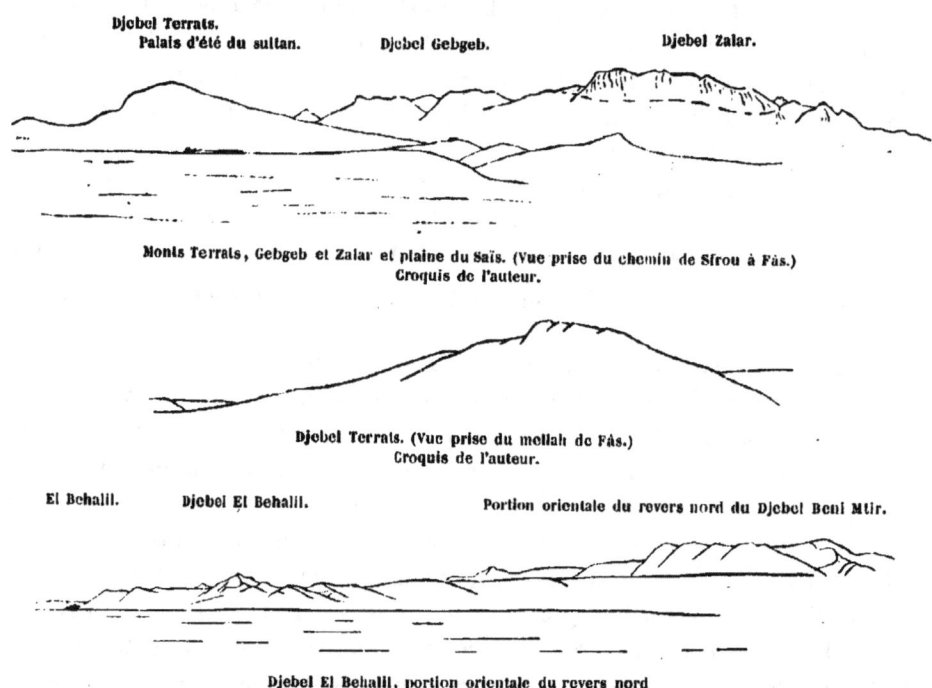

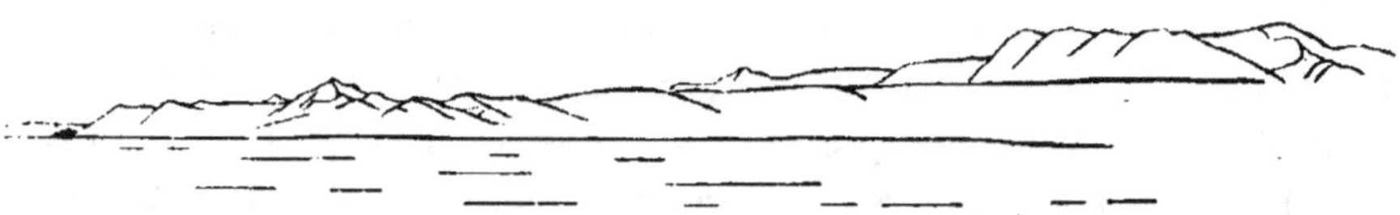

Djebel El Behalil, portion orientale du revers nord du Djebel Beni Mtir et plaine du Saïs. (Vue prise du mellah de Fâs.)
Croquis de l'auteur.

venant par Tanger, de l'autre les cuirs du Tafilelt, les laines, la cire et les peaux de chèvre des Aït Ioussi et des Beni Ouaraïn, parfois même les plumes du Soudan. Les laines, les peaux, la cire, sont expédiées par grandes quantités en Europe; les plus beaux cuirs restent à Fâs où, travaillés par d'habiles ouvriers, ils servent à faire ces belras, ces coussins, ces ceintures, objets de luxe qu'on vient y acheter de tous les points du Maroc du nord (1). Les objets d'origine européenne arrivant dans la ville sont nombreux : velours, soieries, passementeries d'or et d'argent venant de Lyon; sucres, allumettes, bougies de Marseille; pierres fines de Paris; corail de Gênes; co-

(1) Le Maroc se divise politiquement et commercialement en deux régions distinctes et presque sans rapports l'une avec l'autre : la première a Fâs pour centre; on peut l'appeler Maroc du nord ou royaume de Fâs. La

tonnades (*meriqan*, *sḥen*, indiennes), draps, papier, coutellerie, aiguilles, sucres, thés d'Angleterre; verrerie et faïences d'Angleterre et de France. Une portion de ces marchandises, tout ce qui est passementeries, pierres fines, coutellerie, reste à Fâs. Le reste, c'est-à-dire la plus grande part de beaucoup, va alimenter des mar-

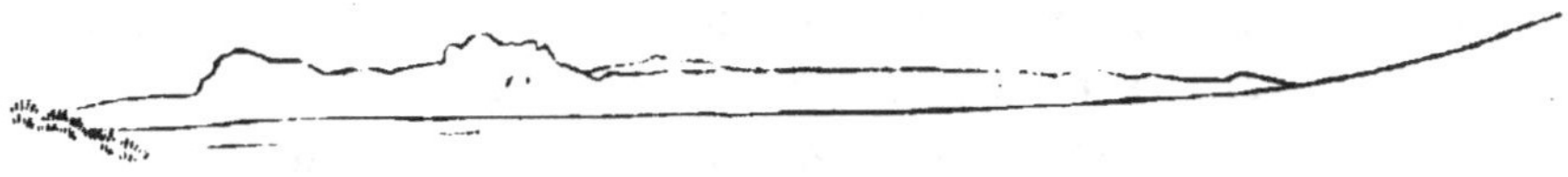

Djebel Zerhoun. (Vue prise du chemin de Fâs à Sfrou, à un kilomètre du mellah de Fâs.)
Croquis de l'auteur.

chés de Fâs au Tafilelt. Les grands négociants de la capitale envoient des agents, munis de cotonnades et de belṛas, sur les marchés des Hiaïna et des Beni Mgild; de plus, ils ont des correspondants échelonnés depuis Sfrou jusqu'au Reteb : ils leur expédient du sucre, du thé, des cotonnades, qui s'écoulent de là chez les Beni Ouaṛaïn, les Aït Ioussi, les Aït Tsegrouchen, et chez toutes les tribus de la haute Mlouïa et de l'Ouad Ziz. D'un autre côté, les caravanes qui viennent du Tafilelt, apportant des cuirs et des dattes, s'en retournent chargées de cotonnades, de sucre, de thé, de riches vêtements de drap et de belṛas fines, pour lesquels Fâs est renommée, et d'une pacotille de parfums, de papier, d'aiguilles, d'allumettes, de verres et de faïences. Fâs fournit ainsi non seulement une partie du Maroc central, mais encore la plus grande portion du Sahara oriental, toute celle qui dépend commercialement de l'Ouad Ziz. Un commerce aussi étendu serait la source de richesses immenses dans un autre pays; mais ici plusieurs causes diminuent les bénéfices : d'abord le prix élevé des transports, tous faits à dos de chameau ou de mulet, prix que doublent au moins les nombreux péages établis sur les chemins du nord de l'Atlas et les escortes qu'il est indispensable de prendre au sud de la chaîne; ensuite, dans une région dont la plus grande partie est peuplée de tribus indépendantes et souvent en guerre entre elles, dont l'autre n'est qu'à moitié soumise et se révolte fréquemment, il arrive sans cesse qu'une caravane est attaquée, qu'un convoi est pillé, qu'un agent

seconde a pour centre Merrâkech : elle peut se désigner sous le nom de Maroc méridional ou royaume de Merrâkech. Ces deux régions ont chacune leur capitale, chacune leurs ports, chacune leur commerce. Elles sont séparées par une longue ligne de tribus indépendantes, les Zaïr, les Zemmour Chellaḥa, les Zaïan, les Ichqern, les Aït Seri, les Berâber, et par les régions montagneuses qui s'étendent entre les bassins de l'Oumm er Rebiạ et du Dra d'une part, et ceux du Sebou, de la Mlouïa et du Ziz de l'autre. Il n'y a que deux points par où communiquent ces deux contrées; ils se trouvent aux extrémités opposées de la ligne qui les sépare; ce sont : au nord-ouest, le bord de la mer; au sud-est, la plaine qui, par le Todṛa, le Ferkla et le Ṛeris, s'étend entre l'Ouad Dâdes et l'Ouad Ziz. Les deux chemins qui suivent, l'un cette plaine, l'autre le rivage de l'Océan, sont les seuls qui mettent en relation le Maroc du nord et le Maroc du sud.

est enlevé. Le commerce a donc ses risques, et plus d'un motif vient en amoindrir les gains. Enfin il est entravé encore par le manque de crédit et par l'usure. Le taux de l'intérêt atteint au Maroc des limites fantastiques, ou plutôt il n'en a pas. Voici le taux auquel prêtent à Fâs des Israélites qui se respectent : 12 0/0 pour un coreligionnaire d'une solvabilité certaine; 30 0/0 pour un Musulman d'une solvabilité également assurée; 30 0/0 pour une personne de solvabilité moins sûre, mais qui fournit un gage; 60 0/0 dans les mêmes conditions sans gage (1).

Dans les diverses villes du Maroc que j'ai vues, le costume des Musulmans de condition aisée est le même; je le décrirai ici une fois pour toutes : linge de coton;

(1) Il faut aussi compter parmi les obstacles au commerce l'absence d'un système monétaire uniforme. Il y a bien une unité monétaire, le *mitqal*, se divisant en dix *ouqia*. Mais c'est une valeur toute théorique; il n'existe point de monnaie la représentant : on se sert de pièces étrangères et de quelques rares pièces du pays, les unes et les autres changeant de valeur dans chaque ville, dans chaque tribu. Les pièces en usage sont :

Le *real* (pièce de 5 francs, française ou espagnole) : il a cours partout; c'est la monnaie principale, l'unité dont on se sert pour tous les comptes, toutes les évaluations.

La *peceta* (pièce de 1 franc; 5 valent un real) : toutes les pièces d'un franc françaises ou espagnoles passent dans les grandes villes; hors de là n'ont cours que les vieilles pecetas espagnoles du siècle dernier ou des dix premières années de celui-ci.

Diverses monnaies marocaines en argent. Il y en a d'une foule de modèles, les unes anciennes, les autres neuves; les plus fortes sont un peu plus grosses qu'une pièce de 0 fr. 50 : on ne leur donne pas d'autre nom que celui de leur valeur en ouqias, valeur qui change en chaque lieu. Elles passent dans tout le Maroc, mais avec une valeur relative moindre que celle des pièces européennes.

Les pièces de 2 francs, de 0 fr. 50 et de 0 fr. 20, n'ont cours que dans les grandes villes; il en est de même de toute la monnaie d'or. Les populations des campagnes et des petites localités, n'ayant pas le moyen de la contrôler, refusent de l'accepter, craignant d'en prendre de fausse.

Comme monnaie de cuivre, on se sert d'une monnaie nationale dont l'unité est la *mouzouna*. On compte quatre mouzounas dans l'ouqia et 40 dans le mitqal. Cette monnaie est en usage dans tout le Maroc; sa valeur y est uniforme : c'est la seule pour laquelle il en soit ainsi. Il n'y a pas de pièces d'une mouzouna; il y en a de 2/3 de mouzouna, de 1/6 de mouzouna, etc.

La pièce de 5 francs, seule unité pratique, a une valeur qui diffère en chaque lieu; de plus, en un même point, cette valeur n'est pas fixe, elle oscille sans cesse entre certaines limites. Voici ce qu'elle valait en divers endroits, aux époques où je les ai traversés : Tanger, Tétouan, El Qçar, Fâs, Meknâs, 10 mitqals; — de Meknâs à Demnât, 8 à 9 mitqals; — Demnât, Zaouïa Sidi Reḥal, 10 mitqals; — Tazenakht, 10 à 11 mitqals; — Zenâga, 8 à 9 mitqals; — Tisint, 4 mitqals 1/2 à 5 mitqals; — Tatta, Aqqa, Isaffen, Ilalen, Chtouka, Agadir Iṛir, partie méridionale de la tribu des Ḥaḥa, tout le Sahel marocain, de 3 mitqals 1/2 à 4 mitqals 1/2; — Ilir (sur l'Ouad S. Moḥammed ou Iaqob), 12 mitqals; — Taroudant, Houara, Menâba, 12 mitqals 1/2; — partie septentrionale de la tribu des Ḥaḥa, Mogador, 12 à 13 mitqals; — Mezgiṭa, Aït Seddrât, 11 mitqals 1/2; — Tinzoulin, 8 mitqals; — toute la partie du pays de Dra située au sud du Tinzoulin, Tazarin, Todṛa, Ferkla, Tafilelt, 4 mitqals: — Dâdes, 4 mitqals 1/2; — Qçâbi ech Cheurfa, Misour, Ouṭat Oulad el Ḥadj, 9 mitqals; — Debdou, 2 mitqals 1/2 (c'est-à-dire 100 mouzounas : on a adopté cette valeur pour pouvoir compter d'après la règle française; dans ces conditions chaque mouzouna vaut 5 centimes; on compte à Debdou par douros, francs, sous). — Qaçba el Aïoun, 3 mitqals.

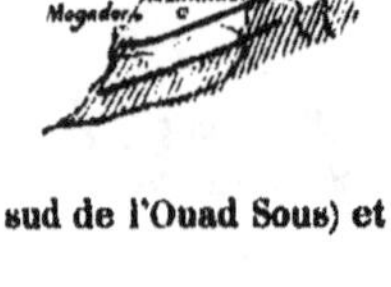

Ainsi qu'on le voit, la pièce de 5 francs ou real vaut de 8 à 12 mitqals dans le nord et dans le centre du Maroc. Cette valeur baisse brusquement et tombe à 4 mitqals, parfois même à moins, dans le Sahel (nom de la région qui borde l'Océan au sud de l'Ouad Sous) et dans le Sahara. De même, à Debdou et aux environs de la frontière française, la néces-

comme principal vêtement, soit un costume de drap brodé à la mode algérienne, soit un long cafetan de drap de couleur très tendre, soit plus souvent encore la *farazia*, sorte de cafetan de coutil blanc cousu au-dessous de la ceinture, comme la gandoura, et se fermant du haut par une rangée de petits boutons de soie; sur la tête, un large turban en étoffe très légère de coton blanc; par-dessus le tout, un léger ḥaïk de laine blanche unie; aux pieds, jamais de bas: de simples belṛas jaunes. Au Maroc, la couleur des belṛas a la plus grande importance : le jaune est réservé aux Musulmans, le rouge aux femmes, le noir aux Juifs : c'est une règle rigoureuse, observée même dans les campagnes les plus reculées. Les citadins portent rarement le bernous : il ne fait pas partie de leurs habits ordinaires; on ne le met que lorsqu'il fait froid. Les marchands, les individus de condition secondaire, remplacent volontiers le costume algérien, le cafetan, la farazia, par la djelabia en laine blanche ou en drap bleu foncé : avec la djelabia on ne porte pas le ḥaïk. Quant aux pauvres, ils n'ont qu'une chemise et une djelabia grossière. Les Musulmans de Fâs ont la peau d'une blancheur extrême; ils sont en général d'une grande beauté; leurs traits sont très délicats, efféminés même, leurs mouvements pleins de grâce; passant leur vie dans les bains, ils sont la plupart, même les pauvres, de cette propreté merveilleuse qui distingue les Musulmans des villes.

Si dans les cités la mode est invariable, c'est tout le contraire dans les campagnes. A chaque pas, je la verrai changer. Je signalerai, chemin faisant, ces différences : elles sont telles qu'on peut dire, à la vue du costume et des armes d'un Marocain, à quelle région il appartient. De Tétouan à Fâs, l'habillement est uniforme : c'est, pour les gens dans l'aisance, une chemise de coton on de laine, une djelabia blanche, un ḥaïk; les pauvres portent des djelabias de couleur ou des lambeaux d'étoffe blanche dont ils se couvrent comme ils peuvent. Les uns et les autres sont pour la plupart tête nue : quelques-uns s'enroulent autour de la tête un turban étroit et mince qui en laisse le sommet découvert. En fait d'armes, on a le fusil à un coup, à pierre; canon long, large crosse triangulaire de bois noirci : la crosse est très simple, sans autres orne-

sité de se rapprocher de notre système a fait, dans une zone restreinte, tomber le real à 2 mitqals 1/2 et 3 mitqals.

Dans ces monnaies de valeur si variable, il circule beaucoup de pièces fausses : il en existe parmi les reals; il en existe surtout parmi les pecetas espagnoles, qui sont la monnaie la plus commune. Ces anciennes pièces, à empreinte souvent effacée, sont d'une imitation facile; aussi dans celles qui servent actuellement s'en trouve-t-il plus de fausses que d'authentiques. Ce sont les Juifs, les ṭalebs, les cherifs, qui les confectionnent, tous ceux, en un mot, qui ont quelque instruction : la plupart d'entre eux s'occupent d'alchimie et, en attendant qu'ils découvrent la pierre philosophale, font de la fausse monnaie. Dans ces conditions, on ne reçoit d'argent qu'avec les plus grandes précautions; le moindre payement exige, dans les campagnes surtout, un temps infini; on n'accepte une pièce qu'après l'avoir tournée, examinée, montrée à deux ou trois personnes, fait voir à un *Juif*, s'il s'en trouve. Quant aux monnaies d'or, on n'en veut point, tant on craint d'en prendre de fausses. Enfin il n'y a pas jusqu'à celles de cuivre qui ne soient souvent falsifiées.

ments que de légères incrustations de fil d'argent. Ces fusils se fabriquent surtout à Tétouan. La poudre se porte dans des boîtes de bois en forme de poire : elles sont toutes couvertes de gros clous de cuivre et de sculptures coloriées. Les sabres sont rares dans cette région ; les cavaliers seuls en ont. Les lames en sont courtes (70 à 80 centimètres), droites ou peu recourbées, très flexibles ; les poignées, de corne ou de bois, avec gardes et branches de fer ; les fourreaux, de bois couvert de cuir, avec garnitures en cuivre : ce type de sabre est le seul en usage au Maroc. Enfin, ici comme ailleurs, tout le monde, hors des villes, porte habituellement le poignard, même étant désarmé ; il sert au besoin de couteau. Il y a deux modèles de poignards au Maroc : l'un court et à lame courbe, seul usité dans le massif du Grand Atlas et au sud de cette chaîne ; l'autre plus long et à lame droite, en usage dans le nord, où l'on rencontre aussi quelquefois, mais rarement, le poignard recourbé. Les harnachements des chevaux sont au Maroc les mêmes qu'en Algérie ; mais les housses de selles sont de drap rouge, au lieu d'être de cuir, et les poitrails et les brides sont brodés de soie d'une seule couleur, rouge d'ordinaire.

La ville et la province de Fâs sont administrées par trois bachas, commandant chacun à une portion de la ville et à un certain nombre de tribus de la campagne (1). Il n'y a point de grand commandement dans le blad el makhzen. Jamais plusieurs tribus considérables, plusieurs villes, ne sont réunies sous l'autorité d'un seul : chaque tribu de quelque importance, chaque cité, chaque province a son qaïd, nommé directement par le sultan et ne relevant que de lui. Bien plus, dans les capitales, à Fâs et à Merrâkech, et dans les grandes tribus telles que les Ḥaḥa, les Chaouïa, etc., l'autorité est répartie entre plusieurs gouverneurs. Ils portent le titre de bacha dans les résidences impériales, Merrâkech, Fâs, Meknâs, celui de qaïd partout ailleurs. Cette

(1) Voici comment ils se partagent l'autorité :

1° Le bacha Sidi Ȧbd Allah. Il a deux lieutenants, *khalifa*, nommés directement par le sultan. Relèvent de lui : Fâs Qedim ; les gens du Rif habitant le Gebgeb et le Lemta ; le Djebel Zerhoun, avec Zaouïa Moulei Edris, dont il nomme le qaïd (il y a un qaïd à Zaouïa Moulei Edris, et des chikhs dans les autres villages du Zerhoun) ; les Oulad el Ḥadj habitant autour du pont du Sebou.

2° Le bacha Ould Ba Moḥammed. Il est assisté d'un lieutenant nommé par le sultan. Sont sous son autorité : le mellaḥ de Fâs ; les Oulad Djemạ (deux marchés dans la tribu) ; les Behalil ; les Oulad el Ḥadj habitant sur la route de Fâs à Sfrou ; les Chedjạ (à quelques heures de Fâs) ; les Ḥamian, les Mhaïa, les Oulad Sidi Chikh, les Doui Mnia (campant tous dans le Saïs) ; les Ṛomera (près des Chedjạ). Toutes ces tribus sont dites de « plaine ». Voici maintenant les tribus de « montagne » : les Fichtâla (sur le chemin du Rif, à une demi-journée de Fâs ; les Beni Ouriaṛel (sur le chemin du Rif, au delà des Fichtâla). Dans ces diverses fractions, c'est le bacha qui nomme les chefs. Ceux de la plaine sont appelés *khalifa es souq*, « lieutenants du marché », parce que c'est sur les marchés qu'ils rendent la justice ; les petites tribus en ont un, les grandes en ont plusieurs. Dans la montagne, ils portent le nom de *chikh* : les Fichtâla et les Beni Ouriaṛel en ont un chacun.

3° Le bacha Ḥadj Sạïd. Son commandement se compose de Qaçba Cherarda, redoute faisant partie de l'enceinte de Fâs Djedid, au nord de Bab Segma ; Sfrou (où il nomme le qaïd ainsi que le chikh des Juifs) ; les gens du Sous et les nègres résidant aux environs de Fâs ; les Cherarda (habitant entre Fâs et Sfrou dans la partie appelée Bou Rejouan). Ḥadj Sạïd est secondé par un khalifa.

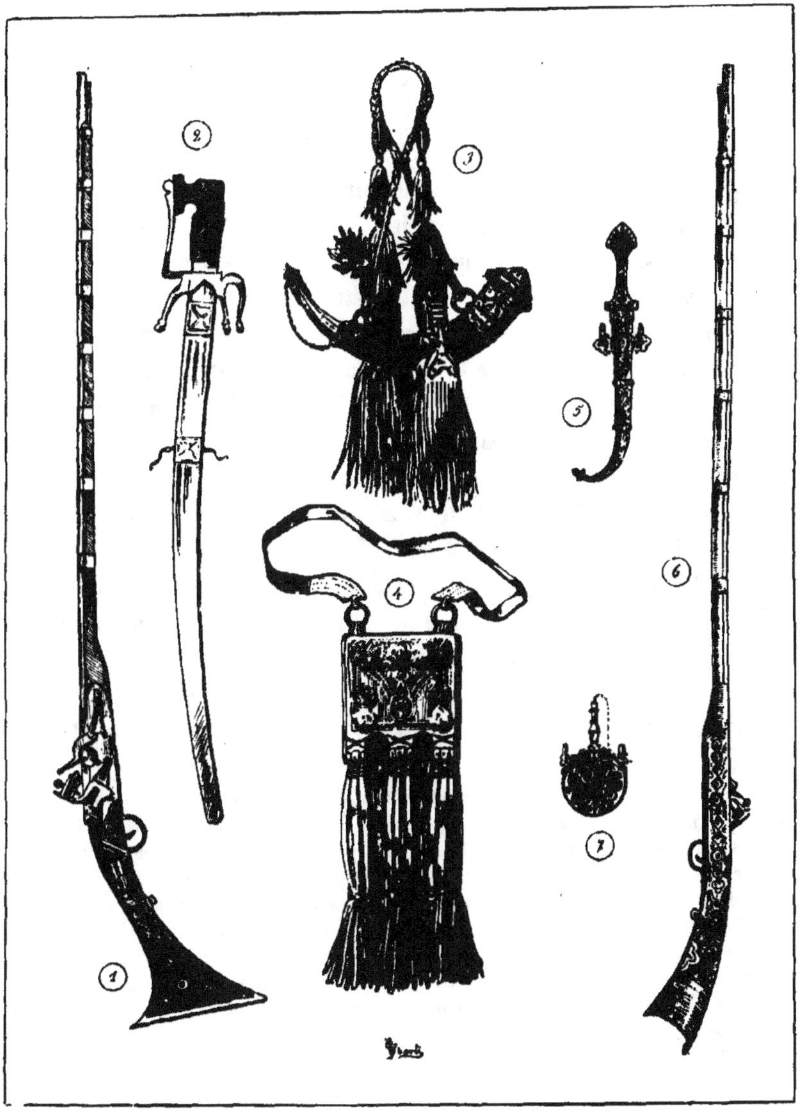

1. — Fusil en usage au nord du Grand Atlas.
2. — Sabre.
3. — Corne à poudre en usage dans les bassins de l'Oumm er Rebia, du Sous et du Dra, et sacs à balles.
4. — Sac à poudre en usage dans le bassin du Ziz et chez les Aït Seddrât.
5. — Poignard à lame courbe.
6. — Fusil en usage au sud du Grand Atlas.
7. — Boîte à poudre en usage dans le Sahel marocain.

extrême division du pouvoir a pour but d'empêcher les révoltes. Le soin constant du sultan est de veiller à ce que personne dans ses États ne devienne trop riche, ne prenne trop d'influence. Il suffirait de si peu pour renverser son trône chancelant!

6°. — VOYAGE A TAZA.

Il y a deux chemins principaux pour aller à Tâza : l'un, plus court, mais que l'on ne prend jamais, remonte l'Ouad Innaouen par les tribus des Hiaïna et des Ṛiata; l'autre, généralement suivi, traverse les Hiaïna, les Tsoul, les Miknâsa, évitant le plus longtemps possible le territoire des Ṛiata et n'y entrant qu'à la porte de Tâza. Les Hiaïna, les Tsoul, les Miknâsa font partie du blad el makhzen; mais ils n'obéissent qu'à demi; leur pays est peu sûr; les caravanes y circulent sans escorte, mais les étrangers n'y voyagent guère isolés. Quant aux Ṛiata, sur le territoire desquels est Tâza, ils sont indépendants, et de plus célèbres par leurs violences et leurs brigandages. On ne saurait faire un pas sur leurs terres sans l'ạnaïa d'un membre de la tribu; encore faut-il choisir un homme puissant et sûr, ce qui, pour un étranger surtout, n'est pas facile. Pour moi, je vais partir dans les conditions les plus favorables. En ces lieux où le sultan n'a aucun pouvoir, il est un homme tout-puissant : c'est le moqaddem de la grande zaouïa de Moulei Edris de Fâs, Sidi Er Râmi (1). Son influence, immense sur les Hiaïna, sur les Ṛiata, s'étend plus loin encore; tout le Rif, des Ṛomera aux Beni Iznâten, toutes les tribus entre Fâs, Tâza et la Méditerranée, obéissent à ses moindres volontés : ont-elles des affaires à Fâs, c'est lui qui s'en charge; le sultan désire-t-il quelque chose de l'une d'elles, il s'adresse à lui.

(1) Le chef de la zaouïa de Sidi Edris, qui porte le titre de moqaddem de cette zaouïa, n'est ni un descendant de Sidi Edris ni un cherif. C'est le chef d'une maison où la dignité de moqaddem de la zaouïa se perpétue de père en fils depuis un temps très reculé. Il y a deux principales zaouïas de Sidi Edris : l'une au Djebel Zerhoun, où est enseveli Sidi Edris le père, celui qui vint d'Orient s'établir au Maroc; l'autre à Fâs, où est enterré le fils du précédent, Sidi Edris, fondateur de Fâs. Cette dernière est la plus importante de beaucoup. C'est là que réside le grand moqaddem. Un de ses parents dirige la zaouïa du Zerhoun. Le moqaddem est, nous venons de le voir, plus puissant en bien des lieux que le sultan : c'est un homme de grand poids au Maroc. Sa famille est depuis longtemps plus vénérée que celle des descendants mêmes de Moulei Edris. Cependant il donne à ces derniers une partie des offrandes qu'apportent les pèlerins à la zaouïa. Les cadeaux en nature, grains, tissus, etc., ainsi que ce qu'on lui remet personnellement, demeurent sa propriété particulière. Mais outre ces dons il existe deux troncs où les dévots glissent des offrandes : le contenu de ces troncs est distribué intégralement par lui entre un certain nombre de familles descendant de Moulei Edris. La postérité de ce dernier est fort nombreuse; mais ne sont admises à participer à ce revenu de la zaouïa que deux classes : 1° les familles résidant à Fâs et à Meknâs, au nombre d'une soixantaine; 2° celles qui font partie de la descendance de Moulei Ạbd es Selam ben Mechich, et qui demeurent soit dans les environs de Fâs, soit dans le Rif, soit dans la région de Tétouan. C'est le moqaddem qui remet à chaque maison la part à laquelle elle a droit. Le moqaddem actuel est un homme d'âge moyen. Il se nomme Sidi Er Râmi. Mais dans le peuple on ne l'appelle que Sidi Edris. Depuis longtemps on désigne de ce nom tous les moqaddems successifs de la zaouïa.
Sur la zaouïa de Moulei Edris, voir *Ali Bey*, t. I, chap. XI.

C'est à l'abri de cette puissante protection que je vais partir : à la prière de M. Ben Simhoun, Sidi Er Râmi me donne un de ses esclaves de confiance pour me conduire à Tâza; nous prendrons le chemin le plus court, ce chemin que jamais on n'ose prendre : où ne passerait-on pas sous une pareille sauvegarde? — Avec la même facilité, avec la même sécurité que je vais aller à Tâza, on pourrait, par Sidi Er Râmi, aller de Fâs à Chechaouen et à Tétouan par le chemin que j'avais voulu prendre et qui, dans le sens inverse, était si difficile. Ce qu'on m'avait dit à Tétouan était donc exact.

29 juillet.

A 8 heures du matin, je suis à la porte de Fâs; un superbe cavalier noir y attend : c'est mon guide; nous partons. Après avoir, sur un pont de huit arches, traversé l'Ouad Sebou, nous nous mettons aussitôt à gravir le flanc droit de sa vallée, haute croupe aux pentes assez raides, au sol jaune et nu : point de végétation, si ce n'est çà et là de rares et maigres cultures. D'ailleurs le terrain est doux, sans une pierre; le chemin bon et facile : cette côte, Ạqba el Djemel, la seule qu'il y ait entre Fâs et Tâza, est donc un faible obstacle. Nous la franchissons à quelque distance du sommet, et nous descendons ensuite par son versant est : il est semblable à l'autre, mais en pente plus douce. A son pied s'étend un plateau : sol dur, terre semée de beaucoup de pierres, nue dans quelques parties, le plus souvent couverte de palmiers nains et de jujubiers sauvages; une série de ravins parallèles, parfois assez profonds, le coupe. C'est là que nous cheminons jusqu'au moment où nous atteignons l'Ouad Innaouen. Cette rivière a ici 25 mètres de large et 60 centimètres de profondeur moyenne : ses eaux, vertes et limpides, coulent sur un fond de gravier, au milieu d'un lit de 50 mètres dont elles n'occupent que la moitié; le reste est couvert d'un fourré de lauriers-roses et de tamarix. Des berges de terre de 2 à 3 mètres bordent ce lit. L'Ouad Innaouen n'a pas un courant régulier, comme celui de l'Ouad Sebou. Tantôt ses eaux sont assez profondes, alors il a peu de courant; tantôt elles le sont très peu, et son courant est rapide : je ne crois pas que leur profondeur atteigne plus d'un mètre dans les parties que je verrai. La rivière serpente beaucoup; aussi, sans en quitter les bords, la traverserai-je un grand nombre de fois d'ici à Tâza.

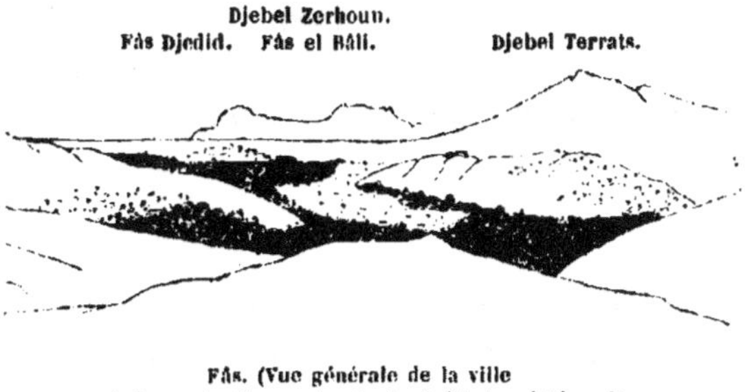

Fâs. (Vue générale de la ville et de ses jardins, prise du haut d'Aqba el Djemel.) Croquis de l'auteur.

Nous nous engageons dans cette vallée et nous y marchons jusqu'au soir. Le fond, de bonne terre, inculte d'abord, se remplit ensuite, en partie, de champs, de jardins et de bouquets d'arbres. Les flancs, talus de terre brune au sud, blanche ou grise au nord, sont longtemps sans cultures, tantôt nus, tantôt couverts de palmiers nains; ce n'est que vers la fin de la journée que quelques plantations nous apparaissent sur leurs pentes. A 5 heures, nous faisons halte : nous sommes sur la rive gauche de l'Ouad Innaouen, dans un petit douar où nous passerons la nuit. La rivière a ici 15 mètres de large et environ 50 centimètres de profondeur. Les champs qu'on voit dans la vallée produisent du blé, de l'orge, du maïs; les jardins, des melons, des pastèques, des courges, des oignons; les arbres sont des oliviers et des figuiers.

L'Ouad Sebou, sous le pont où nous l'avons traversé, a 35 mètres de large et 80 centimètres de profondeur; il coule au milieu d'un lit moitié vase, moitié gravier, d'une largeur de 60 à 80 mètres : courant extrêmement rapide; eau jaune, chargée de beaucoup de terre. Le pont est jeté au-dessus d'un gué; en amont et en aval, le fleuve se rétrécit et prend une profondeur plus grande. Le fond de la vallée est occupé partie par des cultures, partie par des roseaux. — Du haut d'Aqba el Djemel, on aperçoit le pays au nord de l'Ouad Innaouen, jusqu'à une grande distance : c'est d'abord une large étendue de collines grises très ravinées; puis, en arrière, dans le lointain, s'échelonne une série de chaînes de montagnes qui paraissent rocheuses.

30 juillet.

Départ à 5 heures du matin. Nous continuons à remonter l'Ouad Innaouen. Le fond de la vallée reste ce qu'il était hier. Le flanc droit s'élève un peu sans cesser d'être calcaire ou glaiseux. Le flanc gauche change complètement de nature : au bout de peu de temps, les cultures en disparaissent, le sol s'y hérisse de pierres; les pentes se raidissent, les crêtes s'élèvent et se couvrent d'arbres; enfin le flanc se confond avec une haute chaîne de montagnes, rocheuse et boisée; au milieu d'elles se dresse la cime majestueuse du Djebel Ṛiata (1).

Djebel Riata.
(Les parties ombrées sont boisées.)
(Vue prise au confluent de l'Ouad Innaouen avec l'Ouad Amelloul.)
Croquis de l'auteur.

A 11 heures et demie, j'arrive à un accident de terrain des plus curieux : devant moi, la vallée est barrée par une ligne de collines, trait d'union entre les hauteurs de la rive droite et

(1) C'est ici que j'atteins pour la première fois le pied du massif de l'Atlas. Les chaînes que j'ai rencontrées jusqu'ici appartenaient toutes à un autre massif qui en est entièrement distinct, le massif Rifain.

On donne le nom général d'Atlas au long dos d'inégale hauteur qui, tantôt montagnes, tantôt plateaux, trales monts Riata : ces collines sont peu élevées; un col est au milieu. La rivière, au lieu de s'ouvrir un passage au travers de ce faible obstacle, passe plus au sud, par une étroite et profonde coupure à hautes murailles de roc, creusée à pic dans le flanc du Djebel Riata. Cette brèche, qui n'a au fond que la largeur du cours d'eau,

verse tout le Marreb de l'ouest-sud-ouest à l'est-nord-est, sortant de l'Océan à Agadir Irir, plongeant dans la Méditerranée à Tunis. Il se divise naturellement en trois parties : Atlas Marocain, Atlas Algérien, Atlas Tunisien. Aux deux dernières on ne donne que l'appellation générale d'Atlas. Dans l'Atlas Marocain, au contraire, on distingue le Grand Atlas, le Moyen Atlas et le Petit Atlas. Ce sont trois chaînes parallèles qui forment, dans ce pays, la partie essentielle du massif.

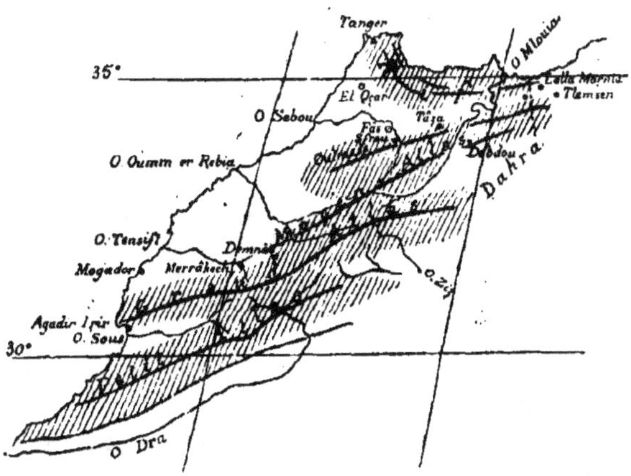

Le *Grand Atlas* commence à l'Océan, dans la tribu des Haha, et expire dans le Dahra. C'est de beaucoup la plus haute des trois chaînes; c'est aussi la plus longue et c'est l'arête centrale.

Le *Moyen Atlas* est parallèle au Grand et situé au nord de celui-ci. Commençant non loin de Demnât, il expire dans le Dahra, à l'est de Debdou. C'est la seconde chaîne en hauteur.

Le *Petit Atlas*, parallèle aux deux premiers, mais moins haut qu'eux, est situé au sud du Grand Atlas : il commence à l'Océan, entre les embouchures du Sous et du Dra, et paraît expirer entre le Dra et le Ziz, dans les plateaux qui avoisinent ce dernier fleuve.

Telles sont les trois chaînes fondamentales de l'Atlas Marocain. Il y en a d'autres secondaires, toutes parallèles aux premières. Parmi elles, la plus importante est celle devant laquelle nous sommes : commençant à l'ouest d'Oulmess, elle passe au sud de Sfrou, a un de ses points culminants au Djebel Riata et se continue par les monts Beni Bou Zeggou, Zekkara, etc., jusqu'en Algérie, où elle passe au sud de Tlemsen.

Je franchirai cette dernière chaîne à Oulmess, le Moyen Atlas entre Qaçba Beni Mellal et Ouaouizert, le Grand Atlas à Tizi n Glaoui et à Tizi n Telremt, le Petit Atlas un grand nombre de fois.

Chaque fois que je dirai : « au nord de l'Atlas », « au sud de l'Atlas », ce sera toujours de l'arête principale du massif que j'entendrai parler : il faudra donc comprendre : « au nord, au sud du Grand Atlas ».

Le nom de Djebel Riata, qu'on vient de lire plusieurs fois, s'emploie également pour désigner l'ensemble de la région montagneuse occupée par les Riata et pour indiquer le pic remarquable qui en est le point dominant. Ce pic est célèbre à plus d'un titre : très élevé, il se voit d'une grande distance; ses flancs passent pour renfermer des minerais de plusieurs métaux; enfin son sommet est le lieu où se produit une particularité unique au Maroc : chaque année, après la fonte des neiges, ses plus hautes pentes se couvrent d'une foule de chenilles à longs poils; elles sont aussi froides que la glace, et c'est, disent les indigènes, la neige qui les enfante. On les appelle des *iakh* (يخ). Les chèvres mangent avidement ces chenilles, qui disparaissent bientôt. Il n'y a d'iakhs au Maroc que sur le Djebel Riata. C'est à ces insectes qu'il est fait allusion dans ce dicton de Fâs :

شيان عجيبان ابرد من اليخ   الشيخ يتصابا و صبي يتشيخ

« Deux ridicules sont plus froids que l'iach : le vieillard qui fait le jeune, et le jeune homme qui fait le vieux. »

et dont les parois sont presque aussi rapprochées dans le haut que dans le bas, a ses bords supérieurs bien au-dessus du sommet de la chaîne qui barre la vallée. Le chemin franchit cette chaîne en suivant une ligne elle-même remarquable : sur l'un et l'autre versant, on marche dans le fond d'une petite ravine dont la ligne de thalweg marque la place exacte où se sont rejoints les deux massifs pour former la digue; à

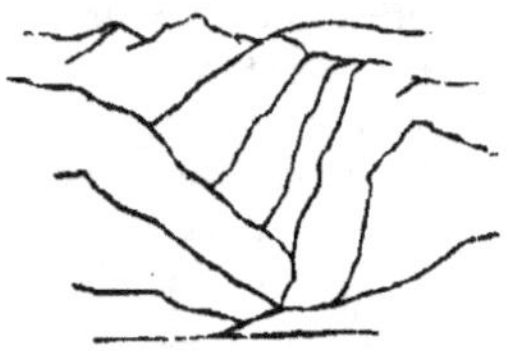

Coupure où passe l'Ouad Innaouen,
à 17 kilomètres en aval de Tâza.
(Vue prise au point où la rivière entre dans la coupure.)
Croquis de l'auteur.

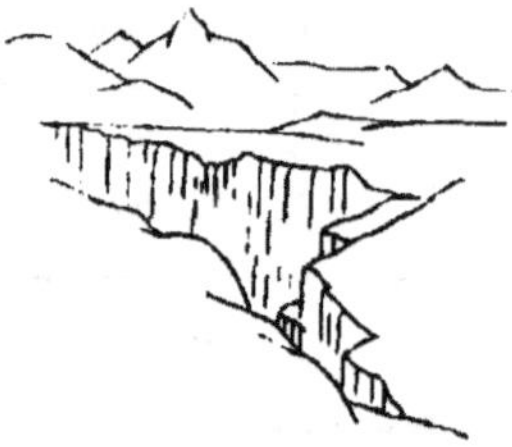

Coupure où passe l'Ouad Innaouen,
à 17 kilomètres en aval de Tâza.
(Vue prise au point où la rivière sort de la coupure.)
Croquis de l'auteur.

gauche de cette ligne, le terrain est entièrement calcaire, ce ne sont que côtes blanches s'étendant à perte de vue; à droite, il est tout roche, ce ne sont qu'énormes blocs de grès allant se confondre avec ceux du Djebel Ṛiata.

Je me retrouve dans la vallée de l'Ouad Innaouen au moment où celui-ci, sortant de sa coupure, y réapparaît aussi. Telle était la vallée ce matin, telle elle se retrouve ici et telle elle restera jusqu'au bout : seulement, à partir de maintenant on n'y verra plus ni arbres ni jardins; par contre, les cultures la couvriront presque entièrement. Nous ne la quittons qu'à l'approche de Tâza. Nous coupons alors au court à travers les premières pentes des montagnes des Ṛiata : sol rocheux, sources nombreuses, bois d'oliviers et de figuiers, foule de jardins et de hameaux. A 3 heures et demie, nous atteignons un col : Tâza apparaît. Une haute falaise de roche noire se détachant de la montagne et s'avançant dans la plaine comme un cap; sur son sommet, la ville, dominée par un vieux minaret; à ses pieds, d'immenses jardins : tel est l'aspect sous lequel se présente ce lieu. Bientôt nous entrons dans les jardins, jardins superbes qu'égalent à peine les plus beaux du Maroc. Ils couvrent le flanc gauche et le fond du ravin de l'Ouad Tâza; à l'ombre d'arbres séculaires auxquels se suspendent de longs rameaux de vigne, nous franchissons ce torrent et nous gravissons, au milieu des rochers, le chemin raide et difficile qui conduit à la ville. A 3 heures et demie, j'atteins la porte de la première enceinte : j'ôte mes chaussures et j'entre.

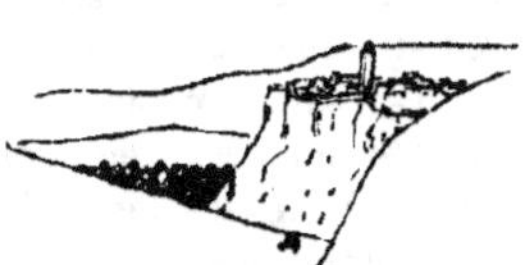

Tâza.
(Vue de la ville
prise du chemin de Fâs.)
Croquis de l'auteur.

L'Ouad Innaouen, au moment où je l'ai quitté, à une heure et demie de Tâza, n'avait plus que 5 à 6 mètres de large et environ 30 centimètres de profondeur. En aval de la coupure qu'il traverse, au point où il en sort, sa largeur était encore de 8 mètres. L'Ouad Tâza n'est qu'un torrent; ses eaux, se précipitant par cascades sur un lit de roche, sont d'une limpidité extrême; il a 2 mètres de large. On le franchit sur un pont d'une arche en fort mauvais état. De Fâs à Tâza, nous avons rencontré très peu de monde sur la route : point de caravanes; comme voyageurs, quelques cavaliers portant tous fusil et sabre; personne dans les champs; à quatre ou cinq reprises, j'ai remarqué des vedettes en armes postées auprès du chemin : elles étaient là pour veiller sur les moissons, et à l'occasion pour détrousser les étrangers. Pas une personne, le long de la route, qui n'ait témoigné du plus profond respect pour mon guide : tous le saluaient, lui adressaient la parole; la plupart lui baisaient la main. Le pays que nous avons traversé est peu habité et mal cultivé; les tentes qu'on y rencontre sont assez belles; mais les villages ont un aspect misérable, ils sont composés de huttes plutôt que de maisons. Dans les douars, un grand nombre de chevaux bien soignés, signe d'une population belliqueuse.

VILLE DE TAZA.

Elle est située sur un rocher, à 83 mètres au-dessus du lit de l'Ouad Tâza, à 130 mètres au-dessus de celui de l'Ouad Innaouen. Adossée au sud à une haute chaîne de montagnes, bordée de précipices au nord et à l'ouest et d'un talus très raide au nord-est, elle n'est facilement accessible que d'un côté, le sud-est. Le plateau où se trouve la ville est en pente douce, vers l'est d'une part, vers l'ouest de l'autre. Tâza est entourée de murs, doubles en plusieurs endroits; autrefois ces fortifications étaient plus considérables encore, témoin les ruines éparses aux abords de la ville. Les murailles actuelles n'ont aucune valeur militaire : elles sont en pisé, fort minces et très vieilles; chose

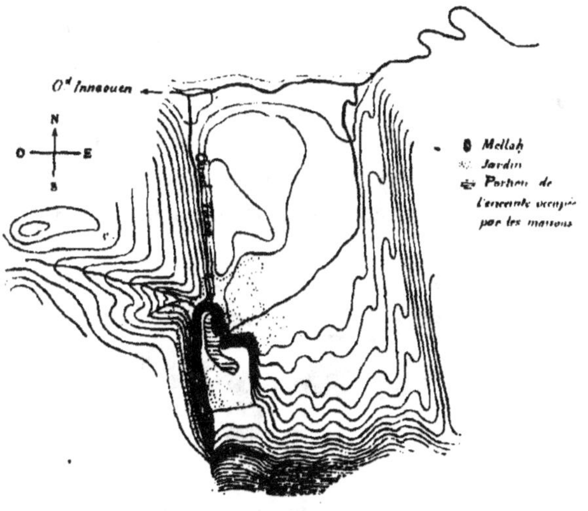

Tâza. La ville et ses environs.
Croquis au $\frac{1}{62000}$.

rare, elles sont basses. Toute la surface close par la partie sud de l'enceinte est occupée par des jardins; au delà vient un deuxième mur, puis commence la ville proprement dite : là même tout n'est pas constructions; certaines parties du plateau, vers l'est et vers l'ouest, sont couvertes de cultures. Tâza paraît avoir 3 à 4000 habitants, dont 200 Juifs fort à l'étroit dans un très petit mellaḥ. Il y a quatre mosquées, deux grandes et deux petites; deux ou trois fondoqs spacieux et bien

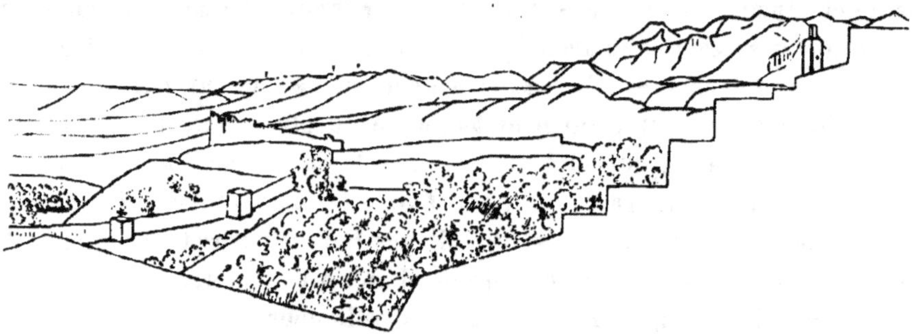

Enceinte extérieure de Tâza et campagne environnante. (Vue prise du mellah.)
Croquis de l'auteur.

installés, mais vides et tombant en ruine. La ville est construite moitié en pierres, moitié en briques; les maisons sont peintes de couleur brun-rouge, ce qui leur donne un aspect triste; elles sont, comme dans toutes les villes que j'ai vues au Maroc, excepté Chechaouen et El Qçar, couvertes en terrasse. La plupart des habitations possèdent des citernes dont l'eau est délicieuse et glacée; mais c'est insuffisant aux besoins des habitants et surtout à ceux des bestiaux : on va puiser ce qui manque au torrent. Des jardins superbes entourent Tâza de tous côtés; l'Ouad Tâza d'une part, de l'autre une foule de ruisseaux descendant de la montagne les arrosent : c'est une épaisse forêt d'arbres fruitiers, d'une élévation extraordinaire, sans exem-

Cours de l'Ouad Innaouen et campagne au nord-est de Tâza. (Vue prise du mellah de la ville.)
Croquis de l'auteur.

ple peut-être au Maroc; couvrant la plaine tout autour de la ville, ils se pressent jusque sur le raide talus qui la borde à l'ouest et, atteignant là le pied de ses murailles, ils élèvent leur haute ramure au-dessus du faîte des maisons.

HABITANTS.

Tâza est sous la domination nominale du sultan. De fait elle est au pouvoir de la puissante tribu des Ṛiata, qui en font la ville la plus misérable de la terre. Le sultan y entretient un qaïd et une centaine de mkhaznis (1); ils vivent enfermés dans le mechouar, d'où ils n'osent sortir par peur des Ṛiata. L'autorité du qaïd est nulle, non seulement au dehors, mais dans la ville même : ses fonctions se bornent à rendre la justice aux citadins et aux Juifs dans les différends qu'ils ont entre eux. Quant aux Ṛiata, sur le territoire desquels se trouve Tâza, ils traitent cette cité en pays conquis, y prenant de force ce qui leur plaît, tuant sur l'heure qui ne le leur cède pas de bonne grâce. Au dehors, ils tiennent la ville dans un blocus continuel; nul n'ose sortir des murs sans être accompagné d'un Ṛiati : quiconque s'aventurerait sans zeṭaṭ, ne fût-ce qu'à 100 mètres, serait dévalisé, maltraité, peut-être tué : c'est au point que les habitants ne peuvent pas aller seuls remplir leurs cruches à l'Ouad Tâza; les Ṛiata ont ainsi le monopole de l'eau, qu'ils apportent chaque jour moyennant salaire. Au dedans, la ville est encombrée de Ṛiata; on en voit sans cesse un grand nombre flânant dans les rues, un grand nombre assis soit devant les portes, soit à l'intérieur des maisons, soit sur les terrasses : on les reconnaît à leur sabre et à leur fusil, qui ne les quittent pas; ils s'installent où bon leur semble, se font donner à manger; s'ils aperçoivent une chose qui leur plaise, ils la prennent et s'en vont. Le jour du marché, où ils sont plus nombreux encore que d'ordinaire, nul n'ose passer dans les rues avec une bête de somme, de peur de se la voir enlever. En outre, de temps en temps ils mettent la ville en pillage réglé; aussi, dès qu'un habitant a quelque argent, il se hâte de l'envoyer en lieu sûr, soit à Fâs, soit à Qaçba Miknâsa. C'est un spectacle étrange que celui de ces hommes se promenant en armes dans la ville, et y agissant toute l'année comme ils pourraient faire dans une ville ennemie le jour de l'assaut. Il est difficile d'exprimer la terreur dans laquelle vit la population. Aussi ne rêve-t-elle qu'une chose, la venue des Français. Que de fois ai-je entendu les Musulmans s'écrier : « Quand les Français entreront-ils? Quand nous débarrasseront-ils enfin des Ṛiata? Quand vivrons-nous en paix comme les gens de Tlemsen? » Et de faire des vœux pour que

(1) Les mkhaznis sont des miliciens irréguliers, plutôt gendarmes que soldats. Ils ne forment point de corps constitués. Les principaux qaïds, ceux des villes surtout, en ont un certain nombre auprès d'eux; ils s'en servent pour faire la police, et surtout pour pressurer le pays. Quand ils en ont 100, comme celui de Tâza, c'est beaucoup. Il y a des mkhaznis à pied et à cheval : ils se montent et s'arment à leurs frais et à leur fantaisie : leur solde est fort irrégulière; suivant l'exemple de leurs maîtres, ils vivent sur le peuple en extorquant de l'argent çà et là. Je pense qu'en estimant à 2000 le chiffre des mkhaznis ainsi disséminés dans les provinces on aura un chiffre au-dessus de la vérité. Il y en a un plus grand nombre auprès du sultan, ne quittant pas sa personne.

ce jour soit proche : l'arrivée n'en fait point de doute pour eux; ils partagent à cet égard l'opinion commune à une grande partie de la population du Maroc oriental et à presque toute la haute classe de l'empire, savoir : que dans un avenir peu éloigné le Maṛreb el Aqça suivra le sort d'Alger et de Tunis et tombera entre les mains de la France. — Le commerce de Tâza est nul; les denrées européennes sont à un prix double de celui de Fâs, résultat naturel de la difficulté des communications. — Hélas! ces beaux jardins eux-mêmes, où Ali Bey se plaisait à entendre roucouler pigeons et tourterelles, ne sont plus aujourd'hui aux habitants qu'une source d'amers regrets : on les voit toujours aussi verts qu'au temps de Badia, les mêmes ruisseaux y murmurent, les rossignols y chantent encore dans les arbres, mais les Ṛiata les ont tous pris.

RIATA.

Les Ṛiata sont une grande tribu tamaziṛt indépendante, occupant le revers nord du haut massif montagneux dont l'un des points culminants porte son nom, et s'étendant jusqu'à la vallée de l'Ouad Innaouen. Elle est bornée à l'est par les Houara, au nord par les Miknâsa et les Tsoul, à l'ouest par les Hiaïna, au sud par les Beni Ouaṛaïn. Elle se subdivise en six fractions :

Ahel ed Doula (dans la montagne, du côté de la Mlouïa).

Beni Bou Iaḥmed (dans la montagne, à l'ouest d'Ahel ed Doula).

Beni Bou Qitoun (dans la montagne, à l'ouest des Beni Bou Iaḥmed et à l'est de Tâza).

Beni Oujjan (dans la montagne, à l'ouest de Tâza et des Beni Bou Qitoun).

Ahel el Ouad (dans la montagne, sur les bords de l'Ouad el Kḥel (1), à l'ouest des Beni Oujjan et au sud-est de la zaouïa de S. Ạbd er Raḥman).

Ahel Ṭahar (dans la montagne, à l'ouest des Ahel el Ouad et au sud-ouest de la zaouïa de S. Ạbd er Raḥman).

Ainsi qu'on le voit, les Ṛiata sont essentiellement montagnards. La partie de leur territoire située en plaine est peu habitée, peu cultivée même, quoique fertile : elle a d'ailleurs peu d'étendue, comparée à l'épais massif montagneux qui forme leur quartier principal : là sont leurs villages et leurs cultures, sur de hauts plateaux, dans de profondes vallées presque inaccessibles; ces vallées sont, dit-on, d'une fécondité extrême, ombragées d'oliviers, et produisant de l'orge en abondance. Les flancs de la montagne contiennent, paraît-il, divers minerais, d'argent, de fer, d'an-

(1) L'Ouad el Kḥel se jette sur la rive gauche de l'Ouad Innaouen : son cours, m'a-t-on assuré, est souterrain sur une certaine longueur; sa vallée, très profonde, très étroite, d'abord très difficile, est d'une richesse extrême. Ce n'est qu'un long jardin où s'échelonnent des villages nombreux.

timoine et de plomb. Ce dernier métal est le seul qu'on sache extraire et travailler. La fabrication des balles et celle de la poudre sont la principale industrie de la tribu : il y a 80 maisons où l'on s'y livre. Les Riata peuvent, je crois, mettre en ligne environ 3000 fantassins et 200 chevaux. C'est une tribu belliqueuse et jalouse de son indépendance. Ses six fractions sont journellement en guerre entre elles, mais elles s'unissent toujours contre les ennemis communs. Il y a environ sept ans, Moulei El Ḥasen voulut la soumettre; il marcha contre elle à la tête d'une armée : ses troupes furent mises en déroute; lui-même eut son cheval tué dans la mêlée; il s'enfuit à pied et non sans peine du champ de bataille (1). Depuis, il n'essaya pas de venger cet échec. Les Riata sont fort peu dévots : « ils n'ont ni Dieu ni sultan; ils ne connaissent que la poudre »; le fait est devenu proverbial. Cependant nous avons vu quelle immense influence possède sur eux Sidi Edris; ils ont encore, mais à un degré moindre, du respect pour trois ou quatre autres cherifs, tels que Moulei Abd er Raḥman et Moulei Abd es Selam, dont nous verrons au retour les zaouïas. Ils n'élisent parmi eux ni chikhs ni chefs d'aucune sorte; c'est l'état démocratique dans toute sa force : chacun pour soi avec son fusil. Cependant, là comme partout, quelques hommes possèdent, par leur fortune, par leur courage, une influence particulière : de nos jours, l'homme le plus considérable des Riata est un personnage du nom de Bel Khaḍîr, habitant le village de Negert. Les Riata sont Imaziṛen (Chellaḥa) de race, et le tamaziṛt est leur langue habituelle; mais, par suite de leur voisinage avec plusieurs tribus arabes, telles que les Hiaïna, les Oulad el Ḥadj, etc., un grand nombre d'entre eux parlent l'arabe. Ils sont de très haute taille; leur costume ne diffère pas de celui que nous avons vu de Tétouan à Fâs, si ce n'est par la coiffure : tous ont la tête nue, avec un mince cordon de poil de chameau ou de coton blanc lié autour. Ils ne marchent jamais qu'armés, et ont sabre et fusil : ce dernier est de forme analogue à ceux qu'on a décrits plus haut, mais plus grossier; quelques-uns ont des fusils européens à capsule. Les femmes ne se voilent point. On en voit un grand nombre en ville le jour du marché : de taille élevée, portant leur jupe retroussée au-dessus du genou, elles ont l'air si martial que, ne fût l'absence d'armes et de barbe, on pourrait les prendre pour des hommes. Les Riata sont grands fumeurs de kif; de plus, il existe chez eux une coutume que j'ai rarement vue ailleurs : tous, hommes et femmes, prisent. Si l'usage de fumer le kif (2) est, à des degrés divers,

(1) Le combat eut lieu dans la montagne, sur les bords de l'Ouad Bou Gerba. Les Riata avaient, dit-on, construit des barrages qu'ils rompirent tout à coup : les eaux du torrent se précipitèrent avec fureur et emportèrent une partie de l'armée du sultan.

(2) On appelle ainsi le chanvre indien, connu ailleurs sous le nom de ḥachich. On ne le désigne au Maroc que sous celui de *kif*. Il s'en fait en ce pays une grande consommation. Dans les villes, l'usage en est extrêmement répandu : la plus grande partie des classes moyenne et pauvre, les petits marchands, tout ce qui est mkhazni, soldat, la plupart des esclaves l'y fument. Le tabac est moins à la mode; s'en sert-on, c'est presque

répandu dans tout le Maroc, celui de fumer le tabac l'est très peu et ne se trouve que dans quelques tribus du Sahara; quant à celui de priser, il est encore plus rare : assez commun dans les villes, je ne l'ai vu aux gens de la campagne que chez les Ṛiata, chez les Oulad el Ḥadj et à Misour.

6 août.

C'est aujourd'hui que je quitte Tâza, cette ville si florissante et si heureuse, il y a quatre-vingts ans, qu'Ali Bey la trouvait alors la plus agréable du Maroc, et que l'anarchie a réduite maintenant à en être de beaucoup la plus misérable. Je n'ai plus pour m'en retourner ma puissante protection de l'aller, aussi prendrai-je un autre chemin; voici la combinaison qui est adoptée : deux cavaliers Ṛiata, me servant de zeṭaṭs, me conduiront à la zaouïa de Moulei Ạbd er Raḥman. Là je demanderai au cherif de me faire mener au Tlâta Hiaïna : c'est demain mardi, je trouverai au marché maintes caravanes allant à Fâs; il n'y aura qu'à se joindre à l'une d'elles.

Départ à 7 heures du matin. Outre mes deux zeṭaṭs, un Juif de Tâza m'accompagne, précaution indispensable pour assurer la fidélité de l'escorte. A 11 heures et demie, nous parvenons à la zaouïa. Ici, comme dans la plus grande partie du Maroc, on étend ce nom à toute demeure de cherif ou de marabout un peu marquant; telle est la zaouïa où nous venons d'arriver : point d'enseignement, point de khouan ni de corps de ṭalebs, mais une famille de cherifs, vénérée par les tribus environnantes, et vivant des dons à peu près réguliers qu'elles lui apportent et qu'au besoin elle va chercher. C'est ici que je passerai la nuit : demain matin, un neveu de Moulei Ạbd er Raḥman me conduira au Tlâta. Le hameau où je suis a, malgré son titre pompeux, un aspect des plus misérables : maisons très basses, murs de pisé ou de pierres sèches, terrasses grossières chargées de terre. Dans les villages des Ṛiata, les habi-

toujours mélangé au kif. Les Juifs seuls ont l'habitude de la cigarette. La consommation du kif et du tabac est assez importante pour que le sultan se soit réservé le monopole de leur introduction dans les villes, monopole qu'il afferme soit à des compagnies, soit à des particuliers. A Fâs, c'est une société de vingt Israélites qui le possède en ce moment. Sfrou et Tâza dépendent de cette même société. La plus grande partie du kif et du tabac qui pénètrent dans ces villes vient du Rif; plusieurs tribus y vivent presque exclusivement du revenu de cette culture : parmi elles on cite les Ketâma, petite tribu voisine des Beni Zerouâl; ses produits sont les plus renommés du nord du Maroc.

La difficulté de se procurer du kif dans les campagnes fait que l'usage de le fumer y est bien moins répandu que dans les villes : le prix en étant plus élevé, il y devient un luxe; au lieu d'être, comme dans les cités, la consolation de la classe pauvre, il y devient la distraction des riches, et surtout des cherifs et des marabouts. Ces derniers sont à peu près les seuls qui l'y fument : on peut presque partout les reconnaître au double usage du kif et de l'eau-de-vie (*maḥia*), qui forme un de leurs caractères distinctifs. Quant au tabac, une fois sorti des villes, je le verrai disparaître complètement jusqu'au Sahara; mais là je trouverai vers Tisint, Tatta, Aqqa, une vaste région où tout le monde le fume du matin au soir : les tabacs à la mode y sont ceux du Touat, du Dra, et surtout d'Ouad Noun.

tations sont couvertes en terrasse; au contraire, chez les Hiaïna, ainsi qu'entre Fâs et Tanger, on voit partout des toits de chaume.

7 août.

Je pars à 4 heures du matin, escorté par le jeune cherif mon zeṭaṭ et deux de ses domestiques. Le chemin traverse une région accidentée, mais sans relief important : collines calcaires : peu de pierres; les vallées et les pentes douces cultivées; le reste couvert de chardons. A 5 heures, nous arrivons à la limite des Ṛiata. Ici notre cherif déclare à Mardochée qu'il n'ira pas plus loin avant d'être payé : le prix, convenu d'avance, était de deux reals. Mardochée les lui remet : « Donne-m'en encore deux autres. — Mais... — Tais-toi et donne! — Voilà... — Maintenant donne un demi-real à chacun de mes domestiques. — Mais... — Tais-toi et donne! — A présent, un de mes hommes va te mener jusqu'au marché. — Comment, après tout ce qu'on t'a donné, tu ne nous conduis pas toi-même? — Accompagner de vilains Juifs comme vous! A ta mère! » A ces mots il fait demi-tour, et nous nous estimons heureux qu'en nous abandonnant il nous ait laissé un de ses serviteurs : celui-ci du moins est fidèle et nous amène au Tlâta. Pour y parvenir, on franchit un massif assez haut, le Djebel Oulad Bou Ziân. Au pied de son versant ouest, sur un plateau, se trouve le marché. Nous y arrivons à 9 heures du matin. Le terrain jusque-là était calcaire; les cultures consistaient en blé, orge et maïs; les portions incultes étaient parfois nues, parfois couvertes de palmiers nains, le plus souvent de chardons. Pendant une partie du chemin, j'aperçois dans le lointain, à ma droite, le Djebel Beni Ouaṛaïn; il est encore tel que je le vis du Gebgeb; les mêmes sillons de neige brillent sur ses flancs.

Djebel Beni Ouaraïn.
(Les parties ombrées sont couvertes de neige.)
(Vue prise du col du Djebel Oulad Bou Ziân, *sur le chemin de Tâza à Fâs.*)
Croquis de l'auteur.

Le marché est animé au moment où nous arrivons; il s'y trouve 500 ou 600 personnes : tout le monde est armé, sabre au côté et fusil sur l'épaule. On vend des grains, des bêtes de somme, du bétail, des cotonnades, des belṛas, de l'huile, du sucre, du thé; de plus, on abat sur place des bœufs, des moutons et des chèvres qu'on dépèce et débite à mesure au détail. Vers midi et demi, la dispersion commence : chacun reprend le chemin de son douar ou de son village. J'ai trouvé une petite caravane allant à Fâs; à 1 heure, je pars avec elle. Nous marchons toute l'après-midi en terrain accidenté : succession de collines calcaires, de vallons, de ravines; de même que ce matin, il y a de longues côtes, mais il est rare qu'elles soient très raides, et elles ne sont jamais difficiles. Pendant une grande partie de la route, on distingue le cours de l'Ouad Innaouen et le Djebel Ṛiata; le Djebel Beni Ouaṛaïn se voit au commencement; vers le soir, le Zalar et le Terrats apparaissent. Peu de champs; nous cheminons au milieu d'étendues incultes couvertes de palmiers nains, de jujubiers sauvages et de chardons; ces plantes, si vivantes d'habitude, sont ici flétries et jaunies par le soleil : c'est la première fois que je les vois en cet état, et ce sera la dernière. A 6 heures et demie, nous faisons halte dans un petit village où nous passerons la nuit.

Pendant la matinée, ainsi que le soir jusqu'à 2 heures et demie, il y avait une foule de monde sur le chemin, gens allant au marché ou en venant; à partir de 2 heures et demie, nous n'avons rencontré presque personne. Nous n'avons traversé aujourd'hui aucun cours d'eau de quelque importance : l'Ouad Amelloul n'est qu'un gros ruisseau dont les eaux avaient à peine, au point où nous l'avons passé, 3 mètres de large et 20 à 30 centimètres de profondeur.

8 août.

Départ à 4 heures du matin. Nous descendons vers l'Ouad Innaouen; après en avoir traversé la vallée, nous nous engageons sur le plateau qui forme le flanc gauche : là nous retrouvons le chemin que nous avons pris en venant. Nous le suivons jusqu'à Fâs, où nous arrivons à midi.

7°. — EXCURSION A SFROU.

La route de Fâs à Sfrou est sûre dans ce moment : il n'en est pas toujours ainsi. Les tribus des environs de Fâs sont tantôt obéissantes, tantôt en révolte : suivant ces deux états, les chemins de Sfrou et de Meknâs sont tantôt sans danger, tantôt périlleux. A l'heure qu'il est, on circule sans le moindre risque sur l'un et l'autre.

20 août.

Départ de Fâs à 5 heures du matin. Pendant la première portion du trajet, je traverse la partie orientale du Saïs : plaine unie, sans ondulations; sol dur, assez pierreux, couvert de palmiers nains. Vers 8 heures, le pays change : fin du Saïs; j'entre dans une région légèrement accidentée : collines très basses, à pentes douces séparées par des vallées peu profondes; sol souvent pierreux, parfois rocheux; terre rougeâtre; à partir d'ici, on voit une foule de sources, de ruisseaux, dont les eaux, courantes et limpides, sont bordées de lauriers-roses. A 9 heures, je passe à hauteur d'un très grand village, El Behalil (1) : il porte, dit-on, ce nom parce que ses habitants prétendent descendre des Chrétiens. Quelle que soit son origine, son état actuel

(1) Les sots.

est prospère; les maisons y sont bien construites et blanchies : autour s'étendent au loin de beaux et vastes vergers qui, avec ceux de Sfrou et du Zerhoun, forment cette riche ceinture qui entoure et nourrit Fâs. D'ici on voit les jardins de Sfrou, qui s'allongent à nos pieds en masse sombre; une pente douce y conduit : la ville est au milieu; mais, cachée dans la profondeur des grands arbres, nous ne l'apercevrons qu'arrivés à ses portes. A 9 heures et demie, j'entre dans les jardins, jardins immenses et merveilleux, comme je n'en ai vu qu'au Maroc : grands bois touffus dont le feuillage épais répand sur la terre une ombre impénétrable et une fraîcheur délicieuse, où toutes les branches sont chargées de fruits, où le sol toujours vert ruisselle et murmure de sources innombrables. Chechaouen, Tâza, Sfrou, Fichtâla, Beni Mellal, Demnât, autant de noms qui me rappellent ces lieux charmants : tous sont également beaux, mais le plus célèbre est Sfrou. A 10 heures, j'arrive à la ville : de grands murs blancs l'entourent, elle a l'aspect propre et gai.

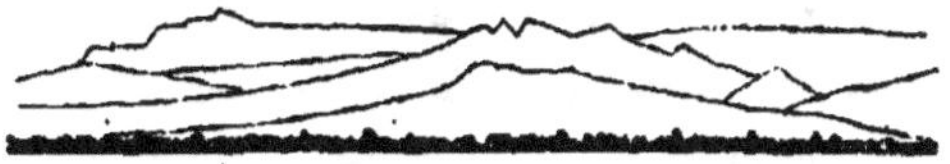

Jardins de Sfrou
et Djebel Aït Ioussi. (Vue prise du chemin de Fâs à Sfrou.)
Croquis de l'auteur.

C'est surtout en la parcourant qu'on est frappé de l'air de prospérité qui y règne : on ne le retrouve en aucune autre ville du Maroc. Partout ailleurs on ne voit que traces de décadence : ici tout est florissant, et annonce le progrès. Point de ruines, point de terrains vagues, point de constructions abandonnées : tout est habité, tout est couvert de belles maisons de plusieurs étages, à extérieur neuf et propre; la plupart sont bâties en briques et blanchies. Sur les terrasses qui les surmontent, des vignes, plantées dans les cours, grimpent et viennent former des tonnelles. Une petite rivière de 2 à 3 mètres de large et de 20 à 30 centimètres de profondeur, aux eaux claires, au courant très rapide, traverse la ville par le milieu : trois ou quatre ponts permettent de la franchir. Sfrou a environ 3000 habitants, dont 1000 Israélites. Il y a deux mosquées et une zaouïa; celle-ci renferme de nombreux religieux appartenant aux descendants de Sidi El Ḥasen el Ioussi (1). On remarque aussi beaucoup de turbans verts, insigne des Derkaoua.

(1) Sidi El Ḥasen el Ioussi est un célèbre marabout marocain qui naquit dans la première moitié du XIe siècle de l'hégire (entre 1592 et 1640, environ). Voici quelques notes concernant sa personne : elles sont extraites d'un ouvrage écrit par lui-même, *Moḥaḍarat Chikh El Ḥasen el Ioussi;* elles m'ont été communiquées par M. Pilard, ancien interprète militaire : « Je suis El Ḥasen ben Mesaoud ben Moḥammed ben Ali ben Iousef ben « Aḥmed ben Ibrahim ben Moḥammed ben Aḥmed ben Ali ben Amar ben Iaḥia ben Iousef (et celui-ci est « l'ancêtre de la tribu) ben Daoud ben Idracen ben Ietatten. Voilà quelle était la généalogie (de Iousef) lors« qu'il vint se fixer à Ḥara Aqlal, bourgade du Ferkla encore bien connue aujourd'hui... Quant au qualificatif « de Ioussi, on disait originairement el Iousfi, et ce nom rappelait l'ancêtre de notre tribu. Mais, dans leur « idiome, les gens de notre pays suppriment l'F... Mon maître fut le Chikh el Islam Abou Abd Allah Sidi « Moḥammed En Nacer ed Draï. »

Sfrou tire sa richesse de plusieurs sources : ce sont : 1° le commerce qu'elle fait avec les tribus des environs, Aït Ioussi, Beni Ouaraïn, etc. ; elle leur vend les produits européens et prend en échange des peaux, et surtout de grandes quantités de laines : ces dernières, parmi lesquelles celles des Beni Ouaraïn sont les plus estimées, sont lavées et nettoyées à Sfrou, où ce travail occupe une grande partie de la population ; puis on les vend à Fâs, parfois même directement à Marseille ; 2° le passage des caravanes du Tafilelt et le commerce qu'elle fait avec Qçâbi ech Cheurfa et le sud ; 3° ses jardins : elle exporte à Fâs une multitude énorme de fruits : olives, citrons, raisins, cerises, etc. ; le raisin est si abondant qu'on en fait d'excellent vin à 10 francs l'hectolitre ; 4° les poutres et les planches qu'elle reçoit du Djebel Aït Ioussi et qu'elle expédie dans les villes du nord : elles sont toutes de bois de cèdre ; chaque tronc donne, en poutres, 4 ou 5 charges de mulet : ces cèdres poussent sur le territoire des Aït Ioussi. D'autres tribus voisines, telles que les Beni Mgild (1), en possèdent aussi de grandes forêts, mais les exploitent peu.

La ville n'est sur le territoire d'aucune tribu ; elle a un qaïd spécial et dépend de la province de Fâs : c'est ici que finit cette dernière ; au point où s'arrêtent, vers le sud, les jardins de Sfrou, commence le territoire des Aït Ioussi.

21 août.

Je reviens à Fâs en passant, au retour, par le même chemin qu'à l'aller. Aujourd'hui comme hier, je rencontre beaucoup de passants sur la route : âniers et chameliers conduisant des convois de fruits et de planches, voyageurs isolés allant à Sfrou, caravanes partant pour le Sahara. Personne n'est armé : les femmes ne se voilent pas.

8°. — DE FAS A MEKNAS.

Parti de Fâs le 23 août, à 5 heures du matin, j'arrive le même jour vers 4 heures et demie du soir à Meknâs. Entre ces deux villes s'étend une vaste plaine, le Saïs. Bornée au nord par les monts Ouṭiṭa, Zerhoun, Terrats et Zalaṛ, à l'est par le flanc droit de la vallée du Sebou, au sud par les monts El Behalil et Beni Mṭir, elle s'étend à perte de vue vers l'ouest. Cette plaine se divise en deux parties de niveaux différents : l'une plus basse, où est Fâs, l'autre plus haute, où est Meknâs ; elles sont unies par un talus en pente douce situé à environ moitié chemin entre les deux villes. Le Saïs reste le même sur toute son étendue : terrain très plat couvert de palmiers nains ; pas la moindre trace de culture, bien que le sol soit très arrosé. On

(1) Sur le territoire des Beni Mgild se trouve, au milieu des forêts, une source célèbre, Ȧïn el Louḥ : elle est, dit-on, à deux journées de marche de Sfrou, dans la direction du sud-ouest.

traverse, outre une quantité de gros ruisseaux d'eau courante, quatre rivières : l'Ouad Nza (gué au-dessous d'un pont de 5 arches; 10 à 12 mètres de large; 40 à 50 centimètres de profondeur; eau très claire; courant rapide); l'Ouad Mehdouma (10 mètres de large; 40 à 50 centimètres de profondeur; eau claire; courant rapide); l'Ouad Djedida (8 mètres de large; 30 à 40 centimètres de profondeur; eau limpide et courante); l'Ouad Ousillin (8 mètres de large; 30 à 40 centimètres de profondeur; eau claire et courante). Durant toute la route, nous avons soit devant nous, soit à notre droite, le Djebel Zerhoun : ce massif, sans autres arbres que ceux de ses jardins, est d'une fertilité extraordinaire; ses pentes, ainsi que le plateau qui

Djebel Zerhoun, Djebel Outita et plaine du Saïs. (Vue prise à 13 kilomètres de Meknâs, du chemin de Fâs.)
Croquis de l'auteur.

le couronne, sont couverts de vergers et de cultures; il est renommé pour ses olives, ses raisins, ses oranges, ses fruits de toute espèce. La population y est très dense; du chemin, on distingue à son flanc les masses blanches d'un grand nombre de villages : ceux-ci renferment, dit-on, des maisons aussi belles que les plus belles de Fâs. Les habitants du Zerhoun, comme les nomades du Saïs, ne parlent que l'arabe.

Je passe quelques jours ici, attendant que Sidi Omar, le cherif qui doit me mener à Bou el Djad, achève ses préparatifs. Il faut de plus, chose aussi nécessaire pour le cherif que pour moi, chercher des zetats qui nous protègent sur les territoires des Gerouân et des Zemmour Chellaha, où nous aurons à marcher dès le premier jour : ces tribus sont toutes deux insoumises. Le blad es sîba, pays libre, commence aux portes de Meknâs, et le chemin y demeurera jusqu'au Tâdla; le Tâdla en fait lui-même partie. Nous quittons donc pour longtemps les États du sultan, le blad el makhzen, triste région où le gouvernement fait payer cher au peuple une sécurité qu'il ne lui donne pas; où, entre les voleurs et le qaïd, riches et pauvres n'ont point de répit; où l'autorité ne protège personne, menace les biens de tous; où l'État encaisse toujours sans jamais faire une dépense pour le bien du pays; où la justice se vend, où l'injustice s'achète, où le travail ne profite pas; ajoutez à cela l'usure et la prison pour dettes : tel est le blad el makhzen. On travaille le jour, il faut veiller la nuit : ferme-t-on l'œil un instant, les maraudeurs enlèvent bestiaux et récoltes; tant que l'obscurité dure, ils tiennent la campagne : il faut placer des gardiens; on n'ose sortir du village ou du cercle des tentes; toujours sur le qui-vive. A force de fatigues et de soins, a-t-on sauvé les moissons, les a-t-on rentrées, il reste encore à les dérober au qaïd : on se hâte de les enfouir, on crie misère, on se plaint de sa récolte. Mais des émissaires veillent : ils ont vu que vous alliez au marché sans y acheter de grains : donc vous en avez; vous voilà signalé : un beau jour une vingtaine de mkhaznis arrivent; on fouille la maison, on enlève et le blé et le reste; avez-vous des bestiaux, des esclaves, on les emmène en même temps : vous étiez riche le matin, vous êtes pauvre le soir. Cependant il faut vivre, il faudra ensemencer l'année prochaine : il n'y a qu'une ressource, le Juif. — Si c'est un honnête homme, il vous prête à 60 0/0, sinon à bien davantage : alors c'est fini; à la première année de sécheresse, viennent la saisie des terres et la prison; la ruine est consommée. Telle est l'histoire qu'on écoute à chaque pas; en quelque maison que l'on entre, on vous la répète. Tout se ligue, tout se soutient pour qu'on ne puisse échapper. Le qaïd protège le Juif, qui le soudoie; le sultan maintient le qaïd, qui apporte chaque année un tribut monstrueux, qui envoie sans cesse de riches présents, et qui enfin n'amasse que pour son seigneur, car tôt ou tard tout ce qu'il possède sera confisqué, ou de son vivant, ou à sa mort. Aussi règne-t-il dans la population entière une tristesse et un découragement profonds : on hait et on craint les qaïds; parle-t-on du sultan, *ṭemạ bezzef*, « Il est très cupide, » vous répond-on : c'est tout ce qu'on en dit, et c'est tout ce qu'on en sait. Aussi combien ai-je vu de Marocains, revenant d'Algérie, envier le sort de leurs voisins : il est si doux de vivre en paix ! qu'on ait peu ou qu'on ait beaucoup, il est si doux d'en jouir sans inquiétude! Les routes sûres, les chemins de fer, le commerce facile, le respect de la propriété, paix et justice pour tous, voilà ce qu'ils ont vu par delà la frontière. Que leur pays, si misérable quoique si riche, serait heureux dans ces conditions!

II.

DE MEKNAS A QAÇBA BENI MELLAL.

1°. — DE MEKNAS A BOU EL DJAD.

27 août 1883.

Enfin je quitte Meknâs. Nous partons plus nombreux que je ne pensais : plusieurs personnes veulent profiter de la société de mon cherif, et se joignent à nous : ce sont d'abord six ou huit Musulmans pauvres qui se rendent dans le Tâdla, puis deux Juifs de Bou el Djạd qui regagnent leur pays. De plus, nous faisons route jusqu'à Tlâta ez Zemmour avec une caravane d'une cinquantaine de marchands qui vont à ce marché. Nous sommes ainsi près de soixante-cinq : un seul zeṭaṭ nous protège tous; c'est un homme des Zemmour, Moulei Ez Zaïr.

Partis à 11 heures du matin, nous arrivons vers 5 heures et demie du soir à un petit douar où nous passerons la nuit. Le terrain ne présente aucune difficulté durant le chemin : on est d'abord en plaine; beaucoup de cultures; de là on passe à un terrain accidenté, sans reliefs importants, région très arrosée, peu cultivée, couverte de lentisques assez hauts, de jujubiers sauvages et de palmiers nains. C'est le pays des Zemmour Chellaḥa; la plaine appartenait aux Gerouân. Les deux tribus sont de race tamaziṛt (chleuḥa) et insoumises; nous ne tardons pas à nous en apercevoir. Les Gerouân ont, avec les voyageurs, le système de quelques tribus limitrophes du blad el makhzen : elles ne pillent ni ne donnent d'ạnaïa, mais, à chaque douar devant lequel on passe, on vous arrête et il faut payer un droit arbitraire, la zeṭaṭa : une troupe de cavaliers et de fantassins vient se mettre en travers du chemin et se la fait donner les armes à la main. En deux heures, nous avons eu cinq fois affaire à des députations de ce genre. Ce sont les seuls êtres humains que nous ayons rencontrés sur notre route.

Du douar où nous campons, on ne voit de tous côtés que montagnes; au sud, le haut talus formant le flanc gauche de la vallée de l'Ouad Beht; partout ailleurs, des successions de croupes couvertes de palmiers nains ou de broussailles; en somme, pays fort montueux : c'est le massif des Zemmour Chellaḥa.

28 août.

Départ à 3 heures et demie du matin. Nous traversons presque aussitôt l'Ouad Beht (berges basses et en pente douce; eau claire de 20 mètres de large et de 50 centimètres de profondeur; courant très rapide; lit de gravier); puis une longue côte, facile mais assez raide, nous conduit au plateau où est situé le marché. Durant la montée, on est soit sous des bois de lentisques, soit dans des palmiers nains : beaucoup de gibier, perdreaux, pigeons, lièvres. Sur le plateau, on entre dans une région toute différente, aussi habitée et aussi florissante que la précédente était déserte et sauvage : sol couvert de cultures; foule de ruisseaux au milieu des champs; quantité de beaux douars, à l'aspect prospère, entourés de frais jardins. C'est au milieu de cette riche campagne, dont la fertilité proverbiale a fait donner au pays des Zemmour le surnom de Doukkala du Ṛarb (1), qu'est situé le Tlâta. Nous y arrivons à 7 heures du matin.

Nous passons la plus grande partie de la journée au marché : il est très animé; on y voit plus de 30 tentes de marchands. Les denrées qui se vendent sont les mêmes qu'au Tlâta Hiaïna; mais il faut y ajouter des monceaux de fruits superbes, des raisins surtout, qu'on apporte des douars du voisinage.

Vers 4 heures, nous quittons Moulei Ez Zaïr et la caravane des marchands, et nous nous remettons en route avec l'ạnaïa d'un homme des environs. A 6 heures, on fait halte; nous sommes arrivés au douar de notre conducteur. En quittant le marché, nous avons d'abord cheminé sur le riche plateau où il se tient; puis, arrivés au bord de son talus sud, nous nous sommes mis à descendre : à partir de là, plus de cultures; une côte boisée de lentisques, semblable à celle de ce matin. Depuis Meknâs, le sol a été constamment terreux.

29 août.

Nous avons, au sortir d'ici, à traverser une région très dangereuse. Il nous faudra, pour la parcourir, une escorte de 6 ou 8 cavaliers : on ne peut la trouver aujourd'hui; les tentes sont vides; toute la population est à un marché, l'Arbạa des Zemmour, qui se tient aux environs. Force est donc d'attendre à demain pour continuer la route.

Le douar où nous sommes est fort riche : belles et grandes tentes; auprès de la plupart, un ou deux chevaux de selle; dans chacune on voit des femmes occupées à tisser flidjs, tellis, bernous et *tarḥalt* (couvertes multicolores à dessins variés), ou bien

(1) Les Doukkala sont une grande tribu dont le territoire est célèbre par sa fertilité; il fait partie du Maroc du sud. Celui des Zemmour, au contraire, est compris géographiquement dans le Maroc du nord, que les gens du pays appellent plus particulièrement Ṛarb. Le surnom qu'on lui donne signifie donc : « la province la plus fertile, le Doukkala, du royaume de Fâs ».

à tresser des nattes qu'on brode ensuite de laines aux couleurs éclatantes. Ces nattes brodées sont, avec les tarḥalts, la spécialité des Zemmour, des Zaïan et des Beni Mgild. Les Zemmour, ainsi que les Zaïan, chez qui nous entrerons ensuite, se distinguent des autres tribus que j'ai vues au Maroc par le primitif de leur costume : hommes et femmes y sont fort peu vêtus; leur habillement est le suivant : pour les hommes riches, point de chemise ni de caleçon, une simple farazia, et par-dessus un bernous; les pauvres n'ont que le bernous : en marche, ils le plient, le jettent sur l'épaule, et vont nus. Les premiers ont sur la tête soit un turban de cotonnade blanche, soit un mouchoir blanc et rouge; les pauvres sont tête nue. Les uns et les autres se rasent les cheveux; mais, chose que je n'ai également vue que là, ils conservent au-dessus de chaque oreille une longue mèche semblable aux nouaḍer des Juifs (1). Les Zemmour les portent toutes deux, les Zaïan n'en ont qu'une : c'est la seule différence de mode entre les deux tribus. Cette mèche est, pour les jeunes élégants, l'objet de soins minutieux : ils la peignent, la graissent, puis, la tressant, en forment une petite natte. Le même usage existe, m'a-t-on dit, chez les Chaouïa. Le costume des femmes est aussi des plus légers : c'est une simple pièce d'étoffe rectangulaire, de cotonnade ou plus souvent de laine, dont les deux extrémités sont réunies par une couture verticale; il y a trois manières de le porter : 1° en le retenant par des broches (grosses boucles d'argent, *khelal*) ou de simples nœuds au-dessus de chaque épaule; 2° en retroussant et attachant le bord supérieur au-dessus des seins, les épaules et le haut de la gorge demeurant découverts; 3° en laissant retomber la partie supérieure, le corps restant nu jusqu'à la ceinture. Dans les trois cas, le vêtement est retenu à la taille par une bande de laine; il est assez court : il ne descend guère au-dessous du genou. On le porte de la première façon pour sortir, de la seconde pour travailler hors de la tente, de la troisième à l'intérieur. Les femmes s'entourent plus ou moins la tête de chiffons; jamais elles ne se voilent.

30 août.

Départ à 5 heures du matin. Une escorte de 6 cavaliers et de 4 fantassins Zemmour nous accompagne. Aussitôt après avoir franchi l'Ouad Ourjelim, qui passe au pied de notre douar, nous nous engageons dans une vaste région, déserte en ce moment, mais parcourue au printemps par les troupeaux des Zemmour; on la nomme la Tafoudeït : c'est une succession de côtes et de plateaux s'élevant par échelons et sillonnée de nombreux ravins. Au début, tout est boisé : lentisques, caroubiers, pins de di-

(1) Les *nouaḍer* sont d'épaisses mèches de cheveux que les Israélites marocains laissent pousser au-dessus de chaque oreille, et qui leur pendent le long des joues jusqu'au niveau du menton ou de l'épaule.

verses espèces, forment un fourré épais; après quelque temps les arbres diminuent; laissant à nu les crêtes et les parties supérieures, ils se réfugient au fond des ravins et sur les premières pentes de leurs flancs. Plus on s'avance, plus on s'élève, plus les troncs deviennent rares. Le sol est terreux et jaunâtre; nu en ce moment, il se couvre au printemps de riches pâturages. A 10 heures, nous atteignons un col : ici finit la Tafoudeït. Nous descendons par un chemin rocheux et difficile dans une région nouvelle : pays accidenté, terrain semé de gros blocs d'ardoise, sol boisé de grands arbres, ruisseaux qui coulent de toutes parts. C'est ainsi, à l'ombre de lentisques et d'oliviers séculaires, que nous marchons jusqu'à 1 heure; à ce moment nous apercevons un douar, premier vestige d'êtres humains qui apparaisse depuis le départ : nous nous y arrêtons; c'est là qu'on passera la nuit. Ces tentes appartiennent à un très haut personnage, Moulei El Fedil, cherif profondément vénéré par les Zaïan et tout-puissant sur la plus grande partie de cette tribu. Je suis ici en pleine montagne : le douar est au fond d'un ravin étroit; de tous côtés se dressent au-dessus de ma tête de hautes cimes escarpées aux flancs rocheux et boisés. Les panthères abondent, dit-on, dans cette région sauvage.

Je n'ai traversé aujourd'hui qu'une rivière de quelque importance, l'Ouad Ourjelim, encore était-elle à sec (lit de galets de 25 mètres de large, sans eau). Pendant la route, nous n'avons rencontré personne, si ce n'est une troupe d'une vingtaine de Zaïan qui se sont joints à nous dans la Tafoudeït et nous ont suivis jusqu'à la frontière de leur tribu : c'étaient des pauvres; la plupart n'avaient qu'un bernous pour tout vêtement, rien sur la tête, à la main un grand sabre de bois : ils m'ont paru gens fort irascibles; à chaque instant ils se prenaient de querelle entre eux, et c'étaient aussitôt de grands coups de sabre; ils y mirent tant d'ardeur qu'il fallut en emporter deux tout sanglants dans leurs bernous.

31 août.

Nous sommes ici en territoire zaïan : nous abandonnons nos zeṭaṭs Zemmour; nous n'avons pas eu à nous louer d'eux : hier, au milieu du trajet, quand ils nous virent bien engagés dans le désert, ils nous déclarèrent qu'ils n'iraient pas plus loin si l'on n'augmentait le salaire convenu; force fut d'en passer par là. Aujourd'hui un seul homme suffit pour nous escorter : il n'est même pas armé.

On part à 5 heures du matin. Nous marchons dans un pays très montagneux : succession de ravins profonds et de talus escarpés; chemins la plupart du temps difficiles; une fois même, le sentier est si rapide qu'il faut mettre pied à terre. Sol rocheux, hérissé de blocs d'ardoise et entièrement boisé; arbres élevés, serrés, formant une forêt épaisse; beaucoup d'eaux courantes, bordées de lauriers-roses, de mûriers et parfois de vigne sauvage. Ainsi est la région où, tantôt montant, tantôt descendant, nous cheminons avec peine et lenteur jusqu'à 8 heures et demie. A cet instant, après avoir gravi une dernière côte, nous nous trouvons enfin au sommet du haut massif montagneux qui a commencé à l'Ouad Beht : un plateau le couronne, nous nous y engageons; le sol y est un sable dur et nu semé de loin en loin de petits fragments d'ardoise; dépouillé maintenant, il se tapisse, aux pluies printanières, d'une herbe verdoyante; un grand nombre de sources et de ruisseaux limpides l'arrosent. C'est au milieu de ce plateau, appelé Oulmess, que nous faisons halte. Nous nous y installons, à 9 heures et demie, dans le douar des Aït Omar. Il y a plusieurs autres groupes de tentes dans le voisinage; de grands troupeaux sont dispersés aux alentours : j'y remarque des chameaux, les premiers que je rencontre depuis Meknâs.

Aujourd'hui, en passant sur l'adjib (1) de Moulei El Fedil, nous avons rencontré une fraction de tribu en voyage. Les bœufs, chargés des tentes et des bagages, marchaient au centre, en longue colonne; les femmes les poussaient : derrière leurs mères étaient les enfants, les plus petits juchés par trois ou quatre sur le dos des mulets. Sur un des côtés cheminaient moutons et chèvres, conduits par quelques bergers. Les hommes, à cheval, formaient l'avant-garde et l'arrière-garde et veillaient sur les flancs. Les troupeaux étaient très nombreux; il y avait surtout une grande quantité de bœufs.

1er septembre.

C'est aujourd'hui sabbat; force est de passer la journée à Aït Omar. Ce douar est de tous points semblable à celui où je me suis arrêté chez les Zemmour : même air de richesse, même luxe de tentes, même quantité de chevaux. Les Zaïan, quoiqu'ils ne cultivent presque pas, sont loin d'être une tribu pauvre; si leur pays produit peu de moissons, il nourrit des troupeaux immenses, chèvres, moutons, chameaux, chevaux, et surtout bœufs d'une taille remarquable : l'abondance des bêtes à cornes ne se trouve au Maroc que dans leur tribu : de là un commerce important et des gains considérables. Il y a toujours ici des agents de maisons de Meknâs occupés à acheter des peaux et des animaux sur pied; ces derniers sont ensuite expédiés sur Tanger.

Les Zaïan sont nomades et de race tamaziṛt (chleuḥa). Ils forment une tribu très nombreuse, la plus puissante qu'il y ait au nord de l'Atlas. Leur territoire est borné par ceux des Zaïr, des Zemmour Chellaḥa, des Beni Mgild, des Ichqern et par le Tâdla.

Ils se composent de quatre fractions :

(1) Le mot *adjib* s'emploie au Maroc avec le sens de « domaine agricole ».

Beni Hessousen (campant du côté de Moulei Bou Iạzza; ils peuvent mettre en ligne 3000 chevaux).

Aït Ḥarkat (campant du côté des Khanifra; 6000 chevaux).

Ḥebbaren (campant du côté des Beni Zemmour; 1000 chevaux).

Aït Sidi Ạli ou Brahim (campant du côté des Beni Mgild; 8000 chevaux).

En se réunissant, ils pourraient donc armer environ 18000 cavaliers (1). Les Zaïan, comme tous leurs voisins, sont libres. A la vérité, le sultan a un qaïd chez eux; mais c'est un magistrat *in partibus*. Il est le seul de la tribu à se douter qu'il est qaïd et à savoir qu'il y a un sultan. Jamais ne lui viendrait l'idée de demander un sou d'impôt ni un soldat; il est trop heureux qu'on le laisse vivre en paix. Nous trouverons souvent, dans les fractions les moins soumises, des qaïds de ce genre; la population tolère leur présence avec la plus grande bonhomie, l'indifférence du mépris : on sait que ni eux ni leur maître ne peuvent devenir une gêne. Le personnage influent chez les Zaïan est le cherif dont il a déjà été parlé, Moulei El Feḍil; son ạdjib, que j'ai traversé, est situé sur leur territoire, non loin des frontières des Zemmour Chellaḥa et des Beni Mgild : il a une grande puissance sur les portions de ces trois tribus voisines de sa résidence, mais aucune d'elles n'est tout entière dans sa main; les Zaïan s'étendent très loin vers le sud-est, dans ces régions ils le connaissent moins. Une autre famille de cherifs possède aussi, mais à un degré moindre, du crédit dans cette contrée : c'est celle des Ạmrâni. Originaire de Fâs, elle est aujourd'hui dispersée en divers lieux et compte de nombreux alliés chez les Zaïan (2). Le sultan a grand soin de rechercher l'amitié de ces redoutables maisons, qui, du haut de leurs montagnes inaccessibles, pourraient à tout moment précipiter des torrents d'envahisseurs sur le blad el makhzen, dont plusieurs sont si fortes que leur haine pourrait renverser son trône, leur bon vouloir le soutenir. Aussi n'est-il pas d'avances qu'il ne leur fasse, pas de moyens qu'il n'emploie pour s'assurer leur amitié : cadeaux, honneurs, tout est pour elles; il leur offre jusqu'à des alliances dans sa famille : c'est ainsi qu'il a donné une de ses sœurs en mariage à S. Moḥammed el Ạmrâni, chef de la maison de ce nom. Il est aussi dans les meilleurs rapports avec Moulei El Feḍil. Grâce à cette politique, il peut, tout insoumis que soient les Zaïan, avoir parfois l'aide de leurs armes : ainsi, dans sa campagne de cette année contre le Tâdla et les Zạïr, M. El Feḍil est venu à son se-

(1) Ce chiffre nous paraît fort : il nous a cependant été donné de plusieurs côtés différents.

(2) Les Ạmrâni, ainsi que M. El Feḍil, sont des cherifs edrissides, ou plus correctement *Drisiin*. Tous les cherifs du Maroc se divisent en 2 familles. 1° Les *Drisiin*, ou descendants de Moulei Edris, enseveli au Zerhoun. Sont Drisiin : Moulei Ạbd es Selam el Ouazzâni et toute la postérité de Moulei Ṭib; Moulei El Feḍil, dont nous venons de parler; Moulei El Madani, personnage tout-puissant chez les Beni Mṭir, etc. 2° Les *Ạlaouïa*, ou descendants de Moulei Ạli, venu de Ianbô et mort au Tafilelt. Sont Ạlaouïa : la dynastie du sultan actuel, Chikh Moḥammed El Ạrabi el Derkaoui, les cherifs de Qçâbi ech Cheurfa, etc.

cours avec un corps assez fort. Les Zaïan, ainsi que les Zemmour Chellaḥa, parlent le tamaziṛt; mais l'arabe est très répandu parmi eux : tout ce qui est de condition élevée a l'habitude de s'en servir, même les femmes et les enfants; les pâtres, les gens de la dernière classe, ignorent seuls cette langue.

2 septembre.

Départ à 6 heures du matin. Un cavalier d'Aït Ọmar nous sert de zeṭaṭ. Nous gagnons d'abord le bord méridional du plateau d'Oulmess, puis commence la descente : elle est longue et difficile, il faut mettre pied à terre. Ce ne sont que roches entassées, escarpements, précipices. Les crêtes sont nues et toutes de pierre; au fond des ravins et sur leurs premières pentes poussent quelques arbres. Il nous faut deux heures et demie pour parvenir au pied du talus que nous descendons. Arrivés là, nous trouvons un petit ruisseau ombragé de lentisques, de caroubiers et de pins; après en avoir suivi quelque temps le cours, nous le laissons au nord et nous nous engageons sur un plateau montueux sillonné de ravins; vers 11 heures, les reliefs deviennent moins accentués, les coupures moins profondes; bientôt nous nous voyons dans une vaste plaine où nous resterons jusqu'au soir : elle est pierreuse et fortement ondulée; le sol y est nu, sans autre végétation que de rares jujubiers sauvages; mais, dit-on, il se couvre d'herbe au printemps : l'eau y est abondante; sources et ruisseaux. A 3 heures, nous faisons halte : nous sommes arrivés au douar Aït Mouloud, où nous passerons la nuit. Mon cherif, Sidi Ọmar, m'abandonne ici; en partant, il me recommande avec chaleur au principal personnage du douar; celui-ci me donne l'hospitalité et se charge de me procurer un zeṭaṭ.

Peu de temps avant d'arriver ici, j'ai traversé l'Ouad Ksiksou (lit de galets de 15 mètres de large, à moitié rempli d'une eau peu courante de 60 centimètres de profondeur) : il coule dans un petit ravin à flancs de roche escarpés, coupure au milieu de la plaine; l'Ouad Ksiksou se jette plus bas dans l'Ouad Grou; la réunion de ces deux rivières forme le Bou Regreg. Nous n'avons rencontré aujourd'hui personne sur la route. Comme les jours précédents, tout ce qui était roche se composait d'ardoises mêlées d'un peu de pierre blanche. Depuis le col par lequel nous sommes descendus de la Tafoudeït jusqu'à la crête du Djebel Ḥeçaïa, où commence la plaine du Tâdla, on ne rencontre que ces deux espèces de pierres.

3 septembre.

Je suis ici près de la limite des Zaïan; à très peu de distance commence le Tâdla : je ne saurais aller plus loin sans un zeṭaṭ de ce pays; la journée se passe à le chercher, je ne pourrai partir que demain.

4 septembre.

Je me mets en route à 5 heures du matin, accompagné d'un cavalier des Beni Zemmour, la tribu du Tâdla la plus rapprochée. Aujourd'hui je n'irai que jusqu'à la tente de mon zeṭaṭ, située au douar des Aït El Maṭi. Nous y sommes à 8 heures du matin. Le terrain jusque-là est toujours la plaine d'avant-hier; cependant elle se modifie : ses ondulations s'accentuent et elle se couvre, vers les hauteurs, d'un assez grand nombre de lentisques; le sol reste pierreux.

Le Tâdla, où je suis entré aujourd'hui, n'est point une tribu : c'est une contrée, peuplée de plusieurs tribus distinctes. Elle est bornée : au nord, par les Zaïan et les Zaïr; à l'est, par les Zaïan et les Ichqern; au sud, par les Aït Seri, les Aït Atta n Amalou, les Aït Bou Zîd, les Aït Ạïad, les Aït Ạtab; à l'ouest, par les Entifa, les Srarna, les Chaouïa. Elle se compose, au sud, d'une immense plaine, arrosée par l'Oumm er Rebiạ et s'étendant jusqu'au pied du Moyen Atlas; au nord, d'une région montueuse moins vaste. Les tribus qui l'occupent sont au nombre de neuf : cinq se trouvent dans la partie septentrionale, quatre dans la portion méridionale : ce sont, en allant de l'est à l'ouest : au nord, les Beni Zemmour, les Smâla, les Beni Khîran, les Ourdirra, les Beni Miskin; au sud, les Qeṭạïa, les Beni Mạdan, les Beni Ạmir, les Beni Mousa. Ces diverses tribus sont à peu près de même force, pouvant mettre, me dit-on, environ 3000 hommes à cheval chacune. Elles parlent, les unes l'arabe, la plupart le tamazirt. Toutes sont nomades et ne vivent que sous la tente. Elles sont riches, possèdent d'immenses troupeaux de chameaux et de moutons, un grand nombre de chevaux, et cultivent les rives fertiles de l'Oumm er Rebiạ. Elles sont insoumises, à l'exception d'une seule, les Beni Miskin. Celle-ci fait partie du blad el makhzen; elle est commandée par un qaïd résidant dans une qaçba. Les autres sont blad es siba. Elles ne reconnaissent qu'une autorité, celle de Sidi Ben Daoud, le marabout de Bou el Djạd. L'influence de ce saint personnage s'étend même sur une part des Zaïan : depuis le douar des Aït Mouloud, je n'entends plus parler que du *Sid*.

A partir d'ici, il y a une modification à noter dans les costumes : sans changer complètement, ils présentent quelques différences avec les précédents. Les hommes ne laissent plus pousser les longues mèches qui distinguent les Zemmour Chellaḥa, les Zaïan et les Chaouïa. Les femmes conservent le même vêtement, mais elles ne le portent que d'une manière, attaché par des broches ou des nœuds au-dessus des épaules; de plus, il leur couvre les jambes jusqu'à la cheville. Ce costume, tel qu'on le voit ici, est celui de toutes les femmes du Maroc; excepté dans les grandes villes et chez les Zemmour Chellaḥa et les Zaïan, nulle part je ne leur en ai vu ni ne leur en verrai d'autre : il peut être fait de divers tissus : soit de laine, comme ici, soit de cotonnade blanche, soit de guinée, mais partout la forme reste la même; partout aussi les femmes ne portent que cette unique pièce d'étoffe pour tout vêtement : rien dessous, rien dessus : quelquefois un petit voile couvre la tête et le buste; rien de plus.

5 septembre.

Je pars à 4 heures du matin, en compagnie de mon zeṭaṭ d'hier. Le terrain est légèrement accidenté; le sol pierreux et nu; on n'y voit que de petits lentisques clairsemés et quelques jujubiers sauvages. Au bout de deux heures de marche, nous traversons l'Ouad Grou : c'est, ai-je dit, le second cours d'eau dont est formé le Bou Regreg (1) : il n'est encore qu'une faible rivière : lit de galets; 12 mètres de large; point d'eau courante; quelques flaques de distance en distance. A partir de là, nous montons, par une côte qui ne devient un peu raide qu'en approchant du sommet, vers la crête du Djebel Ḥeçaïa; en chemin, nous franchissons plusieurs chaînes de collines basses, ses contreforts. Jusqu'au bout le sol reste le même qu'au départ, seulement les arbres sont plus serrés à mesure que l'on s'élève.

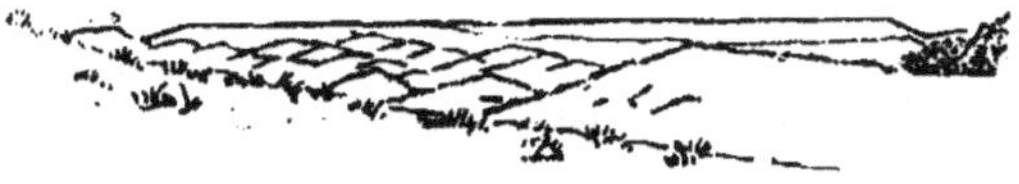

Djebel Heçaïa. (Vue prise d'Aït El Maţi.)
Croquis de l'auteur.

A 10 heures et demie, j'arrive à un col; devant moi se développe une immense plaine, blanche et nue, dont la côte que je viens de gravir n'était que le talus : cette plaine est celle du Tâdla; vers l'est et vers l'ouest, elle s'étend à perte de vue; au sud, dans le lointain, des montagnes majestueuses dressent haut, malgré la distance, leurs crêtes sombres au-dessus de l'horizon, et la bornent sur toute sa longueur : ces montagnes sont la première des trois grandes chaînes dont se compose l'Atlas. A quelques pas du col est une petite enceinte, Qçar Beni Zemmour. Nous nous arrêtons là aujourd'hui. Nous entrons en même temps qu'une caravane assez nombreuse, armée jusqu'aux dents, qui a fait route avec nous depuis l'Ouad Grou.

Je ne suis ici qu'à trois heures de marche de Bou el Djạd, pourtant je suis loin d'être arrivé. Il y a autant de danger dans le peu de chemin qu'il me reste à faire qu'il y en avait dans toute la route que j'ai franchie jusqu'à ce jour. Ici plus d'ạnaïa, plus de zeṭaṭs : tout ce qui passe est pillé. Le pays, en cette saison surtout, est

(1) L'Ouad Grou, qui porte ce nom dans sa portion supérieure, et ceux de El Amgaz et de Bou Regreg dans son cours inférieur, prend sa source dans la tribu des Zaïan; de là il traverse les territoires des Beni Zemmour, des Smâla et enfin des Zaïr.

désert. Des troupes de pillards de toutes les tribus du Tâdla, parfois d'Ichqern, viennent s'y embusquer par 40 et 60 chevaux, prêtes à fondre sur quiconque s'y aventurerait. Les caravanes, même de 50 fusils, n'osent s'y hasarder. Cependant, au milieu de tant de périls, il est une voie de salut : ceux qui ne respectent rien respectent Sidi Ben Daoud; là où les armes ne préservent point de l'attaque, le pacifique parasol d'un membre de la famille sainte suffit à écarter tout danger. Ainsi, qu'un voyageur isolé, qu'un nombreux convoi veuillent aller à Bou el Djạd, ils n'ont qu'un moyen : prier Sidi Ben Daoud de les faire chercher par un de ses fils ou petits-fils : cela coûte plus ou moins cher suivant le nombre de voyageurs et la composition de la caravane. Hâtons-nous de dire que les *çaliḥ* (saints) de la zaouïa sont loin d'être exigeants : ils profitent avec une extrême modération de ce monopole, et déplorent l'état de choses qui le leur assure. Leur influence, quelque grande qu'elle soit, a été impuissante à le faire cesser; ils ne peuvent rien contre cet antique usage de la *razia*, partout en honneur chez les nomades.

Je dépêche donc à Sidi Ben Daoud la lettre de recommandation que j'ai pour lui, avec prière de m'envoyer chercher. Un messager fait cette commission : il ne part qu'après s'être dépouillé de presque tous ses habits, seul moyen de passer en sûreté.

Qçar Beni Zemmour est une enceinte carrée, en mauvais murs de pisé de 3 mètres de haut; à l'intérieur se dressent pêle-mêle une trentaine de tentes, petites et misérables. Les habitants sont très pauvres; ils ne vivent que du commerce de bois : le coupant dans le Djebel Ḥeçaïa, ils le vendent aux gens de Bou el Djạd qui viennent le prendre. Point d'eau au Qçar : chaque jour, à heure fixe, tous les hommes prennent leurs fusils et vont en troupe en chercher à des puits éloignés. Il est difficile d'imaginer une existence plus misérable. Encore la muraille qui protège ce lieu ne date-t-elle que de deux ans : elle est un bienfait du *Sid*, comme on appelle communément Sidi Ben Daoud.

6 septembre.

Mon messager revient à 10 heures et demie du matin; un des petits-fils de Sidi Ben Daoud l'accompagne : c'est un beau jeune homme d'environ dix-neuf ans; il arrive monté sur sa mule, le parasol à la main; un seul esclave le suit. Nous partons aussitôt.

D'ici à Bou el Djạd, nous marchons dans l'immense plaine du Tâdla, plaine à ondulations légères, tantôt nue, tantôt couverte de champs, en ce moment moissonnés et déserts; çà et là poussent, maigres broussailles, quelques jujubiers sauvages; le sol est blanchâtre, dur, pierreux. A 1 heure et demie, nous entrons dans la ville.

2°. — SÉJOUR A BOU EL DJAD.

« Ici, ni sultan ni makhzen; rien qu'Allah et Sidi Ben Daoud. » Ces paroles, que m'adressait un Musulman à mon entrée à Bou el Djạd, résument l'état de la ville : Sidi Ben Daoud y est seul maître et seigneur absolu. Son pouvoir est une autorité spirituelle qui devient, quand il lui plaît, une puissance temporelle, par le prix qu'attachent les tribus voisines à ses bénédictions. Cette souveraineté s'étend à la ronde à environ deux journées de marche. De tous les points situés dans ce rayon, on accourt sans cesse à Bou el Djạd apporter une foule de présents : la ville est toujours remplie de pèlerins : ils viennent chercher la bénédiction du saint et gagnent, en échange de cadeaux, les grâces attachées à ses prières. C'est surtout le jeudi, jour de marché, que les fidèles sont nombreux; la semaine dernière, les offrandes, en blé seulement, se montaient à deux cents charges de chameau; la précédente, à quatre cents : de plus, il y avait eu de grands dons d'argent, de bétail, de chevaux. Ce ne sont pas seulement les particuliers qui remplissent ces pieux devoirs. Chaque année, les tribus environnantes arrivent, les unes après les autres, fraction par fraction, recevoir en masse la bénédiction du Sid et lui présenter leur tribut. Cette redevance régulière lui est servie par toutes les tribus du Tâdla, presque tous les Chaouïa, quelques fractions des Aït Seri, une petite portion des Ichqern.

Bou el Djạd.
(Vue de la ville prise du chemin de Qçar Beni Zemmour.)
Croquis de l'auteur.

Quelle est la source de ce prestige? Sidi Ben Daoud n'est point un chef d'ordre religieux; il n'est point non plus un cherif, petit-fils de Mahomet; mais son origine n'en est pas moins auguste : il descend du kalife Ọmar ben El Khaṭṭab. Ses ancêtres, établis depuis trois siècles et demi au Maroc, y acquirent vite, autant par leurs vertus que par leur sainte et illustre naissance, la vénération et la puissance dont nous voyons Sidi Ben Daoud jouir aujourd'hui. D'ailleurs, point d'ordre, point de khouân, point de prières particulières : il n'y a ici que le chef d'une grande et sainte famille, le rejeton d'une longue lignée de bienheureux, objet des grâces spéciales du ciel accordées aux prières de ses ancêtres. On honore en lui un sang sacré; on a foi en sa bénédiction, qui en ce monde fertilise la terre et fait prospérer les troupeaux, et dans l'autre vie ouvre aux hommes les portes du paradis et leur assure, au jour du jugement dernier, l'intercession d'Qmar et de tous les saints ses descendants.

Voici la généalogie de Sidi Ben Daoud, depuis l'époque à laquelle sa maison s'est établie au Maroc :

Sidi Ḥammou (c'est lui qui vint d'Orient dans ces pays),

Sidi Zari ben S. Ḥammou,

Sidi Bel Qasem ben S. Zari (il habitait Qaçba Tâdla, où se trouve son mausolée),

Sidi Moḥammed Ech Chergi ben S. Bel Qasem (c'est lui qui fonda la ville de Bou el Djạd, à l'emplacement de laquelle ne s'élevaient alors que des bois),

Sidi Ạbd el Qader ben S. Moḥammed Ech Chergi,

Sidi Ạbd el Qader ben S. Ạbd el Qader,

Sidi El Maṭi ben S. Ạbd el Qader,

Sidi Çaleḥ ben S. El Maṭi,

Sidi El Maṭi ben S. Çaleḥ,

Sidi El Ạrbi ben S. El Maṭi,

Sidi Ben Daoud ben S. El Ạrbi.

Depuis la fondation de Bou el Djạd par S. Moḥammed Ech Chergi, cette ville n'a pas cessé d'être la résidence de ses descendants (1). Sidi ben Daoud ben Sidi El Ạrbi, leur chef actuel, a près de quatre-vingt-dix ans; malgré son grand âge, il jouit de la plénitude de ses facultés : c'est un beau vieillard, au visage pâle, à la longue barbe blanche; ses traits ont une rare expression de douceur et de bonté. Il marche avec difficulté, mais circule chaque jour sur sa mule. Quelle que soit la maison où il

(1) Voici ce qu'écrivait Ali Bey, en 1804, au sujet de la puissance de la zaouïa de Bou el Djạd et de Sidi El Ạrbi, qui en était alors le chef :

« Je parlerai ici des deux plus grands saints qui existent maintenant dans l'empire du Maroc : l'un est *Sidi* « *Ali Benhamèt*, qui réside à *Wazen;* et l'autre, qui se nomme *Sidi Alarbi Benmàte*, demeure à *Tedla.*

« Ces deux saints décident presque du sort de l'empire, parce que l'on croit que ce sont eux qui attirent les « bénédictions du ciel sur le pays. Dans les districts où ils habitent, il n'y a ni pacha, ni kaïd, ni gouverneur « du sultan, et on n'y paie aucune espèce de tribut; le peuple est entièrement gouverné par ces deux saints « personnages, sous une espèce de théocratie et dans une sorte d'indépendance. La vénération dont jouissent « ces personnages est si grande que, lorsqu'ils visitent les provinces, les gouverneurs prennent leurs ordres « et leurs conseils...

« Je n'ai pas vu Sidi Alarbi, qui était à Tedla; mais je connais un de ses neveux, qui est venu me voir en son « nom. Il est fort rouge, et tellement gros que sa respiration est fatigante. On assure que Sidi Alarbi est encore « plus grand et plus gras. On voit que les jeûnes et les macérations sont loin de porter atteinte à la vigueur « et à la santé de nos saints. Malgré sa grosseur, on ajoute que Sidi Alarbi monte légèrement à cheval et qu'il « tire très bien un coup de fusil, ce qui est une nouvelle faveur de la divinité. Malheureusement quelques dis- « cussions se sont élevées entre lui et le sultan Muley Seliman. Ce dernier ayant fait construire une mosquée « dans le territoire de Tedla et ayant sans doute manqué à certains égards, Sidi Alarbi crut devoir la convertir « en écurie. Muley Seliman fit alors présent de mille ducats à Sidi Alarbi pour l'apaiser. Le vénérable saint « envoya en échange mille moutons au sultan. Il faut espérer que cet acte de repentir gagnera la miséricorde « de Dieu par la recommandation du saint. » (*Voyages d'Ali Bey el Abbasi en Afrique et en Asie pendant les années* 1803, 1804, 1805, 1806 et 1807; t. I, chap. XV.)

se trouve, les abords en sont toujours entourés de plus de cent individus accroupis au pied des murs, attendant le moment de sa sortie pour baiser son étrier ou le pan de son ḥaïk. Il est non seulement vénéré, mais profondément aimé. Chacun vante sa justice, sa bonté, sa charité.

La famille de Sidi ben Daoud est nombreuse : il a, me dit-on, au moins trente enfants, tant de ses femmes que de ses esclaves. L'aîné de ses fils s'appelle S. el Ḥadj El Ạrbi : il est en ce moment auprès du sultan ; le second est S. Ọmar, homme de 55 à 60 ans : ce dernier passe pour très intelligent et fort instruit. Outre ses descendants directs, il a un grand nombre de frères, de neveux : la ville entière n'est peuplée, à part les Juifs et quelques artisans, que des parents proches ou éloignés du Sid, de leurs esclaves et de leurs serviteurs. Tous les membres de la famille de Sidi ben Daoud participent à son caractère de sainteté, et cela à un degré d'autant plus élevé qu'ils lui tiennent de plus près par le sang.

Qui sera l'héritier de S. Ben Daoud? Nul ne le sait : il n'y a point d'ordre de succession ; chaque Sid, lorsqu'il sent la mort approcher, choisit un de ses enfants et, lui donnant sa bénédiction, fait passer par là sur sa tête les faveurs divines dont est sans cesse comblé le chef de la maison d'Ọmar ; l'élu recueille l'héritage de tous les biens spirituels et temporels de son père. Rien ne peut faire prévoir d'avance qui doit l'être ; l'ordre de naissance n'est point suivi : S. Ben Daoud était un des plus jeunes fils de S. El Ạrbi.

Le Sid est en bonnes relations avec le sultan ; jamais, malgré leur puissance, ni lui ni ses ancêtres n'ont montré d'hostilité au gouvernement des cherifs. Moulei El Ḥasen envoie chaque année de riches présents à Bou el Djạd ; en échange, toutes les fois qu'il va de Fâs à Merrâkech, le Sid ou un de ses fils l'accompagne depuis Dar Beïḍa jusqu'à l'Oumm er Rebiạ ou l'Ouad el Ạbid. C'est ainsi que Ḥadj El Ạrbi est en ce moment auprès du sultan.

Inutile de dire que la zaouïa est riche : chaque année y voit entrer des offrandes immenses, tant en argent qu'en nature, tributs réguliers des régions environnantes, dons apportés de loin par des pèlerins isolés, cadeaux envoyés de Fâs et de Merrâkech par les grands de l'empire. Sidi ben Daoud possède une fortune énorme. Les autres membres de sa famille participent aux aumônes des fidèles comme ils participent à leur dévotion, suivant leur degré de sainteté. Quelques-uns sont fort riches, d'autres le sont moins ; mais tous ne vivent que des offrandes qu'ils reçoivent.

Les çaliḥs de Bou el Djạd sont loin d'être des hommes fanatiques, intolérants, d'esprit étroit. La plupart ont été à la Mecque : c'est dire qu'ils ont abandonné et les folles idées des ignorants sur la puissance et l'étendue de la religion musulmane et leurs préjugés ridicules contre les Européens. Tous sont lettrés, peu sont savants. Le Sid possède cependant une belle bibliothèque, mais on la consulte peu. Les saints profitent des biens que Dieu leur a donnés pour passer leur existence dans les douceurs des plaisirs licites : au reste, le Seigneur les bénit en toutes choses. Nulle part je n'ai vu les mulâtres aussi nombreux qu'à Bou el Djạd.

La position de Bou el Djạd, au milieu des ondulations d'une immense plaine pierreuse et blanche, est triste. Il y a peu d'eau, peu de jardins. Sans son importance comme centre religieux, sans le caractère que lui donnent ses mosquées, ses grandes qoubbas et les riches demeures de ses çaliḥs, ce lieu ne mériterait pas le nom de ville : il n'a guère plus de 1700 habitants, dont 200 Israélites. La cité est étendue, eu égard à sa population ; mais les maisons y sont clairsemées et entremêlées, à l'ouest, de jardins, à l'est, de terrains vagues et d'énormes monceaux d'ordures. Les demeures riches, celles des fils et des proches parents du Sid, sont bâties en pierres grossièrement cimentées, avec portails, arcades, pourtours de fenêtres en briques ; peu sont blanchies extérieurement ; à l'intérieur, elles sont ornées comme les maisons de Fâs : carrelage sur le sol ; vitres aux fenêtres ; plafonds de poutrelles peintes ; miḥrabs (1) à arabesques sculptées. Les maisons pauvres, c'est-à-dire le plus grand nombre, sont construites en pisé. Toutes sont couvertes en terrasse. La ville ne possède point d'enceinte ; mais il existe des portes, ou au moins des portails, à l'entrée des principales rues. La partie occidentale de Bou el Djạd est habitée par la famille immédiate du Sid, aussi porte-t-elle le nom de Ez Zaouïa ; les parents moins proches résident dans les autres quartiers ; les Juifs sont relégués au nord-est. Il y a deux grandes mosquées, et auprès d'elles quatre mausolées abritant les restes d'ancêtres de S. Ben Daoud : ce sont des tours carrées, hautes et massives, couronnées de toits de tuiles vertes. Point de quartier commerçant proprement dit. L'emplacement du marché hebdomadaire sert en même temps au trafic de chaque jour ; on y voit un certain nombre de niches alignées, faites de pisé ou de pierre sans ciment, profondes de 2 mètres, hautes de $1^m,50$: c'est là qu'artisans et commerçants viennent s'installer chaque matin avec

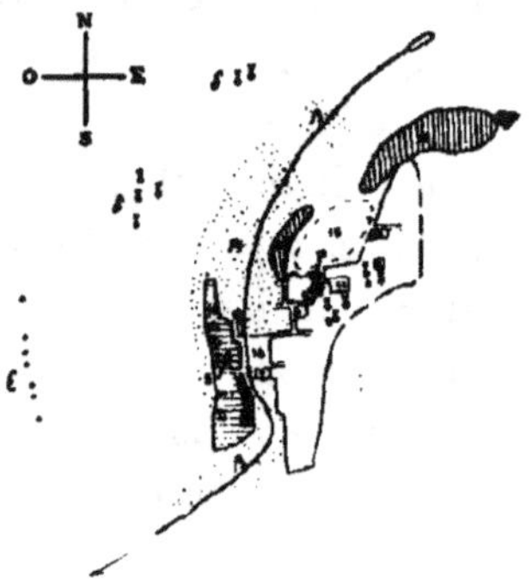

Bou el Djạd.
(La ville et ses environs.)

1. Mosquée de M. Seliman.
2. Mosquée de S. Mohammed Ech Chergi.
3. Qoubbas, au nombre de 3.
4. Qoubba de S. Mohammed Ech Chergi.
5. Maison de Sidi Ben Daoud.
6. Maison de S. Omar.
7. Maison de S. Mohammed Ben Dris.
8. Maison de S. el Hadj Edris.
9. Maison de Mousi Alloun.
10. 1er mellah.
11. 2e mellah.
12. 3e mellah.
13. Fondoq.
14. Place.
15. Marché.
P. Principale entrée de la ville.
α. Buttes formées de décombres amoncelés.
β. Jardins.
δ. Petites qoubbas.
ε. Puits.

(1) Le *miḥrab* est une niche orientée dans la direction de la Mecque.

leurs marchandises qu'ils remportent le soir : tous n'ont même pas ces abris, il en est qui préfèrent de simples huttes de feuillage. Le jeudi, grand marché, fréquenté par toutes les tribus des environs. On trouve dans les boutiques la plupart des produits européens en vente à Fâs et à Meknâs, sauf le pétrole, la coutellerie, les crayons. Mais ces objets abondent chez les çalihs qui les font venir directement de Dar Beïḍa. C'est par ce port que se fait tout le commerce de Bou el Djaḍ. De là viennent cotonnades, thé, riz, sucre, épicerie, parfumerie, vêtements de luxe; en échange on y apporte des peaux, de la laine, de la cire. Il y a quatre jours de marche d'ici à Dar Beïḍa, deux en blad es siba, où l'on ne voyage qu'avec l'escorte d'un parent du Sid, deux en blad el makhzen. Aucunes relations avec Merrâkech, à cause de la difficulté des communications : la route est très périlleuse; on compte huit jours pour la parcourir, tant il faut faire de détours et changer souvent de zeṭaṭs. Bou el Djaḍ, quoique traversée par un ruisseau, est mal pourvue d'eau; celle que

Mosquée et mausolée
de Sidi Mohammed Ech Chergi, à Bou el Djaḍ.
(Vue prise de la maison de Mousi Alloun.)
Croquis de l'auteur.

Deux des 3 mausolées, à Bou el Djaḍ.
(Vue prise de la maison de Mousi Alloun.
Croquis de l'auteur.

donne le ruisseau est mauvaise, et ne sert qu'à abreuver les animaux et à arroser les vergers : quelques maisons ont des citernes, mais la plus grande partie de la ville n'est alimentée que par un groupe de six ou sept puits situés à près d'un kilomètre vers l'ouest. Avec si peu d'eau, il ne saurait y avoir beaucoup de jardins : ils sont en effet peu étendus; on les cultive avec d'autant plus de soin. On y voit les arbres qui croissent à Meknâs : grenadiers, figuiers, oliviers, vigne; et, poussant à leur ombre, les légumes du pays : citrouilles, melons, pastèques, courges et piments.

Campagne autour de Bou el Djaḍ.
Qoubbas δ.
(Vue prise de la maison de Mousi Alloun.)
Croquis de l'auteur.

Le costume des citadins est le même ici qu'à Fâs. Celui des tribus voisines a été décrit au sujet des Beni Zemmour; cependant, à partir de Bou el Djaḍ, je remarque dans l'armement une particularité, spéciale au Tâdla, et qui ne m'avait pas frappé à Aït El Maṭi : c'est l'usage de la baïonnette; tous les hommes du Tâdla portent habituellement, suspendue à un baudrier, une longue baïonnette qui remplace sabre et poignard.

3°. — DE BOU EL DJAD A QAÇBA TADLA.

Avant de quitter Bou el Djạd je m'assure de l'escorte d'un des petits-fils de Sidi Ben Daoud pour tout le temps que je passerai encore dans le Tâdla. Sous cette protection je vais aller d'abord à Qaçba Tâdla, puis à Qaçba Beni Mellal.

17 septembre.

Départ de Bou el Djạd à 3 heures et demie du matin. Le terrain est toujours cette grande plaine du Tâdla, à ondulations légères, où j'ai déjà marché; quant à la nature du sol, elle varie un peu : rocheuse pendant le premier tiers de la route, elle n'est plus que pierreuse au second; à la fin c'est de la terre mêlée de petits cailloux. Les cultures, rares au début, augmentent à mesure que j'avance : ce qu'elles n'occupent pas est nu en cette saison, ou semé de rares jujubiers sauvages, mais se couvre, dit-on, au printemps, de pâturages superbes. Beaucoup de gibier : on lève un grand nombre de lièvres et de perdreaux; il y a aussi, paraît-il, des gazelles. A 7 heures du matin, j'arrive à Qaçba Tâdla.

Qaçba Tâdla. (Vue prise du chemin de Bou el Djâd.)
Croquis de l'auteur.

Avant Moulei Ismaïl, le lieu où elle se dresse était, m'assure-t-on, désert : aucun village n'y existait. Le bourg que l'on voit aujourd'hui daterait du règne de ce sultan. C'est lui qui fonda et la qaçba et la mosquée; à lui aussi est dû le pont de l'Oumm er Rebịa, pont de 10 arches, le plus grand du monde au dire des habitants. Qaçba Tâdla s'élève sur la rive droite du fleuve, qui coule au pied même de ses murs. Les eaux ont ici 30 à 40 mètres de large; le courant en est rapide, la profondeur considérable : on ne peut les traverser qu'en des gués peu nombreux; hors de ces points, il faudrait, même dans cette saison, se mettre à la nage : elles sont encaissées entre des berges tantôt à 1/1, tantôt à 1/2, s'élevant de 12 à 15 mètres au-dessus de leur niveau. La berge gauche est la plupart du temps un peu plus haute que la droite : les berges sont parfois rocheuses; alors le lit du fleuve l'est aussi : mais le plus souvent leur composition est un mélange de terre et de gravier.

La Qaçba proprement dite, bien conservée, est de beaucoup ce que j'ai vu de mieux au Maroc, comme forteresse. Voici de quoi elle se compose : 1° d'une enceinte extérieure, en murs de pisé de 1m,20 d'épaisseur et de 10 à 12 mètres de haut; elle est crénelée sur tout son pourtour, avec une banquette le long des créneaux; de grosses tours la flanquent; 2° d'une enceinte intérieure, séparée de la première par une rue de 6 à 8 mètres de large. La muraille qui la forme est en pisé, de 1m,50 d'épaisseur; elle est presque aussi haute que l'autre, mais n'a point de créneaux. Ces deux enceintes sont en bon état : point de brèche à la première; la seconde n'en a qu'une, large, il est vrai : elle s'ouvre sur une place qui divise la qaçba en deux parties : à l'est, sont la mosquée et dar el makhzen (1); à l'ouest, les demeures des habitants : les unes et les autres tombent en ruine et paraissent désertes. Je ne vis, lorsque je la visitai, qu'un seul être vivant dans cette vaste forteresse : c'était un pauvre homme; il était assis tristement devant la porte de dar el makhzen; son chapelet pendait entre ses doigts; il le disait d'un air si mélancolique qu'il me fit peine. Quel était cet ascète vivant dans la solitude et la prière? D'où lui venait ce visage désolé? Faisait-il, pécheur converti, pénitence de crimes inconnus? Était-ce un saint marabout pleurant sur la corruption des hommes? — Non, c'est le qaïd; le pauvre diable n'ose sortir : dès qu'il se montre, on le poursuit de huées.

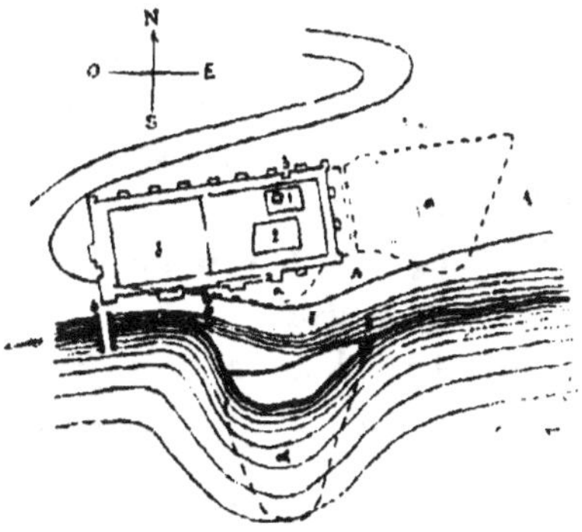

1. Mosquée.
2. Dar el makhzen.
3. Principale porte de la 1re enceinte.
4. Pont sur l'Oumm er Rebia.
5. Gué de l'Oumm er Rebia.
α. Faubourg.
β. Marché.
γ. Cimetière.
δ. Maisons en ruine et désertes.

Qaçba Tâdla.

Si la qaçba n'est pas habitée, elle a deux faubourgs qui le sont : l'un sur la rive droite, formé de maisons de pisé : les familles riches, les Juifs, y demeurent; l'autre sur la rive gauche, composé de tentes et de huttes en branchages : c'est le quartier des pauvres. Qaçba Tâdla est moins peuplée que Bou el Djad : elle a environ 1200 à 1400 habitants, dont 100 à 150 Israélites. Point d'autre eau que celle de l'Oumm er Rebia : elle est claire et bonne, quoique d'un goût un peu salé. Toute cette région contient du sel en abondance; j'en vois ici de belles dalles, d'un mètre de long, sur 60 centimètres de large et 15 à 20 centimètres d'épaisseur : on les extrait non loin d'ici, sur le territoire des Beni Mousa (2). Qaçba Tâdla ne possède point de jardins : pas un

(1) « Maison du gouvernement ».

(2) Le sel abonde au Maroc. D'autres salines très riches, d'où l'on tire des dalles semblables à celles des Beni Mousa, se trouvent sur le territoire des Imerrân. Les rivières salées sont aussi en grand nombre : j'en ai rencontré plusieurs : ce sont l'Ouad Oumm er Rebia, l'Ouad Rdât, l'Ouad Iounil, l'Asif Marren, l'Ouad Tisint, l'Ouad Tatta, l'Aïn Imariren (Haha), etc. L'Ouad Messoun, affluent de la Mlouïa, est salé aussi, m'a-t-on dit.

arbre, pas un fruit, pas un brin de verdure. C'est un exemple unique au Maroc. Ville, bourg ou village, je n'y ai pas vu d'autre lieu habité qui n'ait eu des jardins petits ou grands.

1°. — DE QAÇBA TADLA A QAÇBA BENI MELLAL.

19 septembre.

Départ à 6 heures du matin. Je traverse l'Oumm er Rebiạ à un gué situé auprès du cimetière, et je marche droit vers le pied de la haute chaîne qui se dresse dans le sud. C'est la première des trois grandes arêtes dont se compose l'Atlas Marocain, celle que nous appelons Moyen Atlas. Elle n'a point de nom général parmi les indigènes : la portion que je vois d'ici est dite, à l'ouest, Djebel Beni Mellal, à l'est, Djebel Amhauch; les flancs sont tantôt rocheux, tantôt terreux, en grande partie boisés : pentes fort raides dès le pied; escarpements fréquents; dans les vastes forêts le gibier abonde : à côté des perdrix, des lièvres, des sangliers, des singes, on y trouve le lion et la panthère. Tels sont ces premiers hauts massifs de l'Atlas, monts élevés et sauvages, au pied desquels s'arrêtent à la fois et la plaine et le pays du Tâdla. Là commence le territoire des Aït Seri, puissante tribu tamaziṛt qui couvre de ses villages et de ses tentes toute la chaîne qui est devant mes yeux.

Du lit de l'Ouad Oumm er Rebiạ au pied de la montagne, ce n'est qu'une large plaine, unie comme une glace; pas une ondulation; pas une pierre; le sol est une terre brune : des champs le couvrent en entier et s'étendent à perte de vue; des ruisseaux, à eau claire et courante, une foule de canaux, les arrosent : ce sont les cultures des Qeṭaïa, l'une des tribus du Tâdla. Au bout de deux heures de marche, nous nous engageons au milieu de leurs douars; douars immenses et superbes, composés chacun de plus de 50 tentes, distants à peine d'un kilomètre les uns des autres : ils forment deux longues rangées qui s'étendent parallèlement au pied de la chaîne et se développent en lignes noires jusqu'à l'horizon. A l'entour paissent chameaux, bœufs et moutons, en troupeaux innombrables.

Fichtâla.

A. Restes de l'ancienne qaçba.
B. Village actuel.
C. Jardins.
D. Côtes couvertes d'amandiers.
E. Qoubba.

A 9 heures, nous arrivons au pied des montagnes : nous le suivons jusqu'au gîte. La contrée est enchanteresse : point d'heure où l'on ne traverse un cours d'eau, point d'heure où l'on ne rencontre un village, des vergers. C'est d'abord l'Ouad Derna, que nous franchissons au milieu des jardins de Tagzirt, bourgade que nous laissons à notre droite; puis c'est Fichtạla, avec la célèbre qaçba de ce nom, si importante naguère, déchue aujourd'hui; enfin c'est l'Ouad Foum el Ançer avec Aït Saïd. Nous nous arrêtons quelques instants à Fichtâla : de la qaçba, construite par Moulei Ismaïl sur le modèle de celle de Tâdla, il ne reste que des ruines imposantes; le village actuel y est adossé : il n'a pas plus de 250 à 300 habitants. Ceux-ci ne comptent avec aucune tribu. Cet endroit est un petit centre à part, siège d'une zaouïa dont les chefs, qui sont en ce moment deux frères, Sidi Mohammed Ech Cherif et Sidi Hasan, sont souverains absolus du lieu. Fichtâla est située sur les premières pentes de la montagne, parmi des côtes ombragées d'amandiers, au pied de grands rochers où une foule de ruisseaux bondissant en cascades tracent des sillons d'argent, au milieu de jardins merveilleux comparables à ceux de Tâza et de Sfrou.

Un peu plus loin est Aït Saïd; nous y arrivons à midi : c'est le terme de notre marche d'aujourd'hui. Les cours d'eau que j'ai traversés chemin faisant sont les suivants : Ouad Oumm er Rebia (40 mètres de large; 90 centimètres de profondeur); Ouad Derna (torrent impétueux; eaux limpides et vertes roulant au milieu de quartiers de roc dont est semé le lit : au gué où je l'ai passé, il avait 25 mètres de large et 70 centimètres de profondeur; mais sa largeur habituelle n'est que de 15 à 20 mètres); Ouad Fichtâla (gros ruisseau; 2 mètres de large; 40 centimètres de profondeur; descend par cascades de la montagne); Ouad Foum el Ançer (3 mètres de large; 40 centimètres de profondeur; prend sa source à une centaine de mètres en amont du village d'Aït Saïd). J'ai rencontré aujourd'hui un assez grand nombre de personnes sur le chemin.

Foum el Ancer et village d'Aït Saïd.
(Vue prise du chemin de Foum el Ancer à Qaçba Beni Mellal.)
Croquis de l'auteur.

Aït Saïd est un gros village de 300 à 400 maisons, le principal de la fraction de ce nom : il est situé au bas de la montagne, à la bouche d'un ravin profond, Foum el Ançer, où six sources, qui donnent naissance à un beau torrent, jaillissent du pied de roches immenses. Ces roches, murailles à pic d'une hauteur prodigieuse, dominent le village : vers leur partie supérieure, apparaissent les ouvertures béantes de cavernes creusées presque symétriquement dans leur flanc. Quels ouvriers ont façonné ces étranges demeures? A quelles races appartenaient-ils, ceux qui escaladaient ainsi les parois lisses du roc par des chemins inconnus? C'étaient sans doute des Chrétiens, puisque rien ne leur est impossible. Aujourd'hui nul n'y peut atteindre; malheur à qui tenterait de monter vers ces retraites mystérieuses : des génies en défendent l'accès et précipiteraient le téméraire au fond de la vallée.

A partir d'ici, je rencontrerai souvent des cavernes de ce genre; je les signalerai chaque fois qu'il s'en présentera; elles abondent dans la partie de l'Atlas que je vais traverser : il est rare d'y trouver un village auprès duquel il n'y en ait pas. La plupart d'entre elles sont placées en des points inaccessibles. Il y en a de deux sortes : les unes s'ouvrent sans ordre à la surface du rocher; l'œil ne distingue que plusieurs trous sombres percés au hasard et isolés de leurs voisins. Les autres, au contraire, sont creusées sur un même alignement : en avant des ouvertures, on voit, le long de la muraille, une galerie taillée dans le roc qui met en communication les cavernes; cette galerie est fréquemment garnie, à l'extérieur, d'un parapet en maçonnerie; quand des crevasses se présentent et coupent la voie, les bords en sont reliés par de petits ponts de pierre. Souvent des rangs semblables sont étagés par deux ou trois sur une même paroi rocheuse. Ces cavernes bordent certaines vallées sur une grande longueur. Le petit nombre d'entre elles qui sont accessibles servent à emmagasiner les grains ou à abriter les troupeaux; j'en ai visité quelques-unes : elles m'ont frappé par leur profondeur et par leur hauteur. Mais presque toutes sont inabordables. Aussi les légendes les plus fantastiques ont-elles cours à leur sujet : ces demeures extraordinaires paraissant choses aussi merveilleuses que les bateaux à vapeur et les chemins de fer, on les attribue aux mêmes auteurs : à des Chrétiens des anciens temps, que les Musulmans chassèrent quand ils conquirent le pays; on va jusqu'à citer les noms des rois, surtout des reines à qui appartenaient ces forteresses aériennes. Dans leur fuite, ils abandonnèrent leurs trésors. Aussi pas un indigène ne doute-t-il que les cavernes n'en soient pleines. D'ailleurs ne les a-t-on pas vus? Ici c'est un marabout, là c'est un Juif qui, se glissant entre les rochers, pénétrant dans les grottes profondes, a aperçu des monceaux d'or; mais nul n'a pu y toucher : tantôt des génies les gardaient, tantôt un chameau de pierre, animé et roulant des yeux terribles, veillait sur eux; ailleurs on les entrevoyait entre deux roches qui se refermaient d'elles-mêmes sur qui voulait franchir le passage. On m'a cité un lieu, Amzrou, sur l'Ouad Dra, où, d'après des rapports de ce genre, les habitants sont si convaincus de l'existence de richesses immenses dans des cavernes du voisinage, qu'ils y ont placé des gardiens pour qu'on ne les enlevât pas.

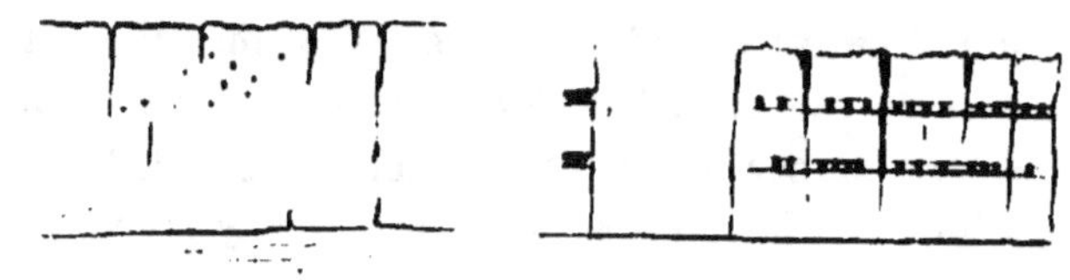

Pendant ma route d'aujourd'hui, j'ai remarqué, sur les pentes de l'Atlas, soit isolées, soit dominant des villages, un grand nombre de constructions semblables à de petites qaçbas, à des châteaux. C'est ce qu'on appelle des *tiṛremt* (1). La forme or-

(1) Au singulier *tiṛremt*, au pluriel *tiṛrematin*.

dinaire en est carrée, avec une tour à chaque angle; les murs sont en pisé, d'une hauteur de 10 à 12 mètres. Ces châteaux servent de magasins pour les grains et les autres provisions. Ici, tout village, toute fraction a une ou plusieurs tiṛremts, où chaque habitant, dans un local particulier dont il a la clef, met en sûreté ses richesses et ses réserves. Des gardiens sont attachés à chacune d'elles.

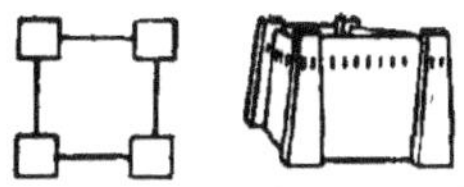

Cette coutume des châteaux-magasins, que je vois ici pour la première fois, est universellement en usage dans une région étendue : d'abord dans les massifs du Grand et du Moyen Altas, sur les deux versants, depuis Qçâbi ech Cheurfa et depuis les Aït Ioussi jusqu'à Tizi n Glaoui; puis sur les cours tout entiers de l'Ouad Dra et de l'Ouad Ziz, ainsi que dans la région comprise entre ces fleuves. A l'ouest de Tizi n Glaoui et du Dra, règne une autre méthode, en vigueur dans la portion occidentale de l'Atlas et du Sahara, de l'Ouad Dra à l'Océan : celle des *agadir* (1). Là ce n'est plus le village qui réunit ses grains en un ou plusieurs châteaux, c'est la tribu qui emmagasine ses récoltes dans un ou plusieurs villages. Ces villages portent le nom d'agadirs. Vers Tazenakht, je les verrai, sur ma route, remplacer les tiṛremts. Dans la première région, chaque hameau, en temps d'invasion, peut opposer séparément sa résistance; dans la seconde, la vie de la tribu entière dépend d'un ou deux points : dans l'une, j'aurai chaque jour le spectacle d'hostilités de village à village; dans l'autre, ce n'est qu'entre grandes fractions qu'on se fait la guerre.

20 septembre.

Départ à 10 heures du matin. Le chemin continue à longer le pied de la montagne : sol terreux, semé de quelques pierres; à gauche, l'Atlas rocheux et boisé; à droite,

Village d'Ahel Sabeq.
(Vue prise
du chemin de Foum el Ancer à Qaçba Beni Mellal.)
Croquis de l'auteur.

Zaouïa Sidi Mohammed Bel Qasem et partie septentrionale
des jardins de Qaçba Beni Mellal.
(Vue prise du chemin de Foum el Ancer à Qaçba Beni Mellal.)
Croquis de l'auteur.

la plaine du Tâdla s'étendant à perte de vue comme une mer; aussi loin que l'œil peut distinguer, elle est couverte de cultures. A midi, j'arrive à Qaçba Beni Mellal, où je m'arrête.

(1) Au singulier *agadir*, au pluriel *igoudar*.

Qaçba Beni Mellal, qui porte aussi le nom de Qaçba Bel Kouch, est une petite ville d'environ 3000 habitants, dont 300 Israélites. Elle est construite au pied même de la montagne, sur une côte douce qui joint celle-ci à la plaine; de superbes jardins tapissent cette côte; vers le nord, ils s'étendent fort loin; au sud, ils s'arrêtent brusquement devant une falaise de pierre qui se dresse à 1 kilomètre de la ville. Au pied de cette muraille jaillissent, du sein du rocher, les sources qui arrosent Qaçba Beni Mellal : les eaux en sont d'une pureté admirable et d'une abondance extrême; on les a réparties en six canaux : chacun d'eux forme un ruisseau de 2 mètres de large et de 30 centimètres de profondeur; ensuite elles sont distribuées à chaque maison, à chaque clos, par une foule de petits conduits courant en toutes directions. Bien que ces eaux forment un volume total considérable, elles se perdent dans les jardins de la ville et dans la plaine du Tâdla, sans atteindre l'Oumm er Rebiạ à leur confluent naturel. Il en est de même des divers cours d'eau que j'ai traversés hier, après l'Ouad Derna. Leurs eaux sont captées au sortir de la montagne pour les irrigations : il ne leur en reste plus en arrivant en plaine; ce n'est que l'hiver que leurs lits se remplissent, et qu'ils gagnent : l'Ouad Foum el Ạncer, l'Ouad Derna, l'Ouad Beni Mellal, l'Oumm er Rebiạ.

Les constructions de Qaçba Beni Mellal, comme toutes celles que j'ai vues depuis le 17 septembre, sont en pisé. Les maisons ont un premier étage, de même qu'à Bou

Zaouïa Sidi Mohammed Bel Qasem et plaine du Tâdla.
(Vue prise des premières pentes du Moyen Atlas, au sud de la zaouïa.)
Croquis de l'auteur.

el Djạd et à Qaçba Tâdla. Point de minaret dans la ville même; il y en a un au milieu des jardins, à la zaouïa de S. Moḥammed Bel Qasem. Une vieille qaçba, aux murailles hautes et épaisses, mais tombant en ruine, quoiqu'elle ait été, dit-on, restaurée par Moulei Sliman, est le seul monument remarquable. Au centre du bourg, se trouve le marché, semblable à celui de Bou el Djạd; les produits européens en vente sur ce dernier se rencontrent également ici; ils viennent soit de Dar Beïḍa, soit plutôt de Merrâkech. Tous les quinze jours, une caravane d'une douzaine de chameaux arrive de cette capitale : elle ne met que quatre journées à faire le trajet. Au contraire, la route de Dar Beïḍa est longue : elle passe par Bou el Djạd. La ville a l'aspect propre et riche; rues larges, maisons neuves et bien construites : elle doit sa prospérité à ses immenses vergers, dont les fruits s'exportent au loin. Les jardins de Qaçba Beni Mellal, comme ceux qui sont échelonnés dans la même situation au pied de l'Atlas, sont d'une richesse merveilleuse : ce qu'étaient au nord Chechaouen, Tâza, Sfrou, nous le retrouvons ici à Tagzirt, à Fichtâla, à Qaçba Beni Mellal, à Demnât. Les trois premiers de ces lieux, et d'autres placés plus à l'est, fournissent tout le Tâdla de leurs fruits. Bou el Djạd même ne mange guère que de ceux-là. Ces fruits consistent en raisins, figues, grenades, pêches, citrons et olives, aussi remarquables par la qualité que par l'abondance.

Deux qaïds résident ici. Ce sont des qaïds *in partibus*, comme ceux des Zaïan et de Qaçba Tâdla. Cependant le sultan avait en ce lieu, il n'y a pas longtemps, un parti assez nombreux : il s'était produit un fait que j'ai remarqué dans d'autres contrées insoumises, surtout dans celles qui étaient riches et commerçantes. Une partie de la population, considérant les obstacles que l'anarchie mettait à la prospérité du pays, songeant aux dévastations continuelles de leurs terres, résultat des guerres avec les tribus voisines, regardant combien le trafic était difficile à cause du peu de sûreté des routes, s'était prise à désirer un autre régime, à souhaiter l'annexion au blad el makhzen. Ces idées étaient depuis quelque temps celles d'un tiers des habitants de Qaçba Beni Mellal. Les autres restaient attachés à leur indépendance

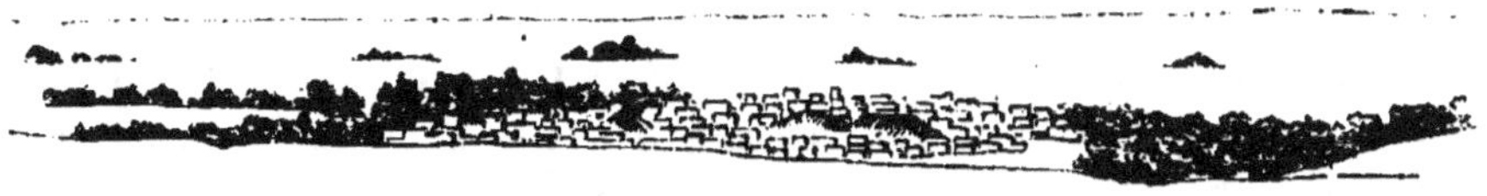

Qaçba Beni Mellal et plaine du Tâdla. (Vue prise des premières pentes du Moyen Atlas, au sud de la Qaçba.)
Croquis de l'auteur.

et rejetaient toute pensée de soumission. Sur ces entrefaites, il y a cinq mois environ, Moulei El Ḥasen, à la tête d'une armée, envahit le Tâdla. Il arrive devant Qaçba Beni Mellal : à son approche, tout ce qui lui était hostile abandonne la ville et se retire dans la montagne; le parti du sultan reste, et lui envoie une députation l'assurer de son dévouement. Comme réponse, il impose les Beni Mellal de 50000 francs : les présents paieront pour les absents. Inutile d'ajouter qu'aujourd'hui il n'y a plus de parti du makhzen dans la Qaçba. J'ai dit plus haut que, dans d'autres portions du Maroc, j'avais trouvé des tribus disposées à échanger leur indépendance contre les bienfaits d'une administration régulière. Ainsi, en 1882, plusieurs tribus du haut Sous se sont, de leur propre gré, soumises au sultan. Mais partout le dénouement est le même : on ne tarde pas à s'apercevoir que le makhzen n'est rien moins que le gouvernement rêvé. Pas plus de sécurité qu'auparavant : les voleurs plus nombreux que jamais; enfin les rapines des qaïds ruinant le pays en un an plus que ne l'eussent fait dix années de guerre. Aucun bien ne compense de grands maux. Aussi cet état ne dure-t-il pas. Après deux ou trois ans de patience, souvent moins, voyant qu'il n'y a rien à espérer, on secoue le joug et on reprend l'indépendance.

5°. — CAMPAGNE DU SULTAN DANS LE TADLA, EN 1883.

Avant de quitter le Tâdla, je vais résumer quelques renseignements recueillis sur la récente expédition de Moulei El Ḥasen dans cette contrée.

Tous les ans ou tous les deux ans, le sultan se met à la tête d'une armée et part pour guerroyer dans quelque portion du Maroc : ces campagnes ont pour but tantôt d'amener à l'obéissance des fractions insoumises, tantôt de lever des contributions de guerre sur des tribus trop puissantes pour être réduites, mais trop faibles ou trop désunies pour pouvoir empêcher une incursion momentanée sur leur territoire. C'est une expédition de cette catégorie, simple opération financière, que Moulei El Ḥasen vient de faire dans le Tâdla. La méthode qu'il suit dans ces occasions est invariable : il marche pas à pas, de tribu en tribu, offrant à chacune, en arrivant à elle, le choix entre deux choses : pillage du territoire, ou rachat par une somme d'argent. Dans cette alternative, prenant de deux maux le moindre, on se décide souvent à acheter la paix au prix demandé; c'est ce qu'espère le sultan. Mais parfois il éprouve des mécomptes. A certains endroits, on lui résiste, avec succès même, témoin les Ṛiata. Dans le Tâdla, on prit un troisième parti, qui fut pour lui la source de la plus amère déception : à son approche, les tribus, toutes nomades, se contentèrent de plier bagage et de se retirer, qui dans les montagnes de Aït Seri, qui dans celles des Zaïan. Là elles étaient à l'abri. Le sultan resta seul avec son armée, errant au milieu de la plaine déserte. Sa campagne fut désastreuse; il ne put que tirer quelque argent des petites qaçbas éparses de loin en loin dans le pays, maigre rentrée pour un grand déploiement de forces. « Fatigue sans profit », c'est ainsi que les habitants qualifient cette expédition.

Voici quel fut l'itinéraire de Moulei El Ḥasen :

Parti de Merrâkech au printemps dernier, il gagna d'abord Zaouïa Sidi Ben Sasi; puis, successivement, El Qanṭra (sur l'Ouad Sidi Ben Sasi, affluent de la Tensift), Moulei Bou Ạzza Ạmer Trab; l'Ouad Teççaout, qu'il franchit; l'Ouad el Ạbid, qu'il traversa au gué de Bou Ạqba : cette dernière opération fut pénible; le passage dura trois jours; trois canons tombèrent au fond de la rivière, et on ne les retira qu'à grand'peine. En arrivant à l'ouad, le sultan avait demandé au qaïd *in partibus* des Beni Mousa, Ould Chlaïdi, si le gué était praticable et sans danger; celui-ci avait répondu que oui; il se trouva au contraire difficile, avec des eaux très hautes; Moulei El Ḥasen fit donner sur l'heure la bastonnade au qaïd mal informé. De là on alla à Dar Ould Sidoïn (résidence d'un autre qaïd *in partibus* des Beni Mousa; ils en ont trois), puis à Sidi Selîman (qoubba avec source dans la plaine du Tâdla, sans habitants), à Qçar Beni Mellal (bourg à deux heures à l'ouest de Qaçba Beni Mellal, dans une situation semblable, au pied de l'Atlas; belles sources; environ 2000 habitants), à Qaçba Beni Mellal, à Seṛmeṛ (qaçba fort ancienne, aujourd'hui déserte et ruinée, située dans la plaine, entre Fichtâla et Aït Saïd, à peu de distance au nord du chemin que j'ai pris; elle appartient aux Aït Saïd), à Ṛarm el Ạlam (vieille qaçba inhabitée, s'élevant dans la plaine en face de la partie du Djebel Amhaouch occupée par les Aït Ouirra). Dans cette marche, le sultan avait suivi la route que j'ai prise moi-même, longeant le pied de l'Atlas entre les Aït Seri et le Tâdla. De là il se rendit à Qaçba Tâdla; puis à Zaouïa Aït El Ṛouadi (chez les Semget, fraction des Qeṭaïa), à Zizouan (entre les Beni Zemmour et les Zaïan, à sept heures de Bou el Djạd, dans la direction de Moulei Bou Iạzza), à Sidi Bou Ạbbed (zaouïa chez les Beni Zemmour), à Sidi Moḥammed Oumbarek (Beni Zemmour), à Mezgîḍa (Beni Zemmour), à Bir el Ksa (Beni Zemmour), à El Ḥachia (frontière des Beni Zemmour et des Smâla). Sur le territoire des Smâla, le sultan éprouva de la résistance : une fraction de cette tribu, les Beraksa, dédaignant de se retirer à son approche, et se refusant à payer aucune contribution, l'attendit les armes à la main; il les attaqua : les Beraksa lui tuèrent 500 hommes, mais furent vaincus; leur qaçba fut prise, ses murs rasés; on y coupa 50 têtes et on en emmena 200 prisonniers. De là on passa aux Oulad Fennan (fraction des Smâla), puis aûx Beni Khîran. Sur le territoire de cette tribu, Moulei El Ḥasen commença par piller Zaouïa Oulad Sidi Bou Ạmran : elle appartient aux cherifs de ce nom, cherifs qui ont une influence considérable dans la fraction des Beni Khîran où ils résident, celle des Oulad Bou Ṛadi, et possesseurs de grandes richesses; il les dépouilla. Il dévasta ensuite le territoire des Oulad Fteta (rameau des Oulad Bou Ṛadi) et celui des Beni Mançour (fraction des Beni Khîran). Il se trouvait chez les Beni Mançour vers le 10 août. Il en partit pour se porter à Meris el Bioḍ, sur la frontière des Beni Khîran et des Zạïr. Auparavant, à Masa, il avait trouvé les contingents du royaume de Fâs, dont son armée s'était grossie. De Meris el Ḅioḍ, il entra dans le pays des Zạïr à Talemaṛt. Là s'arrêtent les renseignements qu'on a pu me fournir.

Le sultan, dans cette campagne, avait avec lui 10000 chevaux et 10000 hommes de pied. Sur ce nombre, les troupes régulières (ạskris) et les mkhaznis comptaient pour peu de chose, pour cinq ou six mille hommes peut-être : le reste était le contingent des tribus soumises du royaume de Merrâkech. S'agit-il de faire une expédition de ce genre? Si l'on est à Merrâkech, on mande les qaïds du voisinage, chacun avec ce qu'il peut ramasser d'hommes; leur réunion forme un corps qui accompagne le sultan jusqu'à son arrivée dans une autre capitale, Fâs ou Meknâs. Là le service de ces contingents est terminé : chacun rentre dans ses foyers. Si au contraire on était à Fâs, ce seraient les fractions fidèles du Maroc du nord qui composeraient l'armée. Les corps ainsi rassemblés ne peuvent être très forts; les tribus les plus puissantes, étant insoumises ou indépendantes, ne fournissent pas un homme : telles sont, pour le centre seulement, celles des Ichqern, des Zaïan, des Zaïr, des Zemmour Chellaha, des Beni Mgild, des Beni Mtir, et toutes celles du Tâdla, excepté les Beni Miskin. Ces noms sont ceux des tribus non seulement les plus nombreuses, mais aussi les plus guerrières de la région. Il ne reste donc au gouvernement que les populations des bords de la mer, populations donnant des soldats médiocres.

Comment dans ces conditions Moulei El Hasen peut-il impunément ravager les territoires de tribus aussi puissantes que celles du Tàdla, que les Zaïr? C'est par suite de la désunion qui règne partout, non seulement entre les diverses tribus, mais encore parmi les fractions de chacune d'elles : les discordes, les rivalités, les rancunes sont telles, que rien, même l'intérêt commun, ne peut unir les différents groupes; seule la voix d'un cherif ou d'un marabout respecté de tous pourrait produire momentanément ce miracle; cette voix, grâce à la politique habile du sultan, se tait depuis un grand nombre d'années.

III.

DE QAÇBA BENI MELLAL A TIKIRT.

1°. — DE QAÇBA BENI MELLAL A OUAOUIZERT.

25 septembre 1883.

Départ à 6 heures et demie du matin. Trois zeṭaṭs m'accompagnent, un de la tribu des Beni Mellal, deux de celle des Aït Atta d Amalou. Ouaouizert, où je vais, est située au pied méridional du Moyen Atlas, qui sépare la plaine du Tâdla du cours de l'Ouad el Ạbid, et dont, depuis Tagzirt, j'ai longé au bas le versant nord. J'ai donc à franchir cette chaîne. Les pentes en sont généralement escarpées; dès qu'elles deviennent assez douces pour être cultivées, elles se couvrent de champs et des habitations apparaissent; mais ces endroits sont rares : presque toutes les côtes sont raides et boisées; sauf les places défrichées, clairières éparses de loin en loin, les flancs du massif sont revêtus d'une épaisse forêt : les lentisques, les caroubiers et les pins y dominent; ils atteignent une hauteur de 5 à 6 mètres. Le sol est moitié terre, moitié roche; celle-ci n'apparaît point ici sous forme de longues assises, mais en blocs isolés qui émergent de terre entre les arbres. Une foule de ruisseaux d'eau courante arrosent l'un et l'autre versant. Le chemin, constamment en montagne, pénible partout, est très difficile en deux endroits : d'abord, au sortir de Qaçba Beni Mellal, au passage nommé Ạqba el Kharroub; puis à l'approche du col, Tizi Ouaouizert, que précède une montée fort raide. A 1 heure, je parviens à Ouaouizert.

Point de cours d'eau important pendant la route d'aujourd'hui. Peu de monde sur le chemin. Les habitations rencontrées étaient d'aspect misérable : c'étaient tantôt de petites maisons de 2 mètres de haut, construites en pisé, couvertes en terrasse, la plupart situées à mi-côte et à demi enfoncées sous terre, tantôt de simples huttes de branchages; les quelques douars que j'ai vus ne se composaient que de cabanes rangées en rond : pas une tente véritable.

SÉJOUR A OUAOUIZERT.

Dès la sortie de Qaçba Beni Mellal, je suis entré chez les Aït Atta d Amalou, sur le territoire desquels se trouve Ouaouizert. Ils n'ont rien de commun avec les Aït Atta du Dra, ni avec les Berâber. C'est une petite tribu tamaziṛt (chleuḥa), indépendante, dont les frontières sont : au nord, le Tâdla; au sud, l'Ouad el Ạbid; à l'est, les Aït Seri; à l'ouest, les Aït Bou Zîd. Sur l'autre rive de l'Ouad el Ạbid, habitent les Aït Messaṭ. Les Aït Atta d Amalou peuvent mettre en ligne environ 800 fantassins et 150 cavaliers. Les chevaux sont rares dans cette contrée; en revanche, on y élève un grand nombre de mulets. Les Aït Atta sont peu riches, quoique rien ne manque à leur pays pour être prospère : la montagne n'est que bois et pâturages; sur les pentes douces, dans les vallées, dans la plaine d'Ouaouizert, le sol est fertile : on y voit des jardins et des cultures florissantes; l'eau abonde partout; des minerais de fer, de cuivre, d'argent, se trouvent, dit-on, sur le territoire. Mais les habitants ne savent point extraire ces derniers, et ils négligent les travaux des champs; leurs troupeaux mêmes sont peu nombreux : ils ont des moutons, des chèvres et quelques vaches, le tout de race médiocre. Aussi est-ce une tribu de pillards, dont une bonne partie ne vit que de zeṭaṭas, de vols, de rapines de tout genre.

Djebel Beni Mellal.
(Les parties ombrées sont boisées.) (Vue prise du mellah d'Ouaouizert.)
Croquis de l'auteur.

Col où passe le chemin d'Ouaouizert à l'Oussikis.

Premiers échelons du Grand Atlas,
formant le flanc gauche de la vallée de l'Ouad el Abid.
(Les parties ombrées sont boisées.) (Vue prise du mellah d'Ouaouizert.)
Croquis de l'auteur.

Ouaouizert est située au pied du Djebel Beni Mellal, au seuil d'une petite plaine traversée par l'Ouad el Ạbid. De quelque côté qu'on tourne les yeux, on ne voit que hautes montagnes, resserrant la vallée dans une ceinture étroite. La bourgade s'élève sur les deux rives d'un ruisseau qui porte son nom; elle se compose de trois groupes d'habitations assez éloignés les uns des autres, unis par des vergers. L'un d'eux est une zaouïa, résidence d'une famille de marabouts, dont le chef actuel est Sidi Moḥammed ould Moḥammed. Dans les vergers, on voit quelques pans d'épaisses murailles, ruines d'une qaçba construite jadis par Moulei Ismaïl. Les maisons sont de pisé, à simple rez-de-chaussée couvert d'une terrasse; au milieu d'elles, ainsi que dans la campagne voisine, se dressent un grand nombre de tirremts. Les arbres des jardins sont des oliviers, des pêchers et des figuiers; les légumes, des piments, des oignons et des citrouilles. Ouaouizert renferme 800 ou 1000 habitants, dont 100 à 150 Israélites. Malgré son peu de population, elle a une réelle importance, par son marché d'abord, marché qui se tient le vendredi et qui est très fréquenté, ensuite et surtout par sa position, qui en fait une des portes du Grand Atlas et le nœud de plusieurs routes. Trois passages principaux s'ouvrent dans le Grand Atlas entre les bassins de l'Oumm er Rebia et du Dra : l'un à l'ouest, menant de Zaouïa Sidi Rehal au Telouet; un autre au centre, conduisant de Demnât aux Haskoura; le dernier en face d'Ouaouizert, débouchant dans l'Oussikis. Celui-ci est le chemin que prennent les caravanes venant de Merrâkech allant soit dans le haut Ouad Dâdes, soit au Todra, soit au Ferkla. A l'est de ce col, il n'y en a plus de fréquenté dans la chaîne jusque auprès de Qçâbi ech Cheurfa.

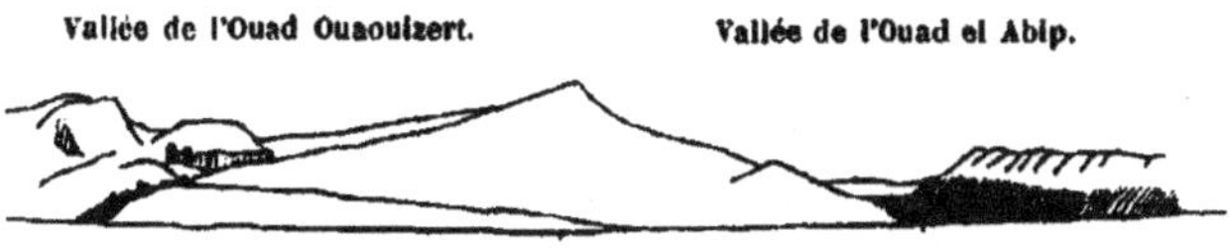

Massif situé entre l'Ouad el Abid et l'Ouad Ouaouizert.
(Les parties ombrées sont boisées.) (Vue prise du mellah d'Ouaouizert.)
Croquis de l'auteur.

Ouaouizert.

A. Groupes d'habitations.
B. Cimetière.
C. Qaçba Moulei Ismaïl (ruines).
D. Marché.
E. Mellah.

Les costumes sont les mêmes ici que dans le Tâdla; mais les femmes, comme déjà celles des Beni Mellal, font un usage immodéré de henné. C'est une exception. Les Marocaines n'en mettent pas d'ordinaire avec excès.

Dans la vallée de l'Ouad Ouaouizert, à trois kilomètres au-dessus du village, se trouvent beaucoup de cavernes de Troglodytes comme celles décrites plus haut.

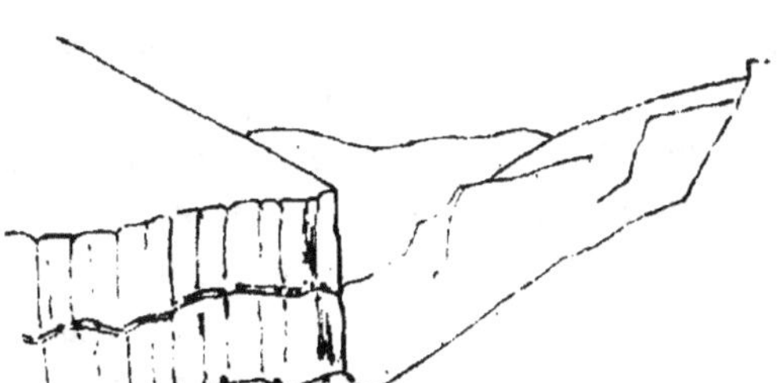

Cavernes creusées dans le flanc droit de la vallée de l'Ouad Ouaouizert, à 3 kilomètres en amont d'Ouaouizert.
Croquis de l'auteur.

J'entends causer ici du voyage d'un Chrétien. Habillé en Musulman, il traversa, il y a trois ans et demi, le Sous, le Tazeroualt et Ouad Noun. Puis il se rendit à Tindouf, d'où il partit pour le Soudan. A Tétouan et à Fâs, on m'avait parlé du docteur Lenz; cela n'avait rien de surpre-

Ouaouizert.

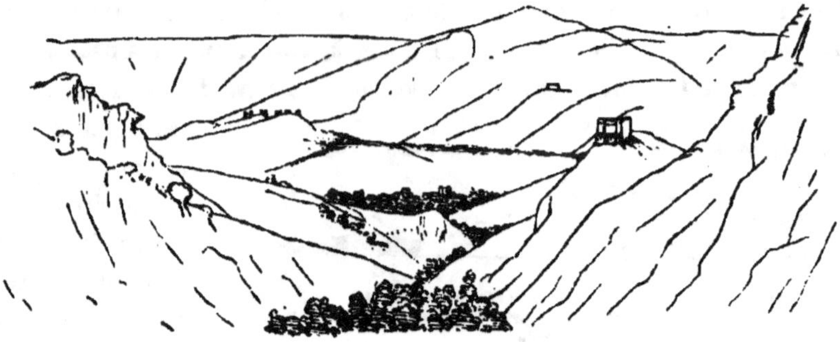

Ouaouizert et vallée de l'Ouad Ouaouizert.
(Vue prise des cavernes situées à 3 kilomètres en amont du village.)
Croquis de l'auteur.

nant; mais comment s'attendre à ce qu'ici, en ce coin perdu de l'Atlas, si éloigné du théâtre de ses explorations, sa renommée fût parvenue?

2°. — D'OUAOUIZERT AUX ENTIFA.

20 septembre.

Départ d'Ouaouizert à 6 heures du matin. Je vais d'abord au Ḥad des Aït Bou Zîd, qui se tient aujourd'hui. J'y arrive à 7 heures un quarṭ. Le chemin qui y mène longe la lisière nord de la plaine, au milieu de terrains tantôt rocheux et incultes, tantôt terreux et couverts de champs de blé.

Le marché est très animé; tant qu'il dure, il ne s'y trouve jamais moins de 600 personnes, et c'est un va-et-vient continuel. Cependant les objets qu'on y vend ne présentent pas grande variété. On y voit surtout des fruits et des légumes, apportés par les Aït Bou Zîd, achetés par les Aït Atta; puis du bétail : moutons, chèvres, vaches du prix de 30 à 40 francs; des grains, des peaux, de la laine. Les Juifs d'Ouaouizert étalent des belṛas, des bijoux, des poules, des cotonnades; quelques marchands musulmans, coureurs de marchés de profession, vendent du thé, du sucre, des allumettes. Mais ici l'affaire importante n'est point le trafic, c'est le « jeu des chevaux ». Tout cavalier des Aït Bou Zîd est tenu de venir chaque dimanche y prendre part; une amende de 10 francs punit les manquants. Voici comme on procède à cet exercice : on se forme par pelotons de 10 à 20; successivement chacun de ces groupes prend le galop, charge, fait feu, s'arrête et démasque, laissant la place au suivant; puis il recharge les armes, pour recommencer quand son tour reviendra.

A 4 heures, je quitte le marché sous l'escorte d'un zeṭaṭ des Aït Bou Zîd, sur le territoire desquels je suis à présent. Je continue à longer, sur un sol semblable à celui de ce matin, la lisière nord de la plaine; les montagnes qui l'entourent paraissent fort habitées : on y entrevoit des cultures partout où les pentes ne sont pas trop raides, un grand nombre de tirremts se dressent sur leurs flancs. A 5 heures, j'atteins l'extrémité de la plaine, et en même temps les bords de l'Ouad el Abid. Celui-ci est une belle rivière, au courant impétueux, aux nombreux rapides; ses eaux, vertes et claires, occupent le tiers d'un lit de 60 mètres de large, sans berges, moitié vase, moitié gravier, semé de gros blocs de rochers; il se remplit en entier durant l'hiver; quatre ou cinq fois plus forte qu'elle n'est en ce moment, la rivière coule alors avec une violence extrême. En toute saison, on ne peut la passer qu'à des gués assez rares. A partir d'ici, j'en suis le cours, marchant tantôt le long de ses rives, tantôt à mi-côte de ses flancs, suivant les difficultés du terrain; elles deviennent bientôt très grandes. L'Ouad el Abid, en sortant de la plaine, s'enfonce dans une gorge profonde; le bas en a juste la largeur de la rivière; les côtés sont deux murailles de grès, qui atteignent par endroits plus de 100 mètres de hauteur; au-dessus, se dressent les massifs mi-terreux, mi-rocheux de la chaîne au travers de laquelle l'ouad se fraie si violemment passage. Leurs pentes, souvent escarpées, sont raides partout, parfois inclinées à 2/1, d'ordinaire à 1/1 presque jamais à 1/2. C'est avec la plus grande peine que l'on suit la vallée; rarement on peut marcher au fond : il est occupé par les eaux; le chemin tantôt serpente dans la montagne, au-dessus des parois de la gorge, tantôt est taillé dans le roc, au flanc même de ces parois, et surplombe la rivière. Ce sont des passages extrêmement difficiles, les plus difficiles que j'aie jamais trouvés. Ils se franchissent pourtant trop vite au gré du voyageur. L'œil ne se lasse pas de contempler ce large cours d'eau roulant ses flots torrentueux entre d'immenses murailles de pierre, au pied de ces montagnes sombres, dans cette région sauvage où le seul vestige humain est quelque tirremt suspendue à la cime d'un rocher. A l'entrée de ce long défilé, est la maison de mon zetat, Dar Ibrahim. Nous y faisons halte à 5 heures et demie du soir. Peu de temps avant d'arriver, j'ai vu un affluent se jeter sur la rive gauche de l'Ouad el Abid : c'est l'Ouad Aït Messat, belle rivière aux eaux vertes, au courant impétueux, de 12 à 15 mètres de large, venant du sud par une gorge profonde.

Entrée du long défilé où s'enfonce l'Ouad el Abid, au sortir de la plaine d'Ouaouizert.
(Vue prise de cette plaine.)
Croquis de l'auteur.

Les Aït Bou Zid, chez lesquels je suis, sont de race tamazirt (chleuha) et indépendants. Leur territoire, tout en montagne, occupe la portion du Moyen Atlas bornée au nord par le Tâdla, au sud par l'Ouad el Abid, à l'est par les Aït Atta d Amalou, à l'ouest par les Aït Ạtab et les Aït Ạïad. Ils peuvent armer environ 1000 fantassins et 300 cavaliers. Cette tribu est renommée pour sa richesse : en effet, tant que je serai sur ses terres, je ne cesserai d'admirer des preuves de l'intelligence et de l'activité des habitants; nulle part au Maroc les cultures ne m'ont paru mieux soignées, les chemins aussi bien aménagés, dans un pays plus difficile. Toutes les portions du sol dont on a pu tirer parti sont plantées : ici sont des blés, là des légumes, ailleurs des oliviers; ils s'étagent par gradins, une succession de murs en maçonnerie retenant les terres; sur ces pentes raides, on ne peut labourer à la charrue : tout se travaille à la pioche. Les chemins sont la plupart bordés de bourrelets de pierre; en certains points; ils sont taillés dans le roc :.des consoles les soutiennent, des ponts sont jetés au-dessus des crevasses. Les maisons n'ont qu'un rez-de-chaussée, mais sont bien construites; elles sont en pierre cimentée, mais non taillée. Les tiṛremts sont nombreuses et grandes; quelques-unes, se dressant au sommet de rocs escarpés, semblent presque inaccessibles. Ces ouvrages témoignent d'une population active et industrieuse. Les Aït Bou Zîd ont un usage qui leur est spécial, et que nous ne retrouverons ailleurs que loin vers l'ouest et dans une seule tribu, les Ḥaḥa. C'est celui de se disséminer, maison par maison, chacun au milieu de ses cultures, au lieu de se grouper par villages. Sur leur territoire, on n'en rencontre pas : on ne voit que demeures isolées, semées sans ordre au flanc de la montagne.

Une légère modification se fait ici dans l'armement : plus de baïonnettes; tout le monde porte le sabre. De plus, le fusil change : la crosse, de courte et large, devient longue et étroite; elle était simple : elle se couvre d'ornements, incrustations d'os et de métal. Ces deux modèles sont les seuls qui existent au Maroc; le premier est d'un usage universel au nord de l'Atlas; dans cette chaîne et au Sahara, on le trouve quelquefois, mais ṛarement, c'est le second qui domine.

Le tamaziṛt est l'idiome général des tribus que j'ai traversées depuis Meknâs; mais jusqu'à Qaçba Beni Mellal tout le monde, dans les familles aisées, savait l'arabe. Depuis que je suis dans l'Atlas, il n'en est plus de même. Ici, bon nombre d'hommes parlent encore cette langue, mais les femmes l'ignorent complètement.

1er octobre.

Départ à 5 heuṛes du matin. Telle était hier soir la vallée de l'Ouad el Ạbid, telle elle reste aujourd'hui; les hautes montagnes qu'elle traverse sont, à l'exception des places cultivées, entièrement boisées : oliviers sauvages, pins, mêlés parfois de lentisques et de caroubiers. Par instants, le fond de la gorge se resserre au point de n'avoir que 30 mètres de large; par moments, il s'étend un peu et a jusqu'à 100 mètres : en ces endroits, d'autant plus fréquents qu'on avance davantage, les bords de l'ouad se garnissent de lauriers-roses, les parois de la vallée s'abaissent et s'inclinent, quelques arbres poussent aux fentes des rochers. La gorge, jusqu'au point où la rivière sort de l'Atlas, présente donc l'aspect suivant : une série d'étranglements très étroits unis par des défilés, lesquels, resserrés au début, s'élargissent peu à peu à mesure qu'on descend, en même temps que leurs flancs deviennent moins escarpés. Au bout d'une heure et demie, la muraille rocheuse s'est déjà beaucoup abaissée dans ces endroits; un peu plus tard, elle fait par moments place à la terre, et la forêt arrive jusqu'au bord des eaux. A dater de 8 heures et demie, la largeur habituelle est 100 mètres; des trembles, des oliviers, couvrent le fond; les parois de roche sont très basses ou remplacées par des talus de terre à 1/1; quelques maisons entourées de vergers apparaissent sur les pentes. Des étranglements resserrent encore par moments la vallée, mais de chacun elle sort plus large. A 9 heures et demie, elle a 150 mètres et se remplit de jardins; les flancs en sont à 1/1 ou à 1/2; des habitations s'y élèvent de toutes parts. Elle reste ainsi jusqu'à Aït ou Akeddir, où j'arrive à 10 heures et demie du matin.

Vallée de l'Ouad el Abid.
Village situé sur une roche de sa rive gauche, entre Dar Ibrahim et Aït ou Akeddir.
Croquis de l'auteur.

En chemin, j'ai traversé l'Ouad el Ạbid plusieurs fois, la première vers 6 heures (25 mètres de large, 70 centimètres de profondeur), la dernière vers 10 heures un quart (40 mètres de large, 50 centimètres de profondeur). Partout les eaux étaient les mêmes, limpides, vertes, impétueuses; partout elles coulaient sur un lit de gros galets, sans berges; les blocs de roche dont était semé le lit au commencement avaient disparu dans la dernière partie du trajet. Depuis 8 heures et demie, les rives étaient garnies d'un grand nombre d'appareils qui servent aux habitants à traverser en hiver, lorsque, les eaux étant hautes, on ne peut plus franchir à gué; ces machines se composent de deux fortes piles de maçonnerie établies l'une de chaque côté de la rivière; en leur milieu sont fixés de gros troncs d'arbres, auxquels s'amarrent les cordes servant au passage. Le sol du fond de la vallée est partout de terre.

2 et 3 octobre.

Séjour à Aït ou Akeddir. Les Aït Ạtab, chez lesquels je suis, sont une tribu tamaziṛt (chleuḥa), indépendante. Leur territoire est limité : au nord, par les Aït Ạïad et le Tâdla; à l'est, par les Aït Bou Zîd; au sud et à l'ouest, par l'Ouad el Ạbid. Ils peuvent mettre en ligne environ 1200 fantassins et 300 chevaux. Deux marchés sur leur territoire : Ḥad d'Aït Ạtab et Arbạa d'Ikadousen ; Ikadousen est le nom d'une de leurs fractions, qui habite vers le nord-ouest du point où je suis.

Aït ou Akeddir est un gros village, situé sur les premières pentes du flanc droit de l'Ouad el Ạbid, à un coude que fait la rivière ; les environs de ce centre sont la portion la plus habitée du territoire des Aït Ạtab. Auprès de lui s'élèvent à peu de distance plusieurs autres groupes, parmi lesquels on distingue El Ḥad, où se tient le marché. En face, le flanc gauche est hérissé d'une foule de maisons, de tiṛremts, s'étageant en amphithéâtre au milieu des oliviers. Ces constructions, ainsi que toutes celles de la tribu, sont en pisé. La population totale de ces diverses agglomérations peut être de 2000 âmes, dont 200 Juifs répartis en deux mellaḥs. Chaque village est entouré d'arbres fruitiers. De grands jardins occupent le fond de la vallée, où l'on ne bâtit point, de peur des inondations.

4 octobre.

Départ à 5 heures du matin. Un homme des Aït Ạtab me sert de zeṭaṭ. A quelque distance d'ici, l'Ouad el Ạbid s'enfonce de nouveau dans une gorge profonde ; il y reste enfermé jusqu'à Tabia, où il sort de l'Atlas et entre en plaine. Je prends un chemin qui passe à quelque distance de la rivière, sur un petit plateau couvert de cultures et semé d'amandiers ; des tiṛremts se dressent de toutes parts ; de grands troupeaux paissent sur les côtes. A 10 heures, je reviens sur les bords de l'Ouad el Ạbid au lieu même où, débouchant de la montagne par une brèche sauvage, il s'élance dans la plaine. Je le traverse et je gagne le petit village de Tabia, situé sur sa rive gauche. Me voici en blad el makhzen, pour la première fois depuis Meknâs. En passant la rivière, je suis entré sur le territoire des Entifa, tribu soumise. Ici, plus de zeṭaṭ, plus d'escorte ; on voyage seul en sûreté (1).

Point où l'Ouad el Abid sort de la montagne et entre en plaine. (Vue prise de Tabia.)
Croquis de l'auteur.

Je repars donc aussitôt avec un simple guide pris à Tabia. Laissant l'Ouad el Ạbid prendre sa course vers le nord-ouest, je me maintiens près de la montagne. C'est toujours le Moyen Atlas ; j'en longe le pied par une succession de plateaux bas et

(1) Il n'en est plus ainsi maintenant. Les Entifa se sont révoltés. Voici ce qu'on lit à leur sujet dans le *Réveil du Maroc* du 25 février 1885 : « A Entifa, le gouverneur s'est vu dans la nécessité de prendre la fuite à la suite de l'attaque dont il a été l'objet de la part de ses administrés, qui ont détruit et pillé son château. »

de côtes douces : les plateaux ont un sol sablonneux, avec des pâturages et quelques cultures; les coteaux, rocheux (1) et nus à la partie supérieure, sont terreux et garnis de villages et de jardins à leur pied. Vers 3 heures, j'atteins une bourgade qui sera mon gîte, Djemaạa Entifa.

Assez nombreux voyageurs sur la route pendant cette journée. Point d'autre cours d'eau que l'Ouad el Ạbid; au gué de Tabia où je l'ai traversé, il avait 40 mètres de large et 70 centimètres de profondeur. Toujours même lit de galets, même eau limpide et verte, même courant impétueux. Les roches au pied desquelles il coule en sortant de l'Atlas sont de grès, comme toutes celles de sa vallée depuis le point où j'y suis entré.

Djemaạa Entifa ne porte point ce nom à cause d'un marché; elle en possède un, mais qui se tient le lundi. Le village se compose de trois groupes d'habitations, distribués sur les deux rives d'un ruisseau. Des jardins, vraie forêt d'oliviers, les unissent et les entourent. La population est d'environ 1 500 habitants, dont 200 Israélites. Cette localité fait un commerce actif, d'une part avec Bezzou et Demnât, de l'autre avec les tribus du sud. Non loin de là est la demeure du qaïd des Entifa. La juridiction de ce gouverneur est limitée : au nord, par les Srạrna et l'Ouad el Ạbid; à l'est, par l'Ouad el Ạbid et les Aït Messaṭ; au sud, par les Aït b Ougemmez et les Aït b Ououlli; à l'ouest, par la province de Demnât et les Srạrna. Elle comprend, outre les Entifa, Bezzou au nord, les Aït Abbes et les Aït Bou Ḥarazen au sud-est.

3°. — DES ENTIFA A ZAOUIA SIDI REHAL.

5 octobre.

Départ à 5 heures du matin, en compagnie d'une caravane de cinq à six personnes; le pays est sûr; on est en blad el makhzen : point d'escorte. D'ici à Demnât, je continuerai à cheminer sur les premières pentes de l'Atlas, en me rapprochant de plus en plus de son pied. Pendant ce trajet, je passerai insensiblement du Moyen Atlas au grand : les deux chaînes paraissent se rejoindre à la trouée de la Teççaout, où serait l'extrémité de la première. Ma route d'aujourd'hui se divise en deux portions distinctes : de Djemaạa Entifa à l'Ouad Teççaout, et de la Teççaout à Demnât. Dans la première partie, le pays est accidenté, le sol pierreux, quelquefois rocheux; il est souvent nu, par moments garni de palmiers nains et de taçououts, ou boisé;

(1) Dans ces rochers, on aperçoit de loin une plante curieuse que, dans le cours de mon voyage, j'ai vue en quatre endroits : là; dans les escarpements qui dominent le village d'Aït Sạid (Tâdla); sur les pentes septentrionales du Petit Atlas; dans les territoires des Ilalen et des Chtouka; enfin dans les falaises des Ḥaḥa, au bord de l'océan Atlantique. Cette plante, la *taçouout*, paraît ne pousser que dans les lieux rocheux.

peu d'eau; cependant, au flanc des coteaux, au fond des ravins, sur les sommets, s'élèvent une foule de villages, entourés de grandes plantations d'oliviers, avec des haies de cactus : en somme, région d'aspect triste, mais fort habitée. A 9 heures et demie, j'arrive au bord de la Teççaout : c'est la Teççaout Fouqia, appelée aussi Ouad Akhḍeur « Rivière Verte ». Elle est bien nommée; elle coule au milieu d'une végétation merveilleuse, à l'ombre de grands oliviers, dans une vallée couverte de champs et de vergers. A partir de la Teççaout, j'entre dans une région nouvelle : accidents de terrain moins sensibles; sol terreux; foule de ruisseaux; nombreux villages; à chaque instant jardins immenses, à végétation superbe, à arbres séculaires : c'est au travers de ce beau pays que je parviens à Demnât. J'entre dans la ville à midi et demi.

Durant toute la journée, beaucoup de monde sur le chemin. Je n'ai point traversé d'autre cours d'eau important que l'Ouad Teççaout : il avait 15 mètres de large et 50 centimètres de profondeur; eaux claires; courant rapide; lit de galets; berges de terre, en pente douce, de 1 mètre à $1^{m},50$ de hauteur.

6 et 7 octobre.

Séjour à Demnât. Cette ville est le siège d'un qaïd qui gouverne la province de Demnât; celle-ci a pour limites : au nord, les Sraṛna; à l'est, les Entifa et les Aït b Ououlli; au sud, les pentes supérieures du Grand Atlas; à l'ouest, les Glaoua et les Zemrân.

Demnât est entourée d'une enceinte rectangulaire de murailles crénelées, garnies d'une banquette et flanquées de tours; le tout est en bon état, sans brèches ni portions délabrées. Trois portes donnent entrée dans la ville. La qaçba a son enceinte à part et est bordée de fossés; ceux-ci, les seuls que j'aie vus au Maroc, ont 7 à 8 mètres de large sur 4 ou 5 de profondeur et sont en partie remplis d'eau. Au milieu de ce réduit, s'élèvent la mosquée principale et la maison du qaïd. Murailles, qaçba, mosquées, maisons, toutes les constructions de la ville sont en pisé; rien n'est blanchi, sauf la demeure du qaïd et le minaret qui l'avoisine. Le reste est de la couleur brun sombre qui distingue les habitations depuis Bou el Djad.

Demnât.

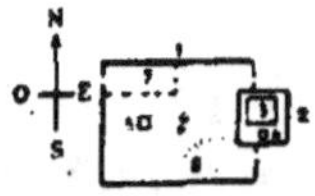

1. Enceinte de la ville.
2. Enceinte de la qaçba.
3. Demeure du qaïd.
4. Mosquée.
5. Mosquée.
6. Synagogue principale.
7. Place du marché.
8. Vergers.

L'intérieur de l'enceinte est aux deux tiers couvert de maisons, en bon état, quoique mal bâties. Le dernier tiers est occupé partie par des cultures, partie par la place du marché : point de terrains vagues, point de ruines; en somme, air prospère. La population est d'environ 3000 âmes, dont 1000 Israélites; ceux-ci n'ont pas de mellaḥ; ils habitent pêle-mêle avec les Musulmans, qui les traitent avec une exceptionnelle bonté. Demnât et Sfrou sont les deux endroits du Maroc où les Juifs sont le plus heureux. Il y a d'autres rapprochements à faire entre ces deux villes, dont les points de ressemblance frappent l'esprit : même situation au pied de l'Atlas, à la porte du Sahara; population égale, et composée d'une manière semblable; prospérité presque pareille; même genre de trafic; même caractère doux et poli des habitants; même ceinture d'immenses et superbes jardins. En un mot, ce que Sfrou est à Fâs, Demnât l'est à Merrâkech.

Le commerce de Demnât est le suivant : les tribus de l'Atlas et du Sahara (Dâdes,

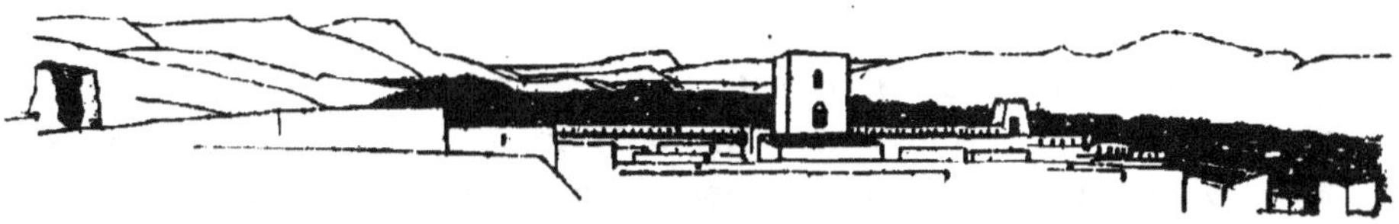

Partie occidentale de la ville et des jardins de Demnât. (Vue prise de la synagogue principale.)
Croquis de l'auteur.

Todṛa) viennent s'y approvisionner de produits européens et d'objets fabriqués dans les villes marocaines, tels que cotonnades, sucre, thé, parfumerie, bijouterie, belṛas; elles y cherchent aussi des grains, mais en petite quantité : en échange, elles apportent des peaux, des laines et des dattes, que les habitants de Demnât expédient à Merrâkech. Ce commerce, florissant autrefois, a fait la richesse de la ville : il est en décadence depuis quatre ou cinq ans. A cette époque, le sultan envoya un amin d'une rapacité telle que le trafic ne fut plus possible : tout ce qui passait les portes de la cité était, quelle qu'en fût la provenance, frappé d'un droit arbitraire si élevé que bientôt les tribus voisines et les caravanes du sud désertèrent ce marché, et se portèrent en masse sur Merrâkech, où elles se fournissent à présent.

Demnât est entourée de toutes parts d'admirables vergers, les plus vastes du Maroc. Au milieu d'eux sont disséminés une foule de villages se touchant presque, qui forment comme des faubourgs de la ville. Ces jardins sont renommés au loin; leur fertilité, leur étendue, la saveur et l'abondance de leurs fruits, les excellents raisins qui s'y récoltent sont légendaires.

Presque contigus aux vergers de Demnât, s'en trouvent d'autres très célèbres, que nous avons traversés en venant : ceux d'Aït ou Aoudanous. Ils rappellent un triste exemple de la rapacité du sultan et de la malheureuse condition de ses sujets. Ces jardins, domaine immense et merveilleux, forêt d'oliviers séculaires et d'arbres fruitiers de toute espèce, arrosés par des ruisseaux innombrables, appartenaient, il y a quelques années, à un homme fameux par ses richesses et son luxe, Ben Ạli ou El aMḥsoub, dont la vaste demeure s'élève encore au sommet d'un mamelon qui les domine. Cette fortune énorme, cette ostentation, ce pouvoir, portèrent ombrage au sultan. Soit pure cupidité, soit crainte de l'influence croissante d'un homme aussi puissant, il le fit une nuit surprendre, saisir, emmener : on le jeta en prison dans l'île de Mogador. En même temps, ses biens furent confisqués et réunis à ceux de la couronne. J'appris plus tard à Mogador que le malheureux Ben Ạli, qu'on y connaissait sous le nom d'El Demnâti, avait, après plusieurs années de captivité, obtenu sa liberté au prix de tous ses biens. Mais il n'en jouit pas. Au sortir de prison, à la porte de Mogador, il mourut.

8 octobre.

Départ à 8 heures et demie du matin. D'ici à Zaouïa Sidi Reḥal, je serai encore en blad el makhzen; région sûre; un guide suffit. La route longe constamment la lisière d'une vaste plaine qui s'étend au pied du Grand Atlas. Sol terreux et uni. A gauche, sont les premières pentes de la montagne, pentes assez douces, partie nues ou couvertes de palmiers nains, partie boisées; d'aucun point on ne distingue les crêtes. A droite, on ne voit qu'une immense plaine s'allongeant à perte de vue vers l'ouest; elle est bornée à l'est par les masses lointaines et grises du Moyen Atlas, au nord par les collines éloignées des Rḥamna, qui séparent les bassins de l'Oumm er Rebiạ et de la Tensift. Jusqu'à la Teççaout Taḥtia, la plaine est couverte de pâturages, et une foule de villages entourés de bois d'oliviers la sèment de points sombres; ces vastes étendues pleines de troupeaux, ces innombrables oasis de verdure, forment un beau tableau de paix et d'abondance. A partir de la Teççaout, les oliviers diminuent; bientôt ils cessent : en même temps, les pâturages font place à des cultures. A 6 heures du soir, j'arrive à Zaouïa Sidi Reḥal. Au loin, dans le disque enflammé du soleil couchant, on aperçoit la haute tour de Djamạ el Koutoubia, mosquée de Merrâkech.

Durant toute la journée, beaucoup de monde sur la route. Un seul cours d'eau important : l'Ouad Teççaout Taḥtia (eaux claires et courantes de 20 mètres de large et de 30 à 40 centimètres de profondeur, coulant sur un lit de galets trois fois plus grand, entre deux berges rocheuses, tantôt à 1/1, tantôt à 1/2).

Zaouïa Sidi Reḥal est une bourgade du territoire des Zẹmrân; entourée de murs bas sans prétentions militaires, bâtie en pisé, elle a environ 1 000 habitants; au milieu s'élèvent une belle qoubba, où reposent les restes de Sidi Reḥal, et une zaouïa, où vivent les marabouts ses descendants; ces derniers sont fort vénérés dans le pays : de toutes les tribus voisines, des Zemrân, des Rḥamna, des Srạrna, de Demnât, de Merrâkech même, on les visite, on leur apporte des offrandes. En dehors de l'enceinte musulmane, formant un faubourg isolé, se trouve un petit mellaḥ. Jardins peu étendus.

4°. — DE ZAOUIA SIDI REHAL A TIKIRT.

9 octobre.

Quoique blad el makhzen, le pays n'est pas assez sûr pour marcher sans zeṭaṭ; mais un seul homme suffit. Je trouve sans peine quelqu'un pour m'escorter. Départ à midi et demi. Un cours d'eau sort ici même du Grand Atlas. C'est l'Ouad Rḍât. Il prend sa source au sommet de la chaîne, à la dépression considérable appelée *Tizi n Glaoui*, et en descend dans une direction perpendiculaire aux crêtes; cette rivière trace ainsi une route courte et facile pour franchir la chaîne. Je m'y engage. Jusqu'au Tizi, je resterai dans le bassin de l'ouad, et pendant la plus grande partie du trajet j'en suivrai le cours. De Sidi Reḥal aux environs de Zarakten, où je quitterai la vallée de l'Ouad Rḍât, celle-ci présente le même aspect : le fond n'en a jamais plus de 100 mètres de large, le plus souvent il a beaucoup moins; les flancs sont habituellement des talus boisés à 1/1, quelquefois des murailles rocheuses presque à pic. C'est lorsque les pentes de ces flancs sont les plus raides que le fond est le plus large, lorsqu'elles sont les plus douces qu'il est le plus étroit. Tantôt ce dernier est couvert des galets, des blocs de roche qui forment le lit de la rivière : dans ces points croissent, entre les pierres, des lauriers-roses et des pins; ailleurs il y a un peu de terre : on trouve alors des jardins, avec des figuiers et des oliviers. De même pour les flancs. Moitié terre, moitié grès, ils sont la plupart du temps escarpés et couverts de forêts où se mêlent les lentisques, les tiqqi, les teïda et les teceft. Mais aux rares endroits où les côtes sont moins abruptes, on rencontre des villages, et à leur pied, des cultures et des vergers. Les villages sont disposés en long : chacun forme plusieurs groupes, échelonnés dans le sens de la vallée. Les plantations s'étagent au-dessous, disposées par gradins; de petits murs retiennent la terre. Les champs sont des champs d'orge et de maïs; des figuiers, des grenadiers, des oliviers, de la vigne, et surtout une foule de noyers les ombragent : le noyer apparaît ici pour la première fois; cet arbre abonde sur les deux versants du Grand Atlas; je ne l'ai pas vu ailleurs. Telle sera la vallée de l'Ouad Rḍât jusque auprès de Tagmout, où je la quitterai. Le chemin tantôt en suit le fond, tantôt serpente sur ses flancs; il est presque partout raide et pénible, difficile en peu d'endroits. Aujourd'hui, je fais une étape très courte : je m'arrête à Enzel, village de 600 habitants, où je passerai la nuit; il n'est que 3 heures lorsque j'y arrive.

Durant le trajet, beaucoup de monde sur la route. L'Ouad Rḍât avait, à Zaouïa Sidi Reḥal, 6 mètres de large et 20 centimètres de profondeur; les eaux en étaient claires et courantes, légèrement salées; elles coulaient au milieu d'un lit de galets de 60 mètres, bordé de berges de terre d'un mètre. Cette rivière est, m'affirme-t-on, un affluent de la Tensift : elle s'y jetterait après avoir arrosé le territoire des Zemrân et celui des Glaoua.

Cette dernière tribu est celle où je suis entré en sortant de Zaouïa Sidi Reḥal; un qaïd nommé par le sultan la gouverne; il réside à Imaounin, dans le Telouet : son autorité réelle s'étend sur les Glaoua et sur le Ouarzazat, son pays natal; son pouvoir nominal va jusqu'aux Aït Zaïneb, son influence jusqu'à Tazenakht et jusqu'au Mezgîṭa. La première seule de ces trois régions est considérée comme blad el makhzen; seule elle fournit des soldats et paie l'impôt : les deux autres sont blad es sîba. Cependant, dans la seconde, la parole du qaïd est prise en considération; mais à condition qu'il ne réclame que des choses faciles, ne coûtant rien aux habitants; il ne se hasarderait pas à leur en demander d'autres, sachant que ce serait provoquer des refus; il ne se mêle en aucune façon de leur administration, de leurs différends, des guerres qu'ils peuvent se faire entre eux; mais son ạnaïa est respectée : des gens de sa maison, esclaves ou mkhaznis, peuvent servir de zeṭaṭs; on voyage en sûreté sous sa protection. Il n'en est plus de même dans la troisième région : la suprématie, même nominale, du sultan n'y est pas reconnue; tout ce que peut faire le qaïd est d'entretenir des rapports d'amitié avec les chefs des deux grandes maisons voisines, les chikhs de Tazenakht et du Mezgîṭa. Il ne saurait servir de zeṭaṭ sur leurs territoires, mais ses lettres assureraient un bon accueil auprès d'eux. Au delà, ni son nom ni celui du makhzen ne sont connus.

Le commerce des Glaoua est actif : il consiste presque uniquement en l'échange des grains du nord contre les dattes du Dra. Deux marchés dans la tribu : le Tenîn de Telouet et le Khemîs d'Enzel. Les Glaoua sont Imaziṛen de langue comme de race, ainsi que toutes les tribus que je verrai dans les massifs du Grand et du Petit Atlas : de Zaouïa Sidi Reḥal à Tisint, la première oasis que j'atteindrai, il n'y a pas un seul Arabe. Ici apparaît pour la première fois un vêtement original, d'un usage universel chez les Glaoua, dans le Dra, dans le bassin du Sous, dans la chaîne du Petit Atlas; c'est le *khenif* : qu'on se figure une sorte de bernous court, de laine teinte en noir, avec une large tache orange, de forme ovale, occupant tout le bas du dos; cette sorte de lune si étrangement placée est tissée dans le bernous même, et les bords en sont ornés de broderies de couleurs variées; le bas du bernous est garni d'une longue frange, le capuchon d'un gros gland de laine noire. La plupart des hommes, enfants et veillards, Musulmans et Juifs, portent ce vêtement; les autres se drapent dans des ḥaïks de laine blanche. On garde le sommet de la tête nu, comme dans le reste du Maroc; mais la bande, large ou étroite, qui se roule d'habitude à l'entour, au lieu d'être de cotonnade blanche, est de laine noire. Les belṛas se remplacent fréquemment par des sandales. On ne voit plus de sabres qu'aux cavaliers : ces armes sont donc peu nombreuses, les chevaux étant rares dans le Grand comme dans le Petit Atlas. On cesse de porter la poudre dans des poires : on la met dans des cornes. Ce sont, soit des cornes naturelles à armatures de cuivre, soit, plus souvent, des cornes en cuivre ciselé; elles ne manquent pas de grâce; des sachets de cuir pour les balles s'y attachent. Ce modèle, en usage dès les premières pentes septentrionales du Grand Atlas, est le seul employé dans cette chaîne et dans tout le sud : il n'y a que deux exceptions; nous les signalerons plus tard; l'une est vers l'est, dans le bassin du Ziz, l'autre vers l'ouest, dans le Sahel.

10 octobre.

D'Enzel à Tagmont, je suis la vallée de l'Ouad Rḍât, telle que je l'ai décrite hier. Parti à 5 heures du matin, j'arrive à 11. Chemin faisant, je passe auprès des ruines d'un pont attribué par les uns aux Chrétiens, par les autres à es Soulṭân el Akḥeul : on cite toujours ces deux noms au Maroc dès qu'il s'agit d'ouvrages dont on ne connaît pas les auteurs; ce pont, dont il reste quatre arches en pierre, s'élève sur la rivière au point de jonction des chemins de Merrâkech et de Zaouïa Sidi Reḥal. Il me paraît d'origine musulmane. Plusieurs gros villages jalonnent la route : les deux principaux sont Ifsfes (600 habitants) et Zarakten (800 habitants). L'Ouad Ifraden, le seul que je traverse, est un ruisseau de 2 mètres de large; les eaux en sont salées, comme toutes celles des environs : les flancs mêmes de la montagne sont par endroits blancs de sel. Durant cette matinée, de hauts massifs ne cessent de se dresser de tous côtés au-dessus de ma tête : vers le sud, au milieu d'une longue crête, j'aperçois l'échancrure du Tizi n Telouet et, à sa gauche, la cime rose de l'Adrar n Iri dominant toutes les autres. Du monde passe sur le chemin. Beaucoup de gibier; quantité énorme de perdreaux : tout le long de la route, j'en vois courir à mes pieds; ils se lèvent rarement; on ne les chasse pas : quand les habitants veulent en manger, ils en tuent à coups de pierres.

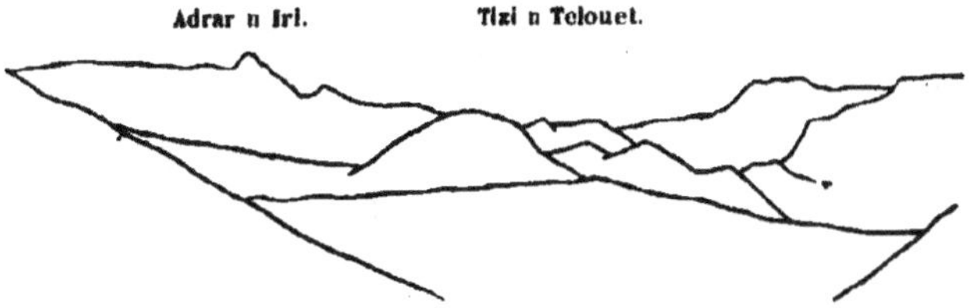

Adrar n Iri et Tizi n Telouet. (Vue prise d'Ifsfes.)
Croquis de l'auteur.

11, 12, 13 octobre.

Séjour à Tagmout. Le village a 800 ou 900 habitants. Situé sur le bord de l'Ouad Adrar n Iri, il est fractionné en plusieurs groupes qui s'espacent sur les pre-

Portion supérieure de Tagmout et vallée de l'Ouad Adrar n Iri.
(Les parties ombrées sont boisées.) (Vue prise d'un groupe de maisons de Tagmout situé en aval.)
Croquis de l'auteur.

mières pentes du flanc gauche de la vallée, au milieu de cultures et de jardins : ceux-ci occupent aussi une partie du fond, qui a ici 60 mètres de large. Tagmout compte parmi les Ait Roba : cette fraction se compose de tout ce qui habite sur le cours de l'Ouad Adrar n Iri. Zarakten forme une autre fraction, Enzel une autre encore. Les villages de ce versant sont d'aspect misérable : les maisons, de pierre et couvertes en terrasse, sont mal bâties; elles n'ont qu'un rez-de-chaussée, parfois à demi enfoncé dans le sol.

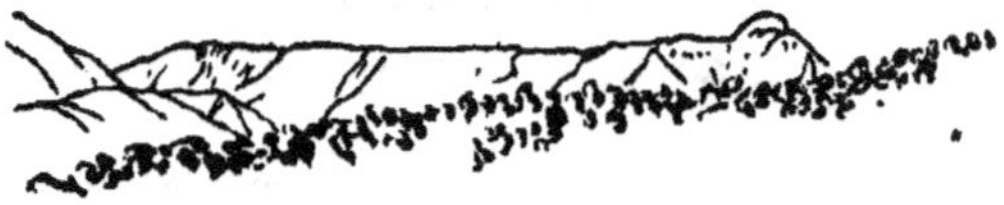

Adrar n Iri. (Vue prise de Tagmout.)
Croquis de l'auteur.

14 octobre.

Départ à 6 heures du matin. Un zeṭaṭ m'escorte. La route d'aujourd'hui peut se diviser en quatre portions. 1° De Tagmout à Titoula Taḥtia : chemin extrêmement difficile; montées très raides à travers les pierres; région déserte; sol rocheux, tantôt nu, tantôt boisé. 2° De Titoula Taḥtia à Titoula Fouqia : on retrouve le cours de l'Ouad Adrar n Iri, appelé aussi dans cette partie Ouad Titoula; on le suit : les premières pentes et le fond de la vallée sont couverts de villages et de cultures; orges et maïs, ombragés de noisetiers, de trembles, surtout de noyers; ce fond de vallée a peu de largeur : les cultures ne s'étendent en tout que sur quarante mètres; au milieu d'elles coule le ruisseau, qui ne cesse pas d'avoir de l'eau : les flancs sont en pente douce au pied, escarpés vers le sommet, rocheux partout; plus on avance, plus la pierre nue apparaît, plus les arbres sont clairsemés : chemin

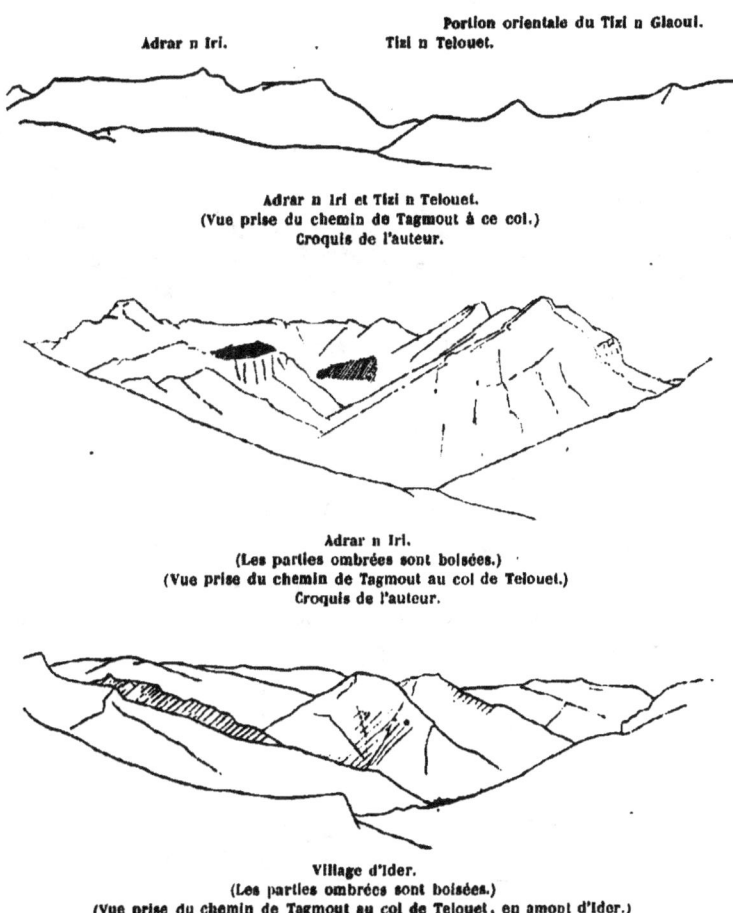

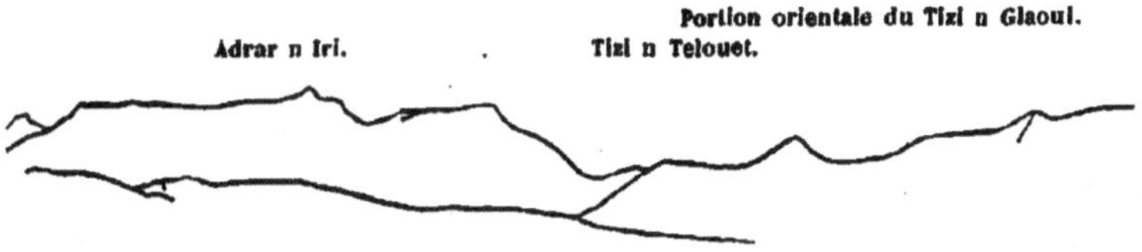

Adrar n Iri et Tizi n Telouet.
(Vue prise du chemin de Tagmout à ce col.)
Croquis de l'auteur.

Adrar n Iri.
(Les parties ombrées sont boisées.)
(Vue prise du chemin de Tagmout au col de Telouet.)
Croquis de l'auteur.

Village d'Ider.
(Les parties ombrées sont boisées.)
(Vue prise du chemin de Tagmout au col de Telouet, en amont d'Ider.)
Croquis de l'auteur.

facile. 3° De Titoula Fouqia au col Tizi n Telouet, où je franchis la crête supérieure du Grand Atlas : l'eau tarit dans l'ouad, les cultures cessent, les habitations ont disparu : désert de pierre : de tous côtés s'élèvent de hautes montagnes de grès; plus un arbre, plus une plante, plus un brin de verdure; tout est roche : le chemin, sans être difficile, est très raide et très pénible; on monte lentement vers le col. Il est atteint à 4 heures du soir. Je me trouve à 2634 mètres au-dessus du niveau de la mer. Un panorama immense s'étend devant mes yeux. Je suis frappé d'abord de l'aspect montagneux de la contrée que je vais aborder : ce ne sont que chaînes s'étageant les unes derrière les autres jusqu'au bout de l'horizon; puis de son air triste et désolé : tout est nu; tout est roc; pas un grain de sable ni une motte de terre; de longues côtes jaunes, des croupes d'un rouge sombre se succédant

Vue dans la direction du sud, prise du col de Telouet.
Croquis de l'auteur.

à l'infini, immenses solitudes pierreuses, c'est tout ce que distingue l'œil lorsqu'il se tourne vers le sud du haut du Grand Atlas. 4° J'entre ici dans la quatrième portion de mon trajet d'aujourd'hui : du Tizi n Telouet à Aït Baddou. On commence par une descente raide : c'est un passage dangereux, comme l'indique son nom, *Taourirt n Imakkeren*, « colline des brigands »; puis on débouche dans la plaine du Telouet; sol plat; bonne terre couverte de cultures. Je m'arrête à 6 heures et demie, près de son extrémité sud, au petit village d'Aït Baddou.

Peu de voyageurs sur la route pendant cette journée. Le Telouet est une fraction des Glaoua : il comprend un certain nombre de villages, semés les uns près des au-

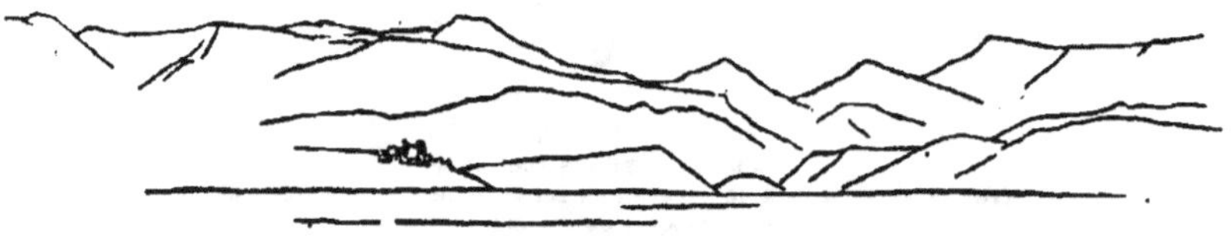

Col de Telouet, plaine du Telouet et village d'Aït Baddou. (Vue prise de la plaine du Telouet.)
Croquis de l'auteur.

tres dans une petite plaine fertile; l'un d'eux, Imaounin (1), est la résidence du qaïd, *el Glaoui*. L'extérieur des constructions annonce la prospérité : ce ne sont plus les

(1) Imaounin porte aussi le nom de Dar el Qaïd et celui de Dar el Glaoui. Le qaïd des Glaoua n'est point héré-

huttes de l'Ouad Rḍât; maisons hautes et bien bâties. Les arbres ne sont pas encore nombreux; on en voit quelques-uns auprès des habitations : ce sont des trembles, des figuiers, des noyers; il pousse aussi des pieds de vigne. Une multitude de ruisseaux descendant de la crête de l'Atlas arrosent le sol. Quelque riante que soit en elle-même cette verte plaine, elle est entourée de toutes parts de montagnes si nues et si désolées que son aspect en est attristé.

15 octobre.

Départ à 7 heures du matin. Je rentre en blad es sîba : m'y voici pour longtemps. Ici le pays ne présente pas grands dangers : un homme suffit aujourd'hui comme escorte. En quittant Aït Baddou, on achève de traverser la plaine du Telouet. Puis on entre dans la région la plus désolée qu'on puisse voir : tout est roche : au-dessus de la tête, on ne voit que murs de pierre; aux pieds, ravins aux parois de grès sans eau ni verdure; les lits à sec sont couverts d'une couche de sel; nulle part la moindre trace de terre ni de végétation. Après trois heures de marche dans cette triste contrée, je débouche tout à coup dans une vallée qui forme avec elle le plus frappant contraste : creusée à pic au milieu de l'immense plateau de pierre qui règne à l'entour, elle présente un aspect aussi riant, aussi gai que les solitudes qui la bordent sont mornes et tristes. Au fond, coule un torrent dont les deux rives sont, sans interruption, garnies de jardins et de cultures; au milieu des figuiers, des oliviers, des noyers, s'élèvent en foule des villages, des groupes de maisons, des tiṛremts : tout respire la richesse; c'est l'Ouad Dra qui commence : sur ses rives seules, et sur celles des deux rivières qui le forment, je trouverai ces constructions élégantes et pittoresques qui me frapperont désormais : tiṛremts aux gracieuses tourelles, aux terrasses crénelées, aux balustrades à jour; maisons aux murailles couvertes de dessins et de moulures; qçars dont les enceintes, du pied jusqu'au faîte, ne sont qu'arabesques et qu'ornements. Dans ces belles contrées, même la demeure la plus pauvre présente l'aspect du bien-être. Le bas des bâtiments est en pierres cimentées, le haut en pisé; tout est construit avec soin, tout semble neuf; point d'habitation qui n'ait un premier étage; un second est souvent formé par une terrasse couverte, installée au-dessus; partout bonnes portes, volets façonnés et ornés comme aux maisons des villes; toutefois peu de demeures sont blanchies : de loin en loin, quelque zaouïa ou les créneaux d'une tiṛremt; le reste a la teinte brun-rouge du grès et du pisé. Les jardins et les cultures sont entre-

ditaire; il est nommé par le sultan et change fréquemment; quel qu'il soit, on l'appelle *el Glaoui*. C'est un usage général au Maroc de désigner les gouverneurs du nom de leurs provinces; on dit ainsi : *el Demnâti*, *el Entifi*, etc.

Héliog. F. Albert Dujardin — Challamel aîné Éditeur

TIGERT. — (OUAD IOUNIL)

tenus avec un soin extrême, mais ils forment une bande étroite : aux endroits les plus larges, ils ont 60 mètres; encore ne sont-ils presque jamais en sol plat; ils s'étagent, les terres soutenues par des revêtements de pierre, des deux côtés de la rivière : celle-ci, l'Ouad Iounil, a 4 mètres de large, un courant très rapide, des eaux claires, salées; elles coulent sur un lit de gravier de 10 mètres, blanc de sel dans les portions à sec. Les flancs de la vallée sont des murailles de grès verticales, creusées sur toute leur longueur de séries continues de cavernes. A ces murailles s'adossent maisons et jardins; dans leur flanc est taillé le sentier que je suis; passage difficile : le chemin n'a nulle part plus de $1^{m},50$ de large : la paroi de roc d'un côté, le précipice de l'autre. Telle est cette vallée, telles sont, me dit-on, toutes celles du voisinage, Ouad el Melḥ, Ouad Imini, Ouad Iriri, étroits sillons où se concentrent la végétation et la vie, au milieu des immenses déserts de pierre qui forment le versant sud du Grand Atlas. Je ne quitte plus l'Ouad Iounil jusqu'au gîte : un moment, je monte sur le sommet du flanc gauche; un vaste plateau rocheux s'y offre à mes yeux : il s'étend à perte de vue; le thym est la

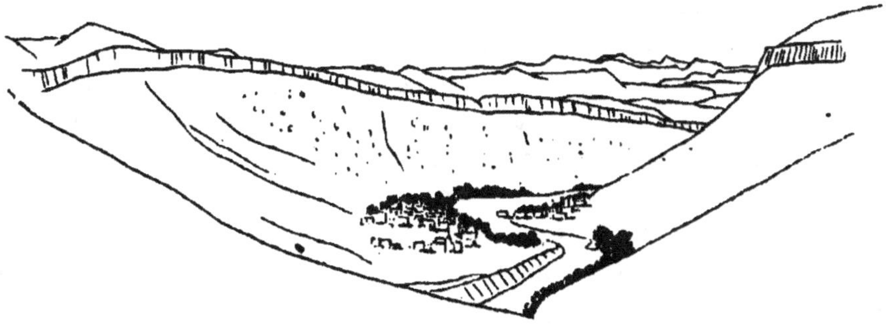

Village de Tizgi et vallée de l'Ouad Iounil.
(Vue prise en amont de Tizgi, à mi-côte du flanc gauche de la vallée.)
Croquis de l'auteur.

seule plante qui y pousse; les gazelles sont les seuls êtres animés qui y vivent. A 3 heures, je m'arrête à Tizgi, principal village du district de ce nom.

Peu de voyageurs aujourd'hui sur la route. J'ai traversé deux cours d'eau : l'Asif Marṛen, appelé aussi Ouad el Melḥ (lit de 15 mètres de large, à sec); l'Ouad Iounil (eaux de 4 mètres de large et de 30 centimètres de profondeur; courant très rapide).

16 et 17 octobre.

Séjour à Tizgi. J'ai été frappé, à mon entrée dans la vallée de l'Ouad Iounil, d'un des caractères qui distinguent le bassin du Dra : l'élégance des constructions; j'en remarque ici un autre, plus important : il se rapporte à la race qui occupe le pays. Jusqu'à présent, je n'avais vu que des Imaziṛen blancs, ceux qu'on appelle *Chellaḥa;* désormais, une bonne partie de la population se composera d'Imaziṛen noirs ou bruns, *Ḥaraṭîn.* Dans tout le bassin du Dra, je les trouverai mêlés aux Chellaḥa, dans une proportion d'autant plus grande que j'avancerai davantage vers le sud : dans la vallée même de ce fleuve, ils sont si nombreux que le nom de *Draoui* y est synonyme de celui de Ḥarṭâni; sur ses affluents, ils existent aussi en grande quantité : c'est dans ce bassin qu'ils semblent s'être concentrés; il n'y en a point dans celui du Sous, très peu dans celui du Ziz. Ils présentent les types les plus variés : on en voit qu'on confondrait avec des nègres du Soudan; d'autres ont la couleur des noirs, et les traits des Européens; ou bien les grosses lèvres et le nez épaté des premiers, avec la peau blanche : certains sont dits Ḥaraṭîn, qui, pour un étranger, ne présentent aucune différence avec les Chellaḥa. Les physionomies des individus étant aussi diverses, il est difficile d'assigner des caractères distinctifs à la race : on peut dire seulement qu'une couleur café au lait foncé avec des traits presque européens sont ce qu'on rencontre le plus souvent. Les Ḥaraṭîn se considèrent comme Imaziṛen au même titre que les Chellaḥa : ils sont mélangés avec eux dans le fractionnement par tribus; ils appartiennent comme eux aux Seketâna ou aux Gezoula, grandes familles qui, à elles deux, comprennent toutes les tribus entre Sous et Dra et une partie de celles du Sous. Malgré cette égalité politique, malgré cette communauté d'origine reconnue, les Chellaḥa se regardent comme supérieurs aux Ḥaraṭîn, et ceux-ci ont le sentiment de l'infériorité. Ils cherchent à se relever en épousant des femmes de couleur claire. « Parle-t-on mariage? dit un proverbe, l'Arabe demande : Est-elle de bonne maison? le Chleuḥ, est-elle riche? le Ḥarṭâni, est-elle blanche? »

18 octobre.

Départ à 10 heures et demie. De Tizgi à Tikirt, on ne cesse de suivre le cours de l'Ouad Iounil; une bonne partie du chemin, c'est dans son lit même que l'on marche : ce dernier a ici 15 à 20 mètres de large; la rivière y coule, tantôt en une seule masse de 5 mètres de large et de 30 centimètres de profondeur, tantôt y formant plusieurs bras, tantôt l'inondant presque en entier et étant alors très peu profonde. Depuis sa source jusqu'à son confluent avec l'Ouad Imini, elle a, quelle que soit sa force, cette même manière irrégulière de couler. D'ici à Tikirt, sa vallée peut se diviser en deux portions : l'une jusqu'à son confluent avec l'Asif Marṛen, l'autre au delà. Dans la première, le fond reste ce qu'il était au-dessus de Tizgi, large de 50 à 60 mètres, couvert de cultures, ombragé de beaucoup d'arbres. Les deux flancs sont toujours de grès rouge et très hauts : cependant ce ne sont plus des murailles perpendiculaires, si ce n'est à leur partie supérieure, où se voient des cavernes; le pied est à 2/1 d'abord, puis à 1/1. Les flancs n'avaient, de Tiourassin à Tizgi, livré passage à aucun affluent. Dans cette nouvelle région, ils laissent accès à plusieurs; ce sont autant de points où la vallée s'élargit et où les jardins s'étendent. A 1 heure et demie, j'atteins Tamdakht, village en face duquel l'Asif Marṛen se jette dans l'Ouad Iounil. La vallée change d'aspect : le fond s'agrandit et prend une largeur de 300 mètres : il est couvert de cultures; les cultures qu'on voit d'ici à Tikirt n'ont aucune ressemblance avec celles d'auparavant : jusqu'à présent, une foule d'arbres ombrageaient les champs; désormais on n'en verra plus, excepté aux abords des villages; encore y sont-ils peu nombreux et parfois manquent-ils. La rivière coule dans un lit de 40 mètres de large, moitié vase, moitié galets, dont l'eau n'occupe qu'une faible partie. Les flancs, tout en restant rocheux, s'abaissent peu à peu, le droit surtout; il diminue graduellement, et disparaît à quelque distance de Tikirt. Le flanc gauche conserve une hauteur minima de 150 mètres au-dessus du niveau de la vallée, mais ses pentes deviennent de plus en plus douces; sa couleur change : il n'a plus le rose ou le rouge du grès, mais une teinte blanche qu'il gardera jusque auprès de Tikirt; là, variant de nouveau, il deviendra noir et luisant : à partir d'ici, plus de cavernes. En face de Tikirt, s'étend une plaine triangulaire où confluent les ouads Iounil et Imini; très plate, à sol de vase desséchée, elle se cultive en automne et est inondée en hiver. A l'extrémité de la plaine, un étroit kheneg, se creusant entre les roches noires des montagnes, donne passage à la rivière. Un peu plus

Djebel Anremer et village de Tazentout. (Vue prise du mellah de Tikirt.)
Croquis de l'auteur.

haut, un spectacle nouveau réjouit mes yeux : un bois de palmiers entoure le village de Tazentout; c'est le premier que je voie : on approche du Sahara. A 5 heures, je parviens à Tikirt, où je m'arrête.

Peu de voyageurs sur le chemin, quoique le pays soit très habité. L'Ouad Imini, que j'ai traversé avant d'arriver, a 9 mètres de large et 30 centimètres de profondeur; peu de courant; il coule au milieu d'un lit de gros galets, large d'environ

700 mètres. Cette rivière est moins considérable comme volume d'eau que l'Ouad Iounil, qui, deux heures plus haut, avait, avec un courant très rapide, la même profondeur que lui et une largeur de 10 mètres.

5°. — SÉJOUR A TIKIRT.

Parmi les pays indépendants, ceux du sud du Grand Atlas présentent, en leur organisation sociale, des différences avec ceux du nord. Dans ceux-ci, une seule unité, la tribu; un seul état social, l'état démocratique; aucun lien n'unit les tribus entre elles. La tribu est une grande famille avec ses subdivisions naturelles, tente ou maison, douar ou village, groupe de plusieurs centres habités, et ainsi de suite; le fractionnement est d'autant plus grand que la tribu est plus nombreuse. Chaque groupe se gouverne à part comme bon lui semble, au moyen d'une assemblée où chaque famille est représentée, *djemaạa* en arabe, *anfaliz* en tamaziṛt. Quelques hommes y ont souvent la prépondérance, mais sans titre ni droit reconnu. Les affaires concernant la tribu entière se règlent d'après le même principe; les petites tribus réunissent tous leurs membres pour délibérer; dans les grandes, telles que les Zaïan, les Beni Zemmour, les Smâla, où les premières fractions sont elles-mêmes nombreuses et souvent peu unies entre elles, ces fractions se concertent et se décident séparément, s'inquiétant ou ne s'inquiétant pas du parti pris par les autres. Dans certaines tribus, telles que les Aït Ạtab, les Aït Bou Zîd, il y a des *qanoun*, codes de lois, auxquels les habitants sont tenus de se soumettre, et que l'assemblée générale fait respecter. Chez la plupart, cela n'existe pas; les assemblées ne s'occupent point des particuliers; tout leur est permis : s'il s'élève des différends, soit entre familles, soit entre fractions, elles les tranchent entre elles à coups de fusil. Ici, avec la liberté entière, la division à l'infini, la désunion complète; là, avec un peu plus d'ordre et d'unité, c'est toujours la démocratie absolue. Les différentes tribus n'ont d'autres relations que les guerres et les alliances qu'elles font momentanément entre elles.

Au sud du Grand Atlas, nous trouvons trois unités : la tribu, le village, le district; deux liens entre elles, la confédération et le vasselage; deux états sociaux, le gouvernement par des chefs héréditaires et le régime démocratique. La tribu se rencontre et parmi les Imaziṛen et parmi les Arabes, avec son fractionnement naturel, le même en tous lieux : tels sont les Zenâga, les Aït Jellal, les Aït Seddrât, les Berâber. A côté d'elle se trouvent des villages isolés, sans aucun lien entre eux; ils sont habités, les uns par un mélange de Chellaḥa et de Ḥaraṭîn, d'autres par des membres de tribus diverses, d'autres par des cherifs ou des marabouts. Parmi ces villages, quelques-uns restent isolés, comme Qaçba el Djouạ, Ilir; la plupart, pour résister aux invasions des tribus voisines, s'unissent entre eux par groupes d'un certain nombre; ils forment ainsi ce que nous appellerons des districts : tels sont Arbạ Mia, Tizgi, Ouad Noun, Tisint. Tribus, villages isolés et districts s'unissent entre eux par deux sortes de liens. Le premier est la confédération; elle est formée de la collection de plusieurs de ces unités, quelles qu'elles soient, groupées pour former une masse plus compacte : telle est la confédération du Dâdes, tels sont les nombreuses tribus et les qçars confédérés avec les Aït Ạmer. Inutile de dire que ces confédérations sont soumises à des changements : tantôt un groupe s'en détache, tantôt un autre s'y joint. Le second lien dont nous avons parlé est une sorte de vasselage : des tribus, des districts, se déclarent vassaux soit d'un chef, soit d'une tribu plus puissante (1) : les vassaux sont tenus à une redevance annuelle, le suzerain s'engage en retour à respecter leurs personnes et leurs biens; là se bornent les obligations mutuelles : c'est ainsi que Tisint, Tatta, sont vassaux des Ida ou Blal, que ceux-ci le sont des Berâber.

Tribus, districts, villages, vivent les uns sous le régime despotique, les autres sous le régime démocratique; les premiers sont gouvernés par des familles où le pouvoir suprême, avec le titre de chikh (2), est héréditaire : tels sont les Aït Ạmer, les Zenâga, le Mezgịta. L'autorité de ces chikhs n'est pas lourde pour leurs sujets; parents plus ou moins proches d'un grand nombre d'entre eux, force leur est de ménager ces alliés naturels; d'ailleurs il est de leur intérêt de n'indisposer personne; ils laissent à leurs administrés grande liberté et ne leur demandent que trois choses : payer une légère redevance, les suivre quand ils font la guerre, ne pas trop se battre, se piller ni se voler entre eux : ce n'est permis qu'avec les étrangers. Pour le reste, licence complète. Tel est, dans le sud du Maroc, ce que, faute d'autre nom, j'appelle le régime despotique.

Quant au régime démocratique, les tribus ou districts qui l'ont adopté le possèdent avec les nuances les plus diverses. Chez les uns, tels que les Ilalen, les Iberqaqen, règne le système établi dans le nord : tribus, fractions, villages, se gouvernent par l'assemblée de tous leurs membres. Ailleurs, comme dans les qçars de Tisint, de Tatta, l'assemblée garde entre ses mains la puissance souveraine et confie le pouvoir exécutif à un chikh qu'elle élit; quelquefois elle laisse ce titre longtemps dans la même maison, quelquefois elle le porte sans cesse de l'une à l'autre. Certaines tribus, telles que les Ida ou Blal, les Aït ou Mrîbeṭ, les Isaffen, se

(1) Cet acte de vasselage est la *debiḥa*, dont nous parlerons en détail plus loin.

(2) *Chikh* en arabe, *amṛar* en tamazirt.

divisent en fractions ayant chacune à leur tête une famille où la dignité de chikh est héréditaire; tantôt le pouvoir de ces chefs est assez grand, comme chez les Aït ou Mrîbeṭ et les Isaffen; tantôt, comme chez les Ida ou Blal, leur seule prérogative est de conduire leurs frères dans les combats. Enfin il y a un dernier système, spécial aux Berâber, aux Aït Seddrât et aux Imeṛrân : c'est celui des *chikh el ạam*, « chikhs nommés pour un an »; les tribus se gouvernent au moyen d'assemblées, mais dans chaque fraction, chaque district, le pouvoir exécutif est entre les mains d'un chikh qu'on élit chaque année.

S'il existe dans ces régions une organisation politique plus complète que dans le nord, il ne faudrait pas en conclure qu'il y règne beaucoup plus d'ordre; l'administration intérieure de chaque village se fait assez régulièrement, mais c'est tout; de tribu à tribu, de fraction à fraction, de district à district, de village à village, les guerres sont continuelles; trois motifs en produisent la plupart : entre sédentaires, les contestations au sujet des eaux et des canaux; entre nomades, le pillage injuste de vassaux que l'honneur commande de venger; entre sédentaires et nomades, la cupidité de ceux-ci, qui les porte à attaquer les premiers pour les dépouiller. Je n'ai pas été dans une seule région au sud de l'Atlas, sans y trouver, pour une de ces trois causes, la guerre, soit intestine, soit avec des voisins.

Les divers territoires que j'ai traversés depuis les Glaoua, Assaka, Tizgi, Aït Zaïneb, appartiennent, les premiers à des districts isolés, le dernier à une petite tribu. Les uns et les autres sont indépendants de fait, mais reconnaissent la suzeraineté du sultan. Les marques de soumission qu'ils lui donnent se bornent à l'envoi annuel au Glaoui d'un présent dont la valeur varie entre 50 et 200 francs; de plus, si l'on prend des voleurs, on les expédie à Imaounin. L'Assaka, le Tizgi, se gouvernent par leurs assemblées, *anfaliz*. Les Aït Zaïneb ont un chikh héréditaire, Chikh Moḥammed, qui réside à Tikirt; il ne domine que sur une partie de sa tribu, celle qui est à l'est d'Imzouṛen; le reste, Imzouren, Tizgzaouin, Tadoula, s'est depuis peu rangé volontairement sous la domination du chikh de Tazenakht, ez Zanifi : cela s'est fait sans guerre; la bonne intelligence des deux chefs n'a pas été troublée.

Ici le tamaziṛt est non seulement la langue générale, c'est presque la langue unique : à peine si un homme sur cinq, une femme sur vingt, savent l'arabe.

Le costume est le même qu'à l'entrée des Glaoua; mais les femmes, qui dans le nord portaient peu de bijoux, en ont une foule et, en outre, se peignent la figure. Jusqu'ici un fil de verroteries mêlées de grains de corail et de pièces d'argent suspendu au cou, un second placé dans les cheveux, étaient leurs seuls ornements. Désormais elles se couvriront d'énormes colliers d'ambre et de corail, de bracelets, de broches, de diadèmes, de pendants d'oreilles et d'autres volumineuses parures d'argent.

Dans le Grand Atlas, nous avons trouvé le lait et le miel en abondance. Ici il en a été de même; plus loin, ces deux choses seront rares. On cesse de pouvoir se procurer du savon au sud de Tikirt; jusqu'ici on en fabriquait dans toutes les bourgades de quelque importance : c'était une spécialité lucrative des Juifs; au delà des Aït Zaïneb, il ne s'en fait plus, il ne s'en vend plus sur les marchés. Pour laver les vêtements, on se sert de certaines herbes; le blanchissage ainsi obtenu est médiocre.

Je profite de mon séjour à Tikirt pour aller visiter les ruines de Tasgedlt, célèbres dans le pays et objet de mille légendes. Elles se composent d'une enceinte presque carrée, jadis garnie de tours sur tout son développement. Les murailles, épaisses, ont dû être en maçonnerie à la base, en pisé dans le haut. Il en reste peu de chose : une partie des murs s'est écroulée; le reste, très écrêté, tombe chaque jour davantage. La partie sud est la mieux conservée; on y voit 7 ou 8 tours ayant encore 3 à 4 mètres. A l'intérieur de l'enceinte, s'élèvent des monceaux de pierres ne présentant que des débris informes. La forteresse est construite en amphithéâtre sur une côte rocheuse, d'une pente de 1/2, dont elle couvre toute la hauteur; dans sa portion nord, cette côte se transforme brusquement en une muraille verticale où s'ouvrent les bouches de plusieurs cavernes. Une ancienne citadelle, des cavernes, voilà plus qu'il n'en faut aux habitants pour voir ici une trace du passage des Chrétiens. D'ailleurs l'histoire n'est-elle pas là pour prouver la vérité de cette opinion, histoire écrite en des livres qu'on n'a pas pu me montrer, mais dont le contenu est dans la mémoire de chacun. Naguère, il y a bien des siècles, trois princesses, filles d'un roi chrétien, régnaient sur ces contrées : l'une, Doula bent Ouâd, résidait en cette forteresse de Tasgedlt;

Ruines de Tasgedlt. (Vue d'ensemble, prise du lit de l'Ouad Tidili.)
Croquis de l'auteur.

une autre, Zelfa bent Ouâd, en habitait une semblable, sur les bords de l'Asif Marren, près de Teççaïout; la troisième, Stouka bent Ouâd, une semblable encore à Taskoukt, sur l'Ouad Imini : en ces trois lieux se voient des ruines pareilles. Les Musulmans firent longtemps la guerre aux trois princesses chrétiennes et finirent par les

Ancienne porte à l'angle nord de l'enceinte de Tasgedlt. (Vue prise du nord-ouest.)
Croquis de l'auteur.

chasser. Il est plus probable que les trois qaçbas sont l'œuvre d'un même sultan, celui sans doute qui construisit le pont de l'Ouad Rdât.

Dans cette excursion, je passe auprès du confluent des ouads Iriri et Imini; ils se réunissent dans une plaine triangulaire semblable à celle de Tikirt : même sol vaseux, bas et plat, couvert de cultures, et en hiver inondé; pas d'arbres, si ce

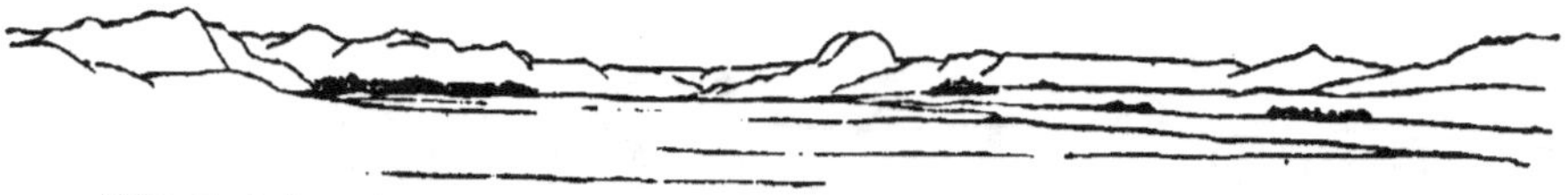

Plaine où s'unissent les ouads Iounil, Iriri et Tidili. (Vue prise du chemin de Tizgzaouin à Imzouren.)
Croquis de l'auteur.

n'est quelques-uns auprès des villages; champs d'orge, de blé, surtout de maïs. On laboure avec des charrues à soc de fer, traînées par des bœufs; ces derniers sont assez nombreux dans le pays, ainsi que les moutons et les chèvres; depuis le Telouet, on voit quelques chameaux. L'Ouad Imini, au-dessous du confluent, a peu d'eau, $1^m,50$, avec 40 centimètres de profondeur : ce mince filet court au milieu d'un lit de gros galets mesurant plus de 500 mètres d'une rive à l'autre. Plus haut, en face de Tasgedlt, la même rivière a 200 mètres de large et est à sec, non par manque d'eau, mais parce que les habitants la font dériver pour arroser leurs plantations; si je n'en rencontre pas dans l'ouad, je traverse plusieurs larges conduites où elle coule à pleins bords. Chaque tribu, chaque village, a droit à une quantité d'eau déterminée; des traités, des qanouns la règlent. Les canaux sont une source de contestations et de querelles fréquentes entre villages et entre fractions. Ces démêlés se vident comme ils se vident tous, par la poudre : en ce moment, les gens de l'Imini et les Aït Touaïa sont en hostilités avec les Aït Zaïneb pour ce motif. Rarement ces guerres sont meurtrières; elles se bornent la plupart du temps à quelques coups de fusil échangés à la frontière.

6°. — ADRAR N DEREN ET SIROUA.

« Les montagnes tournent tout autour de notre pays, » disent les habitants de Tikirt. En effet, de quelque côté qu'on jette les yeux, on ne voit que massifs sombres. Au sud et à l'est, ce sont les flancs des ouads Iounil d'une part, Imini et Idermi de l'autre, talus rocheux de 150 à 200 mètres de haut, que nous avons décrits. Au nord et à l'ouest, ce sont de très hautes crêtes, la plupart couvertes de neige, se perdant dans les nuages. On distingue de Tikirt plusieurs sommets remarquables et plusieurs cols : Djebel Anṛemer, Tizi n Telouet, Tizi n Tichka, Tizi n Tamanat, Djebel Tidili, Djebel Siroua. Les premiers appartiennent à la chaîne du Grand Atlas, qu'on appelle ici *Adrar n Deren* (1); quant au Siroua, c'est le pic culminant d'un massif qui s'élève entre le Grand et le Petit Atlas et sépare le bassin du Sous de celui du Dra.

Voici quelques détails sur ces différents points.

Djebel Anṛemer. C'est de cette montagne que sort l'Ouad Iounil; aussi lui donne-t-on quelquefois le nom de Djebel Ounila. A son sommet est un étang, toujours rempli d'eau, même par les étés les plus brûlants; nul n'en connaît la profondeur; au-dessous, la source de l'Ouad Iounil jaillit au milieu des rochers. Cet étang est un objet de vénération profonde pour les Musulmans des environs. Le premier jour de chaque année, ils y montent en pèlerinage et y immolent des brebis et des chèvres. Souffre-t-on de la sécheresse? les Iounilen, les gens de l'Assaka, les Aït Zaïneb, se cotisent à raison d'une mouzouna par tête, achètent des moutons, et vont les sacrifier sur ses bords.

(1) *Adrar n Deren*, mot à mot « mont de Deren ». Deren est un nom propre, sans signification. Cette expression est universellement employée ici pour désigner le Grand Atlas; dans le bassin du Sous, elle l'est de même; dans le Dâdes et au delà, on ne la connaît plus. Elle s'applique donc à toute la portion occidentale de la chaîne, jusqu'au Tizi n Glaoui inclusivement.

Tizi n Telouet. C'est le col où j'ai franchi le Grand Atlas. Il fait partie du Tizi n Glaoui. On appelle ainsi la forte dépression qui se trouve en face d'ici dans l'Adrar n Deren, et que limitent à l'est le Djebel Anṛemer, à l'ouest le Djebel Tidili. Ce tronçon de la chaîne porte le nom général de Tizi n Glaoui; il renferme trois cols, ceux de Telouet, de Tichka et de Tamanat.

Tizi n Tichka. Col conduisant de la vallée de l'Asif Marṛen dans celle de l'Ouad Rḍât, à Zarakten par exemple. L'Ouad Tichka, qui en descend, se jette dans l'Ouad el Melḥ, à Imirṛen. Quand le col de Telouet est encombré par les neiges et que celui de Tichka est, par extraordinaire, praticable, on passe par ce dernier.

Tizi n Tamanat. Col donnant accès de la vallée de l'Ouad Imini dans la tribu des Mesfioua. C'est un troisième chemin pour gagner Merrâkech. De ces trois routes, la plus courte est la dernière, mais la plus facile et de beaucoup la plus fréquentée est celle du Tizi n Telouet. L'Ouad Tamanat, qui descend du col, se jette dans l'Ouad Imini.

Djebel Tidili. Ce mont, ainsi que ceux qui l'entourent, a le sommet couvert de neige; c'est dans son flanc que l'Ouad Imini prend sa source. A l'ouest du Djebel Tidili, la chaîne se continue par une longue suite de crêtes neigeuses qui se perdent dans les nuages.

Djebel Siroua. C'est la plus haute des montagnes voisines, au dire des habitants. Seul parmi elles, il a son sommet couvert de neiges éternelles. Sur les autres cimes visibles d'ici, tantôt la neige persiste l'été, tantôt elle fond, suivant que l'année est plus ou moins chaude. Sur les pentes du Siroua se trouve un col conduisant de la tribu des Aït Tedrart dans le Sous. Les flancs du massif renferment, dit-on, des minerais; les habitants n'en savent pas tirer parti.

Ces montagnes sont toutes également nues, également rocheuses; point d'arbres, point de végétation, rien que des pierres. Point de bêtes fauves, pas d'autre gibier que des gazelles et des mouflons (1).

Les trois cols du Tizi n Glaoui sont praticables toute l'année; cependant, en hiver, il y tombe parfois une grande quantité de neige : lorsque la couche est trop épaisse pour qu'on puisse franchir la montagne, les voyageurs attendent dans les villages les plus rapprochés du sommet et passent à la première éclaircie. Il en est de même des cols qui, plus à l'est, mettent en relations Demnât et les Haskoura, Ouaouizert et l'Oussikis.

(1) Mouflons à manchettes. C'est l'animal que les Arabes appellent *aroui*, et les Imaziṛen *aoudad*. Ce gibier est le seul qui se rencontre dans les déserts pierreux du Petit Atlas et dans le Bani. J'ai vu des mouflons apprivoisés à Tazenakht et à Tisint.

7°. — QUELQUES MOTS SUR L'ATLAS MAROCAIN.

Nous sommes ici en plein cœur de l'Atlas. Il est temps de donner quelques détails sur la façon dont nous comprenons le système montagneux du Maroc.

Les montagnes du Maroc se composent pour nous de deux massifs distincts, séparés par une large trouée. Ce sont : d'abord le massif de l'Atlas, qui le traverse tout entier dans sa plus grande longueur, du sud-ouest au nord-est; puis le massif Rifain qui, commençant vers Nemours, longeant la côte jusqu'à Ceuta, percé par le détroit de Gibraltar, décrit une large courbe et se retrouve en Espagne, dans la Sierra Nevada. Ces deux longs massifs aux lignes courbes, partant presque d'un point commun et allant en divergeant, ressemblent aux ondes d'un courant marin qui se diviserait vers Tlemsen en deux bras, dont le principal continuerait à suivre la direction générale du courant primitif en fléchissant un peu vers le sud, tandis que l'autre, secondaire, s'élancerait vers l'ouest, puis tournerait brusquement vers le nord et de là vers l'est. La démarcation entre les deux massifs est très nettement dessinée : de Lalla Marnia à Fâs, une large trouée les sépare : plaine d'Angad jusqu'à la Mlouïa, même plaine se prolongeant sous d'autres noms jusqu'à l'Ouad Innaouen, vallée de cette rivière jusque auprès de Fâs. A partir de cette ville, la trouée s'élargit encore; c'est la vallée du Sebou, qui va en s'épanouissant jusqu'à la mer.

Nous ne nous occuperons point du massif Rifain, dont nous n'avons vu qu'une petite portion. Il semble d'ailleurs bien représenté sur la carte de M. le capitaine Beaudoin, qui avait recueilli, sur cette contrée en particulier, un nombre considérable de renseignements. De plus, les levés de nos officiers d'état-major en comprennent une partie, s'étendant de Nemours à la Mlouïa, région qui est connue par conséquent avec exactitude.

Quant au massif de l'Atlas, nous l'avons traversé deux fois dans tout son ensemble, et nous avons parcouru en quelques détails certaines de ses parties. Nous allons essayer de le décrire tel qu'il nous paraît être.

Expliquons d'abord les termes dont nous nous servons. Le nom d'Atlas, appliqué primitivement par les anciens aux seules cimes neigeuses qui s'élèvent au centre du Maroc, a été étendu ensuite par quelques écrivains latins à l'ensemble du massif qui traverse le Maṛreb. On lui a conservé cette signification; le large dos qui commence à l'Océan entre Mogador et l'embouchure du Dra et finit à la Méditerranée au cap Bon, après avoir traversé le Maroc, l'Algérie et la Tunisie, porte encore aujourd'hui le nom général d'Atlas. On peut le distinguer en Atlas Marocain, Atlas Algérien, Atlas Tunisien. Cette division est la seule qu'il comporte (1). Quant aux termes de Grand et de Petit Atlas, ils s'appliquent uniquement à certaines parties de l'Atlas Marocain : ainsi l'entendait Ptolémée, qui s'est servi le premier de ces expressions : il les emploie pour désigner deux chaînes déterminées de ce massif. Nous nous conformerons en partie à sa nomenclature, réservant ces noms pour les deux chaînes du Maroc auxquelles ils paraissent le mieux s'appliquer.

L'Atlas Marocain se compose essentiellement de trois chaînes parallèles : l'une très haute, presque toujours couronnée de neige; elle est connue depuis longtemps sous le nom de Grand Atlas : nous le lui conserverons; une autre, au sud de celle-ci, suivant une direction parallèle, mais moins élevée : nous l'appellerons Petit Atlas; ces deux chaînes, les deux seuls hauts massifs visibles de la côte (2), étaient sans doute celles qu'on avait signalées à Ptolémée, quoique dans ses écrits il en ait interverti l'ordre; la troisième, ne commençant que loin dans l'intérieur, a dû lui être inconnue : elle est située au nord du Grand Atlas; moins élevée que ce dernier, elle l'est plus que le petit : nous l'appellerons Moyen Atlas, nom correspondant à sa hauteur.

Il y a nécessité à donner à ces chaînes des appellations tirées de notre langue, aucune d'elles n'en possède dans le pays. Chaque sommet, chaque col, chaque vallée, a un nom spécial; nulle part il n'est de nom qui désigne l'ensemble d'une chaîne. C'est facile à expliquer : le Marocain ne voyage pas; il connaît les montagnes de son pays, mais ne connaît qu'elles; il ne sait pas si elles se lient à d'autres, il ne le demande pas : dans ces conditions, les noms particuliers suffisent et peuvent seuls exister. Une seule chaîne en a un général, encore ne le possède-t-elle que sur une partie de sa longueur : le Grand Atlas, du Ḥaḥa à l'extrémité orientale du Tizi n Glaoui, porte le nom d'Adrar n Deren. Cette appellation s'appliquant à peine à la moitié de la chaîne, nous ne pouvons nous en servir. Force nous est d'adopter pour tout le massif des noms de convention.

L'Atlas Marocain, avons-nous dit, paraît formé essentiellement de trois chaînes parallèles, dont l'orientation approximative serait de l'ouest-sud-ouest à l'est-nord-est : nous les avons appelées Grand Atlas, Moyen Atlas et Petit Atlas.

1° *Grand Atlas*. — Des trois chaînes, c'est de beaucoup la plus connue : visible de Merrâkech, visitée par plusieurs voyageurs, explorée dans sa partie occidentale

(1) Voir, sur ce sujet, *Géographie de l'Algérie*, par M. O. Mac Carthy, Préliminaires.

(2) C'est prouvé par le travail de M. le lieutenant W. Arlett : *Description de la côte d'Afrique depuis le cap Spartel jusqu'au cap Bojador*. (*Bulletin de la Société de Géographie de Paris:* 1837, janvier.)

par MM. Hooker et Ball, franchie au nord de Taroudant par M. le docteur Lenz, auprès des sources du Ziz par Caillé et par M. Rohlfs, nous l'avons nous-même passée en trois points, vers le centre, au col des Glaoua, à son extrémité ouest, entre Agadir Iṛir et Mogador, et non loin du point où elle expire vers l'est, à hauteur de Qçâbi ech Cheurfa. De plus, nous en avons longé le pied sur presque toute sa longueur, le pied nord de Misour (Mlouïa) à Qçâbi ech Cheurfa et de Ouaouizert à Zaouïa Sidi Reḥal, le pied sud d'Agadir Iṛir aux Menâba et du Dâdes au Qçar es Souq. C'est une longue chaîne non interrompue, mais percée d'un grand nombre de cols (col de Bibaouan, Tizi n Ouichdan, Tizi n Tamejjout, etc., débouchant dans la vallée du Sous; Tizi n Tamanat, Tizi n Tichka, Tizi n Telouet, Tizi n Amzoug, Tizi n Tarkeddit, Tizi 'Aït Imi, Tizi Ou Rijimt, etc., débouchant dans la vallée du Dra; Tizi n Telṛemt, débouchant dans la vallée du Ziz; Tizi n Tanslemt, débouchant dans la vallée du Gir). Les principales altitudes observées sont : 1250^m (col de Bibaouan, M. Lenz); 3350^m (mont Teza, M. Hooker); 3475^m (mont Miltsin, Washington); 3500^m,4 (col de Tagherot, M. Hooker); 2634^m (col de Telouet, au point où nous avons franchi la chaîne chez les Glaoua); 2182^m (col de Telṛemt, où nous l'avons passée près d'El Qçâbi). Partout, j'ai vu le faîte du Grand Atlas couvert de neige, excepté à la grande dépression du Tizi n Glaoui : à juger d'après la hauteur de la portion blanche, la partie la plus élevée de la chaîne serait celle qui est située au nord du Dâdes, du Todṛa, du Ṛeris, du pays de Ziz. Dans ce groupe, le massif du Djebel El Ạïachi domine de beaucoup les autres sommets. Est-il le point culminant du Grand Atlas? Il le semble; rien ne le prouve. La neige commence sur la chaîne, vers l'ouest, à l'orient du col de Bibaouan; elle y finit, vers l'est, aux dernières pentes du Djebel El Ạïachi : après ce massif, il n'y en a plus trace. De Bibaouan à l'Océan, le Grand Atlas s'abaisse rapidement. Au delà du Djebel El Ạïachi, il décroît d'une façon continue et finit par expirer dans le Ḍahra. Où exactement? A quelle distance du Djebel El Ạïachi? Nous ne le savons pas. La crête du Grand Atlas paraît être une arête et non un plateau. Elle ne présente l'aspect d'une ligne uniforme que vers ses extrémités orientale et occidentale, où elle est dépourvue de neige; partout ailleurs, elle se découpe en nombreuses dentelures. Le versant nord est en général boisé; le versant sud est nu, pure roche, dans les bassins du Dra, du Ziz et du Gir, en partie boisé dans celui de l'Ouad Sous. Les forêts renferment, dit-on, d'abondant gibier, sans aucune bête féroce.

2° *Moyen Atlas.* — Cette chaîne est de beaucoup la moins connue. Du col de Telṛemt, nous en avons entrevu une portion : c'était une longue crête uniforme couverte de neige, se relevant en un point pour former un pic, le Djebel Tsouqt, et finissant brusquement par une haute falaise, le Djebel Oulad Ạli. Où commence cette chaîne? où finit-elle? On ne saurait le dire d'une façon certaine. Pour nous, elle commence au nord de Demnât, à la trouée de la Teççaout, où ses dernières pentes viennent se confondre avec celles du Grand Atlas. C'est elle que traverse l'Ouad el Ạbid dans le long kheneg qu'il se creuse, c'est elle qui borne au sud la plaine du Tâdla et qui sépare sur toute leur longueur les bassins de l'Oumm er Rebiạ et de l'Ouad el Ạbid, c'est elle que nous avons franchie en allant de Qaçba Beni Mellal à Ouaouizert : elle n'avait là, au col, que 1529^{m} d'altitude; les sommets pouvaient être à 1900^{m}. La chaîne commençait; depuis Demnât, elle ne cesse de s'élever jusqu'au Djebel Tsouqt, qui paraît en être le point le plus haut. Où finit-elle? S'arrête-t-elle brusquement, comme elle le semble, au Djebel Oulad Ạli et au Djebel Reggou? Nous ne le pensons pas. Pour nous, la trouée subite qui se trouve à l'est de ces monts est un large kheneg que s'est percé la Mlouïa dans la chaîne; les monts Debdou (1648^{m}) seraient le prolongement naturel de celle-ci, et elle irait expirer avec eux sur les hauts plateaux du Ḍahra. Le Moyen Atlas commencerait donc au nord de Demnât, atteindrait son point culminant au Djebel Tsouqt, et se continuerait jusqu'au Ḍahra, où il viendrait mourir, comme l'a fait le Grand Atlas. Les deux versants sont boisés : de Demnât à Debdou, ils ne sont qu'immenses forêts, pleines de gibier et de bêtes sauvages, les seules du Maroc où il y ait des lions (1).

3° *Petit Atlas*. — C'est le plus connu après le grand. M. Lenz l'a franchi au sud d'Ilir̩ (1100^{m}). M. Rohlfs en a suivi longtemps le pied nord. Enfin il a été un des principaux objets de mes recherches : j'en ai longé le pied méridional de Tisint à Aqqa, le pied septentrional d'Agadir Ir̩ir aux Menâba et du Dâdes au R̩eris; je l'ai traversé en six points différents, aux cols d'Iberqaqen, d'Azrar, de Haroun, d'Agni, de Tifernin, d'Ir̩il n Oïṭṭôb. Il avait à ces passages : 1912^{m}, 1934^{m}, 2059^{m}, 1674^{m}, 1872^{m}, 2280^{m} d'altitude; ce sont, à peu de chose près, les hauteurs de la ligne culminante, car le Petit Atlas est couronné presque partout d'un large plateau à ondulations légères : ce plateau, pierreux dans la partie orientale de la chaîne (celle qui est à l'est du Dra et qui porte le nom de Sar̩ro), l'est moins dans la partie centrale, où le tapissent de longues étendues d'ḥalfa, et, vers l'ouest, se garnit d'une couche de bonne terre, se couvre de champs, d'amandiers et de villages, et forme une des plus riches contrées du Maroc. Le versant sud du Petit Atlas est nu et rocheux. Le versant nord l'est aussi dans les bassins du Dra et du Ziz; mais il est boisé dans celui du Sous, au pied seulement vers l'est, en entier vers l'ouest. Peu de gibier; point de bêtes féroces. La hauteur de la chaîne ne présente nulle part de brusques variations : la crête a partout l'aspect d'une ligne horizontale; en trois endroits, à hauteur de Taroudant, aux environs du col d'Azrar et dans le Sar̩ro, j'y ai distingué quelques

(1) Cette chaîne a été franchie par René Caillé entre Qçâbi ech Cheurfa et Gigo, par M. Rohlfs entre Tesfrout (Ouad Sebou) et Ouṭat Aït Izdeg (2085^{m} d'altitude au col), par nous entre Qaçba Beni Mellal et Ouaouizert (1529^{m} au col).

filets de neige : c'étaient d'étroits sillons à peine visibles. Le Petit Atlas commence auprès de l'Océan (1) : où finit-il? Nous ne le savons pas. Nous supposons qu'il expire dans les hauts plateaux qui se trouvent à l'ouest de l'Ouad Ziz : la chaîne paraît s'abaisser sans cesse du Dâdes au Reris; de ce dernier point, on l'aperçoit se prolongeant dans le lointain et décroissant toujours. De Qçar es Souq, on ne la distingue plus : on ne voit vers le sud, le sud-ouest, le sud-est, qu'une plaine immense s'étendant jusqu'à l'horizon. Je conjecture donc que le Petit Atlas meurt avant d'atteindre les bords du Ziz. Les plateaux où il finit se continuent au delà de ce fleuve et se prolongent jusqu'en Algérie.

Telles sont les trois chaînes qui forment la portion fondamentale de l'Atlas Marocain. Après elles, on peut en citer deux autres, secondaires. Les directions en sont parallèles à celle des premières. Elles sont situées, l'une, le Bani, au sud du Petit Atlas; l'autre, dont semblent faire partie le plateau d'Oulmess et les monts des Riata, au nord du Moyen Atlas.

Le Bani est une étroite digue de roche nue, peu élevée, ayant dans sa partie centrale 924^{m} d'altitude. Il commence à l'Océan, au sud d'Ouad Noun, et se prolonge au delà de l'Ouad Dra, qui le traverse au kheneg de Foum Taqqat, au-dessous de Tamegrout. Où finit-il? Nous l'ignorons. Il expire sans doute, comme le Petit Atlas, entre le Dra et le Ziz. Nous avons franchi plusieurs fois le Bani, nous en avons longé le pied durant quelque temps, et sur les parties que nous n'avons pas vues nous possédons des renseignements précis. Les traits généraux de cette chaîne peuvent donc être considérés comme connus avec quelque certitude.

Il n'en est pas de même pour l'autre, pour celle dont je crois voir des portions dans le plateau d'Oulmess et le Djebel Riata. Elle semble avoir son origine entre Oulmess et l'Océan, passerait à quelque distance au sud de Sfrou, serait traversée par le Sebou à un kheneg, atteindrait la Mlouïa sous le nom de Djebel Riata; ce fleuve s'y fraierait un large passage au nord de la plaine de Tafrâta, et elle se prolongerait ensuite sans interruption jusqu'à Tlemsen par les monts Mergeshoum, Beni Bou Zeggou, Zekkara, Beni Snous. La chaîne commencerait à l'ouest d'Oulmess, aurait un de ses points culminants au pic des Riata, et se continuerait jusqu'en Algérie. La partie occidentale, jusqu'à la Mlouïa, est couverte de grandes forêts et peuplée de fauves; les panthères y abondent. La région orientale possède aussi des bois et les mêmes animaux sauvages, mais à un degré moindre. La chaîne a été franchie par Caillé sur le territoire des Aït Ioussi, par M. Rohlfs sur celui des Beni Mgild, par nous sur celui des Zaïan. L'altitude en est de 1290^{m} à Oulmess, de 1517^{m} à Douar S. Abd Allah (Rohlfs).

(1) Entre 29° 30' et 29° 09' de latitude nord. A quelque distance du rivage, il y a des sommets de 1190^{m} d'altitude. Voir la description de la côte par le lieutenant W. Arlett, déjà citée.

Dans ce large massif de l'Atlas Marocain, formé de cinq chaînes parallèles, dont trois essentielles et deux secondaires, on voit qu'il y a une arête principale, le Grand Atlas, dominant de beaucoup tout le reste; la plupart des fleuves du Maroc, Mlouïa, Ouad el Ąbid, Tensift, Sous, Dra, Ziz, Gir, y prennent leur source. Après lui, vient le Moyen Atlas, le second en hauteur; deux fleuves sortent de son flanc : l'Oumm er Rebią et le Sebou. La moins élevée des trois chaînes principales est le Petit Atlas; il ne donne naissance qu'à des rivières. Quant aux deux chaînes secondaires, seuls de petits cours d'eau en sortent.

Ces chaînes parallèles forment entre elles trois rigoles où coulent bout à bout tous les fleuves marocains : Oumm er Rebią et Sebou entre le Moyen Atlas et la chaîne Oulmess-Ŗiata; Ouad el Ąbid et Mlouïa, entre le Grand Atlas et le Moyen Atlas; Sous et Dra supérieur, entre le Grand Atlas et le Petit Atlas. Le Dra, ayant percé l'un après l'autre le Petit Atlas et le Bani, coule ensuite au pied de ce dernier, parallèlement à la direction des crêtes. Dans ces rigoles, les fleuves sont séparés à leur source, tantôt par des plaines, si unies qu'il faut le baromètre pour trouver la ligne de partage des eaux, tantôt par des massifs montagneux. Au nord du Moyen Atlas, un plateau montueux, le Fezaz, fait la limite entre les bassins du Sebou et de l'Oumm er Rebią. Entre le Grand et le Moyen Atlas, les bassins de la Mlouïa et de l'Ouad el Ąbid sont divisés par les hautes cimes du Djebel el Ąïachi et des plateaux très élevés qui s'en détachent. Entre le Grand Atlas et le petit, le Dra est séparé du Sous par un massif montagneux que domine le Siroua, du Ziz par une large plaine. Du Ziz au Gir s'étendent également des plaines.

Tel est le massif Atlantique au Maroc : tel du moins il me paraît être. Il faudra encore bien des voyages, bien des travaux, pour déterminer avec exactitude ce qu'il est. Les chaînes du Grand Atlas, du Petit Atlas et du Bani sont relativement connues; mais celles du Moyen Atlas et d'Oulmess-Ŗiata le sont de la manière la plus incertaine.

IV.

DE TIKIRT A TISINT.

1°. — DE TIKIRT A TAZENAKHT.

25 octobre 1883.

Départ de Tikirt à 9 heures du matin. Je m'engage aussitôt dans un vaste désert qui s'étend, moucheté de loin en loin de petites oasis, entre les trois ouads Idermi, Aït Tigdi Ouchchen et Tazenakht; l'aspect en est partout le même : terrain montueux, chemins assez pénibles, aucune végétation; pas d'autres êtres vivants que les gazelles; le sol est formé de roches et de pierres, grès dont la surface, semblant calcinée, est noire et luisante comme si elle avait été passée au goudron. Cette roche, la seule que je sois appelé à voir d'ici à Tazenakht, domine dans tout le sud. Dans les plaines, je la trouverai sous la forme d'une croûte de petites pierres noires et brillantes, sorte d'écaille qui couvre la terre; en pays de montagnes, comme ici, elle se présente sous deux aspects : tantôt avec l'apparence d'escaliers aux degrés noircis et craquelés, monceau de pierres luisantes entassées, tantôt en longues tables unies et lisses. Telles sont les solitudes désolées que je parcours; elles font songer aux déserts de pierres noires que, dans une autre région, S. Paulinus trouva aux abords du Grand Atlas. A 4 heures et demie, j'arrive à l'oasis d'Iṛels; j'y passerai la nuit.

La route d'aujourd'hui n'était pas des plus sûres : le frère de Chikh Moḥammed de Tikirt m'a escorté avec deux de ses gens jusqu'à Tagenzalt; il me quitta là, en me confiant à deux hommes de ce qçar : ceux-ci me conduisirent à Iṛels. Nous n'avons rencontré personne pendant tout le trajet. Point de cours d'eau. Tagenzalt, où je me suis arrêté une demi-heure, est une localité indépendante, se gouvernant elle-même, mais reconnaissant la suzeraineté du chikh de Tikirt; elle comprend environ cinquante maisons, bâties en pisé et entourées d'une enceinte; auprès sont de grands et beaux jardins; les dattiers y dominent; on y voit aussi des grenadiers, des figuiers, des trembles; à leur ombre sont des cultures. L'oasis est située au fond d'un vallon dont le flanc occidental est à cet endroit une muraille à pic; les bouches d'une dizaine de cavernes s'y ouvrent. Pas de ruisseau; il n'y a d'autre eau que celle d'une source. Tagenzalt est, avons-nous dit, entourée d'une enceinte de murailles : c'est une particularité que je vois pour la première fois et qu'il importe de signaler. Elle marque un changement dans l'état des villages : jusqu'ici tous étaient ouverts; désormais, en allant vers le sud, je trouverai la plupart d'entre eux fortifiés. A dater de ce jour, il y aura donc une distinction à faire : nous appellerons *qçar* tout centre fortifié, réservant le nom de *village* pour ceux qui ne le seront pas. Tantôt les qçars sont défendus par des murailles qui enveloppent les habitations, murailles d'ordinaire garnies de tours; tantôt les murs des maisons, juxtaposés et ne laissant passage que par une ou deux portes étroites, forment eux-mêmes l'enceinte. Quel que soit le système adopté, les qçars sont très ramassés, resserrés dans le plus petit espace possible : l'opposé des villages.

Iṛels est un beau qçar, riche et prospère, d'environ 500 habitants. Il est très bien bâti; point de ruines, point de maisons en mauvais état; tout est neuf, tout est propre et bien entretenu; le bas des constructions est en pierres, souvent taillées, toujours disposées régulièrement, le haut est en pisé; des terrasses reposant sur de longues poutres de palmier couronnent les habitations, des gouttières pratiquées le long des murs amènent l'eau dans des citernes. Une enceinte garnie de tours protège le qçar; elle est, ainsi que tous les bâtiments de ce dernier, couverte de moulures et de dessins à la chaux. Les jardins sont superbes : comme à Tagenzalt, il y a des arbres variés, mais les palmiers dominent; à leur ombre, la terre, divisée en carrés, disparaît sous le maïs, le millet et les légumes. Une foule de canaux arrosent ces riches plantations; çà et là de grands bassins maçonnés sont remplis jusqu'au bord d'une eau limpide. Cette végétation luxuriante, ces arbres superbes qui répandent une ombre épaisse sur une terre toute verte, ces mille canaux, ce ciel admirable, cette nature riche et riante qui, au milieu de la contrée la plus désolée, fait de ce séjour un lieu de délices, se trouveront pareillement dans les autres oasis : telle est Iṛels, tels seront tous les points où nous verrons croître le dattier : en tous même fraîcheur, en tous même calme, même abondance; endroits charmants où il semble ne pouvoir exister que des heureux.

A peu de distance d'Iṛels, est un qçar plus petit, Tamaïoust, également entouré de palmiers; il forme avec Iṛels un groupe isolé, indépendant, compris sous le nom d'Iṛels. Population tamaziṛt, mélange de Chellaḥa et de Ḥaraṭîn. Iṛels, Tamaïoust et Tagenzalt produisent des dattes d'excellente qualité.

26 octobre.

Départ à 8 heures et demie. Mon escorte, de deux fusils au début, s'augmente de deux autres à El Bordj : ces nouveaux zeṭaṭs sont nécessaires pour me protéger sur le territoire des Aït Tigdi Ouchchen. Jusqu'à 10 heures, je chemine dans une région montueuse et déserte, identique à celle où j'étais hier. A 10 heures, j'entre dans la vallée de l'Ouad Aït Tigdi Ouchchen : le lit de la rivière, d'environ 60 mètres de large, en occupe tout le fond; il est de sable; au milieu, serpente un filet d'eau claire, au courant assez rapide, de 4 mètres de large et 15 centimètres de profondeur; des deux côtés, poussent tantôt nombreux, tantôt clairsemés, des tamarix et des lauriers-roses. Les flancs sont de pure roche, grès à surface noire et luisante; ils ont 80 à 100 mètres de haut; les pentes en sont raides dès le pied, et à pic auprès du sommet; aucune trace de végétation n'y apparaît. Je m'engage

dans le fond de cette vallée, et je ne la quitte pas jusqu'à Tafounent. D'ici là, elle reste la même, si ce n'est que l'eau diminue dans la rivière à mesure qu'on avance : à Tafounent, il n'y en a plus. Les flancs demeurent jusqu'au bout ce qu'ils étaient au début; le gauche expire près de Tafounent, le droit continue à perte de vue. Le

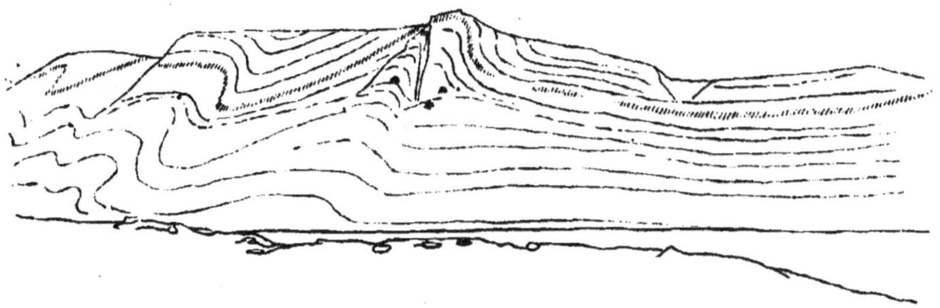

Flanc droit de la vallée de l'Ouad Aït Tigdi Ouchchen. (Vue prise de Tafounent.)
Croquis de l'auteur.

fond garde partout même largeur et même aspect; à hauteur d'El Bordj et de Tislit seulement, il s'étend, et se couvre un instant de cultures. De Tafounent à Tazenakht, je traverse un plateau rocheux et désert, extrémité du massif qui s'étend entre les ouads Idermi, Aït Tigdi Ouchchen et Tazenakht. A 3 heures et demie du soir, j'arrive au gros village de Tazenakht.

Peu de voyageurs sur mon chemin. Je n'ai rencontré de la journée que trois petites caravanes. Le chef de l'une d'elles entra en longs pourparlers avec les gens de mon escorte : il désirait me piller, leur proposait de faire la chose de concert et leur offrait la moitié du butin. Ne leur était-ce pas plus avantageux que de continuer, sot métier, à faire cortège à un Juif? Mes hommes, qui avaient des préjugés, repoussèrent sa demande. Aucun terme ne lui parut trop fort pour exprimer combien il les trouvait ridicules. Outre l'Ouad Aït Tigdi Ouchchen, j'ai traversé deux rivières : l'Ouad Irels (lit de galets de 15 mètres de large, à sec), l'Ouad Tazenakht (lit moitié galets, moitié sable, de 50 mètres de large, à sec). Plusieurs centres habités se sont trouvés sur ma route : Tagentout, composé de deux ou trois maisons groupées autour d'une qoubba; El Bordj, beau et grand qçar, bâti sur une colline dans une situation pittoresque, ceint de vastes jardins; Tislit, groupe de deux petits qçars s'élevant à 500 mètres l'un de l'autre, entourés de vergers; Tafounent, beau village d'environ 40 feux. Aujourd'hui, plus de palmiers; ils ont disparu avec Iṛels : je n'en verrai désormais qu'après avoir atteint le versant méridional du Petit Atlas. El Bordj, Tislit, Tafounent, appartiennent à la petite tribu tamaziṛt des Aït Tigdi Ouchchen, tribu indépendante et isolée, ne reconnaissant la suzeraineté de personne, ne faisant partie d'aucune confédération. L'organisation des Aït Tigdi Ouchchen est démocratique.

2°. — SÉJOUR A TAZENAKHT.

Le gros village de Tazenakht, qui porte aussi les noms de Tazenag, Aït Ouzanif, Dar ez Zanifi et Khemis Aït Ạmer, est la capitale d'un État; cet État est formé de plusieurs tribus, réunies dans la main d'un seul chef, sans être connues sous aucune dénomination générale. Elles en ont une cependant : la plupart des tribus et des districts des environs, Aït Tigdi Ouchchen, Aït Oubial, Aït Sellman, Tazenakht, Tasla, Iṛels, Tammasin, d'autres encore, sont des fractions de la grande et ancienne tribu des Aït Ạmer; mais ce nom est oublié : chaque branche a un nom particulier et ne connaît que lui; une seule a conservé le nom d'origine, en en faisant son appellation spéciale : c'est le rameau qui habite les bords de l'Ouad Timjijt. La souche de la race des Aït Ạmer fut, dit-on, une seule famille : celle dont les chefs ont pris le nom d'Aït Ouzanif. Ceux-ci ont gardé la prépondérance qu'ils avaient à l'origine; depuis un temps immémorial, ils possèdent le souverain pouvoir. Le berceau de cette antique maison est la vallée même de l'Ouad Tazenakht, qu'on appelle aussi Ouad Ouzanif. Les représentants actuels en sont deux frères, Chikh Ḥamed ben Chikh Moḥammed et Chikh Ạbd el Ouaḥad; ils règnent ensemble en bon accord; leur résidence est le village de Tazenakht, leurs États propres se composent du pays de Tazenakht, de celui d'Amara et de la tribu des Aït Ạmer; on désigne cet ensemble du nom d'une de ses parties ou de celui de ses chefs, l'appelant soit blad Aït Ạmer, soit blad Tazenakht, soit blad ez Zanifi; le tout forme environ 1 200 fusils. De plus, Tammasin, les Aït Semgan, les Aït Touaïa, une partie des Aït Zaïneb (Imzouṛen, Tadoula, Tizgzaouin, Taselmant), le district d'Alougoum, les Aït ou Ḥamidi, quatre bourgades du Tlit, Tasla, et quelques autres qçars isolés, se sont rangés volontairement sous leur autorité. Celle-ci n'a rien de lourd : le service militaire en temps de guerre, une redevance annuelle de 2 francs par fusil, c'est tout ce qu'ils demandent à la population; encore beaucoup sont-ils dispensés de l'impôt, les uns vu leur parenté avec les chikhs, d'autres par leur qualité de marabout.

Les Zanifi sont indépendants; comme nous l'avons dit, ils sont d'ordinaire en bonnes relations avec le qaïd de Telouet : presque toutes les années, jusqu'à celle-ci, l'un des deux frères allait lui faire visite et lui apportait un cadeau de 500 à 700 francs. Ces rapports amicaux sont sur le point de cesser : il y a quelques jours, Chikh Ạbd el Ouaḥad, qui, par suite du grand âge de son frère, s'occupe presque seul des affaires, a reçu des lettres de Merrâkech, écrites par des Juifs de Tazenakht en ce moment dans la capitale : elles lui recommandaient de ne pas aller comme d'habitude chez le Glaoui, celui-ci ayant reçu l'ordre de le jeter en prison à son premier voyage à Imaounin. Cet avis semble désintéressé et part de bonne source; d'ailleurs il ne contient rien qui puisse surprendre : combien n'a-t-on pas vu de chefs indépendants, venus dans les villes du makhzen confiants dans l'amitié du sultan, parfois sur son invitation, y être incarcérés tout à coup et maintenus au cachot jusqu'à ce qu'ils aient payé de grosses rançons? Simple opération financière. De même ici; Moulei El Ḥasen veut faire emprisonner Chikh Ạbd el Ouaḥad : est-ce pour annexer ses États au blad el makhzen? Point; c'est pour lui arracher une partie de ses richesses, qu'on dit énormes. Le Zanifi est célèbre au Maroc pour les trésors qu'il possède, enfouis, dit-on, sous sa demeure; ce ne seraient là que monceaux d'or, joyaux, armes merveilleuses. Le Zanifi passe pour le plus riche de l'empire en bijoux anciens et objets précieux de toute sorte; après lui, viendrait S. El Ḥoseïn ould Ḥachem, le marabout du Tazeroualt; en troisième lieu, le fameux qaïd el Genṭafi. Outre ces trésors, les chikhs de Tazenakht ont de grandes terres, et dans leur pays, et au Mezgîṭa, et chez les Aït Zaïneb. Il y a là de quoi tenter la cupidité proverbiale de Moulei El Ḥasen. Mais cette fois la trahison qu'il a projetée n'aura d'autre résultat que de briser le dernier lien entre lui et les Aït Ouzanif : les attaquer ouvertement, il n'y saurait songer; même au temps où les relations étaient les plus amicales avec Tazenakht, le qaïd de Telouet n'osa jamais y aller. Que serait-ce aujourd'hui? Il faudrait le sultan avec toute son armée. Encore rencontrerait-il une résistance sérieuse : les Aït Ouzanif sont unis par de nombreuses alliances à la maison souveraine du Mezgîṭa : ils trouveraient là un appui solide; ils en ont un autre dans la personne de l'Azdifi, chikh héréditaire de la puissante tribu des Zenâga : en guerre contre lui depuis de nombreuses années, ils viennent de lui offrir la paix; elle s'est conclue ces jours derniers; une visite de l'Azdifi, pendant mon séjour même, a cimenté le traité : on lui a fait une réception splendide, et d'ennemis on est devenu alliés. Les nouvelles reçues de Merrâkech n'ont, dit-on, pas été étrangères à ce brusque accommodement.

Tazenakht est un gros village construit dans un site triste : au nord, s'étendent à perte de vue les solitudes pierreuses que traverse le chemin de Tikirt; à l'est et au sud, un massif escarpé de roche noire et luisante, auquel la bourgade est adossée, ferme l'horizon; c'est vers l'ouest que le paysage est le moins désolé : de ce côté, on aperçoit une portion de la plaine des Zenâga et au delà, se dressant sur un piédestal de montagnes grises, la haute cime blanche du Djebel Siroua. Au pied de Tazenakht est le lit de la rivière du même nom, presque toujours à sec. Cette année, au milieu de mon séjour, une nappe d'eau de 10 mètres y a coulé durant

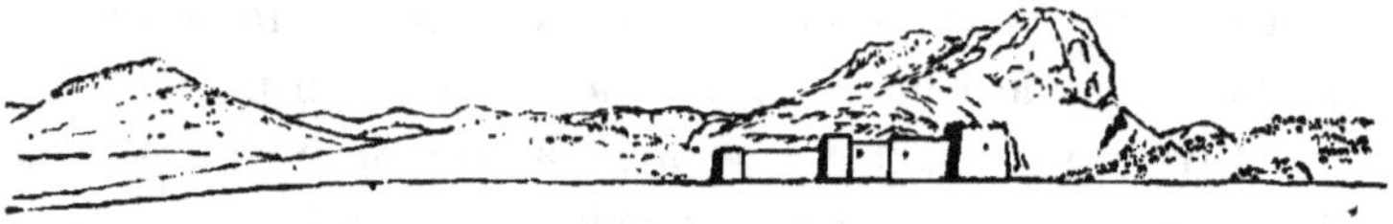

Massif rocheux situé entre Tazenakht et l'Ouad Azgemerzi,
et, en arrière, flanc droit de la vallée de cette rivière. (Vue prise du mellah de Tazenakht.)
Croquis de l'auteur.

Djebel Siroua.

Village d'Adreg et Djebel Siroua.
(Les parties ombrées des montagnes sont couvertes de neige.)
(Vue prise du marché de Tazenakht.)
Croquis de l'auteur.

24 heures : ç'a été une joie universelle, le présage d'une bonne récolte; depuis quatre ans, on n'avait pas vu d'eau dans l'ouad; depuis quatre ans, il y avait disette. Le village est bâti en long sur la rive droite de la rivière; les habitations, en pisé, sont la plupart délabrées; vers le centre, s'élève la demeure des chikhs, demeure vaste, mais simple, ne rappelant en rien les constructions élégantes de l'Ouad Iounil et d'Iṛels : celles-ci ont disparu par degrés à mesure que nous nous sommes éloignés du Dra. L'aspect de Tazenakht est triste; on ne voit que maisons à demi démolies, pans de murs croulants; les ruines occupent au moins les deux tiers de la surface. C'est l'œuvre de la famine; quatre années de sécheresse ont produit ce résultat; il y a quatre ans, vivaient ici 300 familles, moitié de Musulmans, moitié d'Israélites; un grand commerce y apportait la richesse; le khemîs, marché célèbre dans le Saḥara entier, était le rendez-vous de toutes les tribus voisines : on y venait en foule du Sous, du Dra, du Telouet même et des Ida ou Blal; depuis quatre ans,

point d'eau, point de récoltes : les ressources se sont épuisées, les provisions ont manqué, il a fallu émigrer; plus de la moitié des habitants a déserté. Aujourd'hui la population est réduite à 80 familles musulmanes et 55 juives. La décadence s'est mise en tout : le commerce est devenu à peu près nul; le marché, si animé jadis, est désert. C'est la disette de grains dans les tribus voisines, surtout chez les Zenâga, qui a amené ce désastre; car en aucun temps Tazenakht ne peut se

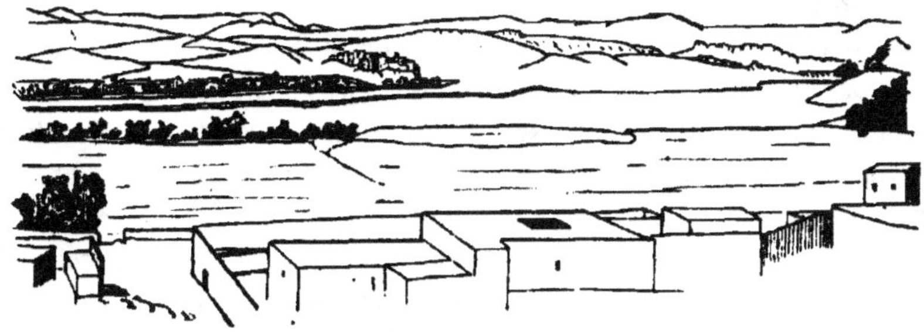

Ouad Tazenakht, au pied de Tazenakht. (Vue prise du mellah.)
Croquis de l'auteur.

Maison de Chikh ez Zanifi, à Tazenakht.
(Les montagnes ombrées sont couvertes de neige.) (Vue prise du mellah.)
Croquis de l'auteur.

suffire à soi-même : nous avons vu que le terrain qui l'environne est rocheux; en outre, il est peu arrosé : le village est alimenté par des sources; l'eau en est bonne et ne tarit pas; mais si elle suffit à l'alimentation des habitants, elle est trop peu abondante pour irriguer la campagne. Aussi y a-t-il peu de cultures : de maigres plantations de maïs, d'oignons et de citrouilles, s'étendant le long de la rivière; au milieu d'elles, des bouquets de trembles très clairsemés; çà et là quelques figuiers, quelques cognassiers; c'est tout ce qu'on voit de verdure à Tazenakht. Le climat est, me dit-on, très chaud en été, tempéré en hiver; il tombe quelquefois de la neige, mais elle fond en touchant terre.

Tazenakht possède un marché célèbre. La situation centrale de ce marché entre le Sous, le Dra et le Telouet lui a donné une grande importance; chaque jeudi, le Sous y apporte ses huiles, le Dra ses dattes, les Glaoua des grains; là se fait l'échange des divers produits : les dattes sont portées vers l'ouest et le nord, huiles et grains prennent la direction du sud et de l'est. Les habitants de Tazenakht ont des relations suivies avec Maroc : leurs caravanes s'y rendent avec des peaux, des noix et des dattes, et reviennent chargées de cotonnades, de sucre, de thé, d'allumettes, etc.; on emmagasine ces marchandises, et on les expose le jour du marché. Une industrie, la fabrication des khenîfs (1), fleurit dans la bourgade. Celle-ci est la patrie du khenîf, dont le tissage et le brodage occupent presque toute la population. Malgré ces objets de trafic, Tazenakht voit décliner son commerce : les tribus voisines y viennent encore s'approvisionner des produits d'Europe; les Zenâga y apportent toujours leurs laines et leurs grains; mais les caravanes du Sous, du Mezgîṭa, des Glaoua, nombreuses autrefois, sont aujourd'hui rares et peu importantes; des oasis du sud on ne vient plus. Parfois il n'y a pas 60 étrangers sur le marché; l'huile même manque souvent à Tazenakht; on en est réduit, pour s'éclairer, à faire brûler péniblement un peu de graisse, ou à allumer une poignée d'herbes sèches. Le pays est très pauvre en ce moment; les chevaux et les mulets sont rares et regardés comme un luxe; peu de vaches; point de chameaux; il n'y a en certaine quantité que des ânes, des moutons et des chèvres.

J'entre ici, pour l'alimentation, dans une région nouvelle : jusqu'à présent, les pauvres se nourrissaient de farine d'orge, mais tout ce qui était aisé mangeait du blé; à partir d'ici, on ne voit plus de blé; excepté les chikhs, personne ne connaît que l'orge; c'est l'orge qui compose et le pain, et le couscoussou de chaque jour, et la *zemmita* (2) qu'on emporte en voyage. Les costumes sont les mêmes que chez les Aït Zaïneb; mais on voit, entre les khenîfs et les ḥaïks blancs, des bernous gris à fines raies foncées; je n'en trouverai de semblables qu'au Mezgîṭa. Population de Chellaḥa, mêlés de quelques Ḥaraṭîn; ceux-ci sont moins nombreux ici qu'à Tikirt. On ne parle que le tamaziṛt : sur sept ou huit hommes, à peine en trouve-t-on un qui sache l'arabe; aucune femme ne comprend cette langue; les Juifs même ne s'en servent pas habituellement entre eux.

3°. — DE TAZENAKHT A TISINT.

Aller de Tazenakht à Tisint eût été chose facile autrefois, lorsque, chaque jeudi, des Ida ou Blal venaient ici attirés par le marché : on eût loué une escorte parmi

(1) Au singulier, *khenîf;* au pluriel, *khenfân.*

(2) La *zemmita* se compose de blé ou d'orge grillé, puis moulu; elle se mange avec un peu d'eau; suivant la quantité de celle-ci, on fait soit une pâte, soit une bouillie.

eux; le chemin, infesté de bandes pillardes de leur tribu, ne peut se parcourir que sous leur protection, ou en compagnie d'étrangers qu'ils respectent. Aujourd'hui Tazenakht n'a plus de relations avec le Sahara, on ne peut espérer l'arrivée d'Ida ou Blal. Il me faut chercher, comme zeṭaṭ, un homme du pays qui soit connu et considéré des nomades du sud. Le Zanifi et l'Azdifi sont dans ces conditions et pourraient me faire parvenir en sûreté; mais on me détourne de m'adresser à ces seigneurs : si, me dit-on, ils vous jugent pauvre, ils ne vous conduiront point, n'y trouvant pas leur profit; si, au contraire, ils vous croient riche, ils vous *mangeront* en route, vous et ce que vous avez, y trouvant plus de profit; il est imprudent de se mettre entre les mains des souverains : leur haute position les met trop au-dessus de tout; que leur importe de passer pour loyaux ou sans foi? il faut prendre pour zeṭaṭ un homme assez fort pour faire respecter son ạnaïa, mais non tant qu'il n'ait intérêt à garder une réputation intacte. Après quinze jours de recherches, je trouvai quelqu'un qui réunissait à ces deux conditions celle d'avoir dans le sud des relations lui permettant d'y aller sans trop de danger. Lui aussi portait le titre de chikh. Ce nom n'est point ici une expression désignant le chef temporaire d'un douar ou d'un qçar; c'est un titre rare et respecté, qui est héréditaire et appartient aux seuls chefs de quelques grandes familles; tels sont le Zanifi, le Mezgiṭi, Ben Ọtman, l'Azdifi, et enfin mon zeṭaṭ, Chikh Moḥammed ou Ạziz ould Chikh El Ḥasen. Mais celui-ci est un prince détrôné; c'est pourquoi l'on peut se fier en lui. Chef d'une maison souveraine des Zenâga, il partageait jadis l'autorité dans cette tribu avec l'Azdifi; une longue guerre eut lieu entre les deux familles rivales; elle se termina, il y a quinze ans, par la ruine de Chikh Moḥammed ou Ạziz. Son château fut détruit. Il dut chercher refuge à l'étranger. C'est alors qu'il vint s'établir à Tazenakht. Il en est aujourd'hui un des hommes les plus considérés et s'y est fait une grande renommée de courage. Y a-t-il une expédition guerrière? On le trouve toujours au premier rang, avec Chikh Ạbd el Ouaḥad. Sa maison avait de vieilles relations avec les tribus du sud; les liens du sang l'unissent à plusieurs d'entre elles; il n'a cessé d'entretenir ces bons rapports; mieux que personne, il pourra me défendre. Tel est celui qui va me conduire : je n'aurai qu'à me louer de lui.

12 novembre.

Départ à 10 heures et demie. Chikh Moḥammed, monté sur une belle jument, et deux de ses esclaves à pied m'escortent. Après avoir, par un chemin pierreux, contourné le massif auquel Tazenakht est adossée, j'entre dans une immense plaine, dont le nord forme le territoire des Aït Ạmer, et dont les portions centrales et méridionales appartiennent aux Zenâga. Cette plaine est limitée : au nord, par les premières pentes du désert montueux qui s'étend entre les ouads Idermi et Tazenakht; à l'est, à l'ouest et au sud, par un talus de grès identique à celui qui forme le flanc droit de l'Ouad Aït Tigdi Ouchchen : même composition, même pente, même élévation de 80 à 100 mètres. Vers le sud, le sommet de ce talus est le faîte même du Petit Atlas; vers l'ouest, il est le premier échelon du Siroua, dont la haute cime domine toute la contrée. Dans le nord, on distingue au loin une longue ligne blanche : le Grand Atlas. Le sol de la plaine n'a pas une ondulation, il est uni comme une glace; c'est, au début, de la roche couverte d'une mince couche de sable : à mesure qu'on avance vers le sud, on voit cette couche s'épaissir rapidement; au delà de l'Ouad Timjijt, le terrain n'est plus que sable semé d'un peu de gravier, les plantations commencent; à partir de l'Ouad Tiouiin, on rencontre à peine une pierre de loin en loin, le sol se couvre de cultures et se sème de villages; enfin, au sud de Tamarouft, plus de pierres du tout, sable pur, on n'aperçoit que champs de toutes parts. En résumé, c'est une plaine très riche; le sol y est d'une fertilité admirable : une partie seulement en est ensemencée, et les grains en alimentent toutes les tribus voisines; elle pourrait se cultiver en entier. L'eau seule manque quelquefois; cette terre excellente est peu arrosée : on y voit les lits d'un grand nombre de ruisseaux, de rivières, mais presque tous à sec : il faut la pluie pour féconder. Sur les parties laissées incultes, le thym seul pousse en cette saison; en repassant au printemps, je trouverai les mêmes places couvertes de *seboula el far* et d'autres herbes qui servent à la nourriture des troupeaux. Telle est la plaine où je marche aujourd'hui. Plus j'avance, plus l'aspect en devient riant. A partir de Temdaouzgez, on ne voit de tous côtés que travailleurs dans les champs : il vient de pleuvoir durant plusieurs jours; c'est la récolte assurée : aussi chacun de labourer le plus qu'il peut et d'ensemencer à la hâte, pour profiter de cette année de prospérité qui succède à quatre de disette. A 4 heures, j'arrive à Tamarouft, gros village où je passerai la nuit.

Point d'autres voyageurs que nous sur la route. J'ai traversé deux rivières : l'Ouad Timjijt (au point où je l'ai passé, il coule dans une dépression d'un kilomètre de large, de quelques mètres au-dessous du niveau de la plaine; lit de vase de 30 mètres, au milieu duquel serpentent 2 mètres d'eau claire et courante); l'Ouad Azgemerzi (il coule, au-dessous de Temdaouzgez, dans une dépression de 300 mètres de large et de quelques mètres de profondeur; au-dessus de ce lieu, le lit est au niveau de la plaine; il a 30 mètres de large; fond de sable, avec 2 mètres d'eau courante; rives bordées de tamarix). Les divers centres habités que nous avons rencontrés d'Asersa à Tamarouft sont des villages en pisé blanc, médiocrement construits, entourés de jardins bien cultivés, mais pauvres de végétation; les arbres, en petit nombre, y sont les mêmes qu'à Tazenakht : le tremble domine. L'eau, peu abondante dans les rivières, se trouve à une courte profondeur, en creusant le sol; on voit au milieu des plantations une grande quantité de puits.

Les Zenâga, chez qui je me trouve ici, se font appeler, lorsqu'on écrit leur nom en arabe, *Cenhadja Oulḥourri*. C'est une tribu riche et puissante; son territoire s'étend et sur la plaine où nous sommes et sur les montagnes qui la bordent : dans la plaine, elle a ses cultures et ses villages, ceux-ci au nombre d'une quarantaine; dans la montagne paissent ses troupeaux. Les Zenâga sont sédentaires et Imaziṛen; ils sont Chellaḥa; pas un Ḥarṭâni parmi eux. Ils sont de beaucoup, des tribus que j'ai vues, celle où le tamaziṛt est employé de la façon la plus exclusive; personne ici ne sait l'arabe, pas même les gens riches, pas même les chikhs; jusqu'aux Juifs, dont bon nombre n'entendent que le tamaziṛt. Si j'avais dû trouver quelque part des écrits dans cette langue, c'eût été ici; mes questions à ce sujet y ont été aussi infructueuses qu'ailleurs : non seulement on n'en possède point, mais on semble ignorer qu'il en ait existé. A ce caractère distinctif des Zenâga, leur langage, un second se joint, leur physionomie; ils en ont une spéciale qui ne se retrouve pas chez d'autres : sans avoir rien des Ḥaraṭîn, ils ont le teint très bronzé; leurs traits sont accentués et durs; presque tous sont laids, mais grands, secs et forts (1). C'est une tribu farouche, guerrière et pillarde, la crainte de ses voisins, l'effroi des voyageurs; il faut l'ạnaïa d'un homme puissant pour qu'un étranger puisse la traverser sans péril. Elle était gouvernée autrefois par les deux maisons souveraines dont nous avons parlé plus haut; aujourd'hui elle obéit tout entière à un seul chef, Chikh Ḥammou ben Chikh Moḥammed d Ida el Qaïd. Celui-ci a pour résidence le village d'Azdif, d'où le nom d'Azdifi, sous lequel il est connu. Il a un frère, Ạbd el Ouaḥad d Ida el Qaïd, qui porte aussi le titre de chikh et habite avec lui. Le nom de leur famille, *Ida el Qaïd*, vient de ce que jadis un de leurs ancêtres reçut le titre de qaïd d'un sultan. Duquel? Nul ne peut le dire. Quand? On l'ignore. Tout ce qu'on sait, c'est que, depuis un temps immémorial, cette maison règne sur les Zenâga. Son pouvoir s'étend plus loin; elle a forcé plusieurs tribus et districts du voisinage à le reconnaître. Le Tlit lui est soumis. Tisint l'était autrefois, mais depuis vingt ans elle a secoué le joug. Inutile de dire que les Zenâga sont indépendants; tout ce qui est au sud de Tazenakht l'est de la manière la plus complète. Voici une anecdote qui donnera l'idée du genre de relations qu'on a ici avec le makhzen. Au mois d'avril 1884, comme je repassai dans

(1) On peut leur appliquer de tous points ces mots de M. Duveyrier sur les Touâreg : « En général les « Touâreg sont de haute taille... Tous sont maigres, secs, nerveux; leurs muscles semblent des ressorts « d'acier. Blanche est leur peau dans l'enfance; mais le soleil ne tarde pas à lui donner la teinte bronzée « spéciale aux habitants des tropiques. » (H. DUVEYRIER, *Touâreg du Nord*, liv. IV, chap. IV, *Caractères physiques des Touâreg*.)

ces parages, je rencontrai, entre El Ạïn et Tazenakht, Chikh Ḥammou el Azdifi qui revenait du dernier point, où il avait passé quelques jours en visite chez le Zanifi. J'avais comme zeṭaṭ un esclave de Sidi Ḥamed ou Ạbd er Raḥman, marabout des Aït Ạmer, chef de la zaouïa de S. Ạbd Allah ou Mḥind. Aussitôt que les cavaliers de la suite du chikh nous aperçurent, ils nous prirent au col, Mardochée et moi, en réclamant un droit de passage, une zeṭaṭa. Leur maître s'était arrêté et regardait impassible la bousculade. Un des hommes nous demanda d'où nous étions. « De Merrâkech. — Des gens de Merrâkech, des sujets du sultan! s'écria le chikh. La bonne aubaine! Trois Zenâga sont en prison dans le blad el makhzen. Voici des otages qui arrivent à propos. Qu'on les emmène et qu'on les mette aux fers. Ils y resteront jusqu'à ce que Moulei El Ḥasen nous ait rendu nos sujets. » Lorsqu'il entendit ce langage, l'esclave du marabout prit la bride du chikh et lui déclara que, sujets ou non du sultan, nous étions sous l'ạnaïa de son maître Sidi Ḥamed, et que par conséquent nul n'avait droit de nous toucher. A ces paroles, tout change. Toucher aux protégés de Sidi Ḥamed! Qui y a pensé! Non seulement on ne nous emmène pas, mais on nous laisse passer sans exiger de zeṭaṭa. Tel est le prestige du sultan. On le regarde comme un chef de tribu éloigné, avec qui on serait en assez mauvais rapports.

Les Zenâga comptent environ 1700 fusils; ils ont à peine 20 chevaux. Un seul marché sur leur territoire, l'Arbạa Taleouin.

13 novembre.

Départ à 7 heures du matin. Nous marchons d'abord dans la même plaine qu'hier, toujours unie, fertile, peuplée. A 9 heures et demie, nous sommes à son extrémité sud, au pied du talus qui la borne. Le sommet de ce talus forme ici la crête supérieure du Petit Atlas. Nous allons la franchir. Une brèche profonde se dessine en face de nous; nous montons vers elle par un couloir en rampe douce. A 10 heures un quart, nous atteignons le col, *Tizi Agni*, et la ligne de faîte du Petit Atlas. Devant nous, au milieu d'entassements de roches noires, s'ouvre un ravin : aucune largeur au fond, où un filet d'eau bondit par hautes cascades; flancs très escarpés, souvent à pic; pas de trace de terre ni de végétation; tout est pierre, grès noir et luisant. Vers le sud, on n'aperçoit d'abord qu'une longue succession de croupes brunes, flancs de la vallée dont la source est ici, versant méridional du Petit Atlas; puis, au delà, à une grande distance, une plaine blanche; enfin, bornant l'horizon, une dernière chaîne de montagnes, dominée par un pic bleuâtre : c'est le Bani, avec le mont Taïmzouṛ, au pied duquel est Tisint. Nous nous mettons à descendre le ravin où plongent nos regards; chemin difficile à travers les roches du flanc droit : du col au village d'Agni, où nous parvenons à midi, on ne peut marcher qu'à pied. A

Agni, le sentier atteint le fond de la vallée; celle-ci, en aval de ce point, change d'aspect : jusque-là, la rivière coulait par cascades; la pente de son lit était très rapide; les flancs étaient si escarpés, et en même temps si resserrés, qu'en arrivant ici j'ai vu l'ouad pour la première fois depuis le col. Au delà, au contraire, plus de chutes; les flancs resteront hauts et raides, mais le fond de la vallée sera en pente douce et prendra quelque largeur.

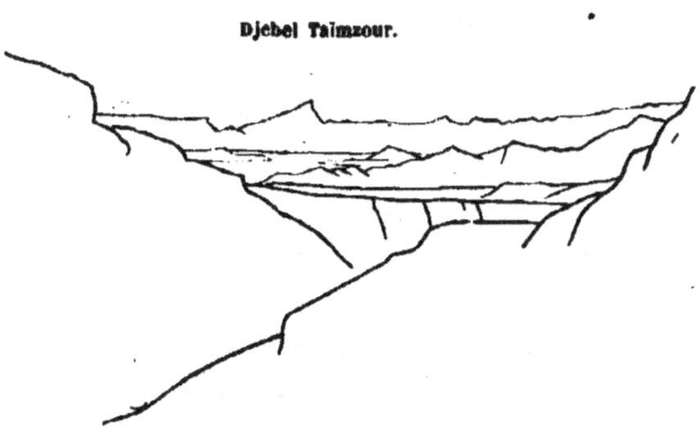

Vue dans la direction du sud, prise du col d'Agni.
Croquis de l'auteur.

Ce changement n'est pas le seul qui m'attende : en approchant d'Agni, j'aperçois, se détachant sur le fond noir du roc, les panaches verts des palmiers; ils recommencent ici : à l'ouest du Dra, la crête du Petit Atlas est leur limite nord; je les retrouve donc pour ne pas les quitter de longtemps. Nous faisons halte au village d'Agni (1). C'est un groupe de huttes en pierres sèches, où vivent misérablement dix ou douze familles de Ḥaraṭîn. Le fond de la vallée a momentanément 80 mètres de large; il est couvert de cultures et ombragé de dattiers; au milieu coule l'Ouad Agni, avec 3 mètres d'eau verte et courante. Les habitants reconnaissent l'autorité des Zenâga; elle finit ici.

A 3 heures et demie, nous nous remettons en route. Nous rentrons dans le désert pour y rester jusque auprès de Tisint. A présent, c'est dans le lit de la rivière que l'on marche; dès la sortie d'Agni, il se dessèche et embrasse tout le fond de la vallée, large de 40 mètres; cet espace est couvert d'une couche de galets, qui rendent la marche pénible; pas d'autre végétation que des jujubiers sauvages, de 2 à 3 mètres d'élévation, et des ḥeuboubs, de 1 à 2 mètres, croissant au pied des flancs. Ceux-ci restent les mêmes, toujours rocheux et noirs, hauts, escarpés. Nous cheminons lentement dans ce couloir sauvage, en en suivant les mille détours. Pendant trois longues heures, la vallée demeure ainsi. Après ce temps, le fond s'élargit un peu. A 7 heures, les flancs s'abaissent et meurent : c'est la fin du Petit Atlas; j'en suis arrivé au pied. Devant moi s'étend une immense plaine, qui apparaissait du haut du col : on l'appelle la Feïja. C'est un vaste désert s'étendant entre le Petit Atlas et le Bani : sol de sable, parfaitement plat; un grand nombre de rivières et de ruisseaux, tous à sec, le sillonnent; pas d'autre végétation que des gommiers de 2 à

(1) *Agni*, pluriel *ignan*. Mot amaziṛ ayant le sens de brèche, tranchée, défilé très étroit.

3 mètres, nombreux au pied du Petit Atlas et le long des cours d'eau, d'autant plus clairsemés qu'on s'éloigne de ceux-ci et qu'on va vers le sud : je vois ces arbres pour la première fois. Il fait nuit quand nous entrons dans la Feïja; Chikh Moḥammed l'avait calculé ainsi; ce désert, sans cesse parcouru par les ṛezous (1) des Ida ou Blal, des Oulad Iaḥia, des Berâber, est un passage des plus dangereux : a-t-on à le traverser? on s'arrange pour le faire de nuit, afin d'échapper, à la faveur des ténèbres, aux embuscades qui s'y dressent. Nous nous y engageons donc, nous dirigeant droit sur la cime du Taïmzouṛ, qui se détache en noir devant nous. A 10 heures du soir, après trois heures d'une course rapide, nous parvenons au pied du Bani, à l'oasis de Tanziḍa. Ici, plus de péril; nous circulons lentement au travers de mille canaux, entre de grands palmiers aux aspects fantastiques, dont les rameaux, argentés par la lune, jettent sur nous une ombre épaisse. J'arrive ainsi jusqu'au qçar : il m'apparaît tout entier, avec ses maisons de pisé blanc étagées au pied de la paroi luisante de la montagne, dont les roches polies miroitent par cette belle nuit. La lune, qui brille au milieu d'un ciel sans nuages, jette une clarté douce; l'air est tiède, pas un souffle ne l'agite. En ce calme profond, au milieu de cette nature féerique, j'atteins mon premier gîte du Sahara. On comprend, dans le recueillement de nuits semblables, cette croyance des Arabes à une nuit mystérieuse, *leïla el qedr*, dans laquelle le ciel s'entr'ouvre, les anges descendent sur la terre, les eaux de la mer deviennent douces, et tout ce qu'il y a d'inanimé dans la nature s'incline pour adorer son Créateur.

Depuis le Tizi Agni, je n'ai pas rencontré une seule personne sur la route. Auprès de Tanziḍa, j'ai traversé l'Ouad Agni (lit de sable de 30 mètres de large; 8 mètres d'eau; la rivière coule à 20 mètres environ au-dessous du niveau de la Feïja; rives bordées de palmiers), et l'Ouad Tanziḍa (40 mètres de large; fond de sable; eau salée; il n'y a que 4 mètres d'eau dans le lit, la plus grande partie étant détournée pour l'arrosage des plantations).

14 novembre.

Tanziḍa est un grand qçar peuplé surtout de Ḥaraṭîn. Il se gouverne à part et ne compte avec aucun district; mais il reconnaît, comme tous les centres des environs, la suzeraineté des Ida ou Blal. La vallée, ou plutôt l'encaissement au bord duquel il s'élève, a environ 1 000 mètres de large; il est borné au sud par le Bani, et au nord

(1) On appelle *ṛezou* des troupes de partisans qui se réunissent pour exécuter des coups de main, *ṛazia*. Les ṛezous n'ont pour but que le pillage; ils opèrent soit contre les caravanes et les voyageurs, soit contre des tribus ennemies.

par la Feïja, en contre-bas de laquelle il est de 20 à 25 mètres; un talus presque à pic l'en sépare; le fond, de sable blanc, est planté de palmiers.

Départ de Tanziḍa à 8 heures et demie. Je suis le fond de la vallée. Il se rétrécit peu à peu et finit, près d'Aqqa Aït Sidi, par n'avoir plus que 200 mètres de large; hors cela, il demeure le même : toujours sablonneux, toujours ombragé de dattiers, toujours séparé de la Feïja par une muraille verticale. A Aqqa Aït Sidi, changement brusque : les dattiers disparaissent; la vallée se rétrécit tout à coup, de façon à ne garder qu'une largeur de 40 mètres, la place de la rivière; en même temps celle-ci s'enfonce dans un profond kheneg. Ce défilé s'appelle Foum Tisint; s'ouvrant dans

Chaîne du Bani, Djebel Taïmzour et Foum Tisint. (Vue prise de Ez Zaouïa, qçar de Tisint.)
Croquis de l'auteur.

le flanc du Bani, il donne issue aux eaux du Petit Atlas et de la Feïja. Le passage, de 150 mètres de largeur totale, se divise en deux parties : l'une est un plateau sur lequel passe le chemin; l'autre, en contre-bas de la première, et large de 40 mètres, est occupée par le lit du cours d'eau; ces deux portions sont séparées par un talus à 1/1de 20 à 30 mètres de haut. Plateau, talus, chemin, tout n'est que pierre, comme les flancs de la montagne; ceux-ci sont escarpés, et composés de cette roche noire et luisante que je trouve si souvent dans le sud. Le Bani est fort étroit; c'est une arête aiguë, une lame qui émerge du sol; quoique je le traverse obliquement, il est bientôt franchi : en un quart d'heure, j'atteins l'extrémité sud du kheneg. Là toute l'oasis de Tisint se découvre à mes yeux : immense forêt de palmiers, vaste étendue sombre, au milieu de laquelle brillent les taches blanches des qçars; des collines basses, des talus de sable jaune, bordent au loin l'océan de verdure; à mes pieds, la rivière, qui sort du kheneg, s'avance avec majesté, pleine d'une eau bleue et limpide, vers les bois de dattiers où je la vois bientôt s'enfoncer et disparaître. Sur sa rive droite, au seuil des plantations, est le grand qçar d'Agadir. J'y entre à 10 heures du matin.

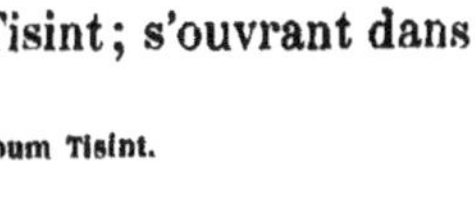

Dans cette courte marche, j'ai traversé ou vu plusieurs cours d'eau : l'Ouad Tanziḍa (lit mi-sable, mi-gravier; 100 mètres de large, avec 8 mètres d'eau, jusqu'au confluent de l'Ouad Aginan; 200 mètres de large, avec 20 mètres d'eau, au-dessous de ce point); l'Ouad Aginan (je ne le vois que de loin; sa vallée, ombragée de palmiers, se creuse à pic dans les sables de la Feïja; elle semble identique à celle de l'Ouad Tanziḍa); l'Ouad Qaçba el Djouạ (lit moitié roche, moitié sable, de 25 mètres de large, avec 8 mètres d'eau claire et courante; cette eau est douce); l'Ouad Tisint (le lit, au point où je le traverse, a 40 mètres de large; il est de sable; une eau limpide et courante, profonde de 70 centimètres, en occupe la moitié; cette eau est salée, comme celle de l'Ouad Tanziḍa qui la compose en partie).

V.

SÉJOUR DANS LE SAHARA.

1°. — TISINT.

En arrivant à Tisint, une région nouvelle a commencé pour moi ; ciel, productions, habitants, costumes, tout y diffère de ce que j'ai vu avant ce jour. Jusqu'ici j'étais dans un pays montagneux ; il avait le climat et les produits du sud de l'Europe ; les habitants étaient des Chellaḥa, presque tous vêtus de laine blanche. Ce pays, le Bani en est la limite. Lorsque, après l'avoir traversé, on entre à Tisint, on met le pied dans un monde nouveau. Ici, pour la première fois, l'œil se porte vers le midi sans rencontrer une seule montagne : la région au sud du Bani est une immense plaine, tantôt blanche, tantôt brune, étendant à perte de vue ses solitudes pierreuses ; une raie d'azur la borne à l'horizon et la sépare du ciel : c'est le talus de la rive gauche du Dra ; au delà commence le Ḥamada. Cette plaine brûlée n'a d'autre végétation que quelques gommiers rabougris, d'autres reliefs que d'étroites chaînes de collines, rocheuses, entrecoupées, s'y tordant comme des tronçons de serpents. A côté du désert morne, sont les oasis, avec leur végétation admirable, leurs forêts de palmiers toujours verts, leurs qçars pleins de bien-être et de richesse. Travaillant dans les jardins, étendue nonchalamment à l'ombre des murs, accroupie aux portes des maisons causant et fumant, on voit une population nombreuse d'hommes au visage noir, Ḥaraṭîn de couleur très foncée ; leurs vêtements me frappent d'abord : tous sont vêtus de cotonnade indigo, étoffe du Soudan. Je suis dans un nouveau climat : point d'hiver ; on sème en décembre, on récolte en mars ; l'air n'est jamais froid ; au-dessus de ma tête, un ciel toujours bleu,

Où jamais ne flotte une nue,
S'étale implacablement pur.

Tisint est une des plus grandes oasis du Sahara Marocain. Elle est située au fond d'une cuvette dont les bords sont, d'une part le Bani, de l'autre une ceinture de collines, rocheuses au sud, sablonneuses à l'est et à l'ouest. Au milieu de ce cercle, s'étend une plaine de sable blanc : là se trouve l'oasis, forêt de palmiers traversée par une belle rivière, avec qçars s'élevant à la lisière des plantations.

L'Ouad Tisint a en toute saison beaucoup d'eau; cette eau est salée; les habitants boivent de préférence celle qui provient de pluie, et qui se conserve en quelques creux de rochers des environs; ils n'ont pas de citernes. La rivière renferme beaucoup de poissons; on en pêche qui ont 40 centimètres de longueur. Ces poissons, cette onde abondante et amère donnent lieu à mille légendes : les gens du pays ne doutent pas que l'Ouad Tisint ne tire ses eaux de la mer. Leur opinion tient à une croyance répandue dans les campagnes du Maroc. Les fleuves, les ruisseaux, les sources qui coulent à la surface du globe, ont deux origines principales : les uns, d'eau douce, viennent des nuages du ciel, dont la substance s'emmagasine dans la terre; les autres, salés, sont produits par l'onde marine, qui s'infiltre sous le sol. Il y a aussi des lits qui ne s'emplissent que durant les pluies : pour ceux-ci, point d'hésitation sur la cause qui les forme. Enfin on voit des cours d'eau d'une quatrième sorte, les plus mystérieux; ils coulent l'année entière, qu'il pleuve ou non, sans qu'on leur connaisse de source : ils ne viennent ni de la terre, ni de la mer, ni du ciel, mais de Dieu seul. L'Ouad Tisint passe au milieu des dattiers; ils croissent sur ses bords mêmes et ombragent ses flots; le lit de la rivière, presque partout rocheux, est au niveau des plantations et sans berges; il a 100 à 120 mètres de large, dont le quart est couvert par la nappe liquide, d'ordinaire divisée en plusieurs bras. Au-dessus de l'oasis, le volume des eaux est plus considérable. A l'entrée de la forêt, en face d'Agadir, un barrage les arrête : il se forme à ce point un réservoir long et profond, d'où partent une foule innombrable de conduits qui vont arroser chaque clos. Des diverses oasis que je verrai au Maroc, aucune n'est comparable à Tisint pour la quantité des eaux courantes : à chaque pas, on traverse des canaux, dont plusieurs ont jusqu'à 2 mètres de large et 40 ou 50 centimètres de profondeur.

Le sol de l'oasis est tout sable. Les palmiers qui le couvrent sont plantés très serrés; des murs de pisé les divisent en une infinité d'enclos; peu d'autres arbres s'y mêlent, de loin en loin on aperçoit quelques figuiers. Point de cultures à l'ombre des dattiers : on réserve toute l'eau pour l'irrigation de cet arbre précieux. Il n'y a de champs qu'en dehors de la forêt, à la lisière de l'oasis; là on cultive dans le sable des légumes et de l'orge; on ne le fait que les années de pluie, quand l'eau du ciel féconde la terre, et que la rivière, plus grosse que d'habitude, fournissant plus qu'il ne faut aux palmiers, permet d'arroser une plus grande surface de terrain. La datte est la fortune de Tisint; grâce à elle, cette dernière est un des centres les plus prospères du Sahara Marocain : suivant un dicton du pays, des trois oasis célèbres de la contrée, Tatta, Aqqa et Tisint, la première l'emporte en

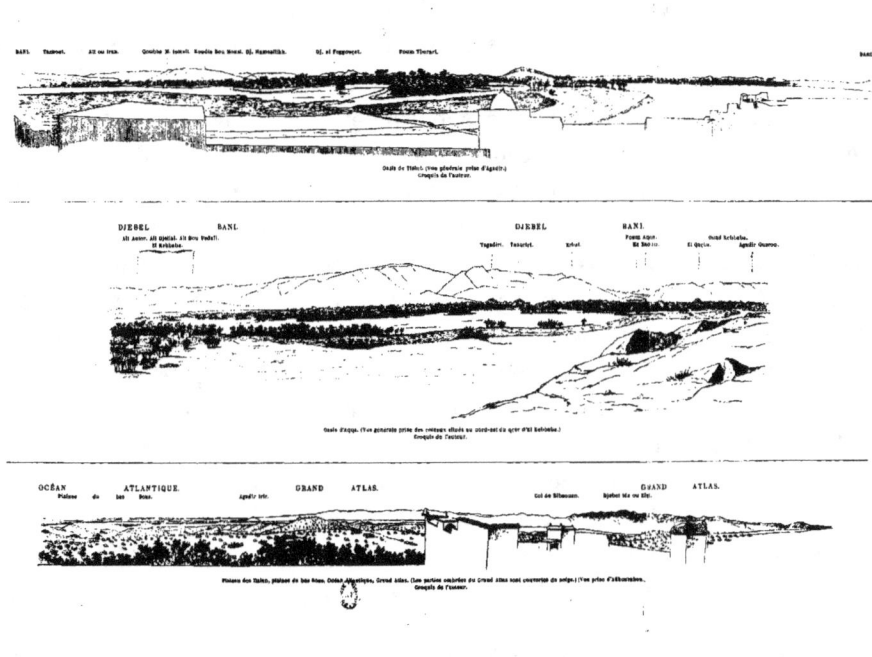

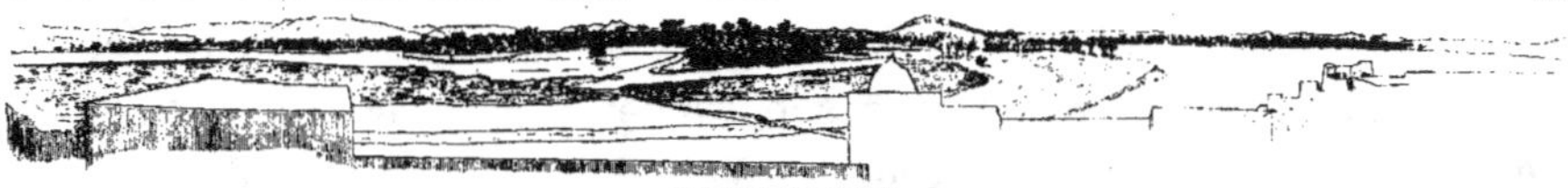

Oasis de Tisint. (Vue générale prise d'Agadir.)
Croquis de l'auteur.

Oasis d'Aqqa. (Vue générale prise des coteaux situés au nord-est du qçar d'El Kebbaba.)
Croquis de l'auteur.

Plateau des Ilalen, plaines du bas Sous, Océan Atlantique, Grand Atlas. (Les parties ombrées du Grand Atlas sont couvertes de neige.) (Vue prise d'Adhourbane.)
Croquis de l'auteur.

population, et la dernière en nombre de palmiers. Tisint produit des dattes de plusieurs espèces : *djihel*, *bou iṭṭôb*, *bou feggouç*, *bou sekri*, *bou souaïr* (1) ; les djihels y dominent de beaucoup : elles y sont très bonnes, tandis qu'ailleurs elles sont d'ordinaire médiocres.

Les qçars de Tisint sont au nombre de cinq : Agadir (500 familles), Aït ou Iran, Taznout, Ez Zaouïa, Bou Mousi. Agadir et Bou Mousi sont les deux principaux; en temps de guerre, tout Tisint enferme ses biens entre leurs murs. Bou Mousi et Ez Zaouïa sont habités presque exclusivement par des marabouts; à Bou Mousi, se trouve la zaouïa de Sidi Ạli ou Ạbd er Raḥman, dont l'influence est grande sur les Oulad Iaḥia; à Ez Zaouïa, celle de Sidi Ạbd Allah ou Mḥind, avec le tombeau de ce saint et celui de son fils Sidi Moḥammed ou Bou Bekr; cette dernière est très vénérée d'une partie des Berâber; de tout le voisinage on vient visiter les mausolées des trois bienheureux et apporter des offrandes à leurs descendants. Il y a d'autres qoubbas à Tisint : telle est celle de Moulei Ismaïl, en face d'Agadir. Tant de saints, morts et vivants, prouvent une population pieuse; en effet les Ḥaraṭîn de Tisint sont dévots, formant contraste en cela avec les autres Musulmans de la contrée, et surtout avec ces « païens » d'Arabes, comme ils appellent les nomades voisins. A Tatta, à Aqqa d'une part, chez les Zenâga de l'autre, personne ne fait le pèlerinage de la Mecque, personne ne sait lire, si ce n'est un petit nombre de marabouts; personne ne dit régulièrement les prières, beaucoup ne les savent pas. Le seul acte religieux qu'on fasse est de donner quelque argent à des zaouïas; encore ne le leur apporte-t-on point : il faut que les religieux aillent eux-mêmes quêter en chaque village. Chez les nomades, chez les Ida ou Blal surtout, c'est pis : on a beau venir chez eux, ils ne donnent rien; si les marabouts insistent, ils les traitent de fainéants et les renvoient en se moquant d'eux; leur parle-t-on du ḥadj? ils répondent qu'ils ne vont qu'où il y a de l'argent à gagner; quant à lire et à écrire, pas un

(1) Les principales espèces de dattes que produit le Sahara Marocain sont, par ordre de mérite : les bou iṭṭôb, les bou feggouç, les bou sekri, les djihel, les bou souaïr. Les bou iṭṭôb sont très petites, avec un noyau presque imperceptible; le goût en est délicat : ce sont les dattes qui se conservent le mieux; jamais, dit-on, les vers ne les attaquent. Les bou feggouç sont grosses; elles sont aussi très bonnes et très recherchées. Les bou sekri sont de taille moyenne, et fort sucrées, comme l'indique leur nom; elles ont une couleur particulière, d'un gris vert, tandis que les autres ont les tons dorés qu'on voit habituellement aux dattes. Les djihel sont de même dimension, à noyau assez gros; elles sont beaucoup moins estimées que les trois premières espèces, excepté celles qui viennent de Tisint; les dattiers qui les produisent ont une quantité énorme de fruits : de cette exubérance est venu leur nom. Les bou souaïr sont fort au-dessous des dattes précédentes; elles sont petites et ont peu de chair; on les mange à peine; elles servent surtout à la nourriture des bestiaux. Le nom de bou souaïr s'applique d'ailleurs, dans tout le sud, moins à une datte spéciale qu'à toute datte de rebut, de mauvaise qualité ou non parvenue à maturité, et peu propre à l'alimentation des hommes. Ces diverses espèces sont mélangées dans les oasis; dans toutes, une d'elles domine : à Tisint, ce sont les djihel; à Tatta, ce sont les bou feggouç, à Aqqa les bou sekri, sur le versant méridional du Petit Atlas les bou souaïr, dans le Dra les bou feggouç, dans le bassin du Ziz les bou feggouç et les bou souaïr.

homme ne le sait dans la tribu; prier, ils n'y ont jamais pensé. A Tisint, au contraire, peu de gens jouissant d'un peu d'aisance qui ne portent le titre de ḥadj. Faire le pèlerinage est l'ambition de tous les habitants. Il faut 1000 ou 1500 francs pour cela, grosse somme dans le pays : ils travaillent sans relâche jusqu'à ce qu'ils l'aient acquise; l'ont-ils? les voilà partis pour Tanger, et de là pour la Mecque. Prodige plus rare, quelques-uns savent lire. C'est la première fois qu'en dehors des villes et des zaouïas je vois des Marocains lettrés. Tisint est une merveille au milieu de l'ignorance générale. Avec cette piété, il ne peut régner pour les marabouts qu'une libéralité et un respect extrêmes : couvents et religieux ont fleuri de toutes parts sur un sol si propice.

A Tisint, comme partout au sud du Bani, la plupart des constructions sont en pisé ou en briques séchées au soleil; quelquefois, dans les maisons pauvres, les parties basses sont en pierre; les demeures riches sont tout en pisé. Cette dernière matière est la seule estimée dans le pays. Pour les charpentes, on se sert de poutres de palmier. Les maisons ont un rez-de-chaussée, un premier étage et une terrasse; chacune possède une cour intérieure. Quelques rares bâtiments sont blanchis; la chaux est en général réservée aux qoubbas. Les rues sont étroites, à tel point que, dans la plupart, les mulets ne peuvent passer chargés; elles sont en grande partie couvertes.

La population de Tisint, comme celle de toutes les oasis du sud du Bani, est un mélange de Chellaḥa et de Ḥaraṭîn; ici ces derniers, en proportion bien plus forte que partout ailleurs, forment plus des neuf dixièmes des habitants : ainsi Tisint est presque entièrement peuplée de Ḥaraṭîn. En même temps, sans doute à cause de cela, leur couleur y est plus foncée que nulle part. Nous remarquerons, en tous lieux, que le teint des Ḥaraṭîn est d'autant plus noir qu'ils sont plus compacts, d'autant plus clair que les Chellaḥa auxquels ils sont mélangés sont plus nombreux.

Les costumes sont les suivants. Au lieu de chemise, on porte une kechchaba de cotonnade indigo (*khent*) (1) : c'est un morceau d'étoffe, de 2 mètres à 2m,50 de long sur 1 mètre à 1m,20 de large, au milieu duquel est pratiquée une fente longitudinale où l'on passe la tête; les deux pans de la pièce tombent naturellement, l'un par devant, l'autre par derrière; point de coutures; on se contente de nouer ensemble les coins des pans dans le bas, à droite et à gauche; le côté reste nu. La plupart du temps on n'a qu'une kechchaba; quelques riches en mettent deux,

(1) Le *khent*, appelé en France *guinée*, est une étoffe de coton indigo. La plupart de celui dont on se sert au Maroc est fabriqué en Angleterre et vient par Mogador. C'est la contrefaçon d'une étoffe de même teinte, mais beaucoup meilleure, qui se confectionne au Soudan. Cette dernière, aussi solide comme tissu et comme couleur que l'autre l'est peu, a une valeur plus grande : l'élévation de son prix en fait un objet de luxe réservé à quelques chikhs et marabouts. Une kechchaba d'étoffe du Soudan se paie environ 60 francs; en khent ordinaire, elle en coûte 5 ou 6.

la seconde étant en coton blanc (*sḥen*). Par-dessus ce vêtement, les uns portent le ḥaïk de laine blanche, d'autres le bernous, parfois blanc, plus souvent brun (*kheïdous*), quelques-uns le khenif. On s'entoure la tête d'un étroit turban de khent ou, plus souvent, on reste tête nue. Aux pieds on a des belṛas jaunes, au bras quelque amulette, au cou un cordon de cuir où sont pendus quatre objets : une pipe (1) à fourneau en bois noir du Soudan, un poinçon pour la nettoyer, une pince pour saisir la braise et allumer, enfin un sachet de cuir pour le tabac; ces sachets, appelés *bit*, tous du même modèle, sont apportés de Timbouktou. Le costume comporte une dernière pièce, qui couvre tour à tour diverses parties du corps : c'est le caleçon. Il est de khent et descend au-dessous du genou. Les riches seuls le possèdent. A l'intérieur des qçars, ils le portent comme se porte d'ordinaire ce vêtement. Sortent-ils, ont-ils une marche à faire? ils l'ôtent, sous prétexte qu'il gêne les mouvements, et se l'enroulent autour de la tête comme renfort de turban. Tels sont les costumes et la façon de s'habiller des Musulmans sédentaires dans les oasis du sud du Bani, entre Dra et Sahel. Les vêtements des nomades de la même région diffèrent peu; ils sont moins variés encore : une seule kechchaba, toujours de khent; le caleçon facultatif; un ḥaïk de laine blanche; un bernous de même couleur; rien sur la tête, chez quelques vieillards seuls un turban de khent; une amulette enfermée dans un étui de métal et pendue soit au cou, soit au bras; la pipe et ses accessoires : c'est là leur costume uniforme. Parmi eux, les Ida ou Blal se distinguent par leur façon de porter les cheveux : alors que les autres Marocains que j'ai vus les rasent ou les tiennent très courts, beaucoup d'Ida ou Blal les laissent pousser et gardent une chevelure longue de 10, 15 et 20 centimètres. Les femmes s'habillent d'une manière identique chez les Ḥaraṭin, les Chellaḥa et les nomades. Leur vêtement est le même que dans le reste du Maroc, une pièce d'étoffe unique attachée sur les épaules et retenue à la ceinture; le tissu, au lieu d'en être comme auparavant de cotonnade blanche ou de laine, est de khent. Un voile court, en khent, complète le costume; elles s'en couvrent le visage devant les hommes, lorsque leurs pères ou leurs maris sont présents; hors de la vue de ces derniers, elles ne le mettent pas. Elles se peignent peu la figure et ne se tatouent point; la coutume du tatouage est à peu près inconnue au Maroc. Comme bijoux, elles ont de grosses boucles d'oreilles d'argent, des agrafes de même métal, un grand

Hartania de Tisint.
Croquis de l'auteur.

(1) Ici tous les hommes fument, nomades et sédentaires, les riches dans des pipes, les pauvres dans des os creux. Trois espèces de tabac viennent d'Ouad Noun, du Dra et du Touat. Celle d'Ouad Noun est la plus estimée. Les unes et les autres se vendent par feuilles entières et au poids. Personne ne prise, sauf les Juifs.

nombre de colliers où l'ambre domine, mêlé de mial, de pièces d'un et de deux francs, de grains de verre et de corail, puis des diadèmes argent et corail, des bracelets de corne, enfin quelques bagues d'argent. Pieds nus d'ordinaire, elles mettent pour sortir les belṛas rouges de toutes les Marocaines.

Parmi les hommes de cette région, les Chellaḥa et les Ḥaraṭîn sont en général de taille moyenne, bien faits, forts, lestes, et laids de figure; les Arabes sont presque tous petits et d'apparence chétive, avec de beaux traits. On trouve peu de femmes agréables chez les Chellaḥa; au contraire, beaucoup de Ḥarṭaniat sont jolies; elles se distinguent dans leur jeunesse par de grands yeux pleins de mobilité et d'expression, une physionomie ouverte et rieuse, des mouvements souples et gracieux. Les femmes des tribus nomades, Ida ou Blal, Oulad Iaḥia, etc., sont la plupart belles; en aucun lieu du Maroc je n'ai vu d'aussi beaux types que parmi elles : elles ont la noblesse, la régularité, la grâce; leur peau est d'une blancheur extrême, celle du moins de leur visage et de leurs bras; car l'habitude de porter des habits indigo, jointe à celle de ne se jamais laver, donne à leur corps des tons foncés et bleuâtres différents de sa couleur naturelle.

Dans cette contrée, comme dans le blad es sîba tout entier, on ne va jamais sans armes : tant qu'on est dans l'intérieur d'un qçar ou d'un douar, on ne porte que le poignard; dès qu'on sort, fût-ce pour la course la plus courte, on prend son fusil. Sédentaires et nomades ont comme armes le fusil et le poignard à lame courbe. La poudre se met dans une corne de cuivre ouvragé. Les cornes et les poignards sont d'un modèle uniforme, déjà décrit. Les fusils sont de deux sortes : les uns appartiennent au type en usage chez les Glaoua, à Tazenakht, etc.; les autres sont des armes à deux coups de fabrication européenne. Ces derniers sont des fusils de chasse, à pierre, de la fin du siècle dernier ou de la première partie de celui-ci, qu'on exporte du Sénégal; ils en viennent par terre, apportés par les caravanes du Sahel (1). Les nomades les recherchent, près de la moitié d'entre eux en sont armés; on en voit moins parmi les sédentaires. Les cavaliers portent le sabre. Il y a peu de ces privilégiés. Les chevaux sont très rares. Les nomades eux-mêmes n'en ont pas beaucoup. Dans les qçars, où la difficulté de les nourrir est extrême, il s'en trouve

(1) On nomme ici *Sahel* la région qui borde la mer, de l'embouchure de l'Ouad Sous au Sénégal. La partie marocaine de cette longue bande se compose des bassins secondaires qui versent leurs eaux dans l'Océan entre l'embouchure du Sous et celle du Dra; pour la distinguer du reste, nous appellerons cette portion *Sahel Marocain*. Ici l'on ne fait point cette différence : on parle du Sahel Marocain en disant « Sahel »; jamais on ne le nomme Sous, comme on fait dans le nord. C'est par un effet de généralisation, comparable à celui qui a fait étendre à toute une race le nom de la tribu des Berâber, que dans les parties septentrionales du Maroc on a étendu le nom de Sous aux régions situées au sud du bassin de l'Ouad Sous, alors qu'il s'applique exclusivement à ce bassin. Nous conformant à la règle établie dans le pays même, nous emploierons le nom de Sous pour désigner le bassin de l'Ouad Sous tout entier, et rien que lui.

au plus trois ou quatre, en moyenne; il n'y en a pas quinze dans tout Tisint. Les vaches sont un luxe non moins grand; seules, les quelques maisons regardées comme très riches en possèdent; on n'en compte pas vingt-cinq à Tisint. Les mulets sont plus rares encore que les chevaux. Il existe quelques ânes et un petit nombre de moutons et de chèvres. On nourrit ces animaux de paille, et d'herbe quand on peut, ce qui n'est pas fréquent; on donne, en outre, aux chevaux et aux mulets des dattes de la dernière qualité (bou souaïr). Le plus souvent, pour se délivrer de ces difficultés, les habitants des qçars font des arrangements avec des nomades et leur confient leurs chevaux et leurs moutons : les nomades se chargent de les nourrir, en ont la jouissance et, au premier signal, doivent les ramener au propriétaire. Quant aux nomades, ils ont des chameaux, des moutons, des chèvres et quelques chevaux.

Dans les qçars de cette région, la nourriture des habitants est la suivante : le matin, au réveil, le *ḥesou;* vers 11 heures, l'*ąsida;* le soir, le *ṭạm* avec des navets. Le ḥesou est une sorte de potage où entrent de l'eau, un peu de graisse ou d'huile et une poignée de farine d'orge; il se mange à la cuiller (1). L'ąsida est une bouillie épaisse ayant la consistance du ṭạm; elle est faite de farine d'orge, ou de maïs cuite avec un peu d'eau; au milieu, on verse de l'huile ou du beurre fondu. Le ṭạm est ce qu'on connaît ailleurs sous le nom de couscoussou; il se fait ici avec de l'orge. La viande ne figure pas comme mets habituel dans les repas; les riches même en goûtent rarement. Le petit nombre des heureux qui ont une vache remplacent le ḥesou du matin par une jarre de lait aigre qu'ils boivent en mangeant des dattes. L'arrivée d'hôtes transforme peu l'ordinaire : à leur entrée, on offre une corbeille de dattes; de même avant le ṭạm du soir. Si la maison est riche et si l'on reçoit des gens de qualité, on sert le matin, au lieu de ḥesou, des galettes chaudes avec du miel de dattes (2); s'il y a du lait, on le boit vers 3 heures, en mangeant des bou iṭṭôb ou des bou feggouç, ce qui fait une sorte de goûter; on fait le thé deux fois par jour, avant le repas du matin et avant celui du soir; enfin on sert de la viande avec le couscoussou. Le thé est la grande friandise au Maroc (3) : c'est la seule boisson de ce genre qui y soit en usage; sauf à Merrâkech, à Fâs, et dans les

(1) Le *ḥesou* est connu en Algérie sous le nom de *medechcha*.

(2) Les dattes se conservent dans de grandes jarres de terre d'environ 1m,20 de hauteur : les couches supérieures, pesant sur les autres, les écrasent peu à peu; il s'en exprime un jus très sucré, de la couleur et de la consistance du miel; on le recueille en pratiquant au bas du récipient une petite ouverture par laquelle il s'échappe. C'est ce qu'on appelle le miel de dattes.

(3) Ce thé est du thé vert apporté d'Angleterre. Dans les ports et dans les grandes villes du Maroc, il se vend environ 5 francs le kilogramme; la valeur en augmente à mesure qu'on s'éloigne des centres; elle est de 20 à 30 francs le kilogramme à Tisint. On prend le thé très faible, avec beaucoup d'eau, énormément de sucre, et en y ajoutant de la menthe ou d'autres plantes aromatiques pour en relever le parfum.

ports, le café est inconnu; dans ces villes, on en prend peu. Le thé, au contraire, est répandu dans tout l'empire; au Sahara c'est un coûteux régal, que se donnent seuls les qaïds, les chikhs, les marabouts et les Juifs. Nous venons de dire la nourriture des Musulmans sédentaires; celle des nomades est la même, si ce n'est qu'ayant des troupeaux, le lait, de chamelle surtout, tient une grande place dans leur alimentation. Les uns et les autres, lorsqu'ils voyagent, emportent des dattes comme unique provision, quelle que doive être la longueur de la route (1).

Tisint est le centre d'un commerce considérable : elle trafique avec Merrâkech, Mogador, le Sous; elle exporte vers ces points des dattes, des peaux et de la gomme, et reçoit, en retour, du Sous les grains et les huiles, de Merrâkech et de Mogador les produits européens. Tisint est un grand dépôt de ces dernières marchandises; Agadir surtout, où s'est concentré le commerce de l'oasis et où il y a marché chaque jour : les Chellaḥa voisins et les nomades des environs, Ida ou Blal, Oulad Iaḥia et Berâber, viennent s'y approvisionner, de dattes d'abord, puis de grains, d'huile et de choses d'Europe telles que khent, sucre, thé, aiguilles. Tous les principaux habitants d'Agadir se livrent au commerce; ils ont leur fortune, qui chez les plus riches s'élève à 8000 francs, composée d'une part de dattiers (à Tisint un bon dattier vaut 10 francs), de l'autre d'une somme d'argent qu'ils emploient au trafic. Faisant eux-mêmes les transactions principales, ils ne s'occupent pas du détail de la vente; pour ce service, chacun a chez soi un Juif à gages qui du matin au soir ne fait que débiter les marchandises. Il y a ainsi une dizaine d'Israélites à Agadir. Point de mellaḥ : ces Juifs sont seuls, sans leur famille, et habitent chez leurs patrons : les uns sont de Tatta et d'Aqqa, les autres des Zenâga. Un ou deux d'entre eux font en même temps le métier d'orfèvre, spécialité des Juifs du Maroc, surtout au sud de l'Atlas. Agadir a ce qui caractérise les marchés : l'on y abat chaque jour et l'on y vend à toute heure de la viande au détail et du pain chaud. Le marché d'Agadir est le seul de Tisint. Naguère, outre ce qui s'y rencontre aujourd'hui, les produits du Soudan y affluaient. Cuirs, étoffes, bougies de cire jaune, or, y venaient de Timbouktou en abondance. A présent, plus de vestige de ce commerce. C'est par hasard et de loin en loin qu'on voit quelque objet du pays des noirs. Il en est de même à Tatta et à Aqqa : autrefois, avant que Tindouf existât, ces oasis étaient des points d'arrivée de caravanes du Soudan. Depuis trente ans que Tindouf est fondée, tous les convois du sud s'arrêtent à cette localité; de là les marchandises prennent le chemin direct de Mogador, par le Sahel et le Chtouka : plus rien ne passe ni à Tisint, ni à Tatta, ni à Aqqa. Il faut aller à Tizounin pour com-

(1) La seule différence de nourriture qui existe entre les Musulmans du sud du Bani et ceux des massifs du Grand et du Petit Atlas est que, dans ces dernières contrées, la datte cesse de faire partie de l'alimentation, et que le lait, le beurre et le miel y entrent pour une part plus ou moins grande, suivant les lieux.

mencer à trouver des produits de la Nigritie. A partir d'ici, tout le monde connait de nom le Soudan et Timbouktou, et l'on rencontre parmi les nomades une certaine quantité de gens y ayant été, et un grand nombre au courant de son trafic, de ses usages et de son état. Avec le commerce considérable qui anime Agadir, le qçar est sans cesse rempli d'une foule d'étrangers, Ida ou Blal la plupart, venus pour affaires : c'est pourquoi nous avons décrit dès à présent la physionomie des Arabes, on en voit presque autant que de Ḥaraṭîn.

L'oasis de Tisint est tributaire des Ida ou Blal. Chacun des cinq qçars qui la composent est indépendant des autres, a son administration séparée et n'entretient avec ses voisins que les rapports rendus nécessaires par la proximité; quelquefois des querelles s'élèvent entre eux, questions d'eaux le plus souvent; d'ordinaire, les localités vivent en bonne intelligence : le danger commun les a toujours réunies; cet accord fait en partie la prospérité de l'oasis; il l'a préservée des malheurs de certains qçars de Tatta. Tisint est tributaire des Ida ou Blal depuis peu de temps. Il y a vingt ans, elle l'était non pas d'eux, mais des Zenâga. L'Azdifi avait une maison à Agadir, et toute l'oasis reconnaissait sa suprématie. Les Zenâga abusèrent de leur pouvoir; ils commirent mille excès, dépouillant les habitants de leurs biens, les tuant au moindre propos. Ceux-ci se lassèrent d'un état qui était devenu la plus dure des servitudes; ils allèrent trouver les Ida ou Blal, leur demandèrent secours contre leurs oppresseurs et, en échange, se constituèrent leurs tributaires. Les nouveaux protecteurs se mirent en campagne; unis aux gens de Tisint soulevés, ils chassèrent les Zenâga, les forcèrent d'abandonner et l'oasis et la Feïja, et les refoulèrent jusqu'à Agni. Depuis ce temps, Tisint vit en paix sous la suzeraineté de ses libérateurs. Cette suzeraineté n'implique aucune immixtion dans les affaires intérieures ni extérieures des qçars : chacun d'eux se gouverne à sa guise; elle n'implique même pas alliance : qu'ils aient des guerres, soit entre eux, soit avec des étrangers, cela ne regarde point les Ida ou Blal. Les seuls devoirs réciproques sont : pour les gens de Tisint, de remettre chaque année à leurs protecteurs un tribut consistant en la charge de dattes de vingt chameaux; pour les Ida ou Blal, de s'abstenir de tout méfait envers leurs clients. Si Tisint ou une partie de Tisint voulait leur appui pour une expédition ou une guerre défensive, cela ferait l'objet d'un traité spécial. Le fait ne s'est pas présenté depuis que les Zenâga ont été chassés; ceux-ci n'ont point tenté de revenir; la paix s'est établie avec eux : ils sont aujourd'hui en relations amicales et avec Tisint et avec ses suzerains.

Chaque qçar, avons-nous dit, est indépendant des autres. Chacun se gouverne par l'assemblée de ses habitants, qui remet le pouvoir exécutif aux mains d'un chikh élu dans son sein : tant que ce chikh satisfait la majorité, il garde son titre : cesse-t-il de plaire, on le lui enlève et on le donne à un autre. Dans les qçars où une famille a la prépondérance par ses richesses et sa considération, cette dignité est généralement son apanage; si un homme, par ses qualités et sa fortune, l'emporte de beaucoup sur ses compatriotes, il demeure ordinairement chikh toute sa vie. A défaut d'influence qui s'impose, on nomme un des notables de la localité; il reste jusqu'au jour où on cesse d'être content de lui. Le chikh veille aux affaires du qçar, en fait respecter les coutumes au dedans, en sauvegarde les intérêts au dehors; en guerre, il marche à la tête de ses concitoyens : pour toute résolution importante, l'assemblée, *anfaliz*, se réunit et décide. Le degré de pouvoir des chikhs est très variable : les uns, par leurs qualités personnelles ou la puissance de leurs familles, possèdent une grande autorité; d'autres, dépourvus de ces avantages, sont peu de chose de plus que leurs concitoyens. Dans certaines localités, il existe une sorte de maison commune, souvent distinguée par une tour; appartenant à l'ensemble des habitants, elle est successivement prêtée à chaque chikh. D'ordinaire, il ne l'occupe pas; il y reçoit les hôtes de distinction et les députés des tribus étrangères. A Agadir, on a fait une maison semblable de l'ancienne demeure de l'Azdifi, connue sous le nom de Dar ez Zenâgi. Point de famille ni d'homme prépondérants dans ce qçar : on y a pris pour chikh l'habitant le plus riche du lieu, un nommé El Touḥami. C'est un Ḥarṭâni. Tisint est le seul endroit où j'aie vu le titre de chikh porté par des Ḥaraṭîn, partout ailleurs on ne le donnait qu'à des Chellaḥa.

En aucun des qçars que j'ai visités, je n'ai trouvé de qanouns écrits. Dans tous ceux de ces contrées, des coutumes se transmettent par la tradition; un des devoirs du chikh est de les faire observer. Ces coutumes, les mêmes pour le fond, varient dans les détails à chaque localité. Elles se composent de peu de chose. Nous allons dire ce qui se passe, en général, en cas de contestation, de vol et de meurtre. Il faut savoir d'abord qu'il y a dans le sud un certain nombre de qaḍis : ce sont des hommes connus pour leur équité, ayant fait quelques études, soit dans le pays, soit au dehors, et appelés par la volonté des gens du voisinage à remplir les fonctions de juge. La plupart du temps, ils joignent à ce titre celui de marabout, mais ce n'est pas obligatoire (1).

Un homme a-t-il une contestation avec un de ses concitoyens? il lui dit : allons devant le qaḍi de tel endroit. L'autre doit le suivre. Le qaḍi rend un arrêt. Si ce juge n'inspire pas confiance à la partie citée, elle a le droit, une fois arrivée devant lui, de le récuser en disant : Votre justice ne me convient pas; envoyez-moi à un autre.

(1) Les qaḍis de cette région sont les suivants. A Tisint : Ḥadj Ḥamed à Ez Zaouïa, S. Mḥind Ạbd el Kebir à Aït ou Iran, S. El Ạdnani à Agadir. A Trit, Ould S. Ṭîb. A Qaçba el Djouạ, S. Ḥamed Abou Zeïz. A Tatta : S. Ḥamed, S. El Ḥanafi, S. El Madani à Aït Ḥaseïn, S. Moḥammed d Aït Ouzeggar à Adis. A Mrimima, S. Ạbd Allah. A Tamessoult, S. Ạbd er Raḥman. Pour la tribu des Ida ou Blal, deux qaḍis, Tajakant l'un et l'autre; ce sont deux frères : S. Mouloud, résidant à Tatta, et S. Aḥmed Digna, habitant d'ordinaire Tindouf.

Cette volonté est exécutée : on désigne un qadi différent. Si un homme déclare ne se soumettre à aucun, s'il ne veut pas comparaître en justice, le plaignant s'adresse à l'anfaliz, lequel condamne le récalcitrant, quand il persiste dans son refus, à une forte amende. Ces qadis sont des gens ignorants, mais la plupart équitables et à l'abri de la corruption; ils jugent plutôt selon le bon sens que d'après les règles du droit musulman.

S'agit-il d'un vol? Aussitôt qu'il est connu, le chikh fait crier dans le qçar qu'une amende de tant de réals punira l'individu chez qui on trouvera, à partir d'une date fixée, ou l'objet volé ou le voleur; l'amende est, en général, égale à quatre fois la valeur de la chose dérobée. Si rien n'a reparu dans le délai indiqué, l'objet est perdu à jamais, car il a été pris par un pauvre diable qui, fuyant avec, a quitté le pays, ou il est recélé chez un homme riche qui n'avouera ni ne rendra rien. On peut, à la demande de la victime, faire des perquisitions dans les maisons; ce droit se paie cher : pour toute demeure qu'on a fouillée sans y trouver la chose volée, il est dû au propriétaire une indemnité variant entre 30 et 50 réals, indemnité à la charge du plaignant. Dans ce pays pauvre, où les vols ne s'exercent guère sur des objets de valeur, on hésite à employer ce moyen. Mais il y a des nuances. Si le volé est un malheureux, il ne reverra jamais ce qu'on lui a ravi. Si c'est un homme puissant et audacieux, il fera ses perquisitions lui-même et, s'il trouve son bien, il le reprendra le fusil à la main, à la tête de ses parents et de ses amis. Dans le cas rare où l'on découvre un voleur par les moyens réguliers, il est condamné d'abord à rendre ce qu'il a dérobé, puis à une peine qui est déterminée par l'anfaliz; cette peine peut être soit très légère, telle qu'une amende insignifiante, soit très rigoureuse, telle que le bannissement; c'est selon la qualité du voleur, selon qu'il est soutenu, ou dépourvu de protections. S'il est serviteur ou client d'un homme considérable, s'il a des amis, il ne sera presque pas puni, peut-être point du tout; si c'est un misérable sans appui, on lui prendra le peu qu'il a et on le jettera nu à la porte du qçar.

Il faut faire la même distinction en cas de meurtre. Si un homme riche, audacieux, redouté, tue un malheureux, il se bornera à payer le prix du sang, somme minime qui varie suivant les endroits; s'il est très puissant, il ne le paiera même pas : qui oserait le lui réclamer? Ces sortes de meurtres sont fréquents. Les autres sont rares : ils entraînent toujours les résultats les plus graves. Un homme tue-t-il son égal, les parents du mort le vengent aussitôt. L'honneur leur défend aucun accommodement : ils courent sus au meurtrier; celui-ci, de son côté, est soutenu par les siens : la guerre s'allume entre les deux familles; elle gagne bientôt tout le qçar. Quand ces luttes intestines ont duré un certain temps, il se trouve quelquefois un homme assez sage et assez influent pour faire entendre des paroles de conciliation et être écouté; ou bien la crainte que des voisins ne profitent de cet état produit un rapprochement. Trop souvent une des factions appelle l'étranger à son aide; l'étranger, c'est le nomade; alors la ruine est inévitable : aussitôt introduits dans la cité, les nomades attaquent sans différence les deux partis, font un massacre général, pillent tout, détruisent les maisons et s'en vont chargés de butin, lorsque le qçar est un monceau de ruines. Les habitants de Tisint ont eu la sagesse de ne jamais les mêler aux querelles, peu nombreuses d'ailleurs, qu'ils ont eues entre eux. Il n'en a pas été de même à Tatta : on y voit les vestiges de dix villages ruinés à diverses époques par les Ida ou Blal qui, dans la plupart, avaient été appelés en alliés pendant des guerres civiles.

Chez les nomades, les choses se passent à peu près comme dans les populations sédentaires : là, plus qu'ailleurs, la loi du plus fort est seule respectée. Entre eux ne s'élèvent point ces mille contestations auxquelles les achats, les ventes, les voisinages de propriétés, donnent naissance parmi les habitants des oasis. Par contre, les vols et les meurtres sont plus fréquents.

Si, dans les qçars et dans les tribus errantes, des coutumes protègent plus ou moins chaque individu contre ses concitoyens, rien nulle part ne sauvegarde l'étranger; tout est permis contre lui. On peut le voler, le piller, le tuer : nul ne prendra sa défense; s'il résiste, chacun lui tombera sus. Tout commerce, toutes relations, seraient impossibles si un usage spécial ne remédiait à cet état. Cet usage, de la plus haute antiquité, qui existe presque partout au Maroc, est ce que les anciens Arabes appelaient *djira* (1) et ce qu'on nomme ici *debiḥa*. La debiḥa est l'acte par lequel on se place sous la protection perpétuelle d'un homme ou d'une tribu. C'est une ạnaïa prolongée. Prenons un exemple : un étranger entre dans un qçar ou dans un campement de nomades : il y est arrivé avec un individu de la localité ou de la tribu, qui l'a accompagné comme zeṭaṭ, après lui avoir accordé son ạnaïa, aussi appelée *mezrag* (2). Si l'étranger ne fait que passer, cette protection suffit pour sa sûreté; s'il veut séjourner, elle cesse d'être valable : l'ạnaïa ou mezrag est une garantie temporaire, créée spécialement pour les voyageurs; celui qui veut résider quelque temps, ne fût-ce qu'un mois, doit s'en assurer une autre. Il demande, à titre perpétuel, la protection d'un personnage de la tribu : cela s'appelle « sacrifier sur lui », *debeḥ ạlih*. Cette expression a pour origine l'ancien usage, qui n'est suivi aujourd'hui qu'en circonstances graves, d'immoler un mouton sur le seuil de l'homme à qui l'on demande son patronage. Si, comme il arrive d'habitude, la personne à qui on

(1) Voir : Caussin de Perceval. *Essai sur l'histoire des Arabes avant l'islamisme, pendant l'époque de Mahomet et jusqu'à la réduction de toutes les tribus sous la loi musulmane.*

(2) *Mezrag* signifie « lance ». Dans les tribus unies et compactes, celui qui a donné son ạnaïa n'accompagne pas lui-même; il fait conduire par un enfant, ou se contente de remettre au protégé un objet connu comme sien, dont la présence prouve qu'on est sous sa sauvegarde. Autrefois on donnait sa lance à celui à qui on accordait son ạnaïa. Les deux mots sont ainsi devenus synonymes.

s'adresse l'accorde, on fait venir un marabout, et il écrit, séance tenante, un acte certifiant que le nommé un tel a sacrifié sur tel individu de telle tribu et qu'il est actuellement sous sa protection. Voici les termes dans lesquels se rédigent ces pièces. Je prends pour exemple une de mes debiḥas sur les Ida oü Blal. « Par la volonté de Dieu, le rabbin Iosef el Djezîri sacrifie sur Ḥaïmed ben Haïoun el Ḥarzallaoui, afin que celui-ci le protège contre ses frères les Mekrez; ayant reçu du Juif le prix de la debiḥa, il devient responsable envers lui de tous les dommages qui lui seraient faits par les Mekrez; il les prend à sa charge et lui restituera ce qu'on lui enlèverait. De son côté, le Juif s'engage à payer à Ḥaïmed ben Haïoun dix coudées de cotonnade chaque année. Ces conditions ont été acceptées par les deux parties. Écrit en leur présence, le 26 moḥarrem 1301. Le serviteur du Dieu très haut, Ḥamed ben Moḥammed El Ḥaddad el Ạmrani. » Cette protection se paie d'ordinaire, on le voit, d'une légère redevance annuelle; seuls quelques grands seigneurs se font un point d'honneur de ne rien demander. Il ressort de la teneur de l'acte qu'une fois cette démarche faite, on n'a rien à craindre des concitoyens de son patron; on peut circuler sans péril parmi eux : s'attaquer à vous serait s'attaquer à lui-même; toutes les lois qui le sauvegardent vous sauvegardent aussi : on est entré sous leur protection par le fait de la debiḥa; elle incorpore, en quelque sorte, à la tribu. Comme, à côté des coutumes, il y a la loi du plus fort, et que celle-ci l'emporte souvent, on a soin de prendre pour patron un homme considérable, d'une famille puissante, et surtout d'un caractère fier et intrépide, qui ne soit pas d'humeur à permettre qu'on lèse ses clients. Il faut choisir aussi un homme loyal, car si la debiḥa assure contre les concitoyens du protecteur, elle ne garantit pas contre lui. Il est rare qu'un patron trahisse son client; celui qui le fait devient l'objet du mépris général, et ses frères mêmes ne le soutiendraient pas. Dans toute tribu ou localité où on veut séjourner un certain temps, dans celles où on désire soit acheter des biens soit établir des dépôts de marchandises, il faut faire une debiḥa : les négociants possesseurs d'un commerce étendu en font un très grand nombre. Dans les tribus nomades, on prend pour protecteurs les chefs des principales familles; dans les qçars, l'usage est de s'adresser au chikh. Les actes de debiḥa font partie des héritages : les fils des patrons et ceux des clients restent liés entre eux par les engagements qui unissaient leurs pères. Deux choses seules peuvent annuler une debiḥa : la cessation du paiement de la redevance par le client, ou la trahison du patron.

Telle qu'elle existe entre particuliers, la debiḥa existe entre tribus. Pour se mettre sous la protection d'une tribu, il y a deux moyens : sacrifier sur un de ses membres, ou sur la tribu entière : chaque individu étant solidaire de ses frères, les deux actes ont un résultat identique. D'ordinaire, les particuliers et les petits groupes, tels que les qçars isolés, se mettent sous la protection d'un seul personnage;

au contraire, les districts, les grandes fractions font les debiḥas sur les tribus entières. Ainsi, le district de Tisint est vassal de l'ensemble des Ida ou Blal, tandis qu'à Tatta chaque qçar isolément a pour patron (1) un membre de cette tribu; la tribu des Aït Jellal s'est déclarée cliente de la masse des Ida ou Blal et ceux-ci, à leur tour, se sont constitués tributaires de l'ensemble des Berâber. Ces liens, encore que nous nous servions parfois des mots de suzeraineté et de vasselage pour les désigner, n'impliquent, nous le répétons, aucune immixtion dans les affaires, aucune suprématie. Les actes de debiḥa ne font que garantir, dans l'étendue de la tribu qui patronne, la sûreté des membres de la tribu cliente. Les Aït Jellal étant vassaux des Ida ou Blal, ceux-ci devront respecter en tous lieux les personnes et les biens des premiers, qui pourront voyager en sécurité sur leurs terres. Les Ida ou Blal, grâce à leur debiḥa sur les Berâber, pourront circuler sans péril dans les régions habitées par ces derniers. Si, par erreur, des marchandises de tribus clientes sont pillées par les patrons, ou réciproquement, on devra rendre ce qui a été pris, dès qu'on apercevra la faute commise. Ce sont surtout d'une part les populations commerçantes dont les caravanes ont à traverser les territoires ou à craindre les ṛezous de tribus étrangères, de l'autre les districts faibles enclavés dans les contrées parcourues par des voisins puissants, qui ont besoin de ces debiḥas. La garantie qu'elles procurent se paie par une redevance annuelle, plus ou moins forte suivant l'importance de la fraction cliente et l'étendue de ses relations avec ses patrons. Certaines tribus, comme certains individus, ont à la fois plusieurs suzerains différents.

Les debiḥas rendent possibles le commerce et les voyages; elles les rendraient faciles et leur enlèveraient tout risque si elles étaient respectées. Souvent elles ne le sont pas : entre particuliers, on les viole rarement; entre tribus, on a moins de scrupules. Voici les cas d'infraction les plus fréquents. Le client d'un particulier peut être tué ou pillé par des concitoyens de son patron. Si les meurtriers ou les ravisseurs ont agi par ignorance, s'ils témoignent leurs regrets et proposent de payer le prix du sang et de rendre ce qu'ils ont pris, on accepte généralement ces offres, et les choses en restent là. Mais, dans un pays où tout le monde se connaît par son nom, il est rare qu'on puisse alléguer l'ignorance. On a presque toujours agi en connaissance de cause. L'agression constitue donc un outrage personnel au patron de la victime; son honneur est engagé à en tirer sans retard une vengeance éclatante. Il réunit tous ses parents, ce qui peut s'étendre loin, et les prie de l'aider dans ses représailles; s'il est puissant, il entraîne à sa suite une grande partie de la tribu. Au premier jour, il attaque et tue ceux qui l'ont outragé. Ces nouveaux morts demandent vengeance

(1) Nous exprimerons la plupart du temps les rapports résultant de l'acte de la debiḥa soit par les mots de vassal et de suzerain, soit par ceux de client et de patron; nous emploierons aussi quelquefois le mot de tributaire.

à leur tour : riches ou pauvres, considérés ou non, leurs proches, la fraction à laquelle ils appartiennent, ne peuvent sans honte laisser leur meurtre impuni. On prend les armes : une guerre civile éclate; la tribu entière ne tarde pas à y prendre part. Ces guerres, courtes dans les qçars, durent des années parmi les nomades, et s'allument surtout chez eux. Nous avons choisi le cas d'un notable ayant à se venger de gens moins puissants. Si le patron offensé était assez fort pour réunir autour de lui presque toute la tribu, il châtierait de même les auteurs de l'attentat, mais les parents de ces derniers n'oseraient entrer en lutte contre lui; ils se borneraient à demander une indemnité, qu'on leur accorderait sans doute, ou bien ils temporiseraient, épiant l'occasion de laver leur honneur en faisant tomber dans un guet-apens leur ennemi ou l'un des siens; le jour venu, ils feraient le coup, et émigreraient, de peur des représailles. Un troisième cas se présente, le plus fréquent : on peut s'être attaqué au client d'un homme faible. Si la fraction de ce dernier est très unie, si les auteurs de l'agression en sont mal vus, elle considère l'insulte comme sienne et tout entière embrasse sa cause : on rentre dans le premier cas. Si au contraire son groupe est divisé, si ceux dont il se plaint y ont des amis, peu de gens se lèveront à sa voix. S'il a affaire à aussi faible que lui, il pourra se venger; si son adversaire est puissant, ou bien il se résignera à boire sa honte, ou bien, s'il est homme de cœur, il assassinera par surprise son ennemi ou quelqu'un de sa famille, et prendra la fuite. Tels sont les faits qui se produisent lorsqu'un particulier est lésé par son concitoyen dans la personne d'un client; que ce client soit individu, groupe ou qçar, les choses se passent de même. Les suzerains, à moins d'être dans l'impossibilité de le faire, tirent une vengeance sanglante de l'attentat commis contre un de leurs vassaux. Il y va de leur honneur. Pour ce motif, des groupes importants, des qçars, aiment mieux se mettre sous la protection d'un seul individu que sous celle de toute une tribu.

Ceux qui ont pour patronne une tribu sont moins bien protégés. Des hommes, des troupes, ont-ils lésé des gens d'un groupe vassal du leur? L'action est blâmable. Le devoir de l'assemblée de la tribu suzeraine est de faire rendre justice aux clients offensés. Mais là nul n'a d'intérêt personnel, nul ne prend la chose à cœur; au contraire. Quel est le fait dont on se plaint? un ṛezou a enlevé une caravane? quelques hommes ont pillé un voyageur isolé? Dans l'assemblée siègent plusieurs membres du ṛezou en question; il leur coûte de rendre gorge, surtout si le convoi était richement chargé; ceux qui n'ont point participé au profit sentent que le lendemain pareille chose pourra leur arriver, et craignent de demander à leurs concitoyens des comptes qu'à leur tour ils seront heureux de ne pas rendre; enfin la prise d'une belle proie est un succès qui flatte l'amour-propre de toute la tribu. Quand la fraction plaignante est puissante, qu'on a des représailles graves à craindre, il faut s'exécuter;

mais on traîne les choses en longueur, on cherche mille prétextes pour restituer moins qu'on n'a pris, on donne aussi peu que possible. Si la tribu lésée est faible, éloignée, qu'on n'ait pas de vengeance à redouter, l'on ne rend qu'au bout de longtemps, et presque rien. Aussi les gens de fractions clientes, en voyage sur le territoire de leurs patrons, se font souvent accompagner, par précaution, de l'un d'eux comme zeṭaṭ. Lorsque, de deux tribus unies par un acte de debiḥa (1), l'une met trop de mauvaise volonté à remplir ses engagements, le pacte se rompt et une guerre s'ensuit. Elle peut avoir lieu entre sédentaires et nomades, ou entre nomades. Dans le premier cas, les nomades se réunissent en masse, marchent sur les qçars, les assiègent et dévastent les jardins. A moins que les habitants n'appellent d'autres nomades à leur secours, ils sont obligés, s'ils ne veulent voir détruire leurs cités, de demander grâce et d'acheter la paix par une rançon. Entre nomades, la guerre est différente : guerre peu active, toute de surprises; rarement il y a de vrais engagements, on se borne à des ṛazias mutuelles; on tâche de tomber à l'improviste sur les tentes, sur les troupeaux de ses adversaires, cherchant le butin et non le combat. Ces guerres-là durent souvent pendant plusieurs générations.

Lorsque, dans un qçar ou une tribu, on vole, on pille ou on tue des membres d'une fraction limitrophe, et qu'on refuse tout dédommagement, la guerre en résulte; cela ne peut être lorsque les lésés appartiennent à des tribus lointaines. Entre groupes éloignés, un usage est universel : celui des représailles. Prenons des exemples. Un individu du qçar d'Imi n Tels a été tué par des hommes d'Agadir Tisint. Le premier habitant d'Agadir qui tombera entre les mains des gens d'Imi n Tels sera mis à mort. Un Zenâgi, étant à Agadir Tisint, a été dupé dans un marché par un homme du qçar, et l'anfaliz a refusé de lui rendre justice. Le premier individu d'Agadir qui entrera sur le territoire des Zenâga sera arrêté; on ne le laissera partir qu'après qu'il aura donné une somme égale à celle dont ses compatriotes ont fait tort au Zenâgi : s'il ne l'a pas avec lui, il devra la faire chercher, et restera prisonnier jusqu'à paiement complet. Ainsi du reste. C'est la loi du talion : chacun reprend, dès que l'occasion s'en présente, ce dont il a été frustré. D'après cette coutume, l'Azdifi ordonnait de me mettre en prison comme sujet du sultan, parce que des hommes de sa tribu étaient incarcérés à Merrâkech.

Les habitants de Tisint et tous les sédentaires de la région emploient la langue tamaziṛt. La plupart d'entre eux possèdent, par suite de leurs rapports avec les nomades voisins, une teinture d'arabe. Les femmes et les enfants ne connaissent que le tamaziṛt. Les hommes apprennent l'arabe à mesure qu'ils grandissent; ils le sa-

(1) Souvent c'est la tribu vassale qui lèse les suzerains. Ceux-ci s'empressent de réclamer. Les choses se passent toujours de même manière; on ne cède qu'à la crainte.

vent plus ou moins : les pauvres, sans cesse occupés de travaux manuels, peu; les riches, davantage, grâce au commerce et aux affaires quotidiennes avec les nomades. Les principaux citoyens le parlent couramment. Pour ce motif, le tamaziṛt en usage est moins pur qu'il n'était à Tazenakht et chez les Zenâga; des mots arabes s'y sont introduits, surtout dans la conversation des hommes; les femmes ont mieux conservé les anciennes expressions. Si les populations sédentaires des oasis ont pour idiome le tamaziṛt, toutes les tribus nomades du sud du Baṇi, Oulad Iaḥia, Ida ou Blal, Aït ou Mrîbeṭ, parlent l'arabe. Femmes et enfants n'usent que de cette langue. Parmi les hommes, beaucoup n'en savent point d'autre; ceux-là seuls que de fréquentes affaires appellent dans les qçars apprennent à la longue un peu de tamaziṛt; ils mettent de l'amour-propre à ne s'en servir que quand leur interlocuteur ne comprend pas l'arabe, lorsque c'est une femme, par exemple. Les familles d'Oulad Iaḥia qui habitent le Zgiḍ et les bords du Dra, celles d'Ida ou Blal qui ont des domiciles à Tatta et celles d'Aït ou Mrîbeṭ fixées à Aqqa et à Tizounin, font exception à cette règle. Ces familles, isolées, en contact journalier avec les Imaziṛen, ont appris leur langue, bien qu'elles se servent entre elles de l'arabe.

Nous nous sommes occupés à plusieurs reprises de la langue, des usages, des coutumes des Marocains; nous n'avons pas dit un mot de leur caractère : c'est qu'il nous paraît difficile d'être exact sur ce sujet. Quelles qualités, quels défauts attribuer à un ensemble de tant d'hommes, dont chacun est différent des autres et de soi-même? S'efforce-t-on de démêler des traits généraux? Lorsqu'on en croit reconnaître, une foule d'exemples contradictoires surgissent, et, si l'on veut rester vrai, il faut se restreindre à des caractères peu nombreux, ou dire des choses si générales qu'elles s'appliquent non seulement à un peuple, mais à une grande partie du genre humain. Partout même mélange de qualités et de défauts, avec les modifications qu'apportent la civilisation ou la barbarie, la richesse ou la pauvreté, la liberté ou la servitude. Il me paraît difficile de reconnaître aujourd'hui à ceux qu'Ibn Khaldoun appelle Berâber le bouquet de vertus dont il les orne. Si une chose peut donner l'idée du caractère des Marocains, ce sont les ouvrages où a été décrit celui des Kabiles ou d'autres populations imaziṛen de l'Algérie. Une longue expérience, des études approfondies, ont donné à des hommes éminents le droit de traiter avec autorité un tel sujet. On ne saurait l'avoir quand on a, comme moi, passé une seule année dans un pays. Aussi n'entreprendrai-je point de dire ce que sont et ne sont pas les Marocains; je me bornerai à signaler quelques traits isolés qui m'ont frappé et que j'ai retrouvés en beaucoup de lieux ou remarqué dans certains groupes. Je le ferai en déclarant que « je n'ay rien à dire entièrement, simplement, et solidement, sans confusion et sans meslange, ny en un mot ». Presque partout règnent une cupidité extrême et, comme compagnons, le vol et le mensonge sous toutes leurs formes. En général, le brigandage, l'attaque à main armée, sont considérés comme des actions honorables. Les mœurs sont dissolues. La condition de la femme est au Maroc ce qu'elle est en Algérie. D'ordinaire peu attachés à leurs épouses, les Marocains ont un grand amour pour leurs enfants. La plus belle qualité qu'ils montrent est le dévouement à leurs amis. Ils le poussent aux dernières limites. Ce noble sentiment fait faire chaque jour les plus belles actions. En blad es sîba, pas un homme qui n'ait bien des fois risqué sa vie pour des compagnons, pour des hôtes de quelques heures. La générosité, se traduisant surtout par l'hospitalité, n'est l'apanage particulier d'aucun groupe : les nomades ont l'habitude de taxer les Chellaḥa d'avarice; ces derniers accusent les Ḥaraṭîn du même vice. Je ne me suis point aperçu qu'il y ait entre eux de distinction profonde à ce sujet. Partout également, m'a-t-il semblé, il y a des avares et des hommes généreux; d'ordinaire, dans les contrées riches on reçoit avec libéralité les étrangers, dans les localités pauvres on ne leur donne rien; dans tel qçar, qu'il se présente cent voyageurs en même temps à la mosquée, on apportera à manger pour tous, dans tel autre on n'offrira pas l'hospitalité à un seul. De même chez les nomades. Les Marocains ont, comme tous les hommes, plus ou moins d'amour-propre; chez les Arabes du sud, ce sentiment est très developpé et se change souvent en une noble fierté; chez les Ḥaraṭîn, il prend volontiers la forme d'une vanité puérile; les Chellaḥa l'ont moins. Inutile de dire que ces populations, qui passent leur existence les armes à la main, sont braves. Inutile de dire qu'elles sont attachées à leur indépendance : la plupart l'ont conquise et la défendent chaque jour au péril de leur vie, soit contre le sultan, soit contre leurs voisins; les tribus du blad el makhzen elles-mêmes ne font que se révolter. Je n'ai pu juger avec mes yeux de la valeur guerrière des divers habitants du Maroc; il est admis dans le pays que les peuplades les plus braves et les plus aguerries sont les grandes tribus nomades du sud et de l'est du Grand Atlas : Berâber, Aït Seddrât, Ida ou Blal, Oulad Iaḥia, Aït ou Mrîbeṭ d'une part; Doui Mnia, Oulad el Ḥadj de l'autre. Après eux, très braves aussi, viennent les montagnards, les Chellaḥa du massif Atlantique et les Qebaïl du Rif. Les populations de plaine, cantonnées dans les basses vallées des fleuves et sur les bords de l'Océan, forment une troisième classe regardée comme au-dessous des précédentes en courage. Les moins estimés de tous sont les Ḥaraṭîn. Les Marocains sont prompts à verser le sang et ne font aucun cas de la vie des autres ; je n'ai vu ni entendu citer d'exemple de cruauté de leur part. En général, Chellaḥa et Ḥaraṭîn sont laborieux : adonnés à l'agriculture, ils semblent, les seconds surtout, industrieux en ce qui la concerne. Ils n'ont pas l'esprit vif de certains Arabes, tels que les Ida ou Blal et les Oulad Iaḥia : ceux-ci, malgré leur ignorance, ont une intelligence remarquable, sont curieux et comprennent vite. Ces Arabes ont des façons distinguées et de la politesse, tandis que les Imaziṛen sont la plupart grossiers. En revanche, on trouve parfois dans ceux-ci une certaine bonhomie, rare chez les premiers. Le Maroc, à l'exception des villes et de quelques districts isolés, est très ignorant. Presque partout, on est superstitieux et on accorde un respect et une confiance sans bornes à des marabouts locaux dont l'influence s'étend à une distance variable. Nulle part, sauf dans les villes et districts exceptés plus haut, on ne remplit d'une manière habituelle les devoirs religeux, même en ce qui concerne les pratiques extérieures. Il y a des mosquées dans tout qçar, village ou douar important; elles sont plus fréquentées par les voyageurs pauvres, à qui elles servent d'abri, que par les habitants.

Avant de quitter Tisint, disons qu'auprès des cinq qçars actuels, s'en trouvent quatre autres ruinés, trois au sommet du Djebel Taïmzouṛ et un à l'extrémité sud de Foum Tisint, traversé par le chemin. On ne sait de quelle époque date leur destruction; de mémoire d'homme on les a vus ce qu'ils sont aujourd'hui; leur fondation est attribuée aux Chrétiens.

2°. — *DE TISINT A TATTA.*

Comptant revenir plus tard à Tisint, je ne désirai pas m'y arrêter cette fois; dès mon arrivée, je voulus partir pour Tatta. Deux zeṭaṭs Ida ou Blal, escorte suffisante, furent bientôt trouvés; mais un contretemps se présenta : un ṛezou de 400 Berâber était signalé depuis quelques jours aux environs; on jugea imprudent de se mettre en route tant que ses intentions ne seraient pas connues. Le 16, il tomba sur la partie occidentale des jardins de Tisint, les pilla et enleva des travailleurs. Son but était atteint; il ne lui restait qu'à battre en retraite pour sauver son butin. Je pouvais partir.

Pendant ce court séjour, je fis plusieurs connaissances. Aussitôt le bruit de mon arrivée répandu, tous les ḥadjs, familiers avec les choses et les gens des pays lointains, voulurent me voir. Une fois de plus, je reconnus les excellents effets du pèlerinage. Pour le seul fait que je venais d'Algérie, où ils avaient été bien reçus, tous me firent le meilleur accueil; plusieurs, je le sus depuis, se doutèrent que j'étais Chrétien; ils n'en dirent mot, comprenant mieux que moi peut-être les dangers où leurs discours pourraient me jeter. L'un d'entre eux, le Ḥadj Bou Rḥim ould Bou Rzaq, devint dans la suite pour moi un véritable ami, me rendit les services les plus signalés et me sauva des plus grands périls.

16 novembre.

Parti à midi d'Agadir, avec deux Ida ou Blal, j'arrivai à 3 heures et demie à Qaçba el Djouạ, petite oasis où l'on devait passer la nuit. De Tisint à Tatta, on suit constamment le pied des monts Bani. Cette chaîne est un mouvement de terrain fort curieux et l'un des plus importants du Sahara Marocain. S'élevant de 200 à 300 mètres au-dessus du sol environnant, d'un à deux kilomètres de largeur à la base, sans aucune largeur au sommet, elle forme une lame rocheuse, un tranchant, émergeant de terre au seuil du désert. Nul contrefort, nulle chaîne, ne se rattache à cette digue isolée dans le Sahara. Elle est orientée de l'est-nord-est à l'ouest-sud-ouest, comme le cours inférieur du Dra et comme les chaînes de l'Atlas. La longueur en est grande : elle est traversée, dit-on, par le Dra au-dessous de Tamegrout et se développe, toujours semblable, gardant même composition, même forme et même hauteur, jusqu'au bord de l'Océan, où elle expire au sud du groupe de villages appelé Ouad Noun. Un certain nombre de khenegs la percent, étroites brèches par où s'écoulent vers le Dra les eaux du Petit Atlas. Chacun de ces passages est le point de réunion de quatre ou cinq rivières, et comme l'orifice d'un entonnoir. Les eaux se trouvant assemblées en ces points, il s'est créé à chacun d'eux une oasis. Les grandes oasis qui se voient entre le Sous, le Dra et l'Atlantique ont toutes cette origine; toutes, Zgiḍ, Tisint, Tatta, Aqqa, Tizgi el Ḥaraṭîn, Icht sont à la bouche d'un kheneg du Bani. Le Bani est en roche, sans terre ni végétation : grès calciné, comme les monts de Tazenakht, il présente une écaille noire et brillante sur toute la surface de ses flancs. Ceux-ci sont en pente douce au pied, très raide vers le sommet. En maints endroits du Bani existent des minerais : cuivre, zinc, argent, or vers l'occident. Au nord de cette muraille s'élèvent les pentes du Petit Atlas; commençant à son pied, à l'ouest, elles sont séparées d'elle par la Feïja, dans la portion orientale. Au sud, plus une montagne, la plaine à perte de vue. Tel est le Bani, la dernière chaîne avant le Grand Désert; parallèle au Grand et au Petit Atlas, il est comme le ruban d'écume qui borde la plage en avant de ces deux vagues monstrueuses. Je suivrai cette chaîne remarquable jusqu'à Tatta, tantôt en longeant le pied, tantôt m'en tenant à peu de distance, marchant dans la Feïja d'abord, sur les premières pentes du Petit Atlas ensuite. Le chemin est facile : terrain sablonneux dans la Feïja, pierreux ailleurs, nu en cette saison, couvert de plantes basses les hivers pluvieux; comme arbres, des gommiers de 2 à 3 mètres, d'autant plus nombreux qu'on se rapproche du lit de quelque ruisseau ou qu'on s'éloigne du Bani, au pied duquel le sol, tout de roche, ne leur permet pas de pousser. Point de gibier dans ces régions stériles, si ce n'est des mouflons; eux seuls vivent dans les vastes solitudes du Petit Atlas et sur les rocs du Bani. Au sud de celui-ci, dans la plaine, courent de nombreuses gazelles.

Depuis le kheneg de Tisint jusqu'à Qaçba el Djouạ, je n'ai cessé de suivre l'Ouad Qaçba el Djouạ. A hauteur d'Aqqa Aït Sidi, il a 12 ou 15 mètres d'eau, dans un lit de pierre de largeur double, que bordent deux parois rocheuses et escarpées élevées de 20 à 30 mètres. Deux kilomètres plus haut, l'eau courante disparaît; il reste des flaques plus ou moins longues, de distance en distance; lit de 50 mètres; le fond, parfois recouvert d'une légère couche de sable, est de roche blanche ainsi que les parois qui le bordent; celles-ci n'ont plus que 15 à 20 mètres de haut. Peu après, elles s'abaissent encore et se changent en talus de sable de 10 à 15 mètres, formant de chaque côté une ligne de dunes irrégulières appelées Idroumen. A partir de Trit, plus d'eau dans l'ouad : lit de galets au niveau de la Feïja. Dans l'oasis de Qaçba el Djouạ, la rivière prend une largeur extrême, mais reste à sec; le lit, moitié sable, moitié gravier, se remplit de palmiers et, confondu avec le terrain qui l'entoure, cesse bientôt de se distinguer. Chemin faisant, j'ai traversé la petite oasis de Trit, bois de palmiers au milieu duquel s'élève un qçar d'environ 100 maisons, peuplé de Ḥaraṭîn vassaux des Ida ou Blal. Trit se gouverne à part. De Tisint à Qaçba el Djouạ, beaucoup de monde sur la route.

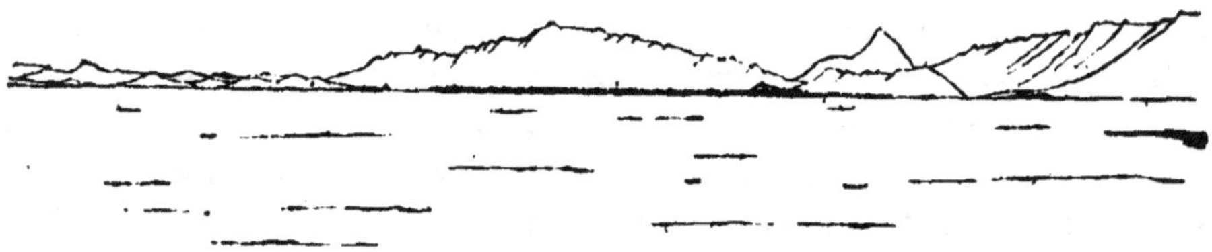

Feïja, oasis de Qaçba el Djoua et Bani.
(Vue prise du chemin de Qaçba el Djoua à Aqqa Igiren.)
Croquis de l'auteur.

17 novembre.

Séjour à Qaçba el Djouạ. Qaçba el Djouạ est un grand qçar, situé au milieu d'une belle oasis. Les constructions s'élèvent sur les premières pentes de la plus basse et la plus septentrionale de trois collines qui, se dressant près du Bani, sans s'y rattacher, forment un massif isolé au bord de la Feïja. L'Ouad Qaçba el Djouạ, plein de dattiers et confondu avec le sol de l'oasis, contourne ce massif. A son entrée dans les plantations, il reçoit sur sa rive gauche l'Ouad Ṭriq Targant (1), ainsi nommé parce que, pour gagner au nord-ouest le qçar de ce nom, on en remonte le cours un certain temps. Ici, les palmiers, moins serrés qu'à Tisint, ombragent des cultures. Le sol est sablonneux. Point d'eau courante; l'ouad est à sec, à moins qu'il ne pleuve. Une nappe d'eau existe sous le sol, à peu de profondeur; une multitude de

(1) On l'appelle aussi parfois, par abréviation, Ouad Targant.

puits sont creusés dans l'oasis; par eux la Qaçba s'alimente et irrigue ses plantations. L'arrosage des palmiers est inutile les années de pluie : que l'eau coule dans l'ouad durant vingt-quatre heures, c'est assez pour inonder l'oasis, assez pour que la terre soit fécondée, assez pour que la récolte de grains et de dattes soit assurée. Mais il ne pleut pas tous les ans; en voici sept que ce bonheur n'est arrivé : sept années de sécheresse viennent de passer sur la partie occidentale du bassin du Dra. Le pays s'en est ressenti et est fort appauvri. L'orge est hors de prix; il n'y a presque plus de bétail : la misère est générale. Un ciel nuageux et un peu de pluie ayant signalé le commencement de ce mois, l'allégresse fut universelle; on employa les dernières économies à acheter des grains, et chacun se mit à labourer avec acharnement. Tous déploient ici une activité fiévreuse; pas un homme de la Qaçba qui ne soit au travail; on voit de toutes parts des gens conduisant leurs charrues entre les palmiers, traînées par des vaches, des chevaux, des mulets, des ânes et, faute de mieux, des femmes : les bêtes de somme et de trait sont rares dans les qçars et le moment des semailles va passer! Qaçba el Djouạ est vaste, prospère, et bien construite, partie en pisé, partie en pierre. Les habitants, Chellaḥa, contrastent, par leur blancheur, avec les noirs possesseurs des oasis voisines; exception remarquable, ils ne reconnaissent point de suzerain, n'ont de debiḥa sur personne. Beaucoup d'entre eux sont cherifs, la plupart sont riches. Ils forment 400 fusils. Leur langue habituelle est le tamaziṛt, presque tous savent aussi l'arabe. Fraction des Aït Semmeg de la rive gauche du Sous, et depuis longtemps séparés de leur tribu mère, ils ont conservé de bons rapports avec elle, et en cas de guerre, malgré la distance, lui envoient et en reçoivent des secours. Ils sont en bonnes relations avec les Ida ou Blal; beaucoup épousent des femmes de cette tribu. Qaçba el Djouạ est célèbre par l'abondance et la bonne qualité de ses dattes; elle produit des bou feggouç, des djihel, des bou souaïr, des bou iṭṭôb et surtout des bou sekri.

On distingue d'ici quatre petites oasis, situées de l'autre côté de la Feïja; chacune d'elles contient un qçar dont elle porte le nom. De ces qçars, Aqqa Iṛen, Tiskmoudin, Ida Oulstan, Serṛina, le plus important est Aqqa Iṛen. On appelle les trois autres Qçour Beïḍin, à cause de la blancheur de leurs maisons. Tous sont peuplés de Chellaḥa et de Ḥaraṭîn tributaires des Ida ou Blal.

18 novembre.

Départ à 6 heures du matin. Je continue à suivre le Bani. Bientôt la Feïja finit et je passe dans une nouvelle région, sur les premières pentes du Petit Atlas, terrain pierreux, mais facile. Vers 10 heures, j'approche d'Aqqa Igiren : on voit d'une part cette petite oasis, de l'autre un kheneg dans le Bani, Kheneg eṭ Ṭeurfa. A cette brèche se trouvent une source et des dattiers, propriété des habitants d'Aqqa Igiren, mais point de maisons. Une rivière s'échappe par là vers le sud, l'Ouad Kheneg et Ṭeurfa. Elle est formée de trois cours d'eau, l'Ouad Aqqa Izen, l'Ouad Tesatift et l'Ouad

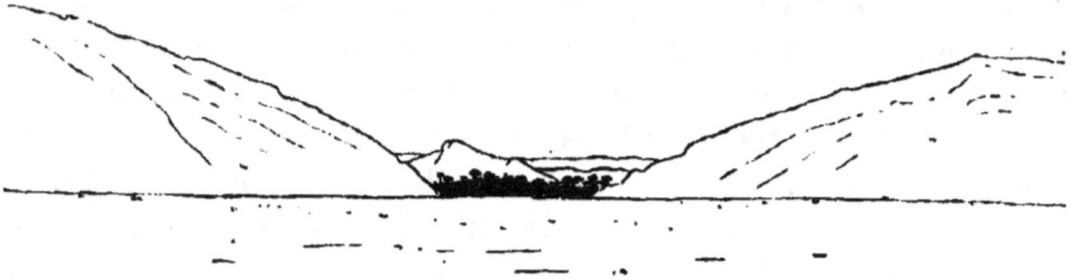

Kheneg et Teurfa. (Vue prise du chemin de Qaçba el Djoua à Aqqa Igiren.)
Croquis de l'auteur.

Aqqa Igiren. (Vue prise du chemin de Qaçba el Djoua.)
Croquis de l'auteur.

Aqqa Igiren : les deux premiers sont des ruisseaux et coulent dans le désert; le troisième est une rivière importante; au-dessus d'Aqqa Igiren, qu'il traverse et où il reçoit un affluent, il prend le nom d'Ouad Targant et arrose plusieurs lieux habités. Aqqa Igiren est une oasis peu étendue, avec deux petits qçars d'aspect misérable; la moitié des constructions est en ruine et abandonnée; les maisons qui restent sont en pierre, mal bâties, n'ayant la plupart qu'un rez-de-chaussée, ce qui est le dernier signe de pauvreté dans le pays. Population de Chellaḥa et de Ḥaraṭîn, tributaires des Ida ou Blal. Point d'eau courante; plusieurs puits de bonne eau et une feggara auprès du qçar occidental.

Vers 3 heures, j'aperçois devant moi les palmiers de Tatta. Cette oasis n'est pas comme Tisint une forêt compacte; elle se compose d'un grand nombre de groupes distincts, les uns au nord du Bani, les autres au sud : dans la première région, les qçars sont rapprochés et leurs plantations se touchent souvent; dans la seconde, ils sont isolés et dispersés un par un dans la plaine. Celui où je vais, Tintazart, est de ces derniers. Pour l'atteindre, je commence à gravir le Bani : la montée est difficile : bientôt il faut mettre pied à terre; je chemine péniblement au milieu des roches. A 3 heures 35 minutes, je parviens au sommet, arête effilée sans aucune largeur. Le coup d'œil, vers le sud, est admirable. Une immense plaine s'étend à perte de vue : c'est le désert. Il se déroule, indéfiniment jaune et plat, jusqu'à un double ruban bleu que forment à l'horizon les coteaux de la rive gauche du Dra et le talus du Ḥamada. Comme des taches noires sur le sable, apparaissent divers qçars de Tatta; ils sont disséminés près du Bani, à quelque distance les uns des autres, chacun entouré de ses palmiers. Le col où je suis s'appelle Tizi n Tzgert (1). La descente est aussi lente que la montée. Au pied du Bani, je rencontre un sable dur sur lequel je marche jusqu'à Tintazart. J'y arrive à 5 heures et demie.

Personne sur la route, de toute la journée. Les cours d'eau que j'ai rencontrés étaient à sec; ils avaient un lit semblable, à fond de gros galets, à berges de terre de 50 centimètres à 1 mètre de haut. Aucun d'eux n'a d'importance, excepté l'Ouad Aqqa Igiren. Celui-ci, dans l'oasis de ce nom, a 80 mètres de large et des berges à pic de 2 mètres. Le long du trajet, les gommiers sont assez nombreux, sauf sur les flancs du Bani. Dans la vallée de l'Asif Oudad, ils se mêlent, au bord du ruisseau, de quelques tamarix. Des touffes de melbina et de kemcha sèment le sol. Enfantées par les pluies récentes, de petites herbes sortent de toutes parts. Ce qu'on voit, chemin faisant, du Petit Atlas est tout roche, aussi bien les pentes prochaines, noires comme le Bani, que les crêtes éloignées, majestueux massifs d'un rouge sombre.

3°. — TATTA.

Tintazart est un des plus grands qçars de Tatta; elle est bâtie sur l'extrémité d'une petite chaîne rocheuse de 15 à 20 mètres d'élévation, à flancs très escarpés. Cette chaîne fait partie de l'enchevêtrement d'arêtes de roche noire qui serpentent dans la plaine. Le point où est construite Tintazart s'appelle Irf Ouzelag, « la tête du serpent ». La localité se compose de trois parties : l'une, dominée par le donjon de la maison commune, forme le qçar actuel; une seconde, plus petite de moitié, est ruinée : c'était le quartier de Chikh Ḥamed; la destruction, qui date de quelques années, est l'œuvre des Mekrez, l'une des deux branches des Ida ou Blal, et fut cause d'une guerre longue et sanglante, à peine achevée, entre les Mekrez et l'autre moitié de la tribu, les Ḥaïan, dont Chikh Ḥamed était client. Le troisième quartier, plus petit que les précédents et hors des murs, est le mellaḥ. Les maisons sont, comme celles de Tisint, pierre à la base, pisé dans les parties supérieures; elles sont uniformément couvertes en terrasse. Belles plantations de palmiers, arrosées de sources nombreuses. Toutes les eaux qui descendent du Bani et arrosent la plaine entre cette chaîne, Toug er Riḥ et Anṛerif, aboutissent à Tintazart, El Qcîba et Anṛerif et en fertilisent les terres. Dans les trois lieux, les jardins sont au sud des bâtiments; au nord, on ne voit que le sable desséché de la plaine, l'areg. Tintazart

(1) *Tzgert* est le nom d'un arbrisseau.

est peuplée de Chellaḥa et de Ḥaraṭîn; les premiers dominent. Elle se gouverne à part, comme chacun des qçars de Tatta; comme eux, elle est tributaire des Ida ou Blal. L'administration y est confiée à un chikh élu par l'assemblée générale. Lors de mon arrivée, un jeune homme de dix-huit ans, Ḥamed ou Baqâder, remplissait ces fonctions. Pendant mon séjour, on eut sujet d'être mécontent de lui et on le remplaça par son cousin, El Ḥasen ould Bihi, aussi jeune que lui. Leurs pères ont péri de mort violente : on voit peu de vieillards en ce pays. Le fait qui motiva ce changement fut le suivant : un Chleuḥ de Tintazart, nommé Ạbd Allah, avait depuis trois ans une affaire en litige avec des gens d'Aqqa Izenqad, autre qçar de Tatta. Ceux-ci lui réclamaient une somme d'argent qu'il refusait de rembourser : ils s'impatientèrent, vinrent au nombre de 17 fusils dans sa maison, le tuèrent, prirent ce qu'ils purent et s'en retournèrent. Cet événement se passait à l'époque où j'étais là. Ḥamed ou Baqâder n'avait rien fait pour prévenir le meurtre et n'essaya point de le punir : il se borna à de molles réclamations auprès de l'assemblée d'Aqqa Izenqad. Son manque d'énergie mécontenta : on lui enleva son titre, et on le donna à son cousin.

Tatta est la plus étendue des oasis situées entre le Dra et l'Atlantique. Elle se compose de deux parties. La première, au nord du Bani, comprend de nombreuses localités, échelonnées sur les rives de trois cours d'eau, les ouads Tatta, Toug er

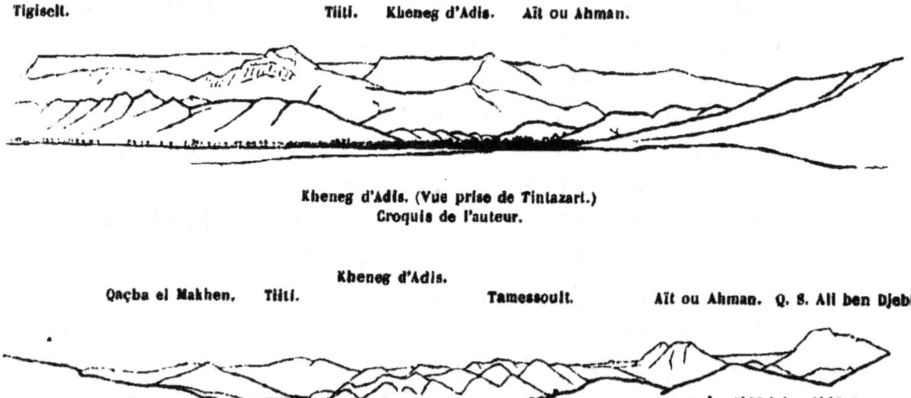

Kheneg d'Adis. (Vue prise de Tintazart.)
Croquis de l'auteur.

Kheneg d'Adis et Ouad Toug er Riḥ. (Vue prise de Toug er Riḥ.)
Croquis de l'auteur.

Riḥ et Adis. Ces rivières se rapprochent en arrivant au Bani, où le kheneg d'Adis donne passage à toutes trois et conduit dans la seconde région. Celle-ci est ce qu'on appelle l'*areg*, vaste plaine à sol sablonneux et dur, située au sud du Bani, semée, de distance en distance, de qçars isolés, les uns sur les bords des trois rivières, les autres arrosés par des sources; l'areg est moins peuplé que la portion supérieure : il compte 14 lieux habités, l'autre en possède 22. Ces diverses localités ont une

Derniers palmiers de Tatta dans la direction du sud, areg, collines de la rive gauche de l'Ouad Dra. (Vue prise de Tintazart.) Croquis de l'auteur.

population identique, mélange de Ḥaraṭîn et de Chellaḥa; le dernier élément y domine. Elles sont sans lien entre elles et indépendantes. Chacune en particulier est tributaire des Ida ou Blal; les plus septentrionales ont une seconde debiḥa sur les Aït Jellal, tribu nomade cantonnée non loin de là, vers les pentes supérieures du Petit Atlas. Les principaux centres de Tatta sont Afra et Adis. L'un et l'autre se composent de deux qçars presque contigus. L'un et l'autre réunissent les deux causes d'importance d'un lieu, marché et zaouïa. La zaouïa d'Adis a peu de membres; le chef en est S. Moḥammed d Aït Ouzeggar. Celle d'Afra, plus considérable, appartient à la nombreuse famille des Aït Ḥaseïn; les religieux habitent Afra Fouqania, appelée aussi Aït Ḥaseïn, où est enseveli S. Moḥammed d Aït Ḥaseïn, leur ancêtre; cette zaouïa jouit d'une grande vénération dans le pays. Une troisième existe à Tatta : celle de Djebaïr, fondée par S. Ạli ben Djebira, dont la qoubba s'élève entre Adis et Toug et Riḥ. S. Ạli ben Djebira descendait de S. Moḥammed ech Chergi, de Bou el Djạd; sa posterité, fixée à Djebaïr, est un rameau de la famille dont Sidi Ben Daoud est le chef. L'un de ses rejetons, Ạli Ben Hiba, ayant gagné une fortune considérable dans le commerce du Soudan, où il a fait un long séjour, a acquis par là une grande influence; peu d'hommes ont autant de poids à Tatta et dans la tribu des Ida ou Blal. Enfin, une quatrième puissance religieuse, celle du marabout S. Moḥammed Mouloud, a son siège à Tintazart. S. Moḥammed Mouloud est étranger : son père fut S. El Mokhtar bel Lạmech, fondateur de Tindouf et chef de la tribu religieuse des Tajakant. A son lit de mort, S. El Mokhtar partagea entre ses enfants la zone où s'étendait son influence : les Ida ou Blal échurent à Moḥammed Mouloud. Pour être près d'eux il s'établit à Tatta. Mais la tribu est des moins dévotes et ne lui donne ni travail ni profit. A-t-on un acte à dresser, quelque chose à écrire? on s'adresse à lui; une légère remunération le gratifie. Là se bornent et ses fonctions et ses bénéfices. Encore lui préfère-t-on souvent son frère cadet, Aḥmed Digna, qui réside à Tindouf.

Le commerce de Tatta, considérable naguère, quand y arrivaient les caravanes du Soudan, est presque nul aujourd'hui. On se borne à chercher à Merrâkech les produits européens indispensables, à demander au Sous son huile, à exporter des dattes. Deux marchés, le Tlâta d'Afra et le Khemis d'Adis. J'ai été une fois à ce dernier : il se tient dans le kheneg d'Adis, sur la rive droite de l'Ouad Adis, en face de Tamessoult, à l'ombre des palmiers. De petites niches de pisé ou de pierre, adossées aux troncs, servent de boutiques aux marchands. Le jour où j'y fus, les produits en vente se réduisaient à peu de chose : des grains, du bétail, de l'huile, des légumes, des cotonnades blanches, beaucoup de khent, un peu de thé et de sucre; il n'y avait ni allumettes, ni papier, ni aiguilles. Le marché était peu animé. On semblait y être venu plutôt par désir de distraction, afin de se voir et causer, que pour acheter.

Tatta a de nombreux dattiers; les bou feggouç dominent; puis viennent les bou iṭṭôb, les djihel, les bou souaïr et, plus rares, les bou sekri. Les arbres sont, comme à Qaçba el Djouạ, assez espacés pour que grains et légumes se cultivent entre leurs intervalles. Les années de pluie, on sème de l'orge dans l'areg, au bord des rivières et dans le voisinage des palmiers, partout où l'on peut arroser.

Outre la population tamaziṛt, un certain nombre d'Ida ou Blal vivent à Tattá, dans des qçars du sud. Des familles de la tribu habitent El Qcîba, Izeṛran, Toug er Riḥ. Les unes s'y sont établies paisiblement, la plupart y sont entrées de force à la faveur des divisions des habitants. Tel est le cas de Toug er Riḥ, lieu où ils sont le plus nombreux : au cours de querelles intestines, une des factions y demanda l'appui d'Ida ou Blal; ceux-ci entrèrent, chassèrent une partie des habitants, s'emparèrent des meilleures maisons et des jardins et s'installèrent.

Plusieurs localités en ruine jonchent le sol de Tatta : Qaçba el Makhzen et Tiiggan Qedîm sont abandonnés depuis une époque dont la mémoire est perdue; cinq des qçars de Taldnount, de sept que comptait ce groupe, ont été, il y a trente ans, ruinés par les Ida ou Blal; des quartiers de Tintazart et d'Izeṛran viennent d'être détruits par la même tribu.

Ici comme à Tisint, le tamaziṛt est la langue générale; mais presque tous les hommes savent l'arabe.

Mon compagnon, le rabbin Mardochée, se trouvait à Tintazart au milieu de sa famille, entre un frère et une foule de parents. Il était juste de lui permettre de jouir de leur société. Je le laissai se reposer auprès des siens pendant que je faisais deux excursions, l'une au lit de l'Ouad Dra, l'autre à l'oasis d'Aqqa.

Pour le peu de temps que je devais rester à Tintazart, je n'avais pas besoin de faire de debiḥa sur aucune personne du qçar; ayant à séjourner davantage sur le territoire des Ida ou Blal, il était indispensable de m'assurer de ce côté en me munissant de deux patrons parmi eux : en temps ordinaire un seul eût suffi; mais la longue guerre qui les a divisés finit à peine; les membres d'une fraction ne garantissent pas encore contre ceux de l'autre : il faut avoir son protecteur dans chacune d'elles. Ce n'est qu'après avoir rempli ces formalités que je pus me mettre en route.

4°. — EXCURSIONS AU MADER ET A AQQA.

I. — LE MADER.

La portion du lit de l'Ouad Dra qui se trouve à l'ouest du méridien de Tisint est en grande partie cultivable : le fond, sablonneux sur presque toute son étendue, y devient fertile dès qu'il est arrosé. Ces parties labourables sont appelées *mader*. Six principaux maders sont situés aux confluents des six grands tributaires du fleuve; on les nomme : Mader Ida ou Blal, Mader Tatta, Mader Aqqa, Mader Tizgi, Mader Icht, Mader Imi Ougadir. Je vais aller au premier.

25 novembre.

Parti à 10 heures du matin de Tintazart, j'arrive, à 6 heures et demie du soir, à 200 mètres du lit de l'Ouad Dra, dans un ensemble de cultures appelé Mader Soulṭân; ce lieu fait partie de la plaine de Medelles, delta sablonneux formé par l'Ouad Kheneg eṭ Ṭeurfa à son confluent avec le Dra. J'y passe la nuit. Ma route a traversé cinq régions distinctes. La première, de Tintazart à l'Ouad Toufasour, est l'areg, tel qu'on le voit jusqu'au Bani, sable uni, dur, sans une pierre et sans un arbre; il est semé de touffes rares et maigres d'aggaïa, de kemcha et de melbina; d'étroites arêtes de roche noire émergent çà et là et se tordent à sa surface. La seconde région commence à l'Ouad Toufasour et finit au Kheneg Zrorha; plus de sable; sol dur et plat, couvert de petites pierres et de gravier; mêmes plantes, auxquelles s'ajoutent des gommiers de 3 à 4 mètres, nombreux surtout le long des ruisseaux; les serpents rocheux rampent toujours sur le dos de la plaine, deux ou trois chaînes de collines plus hautes, de couleur grise et jaune, s'y mêlent. Du Kheneg Zrorha à l'Ouad Asgig, dans la troisième partie du trajet, tout relief cesse; plus d'arêtes rocheuses; terrain plat jusqu'au Dra : le sol, très dur, est couvert de cailloux noirs comme d'une écaille sombre et brillante; même végétation que tout à l'heure, moins abondante et plus étroitement cantonnée sur les bords des ruisseaux. Cette plaine s'appelle Ouṭa Bouddeïr. La quatrième région s'étend de l'Ouad Asgig au delta de l'Ouad Kheneg eṭ Ṭeurfa : le sol s'adoucit, le gravier se mêle de sable; celui-ci augmente à mesure que l'on avance; la végétation garde la même nature, les gommiers diminuent. La cinquième est la plaine de Medelles, delta sablonneux formé de vase et de dunes basses, de 50 centimètres à 1 mètre; l'Ouad Kheneg eṭ Ṭeurfa le traverse, divisé en trois bras; végétation abondante; des bouquets de grands tamarix ombragent une terre verdoyante, couverte de melbina, d'aggaïa et de sebt (1); des cultures apparaissent. Plus on avance, plus le sol devient humide; il est si vaseux durant les 2 derniers kilomètres que les animaux marchent à grand'peine et qu'on est forcé d'aller nu-pieds. Cette partie inférieure du Medelles est défrichée et labourée; on l'appelle Mạder Soulṭân; je m'y arrête à quelques pas de l'Ouad Dra. Ma nuit se passe là, au pied d'un bouquet de tamarix, en compagnie d'une douzaine d'Ida ou Blal, laboureurs au bivac.

Peu de monde aujourd'hui sur ma route; seuls, quelques cultivateurs revenaient du Mạder avec leurs bestiaux, après avoir terminé leurs labours. Les cours d'eau situés sur mon passage étaient à sec; aucun n'avait d'importance. Le lit de l'Ouad Toufasour, à fleur de terre, se distingue à peine; celui de l'Ouad Zrorha a un fond de galets large de 12 mètres et des berges de terre de 1 mètre; celui de l'Ouad Asgig a 30 ou 40 mètres de large, un fond moitié roche, moitié galets, des berges à pic de 1 ou 2 mètres. Durant la dernière partie du trajet, on distinguait le mont Taïmzouṛ et le Kheneg eṭ Ṭeurfa; seul relief entre eux et le chemin, un massif isolé, le Gelob, dressait à l'est sa double cime au milieu de la plaine qui s'étend du Bani au Dra. Le kheneg d'Adis était invisible; les collines entre lesquelles j'ai passé au sud de l'Ouad Toufasour le cachaient.

26 novembre.

Départ à 6 heures 5 minutes. A 6 heures 9 minutes, je sors de la plaine de Medelles et je gravis un bourrelet rocheux, le Rist Djedeïd, qui la sépare du Dra; à

(1) Le *sebt*, qui porte aussi le nom de *drin*, et le *geddim*, dont nous parlerons plus tard, ressemblent à l'ḥalfa : ils servent à tous les usages de celui-ci. Ces trois plantes sont beaucoup moins répandues au Maroc que ne l'est la dernière en Algérie. Il y a du sebt en quelques places sablonneuses de la région comprise entre le Bani et le Dra, et une certaine quantité d'ḥalfa sur le plateau qui couronne la portion centrale du Petit Atlas. J'ai trouvé du geddim sur les pentes inférieures du Grand Altas, au Tizi n Telṛemt, et sur la rive droite de la Mlouïa, au-dessous de Qçâbi ech Cheurfa, dans les vastes déserts de la Mlouïa et du Rekkam. Le Ḍahra est couvert d'ḥalfa; ce désert est le commencement des hauts plateaux du Sud Oranais, auxquels il se lie et dont rien ne le distingue : même aspect monotone, même sol stérile, mêmes longs steppes d'ḥalfa.

6 heures 13 minutes, j'en atteins la crête; à 6 heures 14 minutes, je suis dans le fleuve. Je le remonte. Le lit est de vase, sèche sur les bords, humide vers le milieu. De grands herbages, des fourrés de tamarix le recouvraient, ces jours derniers, d'une végétation touffue. A l'heure qu'il est, presque toute cette verdure a disparu sous les sillons : la majeure partie du sol est ensemencée; on laboure encore sans relâche; de toutes parts, on ne voit que charrues attelées de bœufs, de chevaux, de chameaux, on n'entend que les cris et les chants des laboureurs. Le lit de l'Ouad Dra est plat; il a 3 kilomètres et demi de large; un talus uniforme élevé de 100 mètres, la ligne bleue qu'on voyait de Tisint et de Tatta, le borde à gauche; le bourrelet rocheux d'à peine 30 mètres que j'ai franchi ce matin, le Rist Djedeïd, en garnit la rive droite. D'ordinaire, il disparaît en entier sous les hautes herbes et les broussailles : aux pluies d'automne, on les arrache pour cultiver : la moisson faite, elles l'envahissent de nouveau. En ce moment tout est défriché, à l'exception d'une bande de verdure de 500 mètres de large qui court au milieu; là, dans la partie centrale du lit, le sol est si détrempé qu'il est impossible de labourer : les hommes, même pieds nus, y marchent avec peine. Lorsque, les années très pluvieuses, les eaux du haut Dra arrivent jusqu'ici, elles inondent tout le lit et font une nappe infranchissable de 3 à 4 kilomètres de large; les cultures sont fécondées et la récolte assurée. S'il est tombé quelques pluies, mais non assez pour déterminer la venue du Dra supérieur, les maders sont encore arrosés; les rivières au confluent desquelles ils sont situés leur apportent leur tribut : dans ce cas, chaque mader est fertilisé, mais le lit n'est pas rempli; le peu d'eau qui y entre coule dans trois rigoles qui sont au milieu et que je verrai tout à l'heure. Enfin, si l'année est tout à fait sèche, l'eau ne descend nulle part, le sable reste stérile, et il y a famine. Plusieurs années de disette viennent de s'écouler; aussi quelle joie a accueilli les premières ondées, prélude d'un hiver humide! avec quelle précipitation tout le monde s'est jeté vers le mader! avec quel entrain chacun laboure le plus qu'il peut! Pendant les jours que je viens de passer à Tintazart, il n'y avait dans le qçar ni un homme ni une bête : vaches, ânes, chevaux, mulets, chameaux, tout était au mader avec les hommes; les femmes seules et les petits enfants gardaient les maisons. Toute la population mâle de la contrée, nomade et sédentaire, est massée depuis quinze jours dans cette étroite bande de terre. Des habitants du Petit Atlas, du Sous même et du Sahel, y ont des terrains et sont venus les cultiver. Le lit de l'Ouad Dra, d'habitude désert, présente l'aspect le plus gai et le plus animé. Au lever du jour, une multitude de feux s'allument le long des deux rives, perçant le brouillard du matin : c'est le premier repas qui s'apprête en silence. Puis chacun quitte le bivac et se met au travail; les vapeurs s'élèvent peu à peu; au-dessous des pentes du flanc gauche, encore d'un violet sombre, le soleil illumine le fleuve dont les sables se colorent d'un rose

doux : la vie renaît; le lit se couvre de monde; les laboureurs le parcourent en tous sens : on n'entend que les hennissements, les mugissements des animaux, et les cris des conducteurs qui les excitent.

Après avoir remonté quelque temps le fleuve, au milieu de ce travail, de ce mouvement universels, je visite les trois rigoles centrales où est en ce moment toute l'eau du Dra. La plus septentrionale a 20 mètres de large et 1 mètre de profondeur; la vase y est plus détrempée qu'ailleurs, mais elle ne contient point d'eau. La seconde, pareille, a seulement 10 mètres de large. La plus méridionale n'en a que 8, mais sa profondeur est double et de nombreuses flaques d'eau sèment le fond. L'eau du Dra est salée dans cette région. Les trois rigoles serpentent au milieu d'une végétation touffue; au ras du sol, diverses herbes se pressent en tapis; des tamarix de 3 à 4 mètres les ombragent. L'eau de la dernière rigole et l'humidité répandue dans le mader ont été apportées par des affluents du fleuve à la suite des pluies récemment tombées dans la montagne; elles suffisent pour assurer la moisson; si le haut Dra ajoutait son tribut, celle-ci serait plus belle; s'il venait au printemps, après cette moisson faite, on pourrait semer de nouveau et avoir double récolte. Les inondations produites par le cours supérieur durent peu de jours.

Je prends au retour le même chemin qu'à l'aller, en traversant le Medelles plus haut que la première fois. Les trois bras de l'Ouad Kheneg eț Țeurfa ont l'aspect suivant : le bras oriental a 20 mètres de large, des berges insensibles, un fond de sable en partie humide, point d'eau; le bras central est très humide, large de 40 mètres, du reste semblable au précédent; le bras occidental est pareil aux deux autres, mais plus sec; sa largeur est de 30 mètres; il marque la fin des sables et la limite du Medelles.

Un homme des Ida ou Blal m'a servi d'escorte dans cette excursion. Cet unique zețaț avait été difficile à trouver, tout le monde étant parti pour le Dra. Les fertiles terres des maders, quelque incultes qu'elles soient la plus grande partie de l'année, ont toutes leurs possesseurs. Chacun d'eux connaît sa parcelle. Un champ au mader se vend, s'achète, se loue comme un autre bien. Tant qu'il ne tombe pas de pluie, on ne s'en occupe pas; à l'apparition des premiers nuages, le propriétaire se prépare à labourer ou se met en quête d'un fermier. On passe au mader le temps du labour et des semailles, 15 jours ou trois semaines. Les hommes seuls y vont, avec les bestiaux; comme provisions, on emporte de l'orge et du maïs, parfois des dattes. Jamais on ne prend de tente : tout le monde bivaque, même les nomades. Les travaux terminés, on s'en va pour ne revenir qu'au moment de la récolte, en mars. Dans trois mois et demi, vers les premiers jours de mars 1884, je verrai moissonner ce qu'on sème aujourd'hui : la récolte sera superbe, quoique les eaux du haut Dra doivent continuer à faire défaut. A peine sera-t-elle achevée, ces eaux arriveront et inonderont le lit du fleuve durant plusieurs jours. Il est donc probable qu'on aura fait deux récoltes en 1884.

Le Mader Ida ou Blal est fort long; il se divise en plusieurs portions. Celle que j'ai visitée s'appelle le Rist Djedeïd, du nom des hauteurs qui la bordent.

II. — AQQA.

Parti de Tintazart le 28 novembre à 7 heures et demie du matin, j'arrivai à El Kebbaba, le plus oriental des qçars d'Aqqa, le même jour à 6 heures du soir. Mon escorte se composait de deux hommes. Obligé de marcher sur les territoires des Ida ou Blal et des Aït ou Mrîbeṭ, j'avais un zeṭaṭ de chaque tribu. La route de Tintazart à Aqqa peut se diviser en deux parties : de Tintazart au lit de l'Ouad Tatta, et de l'Ouad Tatta à El Kebbaba. La première partie est l'areg, tel que nous le connaissons, avec son sol uni, sablonneux et dur, ses touffes de melbina, d'aggaïa, de kemcha, ses gommiers rabougris de 1 à 2 mètres, ses serpents rocheux qui se déroulent en raies sombres à la surface blanche de la plaine; de temps à autre, un qçar apparaît avec sa fraîche ceinture de palmiers, faisant diversion à ce monotone paysage. Deux kilomètres avant d'atteindre l'Ouad Tatta, on traverse une cuvette sans végétation appelée Imchisen; elle est couverte d'une couche de 5 à 15 millimètres d'*amersal*, poudre blanche ayant l'apparence du sel, sans aucun goût. Peu après, à un kilomètre de la rivière, le sable s'amollit et se couvre d'une végétation abondante : les touffes de melbina et d'aggaïa s'élèvent; entre elles croissent des *akrass*, sortes de joncs d'un vert foncé; des tamarix se mêlent aux gommiers; au-dessus d'eux, quelques palmiers sauvages dressent leur tête. Cette verdure s'étend jusqu'à la rive gauche de l'Ouad Tatta. Elle y cesse. Là finit l'areg et commence la seconde partie de mon trajet. Le sol, toujours plat, devient gris et pierreux; plus de serpents rocheux sortant de terre, çà et là des plateaux bas, des talus rocailleux; une foule de lits de torrents coupent la route : tous sont à sec, avec un fond de gros galets de 6 à 15 mètres de large; la végétation reste la même, le gommier augmentant un peu. Tel est le pays, désert absolu, qu'on traverse de l'Ouad Tatta à El Kebbaba.

Depuis Tiiggan, dernier qçar de Tatta, je n'ai rencontré personne sur mon chemin. Les principales rivières que j'ai traversées sont : l'Ouad Adis (lit de roche large de 20 mètres, au milieu duquel coulent 3 mètres d'eau claire et courante; berges insensibles); l'Ouad Tatta (il se divise en trois bras : le bras oriental a 100 mètres de large, des berges de 1 mètre à 1/2, en galets roulants, un fond de roche où serpentent 3 mètres d'eau limpide et courante, salée; le bras central, large de 30 mètres, est à sec; le bras occidental a 60 mètres, un lit de roche et des flaques d'eau : ces divers bras sont séparés par des langues de terre partie sablonneuses et partie couvertes de gros galets, sans végétation); enfin l'Ouad Foum Meskoua (il se divise en trois ou quatre bras dont le plus large a 30 mètres; tous sont à sec, ont un lit de gros galets, et des berges à 1/2 hautes de 2 à 3 mètres). Tel était le Bani à Tisint, tel je l'ai vu à Tatta, tel je le retrouve à Aqqa. De quelque point qu'on aperçoive cette chaîne, on n'y distingue aucune différence. Partout même hauteur, même composition, même forme, même couleur. Entre les khenegs de Tatta et d'Aqqa, elle présente trois points remarquables : Foum Azerftin, kheneg étroit et désert donnant passage à l'Ouad Azerftin, ruisseau à sec; Foum Meskoua, kheneg semblable au précédent; Tizi Aqqa, col par où un second chemin conduit de Tatta à Aqqa. Cette voie suit le pied méridional du Bani de Tatta au col, franchit la chaîne à ce passage, et en longe le pied septentrional jusqu'au kheneg d'Aqqa. Le Tizi Aqqa est peu au-dessous du niveau général des crêtes.

L'oasis d'Aqqa, qu'on appelle aussi Aqqa ou Chaïb, ressemble à celle de Tisint. Forêt compacte de palmiers massée au sud du kheneg où l'Ouad Aqqa perce le Bani, elle s'étend en grande partie sur les bords de cette rivière. Un second cours d'eau contribue à l'arroser : l'Ouad Kebbaba sort du Bani à l'est de Foum Aqqa, coule au pied de la chaîne jusqu'au kheneg, et de là se dirige vers le sud en arrosant la portion orientale des plantations.

Les qçars d'Aqqa, comme ceux de Tisint, s'élèvent la plupart à la lisière de l'oasis; un seul se trouve au milieu. Ils sont au nombre de dix; en voici les noms : Tagadirt, Taourirt, Erḥal, Ez Zaouïa, El Qaçba, Agadir Ouzrou, El Kebbaba, Aït Djellal, Aït Bou Feḍaïl, Aït Anter. Autrefois, Tagadirt était la première en importance : à présent, Tagadirt, Taourirt, Erḥal, Agadir Ouzrou, sont de même force; El Kebbaba et El Qaçba sont un peu moindres; Ez Zaouïa est la dernière : Ez Zaouïa doit son nom au sanctuaire de Sidi Ạbd Allah Oumbarek, qu'elle renferme. Dans la population, mélange de Ḥaraṭîn et de Chellaḥa, les Ḥaraṭîn dominent. Aqqa, jadis sans debiḥa, est, depuis 40 ans, sous la suzeraineté des Aït ou Mrîbeṭ. Chaque qçar a son gouvernement séparé et est administré par un chikh. Les chikhs d'Aqqa sont héréditaires, et plus puissants que ceux de Tisint et de Tatta : ils sont Chellaḥa et originaires de leurs localités, excepté celui d'El Kebbaba, qui est un des chikhs Aït ou Mrîbeṭ.

Aqqa se trouve, pour le commerce, dans les mêmes conditions que Tatta. Naguère lieu d'arrivée des caravanes du sud, elle voyait affluer sur ses marchés l'or, les esclaves, les cuirs, les tissus du Soudan. A côté d'un trafic considérable, l'industrie locale s'était développée : Aqqa était célèbre pour ses bijoux d'or. Toutes ces sources de fortune sont taries; plus de commerce, plus d'industrie, plus de relations lointaines. Il reste une oasis comme Tatta, comme Tisint, vivant du produit de ses dattiers. Deux marchés subsistent, peu fréquentés : le Ḥad de Taourirt et le Tlâta d'Erḥal. Le trafic qui jadis enrichissait ce lieu s'est transporté à Tindouf et à Tizounin.

Aqqa égale et surpasse peut-être Tisint par son aspect riant et la beauté de sa végétation : point de fruits qu'on n'y trouve : à côté des dattes, bou sekri, bou iṭṭôb, djihel, bou feggouç, bou souaïr, elle produit en abondance figues, raisins, grenades, abricots, pêches, noisettes, pommes et coings. D'innombrables canaux arrosent ces beaux vergers. L'eau coule en toute saison et dans l'Ouad Aqqa et dans l'Ouad Kebbaba. On pêche des poissons dans le premier.

D'Aqqa on voit, dans la direction du sud, deux oasis, seules au milieu de la plaine. L'une, proche, est Oumm el Ậleg, petit qçar entouré de quelques palmiers; l'autre, lointaine, est Tizounin, localité importante qui apparaît comme une butte grise isolée dans le désert.

Les Aït ou Mrîbeṭ, sur les terres desquels est Aqqa, sont une nombreuse tribu nomade cantonnée entre le Bani au nord, les Ida ou Blal à l'est, l'Ouad Dra au sud, diverses tribus du Sahel à l'ouest. Elle se divise en fractions, dont la plus puissante est celle des Aït ou Iran. Occupant la portion orientale du territoire, ceux-ci ont sous leur suzeraineté Aqqa, Tizounin, Tizgi el Ḥaraṭîn, Tizgi es Selam (1), Tadakoucht (2), Icht. Deux frères, Chikh Ḥamed, résidant à Tizounin, et Chikh Moḥammed, résidant à El Kebabba, les commandaient autrefois; tous deux sont morts, et leur enfants leur ont succédé. Une faible partie des Aït ou Iran habite les oasis tributaires, la plupart vivent sous la tente. Le groupe n'a point de mạder particulier : il possède et loue des terres dans les mạders Ida ou Blal, Tatta et Aqqa. Les discordes, fréquentes entre les diverses fractions des Aït ou Mrîbeṭ, sont rares dans l'intérieur de chacune d'elles. La tribu est indépendante, et sans relations avec le sultan.

5°. — IDA OU BLAL.

Peu après mon retour d'Aqqa, je quittai Tintazart : mes excursions aux environs, des insinuations perfides des Juifs avaient attiré l'attention sur moi et rendu mon séjour périlleux. Le Daoublali (3) Ḥaïan, mon patron, craignant un attentat contre son client, vint en hâte m'avertir des bruits qui circulaient et des dangers que je

(1) Qçar unique avec dattiers.

(2) Qçar entouré de dattiers, situé entre Icht et Tamanaṛt.

(3) Le nom arabe des Ida ou Blal est *Doui Blal* (ذوي بلال); on l'écrit ainsi à Fâs, et ainsi sans doute il faut l'écrire. Dans le sud et à Mogador, on l'écrit sous la forme tamaziṛt Ida ou Blal (إذا أ بلال). Nous avons adopté cette dernière manière, employée par les membres de la tribu : ils disent *Ida ou Blal*, ou *Daoublal* au pluriel et *Daoublali* au singulier.

courais; il me proposa de m'installer dans sa maison, à Toug er Riḥ. J'acceptai. Toug er Riḥ est un qçar plus petit que Tintazart. Il se dresse au milieu de l'areg, sur une butte isolée dont il couvre les pentes et couronne le sommet. Cette situation lui a fait donner par les nomades le nom de *Toug er Riḥ*, « fille du vent »; il s'appelait primitivement Isbabaten. Les jardins en sont pauvres; aucune localité de Tatta n'a moins de palmiers.

Les Ida ou Blal sont une tribu nomade, se disant d'origine arabe (1), cantonnée

(1) Les Ida ou Blal ont le type et les manières des Arabes, et parlent la langue du Koran, seuls au milieu d'une population tamaziṛt; double motif d'admettre ce qu'eux-mêmes disent de leur origine. Les nombreuses formes imaziṛen qui figurent dans leurs noms de fractions m'inspirèrent pourtant des doutes à ce sujet. A mon retour du Maroc, j'essayai d'éclaircir la question; je fus conduit à regarder les Ida ou Blal comme Arabes : un long contact avec les Imaziṛen a introduit chez eux les appellations étrangères. Parmi mes documents sur les Ida ou Blal, en voici deux d'un intérêt particulier : le premier m'a été fourni par M. Montel, chancelier du consulat de France à Mogador, l'autre par M. Pilard, interprète militaire en retraite.

1° — « Les Ida ou Blal ont leur berceau dans le Sahara, entre les Tajakant et les Ạrib; ces trois tribus sont « de race arabe. Les Ida ou Blal se divisent aujourd'hui en trois groupes : le premier habite encore le terri- « toire originaire de la tribu; le second est établi dans la qaçba de Fâs Djedid et en un lieu appelé Ḍahr er « Ramka, proche de Fâs; le troisième est, depuis de longues années, installé aux environs de Merrâkech. De « plus, il y a parmi les Ḥaḥa quelques familles connues sous le nom d'Ida ou Blal et regardées comme origi- « naires de la grande tribu de ce nom; elles parlent la langue tamaziṛt et sont comptées comme faisant partie « des Ḥaḥa. »

2° — « Les Ạrib, les Doui Blal et les Tajakant sont des Arabes Mâkil fortement mêlés de nomades Zenâga. « Vers l'ouest, l'élément berbère semble prendre le dessus; aussi les Doui Blal y sont ordinairement dési- « gnés sous l'appellation chleuḥa d'Ida ou Blal. Quant aux Tajakant, leur véritable nom est Djakâna. Au con- « traire, les fractions demeurées dans l'est sont restées purement arabes. Tels les Oulad Moulat, portion des « Doui Blal, établis isolément dans les déserts du sud du Tafilelt; ils auraient, au dire des gens des oasis, « conservé encore aujourd'hui les flexions finales de la langue arabe (A).

« Les Doui Blal sont une tribu nomade dont le territoire habituel est entre Tatta et Mrimima, mais ils vo- « lent sur les routes jusque chez les Chaanba.

« Une des fractions des Doui Blal, les Oulad Moulat (B), est séparée du reste de la tribu et vit isolée dans « l'Areg er Raoui. Elle peut mettre sur pied 1 000 combattants montés deux à deux sur des meharis. Les Oulad « Moulat sont nomades; ils s'habillent de coton bleu foncé; tête nue; longs cheveux; sabres droits à deux « tranchants comme ceux des Touâreg. Ils sont libres; personne n'exerce de commandement dans la tribu. « Ils sont ennemis de tout le monde, sont craints des qçour du Tafilelt et ne respectent pas les zaouïas. Leur « perfidie est telle que le mot *mitsaq Doui Blal*, « foi des Doui Blal », est, dans le sud, synonyme de *foi pu- « nique*. En 1871 ou 1872, 350 tentes environ d'entre eux, ayant eu une querelle avec le reste des Oulad Mou- « lat, se sont séparées du gros de la fraction : elles ont émigré, 150 tentes à Timmi et à Tsabit, 200 chez les « Aït Ounbegi, à El Mạïder, entre l'Ouad Ziz et l'Ouad Dra (C). Cette querelle avait eu lieu à la suite du pil- « lage, par un groupe des Oulad Moulat, d'une caravane protégée par l'autre groupe. Ils s'ensuivit une « guerre civile qui dura deux ans et se termina par l'émigration du parti vaincu. Les Oulad Moulat, quelque « impies qu'ils soient, sont serviteurs religieux de Sidi el Ṛazi (Tafilelt), de Sidi Aḥmed el Ḥabib (Zaouïa el « Maṭi), et de Sidi Moḥammed ben Nacer (Tamegrout). »

Ces documents, s'alliant avec les renseignements que j'ai rapportés, prouvent que les Ida ou Blal, ou mieux Doui Blal, sont une tribu nomade d'origine arabe, dont la masse principale est établie sur les deux rives du

A. Je n'ai pas remarqué ce fait chez les Ida ou Blal que j'ai vus, c'est-à-dire dans le gros de la tribu : on y parle, comme partout au Maroc, un arabe qui est, à peu de chose près, notre arabe vulgaire d'Algérie.

B. Ils figurent sous le nom d'Imoulaten dans la décomposition qu'on nous a donnée à Tatta.

C. Pour les noms géographiques dont il est question ici, voir la *Carte générale du Tafilala* par M. le général Dastugue.

entre les premières pentes du Petit Atlas au nord; les Oulad Iaḥia à l'est; les Aït ou Mrlbeṭ à l'ouest. Au sud, elle s'étend à plusieurs journées de marche dans le désert, sans limite fixe : point de tribu entre elle et le Soudan. Si les Ida ou Blal parcourent en maîtres ce vaste territoire, leurs tentes en occupent une faible portion. Par mesure de sûreté, elles ne se disséminent pas : le plus souvent toutes sont massées en un point; elles se divisent rarement en plus de deux groupes. La majeure partie de l'année, la tribu se tient dans le voisinage de Tisint ou de Kheneg eṭ Ṭeurfa, entre le Bani et le Dra; au printemps, elle passe le fleuve, appelée par les riches pâturages qui se trouvent sur sa rive gauche entre lui et le Ḥamada. La zone d'opérations des Ida ou Blal s'étend au delà de leur territoire. Ces opérations consistent en deux choses : escorte et pillage de caravanes : ạnaïa et ṛazia. De Tatta à Timbouktou, de Tatta à l'Adrar, dans le triangle compris entre ces trois points, dans le Sahel au sud de l'Ouad Dra, on les trouve tantôt par petits groupes, escortant des convois, tantôt par troupes de 50 à 60, battant le pays pour en surprendre. Principaux théâtres de leurs courses, ces régions ne sont pas les seules; ils parcourent la Feïja au nord du Bani, poussent des pointes au sud du Dra sur les Ạrib et les Berâber, apparaissent avec leurs ṛezous jusqu'au Tafilelt et au Touat.

Voici la décomposition des Ida ou Blal :

- IDA OU BLAL
  - Ḥaïan.
    - Aṭṭara
      - Soualeb.
      - Behenni.
      - Aït El Ḥaseïn.
      - Oulad Ạbd Allah.
      - Mdahi.
      - Oulad Bella.
      - Igertat.
      - Aït Mḥammed.
      - Soukkan.
    - Ḥaïan el Bali
      - Ferarma.
      - Djedân.
      - Imoulaten.
  - Mekrez
    - Mekrez el Ḥadjer
      - Aït Mousi.
      - Aït Ḥamed.
      - El Qcibat.
      - Meskis.
      - El Khleṭ.
      - Aït Oujana.
      - Aït Boudder.
    - Iannout
      - Aït Ba Ḥaman.
      - Aït Ḥarz Allah.
      - Oulad Doudoun.

Dra, entre les méridiens de Tatta et de Mrimima. Un groupe important de la tribu, appartenant à la fraction des Imoulaten ou Oulad Moulat, a émigré depuis longtemps vers l'est, où il est cantonné au sud du Tafilelt. Un certain nombre de familles Doui Blal ont été transportées, de force probablement, par quelque puissant

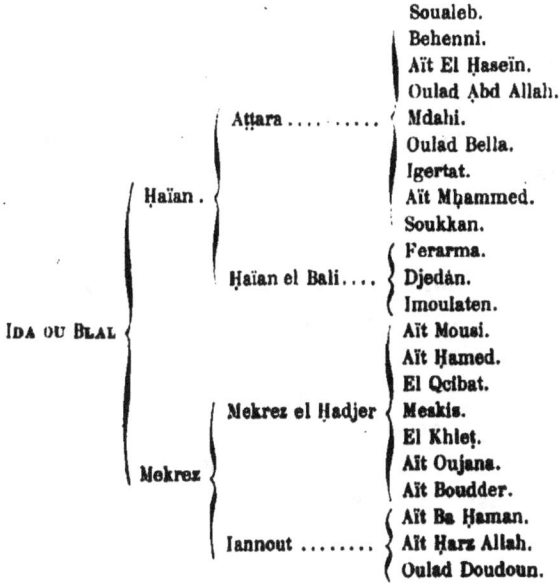

Les Ida ou Blal forment environ 1800 fusils et 100 chevaux. Les chevaux étaient autrefois plus nombreux : la dernière guerre entre les Ḥaïan et les Mekrez les a décimés. Cette guerre, dont les rancunes ne sont pas éteintes, quoique la paix soit faite, s'est terminée à l'avantage des Ḥaïan. Les pertes en hommes ont été presque égales des deux côtés : il est mort 120 Ḥaïan et 150 Mekrez. Nous avons dit le motif de la querelle : l'attaque par les Mekrez d'un Chleuḥ de Tintazart, client des Ḥaïan. Un chikh héréditaire commandait jadis chaque fraction des Ida ou Blal; seul le titre subsiste dans les familles qui le possédaient, le pouvoir n'y est plus attaché : les groupes s'administrent isolément par l'assemblée de leurs principaux membres. Un Daoublali a une grande autorité sur toute la tribu et peut, sans porter de titre, en être regardé comme chef : il s'appelle Ạli ould Ben Naịlat. Bien qu'ayant une maison à Toug er Riḥ, il habite sous la tente, avec l'ensemble de ses concitoyens. Ḥaïan, sa considération est aussi grande chez les Mekrez que parmi les siens. Hors de cette influence, les Ida ou Blal n'en subissent que deux, à un degré moindre : l'une, temporelle, celle qu'Ạli ben Hiba, de Djebaïr, s'est acquise par ses richesses; l'autre, spirituelle, celle du Jakani Ḥamed Digna, fils d'El Mokhtar, le marabout de Tindouf.

Les Ida ou Blal sont indépendants et ne reconnaissent point le sultan. Je demandai un jour à l'un d'eux s'ils n'avaient jamais eu de relations avec lui. « Si, me répondit-il, nous en avons eu il y a un an et demi; voici lesquelles. Moulei el Ḥasen ayant, pendant sa campagne du Sahel, envoyé des secrétaires et des mkhaznis ramasser l'impôt dans le Ras el Ouad, nous dépêchâmes un ṛezou s'embusquer sur leur passage : quand les gens du gouvernement revinrent, avec des mulets chargés d'argent, on les attaqua, les mit en fuite, et l'on amena en triomphe parmi nous le tribut des habitants du Sous et les armes et les chevaux des mkhaznis. Telles furent les dernières relations de notre tribu avec le sultan. Je ne sache pas qu'elle en ait eu d'autres. »

Chez les Ida ou Blal, comme à Tintazart, on ne voit que de jeunes hommes : les pères ont été moissonnés dans les guerres civiles qui désolèrent la tribu et dont la dernière finit à peine. Puissants il y a quinze ans, les Ida ou Blal sont sans force à l'heure présente, épuisés par ces querelles intestines. Eux, dont le nom faisait trembler jadis tout le Sahara, ont peine à se défendre des incursions des tribus voisines. Ils sont moins occupés d'envoyer des ṛezous que de se garder contre ceux des autres. Les Berâber les attaquent sans cesse. A chaque instant on en signale une troupe

sultan, les unes à Merrâkech, les autres à Fâs, où elles ont perpétué leur nom et leur race. Quelques-unes enfin sont mêlées, on ne sait comment, à la tribu tamaziṛt des Ḥaḥa. Les premiers se sont un peu altérés au contact des Chellaḥa et des Ḥaraṭin, leurs voisins; les seconds, plus isolés, ont gardé leur physionomie et leur langage primitifs. Les troisièmes sont des Arabes dégénérés, semblables aux Arabes d'Algérie. Les derniers sont Imaziṛen de mœurs et de langue et n'ont de Doui Blal que le nom.

sur quelque point du territoire. Nous en avons vu une se jeter sur les jardins de Tisint; quinze jours après, une autre s'abattait sur le mader à l'est du Rist Djedeïd. Ces incursions sont contraires à toute loi, car les Ida ou Blal sont clients des Berâber. Chaque année, ceux-ci envoient des députés percevoir le montant du tribut, une ouqia par fusil; les Ida ou Blal qui voyagent sur leurs terres paient, en outre, 2 ouqias par chameau, une par âne et une par personne. La debiḥa existe depuis un temps immémorial : jadis les conventions en étaient respectées des deux côtés; aujourd'hui, profitant de la faiblesse de leurs vassaux, les Berâber font exécuter les clauses à leur bénéfice et ne tiennent pas compte de celles qui sauvegardent les Ida ou Blal. Tributaires des Berâber, les Ida ou Blal sont eux-mêmes suzerains d'une foule de tribus et de districts : les Aït Jellal, les qçars de l'Ounzin, des ouads Aginan et Aït Mançour, de Tatta, de Tisint, ceux de la Feïja, sauf Qaçba el Djoua, ceux du sud du Bani situés sur leur territoire, sont leurs clients. Ces nombreux pactes entraînent des rapports continuels entre eux et les tribus voisines : en un mois et demi, j'ai vu plus de dix députations chez eux, toutes venues pour le même objet : plaintes sur des convois attaqués malgré des debiḥas, et demandes de restitution. Les réclamants étaient des Berâber, des Aït Jellal, des Chellaḥa du Petit Atlas, jusqu'à des gens du Tafilelt. Les Ida ou Blal sortent peu du Sahara. Quelques-uns à peine ont été à Mogador ou à Merrâkech, aucun à la Mecque. Ils connaissent admirablement leur pays et sont au courant de la région qui s'étend d'ici au Tafilelt, à Ouad Noun, à Timbouktou et à l'Adrar.

Les Ida ou Blal sont en ce moment dans la dernière misère : leurs guerres intestines les avaient appauvris; plusieurs années de famine ont mis le comble à leur détresse. En temps ordinaire, la tribu est riche : ses troupeaux, nuls aujourd'hui, sont d'habitude nombreux; le mader la fournit de grains; quelques-uns de ses membres se livrent au commerce du Soudan; enfin, elle a dans le Sahara une ressource inépuisable, par les sommes que lui vaut l'escorte des caravanes et le butin qu'elle fait en les pillant. Le rezou est, chez les Ida ou Blal, la première des institutions. Il s'organise de la façon suivante : un ou plusieurs individus, connus pour leur audace, annoncent qu'on va entreprendre une razia et font appel aux hommes de bonne volonté. Des jeunes gens de la tribu se présentent; souvent des Chellaḥa des qçars se joignent à eux, ou prêtent leurs chevaux moyennant une part de butin. Les rezous se composent de chameaux, de chevaux, ou de fantassins. Les derniers, parfois de 400 à 500 hommes, font des expéditions de courte durée et dans un rayon peu étendu. Les autres ne dépassent pas 100 combattants et opèrent au loin. Ils emmènent des chameaux chargés de dattes, s'installent auprès d'un point d'eau et envoient chaque jour des cavaliers à la découverte; l'un d'eux aperçoit-il un convoi ou des voyageurs, il vole l'annoncer. On s'élance à la poursuite de la proie, on s'empare des marchandises, on dépouille les hommes: s'ils appartiennent à des tribus éloignées, à des tribus faibles, ou si ce sont des Juifs, on les renvoie nus, mais vivants; s'ils sont d'une fraction proche et de qui l'on redoute des représailles, on les tue pour sauver le secret. Puis on revient aux chameaux et on guette de nouveau. Tant que durent les dattes, on reste en embuscade dans le même lieu, ou à des points d'eau voisins; lorsqu'il n'y en a plus, on s'en retourne. Quelquefois le ṛezou tombe à l'improviste sur des douars d'une tribu voisine qu'il sait isolés ou mal gardés. Les Ida ou Blal, ces impies qui ne veulent pas entendre parler de religieux, ne partent jamais pour une ṛazia sans en avoir un dans leurs rangs. Ils l'emmènent pour prier Dieu de rendre l'expédition fructueuse : chaque jour, il demande au Seigneur de favoriser le ṛezou, de faire tomber de nombreux voyageurs dans ses pièges, de lui inspirer les meilleures embuscades. On paie ses services sur les bénéfices de l'opération. A-t-on fait de riches captures? Il touchera une part considérable. S'est-on fatigué en vain? n'a-t-on rien pris? C'est un mauvais marabout! on l'accable de reproches; on ne lui donne rien; on ne l'emmènera pas une autre fois. Les ṛezous qui du Bani au Soudan sillonnent le désert en tous sens sont le seul danger des voyageurs dans cette région. Les grandes caravanes, de plusieurs centaines de personnes, n'ont rien à redouter; elles sont armées et on n'ose les attaquer : telles sont celles qui, chaque printemps et chaque automne, traversent le Sahara entre Timbouktou d'une part, Tindouf, le Dra, le Tafilelt de l'autre. Les négociants qui, pour faire de meilleures affaires en devançant l'arrivée générale, essaient de franchir seuls le désert, ont tout à craindre. Ils s'efforcent d'échapper par le petit nombre et la vitesse à la vue des ṛezous. Quelquefois ils ont ce bonheur. C'est ainsi, presque seul, que le docteur Lenz traversa le Sahara. Le récit de son passage à Tindouf est ici sur les lèvres de chacun. Comme il était en cette oasis, à la veille de s'enfoncer dans le désert, on s'étonnait de son audace : s'aventurer seul dans ces solitudes terribles! Et les pillards, les Berâber, les Oulad Deleïm, les Regibat, n'y pensait-il pas? Pour réponse, il montra son fusil. « De combien d'hommes sont ces ṛezous dont vous voulez m'effrayer? — De 60, 80, 100 même. — Pas plus de 100? — Non. — Eh bien, regardez! » Il épaule son arme et tire, sans recharger ni s'interrompre, cent cinquante coups de feu. Les Ida ou Blal ont des idées fort étranges sur les Chrétiens : ils les considèrent plutôt comme des sortes de génies, de magiciens, que comme des hommes ordinaires. Ils les croient très peu nombreux, disséminés dans quelques îles du nord, et doués d'un pouvoir surnaturel : les uns me demandaient s'il était vrai qu'ils labourassent la mer, d'autres si les Français étaient aussi nombreux que les Ida ou Blal. Cette dernière question est excusable. Ils savent de nous une seule chose : depuis trois ans, les gens de Figig, une poignée de Chellaḥa et de Ḥaraṭîn, nous font impunément la guerre sainte. Eussent-ils osé s'attaquer à une tribu comme la leur? Les Ḥaraṭîn de

Tisint entreraient-ils en lutte avec les Ida ou Blal? Jamais. On juge notre puissance d'après notre conduite à Figig; on n'en saurait avoir une haute idée. Notre réputation est telle dans le Sahara Marocain, du Sahel à l'Ouad Ziz. On n'y admet pas que notre patience à Figig soit respect pour Moulei El Ḥasen. Il n'est pas le maître de Figig. Qu'existe-t-il de commun entre lui et cette oasis? Il n'y a guère plus d'ignorance, en effet, à mettre au même rang la France et les Ida ou Blal qu'à croire Figig soumis au sultan de Fâs.

6°. — RETOUR A TISINT. MRIMIMA.

Aqqa et le mader étaient les limites ouest et sud que j'avais fixées à mon voyage. Je songeai, après quelques jours passés à Toug er Riḥ, à m'occuper du retour; il devait s'effectuer par le Ternata ou le Mezgîṭa et le Dâdes. Tisint était la première étape sur cette voie. Je priai mon patron de m'y ramener.

17 décembre.

Départ à 8 heures du matin, en compagnie de trois Ida ou Blal. Je traverse le kheneg d'Adis, puis je m'engage dans la vallée de l'Asif Oudad, où je regagne mon chemin de l'aller. De Toug er Riḥ à l'Ouad Imi n ou Aqqa, on est dans l'areg, sable dur semé de rares touffes de melbina et d'aggaïa. Au delà de l'Ouad Imi n ou Aqqa, je retrouve la région parcourue en venant à Tintazart, sol pierreux avec des gommiers, nombreux surtout au bord des cours d'eau. J'arrive à 3 heures et demie à Aqqa Igiren, gîte d'aujourd'hui.

J'ai vu près du kheneg d'Adis plusieurs rivières nouvelles : l'Ouad Toug er Riḥ (au pied de Toug er Riḥ, il a un lit de gravier large de 12 mètres, et est à sec; plus haut, près de Tiiti, l'eau y coule); l'Ouad Adis (au pied de Tamessoult, le lit en a 20 mètres de large, dont 8 remplis d'eau claire et courante de 40 centimètres de profondeur; berges de terre à 1/2, hautes de 5 mètres); l'Ouad Izourzen (40 mètres de large, à sec, fond de gravier avec rigole de vase humide au milieu; hautes berges de sable); l'Ouad Imi n ou Aqqa (50 mètres de large, à sec, lit de gros galets, berges de sable de 1 à 2 mètres); l'Asif Oudad (25 mètres de large, à sec, lit de gros galets, berges d'un mètre).

18 décembre.

Départ d'Aqqa Igiren à 8 heures du matin. Arrivée à Agadir Tisint à 4 heures du soir. L'aspect du pays entre Tatta et Tisint a changé en l'espace d'un mois :

la végétation s'est modifiée; la melbina, vivace à la fin de novembre, est desséchée; de verte l'aggaïa est devenue jaune. On ne voyait alors que ces plantes, avec la kemcha : aujourd'hui une foule d'herbes, de fleurs, sont sorties de terre et la couvrent de verdure. On les trouve sur tout le parcours, ici poussant dans le sable, là se glissant entre les pierres, partout substituant les teintes éclatantes des fleurs et des feuilles à la surface grise du sol. Quelques gouttes de pluie ont produit cette transformation.

SÉJOUR A TISINT.

En arrivant à Agadir, je descendis chez le Ḥadj Bou Rḥim qui, lors de mon premier passage, m'avait fait promettre d'accepter au retour son hospitalité. Des circonstances inattendues devaient m'amener à avoir cet homme pendant près de quatre mois comme compagnon de chaque jour. Je ne puis dire combien j'eus à me louer de lui, ni quelle reconnaissance je lui dois : il fut pour moi l'ami le plus sûr, le plus désintéressé, le plus dévoué; en deux occasions, il risqua sa vie pour protéger la mienne. Il avait deviné au bout de peu de temps que j'étais Chrétien; je le lui déclarai moi-même dans la suite : cette preuve de confiance ne fit qu'augmenter son attachement. Le Ḥadj Bou Rḥim est Ḥarṭâni; c'est l'un des principaux habitants de Tisint.

J'étais loin de prévoir, le 18 décembre, en entrant dans sa maison, que j'allais vivre avec lui durant plusieurs mois. Je ne pensais qu'à une chose : gagner le Ternata, le Mezgîṭa ou le Tinzoulin, et continuer rapidement ma route au nord-est. Se rendre d'ici au Ternata est difficile : on va sans grands dangers à Mḥamid el Ṛozlân avec des zeṭaṭs Berâber; pour atteindre directement le Tinzoulin ou le Ternata, il faut traverser le territoire des Oulad Iaḥia, et ceux-ci sont en guerre avec les Ida ou Blal et avec Agadir; de plus, une famine terrible, auprès de laquelle celle d'ici n'est rien, règne chez eux : dans cette détresse, tous sont brigands; ils attaquent, pillent tout le monde; point d'ạnaïa qu'ils respectent. Le Ḥadj Bou Rḥim et mon patron Ḥaïan réfléchissent aux moyens de me mettre en route. Deux partis se présentent : le premier est de s'adresser à un Daoublali ayant des parents parmi les Oulad Iaḥia et demeuré en bonnes relations avec eux malgré les hostilités, et de le prier de faire venir chez lui des zeṭaṭs sûrs, entre les mains de qui on me mettrait et qui me mèneraient au Tinzoulin : on dresserait, selon l'usage du Sahara pour les occasions importantes, un acte par lequel les zeṭaṭs se déclareraient responsables de moi envers la tribu des Ida ou Blal, s'engageant, en cas de malheur, à lui payer une somme considérable. Le second parti est d'aller à Mrimima, village peu éloigné d'ici, où se trouve la célèbre zaouïa de S. Ạbd Allah Oumbareḳ, la plus vénérée d'entre Sous et Dra après celles de Tamegrout et de S. Ḥamed ou Mousa. S. Ạbd Allah, chef actuel de la zaouïa, est très considéré parmi les Oulad Iaḥia : on lui demanderait de me faire conduire par un de ses propres fils jusqu'au Tinzoulin. Point de zeṭaṭ qui vaille une pareille protection; et là, au moins, pas de trahison à craindre : les marabouts de Mrimima sont gens à qui l'on peut se fier. On s'arrête à ce dernier projet. Je pars pour Mrimima.

26 décembre.

Départ à 9 heures et demie du matin, en compagnie du Ḥadj et de trois Ida ou Blal, parmi lesquels mon patron. En sortant de l'oasis, auprès d'Ez Zaouïa, je trouve une plaine de sable dur, semée de quelques touffes d'aggaïa et de melbina. Vers 11 heures un quart, j'en atteins l'extrémité, et j'entre dans un défilé entre le Djebel Feggouçat et la Koudia Bou Mousi. Le Djebel Feggouçat est un serpent de roche noire étroit et bas, pareil à celui de Tintazart; la Koudía Bou Mousi, plus élevée, est un lourd massif de collines grises aux pentes douces. Entre eux s'étend un large couloir où je marche. Le sol est formé de dunes de sable, hautes de 1 à 2 mètres; la végétation est plus vivace qu'auparavant : l'aggaïa, plus haute et plus abondante, se mêle de touffes de sebt. Par places, le sable est humide : il disparaît alors sous la verdure et se couvre de ziâda, de ḥamid, d'ouḍen naja, de ṛerima el ṛzel (1). A midi un quart, je quitte le défilé et franchis le Djebel Feggouçat. De sa crête, on voit le désert jusqu'au Dra. C'est une vaste plaine, sillonnée de serpents rocheux et de collines, analogue d'aspect à celle qui s'étend au sud de Tatta. Toutefois le terrain semble plus accidenté ici que là, les chaînes plus nombreuses et plus hautes. Les deux principales sont le Djebel Mḥeïjiba, ou Koudia Mrimima, et le Djebel Hamsaïlikh. La première paraît avoir 60 à 70 mètres d'élévation au-dessus de la plaine environnante, la seconde davantage; toutes deux sont de roche nue, et ont leurs flancs en pente douce. Le Mḥeïjiba est noir et luisant comme le Bani, le Hamsaïlikh d'une teinte claire; ce dernier contient, dit-on, des minerais. Je vois à quelques pas du chemin un massif de verdure célèbre dans la contrée : il cache les sources de S. Ạbd Allah ou Mḥind, sources intarissables et douées de rares propriétés : toute personne atteinte d'une maladie scrofuleuse n'a qu'à aller à la qoubba de S. Ạbd Allah ou Mḥind, à Ez Zaouïa, à y passer trois jours en prières et en sacrifices, puis à se baigner ici : sa guérison est assurée. La Koudia Bou Mousi donne, plus à l'est, naissance à d'autres sources et ruisseaux; un canton se trouve là, le Meṛder Djeld, où, quelle que soit la séche-

(1) La ziâda a 50 centimètres à 1 mètre de haut; les autres plantes poussent au ras du sol.

resse, poussent toujours d'abondants pâturages. Les tentes des Ida ou Blal y sont en ce moment.

De l'autre côté du Feggouçat, je franchis deux vallons parallèles, à fond de sable durci, où poussent quelques gommiers; puis je débouche dans une plaine dont le sol, dur et couvert de galets, a pour seule végétation de petits gommiers qui bordent les lits desséchés des ruisseaux. Cette plaine se prolonge au loin : bornée au nord par un talus bas que perce l'Ouad Tisint au Tizi Igidi (1), à l'est par le Hamsaïlikh, au sud par le Mḥeïjiba, s'étendant à l'ouest jusqu'à la ligne uniforme et mince du Zouaïzel, talus plutôt que collines, elle est traversée par les ouads Tisint et Zgiḍ, qui s'y réunissent auprès de Mrimima, et en sortent pour gagner le Dra par une large trouée, Foum Tangarfa (2). Cette brèche montre, dans le lointain, les collines bleues du Dra. Au pied du Mḥeïjiba, on voit les palmiers de Mrimima, vers lesquels je marche. Dans la direction du nord-est s'aperçoit Foum Zgiḍ, kheneg dans le Bani, semblable à ceux d'Aqqa et de Tatta; là est l'oasis de Zgiḍ, et passe l'ouad du même nom. Quatre ou cinq mamelons isolés se dressent dans la plaine entre Mrimima et Foum Zgiḍ, à 6 ou 8 kilomètres d'ici; on les appelle El Gelob es Sṛir ou Gelob Mrimima; ces qualificatifs les distinguent d'un autre Gelob, que j'ai vu en allant au mạder. Jusqu'à Mrimima, le sol reste le même, plat, dur, pierreux; à mesure qu'on approche, les gommiers augmentent. A 2 heures, j'entre dans le village.

Hors l'Ouad Tisint, j'ai traversé un seul cours d'eau de quelque importance, Tazrout Timeloukka (lit de 20 mètres de large, dont 10 couverts d'eau claire et courante; fond de roche).

SÉJOUR A MRIMIMA.

A notre arrivée à Mrimima, mes compagnons et moi descendons dans une des premières demeures du village : c'est une maison

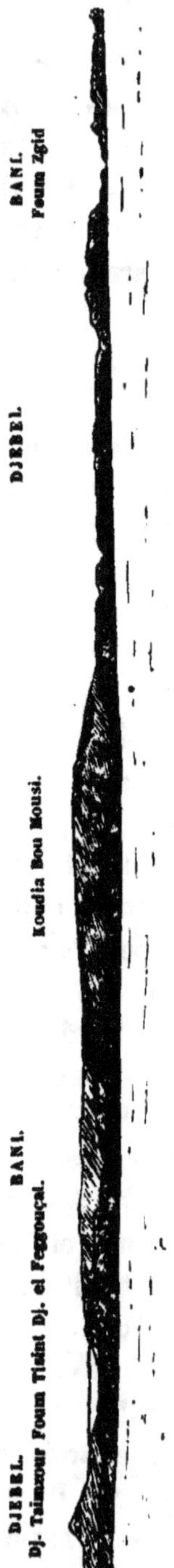

Areg au sud de Tisint et portions de la crête du Bani. (Vue prise de Mrimima.)
Croquis de l'auteur.

(1) L'Ouad Tisint se creuse dans le plateau d'où il sort, à Tizi Igidi, une vallée à fond plat, profonde de 20 à 25 mètres et large de 800.

(2) Les pierres à fusil dont on se sert à Tisint et assez loin à la ronde viennent de Foum Tangarfa; dans les hauteurs voisines, le silex abonde; les nomades l'enlèvent par gros blocs et l'apportent à Tisint, où on le taille.

vide appartenant à Sidi Ạbd Allah ; il en possède plusieurs semblables; elles servent à loger ses hôtes au moment d'une foire célèbre qui se tient chaque année. Aussitôt installés, nous voyons venir à nous les fils du marabout : ils sont au nombre de quatre; l'aîné, S. Oumbarek, est un homme de 30 à 35 ans; son père lui laisse en grande partie la direction de la zaouïa; les autres sont plus jeunes. On apporte une natte pour les Musulmans, des dattes pour tout le monde; puis vient un plateau avec des verres et ce qu'il faut pour le thé, moins le sucre et le thé. C'est au Juif à les fournir. On s'installe. A peine est-on assis, S. Oumbarek se répand en plaintes contre les Ida ou Blal : « Toutes les tribus nous servent; toutes nous présentent de riches offrandes : les Ida ou Blal seuls ne nous donnent rien; bien plus, allons-nous chez eux pour prélever la redevance, non contents de ne pas la remettre, ils nous accueillent avec des quolibets, des plaisanteries et de mauvaises paroles. Je leur en veux, non pour ce qu'a souffert chez eux mon ventre, mais pour ce qu'ont souffert mes oreilles : gens grossiers, inhospitaliers, impies autant qu'avares. D'ailleurs ils ont ce qu'ils méritent. Ils accueillent mal les marabouts et méprisent leurs bénédictions; Dieu non plus ne les bénit point : ils meurent de faim, et sont divisés entre eux. Autrefois, c'était une grande tribu; à présent, c'est la dernière du désert. Les Berâber les pillent de tous côtés, les Oulad Iaḥia en font autant, jusqu'aux Aït Jellal qui les bravent; dans le Sahel, dans le Dra, ils n'osent plus mettre les pieds. Ils sont la risée de tout le monde. Et puis, il n'y a plus d'hommes parmi eux : tous les braves d'autrefois sont morts. Aujourd'hui ce sont tous des femmes, tous des menteurs, tous des traîtres : pas un qui ne viole son ạnaïa. Demandait-on le mezrag à leurs pères, ils l'accordaient aussitôt, pour le seul honneur, sans rien réclamer. Le demande-t-on aux Ida ou Blal d'à présent? Leur première parole est : « Combien me « donnerez-vous? » Et ils en marchandent le prix comme des Juifs. Aujourd'hui, parmi tous les Ida ou Blal, pas un qui soit brave, pas un qui soit généreux, pas un qui soit franc, pas un qui soit loyal; et à mesure qu'ils valent moins, ils ont plus de prétentions : depuis quelque temps il pousse chez eux des chikhs de toutes parts : jadis combien de leurs pères avaient une chiakha (1) véritable, qui ne pensaient pas à en prendre le titre : à cette heure, dans la tribu entière il n'y a plus l'ombre d'une chiakha et tout le monde est chikh. C'est une race d'hommes cupides et traîtres; il n'y a rien de bon en eux; aussi nous ne les visitons plus. Ils ne veulent pas de nos bénédictions; mais dès aujourd'hui ils ont visiblement le prix de leur impiété et de leur mépris pour les hommes du Seigneur. » Mes trois Ida ou Blal se taisent et font longue figure devant cette harangue qui se prolonge sur le même ton durant plus d'une heure. Ce que dit S. Oumbarek est vrai; mais l'amertume avec laquelle

(1) Autorité de chikh.

le marabout leur reproche de ne point lui donner d'argent est aussi répugnante que leur avarice. Pour moi, je m'amuse à voir ces loups se mordre entre eux.

Dans la soirée, on agite la question de mon départ pour le Tinzoulin. Sidi Oumbarek m'y conduira en personne; il fait voir qu'il ne marchande pas moins son ạnaïa que les Ida ou Blal : c'est au bout de deux heures de discussion qu'on s'entend sur le prix. Enfin on tombe d'accord : je verse la somme sur l'heure : il est convenu qu'on partira après-demain.

Le lendemain matin, 27 décembre, mes Ida ou Blal, n'ayant plus rien à faire ici, s'en vont ainsi que mon ami le Ḥadj. Au moment des adieux, j'ai toutes les peines du monde à faire accepter un cadeau à ce dernier; avec les autres, au contraire, il y a un règlement de compte laborieux. Me voici seul à Mrimima avec Mardochée et un domestique israélite. Dans l'après-midi, nous recevons la visite de S. Ạbd Allah en personne. C'est un vieillard d'environ 70 ans, à barbe toute blanche, tranchant sur le brun de sa peau; car il est Ḥarṭâni. Il nous parle avec bienveillance, mais sa péroraison rappelle les discours de son fils : « Grâce à Dieu, vous êtes maintenant débarrassés de vos Ida ou Blal, gens impies et sans foi qui n'étaient venus que pour vous dépouiller. Quant à moi, je n'aime pas les Juifs; mais Dieu vous a conduits ici dans la maison de la confiance : vous y êtes les bienvenus, et, quand vous voudrez partir, je vous ferai mener où vous voudrez en sûreté. Mais voyons, les Juifs! vos pareils, quand ils se présentent, ne m'abordent que les mains pleines de toutes sortes de cadeaux : vous, vous ne m'avez rien donné; tâchez de réparer votre faute et de m'offrir quelque chose de bien : pas de khent, pas de ces objets ordinaires et grossiers; je veux quelque chose de bien. Je repasserai tout à l'heure : à présent, je vais parler à des Oulad Iaḥia avec qui je vous ferai partir. » Il nous quitte, va et revient au bout d'une demi-heure : « Ce que vous avez de mieux à faire est de passer le sabbat ici et de ne vous mettre en route que le lendemain. J'ai donné rendez-vous pour samedi à ces Oulad Iaḥia qui s'en iront dimanche avec vous. Maintenant, voyons ce que vous m'avez préparé de bien! » Je lui montre ce que j'ai, du thé, de la cotonnade blanche, deux pains de sucre. Il prend le tout, et nous lui déclarons que nous sommes les gens les plus heureux du monde de ce qu'un grand saint comme lui ait bien voulu accepter ce faible don. Je ne suis pas aussi content que je le dis. Voici mon départ remis à plusieurs jours, car on n'est qu'à jeudi. Puis, que sont ces Oulad Iaḥia à qui S. Ạbd Allah veut me confier, alors qu'il était convenu que son fils me conduirait lui-même? Ces marabouts ont moins de parole encore que les Ida ou Blal. Mais que faire? Je suis à leur merci. C'est le cas d'être fataliste et d'attendre avec résignation. Espérant que cela pourrait produire quelque effet, je me recommandai du cherif d'Ouazzân. Jamais je ne m'étais servi de sa lettre, pour la meilleure raison : son nom était inconnu de ceux à qui j'avais eu affaire jusqu'alors, et son influence nulle dans les régions que j'avais traversées depuis Fâs. Ici il n'en est pas autrement, mais dans la zaouïa du moins son nom est connu et respecté. Je fis voir sa lettre à S. Ạbd Allah. Dans les premiers jours, ce fut un événement : on lut l'épître en pleine mosquée ; comme effets, il résulta qu'on me traita avec plus d'égards qu'auparavant, que chaque jour S. Ạbd Allah me faisait une visite et que, le soir, il envoyait deux de ses fils passer la nuit dans ma chambre, honneur et protection à la fois.

Le samedi, le dimanche se passent, on ne parle point de départ. Par extraordinaire, S. Ạbd Allah reste invisible. Je demande S. Oumbarek : il est malade. Enfin, le lundi matin, je vis arriver ce dernier : il était impossible, disait-il, de se mettre en route : deux troupes de 20 fusils, l'une de Berâber, l'autre d'Ạrib, de passage ici, avaient appris que j'allais partir ; le bruit que j'étais Chrétien, venu de Tintazart, s'était répandu dans le pays et leur était parvenu ; de plus, on me croyait chargé d'or. Les deux bandes s'étaient embusquées dans la montagne et guettaient mon passage pour m'attaquer. Il fallait patienter. Dans trois ou quatre jours, quand, lasses d'attendre, elles auraient disparu, S. Oumbarek prendrait avec lui 30 ou 40 Ḥaraṭîn et me conduirait en personne à destination. Le lendemain, S. Ạbd Allah vint confirmer ces paroles : « Ayez confiance en moi ; je vous ferai partir en sûreté avec mon fils, quand tous ceux qui voudraient vous manger seront partis ou vous auront oubliés. Mrimima est un ventre de hyène, rendez-vous de tout ce qu'il y a de mauvais. Mais, patience ; vous en sortirez, s'il plaît à Dieu. »

Deux jours après, c'est autre chose : les Ạrib sont partis ; mais 30 Aït Seddrât les ont remplacés : ils étaient venus acheter des dattes ; à la nouvelle du coup à faire, ils se sont installés dans le Mḥeïjiba, jurant qu'ils n'en bougeraient tant que je serais ici. Le jeudi, ils font mieux : ils envoient une députation à S. Ạbd Allah, demandant de me livrer : ils se chargent de me conduire au Tinzoulin. Sur son refus, ils se répandent en menaces, déclarent qu'ils m'enlèveront de force. Les marabouts prennent peur : le jour, ils placent deux hommes à ma porte, avec consigne de ne laisser entrer personne ; la nuit, on m'envoie plusieurs esclaves armés. Les deux fils cadets de S. Ạbd Allah ne me quittent plus. Les murs de la maison sont hauts, la porte solide, rien à redouter de ce côté ; mais on craint que les Aït Seddrât ne percent la muraille de pisé. Le lendemain, ils envoient de nouveaux émissaires, l'inquiétude des marabouts augmente, ma garde s'accroît. Enfin, le vendredi, S. Ạbd Allah vient me dire qu'il ne s'engage plus à me faire conduire au Dra : tout ce qu'il peut pour moi, c'est de me ramener à Tisint, encore faudra-t-il attendre plus d'une semaine : le 12 janvier sera la fête du Mouloud ; ce jour-là, S. Ạbd Allah fait tous les ans un pèlerinage à la qoubba de S. Ạbd Allah ou Mḥind, à Tisint ; il s'y rend en grand appareil, suivi de toute la zaouïa, de tout ce qu'il a de parents, de serviteurs et d'esclaves : je me joindrai à lui et, sous la protection de cette puissante escorte, je pourrai passer.

Après une semblable déclaration, il ne me restait rien à espérer quant au Tinzoulin. Attendre à Mrimima n'avait plus de raison d'être; il fallait revenir à Tisint : cela même était chose difficile et dangereuse. Le soir de ce jour, 3 janvier, j'écrivis à mon ami le Ḥadj Bou Rḥim : je lui peignais la situation, et le priais de venir me chercher. Un mendiant porta ma lettre.

Le lendemain, à 7 heures du matin, grand mouvement dans le village : une troupe de 25 fantassins et 2 cavaliers y arrive tout à coup et entre droit dans ma cour. C'est le Ḥadj qui vient me prendre. Il a reçu mon billet cette nuit. Il s'est levé aussitôt, a couru chez ses frères et ses parents; chacun s'est armé et l'a rejoint avec ses serviteurs; ils se sont mis en marche, et les voici. Une demi-heure après, je reprenais avec eux le chemin d'Agadir. Les marabouts nous voyaient partir avec inquiétude : ils craignaient pour nous une attaque des Aït Seddrât. Ceux-ci cherchaient le pillage, et non le combat; voyant la force de l'escorte, ils n'osèrent se présenter. A 11 heures et demie, j'étais de retour dans la maison du Ḥadj.

MRIMIMA.

Mrimima a l'aspect triste et pauvre. C'est un petit village en pisé, ensemble de constructions basses du milieu desquelles émergent le minaret délabré de la grande mosquée et deux autres moins hauts; dans cette masse de murailles grises brillent trois petites qoubbas, seuls édifices blanchis du village. En dehors des habitations,

Mrimima. (Vue prise du chemin de Tisint.)
Croquis de l'auteur.

sur leur lisière nord-ouest, se tient la foire annuelle, l'une des causes de célébrité de Mrimima; ce côté est occupé par de grandes maisons carrées appartenant à S. Ạbd Allah; vides en ce moment, elles servent de lieux de dépôt pour les marchandises, lors de la foire. Celle que j'ai habitée est l'une d'elles. A l'est et au sud-est du village s'étendent des plantations de dattiers de moyenne étendue; elles produisent surtout des djihel, puis des bou souaïr, des bou feggouç et quelques bou sekri. Le long des dattiers, entre l'oasis et les roches du Mḥeïjiba, coule l'Ouad Zgiḍ; c'est une large rivière, un peu plus forte que l'Ouad Tisint; en toute saison elle a de l'eau courante; les poissons y sont nombreux. La population de Mrimima est composée, d'une part de la famille proche et éloignée de S. Ạbd Allah, groupée autour de la *zaouïa*, demeure propre de ce dernier, de l'autre des nègres et Ḥaraṭîn esclaves ou serviteurs de la famille sainte. Tous les membres de celle-ci portent le titre de marabout et sont nourris ou aidés par la zaouïa. Les palmiers de Mrimima appartiennent la plupart à S. Ạbd Allah, les autres sont possédés par ses neveux ou ses parents; quelques-uns ont pour propriétaires de simples Ḥaraṭîn.

La zaouïa de Mrimima n'est pas très ancienne; elle n'est pas ḥerra, « indépendante » : une zaouïa est ḥerra lorsque son chef compte au moins sept ancêtres postérieurs à la fondation; les arrière-petits-fils de S. Ạbd Allah seulement seront indépendants. D'après cette donnée, la zaouïa compterait environ 150 ans d'existence. Les marabouts de Mrimima tirent leur origine du qçar d'Ez Zaouïa, de Tisint; leur chikh est Sidi Ạbd Allah ou Mḥind, saint mort depuis plusieurs siècles, dont la qoubba est dans cette localité; chaque année, à la fête du Mouloud, ils y font en grande pompe un pèlerinage. Ils sont donc une branche de la famille de religieux dont la souche est à Ez Zaouïa : cette famille étend au loin ses ramifications : j'en trouverai des membres établis à demeure dans le Ras el Ouad, dans le bas Sous, jusque auprès de Mogador, partout vénérés, partout vivant de leur titre de marabout et de leur sainte origine. Les religieux de Mrimima, quoique ne formant pas la branche aînée de cette race, en sont actuellement la plus distinguée; les autres sont réduites à une influence locale, celle-ci jouit au loin d'une grande considération : elle perçoit des redevances dans le Dra, dans le Sahel, sur les deux versants du Petit Atlas; les noms de Mrimima et de la zaouïa de Sidi Ạbd Allah Oumbarek sont connus en bien des lieux où celui de Tisint est ignoré. Cependant c'est une zaouïa de second ordre, qu'on ne saurait comparer à celles d'Ouazzân, de Bou el Djaḍ, ou de Tamegrout. Elle ne leur ressemble en rien, ni comme célébrité, ni comme influence, ni comme richesses.

J'ai vu, dès mon arrivée à Mrimima, que S. Ạbd Allah et ses fils étaient rapaces : on ne s'en étonne pas quand on voit la peine qu'ils se donnent pour recueillir de l'argent. On leur en apporte peu : il vient des pèlerinages, même de loin; de cette source ne sortent que des dons isolés : pour percevoir les redevances générales des tribus, il faut se rendre au milieu d'elles; il faut que le marabout sanctifie les territoires par un séjour de quelque temps, qu'il appelle sur lui les bienfaits du Seigneur. Ces conditions remplies, lorsque la présence et la bénédiction de l'homme de Dieu ont assuré pour l'année une bonne récolte, de gras pâturages, des eaux abondantes, on lui remet, en échange de ses bons offices, la cotisation habituelle; sinon, rien. De là des voyages continuels, qui constituent pour les religieux un travail régulier : ils appellent cela « aller bénir ». Chaque année, S. Ạbd Allah va en personne dans le Sahel et dans le Dra bénir et recueillir les tribûts; dans les autres régions qui servent la zaouïa, il envoie ses deux fils aînés faire la collecte : c'est, d'une part, dans une portion du Petit Atlas (Aït Bou Iaḥia, Seketâna, etc.), de l'autre, au sud du Bani (Oulad Iaḥia, Ida ou Blal, Aït ou Mrîbeṭ, etc.). Malgré ces revenus, la zaouïa ne semble pas riche : les bâtiments sont simples; les costumes des marabouts n'indiquent pas une grande aisance. Sidi Ạbd Allah seul est habillé à la façon des villes : gros turban blanc, farazia et ḥaïk; ses vêtements sont propres et frais. On ne peut en dire autant pour ceux de ses fils : l'aîné paraît très fier d'un cafetan de drap rouge râpé qu'il porte sous son ḥaïk (les marabouts marocains ont un goût prononcé pour les étoffes de couleur éclatante); le second, S. El Faṭmi, n'a sur sa chemise qu'un ḥaïk grossier et un bernous de 10 francs. Quant aux deux plus jeunes, leurs chemises sales et déchirées, leurs bernous troués me les avaient fait prendre à l'arrivée pour des mendiants; l'un d'eux, S. Iaḥia, a quinze ans, l'autre, S. Ḥamed, en a dix. Comme mobilier, je n'ai vu que les théières et les verres, lesquels sont des plus communs. Pas de bougies : il n'en existe nulle part dans le Sahara; on se sert de petites lampes à huile, qui jettent une lumière funèbre : luxe rare, Mrimima possède 3 ou 4 chandeliers de cuivre; on place les lampes dessus : c'est très commode. Une mule est l'unique bête de somme de la zaouïa. Je ne crois pas que les marabouts thésaurisent; malgré la simplicité de leur vie, la caisse de la maison ne doit pas être riche. Ils recueillent de nombreux dons, de nombreuses redevances; mais ces offrandes sont presque toutes en nature : elles consistent en dattes, en orge, dans les tribus du Sahara; en blé et en huile, dans celles de la montagne; très peu sont de l'argent. Ces cadeaux s'en vont aussi vite qu'ils viennent : la zaouïa (1) ne se compose pas seulement de son chef et des fils de celui-ci; Sidi Ạbd Allah nourrit une infinité de neveux, de cousins, de parents ayant les mêmes ancêtres que lui; tous ne vivent que de la sainteté de leur sang; tous mangent sur la zaouïa; je veux qu'ils fassent maigre chère, il y a encore les hôtes : le nombre des étrangers qui reçoivent chaque jour l'hospitalité est considérable; en un séjour d'un peu plus d'une semaine, j'ai vu passer des Berâber, des Oulad Iaḥia, des Ạrib, des Ida ou Blal, des Tajakant, des gens de Tafilelt, des Aït Seddrât; point de jour où il n'y ait quinze à vingt hôtes à la zaouïa : gens du Dra qui vont acheter des dattes dans les oasis de l'ouest, cavaliers qui viennent de ṛazia, députations qui se rendent dans quelque tribu des environs, voyageurs de toutes conditions et de tous pays. Mrimima, par sa situation unique

(1) On appelle *zaouïa*, d'une part, l'ensemble de tous les marabouts, parents proches ou éloignés de Sid Ạbd Allah, qui habitent Mrimima; de l'autre, la maison où Sidi Ạbd Allah demeure.

entre le Dra et le Bani, se trouve un point de passage et de ravitaillement naturel pour ceux qui traversent le Sahara Marocain dans sa longueur. Les uns y séjournent peu; d'autres restent longtemps. J'y fus avec un homme des Aït Ioussa (1) qui y vivait depuis deux mois : il venait du Dra et n'osait rentrer dans son pays, parce que les Aït ou Mrîbeṭ, de qui il avait à traverser le territoire, étaient en guerre avec sa tribu : comme S. Ạbd Allah va tous les ans à époque fixe au Sahel, il attendait son départ pour passer sous sa sauvegarde. Le moment de ce voyage de S. Ạbd Allah est celui du Souq el Mouloud (2); il se rend chaque année à cette foire où, un grand concours de monde se trouvant réuni, il ramasse d'un seul coup de nombreuses offrandes.

Par ces tournées, qui embrassent le bassin du Dra presque entier, et par les gens de toute origine qui reçoivent l'hospitalité à la zaouïa, le marabout de Mrimima est en relations avec toutes les tribus habitant entre l'Océan et le Tafilelt et sa parole est répandue et respectée dans cette vaste zone de pays. Il peut avoir, à un moment donné, une influence politique réelle.

S. Ạbd Allah, quoique vieux, s'occupe des affaires de la zaouïa; mais son fils aîné S. Oumbarek a en main la plus grande partie d'entre elles : il agit souvent sans consulter son père, son père ne fait rien sans son avis. S. Oumbarek a de l'autorité sur les tribus des alentours; c'est lui qui reçoit les hôtes, qui fait une partie des tournées; il ne s'éloigne pas longtemps de la zaouïa, où il est indispensable. Il forme avec ses trois frères et deux sœurs l'unique postérité de S. Ạbd Allah : ces six enfants sont nés à celui-ci de sa première femme; elle morte, il en a épousé une seconde qui ne lui a point donné de rejetons; il a toujours été monogame. Ses fils ont le type ḥarṭâni moins prononcé que lui. Les autres marabouts, ses neveux ou cousins à divers degrés, sont ceux-ci Ḥaraṭîn, ceux-là blancs; les uns ont quelque fortune, d'autres sont pauvres; tous portent au cou un gros chapelet, ce qui est d'usage ici pour les seuls religieux, et tous ont droit aux baisemains des Musulmans. Peu ont été à la Mecque : comme les Ida ou Blal, ils ne vont qu'où il y a de l'argent à gagner. Bien que ṭalebs, ils sont ignorants et grossiers d'esprit. Ne se figurèrent-ils pas qu'avec cinq ou six brins d'herbe qu'on m'avait vu ramasser dans le mạder je voulais maléficier tout l'Islam? Je ne sais si je parvins à les rassurer à cet égard. Nous trouvons parmi eux le kif, cet apanage des cherifs et des marabouts; ils le fument en l'arrosant de grands verres d'eau-de-vie, que leur fabriquent les Juifs de Tintazart et du Dra. A Tisint et à Tatta, quatre ou cinq

(1) Tribu voisine du district d'Ouad Noun.

(2) Le Souq el Mouloud est ainsi appelé parce qu'il a lieu dans le mois de mouloud (rebiạ el aoul); il se tient dans la tribu des Aït Ioussa. C'est une grande foire, qui dure plusieurs jours, l'une des trois foires annuelles du Sahara; les deux autres sont celles de Mrimima et de S. Ḥamed ou Mousa (Tazeroualt).

personnes usaient de kif : c'étaient des cherifs, originaires du Tafilelt; on les reconnaissait à la petite pipe spéciale qui se balançait à leur cou.

Mrimima, célèbre par sa zaouïa, ne l'est pas moins par sa foire. Cette foire, annuelle, dure trois jours et est très fréquentée : on y vient de tout le bassin du Dra, du Sous, du Sahel, souvent du Tafilelt; on y a vu, dit-on, jusqu'à des marchands de Figig. Trois grandes foires annuelles se tiennent dans le Sahara Marocain, celle de Mrimima en redjeb, celle de Sidi Ḥamed ou Mousa à la fin de mars (1), Souq el Mouloud en mouloud. Les unes et les autres attirent une foule de monde. Malgré cette affluence de gens peu habitués à la discipline, on n'y voit d'ordinaire aucun trouble; des mesures sévères sont prises par les chefs des localités où elles ont lieu (ici, par S. Ąbd Allah) pour que l'ordre ne cesse de régner : bien plus, on garantit à ceux qui s'y rendent la sûreté sur le chemin. Un individu, une caravane allant à la foire ont-ils été pillés, maltraités en route? on saisit, parmi les hommes présents au marché, ceux de la tribu coupable de l'agression, on les rend responsables du dommage, et on le leur fait payer sur l'heure. Grâce à cette méthode employée aux trois points, la sûreté, rare phénomène, règne à trois époques de l'année sur les routes de la contrée. Dans ces foires on trouve réunis les produits du pays, les objets fabriqués dans les villes du Maroc et en Europe, et les marchandises du Soudan. La plus importante est celle de S. Ḥamed ou Mousa; placée sur le chemin des caravanes de Timbouktou, elle se tient à l'époque de leur arrivée et est le théâtre des transactions relatives au commerce du Soudan; là se fait l'échange de l'or, des plumes d'autruche, de l'ivoire, des esclaves, contre les produits européens envoyés de Mogador. Après cette foire vient celle de Mrimima. La moins considérable est Souq el Mouloud.

(1) Le calendrier chrétien est connu et employé dans le Sahara Marocain. Les mois en sont désignés sous leurs noms latins. La foire de S. Ḥamed au Mousa se tient au printemps et habituellement en mars; en 1885, elle a commencé le 25 mars.

VI.

DE TISINT A MOGADOR.

1°. — DE TISINT A AFIKOURAHEN.

Lorsque je me retrouvai à Tisint, la somme d'argent que je portais avait, par suite de vols successifs, diminué à tel point que je ne pouvais achever mon voyage avec ce qui restait. Il fallait avant tout me procurer des fonds. Je n'en trouverais que dans une ville où il y eût des Européens : la plus proche était Mogador. Je résolus d'en chercher dans ce port.

Je m'ouvris de mon projet à mon ami le Ḥadj, et fis avec lui l'arrangement suivant : il me conduirait à Mogador, m'y attendrait, et me ramènerait à Tisint; nous prendrions des routes différentes en allant et en revenant, passant la première fois par les Isaffen et les Ilalen (1), la seconde par le Sous, le Ras el Ouad et les Aït Jellal. Le Ḥadj Bou Rḥim connaissait la région que nous devions traverser au retour et y avait de nombreux amis; pour l'aller, il emmènerait un de ses agents, nommé Moḥammed ou Ạddi, homme de la tribu des Ilalen, qui avait maintes fois parcouru le chemin que nous allions faire. Nous ne partirions qu'à nous trois : le rabbin Mardochée, dont je n'avais pas besoin, resterait à Tisint dans la maison du Ḥadj, où il attendrait mon retour.

9 janvier.

Je quittai Tisint le 9 janvier, à 10 heures et demie du soir, et pris la direction de Tatta, escorté par le Ḥadj et son compagnon. Nous voyageâmes toute la nuit. Nous avions attendu pour sortir que le qçar fût endormi : personne n'avait été instruit de notre voyage; en s'en allant, le Ḥadj n'avait pas dit adieu à ses femmes et à ses enfants. Si le bruit de notre départ avait transpiré, il eût été à craindre que des

(1) On dit indifféremment *Ilalen* et *Ilala;* Ilala est la forme arabe, Ilalen la forme tamaziṛt. Dans le sud du Maroc, un grand nombre de noms de tribus sont également usités sous ces deux formes : ainsi on dit Seketâna ou Isektân, Zenâga ou Iznâgen, Ḥaḥa ou Iḥaḥan, Ounila ou Iounilen, Ikhzama ou Ikhzamen, etc.

étrangers, Berâber, Oulad Iaḥia ou autres, toujours en foule à Agadir, n'aient couru s'embusquer sur le chemin pour nous attaquer et nous piller. De là notre départ furtif et notre marche nocturne. Le rabbin Mardochée avait ordre de n'ouvrir la maison à personne le lendemain et, après deux jours, de déclarer que nous étions partis pour Tazenakht. Pareilles mesures se prennent toujours lorsqu'on doit traverser un long désert, un passage dangereux, que, comme nous, on est en petit nombre, et qu'on a des objets pouvant exciter la convoitise. Ici, il avait fallu redoubler de précautions ; avec ma réputation de Chrétien et d'homme chargé d'or, plus d'une bande se serait mise en campagne si mon départ avait été connu. Mes mules seules eussent suffi pour faire prendre les armes à bien des gens : en cette contrée pauvre elles constituent un capital.

10 janvier.

Ralentis dans notre marche par une pluie torrentielle qui tomba pendant la plus grande partie de la nuit et durant toute la matinée, nous arrivâmes à Tatta à la fin de la journée du 10. A 7 heures du soir, nous nous arrêtâmes dans le petit qçar de Taṛla, chez des amis du Ḥadj.

La route de Tisint à Tatta n'avait rien de nouveau pour moi. Je pus admirer combien la végétation s'était développée depuis mon dernier passage : le long du moindre ruisseau, au-dessous de chaque gommier, s'étendait un épais tapis de verdure, tantôt d'un émeraude éclatant, tantôt argenté ou doré par une multitude de fleurs.

Pour gagner Taṛla, on remonte l'Ouad Tatta à partir de Tiiti, dans son lit : celui-ci est large de 150 mètres et couvert de gros galets ; au milieu se creuse un canal de 30 mètres, où un peu d'eau serpente sur un fond de roche. La rivière, resserrée à Tiiti entre le qçar et le Bani, coule de Tiiti à Taṛla dans une plaine de sable, déserte sur la rive droite, couverte de palmiers sur la rive gauche.

11 janvier.

Séjour à Taṛla. Ce qçar est situé à la bouche méridionale d'un kheneg par lequel l'Ouad Tatta franchit une chaîne de collines parallèle au Bani. Il est petit et riche : tout y respire la prospérité ; les maisons sont belles ; point de ruines ; les habitants, Chellaḥa et Ḥaraṭin, vivent dans l'aisance, grâce à leurs nombreux dattiers. Les bou feggouç dominent.

12 janvier.

Nous passons toute la journée à Taṛla sans sortir de chez notre hôte, à qui le Ḥadj a recommandé le secret sur notre présence. Nous avons, d'ici à Tizgi, notre prochain gîte, à traverser un long désert, très dangereux, qu'on ne peut franchir que de nuit et au pas de course, comme nous essaierons de le faire, ou en nombreuse caravane. Ce désert, qui fait un avec celui d'Imaouen coupé par l'Ouad Aqqa, s'étend sur les confins de plusieurs tribus entre lesquelles il forme un terrain neutre : champ commun où s'exercent leurs rapines; des bandes pillardes d'Aït ou Mrîbeṭ, d'Ida ou Blal, d'Aït Jellal, d'Isaffen, le parcourent sans cesse.

Nous partons à 9 heures du soir et marchons sans arrêt jusqu'au matin. A l'aurore, nous nous trouvons à l'entrée d'une gorge profonde, dans le lit desséché d'une rivière, à son confluent avec un ruisseau, l'Ouad Tanamrout. Nous faisons halte quelques heures à cet endroit.

La contrée que j'ai parcourue de Taṛla ici se divise en deux portions distinctes : l'une de Taṛla à Imiṭeq, l'autre d'Imiṭeq au point où je suis. Celle-là se compose de larges vallées entre lesquelles s'élèvent des massifs mamelonnés de peu de hauteur; celle-ci est formée d'une succession de plaines étagées, séparées par de hautes chaînes parallèles, que les rivières traversent par des gorges étroites. Les vallées de la première région ont dans leur partie inférieure un sol pierreux, garni de gommiers, de jujubiers sauvages et de melbina, dans leur partie haute un sol rocheux avec une végétation moins abondante; leurs flancs sont des coteaux de grès noir et luisant. Au delà d'Imiṭeq, les collines se remplacent par de hautes montagnes : massifs rocheux, aux pentes escarpées, ils ont une couleur jaune rosée, différente de ce que nous avons vu jusqu'ici; leurs flancs, tourmentés, ne sont du pied à la crête que découpures et crevasses. Ces monts entourent comme de rem-

Petite plaine entourée d'une ceinture de montagnes, entre Imiṭeq et le col de Tanamrout.
Croquis de l'auteur.

parts lézardés des plaines unies et pierreuses, où le sol, aride d'ordinaire, est en cette saison couvert de verdure; on y marche au milieu de jujubiers sauvages, de melbina, de hautes herbes. Entre ces plaines, les cours d'eau traversent les montagnes par des couloirs étroits, aux parois verticales, si resserrées qu'elles laissent la seule place de la rivière. Le gommier disparaît au nord d'Imiṭeq.

J'ai traversé cette nuit un grand nombre de cours d'eau, tous à sec, tous ayant un lit de gros galets et des berges verticales, mi-sable, mi-cailloux, hautes de 1 à 2 mètres. Les deux plus importants se réunissent pour former l'Ouad Imiṭeq; l'un vient de l'est, l'autre de l'ouest; le premier a 50 mètres de large, le second 40. De Taṛla ici, bien que le terrain soit constamment pierreux ou rocheux, le chemin n'est pas difficile : il a des montées, des descentes, mais jamais raides ni longues.

13 janvier.

A 1 heure de l'après-midi, nous nous remettons en marche. Nous quittons la vallée, lieu de notre halte, et remontons l'Ouad Tanamrout; il coule dans un ravin étroit qui bientôt n'a aucune largeur et où le chemin, malgré de nombreux lacets, devient difficile. Les parois sont les montagnes de roche jaune dont nous étions jusqu'à présent au pied et que nous allons franchir. Près du torrent, la pierre laisse percer une végétation abondante : jujubiers sauvages, ḥeuboubs de 2 à 3 mètres, grandes herbes, fleurs de toute couleur. Une heure de marche pénible nous conduit à un col, Tizi Tanamrout, où l'ouad prend sa source. A nos pieds s'étend une large vallée, dont le flanc gauche est le massif que nous venons de gravir, et le droit un talus sombre dont la crête paraît un peu plus élevée que celle où nous sommes. Nous descendons vers le thalweg. Les pentes, si rapides sur l'autre versant, sont douces, le chemin aisé; terrain rocheux; la végétation, vivace sur le côté opposé, existe à peine sur celui-ci : des jujubiers sauvages interrompent seuls de loin en loin la monotonie du sol nu.

Parvenus au fond de la vallée, nous la descendons pendant quelque temps; un cours d'eau à sec, de 60 mètres de large, en occupe le milieu : c'est un affluent de l'Ouad Aqqa. Peu après, nous gagnons les bords de l'Ouad Aqqa : il forme une grande rivière, large de plus de 200 mètres; le lit, ici de sable, là de gravier, ailleurs de gros galets, ne contient point d'eau. Nous le remontons jusqu'à Tizgi Ida ou Baloul (1). Nous entrons dans ce village à 7 heures du soir. Un ami de Ou Ạddi nous donne l'hospitalité.

De Taṛla à Tizgi, personne n'a paru sur le chemin. Le seul vestige humain que j'aie vu a été, entre Tatta et Imiṭeq, une dizaine de tombes, échelonnées par groupes de deux ou trois au bord du sentier. Ces tombes, qui rappelaient chacune un pillage, et marquaient l'endroit où avaient péri des voyageurs moins heureux que moi, avaient, au clair de lune, au milieu de cette solitude, un aspect lugubre.

Arrivé à Tizgi, la portion périlleuse de ma route est faite : je pourrai marcher désormais à la clarté du soleil. Les Marocains de ces régions emploient, on le voit, une méthode simple pour voyager : quand le pays n'est pas dangereux, ils le tra-

(1) Tizgi Ida ou Baloul n'a rien de commun avec les Ida ou Blal. Il n'y a entre les deux noms qu'une similitude fortuite.

versent le jour; lorsqu'il l'est, au lieu de prendre des escortes, ils le franchissent rapidement de nuit.

14 janvier.

Séjour à Tizgi Ida ou Baloul. Tizgi est une bourgade isolée, d'environ 400 feux; elle est construite en long sur les premières pentes du flanc gauche de l'Ouad Aqqa. Au pied du village, les bords et le lit du cours d'eau sont occupés par des cultures ombragées de palmiers (bou souaïr); ceux-ci ne sont pas serrés comme à Tisint et à Tatta : ils sont espacés, et se mêlent de trembles, de figuiers et d'oliviers. Le fond de la vallée est sablonneux; les flancs sont de hautes parois de roche jaune, escarpées, s'élevant à 150 mètres au-dessus du lit de la rivière. Comme son nom l'indique, Tizgi est située dans une gorge resserrée entre de hautes montagnes, kheneg très

Tizgi Ida ou Baloul. (Vue prise d'une maison du village, dans la direction du sud-est.)
Croquis de l'auteur.

étroit que l'Ouad Aqqa traverse en ce point. Le village est construit partie en pisé, partie en pierres grossièrement cimentées; pas de mur d'enceinte. La rivière est à sec au pied des maisons et dans les jardins; de nombreux canaux pleins d'eau claire et courante arrosent ces derniers.

A partir d'ici, on ne voit plus de khent; le costume des indigènes ne se compose que de laine. Les femmes sont vêtues de laine blanche et portent sur la tête un voile spécial au pays : c'est une pièce rectangulaire de laine noire ayant un mètre de long, avec un gland noir à chaque coin. Elles s'en couvrent le visage dès qu'elles aperçoivent un homme. Les femmes de cette région font montre d'une grande modestie : en rencontre-t-on sur les routes? on les voit s'arrêter à plusieurs pas, faire un à-droite ou un à-gauche, et demeurer au bord du chemin, la figure voilée et le dos tourné, jusqu'à ce qu'on soit passé. Les hommes portent des ḥaïks de laine blanche ou des djelabias et, par-dessus, soit le bernous blanc, soit plus souvent le khenif. Pas de modification dans les armes, sauf qu'il n'y a plus de fusils à deux coups. Tels sont les costumes à Tizgi, tels je les trouverai chez les Isaffen, les Iberqaqeṇ et les Ilalen.

15 janvier.

Nous quittons Tizgi à 10 heures du matin. Notre hôte nous escorte jusqu'à midi : après, on peut marcher seul; le pays n'est plus périlleux. En sortant de Tizgi, nous continuons à remonter l'Ouad Aqqa. Au bout de peu de temps, il reçoit l'Ouad Tinzert et fait un brusque coude vers le nord. A partir de là, sa vallée se transforme : le fond prend 600 mètres de large; les flancs sont de hauts talus rocheux, celui de droite plus élevé et à crêtes plus éloignées que celui de gauche. La rivière est large de 60 mètres; son lit desséché, où poussent de distance en distance des palmiers isolés, se déroule au milieu de la vallée. Le sol de celle-ci est de sable, tantôt durci, tantôt humide; des champs, qui garnissent les rives de l'ouad, en occupent une partie. On entre sur le territoire des Isaffen. A peu de distance en amont de nous s'aperçoit un bois de dattiers; nous marchons droit sur lui. Plus on avance, plus le sol devient mouillé; dans les champs, les tiges vertes des orges commencent à sortir de terre; en dehors poussent des tamarix et, à leur pied, du gazon. Bientôt nous arrivons aux palmiers; ce sont des bou souaïr : d'ici au point où nous quitterons l'ouad et de là aussi loin que s'étendra la vue, le fond de la vallée en sera couvert. Mélangés d'autres arbres fruitiers, ils ombragent de vertes cultures et entourent une foule de villages qui s'échelonnent le long de la rivière : ces villages appartiennent aux Aït Tasousekht, l'une des trois fractions des Isaffen. Nous continuons à remonter l'Ouad Aqqa, tantôt à l'ombre des dattiers, tantôt en longeant la lisière, jusqu'au point où il reçoit l'Ouad Iberqaqen; sur cet espace, la vallée reste la même, si ce n'est qu'elle se rétrécit peu à peu de manière à avoir en dernier lieu 200 à 300 mètres de large; de plus, la proportion des palmiers diminue à mesure que l'on monte; celle des autres arbres, grenadiers, caroubiers, amandiers, oliviers, augmente : auprès des villages inférieurs des Isaffen, il n'y avait guère que des dattiers; au-dessus de Tamsoult, les autres essences dominent. A partir du même lieu, un filet d'eau courante de 1 à 2 mètres de large serpente dans le lit de la rivière, à sec auparavant. A 1 heure et demie, nous arrivons au confluent de l'Ouad Iberqaqen : nous gagnons les bords de ce nouveau cours d'eau et le remontons; nous entrons en même temps dans la tribu qui lui a donné son nom. En quittant l'Ouad Aqqa, on en voit la vallée se continuer à perte de vue, toujours la même, long ruban vert se déroulant entre les montagnes, les villages des Isaffen le semant çà et là de points bruns.

La vallée de l'Ouad Iberqaqen est moins importante que celle d'où nous sortons : étroitement encaissée entre des talus rocheux, elle a 50 mètres de large; le fond est rempli de palmiers ombrageant des cultures qui se prolongent en escaliers sur les premières pentes des flancs. Le lit de l'ouad a 8 mètres de large et est couvert de galets; il est à sec; de larges canaux, pleins jusqu'au bord, coulent sur les deux rives, apportant l'eau de la montagne aux habitations et aux cultures. Des villages, qui appartiennent aux Iberqaqen, s'échelonnent de distance en distance, suspendus aux premières assises du roc. A partir de Toug el Khir, la vallée se rétrécit encore : elle n'a plus que 30 mètres; en même temps les flancs deviennent plus escarpés : ce sont des talus de roche jaune très raides, hauts de 100 à 150 mètres. Les plantations qui s'étageaient sur leurs premières pentes disparaissent; le fond seul ne cesse d'en être couvert; les palmiers diminuent et font place aux oliviers et aux amandiers. Les villages sont toujours nombreux; à chaque coude où la vallée s'élargit, on en voit un. A 3 heures et demie, nous arrivons dans celui de Tidgar où nous ferons gîte; nous descendons chez un ami de Ou Ạddi.

A Tidgar, les palmiers ont disparu de la vallée de l'Ouad Iberqaqen. On la voit se prolonger au loin, ligne foncée serpentant entre deux massifs de roche jaune : des amandiers et des oliviers en garnissent le fond; des villages se distinguent sur les premières pentes de ses flancs. Nous avons rencontré aujourd'hui beaucoup de monde sur notre route.

Haute vallée de l'Ouad Iberqaqen.
(Vue prise de Tidgar, dans la direction du nord-nord-ouest.)
Croquis de l'auteur.

Chez les Isaffen et les Iberqaqen, les maisons sont tantôt en pierres grossièrement cimentées, tantôt en mauvais pisé; chez les Isaffen, où le pisé domine, il forme des constructions sans solidité ni élégance : on est loin des gracieuses demeures des Aït Zaïneb. Chez les Iberqaqen, la plupart des bâtiments sont en pierre; les terrasses qui les couvrent sont des plus primitives : on se contente de juxtaposer des pierres plates sur une rangée de poutrelles d'olivier, et de les maintenir par de gros cailloux placés en dessus, comme aux chalets.

16 janvier.

Départ à 8 heures et demie du matin. Notre hôte nous escorte pendant trois heures; puis il nous laisse, le pays ne présentant plus de péril. Je quitte à Tidgar la vallée de l'Ouad Iberqaqen; je remonte à mi-côte un ravin désert, sans espace au fond, dont les flancs, très escarpés, sont des parois monotones de roche jaune : le sentier est une longue rampe serpentant au bord du précipice; taillé dans le roc, il a pour sol une pierre lisse et glissante, chemin aisé pour les piétons, difficile et dangereux pour les bêtes de somme. Pas trace de végétation : de toutes parts on ne voit que la surface jaune du rocher.

A 10 heures, le pays change; parvenu à l'extrémité du ravin, je me trouve au bord méridional d'un vaste plateau sur lequel je m'engage : plus de gorges à pentes abruptes; plus de hautes cimes au-dessus de ma tête : devant moi s'étend un plateau ayant une pente très faible du nord au sud et ne présentant que des ondulations légères, vallées sans profondeur et collines sans élévation. Il couronne le Petit Atlas, et sa ligne de faîte, vers laquelle je marche, est le point culminant de la chaîne. Dans le lointain, on aperçoit le pic couvert de neige du Djebel Ida ou Ziqi, un des sommets du Grand Atlas. Je m'avance vers la crête supérieure du plateau, tantôt montant, tantôt descendant : le sol est aux deux tiers terreux, un tiers est rocheux; il est en grande partie couvert de cultures semées d'amandiers, qui poussent au milieu des champs comme les pommiers en certaines régions de la France; une multitude de villages apparaissent à l'horizon; autour d'eux surtout les cultures sont nombreuses et les amandiers serrés. Je rencontre beaucoup de femmes dans la campagne; contre l'usage ordinaire, elles sont occupées des travaux de la terre; on voit les unes labourer avec un bœuf ou un âne, les autres bêcher. Une grande activité règne partout : c'est la saison des semailles. Je remarque de nombreuses citernes (1); d'ici à Mogador, j'en trouverai à chaque pas le long du chemin : en ces régions où il y a peu de rivières et peu de sources, leurs eaux sont d'ordinaire les seules que possèdent les habitants. A midi et demi, je parviens à la crête presque insensible qui forme le faîte du Petit Atlas : elle marque à la fois la limite du versant sud de cette chaîne et celle de la tribu des Iberqaqen. Le point où le chemin la franchit s'appelle Tizi Iberqaqen. De là, j'aperçois vers le nord une longue bande bleue bordée d'argent : le Grand Atlas avec ses cimes neigeuses, brillant dans un rayon de soleil. Je quitte ici le bassin du Dra et je passe dans celui du Sous; en même temps j'entre sur le territoire des Ilalen. Le plateau qui couronne le Petit Atlas s'étend sur le sommet de son versant nord comme sur celui de son versant sud; des deux côtés du Tizi Iberqaqen, le pays est semblable : même sol plat, même terre féconde, mêmes cultures semées d'amandiers, même population dense. La partie où je pénètre est encore plus riche que la précédente : à mesure qu'on avance, les villages se font plus nombreux, les champs couvrent un espace plus grand et finissent par envahir presque

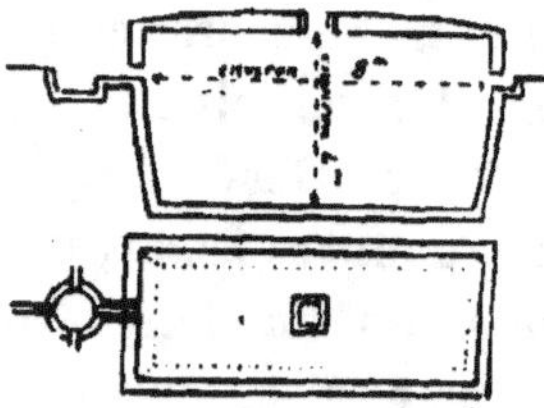

(1) Ces citernes portent le nom de *medfia*, au pluriel *medâfi*. Chez les Isaffen et surtout chez les Iberqaqen, les Ilalen, les Chtouka, les Ḥaḥa, on en rencontre une quantité prodigieuse; les parties de ces quatre dernières tribus que je traverserai ne sont alimentées que par l'eau des citernes. Aussi ces constructions utiles y sont-elles soignées et est-on arrivé à un certain degré de perfection dans leur aménagement : elles sont maçonnées en pierre et quelquefois creusées dans le roc. Voici la coupe et la projection du modèle le plus usité.

tout le sol. Celui-ci, au bout de peu de temps, n'est que terre, avec de rares portions pierreuses; la roche disparaît. Les amandiers s'étendent par endroits à perte de vue et donnent à ce plateau fertile un aspect unique.

A 4 heures, nous arrivons à Azaṛarad, village des Ida ou Ska, fraction des Ilalen. Nous nous y arrêtons chez un ami de Ou Ạddi. Je n'ai pas vu un seul cours d'eau pendant la marche d'aujourd'hui. Parmi les nombreux villages que j'ai rencontrés, un était fort important : Agadir Iberqaqen Fouqani; il a 300 ou 400 maisons : la plupart sont vides durant une portion de l'année; situées dans la région où se trouvent les principales cultures de la tribu, elles se remplissent aux époques du labour et de la récolte et servent de magasins aux grains et aux amandes. Des gens de toutes les parties du territoire, même du bas Ouad Iberqaqen, y possèdent des demeures.

Il existe une différence frappante entre le village d'Azaṛarad et ceux du versant sud de la chaîne : ces derniers étaient, on l'a vu, mal bâtis. Azaṛarad, au contraire, se distingue par la beauté de ses constructions : toutes les maisons y sont en pierres, non taillées, mais cimentées avec soin; le long des murs, des gouttières pratiquées avec adresse conduisent l'eau de pluie dans des réservoirs; chaque habitation a sa citerne; les portes, hautes et larges, sont cintrées : les arcades en sont faites de pierres de diverses dimensions habilement ajustées; fenêtres, crête des murs, gouttières sont blanchies à la chaux. Les terrasses sont formées de pierres plates recouvertes d'une couche de terre et maintenues par de gros cailloux. Sur tout le territoire des Ilalen, les constructions sont pareilles, toutes soignées, toutes en pierre; je ne retrouverai le pisé qu'en entrant chez les Chtouka.

17 janvier.

Départ à 8 heures du matin. Nous marchons seuls : devant demeurer toute la journée sur le territoire des Ilalen, Ou Ạddi nous suffit comme protection. Nous continuons à cheminer sur le plateau d'hier : il ne se modifie pas; même sol, mêmes ondulations; les cultures le couvrent en entier, les amandiers l'ombragent à perte de vue; plus de villages que jamais. Jusqu'à présent les amandiers n'avaient ni fleurs ni feuilles : je les verrai tous en fleur à partir du Tenîn de Touf el Ạzz. A 11 heures, j'atteins la limite septentrionale du plateau; il finit de ce côté aussi brusquement que vers le sud. En le quittant, je descends une succession de ravins qui me mènent à une vallée profonde, celle de l'Ouad Ikhoullan. La région qu'on traverse jusque-là est montagneuse et boisée : côtes terreuses semées de blocs de roche, grands argans, pentes raides, gorges encaissées. Au fond de ces dernières sont des ruisseaux à sec, avec des lits de galets et parfois de roc. Sur les croupes, à l'ombre des argans, poussent des genêts à fleurs jaunes de 1 mètre de haut; beaucoup de verdure au ras du sol; entre les rochers percent des taçououts, les premiers que je voie depuis le Moyen Atlas. Ces forêts ne sont pas désertes; plusieurs villages apparaissent sur les crêtes ou à mi-côte, et un plus grand nombre au fond des ravins. Chacun d'eux a sa ceinture de jardins, plantations en amphithéâtre où croissent amandiers, grenadiers et oliviers. Les chemins de cette région sont pénibles : je descends plusieurs rampes très rapides; point de passage difficile.

A 3 heures, je parviens à la vallée de l'Ouad Ikhoullan; elle a 400 mètres de large et est couverte de cultures; les flancs en sont de hauts talus boisés; plusieurs villages sont près de moi, dans le fond; d'autres brillent au versant de la montagne. Au milieu de la vallée serpente la rivière, dont le lit à sec, tantôt de gravier, tantôt de galets, a 50 ou 60 mètres de large. J'en descends le cours durant un quart d'heure, puis je gagne le pied du flanc gauche. Je le gravis. Terrain semblable à celui de tout à l'heure, boisé de grands argans, avec gazon, genêts, taçououts, poussant à leur ombre; pentes raides, sol tantôt pierreux, tantôt terreux, hérissé de blocs de roche. A 4 heures et demie, j'arrive au sommet de la côte. Je me trouve en face d'un nouveau plateau , analogue à celui de ce matin en fertilité, abondance de cultures et nombre de villages, mais plus accidenté. Nous nous y engageons et nous y marchons durant le reste de la journée. A 5 heures et demie, on fait halte : nous voici à Afikourahen, petit village, patrie de Ou Ạddi. Le plateau où nous sommes est cultivé sur toute son étendue; on ne voit plus d'amandiers : de grands argans, arbres séculaires, les remplacent; plantés symétriquement dans les champs, ils les couvrent à perte de vue. Ce plateau est comme un second échelon du Petit Atlas, celui que j'ai quitté ce matin en formant le premier. Je n'en traverserai plus d'autre d'ici à la vallée du Sous : Afikourahen domine directement celle-ci. De la maison de Ou Ạddi, la vue est merveilleuse : à l'ouest, dans le lointain, la plaine des Chtouka, et au delà une ligne bleue, l'Océan; au nord, la vallée de l'Ouad Sous, bordée par la masse sombre et les pics neigeux du Grand Atlas; au point où l'Atlas expire et où commence la mer, on distingue, à 75 kilomètres, Agadir Iṛir, dont les murs blancs couronnant un cône bleuâtre brillent au soleil comme un diadème d'argent.

L'Ouad Ikhoullan est la seule rivière que j'aie vue aujourd'hui. J'ai rencontré beaucoup de monde sur les deux plateaux traversés au commencement et à la fin de la journée, peu dans la région montagneuse et boisée qui les sépare : sur les plateaux, c'étaient des travailleurs labourant les champs; dans la montagne, des voyageurs isolés. En passant dans la vallée de l'Ouad Ikhoullan, il s'est produit un incident qui a failli être funeste à Ou Ạddi. Comme nous descendions la rivière, nous apercevons derrière nous cinq hommes, armés jusqu'aux dents, lancés à notre poursuite. Ou Ạddi les regarde : « Ce sont des Ikhoullan qui courent après moi! »

s'écrie-t-il. Échanger son long fusil de Chleuḥ contre le fusil à deux coups du Ḥadj, s'enfuir à toutes jambes vers le hameau le plus proche, est pour lui l'affaire de moins de temps qu'il n'en faut pour le dire. Le Ḥadj et moi restons en arrière. Les cinq Ikhoullan ne s'arrêtent pas à nous; ils nous dépassent, cherchant à rejoindre notre compagnon. Bientôt ils disparaissent dans le village où nous l'avons vu entrer. Nous attendons quelque temps, très anxieux du sort de Ou Ạddi. Enfin le voilà qui revient, avec un notable du lieu, son ami, de qui il a eu le temps de prendre l'ạnaïa. D'un autre côté retournent ses ennemis, arrivés trop tard pour lui faire un mauvais parti. Notre compagnon nous rejoint : nous nous remettons aussitôt en route; son sauveur nous escorte pendant une heure, jusqu'à ce que nous soyons en sûreté. Les hommes qui nous ont poursuivis appartiennent à un village devant lequel nous avons passé : ce ne sont pas des brigands. Ilalen comme Ou Ạddi, ils font partie de la fraction des Ikhoullan, tandis que notre ami est de celle d'Afra : les deux groupes sont en ce moment en guerre. Ou Ạddi avait été aperçu de ce village : aussitôt sa présence connue, cinq hommes s'étaient mis à sa poursuite, non pour nous voler, mais pour le tuer.

2°. — D'AFIKOURAHEN A MOGADOR.

18 et 19 janvier.

Séjour à Afikourahen. Je suis l'hôte de Ou Ạddi. Il y a plus d'un an qu'il n'avait vu sa famille; je lui accorde deux jours de repos auprès d'elle.

Les constructions de ce pays sont soignées : tout est en pierres cimentées; les habitations sont grandes et élégantes; elles ont un ou deux étages, des escaliers commodes, des portes larges et solides. Dans les régions que j'ai parcourues depuis Tatta et dans celles que je traverserai d'ici à Mogador, les villages ne sont point entourés de murs : cependant il existe des distinctions; les uns, bien qu'ouverts, sont organisés d'une façon défensive, les autres sont sans défense. Chez les Isaffen, les Iberqaqen, les Ilalen, la plupart sont aménagés de manière à pouvoir résister à une attaque : dans la fraction d'Afra, les murs des maisons sont percés de meurtrières à chaque étage et les terrasses munies d'un parapet crénelé. Ces précautions disparaîtront dès que je quitterai les Ilalen, et les hameaux présenteront l'aspect le plus pacifique. Jusqu'à mon entrée dans la fraction d'Afra, les habitations étaient réunies en villages; d'Afra à Mogador, il n'en sera presque jamais ainsi : sauf rares exceptions, je ne rencontrerai plus de villages, mais des hameaux, ou des demeures disséminées seules ou par petits groupes dans la campagne; plus rien de guerrier; parfois une tour se dressera entre quelques maisons : ce ne sera qu'un ornement, signe de la demeure d'un riche. Dans cette région je cesserai de voir des jardins entourer les lieux habités; adieu figuiers, grenadiers, vignes, frais bosquets, ceinture habituelle des villages marocains : d'ici à Mogador, hameaux et maisons s'élèvent tristement en plein champ, au milieu des labourages. Tout au plus ont-ils des haies de cactus. On voit d'après ce qui précède que la tirremt d'un modèle si régulier et si uniforme, que j'ai rencontrée constamment du Tâdla à Tazenakht, n'existe en aucune façon dans ces contrées. Je suis, depuis Tisint, en plein pays d'agadirs.

Le costume demeure ce qu'il était à Tizgi et dans les tribus intermédiaires; un détail d'équipement, la poudrière, se modifie chez les Ilalen. Elle consiste en une petite boîte métallique, en forme de cylindre très bas. Ce modèle est en usage chez les Ilalen et les Chtouka; dans le reste du bassin du Sous et chez les Ḥaḥa, on se sert de la corne, du type connu. Le fusil et le poignard sont les mêmes qu'auparavant; pas de sabres ni de baïonnettes.

20 janvier.

Départ à 10 heures et demie. Nous reprenons notre marche sur le plateau où nous sommes; il est toujours couvert de cultures, toujours semé d'une foule de villages. A midi, je passe de la tribu des Ilalen dans celle des Chtouka; le pays ne se modifie pas : politiquement, cette frontière est importante; elle marque la limite entre le blad es siba, d'où je sors, et le blad el makhzen, où j'entre. Jusqu'à 2 heures, le plateau reste tel qu'il était auprès d'Afikourahen, fort accidenté; à 2 heures, il s'aplanit et ne présente dès lors que des ondulations légères; il continue à être cultivé à perte de vue, ombragé d'argans et semé de villages : ceux-ci sont moins nombreux que chez les Ilalen. Vers 3 heures, j'arrive au bord septentrional du plateau, au sommet du talus qui le sépare de la plaine du Sous; ce talus est analogue à celui que j'ai descendu hier, de 11 heures à 3 heures : côtes raides et ravinées; terrain pierreux, avec beaucoup de rochers, boisé d'argans; sous les arbres, des genêts jaunes, des jujubiers sauvages, des taçououts couvrent le sol. Chemin pénible, mais non difficile. J'entre dans la forêt et me mets à descendre; vers 4 heures moins un quart, je parviens au pied du talus. Devant moi s'étend une plaine triangulaire, de 5 à 6 kilomètres de long; un kheneg, vers lequel je me dirige, la termine; elle est entourée d'une ceinture de collines basses sur les premières pentes desquelles brillent, comme des taches blanches, une multitude de hameaux. La plaine est couverte de cultures ombragées d'argans; sol de sable, sans une pierre. Ici, comme chez les Ilalen, la plupart des groupes d'habitations sont dominés par une tour indiquant la demeure du chikh; les constructions n'ont plus l'appareil défensif des précédentes. Elles cessent d'être de pierre et sont en pisé blanc. A 4 heures et demie, j'atteins l'entrée du kheneg; je m'y arrête au hameau de Taourirt ou Selîman.

Durant la journée, j'ai rencontré beaucoup de monde sur le chemin, travailleurs et voyageurs. Le seul cours d'eau de quelque importance que j'aie vu est l'Asif Aït Mezal (lit de gros galets de 15 mètres de large, au milieu duquel coulent 5 mètres d'eau de 30 centimètres de profondeur). Parmi les villages qui se sont trouvés sur mon chemin, il en était un d'aspect particulier : celui d'Aït S̩aïd. Les maisons, hautes, à terrasses couronnées de créneaux, en sont autant de petits châteaux; toutes sont blanchies, luxe suprême du pays : il n'en existe point de plus belles dans les villes. Ce sont les demeures de la riche famille des Aït S̩aïd. Celle-ci est une nombreuse maison de négociants faisant le commerce entre Mogador d'une part, le Sahel, Aqqa, Tizounin et Tindouf de l'autre : elle exporte de Mogador les objets de provenance européenne et y importe les dattes et la gomme du Sahara, les amandes des Ilalen et les produits du Soudan qu'elle achète à Tindouf et dans le Sahel. Les Aït S̩aïd ont des résidences en ce lieu qui est leur berceau, mais une partie d'entre eux vit à Mogador.

A Taourirt ou Selîman, nous recevons l'hospitalité du chikh du village. Le nom de chikh, chez les Chtouka et les Ilalen, signifie l'homme le plus riche du hameau; tout petit centre, fût-il de 3 ou 4 maisons, a son chikh; il ne s'ensuit pas que cet individu soit un grand personnage. Dans le blad el makhzen, ces chikhs sont nommés ou acceptés par les qaïds; leur considération n'en est pas augmentée et ils n'ont jamais que celle, passagère, qui s'attache à leur fortune.

Chez les Chtouka, les armes sont les mêmes que chez les Ilalen, mais les vêtements changent : plus de khenîf; chaque homme porte une chemise de cotonnade ou de laine blanche, un petit turban blanc laissant à nu le sommet de la tête, un ḥaïk ou un bernous de même couleur; le bernous a une forme et un nom particuliers : il est très court et s'appelle *selḥam*. Pour les femmes, la toilette n'offre pas de modification, à l'exception du voile de laine noire qui disparaît. Le costume des Chtouka est celui des Ksima et des Ḥaḥa.

Les Chtouka, comme les Ksima, les Ḥaḥa et les diverses tribus que j'ai traversées depuis Tizgi Ida ou Baloul, sont Imaziṛen (Chellaḥa) et parlent le tamaziṛt. Celles qui habitent la montagne, Isaffen, Iberqaqen, Ilalen, ne savent guère que cette langue; parmi celles de la côte, chez les Ksima surtout, l'arabe est répandu.

21 janvier.

Départ à 8 heures et demie. Durant toute la journée, nous marcherons de concert avec une caravane que nous avons rencontrée hier au gîte. Bien que nous soyons en blad el makhzen, il est plus prudent d'aller en compagnie que de cheminer seuls. Après avoir traversé le kheneg à l'entrée duquel je m'étais arrêté hier, je trouve une immense plaine où je cheminerai jusqu'au soir; plaine de sable rose, unie comme une glace, sans une pierre, sans une ride, sans une ondulation, s'étendant depuis le pied du Petit Atlas, où je suis, jusqu'à la mer d'une part, au Grand Atlas de l'autre, et traversée par l'Ouad Sous. La portion que j'ai devant moi, occupée presque tout entière par les Chtouka, est d'une fécondité admirable; une partie est cultivée, l'autre est en pâturages et en forêts. Les cultures ne sont plus semées d'argans; aucun arbre ne les ombrage : ce sont des successions de champs uniformes séparés par des haies vives; çà et là, on y voit des puits; et, auprès, quelques figuiers; une multitude de hameaux s'y élèvent : dans les portions labourées, on en a sans cesse douze ou quinze en vue : ils sont ouverts et sans défense, les tours y sont rares; ce sont des constructions de pisé rose, sans arbres aux alentours, si ce n'est des figuiers de Barbarie; ils respirent la prospérité. Ces parties cultivées de la plaine forment une des contrées les plus fertiles et les plus peuplées du Maroc. Les portions boisées présentent un aspect tout différent : là, plus de champs, plus d'habitations; des forêts d'argans séculaires étendent leur ombre sur la surface unie du sol, qui se couvre d'immenses pâturages; pas un sillon, pas une maison n'interrompent la monotonie de ces vastes prairies, sous leur dôme de feuillage : seuls habitants de ces solitudes, on rencontre de loin en loin des troupeaux de vaches, de moutons et de chameaux, paissant sous les arbres. La principale de ces forêts s'appelle Targant n Ououdmim; elle est célèbre par ses serpents : les Ạïssaoua y viennent de loin en faire leur provision.

Cheminant ainsi, tantôt à travers le recueillement des grands bois, tantôt au milieu de riantes cultures et d'innombrables villages, je parviens vers le soir non loin de l'Ouad Sous. Je m'arrête à 5 heures dans un hameau, à quelque distance du fleuve.

Je n'ai cessé de rencontrer beaucoup de monde sur le chemin. De toute la journée, il ne s'est pas présenté un seul cours d'eau, ni rivière ni ruisseau. J'ai passé par un marché, le Tenin des Ida ou Mḥammed, où j'ai fait une halte assez longue.

22 janvier.

Départ à 6 heures et demie du matin. Je me dirige vers l'Ouad Sous; d'ici là ce n'est qu'un vaste jardin : champs bordés de cactus, ombragés d'oliviers, de figuiers et d'argans, semés d'une foule d'habitations; le chemin, garni de haies, serpente entre les vergers et les maisons qui se succèdent sans interruption. Au travers de cette riche contrée, j'arrive, à 7 heures et demie, au bord du fleuve. Je le franchis à un gué : le lit, de sable, a 100 mètres de large; 75 mètres sont à sec; les 25 autres sont occupés par une nappe d'eau limpide, profonde de 50 centimètres; courant de rapidité moyenne. En amont et en aval du gué, le fleuve, gardant même largeur, change d'aspect : l'eau, moins courante et moins haute, s'étend sur la surface du lit dont le fond, devenu vaseux, se garnit de roseaux. Depuis l'endroit où je l'ai passé jusqu'à celui où je le perdrai de vue, l'Ouad Sous aura la même apparence : une bande de 100 mètres couverte de roseaux. Je descends la rive droite; le sol est à peine à un mètre au-dessus du niveau de l'eau; c'est du sable, tapissé de gazon et de joncs, et ombragé de tamarix. Ce terrain bas et humide, qui forme un ruban de 300 mètres le long du côté droit, peut être considéré comme faisant partie du lit. Au Tlâta des Ksima, je quitte les bords du fleuve et gagne un village voisin, résidence de Sidi Ạbd Allah d Aït Iaḥia, marabout d'Ez Zaouïa, de Tisint, depuis longtemps établi en cette région. Du Tlâta à sa demeure, ce ne sont que cultures, jardins et villages : au milieu de la verdure se dresse, dominant le pays, la haute maison blanche de Ḥadj El Ạrabi, vrai château, avec deux énormes tours que j'aperçois depuis Taourirt ou Sellman. Ḥadj El Ạrabi est un simple particulier, fort riche.

A 8 heures et demie, nous sommes chez S. Ạbd Allah; c'est un compatriote et un ami du Ḥadj; nous comptons sur lui pour nous accompagner et nous protéger dans le Ḥaḥa, où il jouit, comme ici, d'une grande influence. En arrivant, nous apprenons qu'il est absent; nous ne trouvons que son fils. Celui-ci, beau jeune homme d'une vingtaine d'années, Ḥarṭâni de couleur presque noire, nous accueille à merveille : le Ḥadj, excellent homme aimé de tous ceux qui le connaissent, est reçu à bras ouverts. Il est bientôt convenu que nous passerons là le reste de la journée; le lendemain nous nous remettrons en route, accompagnés par le jeune marabout, qui nous escortera jusqu'à Mogador.

23 janvier.

Départ à 9 heures. D'ici à Agadir Iṛir, la plaine où je suis depuis avant-hier se continue; elle est couverte partie de cultures, partie de pâturages : ces derniers

Agadir Irir. (Vue prise du sud-est de la ville.)
Croquis de l'auteur.

sont semés çà et là de jujubiers sauvages; plus d'argans. A 10 heures et demie, le pays devient désert; on entre dans un fourré d'arbres et de broussailles, petits argans et jujubiers sauvages. A 11 heures, après avoir franchi quelques dunes de sable de 8 à 10 mètres de haut, je me trouve au bord de la mer. Je longe le rivage jusqu'à Agadir. Le chemin passe au-dessous de cette ville, à mi-côte entre elle et Founti : Founti est un hameau misérable, quelques cabanes de pêcheurs; Agadir, malgré son enceinte blanche qui lui donne un air de ville, est, me dit-on, une pauvre bourgade, dépeuplée et sans commerce. A partir de là, je suis la côte, cheminant à mi-hauteur de la falaise qui la borde; elle n'est ni très haute ni très escarpée : c'est un talus pierreux, parfois rocheux, tapissé de broussailles basses et d'herbages; le jujubier sauvage et la taçouout y dominent. Vers 2 heures moins un quart, je descends pour traverser, à quelques mètres de son embouchure, l'Asif Tamrakht : la vallée en est remplie de cultures; plusieurs villages s'y voient à quelque distance. La rivière forme deux bras, larges l'un de 15 mètres, l'autre de 50; tous deux ont un lit de sable; le premier est à sec, des flaques d'eau sont dans le second. Au delà je reprends mon chemin le long de la falaise. Vers 3 heures, celle-ci change d'aspect : elle devient plus rocheuse et se couvre d'argans de 4 à 6 mètres de haut; je cesse de la suivre et je monte vers sa crête. J'y parviens à 4 heures moins un quart; c'est la fin de la forêt : je suis à la lisière d'un plateau à ondulations légères, couvert en grande partie de cultures qu'ombragent des argans comme chez les Ilalen; une multitude de bâtiments isolés, de groupes de maisons y apparaissent. Je fais halte à 4 heures, à une des premières habitations. C'est une nezala. On donne ici ce nom à des postes habités par des familles attachées au makhzen, qui ont pour devoir d'assurer la sécurité des routes et sont autorisées à percevoir de faibles droits de péage. Ces nezalas sont installées dans un petit nombre de tribus soumises : elles ne font régner qu'une demi-sûreté; ici, comme ailleurs, les étrangers n'osent guère voyager seuls.

Entré dans la tribu des Ḥaḥa ce matin, à Agadir, j'y resterai jusqu'à mon arrivée à Mogador. Ce que j'ai aperçu de leur territoire donne une idée complète de ce que j'en verrai dans la suite. Leur pays peut se diviser en quatre portions : 1° les falaises du rivage, partout telles que je les ai vues; 2° des vallées, à fond cultivé et semé de villages; 3° des côtes : toutes sont boisées d'argans; le sol en est partie de la terre, partie une roche blanche; les pentes, assez raides, en sont sillonnées de ravins escarpés; sous les argans, poussent des jujubiers sauvages et mille sortes d'herbes, et vivent des quantités énormes de gibier, perdreaux innombrables, sangliers, lièvres, lynx, etc.; 4° des plateaux : ils forment la quatrième portion du territoire et la plus importante; ces terrasses ressemblent à celle d'Afikourahen; elles sont moins accidentées, ne présentent que des ondulations légères, et ne sont pas peuplées partout : la majeure partie de leur surface est couverte de cultures, champs d'orge et de blé plantés d'argans comme ceux du bas territoire des

Ilalen; au milieu des labours s'élèvent une foule d'habitations, dispersées une à une ou par deux ou trois. Chez les Ḥaḥa, non seulement on ne trouve pas de centre de quelque importance, mais on ne voit point les hameaux des Chtouka et des Ilalen; les maisons se dressent isolées au milieu des champs, ou réunies par très petits groupes : elles sont en pisé blanc; celles des riches sont bien construites, avec des encadrements de portes en pierres de taille et de hautes tours carrées, à angles et couronnement de pierre : la contrée fournit en abondance une pierre blanche, tendre, facile à travailler, mais peu solide, qui sert pour ces édifices. Les cultures, parfois serrées sur une longue étendue, ailleurs clairsemées, occupent les 2/3 de la surface des plateaux; le reste est garni de pâturages, avec des bouquets d'argans et, par places, de grands genêts blancs. Je n'y ai vu qu'une forêt, la Ṛaba Ida ou Gerṭ, à la porte de Mogador. Le sol est de terre blanche mêlée de beaucoup de pierres. Ces hautes terres, où sont concentrées la plupart des cultures et des habitations des Ḥaḥa, n'ont d'autre eau que celle des medfias.

24 janvier.

Départ à 7 heures et demie du matin. Arrêté à 5 heures du soir, sur les bords de l'Ouad Aït Ạmer. Ma route s'est effectuée successivement dans les diverses régions que je viens de décrire, sans donner lieu à aucune remarque nouvelle. La seule chose à noter est la composition d'une portion de la falaise, entre la nezala où j'ai passé la nuit et le foudoq qui est au-dessous, sur la côte; la partie supérieure de cette falaise est formée d'énormes blocs de coquillages agglomérés; là, pendant quelque temps, on ne voit trace ni de terre ni de roche : tout le sol n'est fait que de ces coquillages pétrifiés; le chemin passe sur leur surface.

J'ai rencontré peu de monde aujourd'hui et n'ai traversé aucun cours d'eau important.

25 janvier.

Départ à 8 heures du matin. Arrêté à 4 heures du soir, à la maison de Ḥadj Ạbd el Malek. On voit plus de passants qu'hier. Traversé l'Ouad Aït Ạmer (lit de gros galets, de 50 mètres de large, avec un filet d'eau courante de 2 mètres); cette rivière est la seule que j'aperçoive de la journée.

26 janvier.

Séjour chez Ḥadj Ạbd el Malek.

27 janvier.

Départ à 7 heures du matin. Arrêté à 6 heures du soir, chez un ami de notre marabout. Le pays reste tel que je l'ai décrit.

J'ai traversé plusieurs petits cours d'eau : l'Asif Ida ou Gelloul (ruisseau desséché; 6 mètres de large), l'Ouad Aït Bou Zoul (40 mètres de large; à sec), l'Ouad Ijariren (3 mètres de large; à sec; affluent de l'Ouad Aït Bou Zoul), l'Ouad Imariren (15 mètres de large; à sec; le cours supérieur traverse des gisements de sel, non loin d'une source d'eau vive, Aïn Imariren, la seule que j'aie vue dans le Haha), l'Ouad Ida ou Isaren (à sec; 15 mètres de large près de son confluent), l'Ouad Tidsi (30 mètres de large; à sec).

28 janvier.

Départ à 7 heures et demie du matin. A 8 heures, j'entre dans une vaste forêt ombrageant d'immenses pâturages : c'est Raba Ida ou Gert, lieu désert, célèbre par les brigandages qui s'y commettent. J'en sors à 11 heures et demie; au-delà je franchis une petite plaine, en partie couverte de genêts; puis des dunes de sable me conduisent par une pente douce au bord de la mer. A midi et demi, je traverse l'Ouad Ida ou Gert. A 1 heure, j'entre à Mogador.

Aussitôt arrivé, j'allai au Consulat de France. J'y fus reçu par le chancelier, M. Montel. Ce que fut pour moi M. Montel durant mon séjour à Mogador, les services de tout genre qu'il me rendit, rien ne saurait l'exprimer. Puisse tout voyageur, en pareille circonstance, rencontrer même accueil, même sympathie, même appui ! Heureux ceux dont le pays est représenté par des hommes semblables, en qui un compatriote inconnu trouve dès le premier jour, avec la bienveillance et la protection du magistrat, le dévouement d'un ami.

VII.

DE MOGADOR A TISINT.

1°. — DE MOGADOR A DOUAR OUMBAREK OU DEHEN.

Mogador, dont le nom est écrit en grosses lettres sur nos cartes, est loin d'être le port important que nous pourrions nous figurer. Celui qui s'attendrait à trouver une ville en relations constantes avec l'Europe serait déçu. En hiver surtout, les moyens de communiquer sont rares et irréguliers. Au bout de 45 jours seulement, je reçus de Paris la réponse à des lettres expédiées le lendemain de mon arrivée. Cet état tient au peu de commerce que fait aujourd'hui Mogador : ce port n'a plus d'affaires qu'avec les Chiadma, les Ḥaḥa, les Chtouka, les Ilalen, le Sahel, Tindouf, et par là Timbouktou. Il possède le monopole de la majeure partie du trafic du Soudan, de celui qui se fait par les Tajakant. C'est le plus bel apanage qui lui reste. Quant au bassin du Sous, quant au Sahara occidental et central, de l'Ouad Aqqa à l'Ouad Ziz, ils font leurs achats à Merrâkech, et cette capitale reçoit tout de Djedida (Mazagan). Le grand centre commercial du Maroc est la ville de Merrâkech : au sud de l'Atlas, Fâs fournit le cours de l'Ouad Ziz et la région du Sahara qui est à l'est de ce fleuve; Mogador approvisionne le Sahel et la petite portion du bassin du Dra située à l'ouest de l'Ouad Aqqa; Merrâkech alimente tout le bassin du Sous, l'immense bassin du Dra, sauf les réserves que nous venons de faire, et jusqu'aux districts arrosés par les affluents de droite du Ziz, tels que le Todṛa et le Ferkla.

Aussitôt que j'eus reçu les lettres que j'attendais de France, je me mis en route vers le sud pour regagner Tisint. Mon ami le Ḥadj m'avait attendu : cette fois je partais seul avec lui; il avait renvoyé son compagnon.

Du 14 au 20 mars 1884.

Partis de Mogador le 14 mars, avec le fils de S. Ạbd Allah d Aït Iaḥia, que son père nous avait donné comme escorte, nous arrivâmes à la maison des religieux, dans la tribu des Ksima, le 20 du même mois. Des pluies torrentielles qui étaient tombées pendant une partie de cette période avaient entravé notre marche; c'est pourquoi nous avions mis sept jours à parcourir une distance qui se franchit d'ordinaire en quatre. Nous avions suivi une route différente de la première, mais qui n'avait donné lieu à aucune remarque nouvelle. Par suite des pluies, les rivières s'étaient grossies : là où un mois et demi auparavant je n'avais vu que des lits desséchés, je trouvais des torrents impétueux. L'Ouad Aït Ạmer, que je traversai au même point qu'à l'aller, formait une rivière large de 20 mètres, profonde de 70 centimètres et si rapide que j'eus beaucoup de peine à la passer.

Aussitôt parvenus à la demeure de notre compagnon, celui-ci nous chercha un de ses parents, marabout originaire de Mrimima et ami du Ḥadj. Ce marabout, S. Iaḥia Bou Ḥebel, moins grand personnage que Sidi Ạbd Allah, est plus connu que lui dans la région nouvelle où nous allons entrer : comme S. Ạbd Allah a ses serviteurs religieux parmi les Ksima et les Ḥaḥa, il a les siens chez les Imseggin et les Houara. Il fut convenu qu'il nous escorterait jusqu'à Douar Oumbarek ou Dehen. Ce point se trouve sur la rive droite de l'Ouad Sous, à quelque distance du fleuve, au nord-est d'Igli.

21 mars.

Départ à 7 heures du matin, en compagnie de Sidi Iaḥia. Je remonte l'Ouad Sous, à 1 ou 2 kilomètres de sa rive droite. Je le verrai toute la journée, serpentant au milieu des tamarix, entouré de cultures, avec de grands oliviers ombrageant son cours et deux rangées de villages échelonnés sur ses rives. Ce qu'il sera aujourd'hui, il le restera jusqu'au delà d'Igli. Le fleuve, avec sa bordure de champs, d'arbres et d'habitations, forme une large bande verte se déroulant au milieu de la plaine, 10 mètres au-dessous du niveau général. Un talus à 1/2 relie la dépression au sol environnant. Je marche au nord du talus, dans la plaine du Sous. C'est une surface immense, unie comme une glace, au sol de terre rouge sans une pierre; elle s'étend entre le Grand et le Petit Atlas, depuis la mer jusqu'au haut du Ras el Ouad; la largeur en est énorme : d'autant plus grande qu'on descend davantage, elle est ici de 40 kilomètres et sera encore de 12 chez les Menâba. La vallée du Sous demeurera la même durant les trois jours que je vais la remonter : plaine d'une fertilité merveilleuse, enfermée entre deux longues chaînes, dont l'une, moins élevée et à crêtes uniformes, borne au sud l'horizon d'une ligne brune, tandis que l'autre, s'élançant dans les nuages, élève à pic au-dessus de la campagne ses massifs gigantesques aux flancs bleuâtres, aux cimes blanches (1).

La plaine du Sous, toute d'une admirable fécondité, est loin d'être cultivée en en-

(1) Il y avait autant de neige sur ces parties du Grand Atlas à la fin de mars que deux mois auparavant, lorsque je les vis pour la première fois.

tier. Pendant que champs, jardins et villages se pressent sans interruption sur les rives du fleuve, ils sont très inégalement répartis dans le reste de la vallée. Le sol de celle-ci est occupé partie par des cultures, partie par des prairies, partie par des forêts; nulle part il n'est nu; partout cette terre généreuse se tapisse d'une verdure abondante. La portion que je traverse aujourd'hui peut se diviser en trois régions de longueurs inégales : dans la première, les cultures occupent un tiers du sol; le reste est couvert de broussailles et de pâturages : des bouquets de grands argans croissent çà et là; de nombreux troupeaux de vaches paissent dans les prés; de temps à autre on rencontre un village, mais ils sont peu nombreux. C'est le territoire des Imseggin. La seconde région est une vaste forêt, faisant limite entre les Imseggin et les Houara : épais bois d'argans; quelques villages y apparaissent de loin en loin dans des clairières; peu de monde, point de troupeaux; le sol, sec jusqu'ici, devient détrempé par endroits : de petites mares, des flaques d'eau le sèment; les argans ont 4 à 5 mètres de haut; ils ne rappellent, non plus que ceux des Ḥaḥa, les magnifiques arbres des Chtouka et des Ilalen : à leur ombre croît une végétation abondante, broussailles et herbe émaillée d'une multitude de fleurs. En sortant de la forêt, on entre sur le territoire des Houara; une nouvelle région commence : les arbres, qui étaient si nombreux, deviennent rares; point de cultures, si ce n'est aux abords des villages : une immense prairie, semée de flaques d'eau, s'étend de l'Ouad Sous au pied du Grand Atlas; des villages, des fermes isolées sont en vue : les uns et les autres, comme tous les lieux habités que j'ai rencontrés aujourd'hui, sont entourés d'une ceinture de cactus, de quelques champs d'orge et de plantations d'oliviers.

A 6 heures du soir, j'arrive au grand village d'Oulad Seṛeïr, où S. Iaḥia a une maison; je m'y arrête.

J'ai rencontré partout, excepté dans la forêt, beaucoup de gens sur ma route. Tous baisaient pieusement la main de mon marabout, reconnaissable, comme la plupart de ceux du Sous, à une longue canne ferrée, surmontée d'une pomme de cuivre, sorte de crosse qui ne le quitte pas. Mon protecteur paraît un bon homme, mais c'est le plus enragé fumeur de kif qui soit au monde. Peu de localités, sur notre passage, où il n'eût un ami, fumeur comme lui. Sitôt qu'on approchait d'un de ces points, il me quittait, prenait le pas gymnastique, entrait au village, se faisait donner une pipe, la fumait et me rejoignait : malgré ses soixante-huit ans, il fit plus de dix fois ce manège pendant le trajet. J'ai traversé deux cours d'eau importants : l'Ouad el Ḥamerin (il arrose, au-dessus d'ici, la tribu des Ḥamerin, qui, dit-on, doit ce nom à la couleur rouge du sol de son territoire. C'est une belle rivière : eau de 30 mètres de large et de 80 centimètres de profondeur; courant rapide; lit de 40 mètres, moitié sable, moitié galets; berges de terre à 1/1, hautes de

3 mètres, couvertes de gazon, de lauriers-roses et de tamarix); l'Oûad Semnara (lit de sable de 40 mètres; berges de 3 mètres de haut à 1/1. L'eau n'a que 3 mètres de large; elle est limpide et courante).

Durant la marche dans les diverses tribus, Ksima, Imseggin et Houara, dont j'ai traversé les territoires, trois choses m'ont frappé : l'horizontalité du sol dans cette large vallée du Sous, la richesse de la végétation, enfin la force des bestiaux : ce ne sont plus les petites vaches de l'Algérie et du Sahara Marocain, mais de beaux animaux comme ceux des environs de Tanger, des Zaïan et d'Europe.

22 mars.

Séjour à Oulad Sereïr.

La tribu des Houara, dont j'ai traversé une partie avec l'escorte d'un pauvre marabout, est célèbre et redoutée pour ses brigandages. J'ai eu un rare bonheur de ne point y faire de mauvaise rencontre. Les pillages y sont aussi fréquents que jamais, bien que, depuis 1882, elle fasse partie du blad el makhzen. Elle est commandée par un qaïd dont l'autorité s'étend sur tout son territoire, comprenant les deux rives de l'Ouad Sous. La plupart des Houara habitent des fermes isolées; les autres résident dans des villages d'une forme particulière à la tribu. Les maisons en sont séparées, et entourées chacune d'une haie circulaire de jujubiers sauvages ou de cactus. Avec cet usage, les moindres localités occupent une grande étendue; il y en a d'importantes : celle où je suis a 120 feux. Aucun lieu habité qui ne soit environné de cultures et de jardins; comme arbres, croissent des figuiers, des grenadiers, des oliviers. Les demeures, vastes, sont la plupart flanquées de deux tours ne dépassant pas en hauteur les murs du bâtiment; on construit en pisé; on couvre en terrasse.

La tribu des Imseggin, que j'ai traversée hier, se divise, me dit-on, en onze fractions.

Une grande activité commerciale règne en cette région; témoin le nombre de marchés : on va d'ici à 8 marchés différents : Arbaa Hamerin, Khemis Oulad Dahou, Djemaa Amzou, Sebt el Kefifat, Had Menizela, Tenin Oulad et Teïma, Tlâta Hafaïa, Sebt el Gerdan.

23 mars.

Le pays à parcourir aujourd'hui est encore dangereux; S. Iahia prend avec lui, comme renfort, un de ses fils qui demeure à Oulad Sereïr. Départ à 6 heures du matin. Les arbres recommencent; on voit quelques prairies, mouchetées de bouquets d'argans : la majeure partie du sol, jusqu'à 10 heures et demie, est couverte de bois; ces forêts sont semblables à celles d'avant-hier : mêmes essences, mêmes déserts ombragés, mêmes rares clairières où apparaît un village entouré de cultures; le peu de prairies qui s'aperçoivent sont semées d'un grand nombre de fermes isolées; à partir d'Oulad Sereïr, le terrain redevient sec : plus de flaques d'eau. A 10 heures et demie, forêts et pâturages cessent; j'entre dans des labourages qui ne tardent pas à occuper toute la surface du sol; ce sont des champs d'orge et de blé auxquels se mêlent des plantations d'oliviers, de plus en plus étendues à mesure que l'on avance. Une foule de villages s'élèvent de toutes parts. Bientôt apparaît une longue ligne noire, forêt d'oliviers d'où émerge le faîte d'un minaret : c'est Taroudant. A midi et demi, j'arrive au pied des murs. Je les longe sans entrer dans la ville. L'enceinte de Taroudant est construite en pisé jaune; elle a 5 à 6 mètres de haut, et 40 centimètres environ d'épaisseur; elle est pleine de lézardes et, bien que sans brèches, en mauvais état. Pour sa portion sud, dont j'ai suivi les sinuosités, j'ai constaté l'exactitude du tracé de M. Gatell (1). Taroudant me paraît située à un point où la vallée du Sous se resserre brusquement sur une courte longueur, à un kheneg en un mot, mais kheneg peu accentué. Il semble que plusieurs chaînes de hauteurs parallèles au fleuve se détachent en face d'ici du pied du Petit Atlas et viennent expirer, près de l'Ouad Sous, en collines sablonneuses boisées d'argans. Aucun cours d'eau n'arrose la ville; elle est alimentée par de larges canaux dérivés du fleuve.

A 1 heure, je quitte les murs de la capitale du bas Sous. Jusqu'à 2 heures et demie, le chemin, entouré de haies d'églantiers, serpente entre des champs et des plantations d'oliviers, au milieu de villages. Les environs de Taroudant sont d'une richesse extrême. Dès qu'il est labouré, ce sol admirable de la vallée du Sous, dont une grande partie reste inculte, devient d'une fertilité merveilleuse. A 2 heures et demie, je m'arrête chez des amis de S. Iaḥia, dans une petite zaouïa.

Peu de monde sur ma route jusqu'à 10 heures et demie, beaucoup depuis. J'ai traversé deux cours d'eau importants : l'Ouad Beni Mḥammed (au point où je le passe, il se divise en trois bras : le bras occidental a un lit de 40 mètres, gravier et sable, à sec; berges de 75 centimètres; le bras central est semblable au précédent; le bras oriental a 60 mètres de large; lit de galets; à sec; les deux premiers sont séparés par une langue de terre couverte de pâturages et de tamarix, les deux derniers par une surface où ne poussent que des touffes de melbina. Cette rivière n'a d'eau que d'une façon passagère, au moment des pluies); l'Ouad El Ouaạr (à sec; lit de gravier de 60 mètres; berges de sable, à pic, de 10 mètres de hauteur).

(1) *Bulletin de la Société de Géographie*, mars-avril 1871.

24 mars.

Départ à 7 heures du matin. Je continue à cheminer à quelque distance au nord de l'Ouad Sous, hors de la bande de plantations et de villages qui le bordent; la vallée reste ce qu'elle était hier, toujours plate, toujours sans une pierre; comme on l'a dit, elle se rétrécit par degrés. Jusqu'au territoire des Menâba, le sentier parcourt une succession de cultures, de pâturages, de taillis et de bois d'argans; on passe auprès de nombreux hameaux; à chaque pas on rencontre des troupeaux de bœufs. A partir de la frontière des Menâba, bois et broussailles cessent; on trouve quelques pâturages, mais la majeure partie du sol est occupée par des champs d'orge ou de blé; les villages sont en plus grande quantité que jamais : comme tous ceux de la vallée du Sous, ils sont en pisé rouge, plus ou moins foncé; dans quelques-uns s'élève une tour, distinguant la demeure d'un homme riche, d'un chikh. Ils sont bien bâtis, bien entretenus, non élégants; murs nus, sans ornements. Depuis Taroudant, les cactus qui les entouraient chez les Houara, les Chtouka, les Imseggin et les Ksima, ont disparu; une sombre ceinture d'oliviers les enveloppe. En marchant dans cette riche contrée, je parviens aux campements des Oulad Dris. Je m'y arrête à 6 heures du soir, dans le douar d'Oumbarek ou Dehen. Le maître de la principale tente, vieil ami du Ḥadj, m'offre l'hospitalité. Beaucoup de passants aujourd'hui sur mon chemin. Pendant les dernières heures de marche, j'ai franchi un grand nombre de canaux, les uns souterrains (feggaras), les autres à ciel ouvert; ils apportent l'eau de la montagne aux cultures de la plaine. J'ai traversé trois rivières importantes : l'Ouad Ziad (lit de 500 mètres de large où coulent, sur un fond moitié gravier, moitié sable, six bras d'eau de 2 mètres chacun; eau claire; courant rapide); l'Ouad Talkjount (lit de 40 mètres, moitié sable, moitié galets; flaques d'eau au milieu; berges de terre de 3 mètres de haut); l'Ouad Bou Srioul (lit de gravier de 50 mètres; nappe d'eau courante de 3 mètres; berges de terre de 3 mètres).

25 mars.

Séjour chez les Oulad Dris. Ceux-ci sont une petite tribu nomade isolée campant au nord-est des Menâba, entre ces derniers et les Talkjount. Indépendants autrefois, ils ont suivi le sort du reste du Ras el Ouad et, en 1882, se sont soumis au sultan. Celui-ci les a placés sous la dépendance du qaïd des Menâba. Les Oulad Dris labourent, mais leur fortune principale consiste en troupeaux de chameaux. Ils se disent de race arabe; leur langue est l'arabe, la plupart savent aussi le tamaziṛt. Ils sont en rapports constants avec le sud, avec Tatta, Tisint, Aqqa, ont des alliances avec les Aït Jellal et les Ida ou Blal. Leur costume est plutôt celui du Sahara que celui du Sous : un turban de khent ceint leur tête; comme linge, ils ne portent que du khent; leurs vêtements de dessus sont soit le ḥaïk blanc, soit le selḥam, le kheidous ou le khenîf.

Dans les autres tribus du Sous que j'ai traversées, Ksima, Imseggin, Houara, Oulad Iaḥia, Aït Iiggas, Menâba, ainsi que chez les Indaouzal, les hommes portent une chemise blanche, de laine ou de cotonnade, et un ḥaïk de même couleur; ce dernier se remplace souvent par le selḥam ou le khenîf; la tête reste nue, ou s'entoure d'un mince turban blanc. Les femmes portent le vêtement général des Marocaines; il est chez la plupart en khent, chez les autres en laine ou cotonnade blanche; le khent passe pour le plus élégant. Les armes se composent du long fusil que l'on connaît, à crosse large ou étroite, et du poignard recourbé, *qoummia*; on met la poudre dans des cornes de cuivre. Les chevaux, sans être nombreux, ne sont pas rares dans ces tribus. Bien qu'elles appartiennent maintenant au blad el makhzen, les usages y sont les mêmes qu'en blad es sîba : on n'y sort pas des villages sans être armé, on n'y voyage pas sans zeṭaṭ; les fractions s'y font journellement la guerre entre elles, et les routes y offrent en certaines parties plus de périls que dans bien des régions insoumises : il est peu de tribus indépendantes plus dangereuses à traverser que les Houara. Pendant mon séjour à Oulad Seṛeïr, on se battait aux environs : j'entendis la fusillade toute la journée : deux fractions étaient aux prises; le combat finit à la nuit, par la prise et la destruction d'un village.

Les Ksima, les Imseggin, les Oulad Iaḥia, les Aït Iiggas, les Menâba et les Indaouzal parlent le tamaziṛt; les Houara parlent l'arabe. Chez les premiers, la langue arabe est assez répandue, surtout parmi les Ksima et les Imseggin. Elle l'est très peu chez les seuls Indaouzal.

2°. — DE DOUAR OUMBAREK OU DEHEN A TISINT.

26 mars.

Départ à 5 heures du matin. Notre hôte nous donne son fils pour nous escorter jusqu'à Iliṛ. Nous avons à traverser la vallée du Sous et une partie du Petit Atlas, sur le versant méridional duquel se trouve le qçar. La marche d'aujourd'hui se divise en deux parties, la première en plaine, la seconde en montagne. En quittant Douar Oumbarek ou Dehen, je prends la direction du sud-est, de façon à couper presque perpendiculairement la vallée de l'Ouad Sous. Jusqu'au fleuve, des pâturages et des broussailles de jujubier sauvage se succèdent, dominés çà et là par des bouquets d'argans. Je passe en vue de plusieurs villages, se distinguant à peine au milieu de leurs ceintures d'oliviers. Vers 6 heures un quart, j'arrive à l'Ouad Sous; les deux rives sont bordées de cultures, de villages et de jardins, mais l'aspect du lit est différent de ce qu'il était plus bas. La largeur en est de près d'un kilomètre; le fond est de gros galets, avec de rares places sablonneuses; ni roseaux ni joncs, aucune trace de verdure. Au milieu de cette surface grise coule le fleuve, en trois bras : le premier n'a que 2 mètres d'eau; le second en a 15 avec 40 centimètres de profondeur et un courant très rapide; le troisième a 35 mètres de large et $1^m,20$ de profondeur : gonflé par des pluies récentes, il forme des vagues énormes, et le courant en est si impétueux que nous ne pouvons le franchir seuls : des habitants d'un village voisin viennent à notre secours, nous indiquent un gué, où les eaux, divisées en plusieurs canaux, n'ont au principal qu'un mètre de profondeur, et nous aident à traverser : c'est une opération longue et difficile, tant l'onde a de violence. Le gué se trouve en face du hameau de Tafellount. Le lit du Sous est séparé des plantations de ses rives par des berges de terre à pic, hautes de $1^m,50$. Après avoir passé, je me remets à marcher dans la plaine; elle garde un même aspect d'ici au pied du Petit Atlas : prairies semées de jujubiers sauvages et de rares argans; nombreux perdreaux; point de lieux habités; il n'y a de cultures que le long du fleuve.

A 9 heures un quart, j'arrive aux premières pentes du Petit Atlas; à son pied se trouvent quelques champs, et à mi-côte des villages. J'entre dans la montagne par une plaine triangulaire que traverse l'Ouad Tangarfa; elle est couverte de pâturages avec jujubiers sauvages et argans, semblables à ceux dont nous sortons; le sol, terreux jusqu'à présent, commence à se semer de pierres qui bientôt deviennent nombreuses. On passe devant des medfias : il n'y en a point dans la vallée du Sous; les portions de celle-ci qui ne sont pas alimentées par le fleuve ou ses tributaires le sont par des ṛedirs et des canaux : les ṛedirs servent à la boisson, les canaux à l'irrigation des cultures. Parvenu à l'extrémité de la plaine où je me suis engagé, je remonte la vallée de l'Ouad Tangarfa; puis je la quitte, et je remonte celle d'un de ses affluents jusqu'au qçar de Tagerra. Ces deux vallées sont pareilles : le fond en est nu et pierreux, d'une largeur variant entre 30 et 150 mètres; les flancs sont des côtes raides, hérissées de roches, boisées d'argans, de 200 mètres de hauteur; les lits sont presque partout à sec; parfois il y coule un filet d'eau large au plus de 1 mètre. Le chemin ne quitte pas les thalwegs et est facile. Au-dessus de Tagerra, l'étroite vallée que je suis devient un ravin impraticable, où un ruisseau bondit par cascades au milieu des rochers. Je quitte le fond à ce village et gravis le flanc droit; montée difficile : le terrain n'est que roches, aux fentes desquelles poussent de rares argans; plusieurs sources d'eau vive jaillissent du sol. Enfin j'arrive à la crête, et bientôt après à un col. Je me mets à descendre une petite vallée, celle de l'Ouad el Ạsel : elle n'a pas 20 mètres de large; des talus de roche rose la bordent des deux côtés; ils sont peu élevés et en pente douce; des qçars et un étroit ruban de cultures ombragées d'amandiers s'échelonnent sur leurs premières pentes, le long de l'ouad. Cette nouvelle région diffère de la précédente; le col que j'ai franchi marque la limite entre deux portions du Petit Atlas : jusqu'à lui, toutes les côtes étaient boisées d'argans; à partir d'ici, cet arbre disparaît : je ne le verrai plus; du col à Tisint, les flancs des montagnes seront une roche nue. Autre changement : dans la plaine du Sous les villages étaient ouverts; ici recommencent les qçars.

Vers 4 heures, l'Ouad el Ạsel débouche dans une plaine verdoyante, entourée de hauteurs dénudées; je la traverse : c'est une surface unie, au sol sablonneux couvert de pâturages; elle s'étend entre l'Ouad el Ạsel et l'Ouad Aït el Ḥazen, et se prolonge jusqu'à leur confluent. J'atteins au bout d'une heure la dernière des deux rivières, et je la remonte jusqu'au grand village d'Amzoug. Là je fais halte, à 7 heures et demie du soir. Un ami de notre guide nous reçoit. La vallée de l'Ouad Aït el Ḥazen, dans la partie que j'ai parcourue, a 500 à 600 mètres de large au fond, cultivés en entier; les flancs sont des talus hauts et escarpés de grès noirci, comme celui des environs de Tazenakht. Dans le bas j'ai rencontré plusieurs grands villages ou qçars d'aspect prospère, entourés de vergers. La rivière a 60 mètres; lit de gros galets sans eau.

La plaine que j'ai traversée de 4 à 5 heures forme limite entre les Aït el Ḥazen et les Indaouzal. Au sortir du territoire de ces derniers, j'ai quitté le blad el makhzen et suis rentré en blad es siba. Les Aït el Ḥazen sont indépendants; autrefois alliés des Aït Semmeg, ils le sont maintenant des Ounzin. Ils sont Chellaḥa comme ces deux tribus et comme les Indaouzal, et parlent le tamaziṛt : à peine quelques-uns d'entre eux savent-ils l'arabe.

Peu de monde sur mon chemin, excepté au bord de l'Ouad Sous et dans les vallées des ouads el Ạsel et Aït el Ḥazen. Parmi les rivières que j'ai traversées, il en est une que je n'ai pas décrite : l'Ouad el Amdad : il a un lit de galets de 100 mètres de large; au milieu coulent 15 mètres d'eau claire et courante; des berges de terre à pic, de 2 mètres de haut, le bordent. Les villages et qçars rencontrés au sud de l'Ouad Sous sont bâtis mi-pierre, mi-pisé.

27 mars.

Départ à 5 heures du matin. Notre hôte de cette nuit nous accompagne; il nous escortera jusqu'au col d'Azrar. Je continue à remonter l'Ouad Aït el Ḥazen : la vallée, qui reste d'abord ce qu'elle était hier, se met ensuite à se rétrécir; puis les cultures cessent : au bout d'une heure et demie, c'est un sombre ravin dont le fond n'a d'autre largeur que celle de la rivière, 20 mètres; celle-ci, qui possède à présent 7 à 8 mètres d'eau, est devenue un vrai torrent, tantôt coulant sur un lit de sable, tantôt bondissant par cascades entre de gros blocs de rochers. La marche est pénible. Bientôt il faut quitter le fond du ravin pour en gravir le flanc droit : c'est un talus rocheux, haut, escarpé; montée raide et difficile. J'arrive au sommet; un plateau couvert de cultures le couronne; j'y marche quelques minutes, puis je débouche dans une vallée peu profonde, à flancs rocheux et en pente douce, dont le fond et les premières côtes sont cultivés; on y voit, avec des champs d'orge, des cactus et de nombreux amandiers. Je la remonte. Elle est près de son origine; je parviens au col où elle prend naissance. Dès lors, plus de cultures, plus d'habitations jusqu'à la vallée de l'Ouad Azrar; d'ici là, je franchis des séries de crêtes et de ravines désertes : sol noir et rocheux; pas d'autre végétation que de maigres touffes d'ḥalfa clairsemées sur les pentes; ce ne sont que montées et descentes; chemin fatigant sans être difficile. A 11 heures, le terrain change : les roches font place à une couche de sable blanc, semé de paillettes brillantes; une côte douce conduit à l'Ouad Azrar, auquel j'arrive un quart d'heure après. Ce cours d'eau a une large vallée; les flancs de celle-ci sont des montagnes rocheuses de moyenne élévation, dont les premières pentes, peu rapides, sont, comme le fond, couvertes de sable blanc et garnies de cultures; la rivière a un lit de 30 mètres dont 7 remplis d'eau claire et courante; les rives en sont bordées d'amandiers; plusieurs villages, bâtis en pierre, s'élèvent sur ses bords. Je remonte la vallée jusque non loin de son point d'origine; puis, je gagne le flanc gauche et le gravis. D'abord pierreux et de pente modérée, il devient tout à coup très raide, et se change en une paroi à pic : passage difficile; le chemin monte péniblement au milieu de grands blocs de roche noire d'où jaillissent plusieurs sources. A 1 heure et demie, j'atteins le sommet; il n'a aucune largeur; c'est une arête aiguë, le tranchant d'une lame : je le franchis à un col situé presque au niveau du reste de la crête; il s'appelle Tizi Azrar. Cette arête est la ligne culminante du Petit Atlas : au Tizi Azrar, on passe sur son versant sud. Du col, j'entre dans un cirque où une rivière prend sa source; je la descends : c'est l'Ouad S. Moḥammed ou Iaqob; à son origine, il a un peu d'eau qui ne tarde pas à tarir. Au sortir du cirque, il s'enfonce dans un étroit ravin à flancs escarpés de roche jaune; fond large de 30 mètres : le lit, de galets, l'occupe en entier; point trace de végétation. Après avoir coulé un certain temps ainsi, il débouche dans une plaine pierreuse, dont le sol disparaît sous les hautes herbes et les genêts. Je l'y laisse poursuivre sa course et, passant à l'est, je m'engage dans le massif de collines qui borde la plaine de ce côté : endroit montueux; terre semée de pierres et rayée de bandes de roches s'allongeant symétriquement à fleur de sol; comme verdure, un peu de thym et quelques touffes d'ḥalfa. Cheminant ainsi, j'atteins une nouvelle vallée, celle de l'Ouad Imi n Tels : je la descends à son tour : ravin à flancs blanchâtres, rocheux et escarpés, d'autant plus hauts que j'avance davantage; 15 mètres de large au fond, occupés par le lit de la rivière; celui-ci est à sec et couvert de galets; point de végétation, ni en bas ni sur les flancs. A 5 heures et demie, la rivière entre dans la vaste plaine d'Azaṛar Imi n Tels (1), qui s'étend d'ici à Iliṛ; elle est bornée à l'est et à l'ouest par des collines rocheuses très basses, au sud par une longue ligne de hauteurs brunes et nues, à crêtes uniformes; le sol est de terre, semée par endroits de beaucoup de pierres : des jujubiers sauvages, des genêts, diverses herbes la couvrent; de temps à autre y apparaissent des champs, propriété, les uns d'habitants d'Iliṛ, les autres de marabouts de S. Moḥammed ou Iaqob. Pour ce motif, le nom d'Azaṛar Imi n Tels est remplacé quelquefois par celui d'Azaṛar S. Moḥammed ou Iaqob. Au milieu de cette plaine, nous fûmes surpris par la nuit : l'obscurité devint si grande que nous perdîmes le sentier; nous errâmes quelque temps à l'aventure, nous accrochant aux broussailles et trébuchant dans les pierres : à 7 heures, quoique certains d'être près d'Iliṛ, mes deux guides abandonnèrent l'espoir de retrouver le chemin; nous nous arrêtâmes au pied d'un buisson et y passâmes la nuit.

28 mars.

Départ à 6 heures du matin. Nous gagnons le plateau bas, nu, pierreux et ondulé

Qçar d'Ilir et vallée de l'Ouad S. Mohammed ou Iaqob. (Vue prise du flanc gauche de la vallée, en amont d'Ilir.) Croquis de l'auteur.

qui forme le bord oriental de la plaine, et, le coupant obliquement, nous nous trouvons bientôt à une crête : au-dessous, apparaissent à nos pieds l'Ouad Iliṛ, ses dattiers

(1) *Azaṛar* veut dire « terrain labourable ».

et son qçar. Je retrouve les palmiers après trois mois d'absence. Une descente rapide à travers les rochers m'amène au fond de la vallée; il est couvert de cultures ombragées de bou souaïr; l'Ouad S. Moḥammed ou Iạqob, qu'on appelle aussi Ouad Ilir, coule au milieu, n'ayant que 2 mètres d'eau dans un lit de 50 mètres. Le qçar d'Ilir est sur la rive gauche. J'y entre à 8 heures du matin.

Je m'installe à Ilir chez un ami du Ḥadj. Le qçar est grand et riche : la population, composée de Chellaḥa, en est nombreuse; bien que voisine des Aït Jellal, elle est indépendante et les nomades ne peuvent rien sur elle. Ilir est bâtie partie en pierre, partie en pisé, ce dernier dominant.

Hier, nous sommes, depuis le col d'Azrar, restés dans le désert : nous eussions pu, en continuant à descendre l'Ouad S. Moḥammed ou Iạqob, marcher en terre habitée. C'est à dessein que nous avons fait le contraire. Quand on est peu nombreux, qu'on n'a pas de zeṭaṭ du pays et de zeṭaṭ puissant, il est de règle d'éviter les centres; la vue de voyageurs en petite troupe et mal escortés inspire à ceux devant qui ils passent la pensée de courir à leur poursuite et de les piller : c'est un danger de tous les instants en contrée peuplée. On s'y soustrait en échappant aux regards et en prenant les chemins déserts. C'est pour ce motif que, dans la vallée du Sous, au lieu d'aller de village en village le long les rives du fleuve, nous avons passé au nord, traversant tantôt des forêts, tantôt des prairies, nous tenant sans cesse à l'écart des centres. Du col d'Azrar à Ilir, c'est pour éviter les campements des Aït Jellal, situés le long de l'Ouad S. Moḥammed ou Iạqob, que nous avons pris par le désert d'Imi n Tels. Les Musulmans de ces contrées, quand ils voyagent sans ạnaïa et sans escorte ont deux principes : marcher de nuit dans les endroits très dangereux; choisir toujours les chemins les moins fréquentés et les plus déserts.

La tribu d'Azrar que j'ai traversée hier est une petite tribu chleuḥa indépendante.

29 mars.

Séjour à Ilir. Pendant la nuit que j'ai passée dans l'Azarar Imi n Tels, il est tombé, me dit-on, beaucoup de neige au Tizi Azrar. Ni de Tazenakht, ni d'Agni, ni du Sahara, ni de chez les Ilalen, je n'avais aperçu trace de neige sur le Petit Atlas; depuis mon départ de Mogador, j'en ai remarqué deux fois sur ses crêtes : c'étaient des fils blancs à peine visibles qui rayaient de lignes minces deux hautes croupes, l'une en face de Taroudant, vue de la vallée du Sous, l'autre à l'ouest du col d'Azrar, distinguée avant-hier.

30 mars.

D'Ilir à Aqqa Iren, nous avons à franchir un long désert appelé Khela Adnan.

Dangereux toujours et pour tous, il l'est en particulier pour le Ḥadj ; on y passe en vue du qçar de Tisenna s Amin, en ce moment en guerre avec Agadir Tisint. Si mon compagnon tombait aux mains de ses ennemis, il serait perdu. Aussi notre hôte fait-il appel à ses parents et amis, et c'est avec 20 fusils que nous gagnons Aqqa Iṛen. Cette escorte est gratuite : l'ạnaïa, qui se vend souvent cher aux étrangers, se donne de la manière la plus généreuse aux amis : dans mon voyage de Tisint à Mogador, et de Mogador à Tisint, grâce aux connaissances de Ou Ạddi et du Ḥadj, je n'ai pas eu à payer ceux qui m'ont escorté : accompagner son ami jusqu'au gîte suivant ou jusqu'en lieu sûr fait partie des devoirs de l'hospitalité. C'est chose toute simple qui se fait sans qu'on ait besoin de la demander.

Départ à 7 heures du matin. D'Iliṛ à Aqqa Iṛen, le chemin, suivant d'abord le cours de l'Ouad S. Moḥammed ou Iạqob, puis celui de l'Ouad Aqqa Iṛen, traverse un pays uniforme : vallées ou plaines à sol uni, tantôt sablonneux, tantôt pierreux; les unes et les autres sont enfermées entre des parois de roche noire et luisante, hautes, escarpées, nues. Dans les fonds, la végétation ne manque pas : genêts blancs et kemcha dans le bassin de l'Ouad S. Moḥammed ou Iạqob; kemcha, aggaïa et melbina dans celui de l'Ouad Aqqa Iṛen. A Ạïoun Chikh Moḥammed Aqqa Iṛen (maison avec une source et quelques jardins), les gommiers apparaissent; de là à Aqqa Iṛen, on les rencontre, clairsemés d'abord, puis de plus en plus nombreux. Les rivières sont toutes à sec; toutes ont des lits de galets de 40 à 50 mètres de large. Telle est la triste région qu'on appelle le désert d'Adnan. A 3 heures et demie, j'arrive à Aqqa Iṛen.

Aqqa Iṛen est une oasis aussi grande que celle de Qaçba el Djouạ. Elle renferme un seul village, Tabia Aqqa Iṛen; on voit dans les palmiers les ruines d'une seconde localité, Agadir Aqqa Iṛen, aujourd'hui abandonnée. Tabia compte 500 à 600 fusils; la population est composée de Chellaḥa et surtout de Ḥaraṭîn; elle est vassale des Ida ou Blal. Dans cette oasis, le sable est mélangé de roches blanches apparaissant à fleur de sol; le terrain est blanc ainsi que le pisé des maisons.

Je reçois ici des nouvelles du Sahara. On a moissonné vers le 1er mars. La récolte, au mạder comme dans les champs des oasis, a été superbe; de mémoire d'homme, on n'en a vu plus belle; l'abondance règne partout : la mesure d'orge, qui valait 1 fr. 50 à mon départ, se vend 20 centimes aujourd'hui. Pour comble de bonheur, le mạder a été inondé, il y a quelques jours, par les eaux du haut Dra : on pourra avoir double moisson cette année.

31 mars.

Si l'abondance règne à Tisint, c'est le contraire dans le moyen cours du Dra et chez les Oulad Iaḥia : une famine terrible, dont la mauvaise récolte de dattes faite dans le Dra l'automne dernier est cause en partie, sévit dans ces régions (1). 700 tentes des Aït Ạlouan (Berâber), chassées par la disette, sont venues s'établir entre Tisint et Mrimima. La présence de ces étrangers rend la Feïja moins sûre encore qu'à l'ordinaire; ils y font des courses continuelles : c'est chaque jour un nouveau pillage. Nous reprenons notre ancienne méthode, celle des marches de nuit. A 2 heures du matin, nous quittons Aqqa Iṛen et, traversant cette Feïja aujourd'hui connue, nous nous dirigeons vers Tisint. Nous entrons à 7 heures du matin à Agadir.

Je retrouvai là le rabbin Mardochée qui m'avait fidèlement attendu.

(1) En traversant le Mezgiṭa, j'apprendrai que dans tout le pays de Dra le qanṭar (environ 45 kilogrammes) de dattes se paie 50 mitkals, alors que d'habitude il en vaut 8.

VIII.

DE TISINT AU DADES.

1°. — DE TISINT A TAZENAKHT.

Après de nouveaux mais vains efforts pour gagner le Dra en passant par Zgiḍ, je me décidai à y aller par une autre voie, celle de Tazenakht. La route de Zgiḍ, difficile en tous temps, était impraticable par suite de la famine qui sévissait dans la contrée; je ne trouvai personne qui voulût se charger de m'y escorter. Obligé de passer par Tazenakht, où j'avais déjà fait un long séjour, je tins à prendre, pour y retourner, un chemin différent de celui que j'avais suivi cinq mois auparavant. Des trois routes qui existent entre Tisint et Tazenakht, j'avais pris à l'aller la plus orientale, celle du Tizi Agni; je choisis cette fois la plus à l'ouest, celle du Tizi n Haroun.

6 avril 1884.

Départ d'Agadir à minuit. Le Ḥadj, un de ses frères et un de ses cousins m'escortent. Mardochée est avec moi; je ne me séparerai plus de lui d'ici à Lalla Maṛnia. Je traverse la Feïja en passant auprès des ruines d'Imazzen, qçar abandonné. Il ne me reste rien à dire sur cette plaine : toujours mêmes sables, mêmes gommiers. J'en sors en remontant l'Ouad Aginan depuis le point où il y débouche. Il a 100 mètres de large; lit de galets, à sec. Le fond de la vallée est un sol pierreux, semé de gommiers; de 400 mètres de large d'abord, il se rétrécit par degrés; en même temps les flancs, talus de roche noire peu élevés au début, deviennent hauts et escarpés. De l'Ouad Aginan, je passe à un de ses affluents, l'Ouad Ikis, appelé aussi Ignan n Ikis, que je remonte à son tour. Vallée identique, mais plus étroite. Au bout de quelque temps, le fond se remplit de cultures et de dattiers : un filet d'eau apparaît; c'est Tamessoult : bientôt j'arrive aux maisons. Je fais halte. Il est 7 heures du matin.

Tamessoult est un gros village, construit en pierre à mi-côte du flanc gauche de l'Ouad Ikis, à une assez grande hauteur au-dessus de son lit. Au milieu se dresse la zaouïa de S. Ạbd er Raḥman, vaste bâtiment dominé par un donjon : c'est là que je suis descendu. Le marabout qui y réside est un homme puissant : il a pour serviteurs religieux les districts et les tribus de la montagne à 30 ou 40 kilomètres à la ronde; son influence s'étend jusque sur les Zenâga. Ici je me sépare de ceux qui m'ont amené d'Agadir : S. Ạbd er Raḥman me donne une escorte de trois hommes qui me conduira chez les Zenâga; elle m'y remettra entre les mains d'un des grands personnages de la tribu, Ạbd Allah d Aït Ṭaleb. Celui-ci, pour qui on me donne une lettre, m'accompagnera à son tour jusqu'à Tazenakht. Je fais mes adieux au Ḥadj Bou Rḥim; ce n'est pas sans émotion que je quitte cet homme, qui a été si bon pour moi, avec qui je viens de vivre durant trois mois, et que je ne reverrai peut-être jamais.

Départ de Tamessoult à 10 heures. Je remonte d'abord la rive gauche de l'Ouad Ikis à flanc de coteau. Chemin rocheux, difficile. Le cours d'eau est à mes pieds : le lit, rempli de palmiers, a 40 mètres de large; il occupe tout le fond de la vallée, et coule entre deux parois de roche verticales de 10 mètres d'élévation. Au-dessus apparaissent quelques cultures en escaliers, semées de quantité de cellules en pierre destinées aux abeilles; puis s'élèvent des flancs de roche jaune, hauts, escarpés et nus. Au bout de 40 minutes, l'ouad sort de cette gorge et traverse une petite plaine déserte; sol pierreux; genêts blancs et seboula el far : cette dernière plante atteint 40 à 50 centimètres de hauteur. De là, la rivière rentre dans la montagne où elle coule dans un ravin désert : le fond en a 50 à 60 mètres de large dont 15 occupés par le lit; celui-ci est à sec et couvert de galets; le reste est pierreux avec de rares genêts blancs; flancs très élevés, très raides, de roche jaune. Je chemine le long du cours d'eau jusqu'à 1 heure; à ce moment, on le voit se garnir de palmiers : un qçar apparaît sur sa rive droite; c'est Ikis, dernier point habité de son cours. Là, le chemin quitte les bords de l'ouad pour gravir le flanc gauche : celui-ci est formé par un haut massif très escarpé connu sous le nom de Djebel Anisi; il me faut deux heures pour parvenir à son sommet : c'est un des passages les plus pénibles que j'aie rencontrés dans mon voyage. On ne peut marcher qu'à pied; le chemin, long escalier, s'élève en serpentant entre des précipices immenses et des parois à pic; le massif est tout roche : murailles de couleur tantôt jaune, tantôt rosée. Bien que le sol paraisse n'être que pierre, une foule de petites plantes, herbes et fleurs, croissent au bord du chemin, entre les fissures du roc. A 3 heures, je parviens à une crête; devant moi s'étend un plateau étroit et pierreux avec de rares touffes d'ḥalfa; ce plateau, que je parcours, ne tarde pas à se changer en une côte inclinée vers le nord; je descends, et je me retrouve sur les bords de l'Ouad Ikis. Il n'a que 20 mètres de large; son lit, galets desséchés, occupe toute la largeur d'un ravin; celui-ci a des flancs d'élévation moyenne, pierreux, raides, tapissés d'ḥalfa. Il coule ainsi durant quelque temps, puis les hauteurs s'abaissent, la vallée s'élargit, et tout à coup on se trouve sur un plateau. Plus de montagnes, plus de rochers : une surface plane, à peine ondulée, est couverte d'épaisses touffes d'ḥalfa. Le terrain est mi-sable, mi-pierre; la rivière serpente entre des flancs en pente très douce d'une trentaine de mètres d'élévation; çà et là, seuls accidents, des buttes rocheuses isolées, hautes de 50 ou 60 mètres, dressent leur tête noire au-dessus des ondulations vertes du sol. De temps à autre, on rencontre un campement de bergers Zenâga : ils viennent s'installer ici durant une partie de l'année, construisant des huttes de pierres sèches et faisant paître leurs troupeaux aux alentours. A 7 heures du soir, je m'arrête à une de ces stations pour y passer la nuit. Pendant la dernière portion de la route, l'Ouad Ikis avait 20 mètres de large; le lit, mi-sable, mi-galets, en était parsemé de flaques d'eau. Durant cette journée, aucun voyageur ne s'est rencontré sur mon chemin.

7 avril.

Départ à 7 heures du matin. Je chemine quelque temps sur le plateau où j'étais hier soir; puis, laissant et la plaine et l'ḥalfa, je m'engage dans un ravin étroit, à flancs escarpés de roche noire et luisante : montée courte, mais raide; à 8 heures, j'atteins un col, Tizi n Haroun : là passe la ligne de faîte du Petit Atlas; je la franchis pour la quatrième fois. Un chemin très difficile, au milieu d'énormes rochers, me conduit dans un profond ravin; je le descends quelques instants, d'immenses murailles noires suspendues au-dessus de ma tête : bientôt j'en aperçois la bouche, où s'élève le riant village de Takdicht : plus loin, on distingue, s'étendant à perte de vue, la plaine des Zenâga. A 9 heures et demie, j'arrive à Takdicht; c'est la résidence d'Ạbd Allah d Aït Ṭaleb; sa maison, tiṛremt aux tourelles de pisé découpé et couvert de moulures, rappelle les gracieuses demeures des environs du

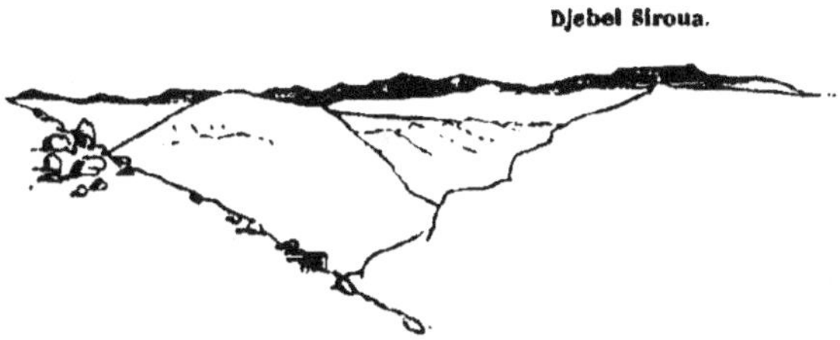

Vue prise du Tizi n Haroun, dans la direction du nord. (Les montagnes ombrées sont couvertes de neige.) Croquis de l'auteur.

Portion de la plaine des Zenâga. (Vue prise de Takdicht, dans la direction de l'est.) Croquis de l'auteur.

Dra. J'y suis bien reçu par Ạbd Allah : il ne me cache pas que j'ai eu un rare bonheur d'arriver jusqu'à lui avec une si faible escorte et des gens inconnus : si lui ou ses fils m'avaient rencontré en route, ils m'eussent, dit-il, indubitablement pillé. Maintenant que je suis entré dans sa maison et que je lui ai remis une lettre de S. Ạbd er Raḥman, il ne voit en moi qu'un hôte recommandé par son ami : je suis le bienvenu, et demain il me conduira en personne à destination.

8 avril.

A 8 heures du matin, Ạbd Allah monte à cheval; nous partons. Me voici traversant pour la seconde fois cette belle plaine des Zenâga; rien à en dire de nouveau; telle je l'ai vue dans sa portion orientale, telle je la retrouve ici : même sol uni comme une glace, excellente terre dont une partie est cultivée, dont la totalité pourrait l'être. Le talus qui borde la plaine à l'ouest est pareil à celui qui la limite à l'est : muraille de roche noire et luisante, perpendiculaire dans le haut, en pente adoucie et couverte de pierres vers le pied. Je passe auprès de plusieurs villages et qçars; le plus remarquable est Azdif, où la résidence du chikh est une forteresse entourée de plusieurs enceintes, hérissée d'une foule de tours; elle est en pisé, comme toutes les constructions des Zenâga, et ornée avec élégance. Je rencontre aussi plusieurs zaouïas. Mon zeṭaṭ me conduit jusqu'au delà des limites des Zenâga; là s'arrête son pouvoir : sorti de sa tribu, sa protection cesse d'être efficace. Cependant il ne m'abandonne pas; il fait honneur jusqu'au bout à la lettre de son ami : il m'amène à El Ạïn, va trouver S. Ḥamed ou Ạbd er Raḥman, marabout à qui appartient le qçar, lui demande une escorte pour moi, et ne quitte El Ạïn qu'après m'avoir vu partir pour Tazenakht accompagné par l'esclave de confiance de S. Ḥamed.

Azdif. (Vue prise du chemin de Takdicht à Tazenakht.) Croquis de l'auteur.

D'El Ạïn à Tazenakht, une seule chose à signaler : les régions pierreuses qui s'étendent au nord de l'Ouad Timjijt, et que j'ai trouvées nues il y a cinq mois, sont aujourd'hui couvertes de seboula el far. C'est pendant ce trajet que je fais la rencontre de l'Azdifi, racontée plus haut. A 4 heures, j'arrive à Tazenakht.

Sauf l'Azdifi, je n'ai vu sur la route aucun voyageur. Les principaux cours d'eau traversés sont : l'Ouad Tiouiin (lit, moitié sable, moitié gravier, de 20 mètres de large; à sec; berges de $0^m,50$ de hauteur); l'Ouad Timjijt (20 mètres de large; lit de sable; à sec).

2°. — DE TAZENAKHT AU MEZGITA.

Pas d'obstacle qui ne se dresse pour m'empêcher de gagner le Dra. En arrivant à Tazenakht, j'apprends que la route du Mezgîṭa est coupée. La guerre vient d'éclater, sur son parcours, entre le qçar de Tasla et les Aït Ḥammou, fraction des Oulad Iaḥia limitrophe du Mezgîṭa. Ces derniers firent une ṛazia de 200 têtes de bétail sur les gens de Tasla, qui aussitôt appelèrent à leur secours leur allié le Zanifi; Chikh Ạbd el Ouaḥad tomba ces jours-ci sur les Aït Ḥammou, leur tua 10 hommes et prit 150 animaux. Voici Tazenakht en guerre avec la tribu qu'on traverse pour aller au Dra : aucun habitant ne peut me servir de zeṭaṭ sur ce chemin. C'est jouer de malheur, car d'ordinaire cette voie ne présente point de difficulté : sous la protection des chikhs de Tazenakht, on la prend avec sécurité; des caravanes la sillonnent sans cesse. Avec les événements présents, je ne sais quand je pourrai partir.

Après quatre jours d'attente, je trouve un zeṭaṭ; c'est un homme des Aït Ḥammou qui vient d'arriver; il se charge de me conduire au Mezgîṭa : lui-même est ici en pays ennemi; il n'a pu entrer qu'avec une ạnaïa et ne saurait passer par Tasla : nous ferons un détour; nous prendrons par le désert jusqu'au territoire de sa tribu, et traverserons de nuit la région la plus dangereuse.

13 avril.

Départ à 1 heure de l'après-midi. Je gagne, par le chemin connu, la vallée de l'Ouad Aït Tigdi Ouchchen; je la remonte jusqu'à peu de distance de Tislit. Là, je la laisse et me jette dans le massif rocheux qui en forme le flanc droit. Pendant une heure, je chemine en terrain montueux, succession de ravins à sec et de côtes pierreuses, sans autre végétation qu'un peu de seboula el far. A 4 heures et demie, le pays change : un vaste plateau étend ses ondulations légères; un tapis de seboula el far garnit les fonds; les parties hautes sont des blocs de roche noire et luisante émergeant çà et là de la terre verte. Je marche sur ce plateau pendant la fin de la journée : il demeure le même, sol plat, pierreux, garni de verdure. A minuit, nous nous arrêtons. La zone dangereuse pour mon zeṭaṭ est passée; nous pouvons sans inquiétude nous reposer jusqu'au matin. Le point où nous faisons halte est au pied d'une haute arête rocheuse, le Djebel Tifernin. J'ai rencontré beaucoup de monde dans la vallée de l'Ouad Aït Tigdi Ouchchen et dans la montagne : à dater de l'heure où j'ai quitté cette dernière, je n'ai aperçu personne; dans les commencements, on distinguait un troupeau de loin en loin; puis on n'a plus rien vu. L'Ouad Tazenakht avait aujourd'hui 6 mètres d'eau courante au point où je l'ai franchi. Sur le plateau, trois rivières de quelque importance. La première a un lit de sable avec de nombreuses flaques d'eau; elle coule au fond d'une tranchée de 300 mètres de large, en contre-bas du sol environnant, séparée de lui par deux parois de roche verticales, hautes de 10 mètres. La seconde a son cours au niveau du plateau; le lit en est sablonneux, large de 15 mètres, avec 4 mètres d'eau. La troisième a un lit de 20 mètres, resserré entre deux berges de pierre de 12 mètres; elle a 4 mètres d'eau courante.

14 avril.

Départ à 5 heures du matin. Je gravis le Djebel Tifernin, arête de roche nue isolée au milieu du plateau : c'est la ligne de faîte du Petit Atlas. J'en atteins le sommet à 5 heures et demie, et je le passe à un col situé peu au-dessous du niveau général des crêtes, Tizi Tifernin. Aucune largeur au col; je descends l'autre versant : la descente est difficile, comme l'avait été la montée; le chemin serpente entre de grands rochers gris. Au bout de quelque temps, les pentes s'adoucissent et se couvrent d'ḥalfa et de seboula el far; elles me conduisent à une vallée bordée d'une petite chaîne rocheuse où apparaît un col. Je traverse la première et je gagne le col. Celui-ci, Tizi n Omrad, se trouve au fond d'une brèche perçant jusqu'au pied la montagne; il est presque au niveau du thalweg qu'on vient de franchir. Après l'avoir passé, je descends par un ravin étroit et rocheux vers le qçar de Tesaouant, qui se voit dans le bas au milieu d'une large vallée. Chemin difficile, serpentant à mi-côte; les flancs du ravin sont de roche jaune, très escarpés; verdure et fleurs dans le fond. Le versant sud de la chaîne est beaucoup plus long que le versant nord : il me faut une heure pour en atteindre le pied. En y parvenant, je me trouve dans la vallée de l'Ouad Tamtsift. Une côte en pente douce, à sol pierreux couvert de seboula el far, m'amène au bord de la rivière, où est bâtie Tesaouant. J'entre à 8 heures un quart du matin dans le qçar. Mon zeṭaṭ me conduit à sa maison.

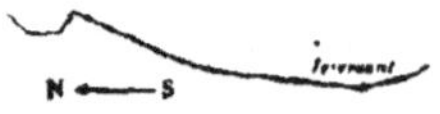

Tesaouant. (Vue prise du nord-est.)
Croquis de l'auteur.

Tesaouant est un petit qçar appartenant aux Aït Ḥammou, fraction importante des Oulad Iaḥia;. il est bâti suivant le modèle des constructions du Dra, en pisé, avec une foule de moulures et d'ornements couvrant ses murs, de tours et de tourelles dominant ses terrasses. Des plantations de dattiers, produisant des bou feggouç, comme celles de Tasla, l'entourent de deux côtés; elles sont situées sur les rives de l'Ouad Tamtsift, qui coule à quelques pas de l'enceinte. La rivière est presque au niveau du pied des maisons; le lit, de galets, large de 60 mètres, bordé de berges de 50 centimètres de haut, est à sec. Des puits et des canaux alimentent le qçar. En ce moment, ce dernier est désert : les habitants sont dispersés aux environs, vivant sous des huttes de roseaux et faisant paître leurs troupeaux.

15 avril.

Départ à 9 heures du matin. Jusqu'à mon arrivée au Mezgîṭa, je suivrai le cours de l'Ouad Tamtsift. La coupe de la vallée varie durant le trajet : le fond est plus ou moins large; la rivière coule tantôt au pied du flanc droit, tantôt au pied du gauche; mais les caractères essentiels se conservent : le flanc gauche est beaucoup plus élevé que le droit; il est de roche jaune; la pente générale en semble de rapidité moyenne; on y voit de loin, çà et là, des bouquets de palmiers poussant au fond des ravins. Le flanc droit est formé de roche noire et luisante; il n'est pas très raide; de forme, de composition et de couleur, il rappelle Djebel Mḥeïjiba; comme lui, il est, dit-on, riche en minerais. Entre ces deux talus s'étend une vallée faite de deux côtes en pente douce, s'allongeant des pieds des flancs aux bords de la rivière; quelquefois elles ne parviennent pas jusque-là, et un espace plat les sépare; cette partie centrale, lorsqu'elle existe, est un ruban de verdure, herbages, broussailles, tamarix et jujubiers sauvages, au milieu desquels serpente l'ouad; les côtes, au contraire, sont pierreuses; le sol s'y couvre de melbina, de seboula el far et de gerṭ; en approchant du Mezgîṭa, on voit quelques gommiers. Je passe par deux lieux habités; ils diffèrent d'importance : l'un, le village d'Ida ou Genad, se compose de quelques huttes en pierres sèches disposées sans ordre auprès d'une petite oasis; l'autre, Ourika, est un qçar situé sur la rive gauche de la rivière, dont le lit, mais le lit seul, se remplit en ce point de palmiers. Il y a une autre Ourika à peu de distance au nord de celle-ci; je n'ai pu la voir, cachée qu'elle était par un pli de terrain : ces deux localités portent le nom collectif d'Iouriken; elles sont comptées du Mezgîṭa. A Ourika, l'Ouad Tamtsift, qui possédait déjà un peu d'eau à Ida ou Genad, a, outre plusieurs canaux, 4 mètres d'eau courante dans son lit. D'Ourika on aperçoit le Mezgîṭa : ce n'est encore qu'une ligne noire de dattiers, s'allongeant au pied d'une haute chaîne de montagnes, et barrant devant moi la vallée où je marche. D'ici là, le chemin est désert et la végétation diminue; plus ni tamarix ni jujubiers sauvages, plus même de seboula el far; des touffes de melbina seulement, et de rares gommiers; le sol cesse d'être pierreux et devient sablonneux et blanc.

A 1 heure, j'arrive à l'Ouad Dra. La vallée apparaît comme une bande verte serpentant entre deux chaînes de montagnes : à mes yeux s'étendent des palmiers innombrables, mêlés de mille arbres fruitiers ; entre les branches, on aperçoit, de distance en distance, un ruban d'argent, les eaux du fleuve; une foule de qçars, masses brunes ou roses hérissées de tourelles, s'échelonnent à la lisière des plantations et sur les premières pentes des flancs. Ceux-ci sont : à gauche,

Ouad Dra, dans le Mezgita. (Vue prise d'Ouriz, dans la direction du nord.)
Croquis de l'auteur.

les parois tourmentées et escarpées, pleines de crevasses et de cavernes, du Kisan, chaîne nue de roche rose, de 200 à 300 mètres de hauteur; à droite, un talus de pierre noire et luisante, aux crêtes uniformes, aux surfaces lisses, aux côtes raides; il s'appelle Koudia Oulad Iaḥia; il a 150 à 200 mètres d'élévation. Entre ces deux murailles s'étend le fond de la vallée, surface de 1 200 à 1 800 mètres de large, couverte de sable fin, et unie comme une glace; au milieu coule l'Ouad Dra, sur un lit de sable sans berges, presque au niveau du sol voisin, qu'il inonde dans ses crues; le lit a une largeur moyenne de 150 mètres, dont 60 à 100 toujours remplis d'eau. Sur ses rives, le fond de la vallée est un jardin enchanteur : figuiers, *taqqaïout* (1), grenadiers s'y pressent ; ils confondent leur feuillage

(1) Le *taqqaïout* se trouve en abondance dans plusieurs oasis, et surtout dans celles des bassins du Dra et du Ziz. C'est un arbre atteignant d'assez fortes dimensions et ayant, par son feuillage et sa fleur, beaucoup d'analogie avec le tamarix; le fruit en sert à la teinture des belles peaux qu'on prépare si bien dans le

et répandent sur le sol une ombre épaisse; au-dessus se balancent les hauts panaches des dattiers. Sous ce dôme, c'est un seul tapis de verdure : pas une place nue; la terre n'est que cultures, que semis; elle est divisée avec un ordre minutieux en une infinité de parcelles, chacune close de murs de pisé; une foule de canaux la sillonnent, apportant l'eau et la fraîcheur. Partout éclate la fertilité de ce sol bienfaisant, partout se reconnaît la présence d'une race laborieuse, partout apparaissent les indices d'une population riche : à côté des céréales, des légumes poussant sous les palmiers et les arbres à fruits, se voient des tonnelles garnies de vigne, des pavillons en pisé, lieux de repos où l'on passe, dans l'ombre et la fraîcheur, les heures chaudes du jour. Telle est, depuis le pied des parois de roche qui la bordent, toute la vallée du Dra, jardin merveilleux de 150 kilomètres de long. Une foule innombrable de qçars s'échelonnent sur les premières pentes des deux flancs : peu sont dans la vallée, autant par économie d'un sol précieux que par crainte des inondations. Ils ont tous ce caractère d'élégance qui est particulier aux constructions du Dra; point de murs qui ne soient couverts de moulures, de dessins, et percés de créneaux blanchis; de hautes tirremts, des tours s'élèvent de toutes parts; les maisons les plus pauvres même sont garnies de clochetons, d'arcades, de balustrades à jour. Un des principaux de ces qçars, la capitale du Mezgîṭa, Tamnougalt, est mon but d'aujourd'hui. J'y arrive à 2 heures et demie, en cheminant à l'ombre des grands arbres.

Avant d'y entrer, j'ai traversé l'Ouad Dra; on ne peut le franchir partout : il faut prendre les gués. Celui où je l'ai passé présentait une nappe d'eau de 120 mètres de large, avec 60 à 70 centimètres de profondeur. Le fond était de sable, les eaux jaunes, fraîches et bonnes. Courant rapide.

Tamnougalt est un beau qçar, résidence d'Ạbd er Raḥman ben El Ḥasen, chikh héréditaire du Mezgîṭa, et capitale de ce district. Elle est, comme tout le Dra, peuplée exclusivement de Ḥaraṭîn. J'y séjournerai quelques jours avant de prendre ma course vers le Dâdes.

Le Mezgîṭa se compose de la bordure de cultures et de qçars qui garnit les deux rives de l'Ouad Dra dans la région où je me trouve; il ne s'étend pas au delà de la vallée propre du fleuve. C'est une bande longue et étroite, qui n'a jamais plus de 2 kilomètres de large. Il en est de même des autres districts du Dra, sans exception : l'Aït Seddrât, l'Aït Zeri, le Tinzoulin, le Ternata, le Fezouata, le Qtaoua, El Mḥamid sont identiques; tels d'entre eux ne se composent même que de la demi-vallée du fleuve. Ce sont, comme le Mezgîṭa, des tronçons plus ou moins grands de cette longue ligne verte qui serpente dans le Sahara, et qu'on appelle le pays

Sahara Marocain. J'ai toujours entendu appeler l'arbre, comme le fruit, taqqaïout. D'après des renseignements que m'a communiqués M. Pilard, ce serait un abus : selon lui, le vrai nom de l'arbre est *ạbda*, et en quelques points *telaïa;* le fruit seul s'appellerait *taqqaïout*, ou mieux *teggaout*.

Heliog. P. Albert Dujardin — Challamel aîné Editeur

VALLÉE DE L'OUAD DRA. VUE DE TAMNOUGALT.

de Dra. Celui-ci est donc une ligne : le nom ne s'en applique qu'à la vallée propre de l'Ouad Dra, c'est-à-dire aux 500 mètres de dattiers qui, du Mezgîṭa à El Mḥamid, bordent chaque rive. Nulle part la bande ne s'étend davantage. Au-dessous du Tinzoulin, les hautes montagnes qui la resserrent jusque-là s'écartent par degrés, et le Dra finit par couler en plaine; mais le ruban de palmiers et de cultures ne s'élargit pas : il reste toujours ce qu'il est ici. Il y a loin de cette ligne aux vastes territoires marqués sur nos anciennes cartes. J'observerai le même fait pour les autres oasis que je verrai : le Todṛa, le Ferkla, le Ḥeris, les divers districts du Ziz, ne sont pas différents. Ce sont des lignes.

3°. — DU MEZGITA AU DADES.

20 avril.

Il y a quatre chemins principaux pour aller du haut Dra à l'Ouad Dâdes; ce sont:

1° *Ṭriq Idili.* — Il part de Tiniṛil, qçar d'Afella n Dra, traverse l'Ouad Aqqa el Medfạ (se jetant dans l'Ouad Dâdes sur le territoire des Imeṛrân), puis l'Ouad Tanziṭ, et aboutit au pays des Imeṛrân : deux jours de chemin, sans cesse dans le désert. On passe la nuit au bord de l'Ouad Aqqa.

2° *Ṭriq Anfoug* (appelé aussi *Ṭriq Tagzart*). — Il part d'entre Afra et Ta n Amelloul, franchit successivement les ouads Aqqa el Medfạ, Tanziṭ el Aqqa n Ourellaï, et aboutit à volonté dans le Dâdes ou chez les Imeṛrân : deux jours de chemin, dans le désert. On passe la nuit au Djebel Anfoug.

3° *Ṭriq Iṛil n Oïṭṭôb.* — C'est celui que je prendrai.

4° *Ṭriq Tilqit.* — Il part d'Aït Ạbd Allah (Aït Seddrât), traverse le Khela Tilqit et débouche dans le Dâdes à Aït Aqqa ou Ạli (Zaouïa Sidi Dris) : deux jours de marche, sans sortir du désert. On franchit l'Ouad Tagmout à mi-route et on passe la nuit sur ses bords.

Ces chemins traversent tous quatre un vaste désert montagneux, la haute chaîne du Saṛro. Cette chaîne n'est autre que le Petit Atlas, auquel on donne ce nom à l'est de l'Ouad Dra. Si le Saṛro n'a pas d'habitants fixes, il a une population nomade assez nombreuse : Imeṛrân et Aït Seddrât y plantent leurs tentes et y font paître leurs troupeaux.

D'ici au Dâdes, ce sont les Aït Seddrât qui servent de zeṭaṭs; j'ai profité du grand nombre d'hommes de cette tribu qui viennent ici au marché du jeudi pour m'entendre avec l'un d'eux : mon zeṭaṭ me prendra aujourd'hui, j'irai passer la nuit dans son qçar, et demain matin nous partirons pour le Dâdes.

Départ de Tamnougalt à midi. Je descends la vallée du Dra, en suivant la ligne des qçars, à la lisière des plantations. Le chemin, passant sur les premières pentes des flancs, est pierreux, parfois rocheux. Rien à ajouter à ce que j'ai dit de la vallée : toujours même largeur et même aspect. A 3 heures et demie, je parviens à la résidence de mon zeṭaṭ, Tiṛremt Ali Aït El Ḥasen. C'est le terme de mon trajet pour aujourd'hui.

En route, j'ai traversé l'Ouad Dra (lit de sable de 150 mètres; les eaux ont 60 mètres de large avec 90 centimètres de profondeur; courant rapide).

21 avril.

Départ à 5 heures du matin. J'ai pour escorte mon zeṭaṭ et deux autres fusils. On franchit d'abord le Dra (70 mètres de large et $0^m,80$ de profondeur), puis on traverse sa vallée et on entre dans une plaine déserte : la haute chaîne du Kisan s'interrompt tout à coup, et une plaine s'étend à sa place au delà des plantations qui bordent le fleuve. Le Kisan reprend plus bas, longeant de nouveau l'ouad comme il le fait dans le Mezgiṭa; il ne finit définitivement qu'à hauteur d'Ousṛeït, dans le Ternata. Chemin faisant, on voit très bien la chaîne, qui apparaît pendant quelque temps de profil : c'est une lame rocheuse isolée, s'élevant entre le Dra et une autre vallée, déserte et assez large, parallèle à la première; elle a de l'analogie avec le Bani, mais est plus haute, plus large et de couleur comme de structure différentes.

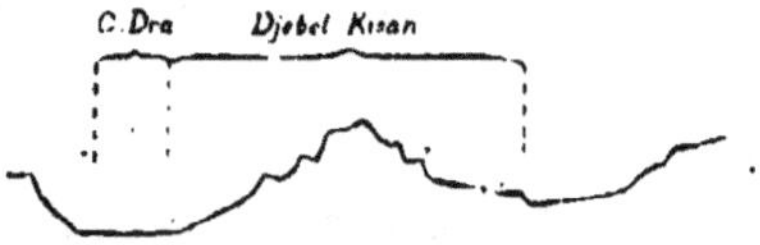

La base en est un talus, doux d'abord, de plus en plus raide ensuite; les parties moyennes et supérieures sont une succession de murailles presque verticales s'étageant par gradins. Vers le sommet se trouvent des cavernes, œuvre des Chrétiens au dire des habitants; on voit des restes de murs à leurs bouches. Cette portion du Kisan est une arête droite, commençant à hauteur d'Agdz, finissant ici. D'où je suis, on voit l'Ouad Dra couler longtemps encore dans la direction qu'il a depuis Tamnougalt. Tant qu'il la garde, le Kisan ne reparaît pas à sa gauche où succèdent à la plaine des collines sans élévation. Puis on distingue un coude très prononcé que fait le fleuve, dans le Tinzoulin, me dit-on. A partir de là, le Kisan renaît : on le voit de loin, dans une direction nouvelle, presque perpendiculaire à celle qu'il suivait ici, ayant même hauteur et même forme, et s'élevant immédiatement sur la rive gauche de l'ouad.

La plaine où je chemine a un sol pierreux; des gommiers, de nombreuses touffes de melbina y poussent. Elle est bornée au nord par les premières pentes du Saṛro; je me dirige vers elles : à 7 heures, je suis à leur pied; de ce moment à celui où j'atteindrai l'Ouad Dâdes, je ne cesserai de marcher dans ce massif; il se compose d'un haut plateau, de 2000 mètres d'altitude moyenne, auquel on parvient par une longue succession de côtes, tantôt pierreuses, tantôt rocheuses, reliées entre elles par des talus escarpés. Le plateau supérieur présente une vaste surface unie et verdoyante; le sol, pierreux, sans une ondulation, y est couvert d'herbe fine. Là surtout campent les Aït Seddrât et les Imeṛrân; j'y rencontrerai plusieurs groupes de tentes et des troupeaux de chameaux et de moutons. Les rampes qui y mènent forment une région très accidentée : des ravins profonds, aux flancs rocheux et escarpés, les coupent; des vallées les sillonnent; des arêtes, des pics les hérissent de leurs masses noires. Cette région, tourmentée et difficile, est d'ordinaire déserte. L'eau abonde dans le Saṛro. Je traverse, au fond de plusieurs ravins, des ruisseaux de 4 ou 5 mètres de large dont les eaux, claires et courantes, ne tarissent jamais; point de rivières. La verdure ne fait pas défaut : non seulement le plateau supérieur en est couvert, les côtes douces, le fond et les premières pentes des vallées, sont en partie tapissés d'ḥalfa, de melbina, de seboula el far et d'autres herbages; il existe des jujubiers sauvages; au bord de l'eau apparaît le laurier-rose : il n'est pas jusqu'aux endroits les plus rocheux, flancs de ravins, surface de talus, où l'on ne trouve, poussant entre les fentes de la pierre, de petites herbes et des fleurs.

Vers 1 heure, j'atteins le plateau qui couronne le Saṛro; à 3 heures, je fais halte auprès de quelques tentes d'Aït Seddrât. De la vallée du Dra à ce point, je n'ai pas rencontré un seul être vivant. La route, facile à la fin, a été pénible au commencement : il a fallu mettre pied à terre pour remonter l'Ouad Tangarfa, dont le lit, encombré de blocs de roc, forme un chemin difficile pour les animaux. A deux autres endroits, la marche a été retardée : à Chaba Ouin s Tlit et au profond ravin qui se trouve entre elle et le gîte.

22 avril.

Départ à 7 heures du matin. A 8 heures, je suis à une crête qui forme la limite du plateau supérieur du Saṛro et la ligne culminante de cette chaîne. En la passant, je franchis pour la dernière fois le faîte du Petit Atlas. De là apparaissent à mes yeux, au delà d'une longue série de croupes brunes, la vallée de l'Ouad Dâdes et, derrière elle, bordant l'horizon, la ligne bleue du Grand Atlas avec ses cimes couvertes de neige. Une descente très raide au milieu des rochers me ramène à la région des côtes, où je chemine, passant de vallée en vallée, jusqu'à 4 heures et demie. A ce moment je me trouve au pied du Saṛro et au bord de l'Ouad Dâdes : la chaîne expire à 300 mètres de la rivière. A son pied commencent les cultures qui remplissent le fond de la vallée; elles forment une bande dont la largeur moyenne est de 1 kilomètre; au milieu coule en serpentant l'Ouad Dâdes. Large de 30 mètres, il remplit le tiers d'un lit sablonneux et en partie couvert de roseaux; c'est un torrent, au courant très rapide, aux eaux jaunes et glacées. Les champs qui le bordent ne rappellent en rien les merveilles du Dra; ils présentent les cultures des pays hauts et froids. Plus un dattier; très peu d'arbres; point d'oliviers : à peine quelques rares figuiers, noyers et trembles aux alentours des qçars. Le reste n'est que champs d'orge et de blé, tapis monotone d'un vert cru, sans ombre ni gaieté. Cette végétation paraît triste à qui vient du sud. Les flancs sombres du Saṛro la bornent à gauche; à droite règne le long de la vallée une vaste plaine blanche, peu élevée au-dessus de son niveau, et séparée d'elle par un talus doux. Cette plaine a au moins 8 kilomètres de large et est limitée au nord par les premières pentes du Grand Atlas, derrière lesquelles apparaissent les masses neigeuses qui couronnent la chaîne. Les cultures sont bordées de chaque côté par un cordon de qçars. Les qçars de l'Ouad Dâdes ont un aspect particulier et ne ressemblent ni à ceux que j'ai vus ni à ceux que je verrai. Pour le détail des constructions, ils sont pareils à ceux du Dra et de l'Ouad Iounil : même élégance, même pisé couvert d'ornements; mais, au lieu de former un massif compact de maisons d'où émergent les tourelles des tiṛremts, ils sont composés chacun de plusieurs petits groupes d'habitations, séparés les uns des autres et échelonnés le long des cultures; ils en comprennent jusqu'à 8 ou 10, les uns ouverts, la plupart fortifiés, tous ayant au moins une tiṛremt. Ces groupes se trouvant à 100, 200, 300 mètres les uns des autres, on voit quelle longueur occupe un qçar. Il résulte de là que les localités, d'autre part très nombreuses, sont fort rapprochées; la distance n'est, la plupart du temps, pas plus grande entre les groupes limitrophes de centres différents qu'entre deux groupes du même : il est très difficile de discerner où commence et où finit chacun, dans ce cordon non interrompu de maisons et de tiṛremts qui garnit les deux rives de l'ouad. Les demeures sont, comme dans le Dra et comme presque partout, sur la lisière et non au milieu des cultures : ici aussi les inondations sont à craindre; il n'est pas rare de voir les eaux de la rivière couvrir tout le fond de la vallée et venir battre les murailles des qçars. Ceux-ci ne sont pas les seules constructions de l'Ouad Dâdes. Je vois apparaître en grand nombre des bâtiments curieux dont j'avais remarqué quelques types chez les Aït Seddràt du Dra : ce sont les *ageddim* (1); l'usage en paraît spécial à l'Ouad Dâdes, au Todṛa, au Ferkla et à certains districts du Dra : du moins je ne les ai vus qu'en ces endroits; dans les deux premières régions ils sont nombreux, on en rencontre à chaque pas; dans les deux autres ils sont moins fréquents. Ici, sur les

(1) Au pluriel, on dit *igedman*.

limites des qçars, au bord de l'ouad, au milieu des cultures, les ageddims se dressent en foule; ce sont des tours isolées, de 10 à 12 mètres de hauteur, en briques séchées au soleil, de forme carrée, percées de créneaux et garnies de machicoulis : elles sont surtout nombreuses sur les lignes formant frontière entre les localités; elles s'y dressent d'ordinaire par deux, se faisant face, une de chaque côté. Dès qu'éclate une guerre entre qçars, ce qui arrive presque tous les jours (le lendemain de mon passage, une s'est allumée et a coûté la vie à plusieurs personnes), chaque parti emplit ses tours d'hommes armés, avec mission de protéger cultures et canaux et de tirer sur tout individu du camp opposé qui passe à portée; la fusillade commence aussitôt de tour à tour, fusillade vive par moments, surtout quand une troupe paraît dans la vallée pour essayer de ravager les champs de ses adversaires. Des questions de conduites d'eau donnent naissance à la plupart de ces guerres. Elles durent parfois longtemps, mais ne sont acharnées que les premiers jours : dans cette période il est rare qu'il n'y ait du sang versé; ensuite elles traînent en longueur et les hostilités se bornent à envoyer quelques coups de fusil dans le qçar ennemi, chaque fois qu'apparaît du monde sur une terrasse, dans les jardins, quand quelqu'un approche de la frontière.

Je m'arrête au point où je suis sorti du Saṛro, dans le qçar de Timichcha, au pied duquel débouche le chemin. Il fait partie du district d'Aït Iaḥia, appartenant aux Aït Seddrât. Ce district, comme tous ceux de l'Ouad Dra et de l'Ouad Dâdes, se compose exclusivement de l'étroite bande de cultures et de qçars qui borde les rives du cours d'eau.

Nulle part, excepté sur le plateau supérieur du Saṛro et aux approches de l'Ouad Dâdes, je n'ai rencontré de monde pendant cette journée. Il s'est présenté trois passages difficiles sur la route : la descente, après la ligne de faîte du Saṛro, le ravin de l'Ouad Aqqa n Ourellaï et celui qui le suit.

23 avril.

Départ à 7 heures du matin. Je remonte l'Ouad Dâdes. Sauf un court défilé désert

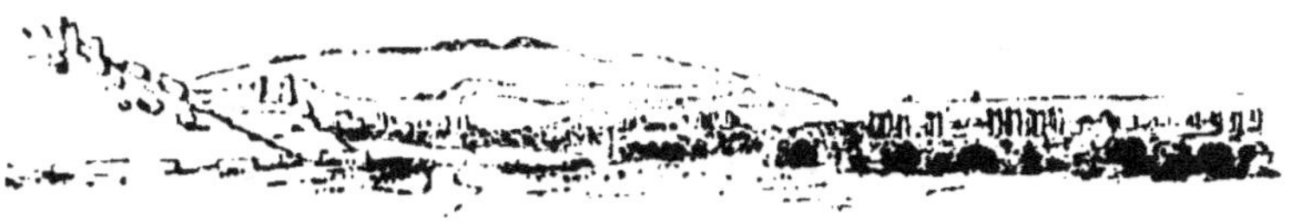

Vallée de l'Ouad Dâdes.
(Les parties ombrées des montagnes sont couvertes de neige.)
(Vue prise du chemin de Timichcha à Tiilit, dans la direction du nord-est.)
Croquis de l'auteur.

qu'il traverse entre le district d'Aït Iaḥia et celui du Dâdes, il demeure sur mon parcours tel que je l'ai vu hier : mêmes cultures semées d'ageddims, mêmes cordons non interrompus de qçars et de maisons. Si ce n'est pendant son passage dans ce kheneg, on ne saurait trouver sur l'une ou l'autre de ses rives 200 mètres sans constructions. Rien de nouveau à signaler : les flancs comme le fond de la vallée restent les mêmes jusqu'à mon arrivée à Tiilit, où je m'arrête.

Chemin facile. Beaucoup de monde. J'ai traversé l'Ouad Dâdes; il n'est pas franchissable en tous points, mais seulement en certains endroits où il présente des gués; à celui où je l'ai passé, il avait 20 mètres de large sur 80 à 90 centimètres de profondeur; courant très rapide. Des qçars que j'ai rencontrés, deux ont attiré mon attention : celui d'Aït Bou Ạmran (entre Azdag et Taourirt), où se voit une belle qoubba, et celui d'Imzouṛ, remarquable par l'étendue des cinq ou six groupes qui le forment et par l'importance de sa population.

Au Mezgiṭa, dans le district d'Aït Seddrât, dans celui d'Aït Iaḥia, les vêtements des Musulmans sont les suivants : khenîfs, bernous de poil de chèvre bruns ou gris, ces derniers rayés de fines bandes blanches et noires, ḥaïks blancs et bruns; tête nue ou ceinte, mais non couverte, de petits turbans blancs ou noirs; les femmes riches sont vêtues de khent, les pauvres de laine blanche ou brune. Dans le Dâdes, les costumes des femmes restent les mêmes; ceux des hommes sont, soit le khenîf, soit un long bernous de laine teinte, noir ou bleu foncé. Depuis Tazenakht, les armes demeurent uniformes : long fusil à crosse étroite et poignard recourbé. L'équipement offre une variation : à partir du district d'Aït Seddrât (Dra), la corne à poudre disparaît et se remplace par une petite gibecière de maroquin rouge couverte de broderies de soie; elle se suspend au côté gauche par une bretelle de cuir : cet objet gracieux est d'un usage universel dans la région que je traverse, depuis les Aït Seddrât du Dra jusqu'à Qçâbi ech Cheurfa.

Il y avait aujourd'hui marché à Imzouṛ, près de Tiilit. J'en ai profité pour faire chercher, parmi les Aït Seddrât qui s'y trouvaient, un zeṭaṭ sûr, qui me menât au Todṛa. On en a choisi un; l'arrangement a été conclu avec lui; il a été fait en forme, devant le ṭaleb présent au marché : celui-ci a dressé un acte en partie double constatant que le Seddrâti un tel s'engageait, moyennant une somme de 15 francs, payable à l'arrivée, à me conduire au Todṛa; il serait responsable de tout dommage qui me serait fait durant le trajet et, au cas où je ne parviendrais pas à destination, devrait à la communauté juive de Tiilit une indemnité de 5000 francs. Ces formalités sont employées dans diverses régions du Sahara, surtout chez les Berâber et les Aït Seddrât; dans ces deux tribus, il est rare qu'un Israélite se mette en route sans s'être, par un acte de ce genre, mis en sûreté contre son zeṭaṭ. Cela ne se fait pas entre Musulmans. Cette différence vient de ce que partout un homme serait déshonoré s'il avait violé l'engagement pris avec un autre Mahométan, et profité de sa confiance pour l'assassiner; au contraire, dans certaines tribus, comme celle où je suis, qu'un Musulman promette à un Juif de l'escorter et de le protéger et que, chemin faisant, il le pille et le tue, ce sera regardé comme une peccadille ou comme un bon tour. Aussi prend-on des précautions spéciales.

24 avril.

Départ à 9 heures du matin. Je me mets en route avec mon zeṭaṭ pour gagner le qçar qu'il habite. J'y passerai la nuit, et demain matin on partira pour le Todṛa. Je remonte l'Ouad Dâdes, dont les bords demeurent ce que je les ai vus : mêmes cultures, mêmes cordons continus de qçars. La largeur de la vallée, qui jusqu'ici n'avait pas varié d'une manière sensible, diminue peu à peu : elle avait 1 000 mètres à Tiilit; elle en a 600 à Khemis S. Bou laḥia, 300 à Aït Iidir. A mesure qu'on avance, les arbres, noyers et figuiers, augmentent. Les flancs subissent à Tiilit une brusque transformation. Jusque-là c'étaient le Saṛro à gauche, une plaine à droite; aujourd'hui ce seront, durant toute la marche, à droite des côtes assez hautes, à gauche une plaine dépassant à peine le niveau de la vallée, la plaine d'Anbed.

A 1 heure, j'arrive à Aït Iidir, qçar du haut Dâdes, résidence de mon zeṭaṭ. Je traverse là l'Ouad Dâdes; il coule en deux bras, l'un de 12 mètres, l'autre de 20 mètres, d'une profondeur égale d'environ 60 centimètres; courant très rapide.

IX.

DU DADES A QÇABI ECH CHEURFA.

1°. — DU DADES AU QÇAR ES SOUQ.

25 avril.

Départ à 5 heures du matin. Mon Seddrâti, accompagné d'un second fusil, m'escorte. J'abandonne l'Ouad Dâdes. Au-dessus d'Aït Iidir, on en voit la vallée rester la même durant 4 ou 5 kilomètres, puis elle se resserre : la plaine qui s'étendait à sa gauche finit, et est remplacée par un haut talus; la rivière, sans cesser d'être garnie de verdure, entre dans un défilé étroit où on la perd de vue. Elle s'enfonce dans le Grand Atlas. Je passe sur le plateau bas et uni qui la borde à l'est. J'aborde un mouvement de terrain des plus remarquables : le plateau où je m'engage est l'extrémité occidentale d'une immense plaine qui, commençant à l'est de l'Ouad Ziz et même de l'Ouad Gir, s'étend vers l'ouest jusqu'à l'Ouad Dâdes. Cette grande dépression sépare le Grand et le Petit Atlas, et s'enfonce entre les deux chaînes comme un golfe profond. Entré ici en cette plaine, j'y demeurerai jusqu'au Ziz. Dans toute cette région, elle se décompose en deux sections qu'on peut appeler supérieure et inférieure : la première, où je suis en ce moment, que je traverserai d'ici à Imiṭeṛ et du Ḥeris au Qçar es Souq, est la partie primitive de la plaine; elle s'étend le long du Grand Atlas et a pour limites : au nord, cette chaîne; à l'ouest, l'Ouad Dâdes; au sud, le Petit Atlas du Dâdes à Imiṭeṛ, et au delà la section inférieure. Celle-ci, où j'entrerai à Imiṭeṛ pour y rester jusqu'au Ḥeris, se trouve au pied du Petit Atlas et est bornée : au sud, par cette chaîne; à l'ouest et au nord, par la section supé-

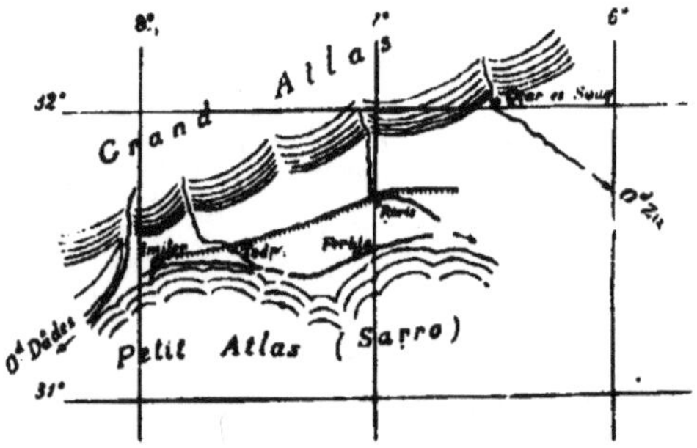

rieure. La seconde portion est en contre-bas de la première et séparée d'elle sur toute sa longueur par un talus uniforme. Celui-ci est comme un degré placé entre les deux étages de la plaine; il est partout le même : la hauteur en est d'environ 100 mètres; il est composé de roche rose et a la forme qu'indique la figure, à pic au sommet et en pente douce au pied. La section inférieure a sans doute été creusée par les eaux du Grand Atlas qui, se précipitant perpendiculairement de ses cimes dans la plaine, se sont heurtées aux masses rocheuses du Saṛro, si tourmentées sur ce versant, et se sont pratiqué cette excavation à leur pied. C'est le long des premières pentes du Petit Atlas que l'étage inférieur est le plus bas : là se déroulent les lits des cours d'eau; là coulent et l'Ouad Imiṭeṛ et l'Ouad Todṛa. La ligne de thalweg entre le Grand et le Petit Atlas se trouve donc dans la seconde partie. L'étage supérieur comme l'étage inférieur présentent un sol uni, dur, souvent pierreux; aucun mouvement n'interrompt l'uniformité plate du premier, si ce n'est des massifs rocheux au nord du Todṛa et une butte près de Qçar es Souq, témoins isolés au milieu de la plaine. Dans l'étage inférieur, comme s'il avait été moins complètement balayé que l'autre, les témoins sont plus nombreux et s'élèvent en masse plus compacte : ce sont d'abord le barrage qui se voit à l'est de Timaṭreouin, puis le massif situé entre le Todṛa, le Ṛeris et le Ferkla, enfin les collines isolées que je laisserai à droite en allant du Todṛa au Ferkla; ces divers groupes paraissent d'altitude moindre que le talus qui sépare les deux étages.

Ma route d'aujourd'hui se divise en deux parties : l'une dans la section supérieure de la plaine, d'Aït Iidir aux abords d'Imiṭeṛ, l'autre dans la section inférieure, d'Imiṭeṛ au Todṛa. Ces deux parties offrent une égale facilité; dans chacune on marche en terrain plat. Dans la première, je parcours une plaine de plus de 15 kilomètres de large, sans une ondulation; on l'appelle Ouṭa Anbed; elle est bornée : au sud, par le Saṛro, longue ligne noire à reflets brillants; au nord, par un talus brun de hauteur médiocre, commençant à la gorge où s'enfonce l'Ouad Dâdes en amont d'Aït Iidir; à l'ouest, par la vallée de cette rivière; vers l'est, rien ne limite l'horizon : tant qu'on marche dans la plaine, on ne voit qu'elle devant soi. On en sort sans s'en apercevoir, en s'engageant dans le lit d'une rivière dont les berges rocheuses, basses d'abord, vont en s'élevant et finissent par devenir les flancs d'un ravin. C'est un court passage d'où on débouche, à Imiṭeṛ, dans une nouvelle plaine, la seconde section, l'étage inférieur. Le sol de l'Ouṭa Anbed est uni comme une glace; c'est un terrain sablonneux et dur, semé de petites pierres; il est aux deux tiers nu; un tiers est couvert de menus herbages. De rares ruisseaux le sillonnent, leurs lits desséchés et bordés de grands genêts blancs. Imiṭeṛ est un groupe de quatre qçars appartenant aux Berâber. Il se trouve à la bouche d'une vallée étroite, dont les flancs sont des talus de roche rose de 100 mètres de haut, raides, sans végétation, semblables à ceux qui bordent le ravin que je viens de descendre. La rivière qui en sort, l'Ouad Imiṭeṛ, débouche ici dans la plaine inférieure, où elle s'unit au cours d'eau que j'ai suivi. Les qçars d'Imiṭeṛ sont construits avec élégance, comme ceux du Dra. Quelques cultures d'orge et de blé les entourent, avec des figuiers et des trembles.

A Imiṭeṛ commencent la seconde portion de ma route et le second étage de la plaine; celui-ci est une longue surface plate gardant d'ici, son origine, jusqu'au Todṛa, où il est coupé par la bande de palmiers de l'oasis, une largeur moyenne de 3 kilomètres; après le Todṛa, il s'élargit par degrés et atteint 18 kilomètres entre le Ferkla et le Ṛeris; au delà de ces points, je le verrai s'étendre à perte de vue vers l'est, avec une largeur qui paraîtra augmenter encore : sur toute son étendue il reste le même, borné au nord par le talus uniforme de roche rose qui le sépare de l'étage supérieur, au sud par une ligne de hauteurs noires et rocheuses, premières pentes du Saṛro. D'Imiṭeṛ au Todṛa, le sol est uni; il consiste en un sable rose semé de pierres, rares au début, plus nombreuses à mesure qu'on avance vers l'est. On ne voit presque pas de végétation : à peine un peu de thym et de mousse (1). Un seul accident de terrain coupe la monotonie de la plaine : une ligne de collines de 50 à 60 mètres de hauteur la barre vers Timaṭreouin, formant une digue sur toute sa largeur; ces collines sont en pente douce; le chemin qui les franchit n'offre aucune difficulté. Le col où on les passe, Foum el Qous n Tazoult, est un point important : il forme limite entre les Aït Melṛad et les autres fractions des Aït Iafelman; le sol en est intéressant : composé moitié de roche rose, moitié de roche noire, il réunit les éléments du Grand et du Petit Atlas. Après l'avoir traversé, je me retrouve sur la plaine : dans le lointain apparaissent les palmiers du Todṛa, comme une ligne noire. Je les atteins à 4 heures du soir. A 4 heures et demie, je fais halte dans le qçar de Taourirt.

L'oasis du Todṛa se compose uniquement des rives de l'Ouad Todṛa; c'est un long ruban, dont la largeur varie de 800 à 2000 mètres, couvert de plantations au milieu desquelles serpente la rivière. Elle est ombragée sur toute son étendue d'une multitude de palmiers auxquels se mêlent, surtout dans la partie nord et aux environs immédiats des qçars, des grenadiers, des figuiers et des oliviers, mi-cachés sous les rameaux grimpants de la vigne et des rosiers. Tel je vois le Todṛa, telles seront les oasis du Ferkla, du Ṛeris, du Qçar es Souq, minces serpents noirs s'allongeant dans la plaine.

Durant la route d'aujourd'hui, je n'ai cessé de voir dans le lointain, vers le nord,

(1) Mousse blanchâtre poussant par grosses touffes; elle verdit en temps de pluie et sert alors de nourriture aux chameaux. On la rencontre, paraît-il, dans tous les ḥamadas du Sahara Marocain.

au delà des hauteurs peu élevées bordant l'Ouṭa Anbed et du talus limitant l'étage inférieur, de hautes montagnes brunes avec des taches de neige sur leur faîte : ce n'étaient pas les crêtes supérieures du Grand Atlas, mais d'importants échelons de la chaîne. Comme rivières, j'ai rencontré l'Ouad Imiṭeṛ (100 mètres de large; lit moitié sable, moitié gravier; à sec; berges de sable de 2 mètres de haut) et l'Ouad Todṛa (20 mètres de large, dont 15 remplis d'eau courante; fond de gravier; point de berges; l'Ouad Todṛa a une eau limpide et agréable au goût; son lit n'en manque jamais; un grand nombre de canaux en dérivent, donnant en tout temps un arrosage abondant aux plantations qui le bordent. Pendant la partie de son cours où il traverse l'étage inférieur de la plaine, il coule au milieu d'une tranchée d'environ 1000 mètres de large, séparée du terrain voisin par des talus escarpés de 8 ou 10 mètres. Le fond de la tranchée, de sable, est couvert de cultures et de palmiers : c'est le cœur de l'oasis; la plupart du temps, dattiers et champs débordent un peu des deux côtés de l'encaissement; jamais ils n'en dépassent beaucoup les bords; par endroits, ils s'y arrêtent. Je verrai plus loin l'Ouad Ziz couler à Qçar es Souq dans une excavation semblable. Dans la partie où il traverse l'étage supérieur, l'Ouad Todṛa s'y creuse une vallée à pentes douces ayant au fond 1200 à 1500 mètres de large). Entre Imiṭeṛ et le Todṛa, j'ai vu deux lieux habités, deux petits qçars, l'un auprès duquel je suis passé, l'autre aperçu de loin. Le premier, Timaṭṛeouin Ignaouen, appartient aux Berâber (les Ignaouen sont une subdivision des Aït Atta); il est bordé de jardins et de cultures semblables à ceux d'Imiṭeṛ; comme là, il n'y a pas un palmier; un canal descendant des premières pentes du Grand Atlas y apporte une eau courante et limpide. Le second est Qçiba Aït Moulei Ḥamed. Il fait partie d'un groupe de trois qçars situés sur les bords de l'Ouad Imiṭeṛ, non loin de son confluent avec l'Ouad Todṛa; tous trois sont entourés de dattiers. A l'exception des travailleurs dispersés dans les plantations d'Imiṭeṛ et de Timaṭṛeouin, je n'ai rencontré personne sur la route.

26 et 27 avril.

Séjour à Taourirt. L'oasis du Todṛa, une de sa nature, se divise au point de vue politique en deux portions : la première, le Todṛa proprement dit, se compose de la partie haute; elle est habitée par des Chellaḥa indépendants; la seconde, qui est située au-dessous d'elle et n'en est séparée par rien d'apparent, appartient aux Berâber; ils y sont mêlés; plusieurs fractions se la partagent. Dans tout le Todṛa, chaque localité est indépendante de ses voisines. L'oasis est fort peuplée; elle comprend 50 à 60 qçars, échelonnés les uns contre les autres le long des plantations. La plupart sont construits en des points élevés : ceux de l'étage inférieur de la plaine, au bord de la tranchée que s'y est creusée l'Ouad Todṛa, les autres au pied des flancs de sa vallée, comme Tiidrin et Tiṛremt, ou sur des buttes isolées près de ses rives, comme Taourirt et Aït Ourjedal. Cette disposition, que j'ai trouvée dans le Dra et le Dâdes, se prend ici pour les mêmes motifs qu'en ces régions; il s'en ajoute un de plus : la né-

Ouad Todra et qçar de Tiidrin. (Vue prise de Taourirt.)
Croquis de l'auteur.

cessité d'avoir une position aisée à défendre. Les guerres, fréquentes ailleurs, sont continuelles au Todṛa; aussi point de précaution qu'on ne prenne : chaque localité est resserrée dans un étroit mur d'enceinte : de toutes parts se dressent des ageddims. Durant le temps que j'ai passé à Taourirt, ce qçar était en guerre avec son voisin, Aït Ourjedal; chaque jour on se tirait des coups de fusil; les fenêtres, les lucarnes des maisons étaient bouchées; on n'osait monter sur les terrasses de crainte de servir de point de mire : les deux localités sont si proches que, malgré le peu de portée des armes, on s'atteignait de l'une à l'autre. On ne se contente pas toujours de tirailler à distance; il n'est pas rare de voir les habitants d'un qçar en assiéger un autre, le prendre d'assaut et le piller.

Coiffure d'une Juive du Todra.
Croquis de l'auteur.

La langue du Todṛa est le tamaziṛt; beaucoup d'hommes savent l'arabe. Les Musulmans sont habillés de ḥaïks et de bernous de laine blanche, rarement de kheidous; ils ont d'ordinaire la tête nue; quelquefois ils la ceignent, sans la couvrir, d'un petit turban blanc. L'armement reste jusqu'au Ziz ce qu'il était au

Dâdes. Le vêtement des femmes demeure le même; à partir d'ici, il sera toujours de laine ou de cotonnade blanche : plus de khent. Pas de Ḥaraṭîn.

28 avril.

Du Todṛa au bassin de la Mlouïa, je serai en plein pays des Berâber. D'ici à l'Ouad Ziz, la région à traverser est une vaste plaine déserte semée d'oasis. Elle est sans cesse parcourue par plusieurs fractions des Berâber, surtout par les Aït Melṛad et les Aït Atta. Comme la mésintelligence règne en ce moment entre Aït Melṛad et Aït Atta d'une part, et de l'autre entre les deux grandes branches des Aït Atta, les Aït Zemroui et les Aït Ḥachchou, il me faudra trois zeṭaṭs d'ici à Qçar es Souq : un des Aït Melṛad et deux des Aït Atta. Je me suis, pendant mon séjour à Taourirt, assuré de ceux qui me conduiront au Ferkla. Ils doivent me prendre aujourd'hui; on passera la nuit au qçar de l'un d'eux, dans le bas Todṛa : demain matin on partira pour le Ferkla, en se joignant à la caravane qui y va tous les mardis.

Départ de Taourirt à 4 heures du soir. Arrivée à Tadafals, mon gîte, à 7 heures. Je n'ai fait que longer la lisière de l'oasis, cheminant tout le temps dans l'étage inférieur de la plaine; il ne cesse pas d'être uni; le sol y est sablonneux en restant dur. A hauteur des dernières localités du Todṛa, commence sur la rive gauche de la rivière et assez loin d'elle un massif isolé de collines basses que je côtoierai pendant la marche de demain. A Aït Mḥammed finit l'excavation dans laquelle coulait l'Ouad Todṛa. A partir de là, le lit est au niveau de la plaine. Chemin faisant, j'ai traversé l'Ouad Imiṭeṛ (60 mètres de large; lit de sable; à sec); au point où je l'ai passé, une digue en maçonnerie barrait le cours de la rivière; c'est l'ouvrage de ce genre le mieux construit que j'aie vu au Maroc.

29 avril.

Départ à 6 heures du matin. Bientôt qçars et palmiers disparaissent sur les rives de l'Ouad Todṛa. Le lit s'en dessèche, et je suis dans le désert. Je chemine dans la plaine où je me trouvais hier, marchant entre l'Ouad Todṛa et le massif qui s'élève à sa gauche; le sol est de sable blanc, pur auprès de la rivière, semé de petits cailloux noirs aux abords des collines; au pied de celles-ci, la terre en est couverte comme d'une écaille. Peu de végétation : dans les régions pierreuses, quelques touffes de thym; dans le sable, qui occupe la portion la plus grande, un peu de melbina et de jujubiers sauvages. Je vois au sud, bornant la plaine, les premières pentes du Petit Atlas portant encore le nom de Saṛro, ligne sombre de hauteurs tourmentées, aux flancs de roche noire et luisante, avec de minces filets de neige apparaissant çà et là sur les crêtes. Vers le nord, une partie de l'étage inférieur et le talus rose qui le borde sont masqués pendant une portion du trajet par les collines dont je suis le pied: celles-ci forment un massif gris, aux flancs rocheux et nus, aux côtes douces, élevé de 30 à 40 mètres; il s'élève isolé dans la plaine, occupant la partie centrale du triangle dont le Todṛa, le Ferkla et le Ṛeris sont les sommets. Au delà de sa ligne mince, apparaît dans le lointain une longue chaîne de hautes montagnes brunes : les premiers échelons du Grand Atlas. Tel est ici l'étage inférieur de la plaine, où je marche jusqu'au Ferkla. A 1 heure, j'atteins les premiers palmiers de l'oasis; à 1 heure 20 m., je m'arrête au qçar d'Asrir. Depuis 9 heures du matin, on se croyait sans cesse au point d'arriver, trompé qu'on était par de continuels effets de mirage. C'était la première fois que j'apercevais ce phénomène au Maroc : il se représenta le lendemain durant presque tout le trajet du Ferkla au Ṛeris. Depuis je ne le vis plus.

Je marchais aujourd'hui avec une nombreuse caravane, au milieu de laquelle me protégeaient trois zeṭaṭs; elle se composait de 100 à 150 personnes, moitié Aït Atta, moitié Aït Melṛad. Il y avait dans le nombre 60 à 70 fusils, sans un cavalier. Tout ce monde venait du Souq et Tenîn du Todṛa et se rendait au Ferkla. Les bêtes de somme, ânes et mulets, étaient 120 ou 150; les mulets sont très communs dans le pays. Je n'ai point aperçu d'autres voyageurs que nous sur la route. L'Ouad Todṛa, que j'ai traversé ce matin au sortir de l'oasis, y avait 60 mètres de large; il était à sec; le lit en était formé de gros galets et sans berges. Il reste tel jusqu'au Ferkla, toujours desséché et au niveau du sol : point de trace de végétation ni dans son lit ni sur ses rives; rien qui de loin en dessine le cours à la surface blanche de la plaine. Le Ferkla est en tout semblable au Todṛa : c'est une bande de palmiers large de 1000 à 2000 mètres; au milieu se déroule l'Ouad Todṛa, dont le lit s'emplit de nouveau d'une eau abondante et limpide. Il coule à fleur de terre; l'oasis entière est au niveau de la plaine. Le Ferkla est moins grand que le Todṛa : sa longueur est moindre; ses localités et ses habitants sont en nombre plus faible. Il appartient en partie aux Aït Melṛad, en partie à des Chellaḥa isolés : leurs qçars sont mélangés; chacun de ceux-ci est indépendant, aussi bien ceux des Chellaḥa que ceux des Berâber. Par une exception unique, les Chellaḥa du Todṛa, du Ferkla et une partie de ceux du Ṛeris gardent une liberté absolue auprès de leurs puissants voisins : ils n'ont pas sur eux la moindre debiḥa. A quoi faut-il l'attribuer? Sans doute à leur cohésion lorsqu'il s'agit de défendre la liberté commune, et à leur caractère belliqueux. A ce propos, il faut remarquer qu'il ne se trouve pas un seul Ḥarṭâni parmi eux. J'ai cessé de voir des Ḥaraṭîn dès que j'ai quitté l'Ouad Dâdes : dorénavant je n'en rencontrerai plus. Au Ferkla comme au Todṛa, je trouve les élégantes constructions du Dra. Les productions du sol sont les mêmes ici qu'au Todṛa, avec cette différence qu'en arbres il n'y a guère que des dattiers; les autres essences sont rares : on voit quelques troncs de figuiers, de grenadiers, de pêchers, d'oliviers, et de la vigne, mais en petite quantité; au contraire, les palmiers sont nombreux et beaux : ils sont plantés serrés et forment une forêt touffue. A leur ombre, entre leurs pieds, se pressent des cultures arrosées de canaux.

30 avril.

Aujourd'hui je vais au Ḥeris, autre oasis analogue à celle-ci. Départ à 8 heures du matin. J'ai mon escorte obligatoire de trois Berâber; je marche avec une caravane d'une vingtaine de personnes dont la moitié est armée. Le massif de collines que j'ai eu à main gauche durant la marche d'hier expire entre le Ferkla et le Ḥeris : on en distingue les dernières côtes à l'ouest du chemin. Vers le nord s'aperçoit, à grande distance, une haute chaîne brune, aux nombreuses découpures, entre lesquelles brillent des croupes plus éloignées couvertes de neige : le Grand Atlas. L'étage inférieur de la plaine apparaît ici dans toute son étendue : il s'étale entre le Petit Atlas et le talus de roche rose au pied duquel est le Ḥeris; plus un mouvement n'en plisse l'immensité plate qu'on voit s'allonger vers l'est à l'infini, toujours la même, aussi loin que la vue peut porter. C'est une surface nue et blanche se déroulant jusqu'à l'horizon. Là coulent les ouads Todṛa et Ḥeris; là est leur confluent : dans l'éblouissante blancheur de la plaine, leurs lits desséchés et sans verdure ne se distinguent pas. Seules, paraissent quelques lointaines oasis, points noirs se reflétant dans les étangs et les longs lacs bleus que fait briller le mirage. Du Ferkla au Ḥeris, le sol est de sable dur semé çà et là de cailloux noirs : comme seule végétation, la mousse des ḥamadas, excepté en quelques points où le sable forme des dunes de 50 centimètres de haut, et où poussent des touffes de drin.

A 1 heure et demie, j'arrive au Ḥeris. Cette oasis est, en forme et en productions, semblable au Todṛa et au Ferkla, au Todṛa surtout, auquel elle est en quelque sorte symétrique. Comme lui, elle est située au point où le cours d'eau qui la féconde sort du talus rocheux et débouche de l'étage supérieur dans le second; comme lui, elle se trouve partie en deçà du talus, resserrée au fond d'une vallée, partie au delà, en plaine. C'eṣt une bande de palmiers ombrageant des cultures au milieu desquelles coule l'ouad et s'élèvent de nombreux qçars. Les constructions sont faites à la façon de celles du Dra. Peut-être ont-elles moins de moulures sur les murs; en revanche la plupart des localités possèdent des enceintes élevées et, auprès des portes, des tours d'une grande hauteur, telles que je n'en ai vu nulle part ailleurs. Comme au Ferkla, les palmiers forment une forêt épaisse et ont entre eux peu d'arbres d'essence différente. L'Ouad Ḥeris est de la force de l'Ouad Todṛa : il a 30 mètres de large, dont 12 remplis d'eau claire et courante de 60 centimètres de profondeur. Le lit est moitié sable, moitié gravier; il a des berges de sable de 2 mètres de haut. Pendant le trajet d'aujourd'hui, je n'ai rencontré personne. J'ai passé à proximité de deux lieux habités : Zaouïa Sidi El Houari, groupe de quelques maisons entouré de grands jardins d'oliviers et de grenadiers, sans un palmier; El Mkhater, petit qçar avec dattiers.

En ce moment, le Ḥeris est fort agité. On s'attend à ce que les Aït Atta et les Aït Melṛad en viennent aux mains bientôt dans ces parages : chaque qçar se tient sur ses gardes; chacun a des veilleurs sur ses tours, pour guetter et donner l'alarme en cas de surprise. Nous avons dit qu'Aït Atta et Aït Melṛad étaient en mauvaise intelligence. Au printemps dernier (1883), ils se sont livré une grande bataille non loin d'ici, auprès de Tilouin, petite oasis isolée à l'est du Ferkla. Les Aït Atta étaient au nombre de 8000 fantassins et 600 chevaux; les Aït Melṛad comptaient 12000 hommes de pied et 700 cavaliers. Les Aït Atta furent vaincus; 1600 périrent : la perte des Aït Melṛad fut de 400 hommes (1). Le combat n'avait duré qu'une matinée. Cette sanglante rencontre fut suivie d'une trêve d'une année : il fut convenu qu'on se mesurerait de nouveau au printemps suivant. On s'attend chaque jour à voir commencer les hostilités. Le principal théâtre de la lutte sera sans doute le Ḥeris. Les Aït Atta enlevèrent, il y a une trentaine d'années, aux Aït Melṛad une partie des qçars qu'ils possédaient dans cette oasis, entre autres Gelmima, l'un des principaux de la contrée. Les Aït Melṛad vont, pense-t-on, essayer de reprendre ce dernier.

Ce n'est pas sans raison qu'on considère la reprise de la guerre comme imminente. J'apprendrai demain, en arrivant à Qçar es Souq, qu'aujourd'hui même les Aït Atta ont pillé une caravane d'Aït Melṛad : c'est le début des hostilités.

1er mai.

Départ de Gelmima à 4 heures du matin. Je vais au Qçar es Souq, petit district sur l'Ouad Ziz. Point de caravane : je pars avec mes trois Berâber. On commence par longer le pied du talus de roche rose qui sépare les deux étages de la plaine. A sa base, le sable devient rose et se sème de pierres; presque point de végétation : quelques touffes de melbina et de mousse du ḥamada. Vers 7 heures et demie, je cesse de suivre le talus et je le gravis. Arrivé à sa crête, je me trouve au bord d'un plateau; il s'étend à perte de vue à l'est et à l'ouest; il est borné au sud par le talus que j'ai monté; au nord, par un premier échelon du Grand Atlas qui se dresse comme une muraille à 20 kilomètres de moi : c'est la première

(1) Je ne puis croire à ce chiffre de 2000 morts en un combat : cependant il m'a été affirmé comme exact en quatre points différents, au Todṛa, au Ferkla, au Ḥeris, à Qçar es Souq.

section de la plaine, l'étage supérieur. A mes pieds s'étend la partie inférieure, que je viens de quitter : immense étendue blanche où paraissent, comme deux points, les oasis de Tilouin et de Mekhtara Aït Abbou ; elle se prolonge toujours la même, bordée par la ligne sombre du Saṛro, aussi loin que porte la vue. A la surface de la section où je suis, s'aperçoit vers le nord-ouest un tronçon de ligne verte, portion des palmiers de Taderoucht ; ils apparaissent par une légère dépression de la plaine. D'un autre côté, au nord-est, se voit un mamelon rougeâtre dressant sa tête isolée au milieu du désert. Il se trouve dans la direction du Qçar es Souq : je marche droit sur lui. Le sol de cet étage supérieur est mi-pierreux, mi-rocheux sur les bords ; il devient sablonneux à mesure qu'on se rapproche du milieu : dans cette partie il y a parfois de petites dunes de 1 à 2 mètres de haut. La végétation se compose, dans le sable, d'un peu de thym, de mousse du ḥamada, de rares jujubiers sauvages. Les parties pierreuses sont plus nues : à peine y voit-on quelques touffes de mousse. Le terrain est uni ; on n'y distingue pas d'autre accident que la butte isolée qui me sert de signal ; elle est peu élevée : je passerai à son pied à 2 heures ; elle me semblera avoir 60 ou 80 mètres de haut. C'est un mamelon de roche rouge, escarpé. Les eaux de cette partie de la plaine vont d'une part à l'Ouad Ziz, de l'autre à l'Ouad Ṛeris. Cela donne naissance à la dépression par laquelle j'ai aperçu une parcelle du Taderoucht.

A 3 heures et demie, l'Ouad Ziz apparaît. Il est à quelque distance. C'est une ligne noire sortant du flanc de l'Atlas et s'allongeant à perte de vue dans la plaine. Aucun mouvement ne borne l'horizon, ni à l'est, ni à l'ouest, ni au sud : on ne voit en ces trois directions qu'une surface plate et blanche s'étendant à l'infini ; au milieu serpente la longue file des palmiers de l'Ouad Ziz, sans que la ligne s'en interrompe depuis le point où ils débouchent de la montagne jusqu'à celui où on les perd des yeux aux limites de l'horizon. Les districts qui se succèdent sur les bords du Ziz sont, comme ceux du Dra, un ruban étroit se déroulant au milieu du désert : comme eux, bien que portant des noms divers, Qçar es Souq, Metṛara, Reteb, Tizimi, Tafilelt, ils forment une seule oasis, bande de dattiers bordant sans interruption le fleuve, depuis le qçar le plus haut du Qçar es Souq jusqu'à la localité la plus basse du Tafilelt.

A 4 heures et demie, je parviens au Qçar es Souq. Je m'arrête au mellaḥ. Je n'ai rencontré personne durant ma route. J'ai passé près d'un endroit habité, le petit qçar de Tarza, appartenant aux Aït Izdeg. Deux cours d'eau se réunissent au-dessus de lui et se dirigent vers le sud en creusant dans la plaine une vallée de 500 mètres de large : le qçar se trouve au fond de celle-ci, entouré de champs, d'oliviers et de figuiers ; point de palmiers. Le principal des deux cours d'eau, l'Ouad Tarza, a 50 mètres de large ; le lit, moitié sable, moitié gravier, en est à sec.

Le Qçar es Souq est un district situé sur les bords du Ziz : c'est l'un des plus petits de son cours et le premier après sa sortie du Grand Atlas; il commence au point où le fleuve débouche de la montagne. La vallée du Ziz y offre une bande de palmiers large de 500 à 1 500 mètres, au milieu de laquelle coule le fleuve et s'élèvent des qçars. Les constructions sont en pisé; les tirremts, nombreuses, sont moins ornées que dans le Dra. D'ici à Foum Ṛiour, où l'Ouad Ziz sort de l'Atlas, le cours d'eau et la majeure partie des dattiers sont encaissés dans une tranchée profonde de plusieurs mètres, pareille à celle où coule quelque temps l'Ouad Todṛa; le fond en est de sable, les parois de roche : en dehors sont le reste des palmiers et la plupart des qçars. L'Ouad Ziz a ici 40 mètres de large, 80 centimètres de profondeur, une eau verte au courant impétueux; il a de nombreux rapides et ne se traverse qu'à des gués déterminés; lit tantôt de gravier, tantôt de sable, sans berges.

Le costume et les armes sont les mêmes, à peu de chose près, que dans les oasis précédentes. Le gracieux sac à poudre de filali brodé de soie se porte toujours. La seule modification est dans la coiffure : on garde le dessus de la tête nu; l'étroite bande de coton blanc dont on se ceignait le front au Dâdes, au Todṛa et au Ṛeris se remplace par quelques tours de fil de poil de chameau ou de cordelette de soie; celle-ci est d'ordinaire rose et de 7 à 8 millimètres de diamètre. Il est de mode d'avoir un anneau d'argent à l'oreille gauche. Peu de kheidous : on ne s'habille que de blanc; les bernous, de laine ou de coton, sont fréquemment ornés de broderies de soie aux couleurs vives. Costume et armement resteront les mêmes d'ici à Qçâbi ech Cheurfa.

2°. — DU QÇAR ES SOUQ A QÇABI ECH CHEURFA.

2 mai.

Le Qçar es Souq, le Tiallalin, tous les pays que je traverserai d'ici au col de Telṛemt, faîte du Grand Atlas, appartiennent à un même rameau des Berâber, les Aït Izdeg. Je prends trois fusils de cette fraction pour m'escorter jusqu'au Tiallalin, mon gîte de ce soir. Ce district, situé sur le Ziz, se trouve de l'autre côté de l'épaisse chaîne rocheuse au pied de laquelle est le Qçar es Souq. Deux chemins y mènent : l'un longe le cours du fleuve, au fond d'une gorge profonde, l'autre laisse l'ouad de côté et gravit les crêtes de la montagne. Ce dernier est plein de difficultés : on le prend en cas de nécessité absolue, lorsque l'Ouad Ziz, que la première route traverse plusieurs fois, se trouve infranchissable. Bien que je sois à l'époque de la crue du fleuve, et que des pluies récentes en aient gonflé les eaux et rendu le passage difficile, je prendrai la première voie. Au sortir du Qçar es Souq, j'entre dans la montagne. Celle-ci est une large chaîne de roche nue; elle semble former une succession de murailles à pic et de talus, séparés par des côtes plus ou moins raides, tantôt rocheuses, tantôt pierreuses. Le massif est presque en entier de couleur rouge vif: aux abords du Tiallalin, les flancs changent de ton et deviennent d'un gris bleuâtre. L'Ouad Ziz traverse cette chaîne par une longue gorge aux parois escarpées, qui se changent parfois en murailles verticales; le fond a par endroits 300 ou 400 mètres de large, souvent 50 ou 60. Il est sablonneux, couvert de cultures et jalonné de qçars sur presque toute sa longueur; la partie supérieure seule, celle qui touche à la plaine du Tiallalin, est rocheuse, nue et déserte. L'autre forme un district séparé, El Kheneg. Des dattiers ne cessent d'ombrager les cultures depuis Qçar es Souq jusqu'au qçar de Tamerrâkecht. Là ils disparaissent : je n'en verrai plus d'ici à la fin de mon voyage. Dans ce défilé, le chemin est difficile, à cause de la quantité de fois qu'il faut traverser l'Ouad Ziz : quoique j'aie fait un détour dans la montagne pour diminuer le nombre de ces passages, je l'ai franchi à six reprises; la plupart des gués avaient environ 25 mètres de large et 80 centimètres de profondeur; la rapidité très grande du courant rendait longue chacune des traversées. Parti de Qçar es Souq à 7 heures du matin, je n'arrive qu'à 3 heures et demie à l'extrémité nord du défilé. Là je me trouve en face d'une plaine où je m'engage : la plaine du Tiallalin. Elle est bornée : au sud, par la chaîne de laquelle je sors; au nord par une autre chaîne nue et rocheuse, parallèle à celle-ci; à l'ouest, par un demi-cercle de hautes montagnes, un peu plus élevées que celles que je viens de traverser, et dont le pied, à sa plus grande distance, peut être à 12 ou 15 kilomètres. Vers l'est, la plaine s'étend jusqu'aux limites de l'horizon. Cette étendue est nue et plate; le sol en est pierreux, avec quelques parties rocheuses et d'autres sablonneuses. L'Ouad Ziz la traverse dans sa largeur; les deux rives du fleuve sont bordées d'un ruban continu de cultures et de villages qui se prolongent par delà la plaine, derrière la chaîne qui la limite au nord. C'est le Tiallalin.

Portion méridionale du Tiallalin. (Vue prise de Kerrando.)
Croquis de l'auteur.

Le Tiallalin a, comme végétation, l'aspect du bas Dâdes : mêmes cultures tristes, même apparence morne, même absence d'arbres. Les champs, répartis sur les deux bords de l'Ouad Ziz, forment une bande non interrompue d'une extrémité à l'autre du district; la bande est de largeur inégale, tantôt elle a 2000 mètres, tantôt à peine

1 000. Si par la pauvreté de la végétation le Tiallalin rappelle le Dâdes, il ne lui ressemble en rien en ce qui concerne les qçars. Depuis que j'ai quitté le bassin du Dra, l'architecture va en déclinant : jusqu'au Qçar es Souq inclus, elle avait gardé de l'élégance; il n'y en a plus au Tiallalin : les bâtiments y sont de pisé sans ornement; il existe des tirremts; mais leurs quatre murs flanqués de tours sont d'une simplicité absolue : ni découpures, ni moulures. Les ageddims ont disparu avec les derniers palmiers du Reris. Les constructions, d'ici à Oudjda, rappelleront celles du Tâdla, des Aït Atab, des Entifa. Au Tiallalin, elles sont non seulement moins élégantes qu'au Dâdes, mais aussi moins nombreuses; elles forment une série de villages peu espacés, et non cette suite continue d'habitations qui donne au Dâdes un aspect si particulier.

Je suis entré dans le Tiallalin à 4 heures; je m'y arrête à 5 heures à Qciba el Ihoud. petit village situé presque à l'extrémité de la plaine.

3 et 4 mai.

Séjour au Tiallalin. Une pluie continuelle, bénie par les habitants, peu agréable à un voyageur, m'y retient deux jours.

5 mai.

Départ à 8 heures du matin. Bientôt je suis hors de la plaine. L'Ouad Ziz y entre par un kheneg d'environ 100 mètres de large, entre le Djebel Bou Qandil, haute montagne brune aux côtes raides, à l'est, et le Djebel Gers, longue chaîne de roche jaune, à l'ouest. Cette dernière est en pente faible pendant 1 à 2 kilomètres, puis s'élève à son tour; elle forme le flanc droit d'une vallée où coule l'Ouad Ziz avant de passer dans la plaine. Le flanc gauche en est un talus à crête uniforme, en rampe douce au pied, se terminant au sommet par une muraille à pic; il n'est que roche et pierres sans végétation. Le fond, que je remonte, a un sol terreux; la largeur moyenne en est de 1 500 mètres. Il est occupé par les cultures et les villages du Tiallalin et du Gers; les deux districts s'y succèdent sans intervalle : ils s'étendent sur toute la longueur de la vallée, mais n'en embrassent pas toute la largeur, n'occupant jamais qu'une des rives du fleuve, l'autre restant inculte et déserte. Je traverse une dernière fois l'Ouad Ziz : au gué, il forme deux bras, de 50 mètres de large chacun; la profondeur du

Aït Khozman.

Vallée de l'Ouad Ziz et qçar d'Aït Khozman. (Vue prise de Kerrando.)
Croquis de l'auteur.

premier est de 80 centimètres, celle du second de 50 centimètres; les eaux coulent sur un lit de gravier, sans berges; le courant est très rapide. Dans le lointain, apparaît la cime blanche du Djebel el Ạïachi. Elle ne cessera de briller à mes yeux d'ici à Qçâbi ech Cheurfa, et de là jusqu'à Misour. Vers 11 heures, je me trouve à l'extrémité de la vallée : le flanc gauche s'abaisse tout à coup, et fait place à une plaine bornée, au nord, par une chaîne rocheuse et rouge qui s'élève à plusieurs kilomètres d'ici; au sud, par le prolongement du Djebel Gers; vers l'ouest et le nord-ouest, elle s'étend à une grande distance et est limitée par de hautes montagnes très éloignées : de là vient l'Ouad Ziz : on distingue au loin à la surface blanche de la plaine les taches noires des jardins qui en marquent le cours. Pour moi, je l'abandonne et marche droit au nord, vers la chaîne qui se dresse de ce côté; jusque-là, sol pierreux, plat, sans végétation. A 1 heure moins un quart, j'arrive au pied du massif; je le gravis : une montée d'une heure, par un ravin nu et rocheux, me conduit à un col. Là commence un plateau accidenté, au sol terreux, couvert de *geddim* (sorte d'ḥalfa) et de thym. Je le traverse; au bout de quelque temps, j'atteins une crête : c'est l'extrémité nord du plateau. Devant moi s'étend une côte peu rapide, garnie de geddim, et au delà une longue plaine orientée comme celle du Tiallalin, de l'ouest-sud-ouest à l'est-nord-est. Elle est limitée : au sud, par le massif que je finis de franchir; au nord, par le Djebel el Ạbbarat, haute chaîne de roche rouge, et, en avant de lui, par un massif de collines grises de 40 à 50 mètres de hauteur, qui s'y adosse, tout en en étant distinct; à l'ouest, par un demi-cercle de montagnes assez élevées. Vers l'est, elle s'étend à perte de vue. L'Ouad Nezala la traverse dans sa largeur; trois hameaux isolés apparaissent avec leur maigre verdure au milieu de sa surface déserte. Bientôt je suis dans la plaine; le sol, sablonneux, est couvert d'herbages où le genêt domine. Je gagne l'Ouad Nezala, que je suivrai jusqu'au col de Telṛemt, faîte du Grand Atlas. Au bout de la plaine, j'entre dans le massif de collines qui précède le Djebel el Ạbbarat. L'Ouad Nezala s'y creuse une vallée de 100 mètres de large; les flancs, terre avec quelques pierres, sont couverts de geddim. A 4 heures, je suis au point où finit ce massif et où sortent de terre les parois escarpées du Djebel el Ạbbarat. A droite, à gauche, sont des cols entre les coteaux et la montagne. En avant, s'ouvre dans le flanc de cette dernière une brèche étroite, Kheneg el Ạbbarat, phénomène des plus curieux. La chaîne où elle est percée est une digue de plus de 200 mètres d'élévation, à crête rocheuse et à base pierreuse; les crêtes vont en s'abaissant près du kheneg : elles diminuent d'une manière rapide et régulière, en décrivant un demi-cercle; la crête supérieure elle-même semble le décrire, de façon qu'au fond du kheneg la muraille du faîte a l'air de s'être abaissée au niveau de la rivière : ainsi ce kheneg ne paraît point percé comme les autres par l'action

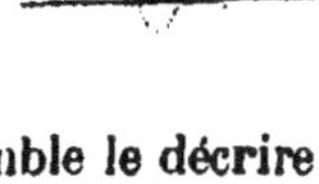

des eaux; il semble formé par un pli de la bande rocheuse qui compose la chaine. Il a 100 mètres de long et à peine 30 mètres de large; le fond comme les parois en sont de roche : je le traverse dans le lit de l'Ouad Nezala. Au sortir du défilé, la vallée demeure étroite; ses flancs s'abaissent : ceux-ci sont les pentes septentrionales du Djebel el Ạbbarat; elles étaient nues sur l'autre versant; ici, tout en gardant la même nature rocheuse, elles se sèment de quelques arbres. Ce sont les premières côtes boisées que je voie depuis la vallée du Sous. Bientôt le flanc droit expire et fait place à un plateau nu, élevé de 10 mètres au-dessus du niveau de la rivière; le flanc gauche continue à la border; il n'a plus que 40 à 50 mètres de haut : c'est un talus de roche grise, en pente douce. Plusieurs petits qçars d'aspect misérable, sans jardins ni cultures, sont échelonnés le long de la vallée. Je m'arrête à l'un d'eux, Nezala, qui est, comme ce nom l'indique, un gîte habituel des voyageurs sur cette route.

Je marche depuis ce matin avec une caravane de muletiers du Metṛara; je me suis rencontré avec eux au Tiallalin; ils feront route avec moi jusqu'à Qçâbi ech Cheurfa. Leur métier est de transporter des marchandises entre le Tafilelt et Fâs. J'ai loué, de concert avec eux, une escorte d'Aït Izdeg : ceux-ci sont maitres de tout le pays, du Qçar es Souq au col de Telṛemt. Ils prennent, pour servir de zeṭaṭs du Tiallalin au col, 5 francs par mule, par Juif et par chameau, et la moitié pour les ânes; les Musulmans ne paient pas pour leur personne : moyennant cette redevance, les Aït Izdeg escortent les caravanes et en garantissent la sûreté. Nos zeṭaṭs se composent de 3 cavaliers et 6 ou 7 fantassins.

Beaucoup de monde aujourd'hui sur le chemin. J'ai croisé sept ou huit convois de 50 à 80 bêtes de somme chacun; les animaux étaient des mulets, des ânes et des chameaux, les deux dernières espèces dominant. La route que je suis, voie habituelle entre Fâs et le Tafilelt, est toujours aussi fréquentée. Depuis l'Ouad Ziz, j'ai rencontré deux cours d'eau de quelque importance : l'Ouad Tira n Imin (au point où je l'ai passé pour la première fois, il avait 10 mètres d'eau limpide de 15 centimètres de profondeur; courant rapide), et l'Ouad Nezala (à hauteur d'Aït Ḥammou ou Saïd, le lit en avait 80 mètres de large, dont 15 remplis d'eau claire et courante de 60 centimètres de profondeur. A Nezala, le lit n'a plus que 15 mètres de large, et l'eau 6; celle-ci a 15 centimètres de profondeur). Le kheneg el Ạbbarat, que j'ai traversé à 4 heures, est célèbre et redouté pour les brigandages qu'y exercent les Aït Ḥediddou. Maintes fois ils ont guetté des caravanes, embusqués au col que j'y ai vu à main gauche, et les ont pillées.

Nezala est un petit qçar délabré, élevé naguère par un sultan qui voulut en faire un poste d'observation et un gîte pour les voyageurs. Il ne sert plus qu'à ce dernier usage. C'est une enceinte carrée, flanquée de mauvaises tours, le tout très bas, en pisé gris; à l'intérieur se trouvent quelques maisons, résidences de cinq ou six familles habitant ici, et un grand nombre de cours, d'écuries, de hangars, la plupart à demi ruinés, où s'installent les voyageurs.

Sur la route que j'ai parcourue aujourd'hui, il n'y a pas de passage difficile. Une seule côte un peu raide, vers 2 heures; le reste du temps j'ai marché en plaine. Demain, durant toute la journée, le chemin sera plus uni encore. L'aisance extrême avec laquelle on franchit ici le Grand Atlas contraste avec les difficultés que j'ai rencontrées en le passant pour la première fois, au Tizi n Telouet. Aucun trait de ressemblance, hors l'altitude, n'existe entre l'Atlas des Glaoua et celui-ci. Là, une chaîne aux crêtes nues et rocheuses est formée de longs escarpements presque infranchissables; les deux versants, celui du nord surtout, profondément ravinés par l'action des eaux, ont perdu leur forme primitive et se présentent sous l'aspect de contreforts perpendiculaires à l'arête centrale; rocheux, tourmentés, ils cachent dans leurs flancs d'étroites vallées resserrées entre des murailles de roche, seuls refuges de la végétation et de la vie en cette contrée inaccessible, désolée, déserte. Ces vallées, comme les contreforts qui les séparent, ont leur direction normale à la ligne culminante de la chaîne. Ici, au contraire, le sommet est en partie boisé : on y arrive par un chemin d'une facilité extrême : le massif se compose, non d'innombrables montagnes couvrant tout le pays, avec l'apparence de rameaux perpendiculaires à un tronc, mais d'une série de chaînes (1) parallèles à l'arête principale et séparées entre elles par des plaines qui occupent la plus grande partie de la contrée. Les cours d'eau, auprès desquels les villages sont tantôt nombreux, tantôt clairsemés, s'écoulent au niveau des plaines, traversant les diverses lignes de montagnes par autant de khenegs qui s'y ouvrent comme des portes sur leur passage. Quelques-unes de ces plaines sont si longues que deux rivières les traversent dans leur largeur, à une grande distance l'une de l'autre : telle la plaine du Tiallalin, dont le prolongement est arrosé par l'Ouad Gir. Outre cette différence de nature, les deux parties du Grand Atlas que nous avons franchies en présentent une autre : le Tizi n Glaoui était des deux côtés entouré de hautes cimes presque en tout temps couvertes de neige : il formait une dépression au milieu de montagnes très élevées. Le Tizi n Telṛemt se trouve au point où la chaîne commence

Tizi n Telremt Et Djebel el Aïachi.
(Les parties ombrées sont couvertes de neige.) (Vue prise de Qaçba el Makhzen.)
Croquis de l'auteur.

(1) Nous en avons traversé cinq avant d'arriver à la chaîne principale.

à décroître : à l'ouest du col, s'élèvent les hautes crêtes toujours blanches du Djebel El Ạïachi, l'un des massifs les plus élevés de l'Atlas; à l'est, il n'y a plus trace de neige, et la chaîne s'abaisse rapidement. Je l'aurai longtemps sous les yeux dans le bassin de la Mlouïa. Au delà du Djebel El Ạïachi, elle apparaît comme un long talus brun, à crête uniforme, allant sans cesse en décroissant. Elle s'allonge vers l'est, diminuant toujours de hauteur, jusqu'au point où on la perd de vue aux limites de l'horizon.

6 mai.

Départ à 5 heures du matin. Jusqu'au col de Telṛemt, je resterai en terrain plat : sol dur, terre semée de gravier et de petites pierres; une végétation maigre le recouvre à moitié : geddim, thym, menus herbages. D'ici au col, je traverse trois plaines unies, sans la moindre ondulation; la première s'étend au loin vers l'ouest et le nord-ouest, bornée dans cette direction par le pied même du Djebel El Ạïachi, dont on voit les pentes, poudrées de neige à la base, se transformant peu à peu en une large masse d'un blanc mat, émerger de sa surface; elle est limitée à l'est par un talus gris de 40 à 50 mètres de hauteur, aux côtes pierreuses, peu rapides, clairsemées de geddim. La seconde plaine se prolonge à une grande distance vers l'est, où des montagnes d'élévation moyenne la bordent; elle est séparée de la précédente et limitée à l'ouest par des massifs de collines aux pentes douces en partie tapissées de geddim. Au nord, la borne en est une haute chaîne de montagnes, dont le nom est célèbre, le Djebel El Ạbbari. C'est une arête élevée, dressant ses crêtes à plus de 200 mètres au-dessus du niveau de la plaine : les flancs, de couleur rouge, en sont rocheux et escarpés, couverts de geddim dans le bas, d'arbres vers le sommet. Bien que le col soit plus loin, le faîte de cette chaîne est la ligne culminante du Grand Atlas. Par un fait curieux, l'Ouad Nezala, au lieu de prendre sa source sur le versant méridional, la prend au delà, sur le versant nord. Il traverse le Djebel El Ạbbari par un kheneg de 30 mètres de large. J'entre par ce kheneg dans la troisième plaine; elle est petite et sans ressemblance avec les précédentes, en étendue; adossée au sud au Djebel El Ạbbari, elle est bordée à l'est par un talus en contre-bas donnant sur un autre bassin, au nord par un bourrelet pierreux, aux pentes boisées (1), haut de 30 mètres. Au bout de cette petite plaine se trouve le col de Telṛemt, où je passe du bassin du Ziz dans celui de la Mlouïa. Je le franchis à 9 heures du matin; il est à 2 182 mètres d'altitude. Quant à la ligne de faîte générale de l'Atlas, je l'ai passée en traversant le Djebel El Ạbbari. Du col de Telṛemt, je gagne un ravin pro-

(1) Les arbres dont il est question ici sont des arbres de petite taille, de 2 à 3 mètres au plus d'élévation; ils sont clairsemés et en aucun point ne forment de bois compact.

fond dont la partie inférieure, large de 20 mètres, est bordée de talus raides garnis de geddim dans le bas, d'arbres dans le haut. Je le descends; il n'est pas long : au bout de peu de temps les flancs s'abaissent, s'adoucissent; bientôt ils disparaissent : je suis en plaine. La plaine où j'entre porte le nom de Çaḥab el Geddim. Elle est unie, mais en pente prononcée vers le nord; le sol, moitié terre, moitié pierres, est couvert de hautes touffes de geddim. Au delà de Çaḥab el Geddim, lui faisant suite, j'ai devant moi, en contre-bas, une seconde plaine où la Mlouïa creuse son lit; cette plaine est très large; on l'appelle Çaḥab el Ermes. Un long talus brun de moyenne élévation, premières pentes du Moyen Atlas, la borne au nord. Au delà se voient un grand nombre d'autres crêtes, succession de chaînes grises s'étageant les unes derrière les autres, puis, les dominant toutes, une bande bleue dont le haut est couvert de neige : c'est le faîte du Moyen Atlas, ligne uniforme où surgissent deux sommets en larges masses blanches : l'un, le Djebel Tsouqt, est au milieu de la chaîne, l'autre, le Djebel Oulad Ali, à son extrémité orientale. Celui-ci termine le massif de la façon la plus brusque et la plus étrange; après s'être élevé très haut, il tombe presque à pic au bord de la vallée de la Mlouïa : son versant est a l'aspect d'un talus à 2/1 de plus de 1500 mètres d'élévation. Cette falaise énorme, où s'arrête court une si haute et si longue chaîne, est de l'effet le plus extraordinaire. Je reverrai de près le Djebel Oulad Ali dans la vallée moyenne de la Mlouïa.

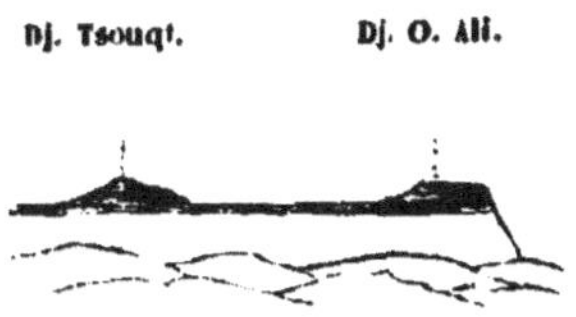

De Çaḥab el Geddim, une rampe douce, de 25 mètres de hauteur, me conduit dans Çaḥab el Ermes. Comme la première, cette plaine s'étend à perte de vue vers l'est et vers l'ouest; le sol est sablonneux; de rares places sont nues, en d'autres pousse du thym : la plus grande partie est tapissée de la plante basse qu'on appelle *ermes*. On aperçoit de loin en loin de petites tiṛremts d'aspect misérable, isolées

Mlouïa et Qaçba el Makhzen (Qçâbi ech Cheurfa.)
(Les parties ombrées des montagnes sont couvertes de neige.) (Vue prise du sud-ouest).
Croquis de l'auteur.

dans le désert. Je chemine dans cette plaine jusqu'à 3 heures et demie; à ce moment s'ouvre à mes pieds une tranchée : elle a 1500 mètres de large; le fond en est couvert de verdure et de feuillage; à demi cachés sous la multitude des arbres fruitiers, plusieurs qçars y montrent leurs terrasses brunes; au milieu coule un fleuve : c'est Qçâbi ech Cheurfa et la Mlouïa. Un talus de sable nu me conduit au fond de l'encaissement; le sol y est de sable : j'y marche au milieu des champs et des vergers. Au bout d'un quart d'heure, je parviens à Qaçba el Makhzen, terme de ma route.

Qçâbi ech Cheurfa se compose de localités toutes situées dans la tranchée où coule la Mlouïa; elles sont unies par des cultures et des jardins ombragés d'une foule d'arbres, oliviers, figuiers, grenadiers : ces feuillages donnent au district un air de gaieté et de fête qui contraste avec l'aspect morne du Tiallalin et du Gers. Qçâbi ech Cheurfa est ainsi un ruban de cultures et de qçars, enfermé entre deux hautes berges, et au milieu duquel coule la Mlouïa.

J'ai rencontré moins de monde qu'hier sur la route : les caravanes croisées ont été au nombre de trois, formant ensemble 150 bêtes de somme. Ainsi qu'il était convenu, mes zeṭaṭs m'ont abandonné au col de Telṛemt. Là commence le blad el makhzen : au nord du col, les Aït Izdeg, qui sont en mauvais termes avec le sultan, trouveraient du danger à s'avancer en petit nombre, et les voyageurs, étant en pays soumis, n'ont plus besoin d'escorte. Du col à El Qçâbi, on est sur le territoire des Aït ou Afella, petite tribu qui, formant par son origine une fraction des Aït Izdeg, est séparée d'eux politiquement et obéit au sultan. On y marche sans ạnaïa, et elle est responsable des pillages commis sur son territoire : pour la dédommager des bénéfices que sa soumission lui fait perdre, le gouvernement l'a autorisée à prélever un droit sur ce qui passe sur ses terres; ce droit est de 1 franc par bête de somme et par Juif. Ma caravane a dû l'acquitter à deux reprises; souvent, où on ne devrait payer qu'une fois, on le fait trois ou quatre; voici comment : à peu de distance du col de Telṛemt, quelques hommes nous accostèrent; ils demandèrent le montant de la redevance, nous le donnâmes; assez loin de là, dans la plaine, nous trouvâmes une forte troupe installée en travers de la route; elle déclara que nous ne passerions qu'après lui avoir remis cette même somme; le chef de la caravane de se récrier : nous l'avions déjà donnée. « Ceux que vous avez rencontrés étaient des escrocs; ils n'avaient droit de rien réclamer : nous seuls sommes délégués pour percevoir le péage. Vous n'irez que quand nous l'aurons reçu ». Comme la délégation se composait de quarante hommes armés, il fallut en passer par où elle voulut. Des faits de ce genre se reproduisent tous les jours : les régions du blad el makhzen où sont installés ces péages (qui portent le nom de *nezala*) sont souvent plus onéreuses à traverser que le blad es siba; par bonheur, elles sont rares : ce sont d'ordinaire des contrées dont la population, à peine soumise, pillerait ouvertement, sans qu'on puisse l'en empêcher, si on ne lui donnait cette compensation. Je n'ai connaissance de nezalas de ce genre qu'en deux tribus, les Aït ou Afella et les Aït Ioussi : dans cette dernière, elles sont nombreuses : on en compte 16, dit-on, de Qçâbi ech Cheurfa à Sfrou. C'est une ruine pour les commerçants.

7 mai.

Séjour à Qaçba el Makhzen. Ce lieu est une enceinte rectangulaire garnie de tours, de construction récente, servant de résidence au qaïd, à la garnison et aux Juifs. Autrefois les cherifs, possesseurs du sol du district, y étaient seuls maîtres et ne reconnaissaient aucune autorité; aujourd'hui le pays est blad el makhzen et un qaïd y commande : de tout temps le district a été tributaire des Aït Izdeg. Il l'est encore, et ce n'est pas un spectacle peu curieux de voir une province du sultan vassale d'une fraction indépendante. C'est Moulei El Ḥasen qui, il y a sept ans, soumit Qçâbi ech Cheurfa. Il y envoya un qaïd et des soldats; ils y achetèrent un terrain et construisirent l'enceinte où je suis : nul ne s'y opposa, et la suprématie du sultan s'établit sans résistance. La première année, elle s'étendit sur les Aït ou Afella, les Oulad Khaoua et les Aït Izdeg; dès la seconde, ces derniers cessèrent de la reconnaître et refusèrent l'impôt. Les choses en restèrent là depuis lors; l'autorité du qaïd est limitée au district de Qçâbi ech Cheurfa, aux Aït ou Afella et aux Oulad Khaoua. C'est une autorité précaire : dans le district même, elle est peu respectée : souvent les cherifs reçoivent à coups de fusil les ordres ou les demandes d'impôts. Le qaïd actuel est un homme de Fâs, un Bokkari. Il a avec lui une centaine de soldats réguliers, ʿaskris, et deux canons de montagne.

X.

DE QÇABI ECH CHEURFA A LALLA MARNIA.

1°. — DE QÇABI ECH CHEURFA A OUTAT OULAD EL HADJ.

8 mai.

Départ de Qâçba el Makhzen à 6 heures du matin. La Mlouïa, au pied de la qaçba, a 20 mètres de large, des berges rocheuses et escarpées de 3 ou 4 mètres, une eau jaune et profonde. Point de gué en ce lieu : je traverse le fleuve un peu plus bas. Il a 25 mètres de large, $1^m,20$ de profondeur, un courant assez rapide; le lit est moitié sable, moitié galets. Après l'avoir franchi, je quitte la tranchée dans laquelle il coule et qui continue à être remplie de cultures; elle est bordée à gauche par un talus mi-sable, mi-roche; je le gravis : en atteignant la crête, je me trouve dans une longue plaine bornée au sud par la Mlouïa, au nord par les premières pentes du Moyen Atlas. Elle a 3 à 6 kilomètres de large, suivant les endroits : un coude brusque du fleuve la limite près d'ici, à l'ouest; à l'est, elle s'étend jusqu'aux deux tiers de la distance entre El Qçâbi et Misour : là, elle se heurte à un massif de hautes collines rocheuses au pied duquel elle finit. C'est une plaine ondulée, coupée de nombreuses ravines; le sol y est moitié sable, moitié gravier, la plupart du temps sans végétation. Elle est de couleur rouge, comme les massifs nus qui la bordent au nord. Je m'engage dans cette plaine, où je marche jusqu'à 8 heures : je redescends alors et traverse la Mlouïa : elle coule dans son excavation encore remplie de cultures et de qçars; c'est toujours le district de Qçâbi ech Cheurfa. Le fleuve a la même profondeur, les mêmes eaux chargées de terre qu'au gué précédent; la largeur en est de 30 mètres. Sitôt parvenu sur sa rive droite, je monte le talus qui borde l'encaissement de ce côté et je me retrouve en plaine.

Près du point où je viens de passer la Mlouïa, s'élève sur ses bords le village d'Aït Blal. Je suis parti de Qçâbi ech Cheurfa avec trois zeṭaṭs, deux Chellaḥa d'Aït Blal et un Arabe des Oulad Khaoua. Les deux Chellaḥa se séparent ici de moi, disant qu'ils vont chercher dans leurs maisons du pain pour la route et me rejoindront plus loin : dans la suite, j'aurai beau m'arrêter plusieurs fois, je ne les verrai pas; ils m'ont trompé : j'avais eu le tort, sur les instances des Juifs d'El Qçâbi, de les payer d'avance; n'ayant plus rien à gagner, ils m'ont abandonné. Je continuerai dans le désert sans autre escorte que mon Arabe : c'est un joli jeune homme d'une quinzaine d'années; il m'accompagnera fidèlement, mais, en cas de mauvaise rencontre, c'eût été une faible protection : son fusil n'était pas en état de servir. Je n'aperçus personne jusqu'à l'arrivée dans son village.

La plaine où je m'engage est immense : c'est un désert blanc, s'étendant au nord jusqu'à la Mlouïa, au sud jusqu'au Grand Atlas, à l'est jusqu'au Rekkam, à l'ouest aussi loin que la vue peut porter. La surface en est ondulée; le sol en est dur, tantôt sablonneux, tantôt pierreux; il est couvert presque en entier de geddim. Le Grand Atlas est une longue chaîne brune à crête uniforme, qui fuit vers l'orient et s'abaisse de plus en plus; à l'est du Djebel El Ạïachi, plus de trace de neige sur ses cimes. Le Rekkam est très éloigné; le faîte en paraît à peine : c'est d'ici une ligne jaune clair qui borde l'horizon. Je le verrai demain plus distinctement : il se compose d'une série de hauteurs sablonneuses, très basses, bordant à l'est la vallée de la Mlouïa, entre le Grand Atlas et les monts Debdou.

Vers 2 heures, l'horizon, jusqu'alors fermé vers le nord par les massifs s'élevant en face d'El Qçâbi, s'ouvre tout à coup : les montagnes cessent d'arrêter la vue et toute la vallée de la Mlouïa apparaît : c'est une immense plaine blanche, unie et nue, bordée à droite par la ligne claire, à peine visible, du Rekkam, à gauche par le Moyen Atlas, haute chaîne noire couronnée de neige, se dressant à pic, comme une muraille, au-dessus de sa surface. La vallée s'allonge à perte de vue vers le nord, où elle forme l'horizon. La largeur en est extrême; près d'ici, elle a plus de 30 kilomètres. A sa surface apparaît une ligne verte : Misour, où j'arriverai ce soir; on dirait

Vallée de la Mlouïa, Misour, Moyen Atlas et Rekkam.
(Les parties ombrées des montagnes sont couvertes de neige.) (Vue prise du chemin d'El Bridja à Misour.)
Croquis de l'auteur.

le Todṛa ou le Ṛeris : dans cette vaste plaine de la Mlouïa, plaine plus nue et plus déserte qu'aucune portion du Sahara Marocain, les rares groupes d'habitations qui s'élèvent hors de la tranchée du fleuve ont de tout point l'aspect des oasis du sud : même isolement au fond du désert; même richesse de végétation; même fraîcheur délicieuse au milieu de la plaine aride : il ne manque que les dattiers.

A 4 heures, je me retrouve au bord de la Mlouïa : elle est dans l'encaissement où elle coulait plus haut : de Qçâbi ech Cheurfa jusqu'au delà d'Outat Oulad el Hadj il en sera de même. Ici, le fond de l'excavation, toujours sablonneux, est garni de cultures : elles appartiennent aux Oulad Khaoua et dépendent du hameau d'El Bridja, résidence de mon zetat. Je traverse le fleuve, que bordent de grands tamarix, et je gagne le village. J'y laisse mon jeune compagnon : son père monte à cheval et m'accompagne pendant le reste du trajet. D'El Bridja à Misour, on chemine dans la vallée de la Mlouïa que j'apercevais tout à l'heure : c'est une plaine unie comme une glace, sans une ride. Le sol est dur, il est formé moitié de sable, moitié de gravier. La plupart du temps, point de végétation; parfois un maigre buisson de jujubier sauvage. Devant moi, la plaine de la Mlouïa s'étend à l'infini : à droite, s'allonge dans le lointain la ligne claire du Rekkam; à gauche, se dressent au-dessus de ma tête les hauts massifs sombres que domine le Djebel Oulad Ali. A 6 heures et demie, j'entre dans les jardins de Misour. Marchant par des sentiers tortueux entourés de haies ou de murs de pisé, au milieu d'une multitude d'oliviers, de figuiers, de pommiers, d'arbres de toute sorte ombrageant des cultures, je parviens à 7 heures au qçar de Bou Kenzt, où mon zetat me confie à un marabout de ses amis. J'y passerai la nuit.

Je n'ai rencontré personne sur la route, excepté aux lieux habités où j'ai passé, Qçâbi ech Cheurfa et El Bridja. La dernière fois que je l'ai traversée, la Mlouïa avait 35 mètres de large, 1m,20 de profondeur, un courant assez rapide; toujours même eau, jaune, mais de goût agréable. Hors le fleuve, je n'ai franchi que deux cours d'eau de quelque importance : l'Ouad Ouizert (8 mètres de large; 30 à 40 centimètres de profondeur; eau claire et verte; courant rapide), et une rivière qui se jette dans la Mlouïa immédiatement au-dessous d'El Bridja (lit de sable, à sec, de 100 mètres de large; deux canaux pleins d'eau coulent sur ses rives).

Misour est un îlot de verdure situé au confluent de l'Ouad Souf ech Cherg et de la Mlouïa; la plus grande partie de cette sorte d'oasis se trouve sur la rive droite de l'Ouad Souf ech Cherg. Les arbres fruitiers forment un massif compact ombrageant des cultures et entourant une dizaine de qçars; c'est une forêt d'oliviers produisant une huile excellente, de pommiers dont on exporte les fruits jusqu'à Fâs, de grenadiers, de figuiers : ces beaux arbres donnent à ce lieu l'aspect le plus riant. Les jardins sont arrosés de nombreux canaux, saignées faites à l'Ouad Souf ech Cherg, dont les eaux, au-dessous des cultures, ont encore une largeur de 20 mètres et 50 centimètres de profondeur; elles sont limpides et courantes et descendent sur un lit de gravier sans berges de 60 mètres de large. Les constructions de Misour sont en pisé; elles sont simples : ni tirremts, ni tours, ni ornements.

Le costume demeure le même, sauf la coiffure : le cordon de soie disparaît, et je vois commencer l'usage algérien de la corde de poil de chameau maintenant le ḥaïk sur la tête au-dessus du turban blanc. L'armement subit, dès Qçâbi ech Cheurfa, des modifications importantes : à partir de là, plus de sac à poudre de filali, ni de poignard recourbé. Le premier se remplace par la poire de bois dont on se sert à Fâs et à Tâza, le second par un poignard droit assez long, qu'on voit aussi du côté de Fâs. On porte donc : un fusil, d'ordinaire court (nombreux fusils à deux coups, à capsule, d'origine française; nombreux mousquetons européens, à pierre), un poignard droit, une poire à poudre, souvent un sabre et un pistolet : on voit beaucoup de ceux-ci à capsule.

En entrant à Misour, j'ai quitté le blad el makhzen. Les Oulad Khaoua, sur les terres desquels j'ai marché la majeure partie de la journée, sont soumis au sultan : c'est une soumission peu effective, bornée à la remise d'un léger impôt entre les mains du qaïd d'El Qçâbi; du reste, la tribu se gouverne à sa guise. On ne peut circuler sur son territoire qu'avec un zeṭâṭ, bien qu'il soit compté blad el makhzen. Il finit à Misour : ce district est indépendant : au delà, j'entrerai sur les terres de la grande tribu des Oulad el Ḥadj qui l'est aussi. Je ne sortirai du blad es siba qu'aux abords de Debdou. La population de Misour est composée, partie de marabouts, partie d'Arabes. Chaque qçar y est libre, sans lien avec ses voisins. Misour ne reconnaît point l'autorité du sultan : quelques marabouts du district vont chaque année en pèlerinage à Fâs lui rendre hommage, ils lui apportent des présents, en reçoivent en échange de plus considérables et reviennent : c'est une démarche privée.

Un changement important s'est opéré depuis que j'ai quitté Qçâbi ech Cheurfa : il concerne le langage. Dans le bassin du Ziz, chez les Aït ou Afella, la langue universelle était le tamaziṛt. A El Qçâbi, les uns parlent le tamaziṛt, les autres l'arabe; les deux idiomes sont en usage. Depuis mon entrée chez les Oulad Khaoua, on ne parle que l'arabe. Cette langue est seule employée à Misour et sur le territoire des Oulad el Ḥadj. Les Oulad Khaoua sont une fraction de cette dernière tribu, mais ils en sont séparés politiquement, comme les Aït ou Afella des Aït Izdeg.

9 mai.

Je me suis entendu hier soir avec le marabout mon hôte pour qu'il me serve de zeṭaṭ jusqu'à Ouṭat Oulad el Ḥadj. Je pars avec lui à 6 heures du matin. Au départ, une petite caravane avec laquelle nous ferons route se joint à nous. Elle se compose de six hommes armés et de quatre femmes : ces dernières sont des cherifas montées à âne ou à mulet.

Le chemin d'aujourd'hui se fera dans la plaine où je suis entré hier. Elle demeure très large, bien qu'elle se resserre à mesure qu'on avance vers le nord; elle ne cesse pas d'être déserte; aucun lieu habité ne s'y distingue : il en existe plusieurs au fond de la tranchée où coule la Mlouïa; rares, et espacés à grands intervalles, ils n'apparaissent pas à la surface de la plaine et restent cachés entre les talus qui bordent le fleuve. De Misour à El Ouṭat, aucune trace de culture ni de vie ne s'aperçoit dans cette vaste vallée, région la plus nue et la plus déserte qu'on puisse voir. Le sol est sablonneux et dur et prend parfois l'apparence de vase desséchée; en certains endroits il est parsemé de gravier. La végétation se réduit à quelques touffes de thym et à de rares buissons de jujubier sauvage; en un seul point, au quart du chemin entre Touggour et El Ouṭat, je rencontre de la verdure, genêts blancs, jujubiers sauvages, et çà et là des betoums; cela dure peu : au bout de 2 kilomètres, la plaine devient aussi nue qu'avant. Jusqu'à l'arrivée, les flancs de la vallée restent ce qu'ils étaient hier, haute muraille sombre couronnée de neige à gauche, mince ligne jaune presque imperceptible à droite. A mi-côte de l'une et de l'autre, apparaissent de loin en loin des taches vertes, groupes de qçars et de jardins échelonnés sur leurs pentes. Ouṭat Oulad el Ḥadj a le même aspect que Misour : comme lui, c'est une ligne verte qui barre une partie de la plaine. Tels paraissent de loin le Todṛa, le Ḥeris, toutes les oasis que j'ai vues. De même qu'à Misour, il ne manque que les dattiers pour que la ressemblance soit complète. Je m'arrête à 5 heures du soir au mellaḥ d'El Ouṭat.

Je n'ai rencontré personne sur ma route. Je n'ai pas traversé de cours d'eau important depuis l'Ouad Souf ech Cherg. L'eau manque dans la plaine. J'ai passé près de plusieurs sources et vu un grand nombre de ruisseaux dont les lits, de roche blanche ou de galets, la plupart à fleur du sol, contiennent des flaques d'eau. Je suis descendu un instant dans la tranchée de la Mlouïa; le sol y était moitié sable, moitié gravier; elle était déserte et remplie de grands tamarix à l'ombre desquels poussait du gazon : à un moment il s'est fait une clairière dans cette forêt; le fond s'y est garni de cultures au milieu desquelles se dressaient des tentes, de pauvres maisons et des huttes, groupées autour d'une qoubba : c'était le village de Touggour. Aujourd'hui j'ai pu distinguer la forme du Rekkam, quoiqu'il fût encore loin. Ce n'est point une chaîne, mais une rampe douce s'élevant par degrés imperceptibles et conduisant à un plateau qui la couronne : on dirait une série de côtes à peine accentuées, se succédant par étages, séparées par des plateaux s'échelonnant les uns derrière les autres. La crête est fort peu élevée au-dessus du pied, bien qu'elle en paraisse éloignée. L'ensemble est jaune clair, sans arbres, et paraît sablonneux.

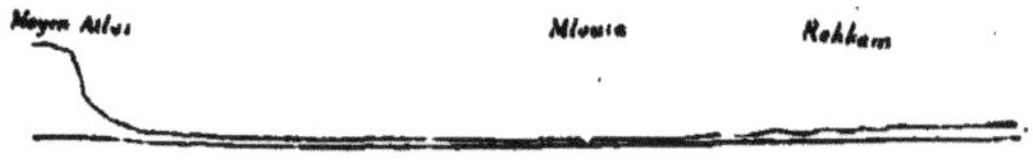

10 et 11 mai.

Séjour à Ouṭat Oulad el Ḥadj. Ce nom désigne un vaste îlot de verdure isolé au milieu de la plaine, au confluent de la Mlouïa et de l'Ouad Chegg el Arḍ; il est en entier sur les bords de cette dernière rivière et en majeure partie sur sa rive droite. Tout ce qui a été dit de l'aspect de Misour lui est applicable : même multitude d'arbres fruitiers, même prospérité, même air riant; mais El Ouṭat est plus grand : au milieu de ces superbes vergers ne sont pas disséminés moins de 31 qçars; ils appartiennent aux Oulad el Ḥadj; il existe dans le nombre plusieurs zaouïas.

Les Oulad el Ḥadj sont une grande tribu indépendante; ils se disent d'origine arabe : ayant à la fois des qçars et des tentes, ils sont moitié sédentaires, moitié nomades. Ils habitent les deux rives de la Mlouïa et la plaine au milieu de laquelle coule ce fleuve depuis Qçâbi ech Cheurfa jusqu'au qçar d'Oulad Ḥamid, et s'étendent sur le massif du Rekkam et sur une partie des monts Debdou; les qçars chellaḥa du flanc gauche de la Mlouïa leur sont alliés ou liés par des debiḥas. Une de leurs fractions, celle des Oulad Khaoua, est séparée du reste de la tribu; depuis longtemps elle en est détachée et compte politiquement avec les Aït Izdeg; il y a quelques années, elle s'est rangée sous l'autorité du qaïd d'El Qçâbi.

Jusqu'en 1882, les Oulad El Ḥadj en totalité reconnaissaient de nom le sultan. Ils avaient un qaïd, élu parmi eux, et reconnu par lui. Ce qaïd étant allé, il y a 5 ans, à Fâs, y fut accusé par un de ses cousins auprès de Mouleï El Ḥasen et mis en prison avec un autre personnage distingué de la tribu. Le dénonciateur revint et prit le titre de qaïd; il fut agréé par le sultan. Il était de la fraction des Oulad Ạbd el Kerim; en 1882, il fut tué par des Ṭoual. Depuis lors, la tribu est sans chef et ne reconnaît plus M. El Ḥasen; chaque fraction se gouverne à sa guise. Sauf trois, celles des Beni Ṛiis, des Ahel Rechida et des Oulad Admer, qui sont soumises au qaïd de Tâza, toutes sont non seulement indépendantes, mais en hostilité ouverte avec le gouvernement : aussi, à l'exception des Beni Ṛiis et des gens de Rechida et d'Admer, aucun individu des Oulad el Ḥadj ne peut circuler en blad el makhzen.

2°. — D'OUTAT OULAD EL HADJ A DEBDOU.

12 mai.

Je me suis arrangé hier avec les zeṭaṭs qui me conduiront d'ici à Debdou : ce sont trois Oulad el Ḥadj, de la subdivision des Hamouziin. Ils seront payés au retour, par Iosef el Ạsri, Juif d'El Ouṭat; j'ai remis la somme convenue entre ses mains, en présence des trois zeṭaṭs : il la leur donnera en échange d'une lettre de son fils, jeune homme qui fait ses études à Debdou, attestant que je suis arrivé sain et sauf dans cette localité.

Mon escorte vient me prendre aujourd'hui à 4 heures du matin; au moment du départ, trois Juifs pauvres se joignent à nous. Notre petite caravane traverse l'Ouad Chegg el Arḍ au pied du mellaḥ, puis s'engage au milieu de plantations d'oliviers; bientôt des champs, partie cultivés, partie en friche, leur succèdent. A 4 heures 25 minutes, je traverse le dernier des canaux qui les arrosent, et me voici de nouveau dans le désert. C'est toujours la plaine unie et nue, au sol de sable dur semé de gravier, sans autre végétation que, de loin en loin, un peu de thym ou de jujubier sauvage : telle elle était à El Bridja, à Misour, telle elle est ici; il n'y a qu'une différence : elle est moins large. Chemin faisant, j'aperçois à ma gauche un grand îlot de verdure : El Ạrzan; les arbres que je distingue entourent un groupe de qçars appartenant aux Oulad el Ḥadj. Je traverse pendant quelques minutes des champs qui en dépendent. A 6 heures du matin, j'arrive sur les bords de la Mlouïa; elle coule au niveau de la plaine : plus de trace de la tranchée où je l'ai vue jusqu'à présent; elle est séparée du sol de sa vallée par deux berges sablonneuses en pente douce, à 1/5, de 3 mètres de hauteur. Le lit a 120 mètres de large; l'eau y occupe en général 35 à 40 mètres; le reste est tantôt nu, tantôt couvert d'herbages et de tamarix. Il se trouve ici un gué où je franchis le fleuve : il a 50 mètres de large, $1^{m},20$ de profondeur, un courant rapide; les eaux ont la même couleur jaune que je leur ai vue dès Qçâbi ech Cheurfa. Je viens de les traverser pour la dernière fois : je quitte la Mlouïa pour ne plus la revoir. La marche se continue dans la vallée; elle est toujours unie, déserte, sablonneuse; sur son sol devenu doux, on ne sent plus de gravier; elle demeure en grande partie nue : à peine y pousse-t-il quelques touffes d'herbe. J'aperçois des vols de gangas, les premiers que je voie au Maroc. A 8 heures, je passe non loin de Tiissaf, frais rideau vert cachant plusieurs qçars sous ses ombrages. A quelque distance de là, le sol change de nature : d'uni, il devient ondulé; les pierres se mêlent au sable : c'est le commencement du Rekkam. J'y marche jusqu'au soir : il ne cessera d'être ce qu'il est maintenant : une série d'ondulations légères, côtes et terrasses s'étageant, succédant insensiblement à la plaine. Ces échelons successifs forment une rampe large et basse dont le sommet est un plateau s'étendant au loin. Sol tantôt sable, tantôt roche d'un jaune clair; des touffes d'ḥalfa y poussent çà et là : c'est la seule végétation qui s'y montre.

Je cheminais ainsi, lorsque se produisit un fait qui faillit mettre fin à mon voyage. De mes trois zeṭaṭs, l'un, nommé Bel Kasem, était un honnête homme; les deux autres s'étant figuré, à la blancheur de mes habits, à la bonne mine de mon mulet, et, paraît-il, d'après les dires de Juifs d'El Ouṭat, que j'étais chargé d'or, ne s'étaient offerts à m'escorter que dans le but de me piller. Rien ne parut d'abord. A midi et demi, comme je marchais en tête de la caravane, prenant mes notes, je me sentis tout à coup tiré en arrière et jeté à bas de ma monture : puis on me rabattit mon capuchon sur la figure, et mes deux zeṭaṭs se mirent à me fouiller : l'un me tenait, pendant que l'autre me visitait méthodiquement. A cette vue, Bel Kasem d'accourir : il brandit son fusil, menace, veut empêcher le pillage; mais il est impuissant à arrêter ses compagnons : tout ce qu'il peut est de prendre ma personne sous sa protection : il me rend la liberté et assiste, les larmes aux yeux, au déballage de mes effets. On m'avait pris ce que j'avais sur moi; on se mit à chercher dans mon bagage : il était léger : on n'y trouva pas grand'chose; mes deux zeṭaṭs s'emparèrent de ce que j'avais d'argent (une fort petite somme) et des objets qui leur parurent bons à quelque usage; on me laissa comme sans valeur les seules choses auxquelles je tinsse : mes notes et mes instruments. Puis on me fit remonter sur mon mulet et on continua la route, Bel Kasem mélancolique d'avoir vu violer sous ses yeux son ạnaïa, mes deux voleurs mécontents de n'avoir fait que demi-besogne, étonnés de n'avoir pas trouvé plus d'argent et se reprochant de m'avoir laissé les seules choses qu'ils ne m'avaient pas prises, la vie et mon mulet. Durant le reste de cette journée et durant toute celle du lendemain, ils discutèrent ce sujet, pressant Bel Kasem de m'abandonner, de les laisser me dépêcher d'un coup de fusil, lui faisant des offres, lui promettant sa part. Bel Kasem fut inébranlable et déclara qu'ils n'auraient ma vie qu'avec la sienne; il leur fit des raisonnements : comment feraient-ils au retour s'ils n'apportaient à El Ạsri la lettre de son fils prouvant mon arrivée à Debdou ? Ma mort connue, ce Juif, envers qui ils s'étaient engagés à me conduire, se vengerait : son seigneur était un des hommes les plus puissants d'une fraction des Oulad el Ḥadj beaucoup plus nombreuse que la leur : elle s'armerait contre eux et les ruinerait. Cette dernière considération, jointe à l'attitude ferme de Bel Kasem et à l'adresse qu'il eut de faire traîner la discussion en longueur, me sauva. En approchant de Beni Ṛiis, on décida qu'il ne me serait pas fait de mal, et qu'on me forcerait, en vue de Debdou, à envoyer un billet au jeune Israélite, annonçant mon arrivée, demandant la lettre pour son père, et déclarant que mon escorte avait été parfaite. Ce fut au dernier moment et en désespoir de cause que ce plan fut accepté : jusque-là la discussion ne cessa pas; je n'en perdais pas un mot. Étrange situation d'entendre durant un jour et demi agiter sa vie ou sa mort par si peu d'hommes, et de ne rien pouvoir pour sa défense. Il n'y avait point à agir. J'étais sans armes : un revolver était dans mon bagage; il m'avait été pris : l'eussé-je eu, il ne m'eût point servi : que faire seul dans le désert, au milieu de tribus où tout étranger est un ennemi? Il n'y avait qu'un parti à prendre : la patience; elle m'a réussi. Au moment de la bagarre, le rabbin Mardochée s'était bien conduit : il était venu à mon secours; mais que pouvait-il? On lui fit sentir la pointe d'un sabre et on l'écarta. Quant à mon domestique et aux Juifs qui s'étaient joints à moi, ils se sauvèrent le plus loin qu'ils purent, et on ne les revit que lorsque nous eûmes recommencé à marcher.

Après cet incident, nous reprîmes notre route, continuant à cheminer dans le Rekkam jusqu'au soir. A 5 heures, nous arrivons à une crête; à nos pieds s'ouvre un petit ravin à flancs rocheux et escarpés : un chemin raide nous conduit au fond; celui-ci n'a pas plus de 30 mètres de large; nous le suivons pendant un instant; à 5 heures un quart, nous nous arrêtons. Nous sommes presque à la bouche du ravin : à quelques pas d'ici, ses flancs tombent brusquement et le ruisseau entre en plaine. Nous nous abritons dans un creux de rocher et nous y passons la nuit.

De toute la journée, je n'ai rencontré personne sur la route. Hors la Mlouïa et l'Ouad Chegg el Arḍ, je n'ai traversé qu'un cours d'eau de quelque importance; il coulait dans le Rekkam : au point où je l'ai passé, une qoubba et un cimetière se trouvaient sur sa rive, et une dizaine de palmiers dans son lit; ce dernier avait 20 mètres de large, moitié sable, moitié roche; un filet d'eau courante de 2 mètres y serpentait à l'ombre de lauriers-roses. Ras Rekkam est une butte isolée, de 30 à 40 mètres de hauteur; elle est, comme tout le massif, moitié sable, moitié roche jaune : seul accident de terrain du Rekkam, elle se voit de loin malgré son peu d'élévation : je l'apercevais des Oulad Khaoua, avant d'arriver à El Bridja. Pendant la fin de la journée, j'ai devant les yeux un massif de montagnes sombres; je m'y engagerai demain : derrière lui, est Debdou. Tout le jour, j'ai continué à apercevoir la vallée de la Mlouïa; elle reste jusqu'au dernier moment ce qu'elle était plus haut, avec cette différence qu'elle se rétrécit de plus en plus; le flanc gauche en est toujours formé par le Moyen Atlas qui, tout en restant élevé, décroît à partir du mont Reggou. Celui-ci est le dernier dont la cime soit couverte de neige. On n'en voit plus à l'est de ce sommet.

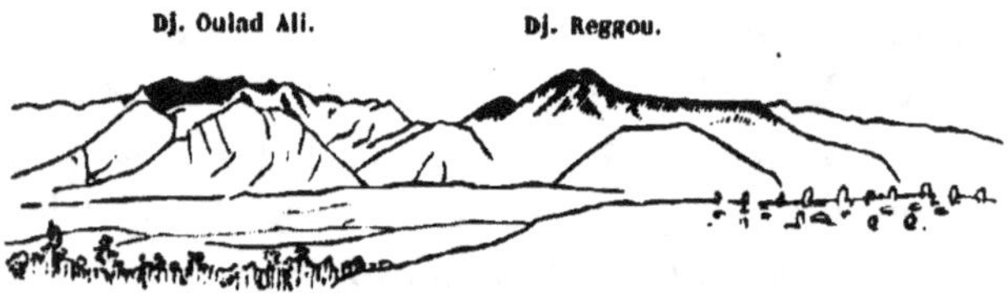

Djebel Oulad Ali et Djebel Reggou.
(Les parties ombrées des montagnes sont couvertes de neige.)
(Vue prise du chemin de Outat Oulad el Hadj à Debdou, à 24 kil. d'Outat Oulad el Hadj.)
Croquis de l'auteur.

13 mai.

Départ à 4 heures du matin. D'ici partent deux chemins pour Debdou : l'un en plaine, par la vallée de la Mlouïa; l'autre en montagne, par les monts Debdou, qui en forment le flanc droit. Je prends le dernier, le premier étant périlleux pour mes zeṭaṭs, dont la fraction est en guerre avec Rechida, près d'où il faudrait passer. Je continue à marcher dans le Rekkam, me dirigeant vers le massif qui se dresse devant moi; j'arrive à son pied à 8 heures du matin. Je gravis une longue rampe, accidentée, coupée de vallées et semée de collines, sans pentes raides; le sol est pierreux, souvent rocheux, en grande partie tapissé d'ḥalfa, avec quelques arbres, rares d'abord, de plus en plus nombreux à mesure que l'on monte. A midi, je parviens au sommet : le terrain cesse d'être mouvementé : on débouche sur un vaste plateau. Une épaisse forêt le couvre : elle est composée de grands arbres, ạrar, taqqa, kerrich de 6 à 8 mètres de hauteur. Ce plateau boisé, qui couronne la chaîne, porte le nom de Gạda Debdou; dans le pays, on l'appelle la Gạda. Le sol, tantôt pierres, tantôt terre, y est uni. Beaucoup d'eau : sources et mares. Sous les arbres, la terre est un tapis de gazon et de mousse. Il y a des clairières; elles sont rares : les unes sont couvertes de gazon; j'en traverse d'autres en partie cultivées appartenant aux habitants de Rechida : ce qçar est à peu de distance à l'ouest, sur le revers occidental du plateau.

Je marche jusqu'à 3 heures dans cette forêt, l'une des plus belles que j'aie vues au Maroc. A 3 heures, j'arrive à une crête : à mes pieds se creuse un profond ravin dont les pentes inférieures sont garnies de cultures, les parties hautes sont rocheuses et boisées. Dans le bas coule un torrent, l'Ouad Beni Ṛiis, dont la source est ici. Je quitte le plateau et descends par un chemin raide et difficile vers le fond du ravin. Je l'atteins à 4 heures et demie, à Oulad Ben el Ḥoul, village des Beni Ṛiis. Je fais halte à 5 heures moins un quart, chez un ami de Bel Kasem, en la maison de qui celui-ci se hâte de me mettre en sûreté.

Toute la marche d'aujourd'hui s'est faite dans le désert : pas un être vivant sur le chemin. Le seul cours d'eau que j'aie vu est l'Ouad Beni Ṛiis; je l'ai traversé cinq minutes avant de m'arrêter; il avait 3 mètres de large, $0^{m},25$ de profondeur, un courant impétueux : c'est un torrent bondissant sur un lit de roches et de grosses pierres.

Oulad Ben el Ḥoul est un grand village appartenant aux Beni Ṛiis, fraction des Oulad el Ḥadj. Il est construit en long des deux côtés de l'Ouad Beni Ṛiis. Le ravin où il se trouve n'a aucune largeur au fond; ses flancs sont couverts de maisons vers le bas, puis de cultures coupées de cactus; plus haut, c'est boisé : de grands troupeaux de chèvres paissent dans cette dernière région; très escarpés près du sommet, les flancs sont raides dès leur pied. Les habitations des Beni Ṛiis sont semblables à celles des Ṛiata : elles sont en pisé, très basses et mal construites. Les Beni Ṛiis sont une des trois fractions des Oulad el Ḥadj reconnaissant l'autorité du sultan.

14 mai.

Les Hamouziin ne peuvent aller au delà d'Oulad Ben el Ḥoul. Leur groupe est en démêlés avec les tribus des environs de Debdou. Bel Kasem me confie pour la fin du trajet à mon hôte et à trois autres de ses amis; ses deux compagnons leur recommandent longuement de ne me laisser entrer à Debdou qu'une fois la lettre convenue entre leurs mains. Départ à 6 heures du matin. Je descends l'Ouad Beni Ṛiis; sa vallée reste ce qu'elle était hier, couverte de champs dans le bas, hérissée de roches et boisée dans le haut. Au bout d'un quart d'heure, j'arrive au confluent de l'Ouad Beni Ṛiis avec l'Ouad Oulad Ọtman, petit cours d'eau de même force que lui. Je remonte cette nouvelle vallée : elle est identique à celle d'où je sors, mais plus large au début. J'en suis le fond quelque temps; bientôt elle se rétrécit : elle devient enfin un ravin étroit, rocheux, sans trace de cultures, boisé depuis le lit du torrent jusqu'au sommet des flancs. Je la quitte alors; je gravis son flanc droit : la montée, au milieu de grands blocs de roche, est très difficile. A 8 heures et demie, je parviens au sommet; je continue à marcher sous bois : les forêts que je vois ce matin sont en tout semblables à celles que j'ai traversées hier; ce plateau fait partie de la Gạda. A 9 heures moins un quart, Debdou apparaît : une petite ville, dominée par son minaret, étale à mes pieds ses maisons roses au fond d'une verte vallée; alentour s'étendent des prairies et des jardins; au-dessus s'élèvent de hautes parois de roc, aux crêtes boisées que couronne la Gạda. Je descends vers ce lieu riant. Un chemin pierreux, raide et pénible, y conduit. A 10 heures, je suis à Debdou. Mes zeṭaṭs, qui, n'ayant pas été mis dans le secret de l'aventure, n'ont rien compris aux recommandations des Hamouziin, me laissent entrer aussitôt.

J'ai rencontré beaucoup de monde sur la route. L'Ouad Oulad Ọtman, seul cours d'eau que j'aie traversé, avait 3 mètres de large, 20 centimètres de profondeur, une eau claire et courante.

Debdou est située dans une position délicieuse, au pied du flanc droit de la vallée, qui s'élève en muraille perpendiculaire à 80 mètres au-dessus du fond; il forme une haute paroi de roche jaune, aux tons dorés, que de longues lianes rayent de leur feuillage sombre. Au sommet se trouve un plateau, avec une vieille forteresse dressant avec majesté au bord du précipice ses tours croulantes et son haut minaret. Au delà du plateau, une succession de murailles à pic et de talus escarpés s'élève jusqu'au faîte du flanc. Là, à 500 mètres au-dessus de Debdou, se dessine une longue crête couronnée d'arbres, la Gada. Des ruisseaux, se précipitant du sommet de la montagne, bondissent en hautes cascades le long de ces parois abruptes et en revêtent la surface de leurs mailles d'argent. Rien ne peut exprimer la fraîcheur de ce tableau. Debdou est entourée de jardins superbes : vignes, oliviers, figuiers, grena-

Debdou et vallée de l'Ouad Debdou. (Les parties ombrées des montagnes sont boisées.)
(Vue prise du flanc droit de la vallée, entre Debdou et Qaçba Debdou.)
Croquis de l'auteur.

diers, pêchers y forment auprès de la ville de profonds bosquets et au delà s'étendent en ligne sombre sur les bords de l'ouad. Le reste de la vallée est couvert de prairies, de champs d'orge et de blé se prolongeant sur les premières pentes des flancs. La bourgade se compose d'environ 400 maisons construites en pisé; elles ont la disposition ordinaire : petite cour intérieure, rez-de-chaussée et premier étage; comme à Tlemsen, bon nombre de cours et de rez-de-chaussée sont au-dessous du niveau du sol. Les rues sont étroites, mais non à l'excès comme dans les qçars. Point de mur d'enceinte. La localité est alimentée par un grand nombre de sources dont les eaux sont délicieuses et restent fraîches durant l'été; l'une d'elles jaillit dans la partie basse de Debdou, à la limite des jardins. Le voisinage en est abondamment pourvu : Qaçba Debdou, la vieille forteresse qui domine la ville, en possède plusieurs dans son enceinte. Debdou est soumise au sultan ainsi que les villages de sa vallée; la population de ces divers points est comprise sous le nom d'Ahel Debdou. Point de qaïd, point de chikh, point de dépositaire de l'autorité; le pays se gouverne à sa guise, et tous les ans le qaïd de Tâza, de qui relève le district, ou un de ses lieutenants, y fait une tournée, règle les différends et perçoit l'impôt. La population de Debdou présente un fait curieux, les Israélites en forment les trois quarts; sur environ 2000 habitants, ils sont au nombre de 1500. C'est la seule localité du Maroc où le nombre des Juifs dépasse celui des Musulmans.

Debdou est le premier point que je rencontre faisant un commerce régulier avec l'Algérie : un va-et-vient continuel existe entre cette petite ville et Tlemsen. Les négociants israélites y cherchent les marchandises qui ailleurs viennent des capitales marocaines ou de la côte; ils les emmagasinent chez eux, et les écoulent peu à peu sur place et dans les marchés du voisinage. Debdou a quelques relations avec Fâs et Melilla, mais ses seuls rapports importants sont avec l'Algérie; il en sera de même des centres par lesquels je passerai désormais, Qaçba el Aïoun et Oudjda.

Debdou et le massif de montagnes qui porte son nom nourrissent de grands troupeaux de chèvres, des vaches et d'excellents mulets dont la race est renommée.

3°. — DE DEBDOU A LALLA MARNIA.

Arrivé à Debdou dépouillé de tout argent, sans un centime, j'eusse été fort embarrassé si je n'avais été près de la frontière. Je n'étais qu'à trois ou quatre journées de Lalla Marnia. Je vendis mes mulets : cela me fournit de quoi gagner la frontière française sur des animaux de louage.

18 mai.

Je me mets en route avec une nombreuse caravane de Juifs se rendant au tenin du Za. On arrivera demain à Dar Ech Chaoui, lieu du marché; aujourd'hui, on va à Qaçba Moulei Ismaïl, sur l'Ouad Za. Environ trente Israélites, montés la plupart sur des mulets, forment la caravane; elle est protégée par six zeṭaṭs à pied, Kerarma auxquels on paie un prix convenu au départ, tant par Juif, tant par mulet, tant par âne.

Départ à 9 heures du matin. Je descends la vallée de l'Ouad Debdou; le sol en est terreux, semé de quelques pierres; elle reste tout le temps ce qu'elle était au départ, si ce n'est que les cultures y diminuent : elles n'occupent bientôt qu'une partie du fond, dont le reste se couvre de hautes broussailles où surgissent çà et là quelques grands arbres. A 10 heures et demie, je suis à l'extrémité de la vallée et j'entre dans la plaine de Tafrâta : c'est une immense étendue déserte, unie comme une glace, à sol de sable; souvent pendant plusieurs années cette surface reste nue, stérile, sans végétation; à cette heure, grâce aux pluies de l'hiver, elle est clairsemée d'herbe tendre : cela lui donne un aspect verdoyant qu'elle a rarement; en deux points se trouvent des daïas, ou maders, où le sol est vaseux, coupé de flaques d'eau et couvert de hautes herbes. La plaine s'étend à l'ouest jusqu'à la Mlouïa : de ce côté, on aperçoit dans le lointain les montagnes bleues des Riata et du Rif et la ligne basse du Gelez dominée par la cime du Djebel Beni Bou Iahi; à l'est, elle est bordée par un demi-cercle de montagnes grises moins hautes que le Djebel Debdou, auquel elles se rattachent; au sud, par le Djebel Debdou s'étendant jusqu'à Rechida; au nord, par les deux sommets bruns du Mergeshoum et la ligne blanche du Gelob, vers lequel je marche. Je franchis ce dernier à 3 heures et demie; c'est un bourrelet calcaire de peu de hauteur qui se traverse en quelques minutes. De là je passe dans une plaine ondulée à sol terreux semé de pierres, presque nue; les mêmes herbes que dans le désert de Tafrâta y poussent, mais rares, ne déguisant nulle part l'aspect jaune de son sol. Elle paraît bornée au sud par le Mergeshoum et le Gelob, au nord et à l'est par l'Ouad Za. J'y marche le reste de la journée. A 5 heures 50, je me trouve à la crête d'un talus : au-dessous, la vallée de l'Ouad Za s'étend à mes pieds, remplie de cultures, de jardins et de douars. Le talus est peu élevé et en pente douce; il est composé moitié de sable, moitié de roche (galets roulés) : je le descends et j'entre dans la vallée; au milieu d'elle se dressent, sur une butte isolée, les ruines imposantes d'une vieille forteresse : c'est Qaçba Moulei Ismaïl, détachant ses hautes murailles roses sur le fond vert du sol. Je marche vers elle, cheminant au milieu des champs et des arbres fruitiers, franchissant à chaque pas des canaux d'eau limpide. A 6 heures, j'y parviens : c'est le terme de ma route d'aujourd'hui.

Je n'ai rencontré personne sur mon parcours depuis l'entrée dans le Tafrâta. Les deux seuls cours d'eau de quelque importance que j'aie traversés sont : l'Ouad Debdou (3 mètres de large, 20 centimètres de profondeur, eau claire et courante coulant sur un lit de gravier; pas de berges) et Aïn Hammou (2 mètres d'eau coulant sur un lit large de 4 mètres, encaissé entre des berges de sable de 15 mètres de haut).

Qaçba Moulei Ismaïl porte aussi le nom de Taourirt : on la désigne d'habitude dans le pays sous cette dernière appellation. Elle s'élève sur un mamelon isolé, dans un coude de l'Ouad Za, dont la vallée s'élargissant forme une petite plaine : la vallée, bordée à gauche par la rampe que j'ai descendue, l'est à droite par un talus escarpé, partie sable, partie roche jaune, de 60 à 80 mètres de haut. Le fond présente l'aspect le plus frais et le plus riant; il est tapissé de cultures et d'une multitude de bouquets d'arbres, oliviers, grenadiers, figuiers, taches sombres sur cette nappe verte. Au milieu se dressent une foule de tentes dispersées par petits groupes, disparaissant sous la verdure. Les rives de l'Ouad Za, dans cette région, présentent partout même aspect : elles sont d'une richesse extrême; cette prospérité est due à l'abondance des eaux de la rivière; jamais elles ne tarissent : c'est une supériorité du pays de Za (on appelle *blad Za* les bords du cours d'eau) sur Debdou et ses environs, où les belles sources que j'ai vues se dessèchent en partie pendant les étés très chauds.

Qaçba Moulei Ismaïl, ou Taourirt, est une enceinte de murailles de pisé, en partie écroulée, dont il reste des portions importantes; les murs, bien construits, sont élevés et épais, garnis de banquettes, flanqués de hautes tours rapprochées; ils sont du type de ceux de Meknâs et de Qaçba Tâdla. De larges brèches s'ouvrent dans l'enceinte, qui n'est plus défendable. Au milieu s'élève, sur le sommet de la butte, que les murailles ceignent à mi-côte, un bâtiment carré de construction récente servant aux Kerarma à emmagasiner leurs grains : la tribu a ici la plupart de ses réserves. Cette sorte de maison, neuve, mal bâtie, basse, contraste avec l'air de grandeur des vieilles murailles de la Qaçba.

Départ à 6 heures un quart du matin. Je remonte la vallée du Za; elle reste ce qu'elle était à Taourirt, couverte de cultures et de jardins et très peuplée. A 7 heures, une maison se dresse au haut de la rampe qui en forme le flanc gauche : c'est Dar Ech Chaoui, résidence de Chikh Ben Ech Chaoui, chikh héréditaire et aujourd'hui qaïd des Kerarma, tribu à laquelle appartient cette portion du Za. Je monte

Vallée de l'Ouad Za et Djebel Mergeshoum. (Vue prise de Dar Ech Chaoui.)
Croquis de l'auteur.

vers la maison; au pied de ses murs, sur le plateau dont elle occupe le bord, se trouve le marché auquel se rend ma caravane, Tenîn el Kerarma. J'y fais halte. On distingue d'ici la vallée de l'Ouad Za à une certaine distance vers le sud; jusqu'à un tournant où on la perd de vue, elle garde même aspect, toujours verte, toujours habitée.

Le marché où je suis, très animé d'habitude, l'est peu aujourd'hui : les habitants de la rive gauche de la Mlouïa n'ont pu s'y rendre, le fleuve étant infranchissable depuis plusieurs jours. Il est toujours gros en cette saison; c'est l'époque de sa crue : qu'il pleuve ou non, les eaux en sont fortes et difficiles ou impossibles à passer de la mi-avril à la mi-juin.

Je quitte le marché à 1 heure. J'ai pris deux zeṭaṭs Chedjạ, qui me conduiront à

Qaçba el Aïoun, où j'arriverai demain. Je redescends dans la vallée du Za et je la traverse ainsi que la rivière; puis je gravis le talus qui en forme le flanc droit. Parvenu au sommet, je me trouve dans une plaine sablonneuse ondulée. Je suis dans le désert d'Angad; j'y resterai jusqu'à mon arrivée à Lalla Marnia. C'est une plaine immense ayant pour limites : à l'ouest, l'Ouad Za et la Mlouïa; à l'est, les hauteurs qui bordent la Tafna; au nord, le Djebel Beni Iznâten (1); au sud, les djebels Beni Bou Zeggou et Zekkara faisant suite au Mergeshoum. Parfaitement plate au centre, elle est ondulée sur ses lisières nord et sud, d'une manière d'autant plus accentuée qu'on se rapproche davantage des montagnes qui la bordent. Le sol en est sablonneux; il est dur lorsqu'il est sec, et forme une vase glissante, où la marche est difficile, aussitôt qu'il pleut. Nu d'ordinaire, le désert d'Angad se couvre d'une herbe abondante après les hivers humides; cette année, la surface en est toute verte : c'est un bonheur pour les tribus nomades, dont les troupeaux trouvent à foison la nourriture que d'habitude il faut chercher dans le Dahra. Cette bonne fortune arrive rarement : la plaine, si riante en ce moment, vient d'être durant cinq années nue et stérile, triste étendue de sable jaune sans un brin de verdure. Le désert d'Angad est occupé par trois tribus nomades, les Mhaïa, les Chedja et les Angad. En outre, plusieurs tribus montagnardes qui habitent ses limites empiètent sur lui en des endroits de sa lisière : ainsi le cours de l'Ouad Mesegmar est garni de cultures et de douars appartenant aux Beni Bou Zeggou. Cette plaine, jusqu'à la frontière française, est, ainsi que les montagnes qui la bordent, soumise au sultan; il en est de même du pays que je traverse depuis Debdou. La réduction de ces contrées est complète et réelle, mais ne date que de 1876; elle est le résultat de l'expédition que fit alors Moulei el Hasen et dans laquelle il vint jusqu'à Oudjda. Auparavant, presque toute la contrée était insoumise. Je chemine dans le désert d'Angad jusqu'à 5 heures un quart; à ce moment j'arrive au bord de l'Ouad Mesegmar; je le traverse et je m'arrête sur sa rive droite, dans une tente où je passerai la nuit.

Sur ma route, il y avait un assez grand nombre de passants; ils revenaient comme moi du marché. J'ai vu peu de lieux habités, quelques rares douars des Beni Bou Zeggou; ils étaient petits, de 6 à 8 tentes chacun, et isolés les uns des autres. L'Ouad Za, au point où je l'ai passé, avait un lit de sable de 80 mètres de large : l'eau y occupait 20 mètres; elle avait 80 centimètres de profondeur et un courant rapide. De cette rivière à l'Ouad Mesegmar, j'ai traversé des ruisseaux sans importance, ayant un peu d'eau par suite des pluies récentes; plusieurs étaient difficiles à franchir à cause

(1) Les Beni Iznâten (Beni Zenâta) sont la grande tribu qui est désignée d'habitude sur nos cartes sous le nom de Beni Snassen.

de leurs berges escarpées, hautes souvent de 7 à 8 mètres, qui en faisaient de vraies coupures dans la plaine. L'Ouad Mesegmar a 6 mètres de large, dont 3 remplis d'eau courante; il coule entre deux berges de sable à 1/1 de 20 mètres de hauteur. Le point où je l'ai atteint est le plus haut de la bande de cultures qui le borde; il n'y a pas de tentes au-dessus de celle où je suis. Ici et tout le long du cours d'eau, en le descendant, les deux rives sont garnies de champs, de jardins, de grands arbres et de nombreuses tentes, les unes isolées, les autres groupées par deux ou trois. C'est un ruban vert, moucheté de noir, se déroulant dans le désert.

Les tentes du Za étaient en flidj, celles de l'Ouad Mesegmar sont en nattes grossières : toutes sont vastes. Point de maison dans le Za, sauf celle de Chikh Ben Ech Chaoui. Il y en a une sur l'Ouad Mesegmar; elle est à quelques pas d'ici : c'est la résidence du qaïd des Beni Bou Zeggou. Ce dernier, Qaïd Ḥamada, était le chikh de la tribu avant d'en être qaïd de par le sultan; c'était le plus grand pillard de la contrée avant 1876; à présent, au contraire, il est d'une sévérité extrême contre les voleurs et fait régner l'ordre le plus rigoureux sur son territoire.

20 mai.

Départ à 5 heures un quart du matin. Je continue à cheminer dans le désert d'Angad. J'arrive à 11 heures du matin à Qaçba el Ạïoun. La marche était difficile à cause de l'état du sol, détrempé par des pluies récentes. Je n'ai rencontré personne durant le trajet. Les cours d'eau que j'ai franchis sont au nombre de deux : l'Ouad Metlili (lit de 5 mètres; $1^{m},50$ d'eau; berges de sable de 12 mètres de hauteur; ce cours d'eau prend, me dit-on, sa source au Djebel Beni Iạla); l'Ouad el Qceb (25 mètres de large; lit de galets, à sec; berges de sable, à pic, hautes de 15 mètres. Cette rivière prend sa source chez les Beni Iạla et se jette dans la Mlouïa chez les Beni Oukil; elle reçoit, m'assure-t-on, l'Ouad Mesegmar sur sa rive gauche).

Qaçba Ạïoun Sidi Mellouk, appelée d'ordinaire Qaçba el Ạïoun, s'élève isolée au milieu du désert d'Angad. Aux environs, apparaissent quelques cultures et un certain nombre de petits douars des Chedjạ. La Qaçba est une enceinte rectangulaire de murs de pisé ayant 4 à 5 mètres de haut et 30 à 40 centimètres d'épaisseur; ni banquettes, ni fossés. A l'intérieur sont des maisons, la plupart en mauvais état, n'ayant qu'un rez-de-chaussée; elles sont bâties par pâtés, séparés tantôt par de larges passages, tantôt par des places : point de rues proprement dites, et moins encore de ces ruelles étroites qu'on voit dans les qçars. Un grand nombre d'habitations sont blanchies. Au milieu de la Qaçba, sont creusés plusieurs puits qui l'alimentent. La vue intérieure de Qaçba el Ạïoun rappelle de loin celle de certains quartiers de Géryville : mêmes voies larges, mêmes demeures basses, même population de petits marchands. En dehors de l'enceinte, vers l'angle nord-est, se trouve un bouquet d'arbres et, au milieu, la qoubba de S. Mellouk; auprès jaillissent plusieurs sources, donnant une eau abondante et bonne; on les appelle Ạïoun S. Mellouk, d'où le nom de la Qaçba. Celle-ci est ancienne, mais tombait en ruine et était déserte lors de l'expédition de Moulei El Ḥasen en 1876. Il la restaura et y installa la garnison qui s'y trouve : elle se compose d'une centaine de réguliers (ạskris), commandés par un aṛa. Qaçba el Ạïoun est en outre la résidence du qaïd des Chedjạ, Chikh Ḥamida ech Chergi, chef suprême dans la place; il a auprès de lui son lieutenant et quelques hommes du makhzen. Les autres habitants sont des marchands musulmans et juifs, ceux-ci originaires de Debdou ou de Tlemsen, qui vendent des denrées d'Europe et d'Algérie aux soldats et aux tribus des environs.

Le sultan croit avoir ici 600 réguliers commandés par un aṛa, Ḥadj Moḥammed : de fait, il y possède 100 ou 150 malheureux qui n'ont de soldats que le nom. Il envoie 5000 fr. par mois pour la solde de la troupe : les hommes ne touchent rien, sont nus et meurent de faim; l'aṛa et ses lieutenants gardent tout.

Le commerce de Qaçba el Ạïoun a de l'importance. Les boutiques installées dans son enceinte sont bien approvisionnées. Chaque semaine, se tient au pied de ses murs un marché, le Tlâta Sidi Mellouk. Ce jour-là, les tribus des environs, celles de la montagne comme celles de la plaine, viennent en foule, apportant des laines, des tellis, des flidjs, des tapis, des peaux, et les échangeant contre des objets de provenance algérienne, cotonnades, etc. Les années de bonne récolte, les petits marchands de la Qaçba font d'excellentes affaires : ils vendent en grande quantité du café, de l'eau-de-vie, du vin, du thé, du sucre, du kif, des cotonnades, des faïences, des verres, des bougies, des belṛas, de la mercerie, du papier, aux soldats et aux tribus voisines, dont quelques-unes, les Beni Iznâten surtout, sont très riches. Quand la terre est stérile, que la moisson manque, qu'il y a disette, le trafic est nul : c'est ce qui a eu lieu ces derniers temps. Cette année, beaucoup de pluie est tombée au printemps; on espère une excellente récolte; depuis cinq ans on manquait d'eau, il y avait sécheresse et famine.

21 mai.

Séjour à Qaçba el Ạïoun. Une pluie torrentielle qui tombe depuis hier soir m'empêche de partir.

On est fort enflammé ici des exploits du *Cherif* (c'est le nom qu'on donne dans le Maroc au Mahdi), que la grâce de Dieu a rendu invulnérable et invincible, qui a chassé les Chrétiens d'Égypte et qui marche sur Tunis : on a reçu à Fâs plusieurs lettres de lui : le sultan les a fait lire dans les mosquées. Moulei El Ḥasen est en ce moment à Meknâs; il a ordonné des levées de troupes considérables : onze corps sont prêts à l'heure qu'il est, deux sur le Sebou, neuf dans le Sous; ils présentent un effectif total de 40,000 hommes et sont formés de contingents tirés des tribus les plus guerrières du royaume de Merrâkech et du Sous. C'est contre les Français que se font ces préparatifs. Au mois de ramḍân, le sultan se mettra à la tête des troupes, et en avant vers Oudjda! — Ce sont les réguliers et les mkhaznis de la Qaçba qui racontent ces fables : ils y croient, et cette perspective de guerre leur fait faire la grimace. Des bruits aussi ridicules et plus encore circulent dans toute l'étendue du Maroc. Partout les esprits y sont occupés des événements du Soudan égyptien, qui grossissent dans des proportions fantastiques en traversant l'Afrique. A Tisint, à Tatta, dans le Sous, le Cherif, après avoir conquis l'Égypte, avait pris Tripoli, Tunis, Alger, et avait mis à mort tout ce qui était chrétien. Dans la vallée du Ziz, il n'était pas à Alger, mais Tunis était tombé en son pouvoir et les Français vaincus fuyaient devant lui. A Debdou, il était à Tripoli. A Qaçba el Ạïoun et à Oudjda, il n'a conquis que l'Égypte, avec le Caire et Alexandrie. Partout, aussi bien dans le sud qu'ici, chez les Ida ou Blal et dans le Sous comme chez les Berâber, on est curieux de ces nouvelles : aussitôt que j'arrivais en un lieu, la première question qu'on m'adressait, à titre d'étranger, était : « Quelles nouvelles du Cherif? » Mais, si l'on s'occupe de lui, on paraît s'en occuper avec calme et attendre patiemment qu'il vienne, sans se soucier de prendre les armes pour lui tendre la main. En résumé, il excite une vive curiosité, mais peu d'enthousiasme, surtout dans les tribus indépendantes. Les tribus soumises, en général plus dévotes, plus instruites, plus fanatiques que les autres, moins occupées par des luttes de chaque jour avec les voisins, prêtent une attention plus vive et seraient plus faciles à soulever. Tel était l'état des esprits lors de mon voyage. Nulle part on ne désirait la guerre sainte; mais l'ignorance, qu'entretient la politique craintive des puissances européennes, est si grande que tout peut arriver : malgré le calme actuel, il suffirait que soit le sultan, soit quelque grand chef religieux, comme Chikh Moḥammed El Ạrabi el Derkaoui, levât l'étendard de la guerre sainte pour réunir en quelques jours une armée de 50000 hommes. Cette masse, animée plutôt par l'espoir du pillage que par le zèle religieux, s'évanouirait à la première défaite, et se doublerait au moindre succès.

22 mai.

Départ à 6 heures et demie du matin. Je reprends ma route dans le désert d'Angad, cheminant au milieu de la plaine, avec mes deux chaînes monotones à droite et à gauche. Ce sont deux longues lignes de montagnes sombres, à peu près de même hauteur, nues l'une et l'autre comme tous les massifs que j'ai vus depuis le Djebel

Debdou. Au flanc du Djebel Beni Iznâten apparaissent de nombreuses taches noires, villages et jardins. Le sol ne change pas : il demeure sablonneux et couvert d'herbages ; après Qaçba el Aïoun, il est pendant trois ou quatre kilomètres semé de quelques arbres. Je rencontre des douars, plusieurs troupeaux de chameaux, de moutons et de chèvres, et, en un ou deux points, des cultures. Profitant du bienfait de la pluie, qui vient de fertiliser les sables de l'Angad, les Chedja se sont hâtés d'ensemencer quelques parcelles de terre. Durant toute la journée le pays reste très plat ; ce n'est qu'en approchant d'Oudjda que deux accidents de terrain changent l'aspect du désert. Vers le nord, une côte en pente douce, parallèle au Djebel Beni Iznâten, se projette en avant de lui dans la plaine et se termine au cours de l'Isli. Vers l'est, on voit la fameuse Koudia el Khoḍra, théâtre du champ de bataille de l'Isli ; de loin, elle apparaît comme un long talus verdoyant, bas, à crête uniforme, barrant toute la plaine d'Angad depuis le Djebel Zekkara, dont il se détache et auquel il est perpendiculaire, jusqu'à la côte qu'on vient de signaler : entre celle-ci et El Koudia el Khoḍra, se trouve une trouée où passe l'Ouad Isli. A 2 heures 40, je parviens à cette rivière. Elle a 12 mètres de large et 70 centimètres de profondeur ; le courant est rapide ; le lit, de gros galets, est en entier couvert par les eaux ; deux berges de sable à 1/1, de 8 mètres de haut, l'encaissent. L'ouad coule au pied même de El Koudia el Khoḍra : sa berge droite se confond avec le versant occidental de ces hauteurs. Je commence à monter au sortir de la rivière : côte douce, mélange de terre et de pierres ; à 2 heures 50, je suis au sommet. Un plateau s'y étend, ridé d'ondulations légères ; il est couvert d'herbe ; le sol en est terreux, avec des pierres et des endroits rocheux. Je le traverse. A 3 heures et demie, j'en atteins le bord oriental. Depuis quelque temps, j'aperçois Oudjda, étalant au-dessous de moi ses maisons blanches au milieu de grandes plantations d'oliviers. Une rampe, pareille à celle qui le limite à l'ouest, courte et douce, borne ici le plateau. Je la descends et ne tarde pas à entrer dans les jardins d'Oudjda : vastes et bien cultivés, ombragés d'une multitude d'arbres, ils sont la seule chose digne d'attention en ce lieu. Je m'arrête, à 4 heures un quart, dans un des foudoqs de la ville.

Oudjda est située au pied de El Koudia el Khoḍra, en terrain plat, dans la plaine d'Angad, qui se prolonge au delà jusqu'à Lalla Marnia. C'est une fort petite ville : elle semble moins peuplée qu'El Qçar. La richesse et la prospérité y règnent ; la présence d'un qaïd, de mkhaznis, le passage des caravanes, le commerce avec l'Algérie, y entretiennent l'animation et y apportent la fortune.

Un mkhazni à cheval m'a escorté de Qaçba el Aïoun à Oudjda ; un autre m'accompagnera d'Oudjda à la frontière française. Il a suffi de les demander aux qaïds ; une escorte de ce genre s'accorde toujours, à condition de payer : le prix est modique. Le gouvernement concourt à fournir les zeṭaṭs dans les régions du blad el makhzen trop peu sûres, comme celle-ci, pour y voyager seul. Chemin faisant, j'ai rencontré une caravane; elle se composait de marchands juifs venant de Tlemsen et allant à Debdou. Hors l'Ouad Isli, je n'ai traversé qu'un cours d'eau de quelque importance : l'Ouad Bou Rdim (6 mètres de large; 1 mètre de profondeur; courant insensible; berges de 1^m,50 d'élévation, à 1/1. Les eaux proviennent des pluies dernières; la rivière, à sec toute l'année, se gonfle à la moindre averse et se dessèche aussi vite : hier elle était infranchissable).

23 mai.

Départ d'Oudjda à 7 heures du matin. A 10 heures, je passe la frontière et j'entre en terre française. Peu après j'arrivai à Lalla Maṛnia, terme de mon voyage.

FIN DE LA PREMIÈRE PARTIE.

SECONDE PARTIE.

RENSEIGNEMENTS.

I.

BASSIN DE L'OUAD OUMM ER REBIA.

L'Ouad Oumm er Rebia prend sa source sur le territoire des Beni Mgild, à une haute montagne d'où sort aussi la Mlouïa. De là il traverse les tribus des Zaïan, des Ichqern, des Qetaïa, des Aït Rouba, des Beni Amir, des Beni Mousa, ces quatre dernières faisant partie du Tâdla. En sortant des terres des Beni Mousa, il reçoit l'Ouad el Abid, qui est la limite et de cette tribu et du pays de Tâdla. A partir de là, il ne cesse de couler entre des tribus différentes, formant frontière entre elles : d'abord entre les Beni Miskin au nord et les Srarna au sud; puis entre les Chaouïa (nord) et les Rhamna (sud); ensuite entre les Chaouïa (nord) et les Doukkala (sud); enfin entre les Chtouga (nord) et les Doukkala (sud).

Les tribus mentionnées en aval du Tâdla sont nomades, parlent l'arabe et se disent de race arabe. Elles sont soumises au sultan. Trois d'entre elles sont regardées comme les plus puissantes du blad el makhzen : celles des Rhamna, des Chaouïa et des Doukkala : les premiers peuvent, dit-on, mettre 11 000 hommes à cheval, les seconds 7000, les derniers 6000.

AFFLUENTS. — L'Ouad Oumm er Rebia reçoit un grand nombre d'affluents, parmi lesquels on remarque, en descendant son cours : l'Ouad Derna, l'Ouad Daï, l'Ouad el Abid, l'Ouad Teççaout. Ces quatre cours d'eau se jettent sur sa rive gauche. L'un d'eux, l'Ouad el Abid, égale en importance l'Oumm er Rebia elle-même.

1° *OUAD DERNA.* — Cette rivière prend sa source dans le Djebel Aït Seri, arrose le grand village de Tagzirt et, à 2 heures de marche au-dessous de ce point, entre dans le territoire des Aït Iaïch : elle se jette dans l'Oumm er Rebia à Zidania, vieille qaçba qui ressemble à celle de Fichtâla et qui a été construite aussi par Moulei Ismaïl. Zidania est située à 3 heures de marche au-dessous de Qaçba Tâdla, chez les Oulad Abd Allah, fraction des Beni Amir. Point de ville du nom de Derna.

2° *OUAD DAI.* — Cette rivière roule à peu près le même volume d'eau que l'Ouad Derna : elle prend sa source dans la même chaîne de montagnes : c'est chez les Oulad Bou Bekr, fraction des Beni Mellal, qu'elle entre en plaine. Elle se jette sur la rive gauche de l'Oumm er Rebia dans le territoire des Beni Mousa. Point de ville du nom de Daï.

3° *OUAD EL ABID.* — Les sources de cette grande rivière sont, comme celles de l'Oumm er Rebia, dans une contrée sauvage, boisée, infestée de lions et de panthères, région peu fréquentée et que ne traverse aucun chemin. En remontant l'Ouad el Abid au-dessus d'Ouaouizert, on trouve les Aït Messat sur sa rive gauche et les Aït Atta d Amalou sur sa rive droite : la rivière forme frontière entre les deux tribus. Puis elle entre dans celle des Aït Seri. A partir de là, plus de bourgades; il n'y a que de petits villages, des huttes et des tentes groupées autour de tirremts.

Au-dessous d'Ouaouizert, c'est encore la grande tribu des Aït Messat qui occupe la rive gauche de l'ouad : les Entifa, puis les Srarna lui font suite. Sur la rive droite, on traverse successivement, en descendant la rivière, les Aït Atta d Amalou, les Aït Bou Zid, les Aït Atab et enfin les Beni Mousa.

L'Ouad el Abid a deux points de passage importants dans la portion inférieure de son cours :

A 3 heures de marche en amont de son confluent avec l'Oumm er Rebia, se trouve le gué de Bou Aqba, célèbre par la bataille qui s'y livra. En cet endroit, l'Ouad el Abid forme limite entre les Entifa et les Beni Mousa.

5 heures plus haut, c'est-à-dire à 8 heures du confluent, se trouve un pont construit par Moulei Ismaïl et encore en bon état : il n'a point de nom particulier : on l'appelle *El Qantra*.

AFFLUENT. — L'Ouad el Abid reçoit sur sa rive gauche une rivière importante dont nous avons aperçu le confluent entre Ouaouizert et Aït ou Akeddir; c'est l'Ouad Aït Messat.

Ouad Aït Messat. — Cette rivière prend sa source dans le Grand Atlas un peu au-dessus de Zaouïa Ahansal. Elle arrose sur son cours un grand nombre de qçars : ils appartiennent aux Aït Ishaq, l'une des 5 fractions des Aït Messat. Voici les principaux d'entre eux, dans l'ordre où on les trouve en descendant l'ouad :

Zaouïa Ahansal (zaouïa très importante, dont le chef actuel se nomme Sidi Hamed ou Hamed Ahansal).

Aït Tamzout	rive droite.
Zaouïa Aït Sidi Ali ou Haseïn	rive droite.
Tillougit	rive droite.
Aït Aïssa	rive droite.
Izerouan (3 qçars)	rive droite.

Distances : de l'Oussikis à Zaouïa Ahansal . . . . 1 jour.
De Zaouïa Ahansal à Ouaouizert . . . . 2 jours.

4° OUAD TEÇÇAOUT. — Cette rivière se jette sur la rive gauche de l'Oumm er Rebia, à 7 heures de marche au-dessous du confluent de ce fleuve avec l'Ouad el Abid. La Teççaout est formée de la réunion de deux cours d'eau : le premier, Teççaout Fouqia ou Ouad Akhdeur, passe entre Demnât et Bezzou; le second, Teççaout Tahtia ou Teççaout Merràkech, passe entre Demnât et El Qlaa. Ces deux rivières prennent leur source dans un même massif de montagnes et se dirigent vers le nord, l'une par l'est, l'autre par l'ouest : elles se réunissent en plaine entre El Qlaa et Bezzou, et de là vont se jeter dans l'Oumm er Rebia. Le chemin qui va en ligne directe de Demnât au Dâdes, chemin très suivi, remonte la Teççaout Fouqia jusqu'à sa source : de là il passe sur le territoire des Haskoura, dans le bassin du Dra. La Teççaout orientale a tout son cours supérieur occupé par la grande tribu tamazirt indépendante des Aït b Ououlli. Elle traverse ensuite le territoire des Aït Abbes, puis celui des Entifa, enfin celui des Srarna, sur lequel les deux Teççaout se réunissent et se jettent dans l'Oumm er Rebia.

AFFLUENTS. — La Teççaout Fouqia reçoit plusieurs affluents dont le principal est l'Ouad el Arous, se jetant sur sa rive droite au point frontière entre les Aït b Ououlli et les Aït Abbes.

Ouad el Arous. — A 2 kilomètres au-dessus de son confluent avec l'Ouad Teççaout, il reçoit lui-même sur sa rive droite, au village d'Agerd n Ouzrou, un cours d'eau important, l'Ouad b Ougemmez.

Ouad b Ougemmez. — Cette rivière porte aussi le nom d'Ouad Aït Ouaham. Elle prend sa source dans le Grand Atlas, auprès du Tizi Izourar : le cours en appartient tout entier à la tribu des Aït b Ougemmez : un grand nombre de qçars s'échelonnent le long de ses rives : le plus rapproché de sa source est Zaouïa Aït Ouaham (appelé aussi Zaouïa Alonzi); le plus bas est Agerd n Ouzrou, où il se jette dans l'Ouad el Arous. Entre eux, il en existe d'autres, dont les principaux sont, en descendant : Aït Ali, Aït Ouriad.

Entre Aït Ouriad et Agerd n Ouzrou, l'Ouad b Ougemmez reçoit sur sa rive gauche un affluent, l'Ouad Ibakellioun.

Ouad Ibakellioun. — Le cours en appartient aussi en entier aux Aït b Ougemmez : il est bordé de nombreux qçars : le plus considérable d'entre eux est Ibakellioun, situé non loin de la source de l'ouad.

Cette rivière reçoit elle-même un affluent, l'Ouad Tizi Aït Imi, se jetant sur sa rive gauche dans la partie basse de son cours.

Ouad Tizi Aït Imi. — Il prend sa source au col d'Aït Imi, dans le Grand Atlas. Le cours en appartient à la tribu des Aït b Ougemmez. Il arrose plusieurs qçars.

Les localités situées sur les cours des ouads b Ougemmez, Ibakellioun et Tizi Aït Imi forment la totalité de la tribu des Aït b Ougemmez, tribu indépendante, de race et de langue tamaziṛt.

Pas de marché chez les Aït b Ougemmez.

Un mellaḥ, sur l'Ouad b Ougemmez.

Distances : de l'Oussikis à Aït Ouaham.	forte 1/2 journée.
D'Aït Ouaham à Ḥad Aït Atab	1 jour.
» Agerd n Ouzrou	17 kilomètres.
» Demnât.	2 petites journées.

Renseignements sur les tribus.

TRIBUS DU TADLA. — Voici la décomposition des tribus du Tâdla :

- Ourdiṛra
  - Oulad Bḥar el Kebar.
    - Oulad Brahim.
    - Gouffa.
    - Beni Khelf.
  - Oulad Bḥar es Sṛar.
    - Mfasis. . . . . [1]
    - Oulad Azzouz. [1]
    - Oulad Smir.
    - Beni Ḥasen.
- Beni Khiran. . . . .
  - Oulad Bou Ṛadi.
  - Beni Mançour.
  - Genadiz.
- Smâla. . . . .
  - Mạdna. . . . .
    - Torch.
    - Beraksa.
    - Asasga.
  - Oulad Aïssa.
    - Houasen.
    - Oulad Fennan.
    - Chraạ.
- Beni Zemmour
  - Oulad Iousef.
    - Oulad Gaouch.
    - Aït Çaleḥ. [1]
    - Nouaser. . [1]
    - Berachona. . [1]
    - Oulad Nahr. [1]
    - Beni Zrandil.
  - Beni Bataou.
    - Ababsa.
    - Oulad Brahim.
    - Zania.
    - Soual.
    - Rouased.
  - Aït Iaḥi. . . . .
    - Aït Bihi.
    - Aït Mousa.
    - Ahouraïn.
    - Geraïat.
- Qeṭạïa . . . .
  - Semget.
  - Aït Ala. . . . . [1]
  - Aït Brahim. [1]
  - Aït Kerkaït.

- Beni Maḍan ; Aït Rouba.
  - Oulad Saïd..
    - Oulad Smaïn.
    - Oulad Iaqoub.
    - Oulad Bou Iaoud.
  - Oulad Iousef.
    - Bezzaza.
    - Oulad Iaïch.
    - Oulad Mammer.
  - Zouaïr.
  - Beni Mellal.
- Beni Amir............
  - Oulad Assoun... / Oulad Nedja.... / Oulad Abd Allah. [1]
  - Beradia... / Ahel Sous. / Oulad Ali. [1]
  - Oulad Ḥasen...... / Krifat............ / Oulad Zian....... / Oulad Bou Ḥerrou. [1]
  - Beni Chegdal.. / Oulad Rejia.... / Mouali el Ouad. [1]
- Beni Mousa.........
  - Oulad Arif.
    - Oulad Zahra.
    - El Amgar.
    - Oulad Zmam.
    - Asara.
    - Oulad Smida.
    - Beni Aoun.
    - Oulad Meraḥ.
    - Krazza.
  - Beni Oujjin.
  - Oulad Brahim.
  - Ahel Zerberrachi.
- Beni Miskin.

AIT SERI. — Voici la décomposition des Aït Seri, tribu tamazirt indépendante :

- Aït Seri..
  - Aït Ouirra......
    - Imhaouchen.
    - Aït Daoud.
    - Aït Mesaoud.
    - Aït El Ḥasen.
    - Aït Alou ou Brahim.
    - Aït ou Azzou.
    - Aït Ousaden.
    - Aït Iqqo.
  - Aït Mḥammed..
    - Aït Abd es Selam.
    - Aït Iaqoub.
    - Aït Smaïn.
    - Aït Ḥammi.
    - Aït Bou Bekr.
  - Aït Abd el Ouali.
    - Aït Ichcho.
    - Mrabṭen.
    - Aït Daoud.
    - Aït Ousakki.
    - Mḥarir.
    - Aït Alou ou El Ḥasen.
    - Aït Ioudi.
  - Friata.......... / Aït Ḥebibi...... / Aït Maḥa....... / Aït Abd en Nour. [1]

- Aït Saïd........
  - Aït Ali ou Seliman.
  - Aït Hammou ou Saïd.
  - Aït Ishaq.
  - Ihebaren.
  - Aït Hammou ou Mançour.
  - Aït Daoud ou Bou Hia.
  - Aït Daoud ou Iousef.
  - Aït Ougrar.

Les Aït Seri sont de langue comme de race tamazirt. Partie nomades, partie sédentaires, ils ont des tentes et des villages; ces derniers dominent. Leur territoire nourrit peu de chevaux; pouvant armer un très grand nombre de fantassins, ils n'ont presque pas de cavaliers.

Deux fractions des Aït Seri, les Aït Ouirra et les Aït Mhammed, sont célèbres pour leur hostilité aux Juifs : leur territoire est absolument interdit à cette race. Un Israélite veut-il le traverser quand même, il lui faut se travestir et prendre garde de ne point se trahir : s'il était reconnu, il n'échapperait pas à la mort. Tout Juif trouvé est tué, et l'horreur qu'il inspire va si loin qu'on ne dépouille pas son cadavre et que ses marchandises sont jetées au vent.

ICHQERN. — Les Ichqern sont une tribu de race et de langue tamazirt bornée au nord par les Zaïan, à l'ouest par le Tâdla (Beni Zemmour et Qeṭaïa), au sud par les Aït Seri (Aït Ouirra). Il y a 4 heures de chemin entre Qaçba Tâdla et leur frontière. Ils peuvent mettre environ 8000 hommes à cheval. Ils sont indépendants, bien qu'un qaïd in partibus vive chez eux. Ils ont, en ce qui concerne les Juifs, le même usage que les Aït Ouirra et les Aït Mhammed, usage qui n'existe nulle part ailleurs au Maroc.

Sur la frontière nord des Ichqern, se trouve le point assez connu de Khanifra. Khanifra est une qaçba un peu plus grande que Fichtâla, située à 9 heures de marche à l'est-nord-est de Bou el Djad; sur la limite même des Ichqern et des Zaïan, elle fut longtemps un sujet de disputes pour ces deux tribus. Fondée par les premiers, elle appartient aujourd'hui aux seconds. Là habite ce malheureux qaïd des Zaïan dont nous avons parlé plus haut.

CHAOUIA. — Les Chaouïa sont nomades et parlent l'arabe : ils forment une nombreuse tribu soumise au sultan. Voici leur décomposition :

- Chaouïa
  - Oulad Mhammed (3 qaïds).
    - Oulad Zireg.
    - Oulad Chaïb.
    - El Khloṭ.
    - Oulad Amama.
  - Khesasra (1 qaïd).......
    - Oulad Bou Bekr. } 1
    - Oulad El Asri. } 1
    - Brasiin.
    - Oulad Mnisf.
  - El Aoulad (1 qaïd).
  - Oulad Bou Arif. } (1 qaïd)
  - Beni Imman.. } (1 qaïd)
  - Mzab (1 qaïd)............
    - Hamdaoua.
    - Beni Sqeten.
    - El Elf.
    - Beni Brahim.
    - Mnia.
    - Djemouạ.
    - Oulad Fers.
    - Oulad Senjej.
  - Oulad Sidi Ben Daoud (1 qaïd).
  - Oulad Bou Ziri (1 qaïd).
  - Oulad Saïd (1 qaïd).
  - Msamsa (1 qaïd).

Oulad Ḥaris. } (Réunies, ces deux fractions forment un groupe plus
Medaṛra. } nombreux encore que les Mzab. — 1 qaïd.)
Oulad Zian (1 qaïd).
Mediouna (1 qaïd).
Siaïda (2 qaïds).
Zenata (1 qaïd).

La fraction des Mzab contient un grand nombre de zaouïas; telles sont : Oulad Sidi Ạïssa, Qeradma, Oulad Sidi el Ḥadj, Oulad Sidi Bel Qasem, El Kaouka.

ZAÏR. — Les Zaïr forment une puissante tribu indépendante, de race et de langue tamaziṛt. Leur territoire se trouve à l'ouest de celui des Zaïan et au nord-ouest du Tâdla. Quoique ce pays soit montagneux, ils possèdent un grand nombre de chevaux.

AÏT MESSAṬ. — C'est une puissante tribu chleuḥa (1), indépendante, qui a pour limites, au sud la crête supérieure du Grand Atlas, au nord l'Ouad el Ạbid, à l'est les Aït Seri et les Berâber, à l'ouest les ouads b Ougemmez et Teççaouṭ. Les Aït Messaṭ habitent, les uns dans des qçars, les autres sous la tente : ceux-ci sont les plus nombreux. La tribu peut, en tout, armer 4000 fantassins et 300 à 500 cavaliers. Elle se décompose en cinq fractions.

Aït Isḥaq.
Aït Moḥammed.
Aït Ougoudid. }
Aït Ạbd Allah. } Atferkal.
Ibaraṛen . . . }

Les Aït Isḥaq forment environ 2000 fusils. Ils s'étendent entre la zaouïa d'Aḥansal et l'Ouad el Ạbid : tout le cours de l'Ouad Aït Messaṭ leur appartient : à eux encore les deux groupes de qçars d'Aït Maziṛ et d'Aït Issoumour. Aït Maziṛ est une collection de qçars répartis dans la montagne entre l'Ouad el Ạbid et l'Ouad Aït Messaṭ, au delà de la rive gauche de ce dernier. Aït Issoumour est une réunion de 3 qçars situés près de l'Ouad el Ạbid au-dessus d'Aït Maziṛ : on compte 17 kilomètres d'Aït Issoumour à Ouaouizert. Les Aït Isḥaq sont la seule des cinq fractions des Aït Messaṭ qui possède des qçars. Les quatre autres n'ont que des tentes et des tiṛremts.

Les Aït Moḥammed sont limitrophes des Aït Isḥaq : ils s'étendent entre eux, les Aït b Ougemmez, l'Ouad el Ạbid et la crête du Grand Atlas : à l'est des Aït b Ougemmez, ils occupent le vaste plateau d'Iferres. Pas de rivière sur leur territoire; mais les sources sont nombreuses. Pays montagneux et boisé. Point de qçars : les Aït Moḥammed emmagasinent leurs biens dans des tiṛremts pendant qu'ils vivent sous la tente. Ils sont environ 500 fusils.

Les Aït Ougoudid habitent à l'ouest des Aït Moḥammed, entre eux et les Aït Ạbd Allah. Ils n'ont que des tentes et des tiṛremts. Il en sera de même des fractions suivantes : leur pays, comme celui des Aït Ạbd Allah et celui des Ibaraṛen, est en tout semblable à celui des Aït Moḥammed. Les Aït Ougoudid comptent 500 fusils.

Les Aït Ạbd Allah habitent à l'ouest des Aït Ougoudid, entre eux et les Ibaraṛen. Ils sont en face des Aït Ạtab. Ils peuvent lever 500 fusils.

Les Ibaraṛen se trouvent à l'ouest des Aït Ạbd Allah, auprès des Entifa : ils forment environ 500 fusils.

Ces trois dernières fractions portent le nom collectif d'Atferkal.

Ainsi qu'on le voit, une seule rivière arrose le territoire des Aït Messaṭ, celle qui porte le nom de la tribu.

Il existe chez les Aït Messaṭ une zaouïa dont le chef est tout-puissant sur eux : la zaouïa d'Aḥansal. Le

(1) Lorsque nous nous rapprocherons du sud, nous emploierons souvent le mot de Chleuḥ pour désigner la race à laquelle appartiennent les populations, afin de marquer qu'elles sont composées d'Imaziren blancs « Chellaḥa », et non d'Imaziren noirs « Ḥaraṭin ».

pouvoir de son chikh est absolu sur les Aït Messaṭ, et son influence s'étend beaucoup plus loin. Jusqu'à Merrâkech d'une part, jusqu'au Dâdes et au Todṛa de l'autre, il est connu et vénéré. Un esclave de Sidi Ḥamed ou Ḥamed Aḥansal, chef actuel de la zaouïa, suffit pour conduire en sûreté une caravane du Todṛa à Merrâkech. A lui a recours quiconque veut voyager dans ces régions.

Les Aït Messaṭ ne parlent que le tamaziṛt : très peu parmi eux savent l'arabe.

Deux marchés sur leur territoire : Khemis Aït Khelift (Aït Ạbd Allah), Arbạa Tabaroucht (Aït Isḥaq).

Point de Juifs.

AIT B OUOULLI. — C'est une nombreuse tribu chleuḥa, indépendante, cantonnée sur le haut cours de la Teççaout Fouqia et sur tout celui de l'Ouad el Ạrous. Elle n'habite que des qçars. Les Aït b Ououlli parlent le tamaziṛt.

Point de marché sur leur territoire.

Un mellaḥ.

AIT ABBES. — Petite tribu chleuḥa cantonnée sur les rives de l'Ouad Teççaout au-dessous des Aït b Ououlli. Nominalement, elle dépend du qaïd des Entifa : de fait, elle est peu soumise. Les Aït Abbes n'habitent que des qçars. Ils parlent le tamaziṛt.

Point de marché.

Un mellaḥ.

Distance : des Aït Abbes aux Aït Bou Ḥarazen comme d'Imiṭeṛ à Taourirt (Todṛa).

AIT BOU HARAZEN. — Petite tribu chleuḥa située à quelque distance à l'est de Djemaạa Entifa. Elle fait partie du blad el makhzen et obéit au qaïd des Entifa. Point de rivière sur son territoire : celui-ci n'est arrosé que par des sources. Les Aït Bou Ḥarazen n'habitent que des qçars : leur langue est le tamaziṛt, mais beaucoup d'entre eux savent l'arabe.

Un marché, l'Arbạa Bou Ḥarazen.

Deux mellaḥs.

Distance : d'Arbạa Bou Ḥarazen à Djemaạa Entifa comme de Timaṭṛeouin à Taourirt (Todṛa).

INKTO. — Petite tribu chleuḥa au sud des Entifa. Elle appartient au blad el makhzen et obéit au qaïd de Demnât. Elle n'habite que des qçars. La langue en est le tamaziṛt. Le territoire, situé à l'est de l'Ouad Teççaout Fouqia, n'en est arrosé que par des sources : on n'y voit aucun cours d'eau.

Un marché, l'Arbạa Ouaoula.

Pas de Juifs.

Distances : d'Inkto à Demnât comme d'Aït Iidir (Dâdes) à Taourirt (Todṛa).
» Djemaạa Entifa comme d'Aït Iidir » »

AIT AIAD. — Tribu chleuḥa indépendante occupant les premières pentes du Moyen Atlas au nord-est des Aït Ạtab. La fraction des Aït Ạtab qui la limite de ce dernier côté s'appelle les Ikadousen. Les Aït Ạïad peuvent mettre en ligne environ 1 000 hommes, dont 100 cavaliers. Ils sont habituellement alliés aux Aït Ạtab.

Un marché, le Tlâta Aït Ạïad.

Un mellaḥ.

Itinéraires.

DE FAS A BOU EL DJAD. — Fâs, Sfrou, Aït Ioussi, Beni Mgild, Ạïn el Louḥ, Akebab, Ichqern, Bou el Djạd.

DE FAS A BOU EL DJAD. — Fâs, Sfrou, Aït Ioussi, Beni Mgild, Zaïan, Bou el Djạd.

DU TADLA A QÇABI ECH CHEURFA. — Du Tâdla, un chemin remonte le cours de l'Ouad Oumm er Rebiạ jusqu'à sa source : de là on peut gagner Qçâbi ech Cheurfa. Cette route n'est point fréquentée :

les animaux féroces, lions et panthères, qui peuplent les grandes forêts traversées par le haut cours de l'Oumm er Rebia, en sont cause en partie.

DE BOU EL DJAD A MOULEI BOU IAZZA. — De Bou el Djad à Moulei Bou Iazza, on compte 10 heures de marche : chemin faisant : on rencontre deux lieux habités, Sidi Bou Abbed, situé à 4 heures de Bou el Djad, et Sidi Oumbarek, qui se trouve à 7 heures de cette même ville. Entre Sidi Bou Abbed et Sidi Oumbarek, on traverse l'Ouad Grou, entre S. Oumbarek et Moulei Bou Iazza, on franchit la frontière du Tâdla, et on passe des Beni Zemmour chez les Zaïan.

Sidi Bou Abbed est un village de 200 maisons : au milieu s'élèvent la qoubba de Sidi Bou Abbed et une zaouïa où vivent ses descendants.

Sidi Mohammed Oumbarek était un cherif vénéré; mort depuis très longtemps, il a laissé une postérité nombreuse qui habite autour de sa qoubba, dans un village de 400 maisons : ce village a pris son nom; il est situé au milieu de grandes forêts.

Moulei Bou Iazza est une bourgade de 1 200 à 1 400 habitants. Elle porte le nom d'un cherif célèbre, mort là depuis des siècles. Il n'a laissé ni postérité ni disciples, le souvenir de ses vertus et son tombeau sont tout ce qui reste de lui; son mausolée, reconstruit jadis par Moulei Ismaïl, est fort beau : il est du même modèle que ceux de Bou el Djad. Cette qoubba est l'objet d'une grande vénération.

DE DEMNAT A BEZZOU. — Une journée de marche. Chemin faisant, on traverse l'Ouad Teççaout Fouqia. Bezzou est une bourgade de 1 500 habitants avec un mellah. Elle ressemble de tous points à Djemaaa Entifa. Elle est située en plaine entre l'Ouad Teççaout et l'Ouad el Abid. Elle est sous la juridiction du qaïd des Entifa.

DE DEMNAT A EL QLAA. — Un jour et demi de marche, soit : de Demnât à Zaouïa Sidi Rehal, une journée; de Zaouïa Sidi Rehal à El Qlaa, une demi-journée. Entre ces deux derniers points on chemine constamment en plaine et on ne traverse aucun cours d'eau. El Qlaa est sur le territoire des Srarna. C'est une ville de 3000 habitants, de l'importance de Demnât. Elle possède un grand mellah. Située à l'ouest de la Teççaout Tahtia, à l'est de l'Ouad Rdât, elle n'a d'autre eau que celle qui lui est amenée de la Teççaout par des *feggara* (1).

DE DEMNAT AU TIZI N GLAOUI. — Il y a deux chemins : l'un, plus long mais beaucoup meilleur, passant par Zaouïa Sidi Rehal, Tagmout, etc.; l'autre, plus court mais très difficile, entrant à Demnât dans la montagne et allant tout droit vers le col : le dernier est très peu fréquenté.

DE ZARAKTEN AU TELOUET. — Il y a deux chemins : l'un est celui que nous avons pris; voici l'autre : Zarakten, Aqoub es Soultân (en tamazirt, Asaou n Ougellid), point de croisée du sentier venant de Tagmout, Tikhfar (l'Ouad Rdât étant à main droite), Talatin n Ouadil, Timi Ourrt, Amsensa, traversée de l'Ouad Amsensa, affluent de l'Ouad n Iri, Tanzmout (sur l'Ouad Amsensa), Ider (sur l'Ouad n Iri). A partir de là, on reprend le chemin connu.

D'OUAOUIZERT A L'OUSSIKIS. — D'Ouaouizert à l'Ouad el Abid, 1 heure. Jusque-là on est sur le territoire des Aït Atta d Amalou.

De l'Ouad el Abid à Talmest, un jour. Talmest est sur les terres des Berâber. Entre l'Ouad el Abid et les Berâber se trouve le territoire des Aït Messat. C'est là qu'on a marché durant la plus grande partie de la journée : le chemin y traverse le groupe de qçars d'Aït Issoumour.

De Talmest à Tarhamt, un jour. Tarhamt est un endroit désert où les caravanes ont l'habitude de faire halte pour passer la nuit.

De Tarhamt à l'Oussikis, un jour. De Talmest à l'Oussikis on n'a cessé de marcher sur le territoire des Berâber. L'Ouad Dâdes, auquel on arrive dans l'Oussikis, est la première rivière qu'on rencontre depuis l'Ouad el Abid : entre ces deux cours d'eau ce ne sont que montagnes : point de neige sur le chemin en été; à dater du mois de novembre, il y en a fréquemment.

(1) On donne le nom de *feggara* à des canaux souterrains offrant des jours de distance en distance : ces jours sont d'ordinaire très rapprochés : il est rare qu'ils aient 10 mètres d'espace de l'un à l'autre.

DU TODRA AUX AIT ATAB ET A DEMNAT. — Du Todra à l'Oussikis, une journée de marche. On passe au départ sur la rive droite de l'Ouad Todra; puis on entre dans la montagne, où l'on reste jusqu'à l'Oussikis sans rencontrer de toute la route ni qçar ni cours d'eau. Dans ce long désert on ne trouve que des tentes des Aït Bou Iknifen ; encore n'y sont-elles qu'en été : en hiver elles se transportent sur le Sarro.

De l'Oussikis trois chemins conduisent à la plaine d'Izourar, plateau désert :

Ṭriq Aqqa (à l'est).

Ṭriq Izilal (au centre).

Ṭriq Tafrout (à l'ouest).

Dans la plaine d'Izourar campent en été des Aït ou Allal et des Aït Bou Daoud. De cette plaine on passe à la vallée de l'Ouad b Ougemmez : un seul chemin y conduit : on franchit au Tizi Izourar une crête qui marque l'extrémité du plateau, et de là on descend directement dans la vallée de l'Ouad b Ougemmez : on l'atteint à Zaouïa Aït Ouaham. De l'Oussikis à Aït Ouaham, un piéton isolé met une forte demi-journée. Pour les caravanes il faut une journée.

D'Aït Ouaham partent deux routes, l'une vers les Aït Atab, l'autre vers Demnât.

La première monte sur le flanc droit de l'Ouad b Ougemmez, en face même de la zaouïa, puis franchit un col, le Tizi n Tirrist. C'est un passage difficile. De là on entre dans la vaste plaine d'Iferres. Elle est occupée par les tentes des Aït Mohammed (fraction des Aït Messaṭ). On descend ensuite dans la vallée de l'Ouad el Abid. Un piéton isolé ne met qu'une journée pour aller d'Aït Ouaham à Ḥad Aït Atab.

Si l'on prend la seconde voie, celle de Demnât, on descend l'Ouad b Ougemmez jusqu'à Agerd n Ouzrou, puis l'Ouad el Arous jusqu'à son confluent avec la Teççaout Fouqia. On remonte ensuite la Teççaout pendant 4 heures environ; puis on passe sur sa rive gauche, on franchit le Djebel Tamatout (montée très difficile), et de là on se rend à Demnât. Il y a deux petites journées d'Aït Ouaham à Demnât. On passe la nuit dans le haut de la tribu des Aït b Ououlli, sur les rives de la Teççaout.

DE L'OUSSIKIS A OUAOUIZERT. — On gagne le plateau d'Izourar par le chemin le plus oriental, Ṭriq Aqqa. On traverse le plateau, puis on franchit successivement le Tizi n Terrisin et le Tizi n Terboula. De là on débouche, à Zaouïa Ahansal, dans la vallée de l'Ouad Aït Messaṭ. On descend cette rivière jusqu'à son confluent avec l'Ouad el Abid, et on gagne Ouaouizert. On compte un jour de l'Oussikis à Zaouïa Ahansal, et deux jours de la zaouïa à Ouaouizert. Ce chemin a pour les caravanes l'avantage de passer par Zaouïa Ahansal, résidence d'un puissant chef religieux de qui elles prennent l'anaïa. Ce marabout est la ressource habituelle de ceux qui voyagent chez les Aït Messaṭ.

II.

BASSIN DE L'OUAD DRA.

Le cours du Dra se divise en trois portions : cours supérieur, depuis les sources des ouads Idermi et Dâdes jusqu'au point où ces cours d'eau se réunissent; cours moyen, depuis ce confluent jusqu'à Mhamid el Rozlân; cours inférieur de Mhamid el Rozlân à l'Océan.

Dans le cours supérieur, point de rivière portant le nom de Dra : deux torrents, dont la réunion formera le fleuve, roulent au pied de l'Atlas leurs eaux froides et impétueuses; les rives en sont presque constamment bordées de villages et de cultures : région montagneuse; végétation des pays froids : les crêtes du Grand Atlas se dessinent tout près des vallées en longue masse blanche; dans les fonds, point de palmiers : des oliviers, des figuiers, des noyers.

Dans son cours moyen, l'Ouad Dra, formé de la réunion des deux rivières précédentes, prend une nouvelle direction : il coule perpendiculairement à l'Atlas et s'enfonce dans le sud : c'est un large fleuve, au cours majestueux, faisant miroiter ses belles ondes, claires et paisibles, à l'ombre de palmiers innombrables : il coule sans interruption entre les dattiers et les villages, oasis longue de 40 lieues, pays le plus beau et le plus riche du Maroc. Il a presque toujours une eau abondante; que, par extraordinaire, elle manque dans son lit, les nombreux canaux qui le bordent en restent pleins. La vallée est bordée de montagnes qui vont s'abaissant et s'écartant à mesure qu'elles s'avancent vers le sud.

Dans le cours inférieur, plus un dattier, plus une maison : au sortir d'El Mhamid, l'Ouad Dra entre dans le désert; il y reste jusqu'à la mer. Il coule en plaine; plus d'eau; son lit à sec s'élargit démesurément; ses bords sont aussi désolés qu'ils étaient riants tout à l'heure. Sa direction a changé : il a fait un coude brusque à angle droit, et il se dirige vers l'Océan parallèlement aux crêtes de l'Atlas.

Nous allons nous occuper successivement de chacune de ces trois portions du cours de l'Ouad Dra.

1°. — BASSIN SUPÉRIEUR DU DRA.

Le bassin supérieur du Dra se compose de ceux des deux rivières dont la jonction forme ce fleuve : l'Ouad Dâdes et l'Ouad Idermi.

Nous allons étudier séparément chacun de ces deux cours d'eau.

Ouad Dâdes.

L'Ouad Dâdes prend sa source dans le Grand Atlas : il traverse, en descendant, les districts ci-dessous qui se succèdent immédiatement les uns aux autres : Imdras, Aït Atta, Aït Seddrât, Dâdes, Aït Iahia, Ishihen, Imerrân, Aït Bou Delal. Au-dessous d'Aït Bou Delal, il s'unit à l'Ouad Idermi au kheneg de Tarea. La jonction des deux rivières forme l'Ouad Dra. L'Ouad Dâdes, par l'importance de son volume d'eau, est la principale source du fleuve.

Le district d'*Imdras* est formé de quelques qçars tous situés sur l'Ouad Dâdes : l'Imdras est habité par une fraction des Aït Melṛad (Beràber). Il ne se compose que d'une djemaạa, c'est-à-dire qu'il ne forme politiquement qu'un seul groupe.

Le district d'*Aït Atta* est aussi composé de qçars s'élevant tous sur les rives mêmes de l'Ouad Dâdes : il est habité par des Aït Atta (Beràber); il se divise en deux groupes ou djemaạas, le Semṛir et l'Oussikis, le premier en amont, le second en aval.

Le district d'*Aït Seddràt* se compose également de qçars situés sur les rives mêmes de l'Ouad Dâdes ; les habitants en sont des Aït Seddràt; ils ont leur chikh el ạam particulier; ce district ne forme qu'une djemaạa. Le principal de ses qçars est celui d'Aït Saoun : on appelle quelquefois de son nom tout le district, pour le distinguer du grand nombre d'autres régions peuplées d'Aït Seddràt.

Le district du *Dâdes* ne se compose, comme les précédents, que de qçars situés au bord même de l'Ouad Dâdes. Le Dâdes est habité partie de Draoua (Ḥaraṭîn), partie de Beràber, partie d'Aït Seddràt. Ces derniers sont les plus nombreux : Draoua, Beràber et Aït Seddràt sont mélangés et dans les djemaạas et dans les qçars; tout le pouvoir est entre les mains des Aït Seddràt et des Beràber. Le Dâdes est divisé en six groupes ou djemaạas; chacun d'eux a son chikh el ạam particulier : il n'y a de chikh supérieur, réunissant plusieurs djemaạas sous son autorité, que dans des cas exceptionnels, lorsque des djemaạas s'unissent pour une guerre. Voici les noms de ces six subdivisions du Dâdes, dans l'ordre où on les trouve en descendant le cours de l'ouad : Aït Temouted, Aït Ouniṛ, Aït Ḥammou, Aït ou Allal, Iourtegin, Arbạ Mia. Les chikh el ạam qui administrent chacune de ces djemaạas n'ont pour fonction que d'en gérer les affaires générales : ils ne se mêlent point du gouvernement particulier des qçars : chacun de ceux-ci s'administre comme il l'entend, réglant ses affaires à sa guise et se battant avec les localités voisines à tout instant. Les guerres, journalières entre qçars, sont rares entre djemaạas, et ne deviennent presque jamais générales. Cette façon de se gouverner, ces querelles intestines sont des coutumes invariables des Aït Seddràt : elles existent et dans toute leur tribu et dans les régions où, comme ici, ils dominent.

Le district d'*Aït Iahia* appartient aux Aït Seddràt : dans chaque qçar se trouvent, mélangés avec eux, un petit nombre de Draoua (Ḥaraṭîn); mais ils n'ont aucune part aux affaires. L'Aït Iaḥia ne forme qu'une djemaạa : il a son chikh el ạam particulier. Comme les districts précédents, celui-ci se compose de qçars situés sur les bords de l'Ouad Dâdes. L'Aït Iaḥia peut mettre sur pied environ 1 500 fusils.

Le district d'*Ishihen*. Les Ishiḥen sont encore des Aït Seddràt. Comme les Aït Iaḥia, comme leurs frères du Dâdes et d'Aït Saoun, ils ne sont pas une fraction homogène de la tribu des Aït Seddràt, mais un mélange d'Aït Zouli et d'Aït Meḥelli, de tous les groupes. L'Ishiḥen a un chikh el ạam particulier : il ne forme qu'une seule djemaạa. Même remarque que pour le Dâdes et les autres pays d'Aït Seddràt : ce chikh el ạam, apparence de gouvernement régulier, n'empêche pas les guerres continuelles de qçar à qçar. Les Ishiḥen forment environ 200 fusils.

Le district d'*Imerrân* appartient à la grande tribu, moitié sédentaire, moitié nomade, qui porte ce nom. Elle possède ce district sur l'Ouad Dâdes, occupe une vaste région au nord de cette rivière et étend ses tentes sur la partie occidentale du Djebel Saṛro. La portion de l'Ouad Dâdes possédée par les Imeṛrân se divise en quatre djemaạas : ce sont, en descendant la rivière, celles de Taṛzout Imeṛrân, d'Imasin, de Tamesraout, et d'Assaka. Elles ont chacune leur chikh el ạam et se gouvernent séparément. Les qçars sont tous sur les rives mêmes de l'ouad.

Le district d'*Aït Bou Delal* se compose d'une douzaine de qçars situés sur les bords de l'Ouad Dâdes : le principal d'entre eux est Zaouïa Sidi Felaḥ; on se sert quelquefois de son nom pour désigner tout le groupe dont il fait partie.

Les districts que nous venons d'énumérer sont, ainsi que le bassin entier de l'Ouad Dâdes, indépendants du sultan.

I. — District du Dâdes.

Voici les principaux qçars dont il se compose : tous sont sur les bords mêmes de l'Ouad Dâdes.

RIVE DROITE :

Aït Mesạoud	Aït Temouted.	30 fusils.
Iṛerm Melloul		40
Qçar Zida		60
Iṛerm n Imzil		200
Tiṛremt Aït Ạli ou Iaḥia		10
Tarmoucht	Aït Ouniṛ.	30
Aït Bou Iousef (3 qçars)	Aït Ḥammou.	60
El Ḥara		100
Tilmiouin (2 qçars)		40
Aït Mezber		100
Aït Kasi ou Ạli (3 tiṛremts)	Aït ou Allal.	150
Khemis Sidi Bou Iaḥia (marché)		
Qoubba Sidi Bou Iaḥia (qoubba isolée)		
Aït b Oulman		60
Amdnar	Iourtegin.	40
Ifri		50
Tiilit		60
Aït Bou Ḥeddou	Arbạ Mia.	
Imzouṛ		
Iṛerm n Igran		
Taourirt Izknasen		
Taourirt Izknasen		
Cheurfa Aït Bou Ạmran		
Aït Haroun		
Zaouïa Aït Bou Bekr		
Azdag		
Cheurfa Aït Bou Ạmran		
Zaouïa el Oustia Aït Bou Ạmran		
Cheurfa Aït Taltmanart		
Cheurfa Aït Bou Ạmran		

RIVE GAUCHE :

Aït Seliman	Aït Temouted.	50 fusils.
Akboub		30
Aït Iidir		20
Aït Slillo	Aït Ouniṛ.	100
Tiṛremt Aït Meract		10
Aït b Oumal		150
Tiṛremt Ḥamed	Aït Ḥammou.	20
Aït Ḥamed		20
Aït Ioud		20
Tiṛremt Aït Mezber		20
Aït Bou Bekr		20
Aït Bou Allal	Aït ou Allal.	60
Aït Ouzzin		50
Tagenza (Zaouïa Aït Sidi El Boṛdad)	Iourtegin.	30
Iattasen		50
Aseṛrin		20
Tiṛremt Kasi		20
Aït El Ḥaseïn		50

Imzouṛ	Arbạ Mia.	100 fusils
Zaouïa Fouqania Sidi Dris		
El Maḥch		
Zaouïa Sidi Dris		
Aït Aqqo ou Ạli		
Aït Haroun		
Aït Bou Bekr		
Azdag		
Zaouïa Aït Sidi Mouloud Fouqania		
Zaouïa Aït Sidi Mouloud Taḥtania		
Aït Ioul		
Aït Bou Bekr		

Les marchés du Dâdes sont : le Khemis Sidi Bou Iaḥia, l'Arbạa Imzouṛ, l'Arbạa Aït b Oumal.
Il y a au Dâdes deux mellaḥs.

II. — District d'Aït Iaḥia.

Il se compose des qçars suivants, tous situés dans la vallée de l'Ouad Dâdes, les uns sur ses rives mêmes, les autres sur celles de l'Ouad Imgoun, auprès de son confluent. C'est à Tagnit Ba Ḥammou d Aït Ṭaleb que cette rivière se jette dans l'Ouad Dâdes. Les qçars de la rive droite situés au-dessous de Tagnit sont donc sur l'Ouad Dâdes même; ceux qui sont au-dessus se trouvent sur l'Ouad Imgoun. Mais ces localités sont si rapprochées les unes des autres, si groupées que, bien que sur deux rivières différentes, elles sont toutes dans la vallée de l'Ouad Dâdes.

Voici les qçars dont l'ensemble forme le district d'Aït Iaḥia, dans l'ordre où on les trouve en descendant la vallée :

RIVE DROITE :

Tiṛremt Ifertioun.
Aït Er Râmi.
Ibaraḥen.
Aït Abbou.
Ilouaḥen.
Ikazzour.
Tagnit Aït Moḥo.
Tagnit Ba Ḥammou d Aït Ṭaleb.
Tiṛremt Aït El Ḥasen.
Tiṛremt Ouazen.
Aït Er Ridi.
El Ḥara.
Taourirt.
Aït Tazarin.
Tirigiout.
Ikeddaren.
Aït Igmad.

RIVE GAUCHE :

Zaouïa Ouad Zfal.
Aïlkemt.
Aït ou Addar.
Timichcha (8 qçars).

Pas de marché dans le district d'Aït Iaḥia.

Dans l'Aït Iaḥia, comme dans le Dâdes, les deux rives de l'ouad sont bordées d'un ruban non interrompu de cultures : mais elles sont un instant désertes entre les deux districts; à cet endroit, la rivière traverse une petite gorge inculte et inhabitée de 1 200 à 1 400 mètres de long : c'est la frontière.

III. — District d'Ishihen.

Tous les qçars qui composent l'Ishịhen sont sur les bords de l'Ouad Dâdes. Celui-ci a, sur toute la longueur du district, ses deux rives garnies d'une bande continue de cultures. Avant d'y entrer, il a été quelque temps désert : entre l'Aït Iahia et l'Ishịhen, il a traversé une gorge inculte et inhabitée qui forme frontière entre eux; la longueur de ce désert est égale à la distance de Taourirt à Asfalou (Todṛa). Voici les qçars dont se compose l'Ishịhen, dans l'ordre où on les trouve en descendant la rivière :

RIVE DROITE :

Tiṛremt Aït Sidi Ạli........	portant le nom collectif de Tiṛrematin Aït n Aglou.
» Aït ou Ben Ạli.....	
» Isso ou Mḥammed..	
» Ben Zizi...........	
» Ibaraḥen...........	
» Ibaraḥen Taḥtia....	
» Isso ou Ḥamed....	
» Ḥammou d Aït Ioub.	

Taria (1) Aït Ạmer.
Taria Aït Ạli ou Moḥa.
Taria Ben Sekri.
Tiṛremt Taria ạla sagia Imeṛrân.

RIVE GAUCHE :

Aït Bakhous.
Tiṛremt Issoun Ben Touda.
Tiṛremt Ạli Ḥeddou.
Tiṛremt Ḥeddou Nzaha (Aït Isso).
Tiṛremt Aït el Mạllem.
Tiṛremt Aït Ḥeddou.
Aït Iqqo.
Tiṛremt Aït Ḥeddou ou Saïd.
Tiṛremt Ousfia.

Distances : d'Aït Bakhous à Tiṛremt Ousfia, 2 fois comme de Taourirt à Tinṛir (Todṛa).
Aït n Aglou est en face d'Aït Bakhous.
Tiṛremt Taria ạla sagia Imeṛrân est en face de Tiṛremt Ousfia.

Il n'y a dans l'Ishịhen ni zaouïa, ni marché, ni Juifs.

IV. — District d'Imerran.

La portion de la grande tribu des Imeṛrân qui habite, sur l'Ouad Dâdes, ce district, auquel elle a donné son nom, comprend les qçars qu'on va lire, tous sur le cours même de la rivière. Les bords de celle-ci sont, dans tout le district, garnis d'une double bande de cultures qui ne s'interrompt qu'à un seul endroit et sur un très court espace, entre Tiṛremt Aït Brahim et Tiṛremt Aït Temoudout. Entre l'Ishịhen et l'Imeṛrân, la vallée est un instant déserte; l'ouad y traverse une petite gorge inculte et inhabitée : on l'appelle Khela Igrikan; elle forme la limite entre les deux districts. Ce désert a peu de longueur : autant qu'il y a de distance de Tamnougalt à Takatert.

(1) *Taria* veut dire château; ce mot a le même sens que celui de *tirremt*.

RIVE DROITE :

Aït Ḥammou ou Fekou............		25 fusils.
Tiṛremt El Ḥasen d Aït Isso.......		8
Tiṛremt Aït Assa................		12
Aït Ben Saïd....................		7
Talat n Tanout (Cherifs. 3 qçibas)...		12
Iaraben	Taṛzout.	8
Ali Aït El Ḥasen ou Saïd..........		2
Tiṛremt Ou Tmakecht............		3
Tiṛremt Saïd d Aït Lalla..........		8
Cheurfa Aït Moḥammed		15
Iṛrem Aqdim....................		20
Moulei Iousef d Aït Ba El Ḥasen....		20
Ifran Ali ou Reḥo................		3
Tiṛremt Moulei Es Sṛir...........		30
Tiṛremt Aït Abd Allah............	Imasin.	15
Aït Bou Meshaoul................		20
Cheurfa El Bour.................		40
Mesgoug		20
Tigemmi Tazouggart Aït El Ḥaseïn.		15
Tiṛremt Aït ou Aggoun..........	Tamesraout.	10
Tiṛremt Aït Brahim..............		20
Tiṛremt Aït Temoudout..........		40
Tiṛremt Bou Ouchchan...........	Assaka.	20
Tiṛremt Aït Kelb ou Ouchchen.....		20
Tiṛremt Azarif..................		12

RIVE GAUCHE :

Taleint Bou Ḥeddou..............		70 fusils.
Tiṛremt Iderdar.................		7
Tiṛremt Izeggaren...............		2
Tiṛremt Ḥammou d Aït Ali........		1
Tiṛremt Imi n Ichil..............		7
Agerd Oumerri..................		3
Agerd Aït Zaïneb................	Taṛzout.	4
Amerdoul (10 tiṛremts)...........		50
Aït Zaneṭ......................		12
Tiṛremt Aaraben................		8
Aït Gendou (4 tiṛremts)..........		50
Bou Iqba (8 tiṛremts)............		45
Amerdoul Aït Imi (8 tiṛremts)....		50
Tiṛremt Aït Ḥaddou ou Amr......		10
Tiṛremt Aït Moḥammed		20
Tiṛremt Idir Aït Temoudout......	Assaka.	12
Tiṛremt Aït Iddi Ikniouin.........		10
Tiṛremt Bou Tezouerin...........		8

Distances : d'Aït Ḥammou ou Fekou à Ifran comme deux fois de Taourirt à Tinṛir (Todṛa).
D'Ifran à Mesgoug comme de Tamnougalt à Asellim.
De Mesgoug à Tiṛremt Aït Brahim comme de Taourirt à Tinṛir.
De Tiṛremt Aït Brahim à Tiṛremt Aït Temoudout comme deux fois de Taourirt à Tinṛir.
De Tiṛremt Aït Temoudout à Tiṛremt Azarif comme de Tamnougalt à Asellim.

Entre Tiṛremt Aït Brahim et Tiṛremt Aït Temoudout, l'Ouad Dâdes traverse une petite gorge déserte : c'est le seul point de l'Imeṛrân où les rives en soient inhabitées.

Un marché, le Ḥad Imasin, au bord de la rivière, entre Mesgoug et Tiṛremt Aït Ạbd Allah. Point de Juifs.

V. — Affluents de l'Ouad Dâdes.

L'Ouad Dâdes a peu d'affluents sur sa rive gauche : ceux qu'il y reçoit sont peu importants et ont des cours déserts. Sur sa rive droite, au contraire, il en reçoit un assez grand nombre, et parmi eux de considérables. Beaucoup traversent des lieux habités : la région comprise entre l'Ouad Dâdes et le Grand Atlas est très peuplée.

Voici les quelques affluents dont nous avons pu savoir les noms : c'est une liste fort incomplète.

RIVE GAUCHE :

Ouad Tagmout. — (Ayant son confluent dans le Dâdes; cours désert.)

Ouad Aqqa el Medfa. — (Ayant son confluent dans l'Imeṛrân; cours désert.)

RIVE DROITE :

Achil Sidi Bou Iahia. — (Ayant son confluent à Qoubba Sidi Bou Iaḥia, dans le Dâdes.)

Ouad Imgoun. — (Ayant son confluent à Tagnit Ba Ḥammou d Aït Ṭaleb. Il arrose les territoires de plusieurs tribus; il fera l'objet d'un article spécial.)

Ouad Iserki. — (Ayant son confluent dans l'Aït Bou Delal). Il prend sa source dans le Grand Atlas et arrose successivement les qçars suivants appartenant à la tribu des Imeṛrân :

Dar Aït Iaḥia.
Oumm er Remman.
Dar Aït Moulei.
Tidrest.

De plus, entre Dar Aït Moulei et Tidrest, se trouvent, à une heure de distance de l'ouad, sur le flanc gauche de sa vallée, les quatre qçars suivants :

Tiflit.
Timtedit.
Iṛerm n Tizi.
Iṛerm Amellal.

Ils appartiennent aussi aux Imeṛrân.

Distances : de l'Ouad Iserki à Tikirt, une petite journée de marche.
De l'Ouad Iserki à Tizgi, une petite journée de marche.

Cette énumération est très incomplète : il y manque, entre autres, les rivières arrosant d'autres portions des Imeṛrân et celles de la grande tribu des Haskoura.

OUAD IMGOUN. — Il prend naissance au Djebel Tarkeddit, dans le Grand Atlas : en descendant, il arrose trois tribus dont il porte successivement les noms pendant qu'il est sur leurs territoires : on l'appelle d'abord Ouad Tourza Aït Sekri, puis Ouad Aït Ḥamed, enfin Ouad Imgoun. Le premier district qu'il traverse est celui de Tourza Aït Sekri; il se compose d'une certaine quantité de qçars qui appartiennent tous aux Imeṛrân : ce sont, en descendant :

Aït ou Aḥman (groupe de 7 qçars).	150 fusils.
Aït Daoud (groupe de 7 qçars).	200
Aït Mousa ou Daoud (groupe de 8 qçars).	200
Aït Toumert (groupe de 8 qçars).	150

De là il passe dans la tribu des Aït Ḥamed : il y arrose un assez grand nombre de localités; elles forment toute la tribu : celle-ci compte environ 700 fusils. Elle est isolée et indépendante.

Des Aït Ḥamed, il entre dans le territoire des Imgoun : il y arrose successivement les qçars suivants :

Agouti. . . . . rive droite.
El Ḥout. . . . . rive droite.
Bou Teṛrar. . . . . rive droite.
Aït Qlạa. . . . . rive gauche.
Tazrout.
Azrou.
Aït Ḥammou ou Iaḥia.
Cheurfa Iifar.
Iberroussen.
Tiṛremt Izouralen d Aït Ḥammou ou Iaḥia.
Tabarkhast.
Tazrout.
Ouarsdik.
Tabaouchit.
Aït Irmaḍ d Imgoun.
El Mirna.
Zaouïa Agerd.
Talmout.
Er Reken.
El Qlạa.
Ḥara Imroudas.
Aït Meṛrar.

Ces qçars, avec trois autres situés sur l'Ouad Aït Meraou, et dont nous parlerons plus bas, composent toute la tribu d'Imgoun. Au-dessous d'Aït Meṛrar, l'Ouad Imgoun n'arrose que les quelques localités du district d'Aït Iaḥia énumérées plus haut, puis il se jette dans l'Ouad Dâdes.

Distances : de l'Aït Iaḥia à Aït Meṛrar comme de Tiilit à Khemis Sidi Bou Iaḥia.
D'Aït Meṛrar à Aït Qlạa comme de Tiilit à Aït Iidir.
D'Aït Meṛrar à Bou Teṛrar comme de Tiilit à Aït Iidir.
De Bou Teṛrar à Agouti comme de Tiilit à Aït Iidir.
De Bou Teṛrar aux premiers qçars de Tourza Aït Zekri comme de l'Aït Iaḥia à Aït Iidir.

Il n'y a point de désert entre l'Imgoun et l'Aït Iaḥia : les rives de l'Ouad Imgoun sont, entre ces territoires comme dans chacun d'eux, bordées d'une ligne continue de cultures.

Il existe deux mellaḥs sur l'Ouad Imgoun, l'un et l'autre dans la tribu d'Imgoun.

Un marché, le Tlâta Imgoun.

AFFLUENTS. — L'Ouad Imgoun reçoit sur sa rive gauche l'Ouad Aït Meraou, qui s'y jette à Aït Qlạa.

Ouad Aït Meraou. — Il prend sa source dans le Grand Atlas, puis arrose le territoire des Aït Meraou : cette tribu se compose d'un certain nombre de qçars échelonnés sur les bords de l'ouad; elle compte 700 ou 800 fusils. Au-dessous des Aït Meraou, la rivière entre dans la tribu des Imgoun, où elle passe par les trois qçars suivants, avant de se jeter dans l'Ouad Imgoun :

Igourramen.
Taria Aït Meraou (très grand qçar; 200 fusils et 50 chevaux).
Timstiggit.

VI. — Renseignements sur quelques tribus au nord de l'Ouad Dâdes.

Les pentes du Grand Atlas, au nord de l'Ouad Dâdes, sont habitées par une population nombreuse. Elles appartiennent à plusieurs tribus dont les principales sont : à l'est, divers groupes des Aït Melṛad (subdivision des Aït Iafelman, qui sont eux-mêmes une fraction des Berâber); à l'ouest, les Imeṛrân et les Haskoura.

IMERRAN. — C'est une grande tribu pouvant mettre sur pied 3000 à 3500 fusils et 150 chevaux : elle est chleuḥa et ne parle que le tamaziṛt; elle est indépendante. Les Imeṛrân ont des tentes et surtout des qçars. Les tentes sont dans le Saṛro et sur les pentes méridionales du Grand Atlas. Les qçars forment un grand nombre de districts dont voici les principaux :

Imerrân (sur l'Ouad Dâdes; les qçars en ont été énumérés plus haut).

Tourza Aït Sekri (sur l'Ouad Imgoun; les qçars en ont été énumérés plus haut).

Ahel Ouad Iserki (sur l'Ouad Iserki; les qçars en ont été énumérés plus haut).

Igernan (situé à 2 jours de l'Imasin, à 2 j. du Telouet, à 3 j. de Demnât).

Ikandoul (ou *Kandoula*) (à 1 jour de l'Igernan, à 3 j. du Telouet, à 1 j. de l'Imasin : le chemin de l'Imasin traverse le Tizi n Taddart).

Aït Iahia ou Ali (à 2 jours de l'Imasin, à 1 j. de Demnât, tout près du Telouet).

Aït Hammou ou Ali (touche à l'Aït Iaḥia ou Ạli).

Zaouïa Aït Zerrouq (à 2 jours de l'Imasin, à 2 j. de Demnât, à 2 j. 1/2 du Telouet).

Aït Outfaou (à 1 jour 1/2 de l'Imasin, à 2 j. du Telouet, à 1/2 journée de Tourza Aït Sekri).

Tirrematin Igelmouz (4 qçars. — A 1 petite journée de l'Imasin, à 1/2 j. de Tourza Aït Sekri, à 1/2 j. de l'Aït Outfaou, à 2 j. du Telouet).

Targanada (à 1/2 jour de l'Imasin, à 1 j. 1/2 du Telouet, à 1 j. de Tourza Aït Sekri, à 1 j. de l'Ouarzazât).

Igli Aït Zarar (à 1 jour de l'Imasin, à 1 j. de Tourza Aït Sekri, à 1 j. de l'Ouarzazât).

Timicha (à 1 jour de l'Imasin, à 1 j. de Tourza Aït Sekri, à 1 j. de l'Ouarzazât; du district de Timicha à celui d'Igli Aït Zarar, même distance que d'Ourika à Ouriz; une rivière passe entre eux : l'Igli est sur la rive droite, le Timicha sur la gauche).

Tindout (sur la même rivière que le Timicha, mais plus bas : du Tindout au Timicha comme de Tesaouant à Ourika).

Les diverses fractions des Imeṛrân se gouvernent d'une manière identique : elles s'unissent par groupes plus ou moins nombreux, et chacun d'eux élit un chikh el ạam.

Il existe chez les Imeṛrân quatre mellaḥs : dans le Targanada, l'Igli Aït Zarar, le Timicha et le Tindout.

HASKOURA. — Les Haskoura sont une nombreuse tribu comprenant plus de 200 qçars.

VII. — Itinéraires.

1° *DE L'IMASIN A TOURZA AIT SEKRI.* — Pour aller de l'Imasin aux qçars de Tourza Aït Sekri, sur le haut Ouad Imgoun, on quitte l'Ouad Dâdes dès le départ et on gagne d'abord l'Ouad el Melḥ : ce dernier est une rivière qui prend sa source dans le désert de Timasinin, puis qui descend vers l'Imasin; avant d'y parvenir et d'atteindre l'Ouad Dâdes, elle déverse ses eaux dans une dépression nommée Issin Imaṛiren : il se forme là un vaste marais qui n'a pas d'écoulement et ne communique point avec l'Ouad Dâdes. Lorsque ce marais se dessèche, on ramasse beaucoup de sel dans son lit. On remonte ensuite l'Ouad el Melḥ jusqu'au Khela ̧Timasinin; on traverse ce désert : à son extrémité se trouvent la vallée de l'Ouad Imgoun et les qçars de Tourza Aït Sekri. — Il y a une journée et demie de chemin entre l'Imasin et Tourza Aït Sekri; la nuit se passe dans le désert, dans la plaine d'Azbed.

2° *COLS DANS LE GRAND ATLAS.* — Le Grand Atlas, quoique très élevé et presque toujours couvert de neige entre l'Ouad Dâdes et le bassin de l'Oumm er Rebiạ, est percé de plusieurs cols praticables toute l'année; quand les neiges couvrent l'un d'eux d'une couche trop épaisse, on attend huit, dix, quinze jours au village le plus rapproché, ou bien on essaie de passer par un autre : en aucune saison les relations ne sont interrompues entre les deux versants de la chaîne. Les quatre principaux cols sont, en allant de l'est à l'ouest :

Tizi ou Rijimt (chemin de l'Ouad Imgoun), Tizi Aït Imi (chemin de l'Ouad b Ougemmez), Tizi Tarkeddit, Tizi Amzoug.

Ouad Idermi.

I. — Ouad Idermi.

L'Ouad Idermi, dont la réunion avec l'Ouad Dâdes forme l'Ouad Dra, résulte du confluent de deux rivières : l'Ouad Iounil et l'Ouad Imini : ce confluent se trouve entre Tazentout et Tikirt. A peu de distance au-dessus de ces points, les deux cours d'eau avaient reçu, chacun sur leur rive droite, un tributaire d'une importance égale à la leur, savoir : l'Asif Marṛen, se jetant dans l'Ouad Iounil entre Tazleft et Tamdakht; l'Ouad Iriri, se jetant dans l'Ouad Imini entre Tizgzaouin et Imzouṛen.

Nous allons étudier séparément chacune de ces quatre rivières, puis nous passerons à l'Ouad Idermi.

1° *OUAD IOUNIL.* — On l'appelle aussi quelquefois Ouad Bou Felfoul. Les eaux en sont douces. Il prend sa source au Djebel Anṛemer; il passe d'abord par les villages de :

Tirza, Zaouïa Bou Felfoul.

Puis il entre dans le district d'Ounila, appelé aussi Iounilen, et y arrose successivement les villages de :

Iṛris, Aït Sidi Aïssa, Anmiṭer, Irounan, Timsal, Angelz, Tiourassin, Tiferoui (1).

De là il entre dans le district d'Assaka, où il arrose :

Timellilt, Tagendouzt, Tajegjit, Aït Ḥeddou, Aït Oumaziṛ, Bedaan, Tametkal, Zaouïa Igourramen, Aït Alla, Ida ou Tazert, And Aït Mesạoud (2).

Ensuite il passe dans le district de Tizgi, où il arrose :

Takerrat, Zaouïa Igourramen, Berda, Toṛora, Tizgi (3).

De là il passe dans celui d'Aït Zaïneb, où il arrose :

Tamakoucht, Achahod, Aït Fers, Tigert, Taïfst, Ouaounsemt, Tazleft, Tamdakht, Asfalou, Aït b Oulman, Aït Aïssa, Itelouan, Agilan, Taselmant, Tabouraḥt, Tazentout (4).

Sur tout son cours, depuis Zaouïa Bou Felfoul jusqu'à Tazentout, ses deux rives sont cultivées. Il a généralement de l'eau toute l'année.

La réunion des deux villages de Tazleft et de Tamdakht, entre lesquels l'Asif Marṛen se jette dans l'Ouad Iounil, porte le nom de Teççaïout.

Les villages de cette région ont en moyenne de 200 à 300 habitants; Tizgi peut en avoir 500 ou 600; Tiourassin, la première Zaouïa Igourramen, Aït Aïssa et Tikirt, de 600 à 800.

La portion de désert s'étendant entre Itelouan (Ouad Iounil) et le Tammast (Ouad Idermi) porte le nom de Khela Afella Ifri.

2° *ASIF MARREN.* — On l'appelle aussi Ouad el Melḥ et Ouad Tamdakht. Ses eaux sont douces dans son cours supérieur, jusqu'à Imirṛen : là elles traversent de grands gisements de sel et deviennent sa-

(1) Ces villages forment la totalité du district d'Ounila.
(2) Ces villages forment la totalité du district d'Assaka.
(3) Ces villages forment la totalité du district de Tizgi.
(4) Le district d'Aït Zaïneb se compose : 1° des villages que nous venons d'énumérer, 2° de ceux que nous mentionnerons plus loin sur le cours de l'Ouad Imini.

lées. Il prend sa source dans le Grand Atlas, à l'ouest du Djebel Anremer : de là il traverse d'abord la plaine du Telouet, y recevant sur sa rive droite plusieurs petits affluents, au bord desquels se trouvent la plupart des villages du district.

Dans le Telouet, l'Asif Marren arrose successivement :

Adhaa, rive droite; Imi n Zgi, rive droite; Imirren, rive droite.

Entre ces deux derniers points, il y a un court désert. Après Imirren, la rivière sort du Telouet. Elle traverse le désert d'Assaka Ourami.

Puis ses bords se couvrent de cultures, et elle arrose :

Timountout Fouqia (avec une source d'eau douce, Aïn Amezouar), rive droite; Timountout Tahtia, rive droite.

Ces deux villages forment un district séparé : au-dessous, elle rentre dans un désert, celui d'Aounkou. Elle arrose ensuite un village isolé :

Tadellast, rive gauche.

Nouveau désert, puis autre village isolé :

Ankhessa (qoubba et zaouïa vénérées).

Nouveau désert jusqu'à Teççaïout : là elle entre dans le district d'Aït Zaïneb, et, avec Tazleft sur sa rive gauche, Tamdakht sur la droite, elle se jette dans l'Ouad Iounil.

L'Asif Marren a habituellement de l'eau dans son cours inférieur, d'Imirren à Teççaïout; au-dessus d'Imirren, il n'en a que rarement, au moment des grandes pluies ou à celui de la fonte des neiges : l'eau des ruisseaux qui devraient l'alimenter dans cette région est retenue pour l'irrigation du Telouet.

Le district du Telouet se compose des villages ci-dessous, dont trois sont situés sur le cours de l'Asif Marren, les autres sur des affluents de sa rive droite :

Tasga, Tarilast, Aït Hammou ou Ali, Aït Baddou, Tabougoumt, Toumjoujt, Iril el Abian, Tamerranist, Areg, Haïndaken, Imaounin (appelé aussi Dar el Glaoui et Dar el Qaïd), Aachoun, Adaha, Imi n Zgi, Imirren.

Dans cette énumération, on a commencé par les villages du bassin supérieur, en descendant progressivement à ceux des affluents inférieurs. Entre Tarilast et Aït Hammou ou Ali, se trouve la qoubba isolée de Sidi Mançour ou Hamed. A Imirren sont de vastes gisements salins : on y extrait le sel par grandes dalles semblables à celles du Tâdla.

AFFLUENT. — L'Asif Marren ne reçoit qu'un affluent, encore est-il de peu d'importance : c'est l'Ouad Tichka; il descend du col de ce nom et se jette sur la rive droite de la rivière à Imirren.

3° ***OUAD IMINI.*** — On l'appelle aussi Ouad Tidili. Les eaux en sont douces. Il prend sa source au Djbel Tidili. Puis il entre dans le district de Tidili, où il arrose successivement une quinzaine de villages (1) dont les principaux sont :

Timjdout, Sour, Dir, Igadaïn, Ilrman, Timzrit, Timkist, Asell.

Il passe de là dans le district de Tizgi n Ouzalim, où il arrose environ dix villages (2).

Il s'engage ensuite dans le district d'Imini, où il arrose successivement :

Iflilt, Iril, Tagnit, Afella Isli, Taourirt, Taskoukt, Amerzeggan, El Medina (3).

Il entre enfin dans le district d'Aït Zaïneb, où il arrose :

Tadoula, Tizgzaouin, Imzouren, Aït Bou Mhind, El Mellah, Zaouïa Sidi Ahmed, Tikirt.

Sur tout son cours, depuis Timjdout jusqu'à Tikirt, l'Ouad Imini est cultivé.

L'Ouad Imini et l'Ouad Iriri coulent de même manière que l'Ouad Iounil : les villages sont exclusivement sur leurs bords, et le fond seul de leurs vallées est cultivé. Ces vallées sont semblables à celle de l'Ouad Iounil, fort étroites et fort encaissées jusque auprès de leur confluent, et s'élargissant

(1) Composant la totalité du district.
(2) Composant la totalité de ce district.
(3) Ces villages forment la totalité de l'Imini.

à son approche. Entre elles, comme entre l'Ouad Iounil et l'Asif Marren, et comme entre l'Asif Marren et l'Ouad Imini, le désert est absolu. Le désert qui s'étend de l'Ouad Imini à l'Asif Marren s'appelle Khela Tamrart.

Le principal village du Tidili est Timjdout; le principal de l'Aït Zaïneb est Tikirt : il n'y en a point de marquant dans l'Imini.

AFFLUENT. — Hors l'Ouad Iriri, l'Ouad Imini ne reçoit qu'un affluent : l'Ouad Tamanat, petit cours d'eau sans importance descendant du col du même nom et se jetant sur sa rive gauche dans le Tidili.

4° ***OUAD IRIRI.*** — Les eaux en sont douces. Il prend sa source dans le Siroua. De là il entre dans la tribu des Ikhzama, tribu portant aussi quelquefois le nom d'Aït ou Zgid, où il arrose successivement les trois villages suivants :

Tesakoust, Tourtit, Aït Nbdaz (1), rive droite.

Puis il entre dans un désert, où il coule pendant un certain temps.

De là il passe dans la tribu des Aït Abd Allah, où il arrose :

Azreg, Tagouïamt, Tasrekht (2).

Puis il traverse le désert de Bou Izri.

En sortant de là, il entre dans la tribu des Aït Touaïa, où il arrose :

Tazeggert, Taoura, Seroub, Aït Bou Khtir, Ansekki, Zaouïa Iggourramen (3).

De là il se jette dans l'Ouad Imini, un peu au-dessus d'Imzouren.

Distances :	de Tikirt à Tazeggert (pas de désert)	3 heures.
	De Tazeggert à Tasrekht (désert).	1/2 jour.
	De Tasrekht à Azreg (pas de désert).	1/2 heure.
	D'Azreg à Aït Nbdaz (désert).	4 heures.
	D'Aït Nbdaz à Tesakoust (pas de désert).	3/4 d'heure.

AFFLUENTS. — L'Ouad Iriri reçoit deux affluents, l'un et l'autre sur sa rive gauche. Le premier est l'Ouad Amasin, s'y jetant entre Tesakoust et Tourtit; le second, l'Ouad Bou Igouldan, s'y jetant un peu au-dessous de Tourtit.

OUAD AMASIN. — Il prend sa source au Tizi n Ougdour. Il coule dans le désert jusqu'au village d'Amasin, l'un des principaux des Ikhzama. Il reste sur le territoire de cette tribu jusqu'à son confluent, sans arroser d'autre lieu habité.

Distances :	d'Amasin à Tesakoust.	3 heures.
	D'Amasin à Tizi n Ougdour.	1 heure 1/2.

OUAD BOU IGOULDAN. — Il prend sa source dans le désert de Bou Igouldan. De là il passe dans la tribu des Aït Marlif, où il arrose 8 ou 10 villages dont les principaux sont :

Arbar, Agdour, Almid, Tlemsen, Tagdourt n Touda, Aït Tagdourt.

Puis il passe, pour n'en plus sortir, sur le territoire des Ikhzama, où il arrose le village d'Ourti, le seul de cette tribu qui soit sur son cours.

Les Aït Marlif reconnaissent nominalement la suprématie de Mohammed ou Abd Allah, l'un des chikhs des Aït Tameldou. Leur tribu ne se compose que des villages qu'elle possède sur l'Ouad Bou Igouldan.

Distance : de Tourtit à Aït Tagdourt (sans passer par Ourti, qui est dans un coude de la rivière). . . . . . . 1 heure 1/2.

OUAD IDERMI. — Aussitôt après le confluent des deux rivières qui le forment, il s'enfonce dans une gorge étroite et déserte, appelée Khela Assaka, ayant pour flanc droit une haute croupe rocheuse très escarpée, Irrem n Ououl. Ce défilé forme la limite entre le district d'Aït Zaïneb et celui d'Ouar-

(1) Le territoire des Ikhzama s'étend sur une partie du cours de trois rivières, savoir : l'Ouad Iriri, l'Ouad Amasin, l'Ouad Bou Igouldan.

(2) Ces villages forment la totalité de la tribu.

(3) Ces villages forment la totalité de la tribu.

zazât. Après l'avoir franchi, l'Ouad Idermi entre dans ce dernier. Pendant tout le temps qu'il y demeure, il coule à l'ombre des palmiers et au milieu de riches villages. Le Ouarzazât se décompose en 3 subdivisions : il les traverse l'une après l'autre.

Il arrose d'abord celle de Tammast, où il baigne successivement les villages et les qçars de :

Tiffoultout	rive gauche.
Aran	rive droite.
Aït Iousef ou Talil	rive gauche.
Tamasint	rive gauche.
Taṛramt	rive droite.
Fedragoum	rive gauche.

De là il passe dans celle de l'Ouarzazât proprement dit, où il arrose :

Zaouïa Sidi Otman (grand village de 300 familles)	rive droite.
Tamerzast	rive gauche.
Tabount	rive droite.
Tigemmi Djedid	rive droite.
Tadja	rive droite.
Taourirt	rive gauche.
Tazrout	rive droite.
Tenmasla	rive droite.
Qoubba Sidi Daoud (qoubba isolée, sans village)	rive gauche.
Aït Kedif	rive gauche.
Talet	rive droite.
Aourz	rive gauche.

Puis il passe dans celle de Ṛalil, où il arrose :

Tademricht (grand village avec zaouïa)	rive gauche.
Ḥebib	rive droite.
Ṛalil	rive droite.

Là finit l'Ouarzazât. L'Ouad Idermi rentre dans le désert et y reste jusqu'au point où, s'unissant à l'Ouad Dâdes, il forme l'Ouad Dra. Ce désert s'appelle Khela Timikirt.

Les trois subdivisions et les villages que nous venons d'énumérer forment la totalité de l'Ouarzazât. Ce district est soumis au sultan, et surtout au qaïd des Glaoua, qui, fonctionnaire du makhzen au Telouet, est ici chef héréditaire. Il exerce son pouvoir avec douceur, à la façon des chikhs de Tikirt et de Tazenakht; aussi s'aperçoit-on à peine dans le Ouarzazât qu'on est en blad el makhzen. Au-dessous de lui, trois chikhs, dont les ressorts ne répondent pas tout à fait aux trois subdivisions du pays, se partagent l'autorité. Ce sont : Chikh El Ḥoseïn ould Amṛar Mḥind, résidant à Tiffoultout; un fils du qaïd des Glaoua, Chikh Ḥammadi, à Taourirt; Chikh Ḥamma Ali, à Tenmasla.

Il n'y a qu'un marché dans l'Ouarzazât : le Khemis Sidi Otman. Les marchés sont fort rares dans ces régions : dans le bassin entier de l'Ouad Idermi, on n'en compte que trois, le tenin de Telouet, le khemis de Ouarzazât et le khemis de Tazenakht.

Il y a 7 mellaḥs dans l'Ouarzazât. Les Juifs sont nombreux dans ces contrées : il existe 44 mellaḥs dans le bassin de l'Ouad Idermi; ils se répartissent de la manière suivante : Assaka (Ouad Iounil), 3 mellaḥs; Tizgi (Ouad Iounil), 1; Aït Zaïneb, 6; Telouet, 4; Tidili, 7; Imini, 4; Ikhzama, 2; Aït Touaïa, 1; Aït Marlif, 2; Ouarzazât, 7; Aït Amer, 2; Zenâga, 3; Iṛels, 1; Tammasin, 1.

Distances :	de Tikirt à Tiffoultout	2 heures.
	De Tiffoultout à Taourirt	1 heure.
	De Taourirt à Ṛalil	1 heure.
	De Ṛalil à Afella n Dra (Ouad Dra)	1 jour.

AFFLUENT. — L'Ouad Idermi ne reçoit qu'un affluent important, l'Ouad Aït Tigdi Ouchchen, se jetant sur sa rive droite au lieu appelé Bin el Ouidan, dans le désert de Timikirt. Cette rivière est presque aussi considérable que l'Ouad Idermi lui-même.

II. — Ouad Aït Tigdi Ouchchen.

L'Ouad Aït Tigdi Ouchchen, qui se jette sur la rive droite de l'Ouad Idermi entre le Ouarzazât et le Dra, est formé de la réunion de deux rivières, l'Ouad Tazenakht et l'Ouad Azgemerzi. Leur confluent se trouve dans la tribu des Aït Tigdi Ouchchen, au village d'Assaka.

1° *OUAD TAZENAKHT.* — Il est formé lui-même de la jonction, à Imdrer Taḥtani, de trois cours d'eau, l'Ouad Siroua, l'Ouad Ta n Amelloul et l'Ouad Tasrirt : nous allons décrire ces trois rivières, puis nous passerons à l'Ouad Tazenakht.

OUAD SIROUA. — Il prend sa source dans le mont Siroua. Il coule d'abord dans le désert, puis entre dans la tribu des Aït Ouarrda; il y arrose successivement les villages suivants :

Temsasar, Taloust, Imirleïn, Areg, Temouddat.

Puis il passe dans le district d'Amara, dépendance de celui de Tazenakht, dans lequel on le confond quelquefois; il y arrose :

Imdrer Fouqani, Imdrer Taḥtani.

A ce dernier point, il s'unit aux deux autres rivières pour former l'Ouad Tazenakht.

Distance : d'Imdrer Taḥtani à Temsasar. . . . . 1/2 jour.

OUAD TA N AMELLOUL. — Il prend sa source dans le désert de Ta n Amelloul. De là il entre dans la tribu des Aït Ouarrda, où il arrose successivement les villages de :

Afella ou Asif, Tazrout, Tafrent, Tamjerjt, Nekeb Fouqani, Nekeb Taḥtani.

Puis il passe dans le district d'Amara et coule, sans rencontrer de lieu habité, jusqu'à Imdrer Taḥtani, où il se réunit aux ouads Siroua et Tasrirt.

Distances : d'Imdrer Taḥtani à Afella ou Asif. . . . . 4 heures.
D'Imdrer Taḥtani à Tamjerjt. . . . . 1 heure 1/2.

OUAD TASRIRT. — Il prend sa source dans le Khela Tasrirt. Après avoir coulé longtemps dans le désert, il entre dans le district d'Amara, où il arrose l'un après l'autre les villages de :

Tamzerra (avec la qoubba de S. El Ḥasen Ali), Ansera.

En face d'Imdrer Taḥtani, il se réunit aux deux autres rivières.

Distances : d'Imdrer Taḥtani à Tamzerra. . . . . 3 heures.
De Tamzerra au Khela Tasrirt. . . . . 1/2 jour.

OUAD TAZENAKHT. — On lui donne aussi le nom d'Ouad Aït Ouzanif. Au-dessous d'Imdrer Taḥtani, il continue d'abord à couler dans le district d'Amara; il y arrose successivement les villages de :

Imreld, Tareddout.

Puis il passe dans le district de Tazenakht, où il baigne :

Taourirt, Adreg, Tagadirt Aït Daoud, Tagadirt Aït Atto, Tazenakht, Tazrout.

De là il passe dans la tribu des Aït Tigdi Ouchchen, où il s'unit, à Assaka, à l'Ouad Azgemerzi.

Distances : de Tazenakht à Imdrer Taḥtani. . . . . 4 heures.
De Tazenakht à Assaka. . . . . 1/2 heure.

Les villages du Tazenakht et de l'Amara que nous avons énumérés sur ces différents cours d'eau composent la totalité de ces districts.

La tribu des Aït Ouarrda ne comprend qu'un village en plus de ceux que nous avons mentionnés : ce village est Amasin, situé entre les ouads Siroua et Ta n Amelloul, à 3 heures de Temsasar et à 1 heure et demie de Tamjerjt. Les Aït Ouarrda sont une tribu tamazirt (chleuha) indépendante. Aucun lien ne les unit à leurs voisins. Les plus importants de leurs villages sont Tamjerjt, Afella ou Asif, Tazrout.

Les points où prennent leur source les trois rivières dont est formé l'Ouad Tazenakht demandent quelques explications. Le Djebel Siroua appartient, le versant est aux Aït Ouarrda, le versant sud aux Aït Oubial, le versant ouest aux Aït Tedrart. Le Khela Ta n Amelloul s'étend entre les Aït Ouarrda et les Aït Oubial, le Khela Tasrirt entre les Zenâga et les Seketâna. Ces deux déserts, qui se font suite, s'étendent depuis le Siroua jusqu'au Petit Atlas; c'est dans leurs solitudes, série de plateaux rocheux, qu'est la ligne de partage des eaux entre les deux bassins du Sous et du Dra.

2° *OUAD AZGEMERZI.* — On lui donne aussi le nom d'Ouad Ifenouan. Il prend sa source dans le voisinage du col d'Agni, sur le territoire des Zenâga. Il arrose successivement dans cette tribu les villages suivants :

Isil, Tazoult, El Kharbt, Terga, Tamarouft, Ifenouan.

De là il passe sur le territoire des Aït Amer, où il arrose :

Temdaouzgez, Taloust.

Enfin il s'unit à l'Ouad Tazenakht un peu au-dessous d'Assaka.

Distances :	de Taloust à Temdaouzgez.	3 heures.
	D'Assaka à Taloust.	1/2 heure.

AFFLUENTS. — L'Ouad Azgemerzi reçoit deux affluents importants, l'un et l'autre sur sa rive gauche : l'Ouad Tiouiin, s'y jetant à Temdaouzgez, et l'Ouad Timjijt, s'y jetant à quelques pas au-dessus de Taloust.

Ouad Tiouiin. — Il prend sa source dans le désert de Tasrirt. Il y demeure jusqu'au moment où, à Kerkda, il débouche dans la plaine des Zenâga; il y arrose les villages suivants, tous de cette tribu :

Kerkda, Agelmim, Aït Mesri, Atres, Tiouiin.

De Tiouiin, les bords en sont inhabités jusqu'à Temdaouzgez, où il entre dans le territoire des Aït Amer et se jette dans l'Ouad Azgemerzi.

Distances :	de Kerkda à Aït Mesri.	1 heure 1/2.
	D'Aït Mesri à Atres.	3 heures.
	D'Atres à Tiouiin.	1 heure 1/2.
	De Tiouiin à Temdaouzgez.	8 heures.

Ouad Timjijt. — Il prend sa source dans le désert de Tasrirt. En sortant de là, il entre dans la plaine des Zenâga, où il arrose d'abord les villages suivants, qui font partie de leur territoire :

Igjgan, Tilsekht, Itkhisen, El Aïn Aït Hamed, Zaouïa Sidi El Hoseïn.

Puis il passe sur les terres des Aït Amer, où il arrose successivement :

Zaouïa Sidi Abd Allah ou Mhind, El Aïn Igourramen, Aït Ali ou Ious, Agdal, Aït ou Ansera, Aït Allioun, Tizi, Asersa, Talmodat.

Enfin il se jette dans l'Ouad Azgemerzi.

Les quatre villages d'Aït Ali ou Ious, Agdal, Aït ou Ansera, Aït Allioun, sont compris sous la dénomination collective de Timjijt.

Distances :	de Taloust à Aït Allioun.	2 heures.
	D'Aït Ali ou Ious à Igjgan	4 heures.

REMARQUES SUR LES TRIBUS. — Les deux principales tribus du bassin de l'Ouad Azgemerzi sont les Aït Amer et les Zenâga.

Aït Amer. — Leur territoire comprend uniquement des villages que nous avons énumérés plus haut. Parmi eux se remarque une zaouïa fort influente dans la contrée, celle de Sidi Abd Allah ou Mhind. Le chef actuel en est Sidi Hamed ou Abd er Rahman, descendant du saint. Il possède, outre le village de la zaouïa, celui d'El Aïn Igourramen.

Zenaga. — Cette tribu se compose des villages mentionnés sur les ouads Azgemerzi, Tiouiin, Timjijt, et d'un certain nombre d'autres situés entre ces cours d'eau. Ceux-ci sont la plupart sur de petits affluents des trois rivières principales, ou sur des canaux qui en dérivent. Tous se trouvent dans la grande plaine des Zenâga. Les principaux d'entre eux sont :

Azdif, Taleouin (entre Azdif et Aït Mesri), Ougins (à 3 heures d'Azdif), Toudma (à 4 heures d'Ougins), Aït Ersal (à 3 heures de Toudma, sur un ruisseau tributaire de l'Ouad Azgemerzi), Bettal (à 1 heure et demie d'Aït Ersal), Aït Khouzoud (à quelque distance de Tazoult), Angalf (à l'ouest de Tazoult).

De ces villages, le plus important est Azdif.

3° **OUAD AIT TIGDI OUCHCHEN.** — Dès le point où il se trouve formé, par la réunion des ouads Tazenakht et Azgemerzi, il entre dans la tribu des Aït Tigdi Ouchchen : il y arrose successivement les villages de :

Assaka, Tafounent, Tislit Aït Tigdi Ouchchen, El Bordj (1).

Puis il sort de cette tribu : un peu plus loin il arrose Tagentout.

Au delà, on ne trouve plus qu'un seul point habité sur son cours : c'est Fint, village isolé, reconnaissant la suzeraineté du qaïd de l'Ouarzazât. A Fint, les palmiers reparaissent.

AFFLUENTS. — L'Ouad Aït Tigdi Ouchchen a deux affluents principaux; il les reçoit l'un et l'autre sur sa rive gauche; ce sont : l'Ouad Aït Semgan, s'y jetant à Tislit; l'Ouad Iṛels, s'y jetant à Fint.

OUAD AIT SEMGAN. — Il prend sa source au Siroua; il s'engage d'abord dans le district des Aït Semgan, où il arrose successivement les villages de Aït Iṛmor, Idrar, Aït Tigga.

De là il passe dans celui de Tammasin, où il baigne : Tinzalin, Ḥelouqt, Tislit Tammasin.

Au-dessous de Tislit, il entre dans le désert d'Iseldeï, où il reste jusqu'à son confluent avec l'Ouad Aït Tigdi Ouchchen.

Distances : les 3 villages des Aït Semgan sont groupés au pied même du Siroua.

Des Aït Semgan à Tinzalin.	4 heures.
De Tinzalin à Ḥelouqt.	1 heure.
De Ḥelouq à Tislit Tammasin.	3 heures.
De Tislit Tammasin à Tislit Aït Tigdi Ouchchen.	6 heures.

AFFLUENTS. — L'Ouad Aït Semgan a deux affluents : l'Ouad Bachkoum, se jetant sur sa rive droite à Ḥelouqt, et l'Ouad Asdṛem, se jetant sur sa rive gauche à Tislit Tammasin.

Ouad Bachkoum. — Il prend sa source dans le Khela Bachkoum et se jette dans l'Ouad Aït Semgan sans avoir arrosé un seul lieu habité. Il reste tout le long de son cours dans le désert.

Distance : de Ḥelouqt au Khela Bachkoum. . . . . 4 heures

Ouad Asdrem. — Il prend sa source dans le désert d'Asdṛem; il arrose successivement les villages suivants, du district de Tammasin : Tamaziṛt, Tamellakout, Ez Zaouïa, Aït Mekraz, Enzel.

De là il se jette à Tislit dans l'Ouad Aït Semgan.

Distances : du Khela Asdṛem à Tamaziṛt.	1 heure.
De Tamaziṛt à Tislit Tammasin.	3 heures.

OUAD IRELS. — Il prend sa source sur le territoire des Ikhzama, dans les montagnes qui forment le flanc droit de l'Ouad Iriri. De là il entre dans le désert de Tazga Asdṛem, situé au nord de celui d'Asdṛem. Après l'avoir traversé, il passe dans le district de Tammasin, où il arrose le village de Indiout.

De là il rentre dans le désert, où il reste jusqu'au groupe isolé d'Iṛels; il en arrose les deux qçars : Iṛels et Tamaïoust.

Puis il coule de nouveau dans le désert; il y demeure jusqu'à Fint, où il se jette dans l'Ouad Aït Tigdi Ouchchen.

A Iṛels commencent les dattiers : il n'y en a point dans le district de Tammasin. Celui-ci se compose exclusivement des villages mentionnés sur une partie des cours des ouads Aït Semgan, Asdṛem et Iṛels; il reconnaît l'autorité du Zanifi.

Distances : de la frontière des Ikhzama à Indiout.	3 heures 1/2.
D'Indiout à Iṛels.	1/2 jour.
D'Iṛels à Fint.	1 heure 1/2.

(1) Ces villages forment la totalité de la tribu.

III. — Itinéraires.

1° *DE L'OUAD IOUNIL A L'ASIF MARREN.* — Un chemin conduit de Zaouïa Bou Felfoul à Tabougoumt (Telouet).

Distance : 2 heures de marche dans le désert.

2° *DU TELOUET A TIKIRT.* — On peut faire ce trajet en descendant le cours de l'Asif Marren : ce chemin est un peu plus court que celui de l'Ouad Iounil; mais les déserts qu'il traverse le rendent plus dangereux : aussi est-il beaucoup moins fréquenté.

3° *DE TAZENAKHT AUX AIT MARLIF.* — Le chemin est le suivant :

De Tazenakht au Tammasin.	8 heures.
Du Tammasin à Tesakoust (Ouad Iriri).	5 heures.
De Tesakoust à Tourtit..	1/2 heure.
De Tourtit à Tagdourt n Touda (Aït Marlif).	1 heure 1/2.

4° *DE TIKIRT A TAZENAKHT.* — Au départ de Tikirt, on s'engage dans le désert de Tilzir. On y reste jusqu'à :

Tilzir (qçar isolé). . . . . 1 heure.

De là on rentre dans le désert, où on demeure jusqu'à :

Tisili (qçar isolé). . . . . 2 heures.

On y reste de nouveau jusqu'à :

Tislit Tammasin. . . . . 3 heures.

De là on passe dans le désert de Bachkoum, puis dans celui de Tala qui lui fait suite : une source d'eau vive sert de borne entre eux.

On aboutit à : Adreg (sur l'Ouad Tazenakht).

Distance : de Tislit Tammasin à Tazenakht. . . . . 1 jour.

5° *DE TIKIRT AU MEZGITA.* — Il y a trois chemins principaux :

A. — En quittant Tikirt, on descend le cours de l'Ouad Idermi jusqu'à l'extrémité sud du Ouarzazât. A Ḥalil, on s'en écarte un peu et on le longe dès lors à quelque distance, dans le désert de Taria. On y marche durant toute une journée : au bout de ce temps, on arrive à l'Ouad Dra, aux villages d'Afella n Dra.

C'est le nom d'une subdivision du Mezgita.

B. — En quittant Tikirt, on descend le cours de l'Ouad Idermi jusqu'à Tenmasla (Ouarzazât). Là on le quitte et, sans rencontrer aucun lieu habité, on traverse successivement trois déserts, ceux d'Irir el Ḥadj, d'Aïn n Zeggert et d'Izezgir. Puis on arrive à Aït Saoun (village isolé, allié au Mezgita. Les dattiers n'y apparaissent pas encore).

De là on traverse l'un après l'autre deux déserts, ceux d'Irf n Isli et d'Ouaourmest : au bout de celui-ci, on trouve le Mezgita, où on débouche à Agdz.

Distances : de Tenmasla à Aït Saoun. . . . . 1 jour.
D'Aït Saoun à Agdz. . . . . 2 heures.

C. — De Tikirt à Tagenzalt. Là on s'engage dans le Khela Tifernin, où l'on marche durant une journée entière. Au bout de ce temps on arrive à Aït Semgan (qçar unique de 400 familles; il est isolé; il n'a aucun rapport avec la tribu qui habite l'Ouad Aït Semgan. Beaucoup de dattiers).

De là on passe successivement par : Tesaouant (des Aït Ḥammou), Zaouïa Ouzdiin, Iouriken (groupe de deux villages appelés chacun Ourika, situés l'un sur l'Ouad Tamtsift, l'autre à quelque distance de cette rivière, dans les collines formant le flanc gauche de sa vallée).

Enfin on parvient à l'Ouad Dra à Agdz (Mezgiṭa).

Distance : d'Aït Semgan à Iouriken. . . . . 1/2 jour.

6° *DE TAZENAKHT AU MEZGITA.* — Au sortir de Tazenakht, on entre dans le Khela Isidan ; désert pierreux; pas de rivières : il fait partie du territoire du Zanifi. On y marche durant un jour. Puis on parvient au qçar de Tarokht (sur l'Ouad Tamtsift; zaouïa; dattiers).

On suit le cours de l'Ouad Tamtsift : on arrive à :

Tasla Aït Brahim (dattiers). 1 heure.

Jusque-là on est resté sur le territoire du Zanifi : on le quitte ici ainsi que l'Ouad Tamtsift. On atteint :

Aït Semgan (qçar isolé; dattiers). . . . . 1 heure.

Puis on revient à l'Ouad Tamtsift, qu'on retrouve au qçar de Tesaouant (appartenant aux Aït Ḥammou, fraction des Oulad Iaḥia).

De là on suit l'Ouad Tamtsift jusqu'à son confluent avec le Dra, entre Agdz et Ouriz (Mezgiṭa). On passe, chemin faisant, par deux points habités, Ida ou Geṇad et Ourika. En dehors de la route, à 2 ou 3 heures au sud d'Ida ou Genad, se trouve, dans la montagne, le grand qçar d'El Feggara : il appartient aux Oulad Iaḥia.

7° *DE TAZENAKHT A TISINT.* — Il y a trois chemins entre ces deux points :

Le premier, à l'est, franchissant le Petit Atlas au Tizi Agni ;

Le second, à l'ouest, le franchissant au Tizi n Haroun ;

Le troisième, entre les deux précédents, le franchissant au Tizi n Baroukh.

2° BASSIN MOYEN DU DRA.

La réunion des ouads Dâdes et Idermi au Kheneg Tarea forme le fleuve connu sous le nom d'Ouad Dra. Le cours en est d'abord resserré entre les flancs du Petit Atlas qu'il traverse; puis la vallée s'élargit; au-dessous de Tamegrout, il perce une dernière chaîne de montagnes, le Bani; ensuite il entre en plaine. Jusqu'au Bani, la direction du Dra est du nord-ouest au sud-est. Au delà elle paraît être de l'E.-N.-E à l'O.-S.-O. Du Kheneg Tarea au Bani, les bords du fleuve sont, sans interruption, couverts de palmiers et de qçars. Ils sont divisés en plusieurs districts, chacun uniquement composé des rives de l'ouad; ce sont : le Mezgiṭa, l'Aït Seddrât, l'Aït Zeri, le Tinzoulin, le Ternata, le Fezouata. Au delà du Bani les bords du Dra se garnissent encore à deux reprises de dattiers et d'habitations : il s'y forme ainsi deux derniers districts, le Qtaoua et El Mḥamid, semblables aux précédents, mais séparés d'eux et isolés l'un de l'autre par de courts déserts. Au delà d'El Mḥamid, l'Ouad Dra est désert jusqu'à son embouchure dans l'Océan. C'est dans cette vaste portion inhabitée de son cours qu'il traverse le Debạïa et forme les mạders dont nous parlerons plus bas. L'ensemble des parties peuplées de ses rives, composé des huit districts énumérés ci-dessus, porte le nom de *Blad Dra* ou *Dra*. C'est de cette région que nous allons nous occuper.

Dans le Mezgiṭa, l'Ouad Dra coule en une vallée étroite, de 1 500 mètres de largeur moyenne, encaissée entre deux flancs élevés et rocheux. Dans l'Aït Seddrât, l'Aït Zeri et le Tinzoulin, la vallée est la même qu'au Mezgiṭa : elle demeure ainsi jusqu'à El Douirat (Ternata). A partir de là, elle s'élargit : le flanc droit reste contre le fleuve; mais le flanc gauche s'en écarte beaucoup. De Beni Zouli à Mançouria, il y a entre les deux flancs la distance de Tamnougalt à Tesaouant. Les qçars et les cultures sont toujours uniquement au bord de l'ouad : dans la vallée ainsi élargie, le désert seul règne entre le fleuve et le flanc gauche. Dans tout le Dra il en est de même : l'ouad au milieu; dans son lit, cultures et palmiers, ainsi que sur ses rives; en dehors des plantations, à leur lisière, les qçars; au delà, le désert. Au-dessous de Mançouria, la vallée s'étend encore : le flanc droit s'éloigne à son tour. A Tamegrout, les deux flancs sont fort loin, à une demi-journée de marche chacun. Après Tamegrout, le fleuve entre dans un désert appelé El Kheneg : il y a ses rives incultes et inhabitées, pour la première fois depuis sa naissance : point de qçars, point de cultures, point de palmiers, même dans son lit. Ce désert a une longueur double de la distance de Tamnougalt à Ourika. Il est borné au sud par le Bani, que le Dra traverse par un passage étroit, Foum Taqqat. Au-dessous du Bani, le fleuve entre en plaine et y reste jusqu'au Debaïa : plus de montagne en vue, ni à l'est, ni à l'ouest, ni au sud.

Nous avons décrit le Mezgiṭa au cours de notre voyage : tout le Dra a le même aspect enchanteur : partout même fraîcheur, même abondance d'eau, même végétation luxuriante. Cependant il n'y existe pas de lieu où l'eau ne tarisse jamais dans le fleuve : certains étés, des parties de son lit se dessèchent; mais les années où cela arrive sont rares, et, même alors, les canaux qui servent à l'alimentation et à l'arrosage ne cessent pas de couler à pleins bords. Dans le Dra, les inondations sont plus fréquentes que les sécheresses : il n'est pas rare de voir, en hiver, le fleuve envahir toute la vallée et venir battre les murailles des qçars. L'eau de l'Ouad Dra, quoiqu'un peu jaune, est agréable à boire. Parmi les arbres innombrables qui ombragent le cours du fleuve, partout les dattiers dominent : ils sont, du Kheneg Tarea à Tamegrout, des espèces suivantes : bou feggouç, bou sekri, djihel, bou souaïr, timikelt (qualité inférieure); au sud de Tamegrout, il n'y a plus que des djihels avec quelques bou feggouç. Dans tout le Dra, on trouve aussi bon nombre de takkaïouts, sortes de grands tamarix dont on se sert pour donner la couleur rouge aux peaux : ils forment une des fortunes du pays : les peaux du Dra sont, avec celles du Tafilelt, les plus renommées du Maroc. Nous avons vu qu'à Tamnougalt il y avait une grande quantité d'arbres fruitiers, figuiers, grenadiers, pêchers, vigne, etc.; ils sont très nombreux entre Tamnougalt et Akhellouf. En dehors de ce tronçon, il n'y a guère que des dattiers. Dans tout le pays de Dra, les abeilles sont nombreuses et le miel abonde.

La population du Dra est mêlée. Celle du Mezgiṭa est formée de Draoua; celle de l'Aït Seddrât, de Draoua et d'Aït Seddrât; celle de l'Aït Zeri, d'Oulad Iaḥia; celle du Tinzoulin, de Draoua; celle du Ternata, de Draoua, de Roḥa, d'Oulad Iaḥia, les Roḥa dominant, les Oulad Iaḥia étant en minorité; celle du Fezouata, du Qtaoua, d'El Mḥamid, de Draoua, sous la domination des Aït Atta. Les Aït Seddrât, les Oulad Iaḥia, les Roḥa, sont des tribus séparées dont nous avons déjà eu occasion de parler ou dont nous parlerons plus tard. Les Aït Atta sont une fraction de la tribu des Berâber. Quant aux Draoua, ce sont ceux qu'ailleurs on appelle Ḥaraṭîn. Ici, Draoui et Ḥarṭâni sont synonymes. Les Draoua forment la partie de beaucoup la plus grande de la population du Dra; ils passent pour les représentants de la race primitive du pays. Ils ne parlent que le tamaziṛt, peu d'entre eux savent l'arabe; on les dit bonnes gens, mais lâches et mous de caractère. Dans le Mezgiṭa seul, ils ont gardé leur indépendance; partout ailleurs ils sont tributaires.

I. — Mezgita.

Le Mezgiṭa est un district qui comprend les rives de l'Ouad Dra, depuis le point où elles commencent à être habitées, au sud du Kheneg Tarea, jusqu'au district de l'Aït Seddrât. Il se compose, en descendant la vallée, des qçars suivants :

RIVE DROITE :

Tizgi. .	Ras Dra.	50 fusils.
Incheï.	Ras Dra.	80
Taṛrout.	Ras Dra.	40
Rebaṭ.		200
Zaouïa Griourin (Zaouïa Sidi Bou Bekr, appelée		

aussi Zaouïa Aït Ben Nacer, dépendant de celle de Tamegrout).	100 fusils.
Tarmast.	50
Asellim Agdz.	200
Agdz.	200
Ḥara Agdz.	50
Ouriz.	75
Takatert.	100
Aremd.	40
Tassourt.	30
Aït el Khrodj.	15
El Kebbaba.	15
Roudat.	20
El Bordj.	100
Tigit.	100
Zekak.	10
Igmoden.	30
Argioun.	50
Timidert.	300
Iriṛer.	150

RIVE GAUCHE :

Tanamrout.	40 fusils.
Sefala. . . (Ras Dras)	200
Arbalou. . (Ras Dras)	20
Tiniṛil. . . (Ras Dras)	60
El Ḥara. . (Ras Dras)	40
Intliten . . (Ras Dras)	30
Taleouin.	40
Tafergalt.	60
Tamnougalt (résidence de Chikh el Mezgiṭi).	100
Asellim.	40
Zouaoui (Zaouïa-es Sagia; Mrabṭin Aït Sidi Mouloud).	20
Asellim Taḥtani.	20
Zaouïa es Souq.	20
Qaçba Aït Ali.	40
Talmzit.	40
Ibousas.	30
Taourirt Ibousas.	10
Talat Aït Iaḥia.	30
Zaouïa Mrabṭin Sidi Ech Chergi.	15
Aït el Qaïd El Ạmer.	20
Takatert Aït Ikhelf.	30
Zaouïa Sidi Moḥammed ou Ạbd Allah.	15

Distances : du Kheneg Tarea à Tizgi comme d'Ourika à Tesaouant.
De Tizgi à Taṛrout comme d'Ourika à Tesaouant.
De Taṛrout à Tamnougalt comme d'Ourika à Tesaouant.
De Tamnougalt à Iṛerm Azeggar comme de Tamnougalt à Agdz.
Iṛerm Azeggar fait face à Iriṛer.
Intliten est à peu près en face de Rebaṭ, un peu plus haut que lui.

De Tizgi à Iriṛer, pas de désert, tout est palmiers.

Les trois premiers qçars de la rive droite et les six premiers de la rive gauche portent le nom collectif de Ras Dra, ou Ras Mezgiṭa, ou Afella n Asif, ou Afella n Dra.

Le Mezgiṭa est un district indépendant. Sa population, exclusivement composée de Draoua (Ḥaraṭin), est gouvernée par un chikh héréditaire. Ce chikh, ou plutôt ce qaïd, car tel est le titre qu'il prend, est actuellement Qaïd Abd er Raḥman ben El Ḥasen; il réside à Tamnougalt; il est blanc ainsi que ses enfants : ceux-ci sont fils d'une sœur du Zanifl, chikh de Tazenakht. Sa famille a le pouvoir suprême dans le Mezgiṭa depuis plusieurs siècles; elle est originaire du Tazarin. Il ne reconnaît le sultan que comme autorité spirituelle et, de fait, n'admet point sa suprématie. Il lui envoie chaque année un cadeau consistant en deux qanṭars de henné et un ou deux chevaux de bât. Il est fort riche, a de grandes propriétés et lève un impôt annuel de 55000 francs; 50000 francs sont payés par ses sujets musulmans, 5000 par les Juifs. Un ordre sévère règne sur son territoire : tout voleur est puni de mort : c'est la seule peine qu'il connaisse. Aussi, quoique ses États n'aient aucun rapport avec le sultan, dit-on qu'ils sont « blad el makhzen », allusion à la sûreté et à l'ordre qui y règnent. Le Mezgiṭa, le district d'Aït Zeri et le Tinzoulin sont les seuls lieux du Maroc qui, bien qu'indépendants du sultan, soient dits « blad el makhzen », façon d'exprimer la régularité de leur gouvernement.

En dehors du Mezgiṭa proprement dit, dont nous venons de parler, on compte comme en faisant partie les deux petits qçars d'Ourika (Iouriken), dans la vallée de l'Ouad Tamtsift.

Il y a à peine 7 ou 8 chevaux dans le Mezgiṭa : le qaïd en possède 4.

Le Mezgiṭa a deux marchés : le Ḥad Agdz et le Khemis Tamnougalt.

Il contient 5 mellaḥs.

II. — Aït Seddrât.

Le district de l'Aït Seddrât fait suite à celui du Mezgiṭa : il se compose des rives de l'Ouad Dra, de la limite du Mezgiṭa à celles de l'Aït Zeri et du Tinzoulin. On passe du Mezgiṭa dans l'Aït Seddrât sans s'en apercevoir, en marchant toujours à l'ombre des palmiers. Voici les qçars dont se compose ce district, dans l'ordre où on les rencontre en descendant le fleuve :

RIVE DROITE :

Aït Ougzi.	20 fusils.
Zaouïa Tamkasselt.	40
Aït Iaïsi.	20
Tamkasselt el Hara.	40
Tansikht.	200
Abernous.	40
Tanzmout.	40
El Ḥad.	30
Aït Aïssa.	20
Qaçba Aït Arbi.	40
Irsig.	60

RIVE GAUCHE :

Iṛir n Azeggar.	30 fusils.
Aït Ḥammou ou Saïd.	80
El Ḥara.	50
Aït Melekt.	60
Imjdoudar.	20
Aït Isḥaq.	80
Aït Khelfoun.	60
Aït Abd Allah.	50
Tizi n Isekfan.	30
Zaouïa Sidi Dris.	10
Azagour.	50
Aït Sakt.	20
Taaqilt.	100

Distances : d'Iriṛer à Aït Ougzi comme de Tamnougalt à Ouriz.

Aït Ḥammou ou Sạïd fait face à Aït Ougzi.
D'Aït Ḥammou ou Sạïd à Taaqilt comme de Tesaouant à Tamnougalt.
Irsig fait face à Taaqilt.

Les Aït Seddrât sont une nombreuse tribu tamaziṛt, partie sédentaire, partie nomade, possédant des qçars et des tentes. Les qçars sont sur l'Ouad Dra et l'Ouad Dâdes, les tentes entre ces deux cours d'eau, dans le massif du Saṛro. Ils se divisent en deux groupes, les Aït Zouli et les Aït Meḥelli. Chacun d'eux compte environ 2000 fusils. Voici la décomposition des Aït Seddrât :

- Aït Seddrât
  - Aït Zouli. .
    - Aït Ạli ou Ḥaseïn.
    - Aït Iidir.
    - Aït Sakt.
    - Imzdouder.
    - Aït Bou Taḥammart.
  - Aït Meḥelli
    - Aït Isḥaq.
    - Aït Oudinar.
    - Aït Ouffi.
    - Aït Ạrbi.

Les différentes fractions des Aït Seddrât ne vivent pas groupées : elles sont disséminées et mélangées entre elles, aussi bien dans les qçars du Dra que dans ceux de l'Ouad Dâdes. Voici comment la tribu se gouverne : ceux qui sont dans le Dra élisent un chikh pour une année; un an, il est pris parmi les Aït Zouli, un an parmi les Aït Meḥelli. Ceux de l'Ouad Dâdes font de même. Les nomades se réunissent pour cette élection, qui à ceux du Dra, qui à ceux de l'Ouad Dâdes. Ces chikhs nommés pour une année, que nous avons vus apparaître la première fois sur l'Ouad Dâdes, sont appelés ***chikh el ạam***. L'usage des chikh el ạam est spécial, dans le Maroc, aux trois tribus des Aït Seddrât, des Imeṛrân et des Berâber. Ces derniers, dans toute l'étendue de leur immense territoire et dans leurs innombrables subdivisions, ont cette méthode uniforme de gouvernement, qui est un de leurs caractères particuliers.

Les Aït Seddrât sont blancs, mais bronzés. Ils sont très braves : leur réputation de courage s'étend au loin. Ils ne parlent que le tamaziṛt.

Les Aït Seddrât n'ont aucune relation avec le sultan. Ils sont, comme toutes les tribus de l'Ouad Dra et comme le pays de Dra, entièrement indépendants.

Le district de l'Aït Seddrât est habité par des Draoua et par des Aït Seddrât : le gouvernement est entre les mains de ces derniers. Il y a environ 30 chevaux dans le district.

Un marché, le Tlâta Tanzmout.

Un mellaḥ.

III. — Aït Zeri et Tinzoulin.

Au-dessous du district d'Aït Seddrât, lui faisant suite, se trouvent : sur la rive droite, le district de l'Aït Zeri, puis celui du Tinzoulin, réunis sous l'autorité d'un seul chef, Chikh El Ạrabi ben Ọtman; sur la rive gauche, d'abord deux qçars, l'un indépendant, l'autre sous le pouvoir de Chikh ben Ọtman; puis le commencement du grand district du Ternata. Cette portion du Ternata qui fait face à l'Aït Zeri et au Tinzoulin a un nom spécial, Ras Ternata. Nous en parlerons plus tard en même temps que du Ternata.

En quittant l'Aït Seddrât, on trouve donc sur l'Ouad Dra :

RIVE GAUCHE :

Ifriouin (zaouïa indépendante habitée par des marabouts).	30 fusils.
Timesla (soumise à Chikh El Ạrabi ben Ọtman).	150

Puis on entre dans Ras Ternata.

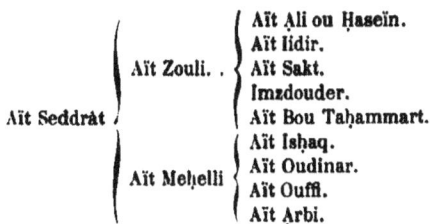

RIVE DROITE :

Aït Zeri	Qçiba Chikh El Ạrabi ben Ọtman (porte aussi le nom d'Aït Ọtman).	50 fusils.
	Tinegza.	20
	Ouriz Oulad Megeddem.	60
	Oulad Mousa.	50
	Igdaoun.	150
	Aqebt.	30
Tinzoulin	Oulad Mesạd.	100
	Zaouïa Amadaṛ.	30
	El Ḥara.	10
	Qaçba el Makhzen.	100
	Aït Reḥou.	30
	El Ḥaddan.	40
	Rebaṭ.	200
	Amerdoul.	30
	Aït el Ḥadj El Ḥasen.	100
	Idderb.	30
	Timskalt.	50
	Zaouïa el Feggouç.	20

Distances : d'Irsig à Qciba Chikh El Ạrabi comme de Tamnougalt à Ourika.
D'Ifriouin à Taaqilt comme d'Ouriz à Tamnougalt.
De Qciba Chikh el Ạrabi à Aqebt comme de Tesaouant à Ourika.
D'Aqebt à Zaouïa el Feggouç comme de Tesaouant à Tamnougalt.

Pas de marché dans l'Aït Zeri. Deux marchés dans le Tinzoulin : le tenin et le khemis de Rebaṭ.

Un mellaḥ dans l'Aït Zeri, et deux dans le Tinzoulin.

Les Aït Zeri sont une fraction des Oulad Iaḥia, grande tribu nomade dont nous parlerons plus loin. Chikh El Ạrabi ben Ọtman appartient à cette tribu, à la tête de laquelle est depuis longtemps sa famille : les États de Chikh El Ạrabi sont formés de tous les Oulad Iaḥia, aussi bien les nomades, ceux du Zgiḍ, etc., que ceux qui habitent le Ternata et que les Aït Zeri, puis du Tinzoulin et de Timesla. Timesla et le Tinzoulin sont peuplés de Draoua, l'Aït Zeri d'Oulad Iaḥia. Chikh ben Ọtman a un pouvoir despotique sur ses sujets des bords de l'Ouad Dra, et une autorité très limitée sur les autres.

Il y a une trentaine de chevaux parmi les Oulad Iaḥia des bords de l'Ouad Dra; il n'y en a que deux ou trois dans le Tinzoulin.

IV. — Ternata.

Au-dessous du Tinzoulin, se trouve le district du Ternata : nous avons vu que sur la rive gauche il commence plus haut, après Timesla : le Ternata se compose donc de deux portions, l'une où il s'étend sur les deux rives du Dra, c'est le Ternata proprement dit; l'autre où il n'en occupe que la rive gauche, c'est Ras Ternata. Les divers qçars du Ternata sont, en descendant le fleuve à partir de Timesla :

RIVE GAUCHE :

Aït Ạbd Allah ou Mimoun	Ras Ternata.	200 fusils.
Akhellouf.		300
Bou Nạn.		150
Zergan.		75
Tiggint.		75
El Douirat.		50
Imi Ougni.		50
Aṛlal Fouqani.		30
Qaçba Foum Tazenakht (appelée aussi Tafroust).		60
Beni Zouli.		300

Takhelil.	200 fusils.
Tanagamt.	40
Ḥara el Khoubz.	40
El Ḥara.	40
Tinegdid.	40
Iṛerdaïn.	100
Asouḥad.	40
Aderbaz.	40
Astour.	300
Bou Zergan.	200
Tidsi.	60
Bir Chaṭ.	80
Qçar Djedid.	50
Zaouïa Sidi Ben Nacer.	15
El Mançouria.	150
Bou Khelal.	200
Tamzout.	30
Tamaziṛt.	80
Oulad el Ḥadj (2 petits qçars : Qçiba Oulad el Ạgid et Qçiba Oulad el Bacha).	100
Zaouïa el Qlạa (appelée aussi Zaouïa el Ftaḥ).	40

RIVE DROITE :

Afra Oulad es Soulṭân.	150 fusils.
El Kạba (Oulad Ioub) (2 qçars).	400
Zaouïa Oulad Ioub.	20
Taṛzout.	80
El Meqaṭra (2 qçars).	150
Melal.	200
Oulad Ousạ.	300
Qçiba Oulad Ousạ.	30
Rebaṭ el Ḥadjer.	80
Zaouïa Ạmrou ou Ạbd er Raḥman.	100
Tisergat.	200
Tiṛzert.	80
El Kherraza.	60
Tigit Oulad Chạouf.	200
Tigit Aït b Oulman.	70
Arla ou Asif.	50
Qçiba Sidi Oumbarek.	40
Qçiba el Mqadra.	50
Qçiba Berda.	60
El Ạroumiat.	300
Asrir Ilemsan (ce qçar est compté du Fezouata).	80
Iqoubban (zaouïa).	30
Mehdia.	100
Tanziṭa (2 qçars, le plus haut habité par des cherifs).	200
Zaouïa Tanziṭa (porte aussi le nom de Zaouïa el Baraka).	30

Distances : d'Ifriouin à Beni Zouli 1 fois et demie comme de Tamnougalt à Tesaouant.
De Beni Zouli à Astour comme de Tamnougalt à Ourika.
D'Astour à Mançouria comme de Tamnougalt à Ourika.
De Mançouria à Zaouïa el Qlạa comme de Tamnougalt à Ouriz.
De Zaouïa el Feggouç à Afra Oulad es Soulṭân comme de Tamnougalt à Agdz.
D'Afra Oulad es Soulṭân à El Ạroumiat comme de Tamnougalt à Tesaouant.
D'El Ạroumiat à Zaouïa Tanziṭa comme de Tamnougalt à Agdz.
Afra Oulad es Soulṭân est immédiatement au-dessous de Zaouïa el Feggouç.
Bou Nạnạ est en face de Zaouïa el Feggouç.

Beni Zouli est en face de Melal et d'Oulad Ousa.
Tisergat est en face d'Astour.
Mançouria est en face d'El Aroumiat.
Mehdia est en face de Zaouïa el Qlaa.
Zaouïa el Baraka est en face d'Amzrou (Fezouata).

Le Ternata n'est pas un État compact comme le Mezgita, l'Aït Seddrât, l'Aït Zeri et le Tinzoulin. C'est une réunion de qçars appartenant à deux tribus différentes, sans qu'aucune autorité supérieure, assemblée ou chikh, les unisse jamais. Les habitants du Ternata sont : des Draoua, disséminés dans toutes les localités, mais n'en possédant aucune, les Roha et des Oulad Iahia. Ces deux dernières tribus se partagent tous les qçars; voici comment :

Les *Roha* possèdent : 1° la portion du Ternata située sur la rive gauche de l'Ouad Dra (Ras Ternata compris); 2° sur la rive droite : Afra, El Meqatra, et ce qui est au-dessous de Tigit Aït b Oulman, ainsi que ce dernier qçar, moins Asrir Ilemsan.

Les *Oulad Iahia* possèdent le reste de la rive droite.

Enfin, un des qçars du Ternata, Asrir Ilemsan, appartient aux Berâber et est compté du Fezouata.

Les Roha forment une tribu à part. Ils se disent d'origine arabe et ne parlent qu'arabe. Ils n'habitent que des qçars; les seuls qu'ils aient sont ceux du Ternata. Là se trouve massée toute leur tribu. Chez eux, point de chikh, point de chef ni héréditaire ni temporaire : chaque localité se gouverne à sa fantaisie et a une existence politique isolée de celle de ses voisins. Les Roha sont aussi indépendants que les Berâber eux-mêmes, et ne sont vassaux de personne. Ils ont environ 50 chevaux.

Les marchés du Ternata sont : l'Arbaa Akhellouf, le Khemis Beni Zouli, le Had Astour, le Tenin El Aroumiat, le Djemaa Tisergat.

Il y a au Ternata 6 mellahs.

V. — Fezouata.

Au district du Ternata succède, immédiatement au-dessous de lui, celui du Fezouata, appelé aussi Tagmadart. Le Fezouata comprend les deux rives de l'Ouad Dra; il est limité dans sa partie inférieure par le désert d'El Kheneg.

Voici les qçars dont il se compose, dans l'ordre où on les trouve en descendant le fleuve :

RIVE GAUCHE :

Amzrou (debiha sur les Imsouffa).	300 fusils.
Qciba Aït Aqqo (debiha sur les Imsouffa).	20
Charet (debiha sur les Imsouffa).	150
Aït Kheddou (debiha sur les Imsouffa).	40
Asrir Ignaouen (debiha sur les Aït Aïssa ou Brahim).	70
Qciba Ilemsan (debiha sur les Ilemsan).	50
Beni Otman (debiha sur les Imsouffa).	30
Arla Oudrar (debiha sur les Imsouffa).	500
Agrour (debiha sur les Imsouffa).	50
Timtig (2 qçars habités par des cherifs; debiha sur les Imsouffa).	80
Beni Khallouf (debiha sur les Ignaouen).	150
Oulad Bou Ious (debiha sur les Aït Isfoul).	100
Tamegrout Aït Ben Nacer (Zaouïa Sidi Ben Nacer; le chef de la famille et de la zaouïa est aujourd'hui Sidi Mohammed ou Bou Bekr).	1000
Sefalat (pas de debiha sur les Berâber. Les Sefalat sont des Roha indépendants).	800
Qçâbi Izligen (debiha sur les Izligen).	100

RIVE DROITE :

Oulad Brahim (debiha sur les Aït Isfoul).	300 fusils.
El Megarba (debiha sur les Izakennioucn).	80

Agni (debiḥa sur les Ignaouen).	60 fusils.
Tazrout (debiḥa sur les Aït Bou Iknifen).	100
Tinfou (debiḥa sur les Izligen).	100
Zaouïa Sidi Bou Nou.	100

Distances : d'Amzrou à Tamegrout comme de Tamnougalt à Tesaouant.
De Timtig à Tamegrout comme de Tamnougalt à Iouriken.
De Tamegrout à Qçâbi Izligen comme de Tamnougalt à Tesaouant.
Oulad Brahim est à hauteur de Tamegrout.

On voit qu'entre Amzrou et Tamegrout il n'y a point de qçar sur la rive droite. Cependant les deux bords et une partie du lit du fleuve ne cessent sur cette étendue d'être couverts de palmiers.

Au Fezouata appartient encore le qçar d'Asrir Ilemsan, situé sur le territoire du Ternata.

Fezouata ou Tagmadart est, comme Ternata, le nom d'une région et non celui d'une tribu. Ici non plus, ni assemblée ni chikh ne gouverne tout le district. Chaque localité vit isolée et s'administre à sa guise. Les qçars appartiennent à leurs habitants, qui sont des Draoua : chacun est indépendant des autres, et a, séparément, sa debiḥa sur une fraction des Berâber. De même que les Draoua du nord sont soumis qui aux Aït Seddràt, qui aux Oulad Iaḥia, qui aux Roḥa, ceux du Fezouata et des districts situés au sud du Fezouata, c'est-à-dire du Qtaoua et d'El Mḥamid, sont soumis aux Berâber. Cette sujétion diffère, par ses conditions, de celle du nord. Là, les Draoua, enveloppés dans une population étrangère souvent plus nombreuse qu'eux, partout mélangés avec elle, n'ont aucune part à l'administration et ne sont comptés pour rien. A partir d'ici, ils sont les seuls habitants fixes; mais, comme les qçars de Tatta, et bien plus qu'eux, ils sont obligés, pour être à l'abri de la puissante tribu nomade qui les entoure, d'avoir chacun leur debiḥa sur une de ses fractions. En raison de la faiblesse des Draoua et de la puissance de leurs voisins, les Aït Atta (l'un des deux grands groupes des Berâber), les charges du vasselage sont lourdes pour les trois districts du bas Dra. Nous avons indiqué plus haut sur quelle fraction des Aït Atta chaque qçar du Fezouata a sa debiḥa.

La population du Fezouata se compose donc d'abord des habitants fixes, les Draoua, qui se gouvernent eux-mêmes, chaque qçar séparément, comme les gens de Tisint et de Tatta; puis de Berâber de passage : ceux-ci ont dans les qçars des maisons où ils déposent leurs provisions, mais où ils n'habitent pas, vivant d'ordinaire sous la tente.

Point de chevaux chez les Draoua du Fezouata, ni chez ceux du Qtaoua et d'El Mḥamid.

Deux marchés dans le Fezouata : l'Arbạa Amzrou et le Sebt Tamegrout.

Un mellaḥ.

Entre Zaouïa el Qlạa et Amzrou, sont les ruines d'une ville autrefois la plus peuplée et la plus puissante du Dra, Zegoura.

Tamegrout est le siège d'une des plus grandes zaouïas du Maroc. C'est l'une des cinq dont l'influence politique aussi bien que religieuse s'étend au loin et peut acquérir par les circonstances une importance énorme : ces cinq zaouïas sont : celle d'Ouazzân (Moulei Ạbd es Selam), celle de Bou el Djạd (Sidi Ben Daoud), celle du Metṛara (Chikh Moḥammed el Ạrabi el Derkaoui), celle de Tamegrout (Sidi Moḥammed ou Bou Bekr), celle du Tazeroualt (Sidi El Ḥoseïn). En ce moment, l'influence des quatre premières est surtout religieuse, celle de la cinquième surtout politique. Le pouvoir de Sidi Ben Nacer est immense dans toute la vallée de l'Ouad Dra, dans celle du Sous, dans celles des ouads Dâdes et Idermi; il s'étend jusqu'à Tatta et Agadir Iṛir à l'ouest, jusqu'à moitié chemin du Tafilelt à l'est. Cette zone, qui comprend une grande partie de la tribu des Berâber, presque tout le groupe des Aït Atta, est entièrement à sa dévotion. On vient en pèlerinage à Tamegrout de bien plus loin encore, de Mogador, du Sahel, du Tafilelt : le nom de Sidi Moḥammed ou Bou Bekr est connu et vénéré dans tout le Maroc. Le sultan marque en toute occasion le plus grand respect pour ce saint.

VI. — Qtaoua.

En sortant du Fezouata, l'Ouad Dra entre dans un désert appelé *El Kheneg* : plus de cultures, plus de palmiers, ni dans son lit ni sur ses bords : le désert est absolu; mais il n'est pas long. La longueur en est égale à deux fois la distance de Tamnougalt à Ourika. C'est à l'extrémité de ce désert que le fleuve traverse le Bani : il perce la chaîne au kheneg appelé Foum Taqqat. Cette trouée par laquelle l'Ouad Dra débouche dans le Sahara proprement dit, au sud de la digue si étrange du Bani, a une grande célébrité chez les Berâber. Ils la regardent comme le lieu de leur origine première, comme leur berceau commun, et y font chaque année des pèlerinages et des sacrifices. Après avoir passé Foum Taqqat, on arrive bientôt au district du Qtaoua.

Le Qtaoua, qu'on appelle aussi *El Azrar*, est borné au nord par le petit désert d'El Kheneg et au sud par celui de Bou Selman. Il se compose des qçars suivants, situés sur les bords de l'Ouad Dra : voici leur énumération, en descendant le fleuve :

RIVE DROITE :

Beni Semgin (debiḥa sur les Ignaouen).	100 fusils.
Qçâbi Oulad Bou Ḥerira (debiḥa sur les Ignaouen).	40
Regba (debiḥa sur les Ignaouen).	60
Insrad (debiḥa sur les Ignaouen).	1000
Beni Ḥaïoun (debiḥa sur les Ignaouen).	600
Qaçba er Remla (debiḥa sur les Ilemsan).	50
Ikhchouan (debiḥa sur les Ilemsan).	200
Beni Henaït (debiḥa sur les Aït Bou Iknifen).	200
Zaouïa Sidi Çaleḥ.	
Beni Sbiḥ (debiḥa sur les Aït Bou Iknifen).	400
Aït Rebạ (debiḥa sur les Ignaouen).	80
Zaouïa Sidi Ạbd el Ạli.	
Zaouïa el Berrania.	

Distances : de Qçâbi Izligen à Beni Semgin comme de Tamnougalt à Tesaouant.
De Beni Semgin à Insrad comme de Tamnougalt à Ouriz.
D'Insrad à Beni Ḥaïoun comme de Tamnougalt à Takatert.
De Beni Ḥaïoun à Beni Sbiḥ comme de Tamnougalt à Ouriz.
De Beni Sbiḥ à Zaouïa el Berrania comme de Tamnougalt à Ouriz.

La population du Qtaoua est la même et se trouve dans les mêmes conditions que celle du Fezouata. Elle se compose de Draoua (Ḥaraṭin) se gouvernant à leur fantaisie dans leurs murs, mais tributaires des Berâber : un certain nombre de ces derniers habitent parmi eux, à titre d'étrangers; ils ont des maisons dans les qçars, y vivent une partie de l'année, et l'autre errent sous la tente. En dehors des Draoua et des Berâber, il y a une troisième classe de personnes : celle des cherifs et des marabouts : ils sont, comme presque partout, indépendants.

Il existe trois très grands qçars dans le Qtaoua : Insrad, Beni Ḥaïoun et Beni Sbiḥ.

Insrad est remarquable par l'instruction et la piété de sa population : presque tous les hommes sont ṭalebs ou ḥadjs. Le qçar est administré par un chikh : le chikh actuel s'appelle Er Rijel; c'est un Draoui des plus noirs. Insrad n'a qu'une seule porte; quiconque pénètre dans la ville y dépose ses armes en entrant.

Beni Ḥaïoun est gouverné par son chikh, El Bechra ould Mellouk. C'est l'homme le plus puissant du Qtaoua. Il a sous son autorité plusieurs autres qçars : Beni Henaït, Ikhchouan, Qaçba er Remla, Zaouïa Sidi Çaleḥ. Beni Ḥaïoun, sa résidence, forme ainsi la capitale d'une petite confédération : c'est pourquoi on donne parfois à ce qçar le nom d'El Qtaoua. Chikh El Bechra est, comme ses voisins, vassal des Berâber. Il est célèbre par ses richesses et son luxe; il possède un immense jardin où sont enfermés des mouflons, des gazelles, des autruches et d'autres animaux du désert. Outre ses marchés hebdomadaires, Beni Ḥaïoun a un marché permanent au milieu du qçar.

Beni Sbiḥ est un grand qçar, rival de Beni Ḥaïoun et souvent en guerre avec lui; il a pour chikh un Draoui, Chikh El Ạziz. Beni Sbiḥ possède six mosquées et un marché permanent. L'enceinte du qçar n'a que deux portes.

Les marchés du Qtaoua sont, outre les marchés permanents mentionnés : le ḥad et le khemîs de Beni Ḥaïoun, le ḥad et le khemîs de Beni Sbiḥ.

Deux mellaḥs, l'un à Beni Ḥaïoun, l'autre à Beni Sbiḥ.

VII. — El Mhamid.

El Mḥamid, ou, comme on l'appelle pour le distinguer d'autres lieux du même nom, Mḥamid el Ṛozlân, est le dernier district du pays de Dra. Entre le Qtaoua et lui se trouve un court désert, Khela Bou Selman. Le fleuve le traverse, les rives stériles. Il en sort pour entrer dans El Mḥamid, où ses bords se couvrent de nouveau de palmiers et de qçars; voici les noms de ces derniers, dans l'ordre où on les rencontre en descendant le fleuve :

RIVE GAUCHE :

Oulad Dris (debiḥa sur les Aït Bou Daoud).	400 fusils.
Bou Nou (debiḥa sur les Aït Ạlouan).	80
Tleḥa (debiḥa sur les Aït Bou Daoud).	100
El Mḥarza (debiḥa sur les Ignaouen).	50
Qciba Aït Ạïssa ou Brahim (Aït Ạïssa ou Brahim).	100
Oulad Ḥamed (debiḥa sur les Ignaouen).	300
El Beṭḥa (debiḥa sur les Aït Bou Daoud).	80
Cendouga (debiḥa sur les Ignaouen).	40
Oulad Mhiia (debiḥa sur les Aït Ạlouan).	200
Qciba Chiadma (pas de debiḥa. Les Chiadma sont Arabes et indépendants).	200
Qciba Sidi Zaoui (debiḥa sur les Aït Ạlouan).	100

Distances : de Zaouïa el Berrania à El Beṭḥa comme de Tamnougalt à Tesaouant.
D'El Beṭḥa à Oulad Ḥamed . . . . . 600 mètres.
D'Oulad Ḥamed à Cendouga comme de Tamnougalt à Takatert.
De Cendouga à Qciba Chiadma. . . . 800 mètres.
D'Oulad Ḥamed à Oulad Dris comme de Tamnougalt à Ouriz.
D'Oulad Dris à El Beṭḥa comme de Tamnougalt à Ouriz.
D'Oulad Mhiia à Cendouga. . . . . . 800 mètres.

La population d'El Mḥamid est semblable à celle du Qtaoua et du Fezouata et se trouve dans les mêmes conditions : Draoua tributaires des Berâber, possédant les qçars, et se gouvernant dans chacun d'eux isolément et à leur guise; Berâber de passage; cherifs indépendants.

Point d'autre marché que le marché permanent d'Oulad Ḥamed.

Un mellaḥ.

Au sortir d'El Mḥamid, l'Ouad Dra s'enfonce dans le désert : il y reste jusqu'à l'Océan.

VIII. — Affluents de l'Ouad Dra.

Voici les noms de quelques-uns des affluents de l'Ouad Dra, entre le Kheneg Tarea et El Mḥamid.

Affluents de la rive droite :

Ouad Imider. — Il a son confluent au-dessus de Rebaṭ (Mezgiṭa). Il ne traverse que le désert.

Ouad Tamtsift. — Il a son confluent au-dessus d'Ouriz. Il arrose successivement la qoubba de Tarourt, Tasla Aït Brahim, Aït Semgan (appelé aussi Amenrirka), Tesaouant, Ourika. A Ourika, se jette sur sa rive gauche un ruisseau prenant sa source à Aïnach, zaouïa avec dattiers et cultures située à quelque distance dans la montagne.

Ouad Agni Ouremd. — Il a son confluent au-dessus d'Aremd; il ne traverse que le désert.

Ouad Bou Lougein. — Il a son confluent à Argioun. Cette localité est à égale distance de Tamnougalt et d'Ourika.

Ouad Alemt. — Il a son confluent au-dessus de Tamkasselt; il ne traverse que le désert : c'est un cours d'eau d'une assez grande longueur.

Ouad Tansikht. — Il a son confluent au-dessus d'Aït Oussiḥi; c'est un cours d'eau assez long, mais ne traversant que le désert.

Ouad Alemta. — Il a son confluent au-dessus de Rebaṭ Aït Mimoun; il ne traverse que le désert, bien qu'assez long. Alemta est le nom d'une montagne d'où descendent plusieurs rivières.

Ouad Tasminert. — Il a son confluent entre Aqebt et Oulad Meṣad. Il vient du Khela Tasminert et demeure pendant tout son cours dans le désert.

Ouad. . . . . — Il a son confluent au-dessus de Zaouïa Amadaṛ; il ne traverse que le désert.

Ouad Mhit. — Il a son confluent au-dessus de Timskalt. Il ne traverse que le désert.

Ouad. . . . . . — Il a son confluent sous Zaouïa el Feggouç. Il ne traverse que le désert.

Ouad Nfid. — Il a son confluent sous Qaçba el Kḅba. Il ne traverse que le désert.

Ouad El Betha el Beïda. — Il a son confluent au-dessus de Taṛzout. Il ne traverse que le désert.

Ouad Grenzar. — Il a son confluent au-dessus d'El Meqaṭra. Il ne traverse que le désert.

Ouad Abd Allah. — Il a son confluent au-dessus de Rebaṭ el Ḥadjer. Il ne traverse que le désert.

Ouad Mergou. — Il a son confluent au-dessus d'El Ạroumiat. Il ne traverse que le désert.

Ouad el Feïja. — Il a son confluent au-dessous de Zaouïa el Baraka : c'est un cours d'eau long, mais désert.

Ouad el Miet. — Il a son confluent au-dessous d'Oulad Brahim. Il ne traverse que le désert.

Ouad Zerri. — Il a son confluent au-dessus d'Anagam. Il ne traverse que le désert.

Affluents de la rive gauche :

Ouad Idili. — Il a son confluent au-dessous de Tiniṛil. Il prend sa source dans le Saṛro : le cours en est désert.

Ouad Tara Melloul. — Il a son confluent au-dessous de Taleouin. Le cours en est désert.

Ouad Abdi. — Il a son confluent au-dessus de Talat : il ne traverse que le désert. Il prend sa source dans le Djebel Kisan et n'est qu'un ravin très court : au contraire, les cours d'eau précédents sont longs.

Ouad Aït Aïssa ou Daoud. — Il a son confluent au-dessous d'Aït Khelfoun; il ne traverse que le désert.

Ouad Tangarfa. — Il a son confluent au-dessous d'Aït Khelfoun : il ne traverse que le désert, et se jette audessous du cours d'eau précédent.

Ouad Ousreït. — Il a son confluent au-dessous d'Abernous; il ne traverse que le désert.

Ouad Tamellalt. — Il a son confluent au-dessous de Zaouïa Sidi Dris; il ne traverse que le désert.

Ouad. . . . . . — Il a son confluent entre Taaqilt et Ifriouin; il ne traverse que le désert.

Ouad. . . . . . — Il a son confluent entre Ifriouin et Timesla; il ne traverse que le désert.

Chaba Moulei Iaqob. Il — a son confluent au-dessus d'Aït Ạbd Allah ou Mimoun; il ne traverse que désert.

Chaba Moulei Bou Fers. — Il a son confluent au-dessus d'Akhellouf; il ne traverse que le désert.

Chaba. . . . . — Il a son confluent au-dessus d'El Douirat. Il ne traverse que le désert. Ce cours d'eau, ainsi que les quatre précédents, prend sa source dans le Khela Bou Zeroual.

Chaba. . . . . — Il a son confluent sous Tafroust; il ne traverse que le désert. On appelle Tazenakht l'endroit où il se jette dans le fleuve.

Ouad el Miet. — Il a son confluent sous Bou Zergan : c'est une rivière longue; elle ne traverse que le désert.

Ouad el Farer. — Il a son confluent entre Zegoura et Zaouïa el Ftaḥ. Il prend sa source à Foum Tenia Tafilelt. Il ne traverse que le désert.

La plupart des rivières que nous venons d'énumérer sont presque toujours à sec.

3°. — BASSIN INFÉRIEUR DU DRA.

L'Ouad Dra, des derniers palmiers d'El Mhamid à l'Océan, coule dans le désert. Sur sa rive droite, c'est une plaine ondulée s'étendant jusqu'au Bani, plaine rayée par endroit de collines basses, et partout telle que nous l'avons vue au sud de Tintazart. Sur la rive gauche, on trouve, après avoir gravi un talus, une plaine semblable à celle de droite : sol ondulé, avec de petits cours d'eau, et de la végétation au printemps. On appelle ces deux plaines les *Feïja*. La dernière a, en moyenne, une journée de marche en profondeur; un nouveau talus, visible de Tatta, la borne au sud. Si l'on monte sur ce talus, on trouve le hamada, vaste plateau où rien ne borne plus l'horizon : sol plat, dur et pierreux, sans eau ni végétation. Le hamada s'étend au loin vers le sud : c'est le commencement du grand désert.

Si les bords du fleuve ne sont pas habités, les trois déserts qui l'entourent servent de terrains de parcours à diverses tribus nomades; ce sont :

Les *Tajakant*, tribu religieuse, dont tous les membres sont marabouts. Elle est établie dans le hamada, au sud des Ida ou Blal et des Aït ou Mrîbeț; elle a des tentes, et un qçar, Tindouf.

Les *Arib*, tribu nomade possédant un qçar, Zaïr, et des tentes : leurs campements s'étendent parfois fort loin, dans le hamada à l'est des Tajakant, dans la Feïja méridionale en face des Berâber, et dans le désert compris entre le sud du Tafilelt et le sud du Dra : d'ordinaire ils sont massés au sud du Debaïa. Cette tribu, jadis considérable, est déchue aujourd'hui de son antique puissance. Les Arib se disent Arabes : ils sont blancs de peau et ne parlent que l'arabe.

Les *Berâber*, ou du moins certaines parcelles d'entre eux, surtout des portions des Aït Alouan (les Aït Alouan font partie des Aït Atta); ils campent dans la Feïja septentrionale, en face de la région occupée par les Arib; ils ont pour limites : au nord le Bani, à l'est et au sud l'Ouad Dra, à l'ouest les Ida ou Blal.

Les *Ida ou Blal*; ils occupent les deux Feïja, celle de la rive gauche comme celle de la rive droite, entre les Arib et les Berâber à l'est et les Aït ou Mrîbeț à l'ouest.

Les *Aït ou Mrîbet*; ils occupent aussi les deux Feïja, entre les Ida ou Blal d'une part, et de l'autre des tribus du Sahel sur lesquelles je n'ai pu recueillir de renseignements.

Au milieu de ces tribus nomades, on ne trouve que cinq qçars, isolés dans le désert; ce sont :

Tindouf, sur le hamada, au sud de l'Ouad Dra. Ce qçar, de fondation récente, appartient aux Tajakant. Il est important comme centre religieux et plus encore comme point de départ et d'arrivée de caravanes annuelles du Soudan.

Zaïr, sur la rive gauche du Dra, à quelque distance de son lit. Ce qçar a été construit, il y a peu d'années, par les Arib. La population, appartenant toute à cette tribu, en est d'environ 500 fusils. Il est arrosé par des sources et possède quelques plantations de dattiers. Sa distance au lit du Dra est celle de Tamnougalt à Ouriz; sa distance au qçar le plus méridional d'El Mhamid est celle de Tesaouant à Ouriz.

Qçar Khsa, situé sur la rive droite du Dra, à 3 ou 4 heures de son lit. Il appartient aux Khsa, fraction des Oulad Iahia; la population en est d'environ 400 fusils; il est arrosé par un canal qui lui apporte l'eau du Dra; point de dattiers. Sa distance à Zaïr est deux fois celle de Tamnougalt à Ourika; sa distance à l'Ouad Dra est à peu près la même.

El Mhazel, sur la rive droite du Dra, à une certaine distance de son lit. C'est un grand qçar de 400 feux habité par les Aït Sîdi Abd en Nebi, marabouts descendant du saint de ce nom, dont la qoubba est dans le qçar : la zaouïa est importante. El Mhazel est arrosée par des sources; point de dattiers. Elle est au sud-ouest de Qçar Khsa, à une distance qui est une fois et un tiers celle de Tesaouant à Tamnougalt.

Mrimima, où nous avons séjourné.

A côté de ces tribus nomades et de ces quelques qçars, se trouvent deux petits groupes de marabouts vivant côte à côte sous la tente, en des lieux invariables, au nord du Debaïa : avec eux finit la liste des populations qui occupent les déserts du Dra inférieur. Ces deux groupes sont :

Oulad Sidi Amer, marabouts campant à quelque distance au nord du Debaïa, dans les collines de Soussia.

Mrabtin Hamirin, marabouts campant non loin des précédents, dans les mêmes collines de Soussia.

Ainsi que nous l'avons dit en parlant des maders, l'Ouad Dra est presque toujours à sec dans son cours inférieur : certaines années seulement, ses eaux dépassent El Mḥamid et s'écoulent jusqu'à la mer; encore cette crue ne dure-t-elle que quelques jours. En dehors de ces rares périodes, il n'a point d'eau, sauf le peu que lui apportent en temps de pluie ses principaux affluents. Son lit est, dans cette portion, presque partout sablonneux : ce fond, lorsqu'il est arrosé, devient très fertile : il produit une végétation abondante et, si on l'ensemence, de superbes récoltes. Ces parties cultivables du Dra sont, d'abord, le Debaïa; puis, plus bas, différents tronçons portant le nom de mader. Le Debaïa et les maders sont seuls labourables dans le Dra inférieur : le reste est stérile.

Le *DEBAIA*. — Le Debaïa est une plaine de sable, longue de 2 jours de marche et large de 1 jour 1/2. L'Ouad Dra passe au milieu, la traversant dans sa longueur. Une partie de cette plaine se cultive chaque année : les tribus voisines s'en sont partagé les terres; tous les automnes, elles viennent y passer deux ou trois semaines, arrosent au moyen de canaux dérivés du Dra, et labourent ce qu'elles peuvent. Si l'année est pluvieuse et la crue forte, les eaux du fleuve couvrent tout le Debaïa durant plusieurs jours : sinon, les canaux seuls s'emplissent : enfin, s'il a fait très sec, l'eau manque entièrement et la semence est perdue. Les tribus qui cultivent dans le Debaïa sont : les Arib, les Aït Alouan (Aït Atta), les Khsa (Oulad Iahia), les Oulad Chaouf (Oulad Iahia), les Nesasda (Oulad Iahia), les Aït Abd en Nebi, les Oulad Sidi Amer, les Mrabṭin Hamirin.

Le Debaïa a son extrémité orientale à hauteur de Zaïr.

Les *MADER*. — Il y a une grande différence entre le Debaïa et les maders : le premier est une plaine traversée par le Dra, les seconds sont le lit même du fleuve; l'un est arrosé par les eaux propres du Dra, les autres ne le sont habituellement que par celles de ses affluents; le Dra forme celui-là, les rivières qui s'y jettent produisent ceux-ci. Le Debaïa est situé de telle façon qu'il reçoit tout l'excédant des eaux du Dra. Les maders sont chacun au confluent d'un tributaire du fleuve et se fertilisent du surplus de leurs eaux. Point de cours d'eau important se jetant dans le Dra qui n'y forme un mader ; point de mader qui ait une origine différente. Plus la rivière est forte, plus la portion arrosée est considérable, plus le mader est grand. Ces différents maders sont séparés entre eux et du Debaïa par des portions stériles; parfois, dans les grands maders, les cultures sont entrecoupées de courts tronçons impropres au labourage.

Nous n'avons plus à décrire les maders, auxquels nous avons fait une visite racontée plus haut : les eaux du haut Dra, arrêtées au Debaïa, y viennent rarement : on ne compte point sur elles pour la récolte, la terre s'arrosant assez par l'eau qu'y déversent les rivières qui les forment. On y cultive de l'orge, un peu de blé et du maïs. Ce dernier devient d'une taille prodigieuse : les tiges en sont, dit-on, plus hautes qu'un cavalier monté; les épis en ont près d'une coudée de long. Les années 1878, 1879, 1880, on a cultivé les maders; on ne l'a point fait en 1881 ni en 1882 : on n'ensemence que quand des nuages apparaissent en automne, donnant l'espoir d'un hiver pluvieux, non qu'on ait besoin de pluie dans les maders mêmes, mais il faut qu'il en tombe dans la montagne pour remplir les rivières qui les arrosent.

Il y a six maders : le Mader Ida ou Blal, le Mader Tatta, le Mader Aqqa, le Mader Tizgi, le Mader Icht, le Mader Imi Ougadir; ces maders sont séparés entre eux par des portions stériles plus ou moins longues. Le premier est arrosé par les ouads Zgid et Kheneg eṭ Ṭeurfa, les cinq derniers par les rivières qui leur ont donné à chacun leur nom. Les Ida ou Blal et les habitants de Tisint labourent le Mader Ida ou Blal; les Ida ou Blal, les gens de Tatta et les Aït ou Mrîbeṭ, le Mader Tatta; les Aït ou

Mrîbeṭ et les gens d'Aqqa, le Mạder Aqqa; les Aït ou Mrîbeṭ et les gens des oasis voisines, les trois derniers. Dans le Mạder Ida ou Blal, le terrain est imprégné de sel; l'eau, quand il y en a, est salée; si l'on creuse des puits, c'est de l'eau salée qu'on trouve. Le meilleur des six mạders, comme terrain, est le Mạder Aqqa; le plus vaste de beaucoup est le Mạder Ida ou Blal. Ce dernier se divise en plusieurs portions ayant des noms distincts et séparées entre elles par de courts espaces stériles : voici ces portions dans l'ordre où elles se présentent lorsqu'on descend le fleuve :

Zbar (1)	
	entre eux est un espace stérile long comme la distance de Tisint à Aqqa Iṛen.
Zouaïa	
	entre eux est un espace stérile long comme la distance de Tisint à Aqqa Igiren.
Bou Ḥalg	
	entre eux est un espace stérile long comme la distance de Tisint à Trit.
Tingaï	
	entre eux est un espace stérile long comme la distance de Tisint à Trit.
Steïla	
	entre eux est un espace stérile long comme la distance de Qaçba el Djouạ à Trit.
Djemạ	
	entre eux est un espace stérile long comme la distance de Qaçba el Djouạ à Tisint.
Bel Lebḥan	
	entre eux est un espace stérile long comme la distance de Qaçba el Djouạ à Trit.
Bou Rioul	
	entre eux est un espace stérile long comme la distance de Tisint à Aqqa Aït Sidi.
Chebka Djedeïd	
	id.
Rist Djedeïd	
	id.
Bou Arbạïn	
	id.
Ḥedeb Bou Naïla	
	id.
Khrouf	
	id.
Bou Ạbd Allah	
	id.
Ta Bou Ạbd Allah	
	id.
Ṭiba Maṛnia	
	id.
Qçar Chạïr	
	id.
Lebdia	

Distances : de Zbar à Tingaï comme de Tintazart à Qaçba el Djouạ.
de Tingaï à Rist Djedeïd comme de Tintazart à Aqqa Igiren.
de Rist Djedeïd à Lebdia comme de Tintazart à Qoubba Sidi El Ḥoseïn.
de Tisint à Tingaï comme de Tisint à Kheouïa.
de Tisint à Zbar comme de Tisint à Kheouïa.

Quant au Mạder Tatta, il est d'une pièce et n'est coupé d'aucune place stérile : la longueur en est égale à la distance de Qaçba el Djouạ à Tisint. Il est séparé de Lebdia, dernier point du Mạder Ida ou Blal, par un désert : il faut, pour parcourir ce dernier, le même temps que pour aller de Tisint à Aqqa Igiren.

AFFLUENTS. — D'El Mḥamid au Sahel, l'Ouad Dra reçoit successivement un grand nombre d'affluents dont les principaux sont les suivants :

Affluents de la rive droite :

Ouad Hamsailikh.

Ouad Zgid, s'y jetant à Tingaï (Mạder Ida ou Blal).

Ouad Bou Tamat, s'y jetant à Tingaï (Mạder Ida ou Blal).

Ouad Henina, s'y jetant à Rist Djedeïd (Mạder Ida ou Blal).

Ouad el Qcib, s'y jetant à Rist Djedeïd (Mạder Ida ou Blal).

Ouad Kheneg el Teurfa, s'y jetant à Bou Arbạïn (Mạder Ida ou Blal).

Ouad Bent en Nas, s'y jetant à Khrouf (Mạder Ida ou Blal).

Ouad Tatta, s'y jetant à Areg Souir (Mạder Tatta).

Ouad Meshaou, s'y jetant à Souekh (Mạder Tatta).

(1) A Zbar se trouve, dit-on, au bord même du Dra, une hauteur rocheuse dont les flancs sont couverts d'inscriptions que nul n'a pu déchiffrer : point de dessins, point de figures, rien que des caractères d'écriture.

Ouad Aqqa, s'y jetant à Qoubba Sidi Amara (Mader Aqqa).

Ouad Tizgi el Haratin, s'y jetant à Mader Tizgi.

Ouad Icht, s'y jetant à Mader Icht.

Ouad Imi Ougadir, s'y jetant à Mader Imi Ougadir.

Affluent de la rive gauche :

Ouad Tangarfa, s'y jetant à Bel Lebhan (Mader Ida ou Blal) : cette rivière prend sa source dans le hamada : sur ses bords, déserts aujourd'hui, on voit les ruines d'un qçar depuis longtemps abandonné; une légende prétend que les habitants en ont été chassés par les moustiques. Pas d'eau dans l'ouad, mais des puits d'eau douce en son lit.

Nous allons étudier séparément les divers cours d'eau tributaires de droite du Dra.

I. — Ouad Hamsaïlikh.

Ce n'est qu'un ruisseau, prenant sa source entre le Djebel Hamsaïlikh et le Djebel Mheïjiba et se jetant dans l'Ouad Dra un peu plus haut que l'Ouad Zgid. Il ne coule que dans le désert.

II. — Ouad Zgid.

L'Ouad Zgid est formé de deux rivières, l'Ouad Arlal et l'Ouad El Qabia : il ne prend son nom qu'à partir du confluent de ces deux cours d'eau, confluent situé un peu en amont du qçar de Smira. Il se jette dans l'Ouad Dra au Mader Ida ou Blal, à Tingaï. Nous étudierons séparément l'Ouad Arlal, l'Ouad El Qabia et l'Ouad Zgid.

1° *OUAD ARLAL.* — Il porte aussi, dans son cours supérieur, le nom d'Ouad El Gloa. Il prend sa source dans le Petit Atlas et coule d'abord dans une vallée étroite, resserrée dans les flancs de cette chaîne. Il y arrose successivement les qçars suivants, qui appartiennent aux Oulad Iahia et forment la région appelée El Kheneg : ce sont, en descendant :

Bou er Rebia	40 fusils.
El Merja	50 —
Oulad Hammou	
Oulad Adim	
El Geddara	
El Gloa	200 fusils.

(C'est jusqu'ici que l'Ouad Arlal porte souvent le nom d'Ouad El Gloa; au-dessous, on ne l'appelle qu'Ouad Arlal.)

Asemlil Qedim	
Asemlil Djedid	
Assaka	30 fusils.
Agenf	30 —
Tagemt	30 —
Arlal	60 —

A Arlal, l'Ouad Arlal sort du Petit Atlas et entre dans la Feïja : cette Feïja est le prolongement de celle que nous avons traversée avant d'arriver à Tanzida, vaste étendue plate et sablonneuse, déserte, bornée au nord par les premières pentes du Petit Atlas, au sud par le Bani. La rivière y coule dans le désert jusqu'auprès de Smira, où elle s'unit à l'Ouad el Qabia.

Sur tous les cours d'eau du bassin de l'Ouad Zgid, sans exception, on trouve des dattiers à chaque point habité : pas un village, pas un qçar, si petit qu'il soit, qui n'ait ses plantations de palmiers. Ces rivières sont aussi les mêmes en ce qui concerne leurs eaux : elles en ont aux lieux habités et rarement ailleurs.

Distances : de Smira à Arlal comme de Mrimima à Agadir Tisint.
de Smira à El Gloa comme de Tazenakht à Irels.

2° *OUAD EL QABIA.* — Il porte aussi les noms d'Ouad Ouinjgal et d'Ouad Alougoum. Il prend sa source dans le désert de Tarouni. Ce désert a une longueur d'une journée de marche : il commence à Tazenakht et finit à Ouinjgal; le sol en est rocheux et pierreux, sans aucune végétation. La vallée de l'ouad est d'abord encaissée entre les pentes du Petit Atlas et étroite : on trouve successivement sur son cours, en le descendant, les qçars suivants :

Ouinjgal, Ouagginekht, Taouinekht (2 qçars), Zaouïa Sidi Blal, Tagergint, Amazzer, Aït Aïssa, Aït Mrabeṭ, Talat, Tastift, Foum el Ouad, Talilt, Aït Ṭaleb, Tirremt (Aït Ṭaleb et Tirremt ont ensemble 200 fusils).

Les premiers qçars, jusqu'à Foum el Ouad inclus, forment le territoire des Aït ou Ḥamidi; les trois derniers forment celui d'Alougoum; tous ensemble sont ce qu'on appelle le pays de Qabia. La population d'El Qabia, après avoir été longtemps alliée aux Oulad Iaḥia, s'est mise de sa propre volonté sous l'autorité du Zanifi; cette région est donc regardée aujourd'hui comme faisant partie des États de ce dernier.

A Tirremt, l'Ouad El Qabia sort du Petit Atlas et entre dans la Feïja : il y demeure, dans le désert, jusqu'au point où il s'unit à l'Ouad Arlal.

D'Ouinjgal à Tirremt, les bords de l'ouad sont garnis de cultures, d'habitations et de dattiers formant une bande continue qui s'interrompt en un seul endroit, entre Taouinekht et Zaouïa Sidi Blal. Entre ces points, les deux rives sont stériles et inhabitées : c'est un désert d'une heure de longueur.

Pas de marché dans le Qabia.

Distances :	de Tazenakht à Ouinjgal	1 jour.
	d'Ouinjgal à Tastift.	1/2 jour.
	de Tastift à Tirremt.	1 heure 1/2.
	d'El Mḥamid à El Qabia comme de Tisint à Mrimima.	
	d'Oulad Djerrar à El Qabia (par Smira).	1 jour.
	d'El Mḥamid à l'Alougoum (en coupant au court par la Feïja). .	1/2 jour.

3° **OUAD ZGID.** — Il coule d'abord dans la Feïja. A hauteur du confluent dont il résulte se trouvent trois petits qçars entourés chacun de nombreux palmiers, massés en un seul groupe, à 4 ou 5 kilomètres de distance de son lit, sur sa rive gauche : ce sont, en descendant :

Oulad Meraḥ	70 fusils.
El Kheouïa	
Nkheïla	150 fusils.

Ces trois qçars appartiennent aux Oulad Iaḥia (fraction des Oulad Ḥellal).

A quelques pas au-dessous du confluent où il prend naissance, l'Ouad Zgiḍ entre dans l'oasis de Zgiḍ : il y arrose successivement les qçars suivants :

Smira.	rive gauche	70 fusils.
Oulad Ḥammou.	rive gauche	
Oulad Ḥamida.	rive gauche	
Oulad Djemạ.	rive gauche	
El Mḥaroug.	rive gauche	20 fusils.
Oulad Bou Qdir.	rive gauche	
El Ṛouanem.	rive gauche	
Amzou.	rive gauche	50 fusils.
El Mḥamid.	rive droite	150 —
Agroud.	rive gauche	
Tamzaourout.	rive droite	30 fusils.
Amzaourou.	rive droite	30 —
Aqqa.	rive droite	
Bou Delal	rive gauche	30 fusils.
Mḥinch.	rive droite	400 —

Bou Gir		rive gauche	40 fusils.
Oulad Belqas		rive droite	
Oulad Djerrar		rive gauche	
Tabia en Nkheïla Tabia Djedida	compris sous le nom de Tabia n Boro	rive gauche	150 fusils.

Ces qçars sont échelonnés dans la Feïja au bord même de l'ouad; de Smira à Tabia en Nkheïla, les rives de celui-ci sont, sans interruption, bordées de dattiers. L'oasis de Zgiḍ ne comprend pas d'autres qçars que ceux qui viennent d'être mentionnés : elle appartient à deux fractions des Oulad Iahia, les Oulad Ḥellal possédant tout ce qui est sur la rive gauche, l'Ahel El Mḥamid possédant tout ce qui est sur la rive droite. L'oasis de Zgiḍ se trouve, comme celles de Tisint, de Tatta, d'Aqqa, au pied du Bani, auprès d'un kheneg par où s'écoule la rivière qui l'arrose; mais, au lieu d'être au sud du Bani comme Tisint et Aqqa, elle est au nord comme Tanziḍa, comme une partie de Tatta. Pas un seul qçar du Zgiḍ n'est au sud de la chaîne.

Un marché dans le Zgiḍ, le tenin de Smira.

Immédiatement au-dessous de Tabia en Nkheïla, la Feïja finit, et l'Ouad Zgiḍ traverse le Bani au kheneg dit Foum Zgiḍ. De là, il entre dans une vaste plaine déserte où il coule jusqu'au village isolé de Mrimima. De ce point à son confluent avec le Dra, à Tingaï, son cours se continue dans la même plaine, aussi unie et aussi déserte qu'auparavant; à l'approche de l'Ouad Dra, elle prend le nom de Ṭerf eḍ Ḍel et devient sablonneuse : dans cette partie, les eaux de l'Ouad Zgiḍ la fertilisent et elle produit de belles moissons. Cette plaine de Ṭerf eḍ Ḍel est analogue à celle de Medelles, que nous avons visitée, et est, comme elle, séparée du lit du Dra par un mince bourrelet rocheux.

Distances :	de Mrimima à Oulad Djerrar	1 jour.
	de Tisint à Tabia n Boro (par la Feïja)	3/4 de jour.
	de Tabia n Boro à Mḥinch	3/4 d'heure.
	de Mḥinch à El Mḥamid	1/2 heure.
	d'El Mḥamid à Tabia en Nkheïla	3 heures.

Il y a deux mellaḥs dans le bassin de l'Ouad Zgiḍ; l'un dans le Zgiḍ, l'autre dans l'Alougoum.

AFFLUENTS. — L'Ouad Zgiḍ a trois affluents principaux, tous sur sa rive droite; ce sont : l'Ouad Tlit, s'y jetant à El Mḥamid; l'Ouad el Feïja, s'y jetant aussi à El Mḥamid, quelques pas plus bas; l'Ouad Tisint, s'y jetant à environ 2 kilomètres au-dessous de Mrimima.

OUAD TLIT. — L'Ouad Tlit prend sa source dans le Khela Ikis, désert montagneux, rocheux, sans végétation : sa vallée, enfermée entre les pentes du Petit Atlas, est d'abord fort étroite : il y arrose successivement les qçars suivants :

Amdzgin, Tafrouqt (Zaouïa Sidi Merri), Argemmi, Tagadirt, Taourirt n Ouzenag, Seroub (marabouts), Qioud, Taourirt n Tilles, Agred, Imi n Tlit, Aoufelgach.

Ces qçars, avec ceux que nous mentionnerons plus loin sur l'Ouad Temgissin, forment tout le territoire du Tlit. Il est sous l'autorité du Zenâgi, à l'exception d'Argemmi, de Tagadirt et d'Aoufelgach qui se sont rangés sous celle du Zanifi.

A Aoufelgach, l'Ouad Tlit sort de la montagne et entre dans la Feïja : il y coule dans le désert jusqu'à son confluent avec l'Ouad Zgiḍ, à El Mḥamid.

Point de marché dans le Tlit. Une zaouïa importante, celle de Sidi Merri, à Tafrouqt : là se trouve le tombeau de ce saint; il est très vénéré : c'est tout ce qui reste de Sidi Merri; il n'existe plus de descendant de lui dans la zaouïa.

Distances :	de Temdaouzgez au désert d'Ikis (à travers le désert d'Ifenouan)	3 heures.
	longueur du désert d'Ikis	3 heures.
	de Temdaouzgez au Tlit	1/2 jour.
	d'Amdzgin à Imi n Tlit	3 heures.
	d'Imi n Tlit à Aoufelgach	1 heure.
	d'Aoufelgach à El Mḥamid	1/2 jour.

AFFLUENTS. — L'Ouad Tlit a un affluent, l'Ouad Temgissin, se jetant sur sa rive droite à Imi n Tlit.

Ouad Temgissin. — Il coule entre les pentes du Petit Atlas. Dans son cours inférieur, il arrose successivement les trois qçars que voici; ils font partie du Tlit :

Temgissin, Aït Maouas, Imaraten.

Le premier reconnaît l'autorité du Zanifi; le dernier, celui de l'Azdifi; quant à Aït Maouas, c'est un qçar de marabouts : il est indépendant.

Distance : d'Imi n Tlit à Temgissin. . . . . 3 heures.

OUAD EL FEIJA. — Il prend sa source dans la Feïja, entre Tanziḍa et Zgiḍ. Un seul point habité sur son cours, le qçar d'Erḥal.

OUAD TISINT. — Cette rivière, aussi importante que l'Ouad Zgiḍ lui-même, fera l'objet d'un article spécial.

REMARQUE SUR LA TRIBU DES OULAD IAHIA. — La vaste région comprise entre le Bani au sud, le Dra à l'est, les abords du Ouarzazât au nord, les Aït Tigdi Ouchchen, les Aït Amer, les Zenâga, les Ida ou Blal à l'ouest, forme le territoire des Oulad Iaḥia : on voit que presque tout le bassin de l'Ouad Zgiḍ y est renfermé. Les Oulad Iaḥia sont une nombreuse et puissante tribu de nomades, habitant la plupart sous la tente, mais ayant aussi un certain nombre de qçars : ces qçars sont, les uns dans le bassin de l'Ouad Zgiḍ, les autres plus au nord, sur de petits affluents du Dra, enfin un certain nombre sur le Dra (Aït Zeri, Ternata). Ils se disent de race arabe. Leur langue est l'arabe, mais beaucoup d'entre eux savent le tamaziṛt. Ils sont très blancs de peau; leur type ressemble à celui des Ida ou Blal; leurs femmes sont d'une beauté remarquable. Dans leurs vêtements, ils se rapprochent plutôt des Chellaḥa que des Ida ou Blal : moins de khent, moins de bernous blancs que ces derniers : des khenifs, des bernous gris et bruns, des ḥaïks rayés de diverses couleurs. Les femmes ont le costume qu'on porte à Tisint et chez les Ida ou Blal.

Les Oulad Iaḥia réunis forment environ 3000 à 3500 fusils. Ils sont sous le commandement d'un chikh unique, Chikh El Arabi ben Oṭman, dont la famille exerce depuis un temps immémorial le pouvoir suprême sur toute la tribu. Chikh Ben Oṭman réside sur les bords du Dra dans le qçar appelé indifféremment Qcîba Chikh El Arabi, ou Aït Oṭman (Aït Zeri). Chikh El Arabi est indépendant et n'a aucune relation avec le sultan. Son pouvoir est très efficace sur des rives du Dra : il va s'affaiblissant à mesure qu'on s'éloigne d'elles. Le chikh est en ce moment en paix avec ses voisins; c'est une exception : il est presque toujours en guerre avec eux, surtout avec le Zanifi et le Mezgiṭi. Chikh El Arabi a sous son autorité non seulement tous les Oulad Iaḥia, mais encore le district du Tinzoulin et le grand qçar de Timesla, peuplés l'un et l'autre de Draoua.

Trois centres religieux ont une grande influence sur les Oulad Iaḥia : ce sont les zaouïas de Mrimima (Zaouïa Sidi Abd Allah Oumbarek), de Tamegrout (Zaouïa Sidi Ben Nacer) et de Bou Mousi (Sidi Ali ou Abd er Raḥman). Les marabouts de Bou Mousi sont ceux qu'ils vénèrent d'une façon spéciale, ceux auxquels ils remettent chaque année leur principale redevance religieuse.

Les Oulad Iaḥia se décomposent en :

Oulad Bechiḥ (habitant l'Ouad Dra : les Aït Zeri en sont une fraction);

El Kaba (qçars dans le Tinzoulin et désert);

Oulad Kerzab (qçar de Melal dans le Ternata et désert);

Nesasda (Rebaṭ el Ḥadjer, Qaçba Ali ou Mousa, Cheradna dans le Ternata et désert);

Oulad Chaouf (Tignit dans le Ternata et désert);

Khsa (Tansiṭa Fouqania, Qçar Khsa et désert);

Oulad Aïssa (qçars de l'Ouad El Gloạ et autres, et désert);

Kerazba Tleuḥ (Iliṛ, El Kheouïa, Ansig et désert);

Nesoula (désert entre Tisint et Zgiḍ);

Oulad Ḥellal (Zgiḍ et désert);

Ahel El Mḥamid (Zgiḍ et désert);

Aït Ḥammou (qçars d'Ouzdiin, de Tesaouant, d'El Feggara et désert).

ITINÉRAIRES. — 1° DE MRIMIMA AU TINZOULIN. — De Mrimima à Zgiḍ; de Zgiḍ à Aït Ṭaleb (Alougoum), en passant par Smira; puis Arlal, Agenf, Assaka, Asemlil, El Gloạ, El Merjạ, Bou er Rebiạ. De là on gagne Ijdouin (1) (zaouïa; 60 feux), Aïnach (zaouïa; 30 feux), El Feggara (qçar des Aït Ḥammou; 400 fusils); enfin on arrive au Tinzoulin. On met en général 4 jours 1/2 pour faire ce chemin.

2° DE MRIMIMA A AIT OTMAN. — De Mrimima à Oulad Djerrar, 1 jour; d'Oulad Djerrar à El Qabia (en passant par Smira), 1 jour; d'El Qabia à Asemlil, 1 jour; d'Asemlil à El Feggara, 1 jour; d'El Feggara à Aït Ọtman, 1 grande demi-journée. On met donc, par ce chemin, qui est à peu près le même que le précédent, 4 jours 1/2 : c'est calculé à raison d'une marche de vitesse moyenne.

3° DE TAZENAKHT AU TLIT. — De Tazenakht, on gagne Temdaouzgez sur l'Ouad Azgemerzi. On passe sur la rive droite de cette rivière et on s'engage dans le désert d'Ifenouan, portion de la plaine des Zenâga, sol terreux où on laboure les années pluvieuses; du Khela Ifenouan, on entre dans le Khela Ikis, en gravissant le talus rocheux qui limite la plaine des Zenâga. Le Khela Ikis est un désert pierreux, montagneux; terrain difficile, point de végétation. On y marche jusqu'à Amdzgin, qçar le plus haut du Tlit. — On compte une 1/2 journée de marche de Temdaouzgez à Amdzgin, la moitié de la route s'effectuant dans le désert d'Ifenouan, l'autre dans celui d'Ikis.

4° DISTANCES DE MRIMIMA AU DRA. — En marchant bien, on va de Mrimima à Mḥamid el Ṛozlân en 2 jours 1/2, et de Mrimima à Qcība Chikh Ben Ọtman (par le Zgiḍ) en 3 jours 1/2. De Mḥamid el Ṛozlân à Qcība Chikh Ben Ọtman, on compte deux fortes journées.

III. — Ouad Tisint.

L'Ouad Tisint est un cours d'eau résultant de la jonction de trois rivières qui s'unissent au pied du Bani, à la porte du kheneg de Tisint. Ces trois rivières sont : 1° l'Ouad Tanziḍa, 2° l'Ouad Aginan, qui se joint au premier auprès d'un groupe de palmiers appelé Tamjerjt, à 700 mètres en amont d'Aqqa Aït Sidi, 3° l'Ouad Qaçba el Djouạ s'unissant aux deux précédents peu au-dessous de leur confluent, à Aqqa Aït Sidi.

Nous allons étudier séparément ces trois cours d'eau; puis nous passerons à l'Ouad Tisint.

1° *OUAD TANZIDA.* — Cette rivière prend sa source dans la Feïja et n'a d'autre localité sur son cours que le qçar de Tanziḍa.

L'Ouad Tanziḍa, ainsi que tous les cours d'eau du bassin de l'Ouad Tisint, n'a d'eau qu'aux approches des lieux habités.

AFFLUENTS. — Il reçoit quatre affluents : l'un sur sa rive droite : c'est l'Ouad Agni, s'y jetant à Tanziḍa; les trois autres sur sa rive gauche : ce sont les ouads Asengar, Agmour, Adres.

OUAD AGNI. — Il prend sa source au Tizi Agni et baigne le village d'Agni; celui-ci est le seul point habité de son cours.

OUAD ASENGAR. — OUAD AGMOUR. — OUAD ADRES. — Ces trois rivières se jettent dans l'Ouad Tanziḍa dans l'ordre où nous les nommons, la première en amont, la dernière en aval, la seconde entre les deux autres. Les cours en ont très peu de longueur. Elles descendent toutes trois du Bani, et ont chacune sur leurs rives un qçar du même nom qu'elles, avec des plantations de palmiers : ces trois qçars sont des zaouïas; ils sont indépendants et en dehors de toute tribu.

Distances : de Tanziḍa à Adres comme de Tisint à Qaçba el Djouạ.
d'Adres à Agmour comme de Tisint à Qaçba el Djouạ.
d'Agmour à Asengar comme de Tisint à Qaçba el Djouạ.

(1) Sans doute la même que la zaouïa d'Ouzdiin.

2° *OUAD AGINAN.* — Il prend sa source dans le désert de Tasṛirt. Puis il entre dans la tribu d'Ounzin : il y arrose successivement les qçars suivants :

Tamdrart (célèbre pour ses poteries; on l'appelle aussi, à cause de cela, Qçar el Qdour).

Igerda, Taltgmout el Ḥaraṭîn, Lemdint.

Jusqu'ici il n'y avait pas de palmiers : au-dessous de Lemdint, il y en a en tous les lieux habités de la rivière :

Aseṛrar, Iṛil.

L'ouad sort après Iṛil de la tribu d'Ounzin et passe dans le district d'Aginan, où il arrose :

Doutourirt, Iferd Aginan (appelée aussi Fiirir), Azegza.

Ces trois qçars forment tout l'Aginan. Au-dessous d'eux, la rivière entre dans la tribu des Aït Bou Iaḥia; elle en arrose deux des qçars, Kiriout, Timzourit.

Puis elle coule dans le désert et y reste jusqu'au point où elle s'unit à l'Ouad Tanziḍa.

Le territoire des Aït Bou Iaḥia se compose des deux qçars mentionnés et de quelques autres que nous énumérerons plus loin : celui du district d'Aginan ne comprend que les trois qui viennent d'être cités : celui de l'Ounzin en contient un grand nombre d'autres qui seront l'objet d'une mention spéciale : ces trois territoires ont pour population des Imaziṛen sédentaires, mélange de Ḥaraṭîn et de Chellaḥa, les derniers dominant : la langue y est le tamaziṛt. Les Aït Bou Iaḥia, l'Aginan et l'Ounzin sont tous vassaux des Ida ou Blal.

Distances : de Tisint aux Aït Bou Iaḥia comme de Tisint à Aqqa Izenqad.
des Aït Bou Iaḥia à l'Aginan comme de Tisint à Aqqa Aït Sidi.
de l'Aginan à Aseṛrar comme de Tisint à Trit.
d'Aseṛrar à Lemdint comme de Trit à Qaçba el Djouạ.
de Lemdint à Igerda comme de Tisint à Aqqa Aït Sidi.
d'Igerda à Tamdrart comme de Tisint à Trit.

AFFLUENT. — L'Ouad Aginan reçoit un affluent, l'Ouad Ignan n Ikis, se jetant sur sa rive gauche à quelque distance au-dessous de Timzourit.

OUAD IGNAN N IKIS. — Il prend sa source au Tizi n Haroun, dans le désert, sur le territoire des Zenâga. Il arrose en descendant trois qçars qui forment le reste du territoire des Aït Bou Iaḥia; ce sont :

Ikis, Atrs n Ouafil, Tamessoult (Zaouïa Sidi Ạbd er Raḥman).

Il y a des palmiers en chacun de ces trois endroits, seuls lieux habités de la rivière.

Distance : d'Atrs n Ouafil à l'Aginan. . . . . 1/2 journée.

3° *OUAD QAÇBA EL DJOUẠ.* — Il prend sa source dans le défilé qui se trouve entre le massif des Koudia Bou Tizen et le Bani; il arrose trois qçars :

Qaçba el Djouạ, Trit, Aqqa Aït Sidi.

AFFLUENTS. — L'Ouad Qaçba el Djouạ reçoit trois affluents, tous sur sa rive gauche; ce sont : l'Ouad Anbed Tesatift, s'y jetant à quelque distance au-dessus de Qaçba el Djouạ; l'Ouad Ṭriq Targant, s'y jetant à Qaçba el Djouạ; l'Ouad Aqqa Iṛen, s'y jetant à Trit.

OUAD ANBED TESATIFT. — Il prend sa source au col appelé Kheneg Tesatift et coule sans cesse dans le désert.

OUAD ṬRIQ TARGANT. — Il prend sa source à un col situé entre son bassin et celui de l'Ouad Targant; le cours en est désert.

OUAD AQQA IṚEN. — Il prend sa source dans le Khela Tasṛirt. Il arrose ensuite un groupe de deux qçars faisant partie de la tribu d'Ounzin : ce groupe de deux qçars s'appelle Aït Mançour.

Après Aït Mançour, il sort du territoire des Ounzin et entre dans le désert, où il demeure jusqu'à Aqqa Iṛen.

D'Aqqa Iṛen, le cours, traversant la Feïja, est de nouveau désert jusqu'à Trit.

A Trit, Aqqa Iṛen, Aït Mançour, il y a des dattiers.

Toutes les tribus ou fractions cantonnées sur cette rivière sont vassales des Ida ou Blal.

Distances : de Trit à Aqqa Iṛen comme de Tisint à Qaçba el Djouạ.
d'Aqqa Iṛen à Aït Mançour comme de Tisint à Kheneg Tesatift.

4° **OUAD TISINT.** — Nous connaissons déjà le cours de l'Ouad Tisint qui, commençant à Aqqa Aït Sidi, traverse aussitôt après le kheneg appelé Foum Tisint, puis arrose l'oasis de Tisint ; des 5 qçars de celle-ci, un seul, Agadir, est sur ses rives mêmes. En sortant des palmiers de Tisint, la rivière entre dans le désert et y reste jusqu'au moment où elle se jette dans l'Ouad Zgiḍ. Auprès de son confluent, dans le voisinage de Mrimima, l'aspect en est le suivant : 150 mètres de largeur ; lit de galets et de sable ; au milieu est une bande verte, large de 50 mètres, tamarix et gazon : là serpente d'habitude un peu d'eau : au mois de janvier 1884, la nappe avait 10 mètres de large et 20 centimètres de profondeur ; de plus, en divers endroits, se trouvaient des ṛedirs : berges en pente douce de 3 à 4 mètres de haut.

Il n'y a point d'Israélites dans le bassin de l'Ouad Tisint.

REMARQUE SUR LA TRIBU D'OUNZIN. — La tribu d'Ounzin, qu'on appelle aussi quelquefois Iounzioun, compte environ 1,200 feux : ils sont répartis en un grand nombre de villages situés sur les deux versants du Petit Atlas. Ces villages sont :

Sur le versant sud, ceux que nous avons énumérés sur les cours des ouads Aginan et Aqqa Iṛen, et un, Tisfrioui, sur l'Ouad Targant.

Sur le versant nord (bassin du Sous) :

Tamda Aïtbir, El Ạïn Ounzin (appelé aussi Imi el Ạïn), Iṛanim, El Ḥouaïdj Imersi (2 qçars), Imoula (grand qçar), Anisi (ou Inisi), Agouidir, Anamer, Ioulioul, Ould Faṭma Ḥammou, Tamellakout, Tamjejrt, Agerd n Oulili, Aït Ḥamed, Taïfst.

Nous avons énuméré ces qçars en commençant par les plus septentrionaux et en finissant par les méridionaux. Aucune rivière ne les arrose ; ils ne sont alimentés que par des sources.

Pas de marché dans l'Ounzin : les habitants vont à l'Arbạa Ammeïn et au Ḥad Imtaoun.

Point de Juifs.

Cette tribu se trouve sur la route menant des Zagmouzen à Tisint. Elle est limitée au nord par les Seketâna, au sud par l'Aginan et les Aït Bou Iaḥia.

ITINÉRAIRES. — 1° DES ZAGMOUZEN A L'AGINAN. — On va d'abord au ḥad des Seketâna : de là, on gagne le territoire des Imadiden. Des Imadiden on entre dans le désert de Talaṛt Imadid, long d'une heure de marche ; puis on passe dans la tribu d'Ounzin à Tamda : de Tamda, on va à El Ạïn. Entre El Ạïn et l'Ouad Aginan s'étend le désert de Tasṛirt, long d'une journée : on le traverse. En en sortant, on aboutit à Taltgmoût, qçar des Ounzin sur l'Ouad Aginan : on descend ce cours d'eau jusqu'à l'Aginan.

2° DE L'AGINAN A TAMDA AITBIR (OUNZIN). — On remonte l'Ouad Aginan jusqu'à Tamdrart. Puis on le laisse et on gravit le flanc droit de sa vallée : après une forte montée, on parvient à un plateau, Areg Igni n Imerraden. C'est un désert. On le parcourt et on passe dans un autre appelé Tougdin, puis dans un troisième du nom de Taznout. Ces trois déserts font partie du Khela Tasṛirt. A l'extrémité du dernier se trouve le qçar d'El Ạïn Ounzin : de là, on gagne Tamda. Point de rivière depuis l'Ouad Aginan. El Ạïn est dans le bassin du Sous.

3° DE TISINT A TINFAT. — De Tisint, on va rejoindre l'Ouad Aginan et on le remonte jusqu'à Tamdrart. De là, on gagne le qçar d'Argoummi, puis celui d'Iṛri, puis un groupe de plusieurs qçars appelé Tinfat ; Argoummi, Iṛri et Tinfat font partie de la fraction d'Imskal de la tribu des Seketâna. Ils sont dans le bassin du Sous.

Distances : de Tamdrart à Argoummi comme de Tisint à Kheneg Tesatift.
d'Argoummi à Iṛri comme de Tisint à Qaçba el Djouạ.
d'Iṛri à Tinfat comme de Tisint à Trit.

4° DE TISINT A TAZOULI. — On va à Aqqa Iṛen : de là, on remonte l'Ouad Aqqa Iṛen jusqu'à Aït Mançour. On quitte la rivière et on gagne successivement les qçars suivants : Taïfst, Inisi, Imi et Aïn, Tamda, Madida (groupe de plusieurs qçars), Ifri Madida, Imtaoun (groupe de 4 qçars) et Tazouli (groupe de 7 qçars) : tous sont dans le bassin de l'Ouad Sous; tous, sauf ceux de Tazouli, ne sont arrosés que par des sources : depuis Aït Mançour, on ne rencontre aucun cours d'eau sur le chemin jusqu'à Tazouli : là on trouve une rivière, l'Ouad Tazouli, venant du pays des Zenâga et se jetant dans l'Ouad Aït Semmeg.

Taïfst, Inisi, Imi el Aïn, Tamda font partie de la tribu d'Ounzin. Madida et Ifri Madida font partie de la fraction des Imadiden, de la tribu des Seketâna. Toutes ces localités, jusqu'à Tazouli, sont tributaires des Ida ou Blal.

Distances : d'Aït Mançour à Taïfst comme de Tisint à Qaçba el Djouạ.
de Taïfst à Inisi comme de Tisint à Trit.
d'Inisi à Imi el Aïn comme de Tisint à Aqqa Iṛen.
d'Imi el Aïn à Tamda comme de Tisint à Aqqa Aït Sidi.
de Tamda à Madida comme de Trit à Aqqa Aït Sidi.
de Madida à Ifri Madida comme de Tisint à Aqqa Aït Sidi.
d'Ifri Madida à Imtaoun comme de Tisint à Trit.
d'Imtaoun à Tazouli comme de Tisint à Qaçba el Djouạ.

IV. — Ouads Bou Tamat, Henina, el Qcib, Kheneg et Teurfa, Bent en Nas.

1° *OUAD BOU TAMAT.* — Il prend naissance à l'ouest de Tisint, sur le versant sud du Bani : près de sa source, il passe à Qoubba Sidi Ali ou Azza, mausolée entouré de palmiers : un cherif, gardien du sanctuaire, habite seul ce lieu. De là, l'Ouad Bou Ṭamat va se jeter dans le Dra à Tingaï.

Distance : de Sidi Ali ou Azza à Agadir Tisint comme d'Agadir Tisint à Trit.

2° *OUAD HENINA.* — La source en est à l'ouest de celle de l'Ouad Bou Ṭamat, sur les pentes méridionales du Bani. Le cours en est parallèle à celui de l'Ouad Bou Ṭamat, mais ne traverse que le désert. L'Ouad Ḥenina se jette dans le Dra à Rist Djedeïd.

Aux environs de leurs sources, les ouads Ḥenina et Bou Ṭamat sont éloignés comme Tisint l'est de Trit.

3° *OUAD EL QCIB.* — Il prend naissance sur le versant sud du Bani, à l'ouest de l'Ouad Ḥenina. Entre les sources de ces deux rivières se trouve la distance d'Agadir Tisint à Aqqa Aït Sidi. L'Ouad el Qcib a son cours désert et se jette dans le Dra à Rist Djedeïd.

4° *OUAD KHENEG ET TEURFA.* — Il est formé de trois cours d'eau se réunissant à la porte du Kheneg eṭ Ṭeurfa; ce sont : l'Ouad Aqqa Izen, l'Ouad Tesatift et l'Ouad Aqqa Igiren. Nous étudierons séparément ces trois rivières, puis nous passerons à l'Ouad Kheneg eṭ Ṭeurfa :

Ouad Aqqa Izen. — Cours d'eau sans importance ne traversant que le désert. Il prend sa source au Kheneg Aqqa Izen.

Ouad Tesatift. — Cours d'eau sans importance, sans cesse dans le désert. Il sort du Kheneg Tesatift.

Ouad Aqqa Igiren. — Cette rivière ne porte en général ce nom qu'entre Aqqa Igiren et le Kheneg eṭ Ṭeurfa; au-dessus, dans tout son cours supérieur, on l'appelle Ouad Targant. Elle prend sa source aux crêtes du Petit Atlas et arrose en descendant les qçars de Tisfrioui, Tisennasamin, Targant, Aqqa Igiren (groupe de deux qçars).

Toutes ces localités sont entourées de dattiers. La première compte comme faisant partie de l'Ounzin; Tisennasamin, Targant, Aqqa Igiren sont isolées. Dans trois de ces lieux, la population est la même, mélange de Ḥaraṭin et de Chellaḥa vassaux des Ida ou Blal. A Targant seule il n'en est pas ainsi : ce point, habité par des marabouts, est indépendant : Targant n'est d'ailleurs qu'un petit qçar, fort misérable.

L'Ouad Aqqa Igiren, comme tous ceux qui prennent leur source sur le versant sud du Petit Atlas, est partout à sec, si ce n'est aux points habités.

Distance : d'Aqqa Igiren à Targant . . . . 4 heures.

AFFLUENTS. — L'Ouad Aqqa Igiren ou Ouad Targant reçoit entre Tisennasamin et Targant, sur sa rive droite, un affluent important, l'Ouad Sidi Moḥammed ou Iạqob.

Ouad Sidi Mohammed ou Iaqob. — On l'appelle aussi Ouad Ilir̦ : prenant sa source à la crête du Petit Atlas, non loin du col d'Azrar, il traverse d'abord, en descendant, les déserts où campent les Aït Jellal; puis il arrose les qçars suivants :

Sidi Moḥammed ou Iạqob (zaouïa), Fedoukkes, Reken, Ilir̦.

Les deux derniers sont entourés de dattiers; les premiers n'en ont point. Ces divers qçars sont isolés les uns des autres. Sidi Moḥammed ou Iạqob se trouve sur la rive gauche de l'ouad : c'est une zaouïa qu'habitent les descendants de Sidi Moḥammed ou Iạqob; le tombeau de ce saint se trouve là. Les marabouts sont au nombre d'environ 80; on vient les visiter de fort loin. Ce point est un lieu de pèlerinage fréquenté par les gens de Tisint, de Tatta et d'Aqqa, et par les Zenâga.

Distances : de Toug er Riḥ à Ilir comme de Toug er Riḥ à Foum Asgig.
d'Ilir̦ à Reken comme de Tisint à Trit.
de Reken à Fedoukkes comme 2 fois de Tisint à Aqqa Aït Sidi.
de Fedoukkes à S. Moḥammed ou Iạqob comme de Tisint à Aqqa Ir̦en.

OUAD KHENEG ET TEURFA. — Il passe, après sa sortie du Kheneg eṭ Ṭeurfa à El Meḥagen (bas coteaux); puis à Aïn Delal (bouquets de palmiers, sans habitations); à Aïn Chebar (source); ensuite il entre dans la plaine semée de gommiers d'El Kheroua, à l'extrémité de laquelle il traverse le Kheneg el Gerzim : il descend de là à Gerzima (plaine de sable avec du sebt), puis arrose la plaine de Medelles et enfin se jette dans le Dra, dans la portion du Mạder Ida ou Blal appelée Bou Arbaïn.

AFFLUENTS. — L'Ouad Kheneg eṭ Ṭeurfa a trois principaux affluents, deux sur sa rive droite et un sur sa rive gauche. Les premiers sont l'Ouad Toufasour, s'y jetant au Kheneg el Gerzim, et l'Ouad Asgig, s'y jetant au point même où il finit, à Bou Arbaïn. Celui de gauche est l'Ouad Djedari, s'y jetant au sud du Gelob, au pied de ce mont.

Ouad Toufasour. — Il prend sa source dans l'areg, au sud du Bani, à Aoumasin (bouquets de palmiers sans habitations), puis passe à Toufasour (quelques palmiers sans maisons); de là, il entre dans la plaine d'El Kheroua, où il se jette, au Kheneg el Gerzim, dans l'Ouad Kheneg eṭ Ṭeurfa. Le cours en est désert.

Affluent. — L'Ouad Toufasour reçoit un affluent, l'Ouad Mezarreb, se jetant sur sa rive gauche dans la plaine d'El Kheroua.

Ouad Mezarreb. — Il prend sa source aux collines d'El Mezarreb, au sud du Bani; le cours en est désert.

Ouad Asgig. — Il prend sa source dans les collines qui sont au sud de Tatta ; le cours en est désert.

Ouad el Djedari. — Il prend sa source dans le flanc sud du Bani, entre l'Ouad el Qcib et le Kheneg eṭ Ṭeurfa. Le cours en est désert. Il se jette dans l'Ouad Kheneg eṭ Ṭeurfa au pied du Gelob, montagne nue, déserte et isolée qu'on voit de Rist Djedeïd : le massif du Gelob se trouve entre les deux rivières qui coulent, l'une contre son flanc est, l'autre contre son flanc ouest, et se réunissent à son extrémité sud. Le Gelob contient des mines d'antimoine.

5° *OUAD BENT EN NAS.* — L'Ouad Bent en Nạs, qu'on appelle aussi dans son haut cours Ouad Kheneg Zrorha, prend sa source un peu au nord du Kheneg Zrorha, traverse ce kheneg, s'engage dans la plaine de Bouddeïr, en sort par le Kheneg Bent en Nạs et enfin se jette dans le Dra au Khrouf. Le cours en est désert.

AFFLUENTS. — Il reçoit deux affluents, l'Ouad Aïn es Seka, se jetant sur sa rive droite, et l'Ouad el Bouir, se jetant sur sa rive gauche.

OUAD AIN ES SEKA. — Il prend sa source dans la plaine de Bouddeïr, passe à Aïn es Seka (source et bouquets de palmiers, sans habitations), puis à Arf el Mamoun (lieu désert), et enfin se jette dans l'Ouad Bent en Nạs.

Ouad el Bouir. — Il prend sa source à des puits situés à l'est de l'Ouad Bent en Nạs. Le cours en est désert.

Remarque sur la tribu des Aït Jellal. — Les Aït Jellal, qu'on appelle aussi quelquefois Oulad Jellal, sont une tribu nomade installée au nord des Ida ou Blal, avec qui ils sont presque toujours en guerre, quoiqu'ils leur paient une debiḥa. Ils sont, avec les Oulad Iaḥia, la seule tribu nomade campant sur le versant sud du Petit Atlas. Encore les Oulad Iaḥia ne sont-ils nomades qu'à demi et ont-ils bon nombre de qçars ; les Aït Jellal, au contraire, n'en possèdent pas un seul et ne vivent que sous la tente. Ils peuvent lever 800 à 900 fusils ; leurs campements habituels sont sur les bords de l'Ouad Sidi Moḥammed ou Iạqob, au-dessus de la zaouïa. Leurs limites sont : au nord la crête supérieure du Petit Atlas, à l'ouest les Isaffen, à l'est l'Ounzin, au sud les Ida ou Blal ; jamais ils ne descendent au-dessous d'Afra sur l'Ouad Tatta, d'Iliṛ sur l'Ouad Sidi Moḥammed ou Iạqob ; ils ne sortent pas de la montagne, où ils vivent du produit de leurs moutons et de leurs chameaux. Les Aït Jellal ne parlent qu'arabe. Comme les Ounzin, comme toutes les tribus de ces régions, ils sont indépendants. Les debiḥas comme les leurs ne sont en aucune façon des marques de dépendance.

Itinéraire d'Aqqa Igiren a El Houaidj Imersi. — On part d'Aqqa Igiren ; on remonte l'Ouad Targant en passant par Targant, Tisennasamin et Tisfrioui, puis on le quitte et, continuant à marcher sur le territoire d'Ounzin où l'on est entré à Tisfrioui, on y traverse successivement les qçars d'Ould Faṭma Ḥammou, d'Agouidir, d'Imoula (très grand qçar) ; de là, on parvient à El Ḥouaïdj Imersi (2 qçars). Ces derniers qçars appartiennent à la tribu d'Ounzin ; ils ne sont arrosés que par des sources et n'ont point de dattiers ; ils sont dans le bassin du Sous.

V. — Ouad Tatta.

L'Ouad Tatta prend naissance à la crête du Petit Atlas, dans la tribu des Ida ou Kensous : cette tribu occupe la portion du plateau supérieur de la chaîne située au nord de cette rivière, les sources de celle-ci et son cours supérieur. L'Ouad Tatta arrose d'abord un certain nombre de villages des Ida ou Kensous, puis il passe dans la tribu de Tagmout ; il y baigne les qçars dont elle se compose. Là commencent les dattiers. Le Tagmout succède immédiatement aux Ida ou Kensous : point de désert entre eux. Au-dessous du Tagmout, au contraire, il y a un désert assez long. L'ouad le traverse et ensuite entre dans l'oasis de Tatta ; il y arrose successivement les qçars suivants :

Afra (qui se prononce aussi Ofra ; elle est formée de deux qçars : l'un, appelé Agadir Afra, ou Agadir el Hena, est sur le bord de la rivière ; l'autre est situé à quelque distance, sur les premières pentes du flanc droit : il porte le nom d'Afra Fouqania, ou d'Aït Ḥoseïn. C'est dans ce dernier que se trouve la qoubba de Sidi Moḥammed d Aït Ḥoseïn).

Aït Iasin (formée de deux qçars)	
Taṛla	rive droite.
Tiiti	rive gauche.
Qaçba el Makhzen (ruines d'une qaçba depuis longtemps déserte)	rive droite.
Tigiselt	rive gauche.
Agerzaggen	rive gauche.
Tiiggan (à quelque distance de l'ouad, sur sa rive gauche).	

Au-dessous de Tiiggan, l'ouad entre dans une vaste plaine, Areg Bou Ạjaj : à partir de là, il coule dans le désert et y reste jusqu'à son confluent avec le Dra, dans le Mạder Tatta, à l'Areg Souir.

En tous les points habités du Tagmout et de Tatta, il y a des palmiers. Entre les divers qçars du Tagmout, point de portion déserte ; il y a un désert assez long entre le Tagmout et Afra ; il y en a d'autres plus courts entre Afra et Aït Iasin, entre Aït Iasin et Taṛla, entre Tiiti et Qaçba el Makhzen, entre Qaçba el Makhzen et Tigiselt, entre Tigiselt et Agerzaggen, entre Agerzaggen et Tiiggan. Ce n'est qu'entre Taṛla et Tiiti qu'il n'y en a point : encore les plantations ne s'y prolongent-elles que sur la rive gauche de la rivière. C'est à hauteur de Tiiti que l'Ouad Tatta franchit le Bani, au Kheneg Adis : il passe contre le flanc ouest du kheneg, le long de la montagne dont il baigne le pied ; à ce point, il est étroitement enfermé entre la paroi du Bani d'une part, les murs de Tiiti de l'autre.

De sa source à Aït Iasin, l'Ouad Tatta coule dans une vallée étroite et profonde, encaissée entre les pentes du Petit Atlas; d'Aït Iasin à Tiiti, il descend par une série de plaines, *areg*, s'étageant entre des lignes de collines rocheuses de 60 à 100 mètres de hauteur, toutes parallèles au Bani. Taṛla est située au pied méridional de la dernière de ces chaînes avant le Bani. La région montagneuse que traverse la rivière entre le Tagmout et Afra s'appelle Bou Oudi.

Distances : de Qaçba el Makhzen à Taṛla comme de Qaçba el Djouạ à Trit.
de Taṛla à Aït Iasin comme d'Agadir Tisint à Trit.
d'Aït Iasin à Afra comme d'Adis à Toug er Riḥ.
de Toug er Riḥ au Tagmout comme de Toug er Riḥ à Kheneg Tesatift.

AFFLUENTS. — L'Ouad Tatta reçoit quatre affluents principaux : trois sur sa rive droite, un sur sa rive gauche. Ce sont : sur sa rive droite : l'Ouad Sidi Nacer, s'y jetant dans le désert entre le Tagmout et Tatta, à un point appelé Iṛir Igidi ; l'Ouad Asmerdan, s'y jetant entre Taṛla et Aït Iasin ; l'Ouad Azerftin, s'y jetant dans le désert non loin de Tiiggan : sur sa rive gauche : l'Ouad Adis, s'y jetant dans le désert, en un point appelé Beka Chikh en Nahr.

OUAD SIDI NACER. — Je n'ai pu avoir aucun renseignement sur lui.

OUAD ASMERDAN. — Il prend sa source dans un massif de montagnes appelé Asmerdan. Il arrose en descendant deux qçars, faisant partie de Tatta ; ce sont :

Aïgou, Agellouz, l'un et l'autre entourés de dattiers.

Distances : de Taṛla à Agellouz comme d'Aqqa Izenqad à Aqqa Izen.
d'Agellouz à Aïgou comme de Tintazart à Toug er Riḥ.

OUAD AZERFTIN. — Il prend sa source sur les premières pentes du Petit Atlas, traverse le Bani au Kheneg Azerftin, puis se jette dans l'Ouad Tatta. Le cours en est désert.

OUAD ADIS. — Il prend sa source dans le Petit Atlas, où il traverse un kheneg du nom d'Imi n ou Aqqa. Le cours en est désert jusqu'au point où il entre dans l'oasis de Tatta, à Aqqa Izenqad : jusquelà il est appelé Ouad Imi n ou Aqqa ; c'est à partir d'Aqqa Izenqad qu'il porte le nom d'Ouad Adis. Il arrose en descendant :

Aqqa Izenqad ;
Adis (2 qçars, Tamessoult sur la rive gauche de la rivière, Aït ou Aḥman du même côté, mais à quelque distance du bord) ;
Zaouïa Aït Ben Nacer ;
Qoubba Sidi Ali ben Djebira ;
Djerf el Hammam (bouquets de palmiers ; point d'habitations) ;
Tazoult ;
Eufriin (bouquets de palmiers et sources ; point d'habitations).

Depuis Tazoult, il coule dans le désert, jusqu'au point où il se jette dans l'Ouad Tatta.

Il franchit le Bani au Kheneg Adis, dans la partie est de ce passage, au pied de Tamessoult dont il baigne les murs.

AFFLUENTS. — L'Ouad Adis reçoit quatre affluents principaux, deux sur sa rive droite et deux sur sa rive gauche. Ceux de droite sont : l'Ouad Izourzen, s'y jetant à Aqqa Izenqad ; l'Ouad Toug er Riḥ, s'y jetant entre la qoubba de Sidi Ali ben Djebira et Djerf el Hammam. Ceux de gauche sont : l'Asif Oudad, s'y jetant un peu au-dessus d'Aqqa Izenqad ; l'Ouad Djebaïr, s'y jetant à Eufriin.

Ouad Izourzen. — Il prend sa source dans la région moyenne du Petit Atlas; le cours en est désert.

Affluent. — L'Ouad Izourzen reçoit sur sa rive droite, tout près d'Aqqa Izenqad, l'Ouad Bou Chaked.

Ouad Bou Chaked. — Il prend sa source au puits de Bou Chaked; le cours en est désert.

Ouad Toug er Riḥ. — Cette rivière importante porte un grand nombre d'autres noms : on l'appelle aussi Ouad Bou Herhour, Ouad Tiṛremt, Ouad Ijja. Elle prend sa source dans le massif montagneux d'Azegga; elle entre ensuite dans l'oasis de Tatta où elle arrose successivement les qçars que voici :

Tifrest
Serṛina }
Aït Ijja } compris sous le nom d'Aït Zouli;
Tazoulit }

Tiṛremt (composée de 3 ou 4 qçars);

Agjgal (appelée aussi Raḥba) (à hauteur et non loin d'Afra sur l'Ouad Tatta);

Imtflan (à hauteur et près d'Aït Iasin sur l'Ouad Tatta),

Tigzmert (sur la rive droite de l'ouad, à quelque distance de son lit);

Taldnount (se compose de 2 qçars, Aglagal et Tammast : Taldnount en comprenait autrefois 7, mais les 5 autres ont été détruits, il y a trente ans, par les Ida ou Blal; les ruines qu'on voit au point nommé Ras Iṛir en faisaient partie. — Aglagal et Tammast sont sur la rive gauche de l'ouad;

El Qçâbi (appelé aussi El Qcibat et El Qaçbat; c'est un seul qçar formé de deux quartiers, Tiṛremt et Aït Jellal, compris dans une même enceinte);

Tiiti;

Toug er Riḥ (appelé aussi Isbabaten).

Auprès de ce dernier qçar, la rivière se jette dans l'Ouad Adis.

Elle traverse le Bani au kheneg d'Adis, passant au milieu du défilé, entre l'Ouad Tatta et l'Ouad Adis.

Tous les points habités de l'Ouad Toug er Riḥ ont des palmiers.

Distances : d'El Qçâbi à Tigzmert comme de Toug er Riḥ à Adis.
de Tigzmert à Imtflan comme de Toug er Riḥ à Adis.
d'Imtflan à Agjgal comme de Toug er Riḥ à El Qçâbi.
d'Agjgal à Tiṛremt comme d'El Qçâbi à Adis.
de Tiṛremt à Tazoulit comme de Toug er Riḥ à Adis.

Asif Oudad. — Il prend sa source sur les pentes inférieures du Petit Atlas, aux collines d'Anamelloul, et se jette dans l'Ouad Imi n ou Aqqa, peu au-dessous d'Aqqa Izenqad : le cours en est désert; on y trouve, dans la montagne, le puits Ḥasi El Ḥasen Moḥammed, creusé en son lit.

Affluent. — L'Asif Oudad reçoit au pied du Bani un affluent, l'Ouad Kheouïa, qui se jette sur sa rive gauche.

Ouad Kheouta. — Il prend sa source dans les pentes inférieures du Petit Atlas, aux collines de Kheouïa. Le cours en est désert.

Ouad Djebaïr. — Il prend sa source à Anṛerif, puis passe à Djebaïr, ensuite à Sidi El Medaoui (bouquets de palmiers sans habitations), puis à Eufriin, où il se jette sur la rive gauche de l'Ouad Adis.

REMARQUE SUR LES TRIBUS. — Ainsi qu'on le voit, les eaux du bassin de l'Ouad Tatta n'arrosent que trois territoires, ceux des Ida ou Kensous, du Tagmout et de Tatta. Les Ida ou Kensous et le Tagmout sont des tribus. Tatta est un district dont les qçars ne sont unis entre eux par aucun lien. Nous connaissons Tatta : nous nous occuperons ici des Ida ou Kensous et du Tagmout.

IDA OU KENSOUS. — Ils s'étendent sur une partie du haut plateau qui couronne les deux versants du Petit Atlas, et occupent les sources de l'Ouad Tatta et le cours supérieur de cette rivière. Leur territoire a pour limites, à l'ouest les Ida ou Zkri, au sud le Tagmout et les Aït Jellal, à l'est la tribu d'Azrar. Leurs terres prolongent celles des Ida ou Zkri et sont dans une situation analogue : ces deux territoires se touchent, et on passe d'une tribu à l'autre sans sortir des villages et des cultures. La famille des chikhs héréditaires des Ida ou Kensous s'étant éteinte il y a quelque temps, ceux-ci se sont placés d'eux-mêmes sous l'autorité de Ḥadj Moḥammed Amerri, chikh héréditaire des Ida ou Zkri : c'est lui qui les gouverne à présent. Ils ne reconnaissent pas le sultan. Leur pays renferme un très grand nombre de qçars. Ils forment plus de 2,500 fusils. C'est une tribu riche et industrieuse : elle est renommée pour ses belles maisons et pour ses ouvriers en cuivre et autres métaux ; elle fabrique les plus beaux poignards, les plus beaux fusils, les plus belles cornes à poudre du sud du Maroc. Les Ida ou Kensous ont trois ou quatre agadirs. Pas de marché. Ils vont à ceux de Tatta, des Isaffen, des Ida ou Zkri. Pas de Juifs. Point de dattiers ni d'oliviers chez eux, mais un très grand nombre d'amandiers. L'Ouad Tatta est la seule rivière qui arrose leur territoire. La plupart de leurs qçars ne sont alimentés que par des citernes.

Les Ida ou Kensous sont Chellaḥa et ne parlent que le tamaziṛt. Ils sont sédentaires.

En ce moment, les Ida ou Kensous sont en guerre avec Qaçba el Djouạ.

Tagmout. — Cette tribu ne comprend qu'une douzaine de qçars, tous situés sur les rives mêmes de l'Ouad Tatta, immédiatement au-dessous de ceux des Ida ou Kensous. Les Aït Tagmout forment environ 700 fusils. Ils n'ont pas de chikh ; ils se gouvernent démocratiquement par une djemaạa. Point d'agadir. Pas de marché ni de Juifs. Les Aït Tagmout sont Chellaḥa et sédentaires et ne parlent que le tamaziṛt. Ils ont des palmiers et aussi des amandiers : ce dernier arbre disparaît au-dessous de leur territoire.

Dans les montagnes des environs de Tagmout, il y a du minerai d'argent.

VI. — Ouad Meskaou.

L'Ouad Meskaou prend sa source sur les premières pentes du Petit Atlas entre Tatta et Aqqa, traverse le Bani au kheneg appelé Foum Meskoua, et se jette dans le Dra au Mạder Tatta, dans la partie nommée Souekh. Le cours en est désert.

VII. — Ouad Aqqa.

L'Ouad Aqqa, qui, dans son haut cours, est appelé souvent Ouad Isaffen, prend naissance à la crête supérieure du Petit Atlas, dans la tribu des Ida ou Zkri : cette dernière occupe le haut plateau qui couronne la chaîne au nord de la rivière, les sources de celle-ci et tout son cours supérieur, qu'elle garnit de ses qçars. En sortant des Ida ou Zkri, l'Ouad Aqqa entre chez les Isaffen : ces deux tribus se font suite sans qu'aucun désert les sépare ; point de désert non plus entre les divers villages ou qçars de chacune d'elles : depuis les sources jusqu'au point le plus bas des Isaffen, les bords de l'ouad ne sont, sans interruption, que qçars et que cultures : oliviers, figuiers, amandiers surtout, chez les Ida ou Zkri ; oliviers, figuiers et palmiers chez les Isaffen et au-dessous d'eux. En quittant les Isaffen, l'Ouad Aqqa traverse un court espace désert, puis arrose le grand village de Tizgi Ida ou Baloul. De là, il entre dans le vaste désert d'Imaouen, où il reste jusqu'au Bani : il traverse cette chaîne à Foum Aqqa ; ensuite il entre dans l'oasis d'Aqqa ; il en arrose les plantations, et passe au pied de plusieurs de ses qçars : Ez Zaouïa, Erḥal, Aït Bou Feḍaïl, Aït Djellal, Aït Anter sont sur ses bords. Au sortir d'Aqqa, l'ouad rentre dans le désert, où il demeure jusqu'à son confluent avec le Dra, auprès de la qoubba de Sidi Ạmara, dans le Mạder Aqqa. Sur tout son cours, il n'a d'eau d'une manière habituelle qu'aux points où il est habité.

Affluents. — L'Ouad Aqqa reçoit quatre affluents principaux, deux sur sa rive droite et deux sur sa rive gauche ; les deux de droite sont : l'Ouad Iberqaqen, s'y jetant chez les Isaffen, en un point qui forme la limite entre deux fractions de cette tribu, les Aït Tasousekht au sud et les Aït Ouagrou au nord; l'Ouad Tizert, s'y jetant dans le petit désert qui sépare les Isaffen de Tizgi Ida ou Baloul. Les deux affluents de gauche sont : l'Ouad Imiṭeq, s'y jetant dans le désert d'Imaouen; l'Ouad Kebbaba, s'y jetant dans le désert au sud d'Aqqa.

Ouad Iberqaqen. — Il descend des crêtes supérieures du Petit Atlas. Le cours en appartient en entier à la tribu des Iberqaqen. Cette rivière a, sur toute sa longueur, ses bords peuplés et cultivés : le fond de la vallée, très étroit et très encaissé, est partout couvert de qçars et de jardins, oliviers et figuiers dans la portion supérieure, palmiers dans la partie basse.

Ouad Tizert. — Comme la rivière précédente, il reste tout le long de son cours enfermé entre les pentes du Petit Atlas, qui encaissent profondément sa vallée. Il arrose une dizaine de qçars alignés les uns auprès des autres sur ses bords et formant un seul groupe appelé Tizert.

Ouad Imiteq. — Il prend sa source aux pentes moyennes du Petit Atlas, arrose le qçar d'Imiṭeq (qçar isolé entouré de palmiers, habité par des Chellaḥa et des Ḥaraṭin), puis se jette dans l'Ouad Aqqa dans le désert d'Imaouen.

Ouad Kebbaba. — Il coule à l'est de l'Ouad Aqqa, longe la lisière orientale de l'oasis d'Aqqa, où il arrose les deux qçars d'Agadir Ouzrou et d'El Kebbaba, puis se jette dans l'Ouad Aqqa dans le désert.

AFFLUENT. — L'Ouab Kebbaba reçoit un affluent, l'Ouad Defalia, se jetant sur sa rive gauche au-dessous d'Aqqa, dans le désert.

Ouad Defalia. — Il prend sa source sur le flanc sud du Bani et arrose le petit qçar d'Oumm el Ạleg (se composant de 30 maisons divisées en deux quartiers; il appartient aux Aït ou Mrïbeṭ). Le reste du cours est désert et à sec.

REMARQUES SUR LES TRIBUS. — Le bassin de l'Ouad Aqqa appartient en entier, à l'exception des qçars d'Imiṭeq et de Tizgi Ida ou Baloul, qui sont isolés, à 5 tribus : les Ida ou Zkri, les Isaffen, les Iberqaqen, les Aït Tizert, les Aït ou Mrïbeṭ; sur le territoire de ces derniers se trouve l'oasis d'Aqqa. Nous avons déjà parlé et d'Aqqa et des Aït ou Mrïbeṭ. Nous allons dire quelques mots des quatre autres tribus.

Ida ou Zkri. — Cette tribu habite le haut plateau qui couronne le Petit Atlas au nord de l'Ouad Aqqa, les sources de cette rivière, sa vallée supérieure jusqu'aux Isaffen, et les plateaux qui, en cette partie de son cours, s'étendent des deux côtés de sa vallée. Elle est tout entière gouvernée par un seul chikh, Ḥadj Moḥammed Amerri; ce chikh est très puissant : plusieurs tribus voisines se sont, par des debiḥas, constituées ses vassales. Les Ida ou Zkri ne reconnaissent point le sultan. Ils ont un marché, le Djemạa Izalaṛen, qu'on appelle aussi Djemạa Amerri parce qu'il se tient près de la demeure du chikh. Leur pays renferme un grand nombre de qçars; ils ont trois ou quatre agadirs; ils peuvent lever 2000 fusils. Leur sol est très fertile : les bords de l'Ouad Aqqa sont couverts d'oliviers; le plateau qui forme la plus grande partie de leur territoire, et qui s'étend sur le haut des deux versants du Petit Atlas, n'est que champs et qu'amandiers. Les Ida ou Zkri sont Chellaḥa et sédentaires. Comme famille, ils sont frères des Ilalen, tout en étant une tribu séparée. Ils ont pour limites : à l'est les Ida ou Kensous, au sud les Isaffen, à l'ouest les Iberqaqen et les Ilalen.

Distances : de Taroudant à la maison de Chikh Amerri. . . . . . 1 jour.
de Tizgi Ida ou Baloul à la maison de Chikh Amerri. . 1 jour.

Isaffen. — Cette tribu, appelée aussi Aït Isaffen, n'habite que la vallée même de l'Ouad Aqqa; elle est limitée, au nord par les Ida ou Zkri, au sud par un petit désert qui la sépare de Tizgi Ida ou Baloul. Point de désert entre les Isaffen et les Ida ou Zkri; on passe d'une tribu dans l'autre sans sortir des jardins et des cultures. Les Isaffen se subdivisent en trois fractions; ce sont, en descendant l'Ouad Aqqa :

Les Ida ou Tints (sur les bords de l'Ouad Aqqa, au-dessous des Ida ou Zkri et au-dessus des Aït Ouagrou. Ils sont gouvernés par un chikh héréditaire, Chikh Bel Ạïd Eṭ Ṭaleb).

Les Aït Ouagrou (sur les bords de l'Ouad Aqqa, au-dessous des Ida ou Tints. Ils sont gouvernés par un chikh héréditaire, Ould el Ḥadj Iaḥia).

Les Aït Tasousekht (sur les bords de l'Ouad Aqqa, au-dessus des Aït Ouagrou. Ils sont gouvernés par un chikh héréditaire, Ou Ben Ḥamed. Cette fraction est celle que nous avons traversée en allant à Mogador. Le point où nous avons quitté l'Ouad Aqqa, le confluent de l'Ouad Iberqaqen, en est la limite nord).

Comme on le voit, les Isaffen sont gouvernés par trois chikhs héréditaires. C'est une tribu sédentaire et chleuḥa : point de Ḥaraṭîn, on n'y parle que le tamaziṛt; cependant quelques hommes savent l'arabe.

Un marché, le Khemîs Isaffen ; il se tient au pied de Qaçba Chikh Ould el Ḥadj Iaḥia.

Les Isaffen ont la plus mauvaise réputation auprès des étrangers : voleurs, pillards, ils rançonnaient impitoyablement, il y a peu de temps encore, les voyageurs et les caravanes qui traversaient leur territoire : le chef de la zaouïa d'Aït Haroun Isaffen se distinguait entre tous, et on ne pouvait passer devant la maison de Dieu sans être dévalisé; aussi, depuis 1877 (1), les convois de Mogador à Aqqa et à Tizounin ne prenaient plus leur route habituelle par le territoire des Isaffen (celle que j'ai prise moi-même en allant à Mogador) : ils passaient par l'ouad et la tribu de Tizert et débouchaient de là sur Tizgi, quoique ce chemin soit très difficile pour les bêtes de somme. Depuis une année environ, les caravanes reprennent leur ancienne voie. Le chef de la zaouïa d'Aït Haroun a été longtemps absent et est revenu plus calme : les autres Isaffen ont décidé de même qu'à l'avenir les voyageurs passeraient en paix; ce changement s'est produit après un châtiment que Dieu leur a infligé : ils ont été maudits par un marabout à cause de leurs brigandages, leur rivière s'est desséchée et il y a eu une famine épouvantable; les eaux ne sont revenues que lorsqu'ils se furent amendés.

IBERQAQEN. — Cette tribu habite d'une part le haut plateau qui couronne le versant sud du Petit Atlas, de l'autre la vallée de l'Ouad Iberqaqen. Elle ne forme qu'un seul groupe : une seule djemaạa la gouverne. Point de chikh. Elle a trois agadirs, portant l'un le nom de Tidgar, les deux autres ceux d'Agadir Iberqaqen (Fouqani et Taḥtani). Les Iberqaqen sont Chellaḥa et sédentaires. Leur langue est le tamaziṛt. Peu parmi eux comprennent l'arabe. Point de marché sur leur territoire : ils vont au Khemîs Isaffen et au Djemạa Amerri. Les Iberqaqen sont une tribu nombreuse et puissante, moins cependant que leurs voisins les Isaffen avec lesquels ils sont souvent en guerre.

TIZERT. — Cette tribu comprend environ douze qçars, échelonnés sur l'Ouad Tizert et unis entre eux par des jardins. De plus, Tizgi Ida ou Baloul, sur l'Ouad Aqqa, est quelquefois comptée comme faisant partie de Tizert. Point de chikh : une djemaạa gouverne la tribu. Les Aït Tizert sont Chellaḥa et sédentaires. Leur langue est le tamaziṛt. Pas de marché : on va au Khemîs Isaffen.

Point de Juifs. Il n'y a qu'un mellaḥ dans le bassin de l'Ouad Aqqa, celui qui se trouve dans l'oasis d'Aqqa.

VIII. — Ouad Tizgi el Ḥaraṭîn.

Il est appelé aussi Ouad Tizgi Iṛiren. Il prend sa source dans le Petit Atlas et traverse le Bani à un kheneg où se trouvent deux qçars : l'un, Aït Oumendil, est au milieu même du kheneg, l'autre, Tizgi el Ḥaraṭîn, est immédiatement au-dessous : l'un et l'autre s'élèvent sur les bords mêmes de la rivière; leurs jardins se touchent et entre eux les rives de l'ouad ne cessent d'être ombragées de dattiers. Après avoir traversé cette oasis, l'ouad rentre dans le désert où il reste jusqu'à son confluent avec le Dra, au Mạder Tizgi.

Tizgi el Ḥaraṭîn est un grand qçar de 150 feux, formé de deux quartiers compris en une même en-

(1) 1877-1878 ou 1295, appelé dans le langage usuel l'an 95; cette année est tristement célèbre dans le sud du Maroc, à cause de la famine terrible qui la signala.

ceinte. Il s'y tient un marché permanent, comme à Agadir Tisint. La population y est un mélange de Chellaha et de Haratin, ceux-ci dominant; elle est tributaire des Aït ou Mrībeṭ (fraction d'Idgich). Tizgi el Haratin, qu'on appelle aussi Tizgi Iriren, est située, comme Tisint, à la bouche d'un kheneg du Bani.

Aït Oumendil qui se trouve, comme Tiiti, au milieu même du kheneg, est un qçar de 100 feux, peuplé de Chellaha et de Haratin, sous la suzeraineté des Aït ou Mrībeṭ (fraction d'Idgich).

Distances : de Tizounin à Tizgi el Haratin comme d'Agadir Tisint à Mrimima.
d'Aït Oumendil à Tizgi el Haratin comme d'Agadir Tisint à Aït ou Iran.

AFFLUENTS. — L'Ouad Tizgi el Haratin reçoit un affluent, l'Ouad Tizounin, se jetant sur sa rive gauche dans le désert, entre Tizgi et l'Ouad Dra.

OUAD TIZOUNIN. — C'est un cours d'eau sans importance. Il prend sa source sur le flanc sud du Bani, puis arrose successivement les deux qçars de Tizounin et d'Igdi.

Ils sont séparés l'un de l'autre par un désert de plusieurs kilomètres. Au-dessous d'Igdi, la rivière coule dans le désert jusqu'à son confluent avec l'Ouad Tizgi el Haratin.

Tizounin est un grand qçar, isolé dans la plaine, appartenant aux Aït ou Mrībeṭ. C'est là que résident les chikhs de cette tribu, ou du moins ceux de la fraction des Aït ou Iran, qui a aujourd'hui environ quinze chikhs. Les Aït ou Mrībeṭ forment la grande majorité de la population de Tizounin; les autres habitants sont quelques Haratin pauvres. Les belles maisons, les jardins sont aux chikhs. Outre l'ouad, qui est peu important, il y a plusieurs sources; les vergers produisent de bonnes dattes, mais sont peu étendus. Pas de mellah; quelques Juifs isolés viennent trafiquer comme à Agadir Tisint et comme à Tizgi el Haratin. Marché permanent comme dans ces deux localités. Tizounin contient 400 à 500 maisons; celles des chikhs sont les seules qui soient toujours habitées : les autres appartiennent à des nomades de leur fraction qui y emmagasinent leurs grains, y viennent de temps en temps, mais passent la plus grande partie de l'année sous la tente. Le premier des chikhs de Tizounin est Chikh Hamed. C'est le seul qui ait de l'autorité : les autres chikhs sont ses cousins, qui, par la noblesse de leur naissance, ont droit au titre de chikh, sans pour cela partager le pouvoir avec leur aîné. En effet, parmi les familles où le titre de chikh est héréditaire, il y en a, et c'est le plus grand nombre, où le chef seul porte ce titre; mais il y en a d'autres, comme celle-ci, où, soit plusieurs frères, soit même toute une génération de cousins, le prennent également.

Igdi est un petit qçar entouré de quelques dattiers : il appartient à la fraction d'Idgich des Aït ou Mrībeṭ.

Distance : de Tizounin à Igdi comme d'Agadir Tisint à Bou Mousi.

IX. — Ouad Icht.

C'est un cours d'eau peu important prenant sa source dans une plaine située au nord du Bani, entre cette chaîne et le Petit Atlas : il traverse le Bani au Kheneg Icht et, immédiatement au-dessous, à sa bouche même, arrose l'oasis qui lui donne son nom. De là, il rentre dans le désert, et y reste jusqu'à son confluent avec le Dra au Mader Icht.

L'oasis d'Icht ne renferme qu'un qçar, situé sur la rive gauche de l'ouad, et entouré de vastes plantations de palmiers s'étendant des deux côtés de la rivière jusqu'au pied du Bani. Ce qçar, d'environ 200 maisons, est peuplé de Chellaha mêlés de quelques Haratin; il est gouverné par un chikh, El Hoseïn; il reconnaît la suzeraineté des Aït ou Mrībeṭ. Icht est riche, prospère, puissante. Marché permanent comme à Agadir Tisint, Tizounin et Tizgi Iriren. L'Ouad Icht est presque toujours à sec, même dans l'oasis; mais il y a un grand nombre de sources, aussi bien dans les jardins qu'à l'intérieur du qçar. Les dattiers sont nombreux, mais d'espèces médiocres : ce sont des bou souaïr.

Distance : de Tizgi el Haratin à Icht comme de Qaçba el Djouṣ à Tatta.

X. — Ouad Imi Ougadir.

L'Ouad Imi Ougadir porte aussi le nom d'Ouad Tamanaṛt : il prend sa source dans la tribu des Aït Imejjat et reçoit les eaux de celle d'Ifran et d'une partie de celle d'Id Brahim. Après avoir traversé une portion du territoire des Aït Imejjat, il arrose l'oasis de Tamanaṛt : les quatre qçars qui la composent se trouvent sur ses rives : ce sont, en descendant :

Agerd.	
Qaçba Aït Ḥerbil	rive droite.
Iṛir	rive gauche.
Igouïaz	rive gauche.

Entre ces quatre qçars les bords de l'ouad sont, sans interruption, bordés de dattiers. Au-dessous de Tamanaṛt, la rivière entre dans le désert et y reste jusqu'au Bani : elle traverse cette chaîne au Kheneg Imi Ougadir. La longueur de ce passage est égale ou un peu moindre à celle du kheneg de Tisint : palmiers au milieu : à la bouche sud se trouve un grand qçar entouré de dattiers : c'est :

Imi Ougadir.

En sortant d'Imi Ougadir, l'ouad rentre dans le désert et y demeure jusqu'à l'Ouad Dra, où il se jette au Mạder Imi Ougadir.

Ce mạder, comme ceux d'Icht et de Tizgi, produit des moissons superbes : tous trois sont cultivés surtout par les Aït ou Mrîbeṭ. Les habitants des oasis voisines et ceux du Petit Atlas y labourent aussi : on y voit venir jusqu'à des Isaffen et des Iberqaqen.

Imi Ougadir est un grand qçar de 400 maisons, où neuf ou dix groupes des Aït ou Mrîbeṭ possèdent des demeures et emmagasinent grains et dattes. Quelques habitants chellaḥa s'y trouvent, mais ils sont en petit nombre : ce lieu est avant tout un grand agadir des Aït ou Mrîbeṭ. Marché permanent au milieu du qçar, comme à Agadir Tisint. Juifs commerçants comme dans cette dernière localité, mais pas de mellaḥ.

Distances : de Tamanaṛt à Icht comme d'Agadir Tisint à Mrimima.
d'Agerd à Qaçba Aït Ḥerbil comme d'Agadir Tisint à Bou Mousi.
de Qaçba Aït Ḥerbil à Iṛir comme d'Agadir Tisint à Ez Zaouïa.
d'Iṛir à Igouïaz comme d'Agadir Tisint à Foum Tisint.
de Tamanaṛt à Imi Ougadir comme d'Agadir Tisint à Mrimima.
d'Imi Ougadir à Icht comme d'Agadir Tisint à Trit.

REMARQUES SUR LES TRIBUS. — La partie méridionale du cours de l'Ouad Imi Ougadir, de même que tout ce qui est situé au sud du Bani dans les bassins des ouads Icht, Tizgi el Ḥaraṭîn, Aqqa et Meskaou, fait partie du territoire des Aït ou Mrîbeṭ. Le haut bassin de l'Ouad Imi Ougadir appartient à trois tribus, les Aït Imejjat, les Ifran, les Id Brahim. Le cours moyen en est occupé par le district isolé de Tamanaṛt.

Aït Imejjat. — Ils peuvent former 3000 fusils. C'est une puissante tribu sédentaire, possédant de nombreux qçars. Les Aït Imejjat sont Chellaḥa : leur langue est le tamaziṛt. Ils ont vaincu, il y a quelques années, Sidi El Ḥoseïn ben Ḥachem, le célèbre marabout du Tazeroualt. Auparavant ils étaient ses sujets : aujourd'hui il n'a plus d'autorité sur eux. Indépendants du sultan depuis un temps immémorial, les Aït Imejjat se sont soumis à Moulei El Ḥasen en 1882, en même temps que la plupart des tribus du Sahel, lors de son expédition dans le bas Sous et le Sahel Marocain. Le sultan leur a donné deux qaïds. L'un d'eux est Chikh Moḥammed, d'Agerd (Tamanaṛt).

Ifran. — On les appelle aussi Ofran. C'est une tribu chleuḥa et sédentaire située au sud-ouest des Aït Imejjat : ils sont soumis au sultan depuis la même époque et dans les mêmes conditions que ces derniers. Moulei El Hasen les a réunis, avec le Tazeroualṭ et les Ida ou Semlal, sous le qaïdat de Ḥadj Ṭahar, fils de Sidi El Ḥoseïn ben Ḥachem. Les Ifran sont une tribu de moyenne importance.

Id Brahim. — Grande tribu, soumise au sultan de la même manière que les précédentes; son territoire, au sud de celui des Ifran et de celui des Aït Imejjat, s'étend au loin vers l'ouest. Moulei El Ḥasen l'a mise avec Tamanaṛt sous le commandement d'un qaïd unique, Ḥadj Ḥamed El Manaṛi, chikh héréditaire de Qaçba Aït Ḥerbil à Tamanaṛt. Les Id Brahim sont comptés, ainsi que les Ifran et les Aït Imejjat, comme appartenant au Sahel : en effet, la plus grande partie des territoires de ces trois tribus se trouve dans le bassin de l'Océan, et non dans celui du Dra. Les Id Brahim sont Chellaḥa et sédentaires : leur langue est le tamaziṛt. Ils se décomposent en :

Ida ou Leggan, Aït Ḥerbil, Aït Ouadaï, Aït Illoul, Aït Mousa ou Daoud, Aït Bou Ạchra, Aït Zkri, Aït Bouhou.

Tamanart. — C'est une oasis composée de quatre qçars, Agerd, Qaçba Aït Ḥerbil, Iṛir, Igouïaz. Ces quatre localités sont enveloppées dans une longue bande de dattiers : les fruits que produisent ces derniers sont abondants, mais de qualité médiocre : ce sont des bou souaïr. Avant leur récente soumission au sultan, la guerre régnait presque toujours entre les qçars de Tamanaṛt. Agerd était en hostilité à peu près perpétuelle avec ses trois sœurs : les tribus voisines se mêlaient à ces querelles; les Aït Imejjat et d'autres tribus du nord venaient au secours d'Agerd, les Aït ou Mrîbeṭ prêtaient leur appui aux trois autres localités. Aujourd'hui Tamanaṛt vit en paix : l'oasis a fait sa soumission en 1882, en même temps que les Aït Imejjat et les Id Brahim : le chikh de Qaçba Aït Ḥerbil a été nommé qaïd de l'oasis et des Id Brahim par Moulei El Ḥasen. Là s'arrête l'autorité de ce dernier (1) : toutes les tribus qui sont au sud et à l'est des Aït Imejjat, de Tamanaṛt et des Id Brahim, telles que les Aït ou Mrîbeṭ, etc., ne la reconnaissent plus. Agerd se compose de 200 maisons et a un marché, dont on ne peut me désigner le jour, seul marché de Tamanaṛt; Qaçba Aït Ḥerbil a 200 maisons, Iṛir n'en a que 50, et Igouïaz que 15. Entre Agerd et Qaçba Aït Ḥerbil, sur une colline, se trouve une tour toujours gardée par une quinzaine de fusils de Qaçba Aït Ḥerbil, surveillant le pays et dominant Agerd. La population est chleuḥa avec quelques Ḥaraṭîn. Un mellaḥ à Agerd, le seul du bassin de l'Ouad Imi Ougadir. Il n'y a d'Israélites ni chez les Aït Imejjat, ni chez les Ifran, ni chez les Id Brahim.

Itinéraire de Tisint à Ouad Noun.

1er jour. — *De Tisint à Aqqa Iġiren.*

2e jour. — *D'Aqqa Igiren à Tiiggan.*

3e jour. — *De Tiiggan à Tizounin.*

On passe par Oumm el Ạleg, et de là on va à Tizounin : beaucoup de gazelles dans la plaine, autour de Tizounin : c'est le seul lieu où l'on trouve du gibier. Dans la même région, on rencontre aussi un grand nombre de moufflons, mais en montagne, dans le Bani. Entre Oumm el Ạleg et Tizounin, désert à sol dur et plat avec quelques gommiers.

Distance : d'Oumm el Ạleg à Tizounin comme d'El Feggouçat à Mrimima.

4e jour. — *De Tizounin à Tizgi el Haratîn.*

On traverse un désert pierreux; sol plat, sans autre végétation que des jujubiers sauvages et quelques gommiers. Le chemin ne passe par aucun lieu habité, mais on distingue à main gauche le qçar d'Igdi, pendant la première partie de la route.

Distance : de Tizounin à Tizgi el Ḥaraṭîn comme d'Agadir Tisint à Mrimima.

5e jour. — *De Tizgi el Haratîn à Icht.*

Entre Tizgi et Icht, on continue à longer le pied méridional du Bani, en l'ayant toujours à main droite (au nord). Pas de kheneg dans la chaîne entre ces deux points. Pendant la première moitié du chemin,

(1) On m'a assuré que, depuis mon voyage, la plupart des tribus soumises par le sultan en cette expédition, tant celles du Sahel que celles du bas Sous et du Ras el Ouad, s'étaient soulevées et avaient repris leur indépendance. Ces faits se seraient passés en automne 1884.

on marche au milieu d'un *areg*, plaine sablonneuse avec des gommiers : à mi-route, on rencontre, descendant des crêtes du Bani, le lit desséché d'un ruisseau, au milieu duquel se trouvent des puits (point de palmiers ni de végétation auprès d'eux). A partir de là, le terrain reste toujours plat, mais les gommiers se mêlent de quelques rares troncs d'argans. De Tizgi à Icht, le pays est désert.

En arrivant à Icht, on voit d'abord, à la lisière de l'oasis, une qoubba ; c'est auprès d'elle qu'on entre sous les palmiers : on chemine quelque temps à leur ombre, en remontant l'Ouad Icht : les dattiers en bordent les deux rives, mais il n'y en a point dans son lit : on parvient ainsi au qçar d'Icht.

Distance : de Tizgi el Ḥaraṭin à Icht comme de Qaçba el Djouạ à Tatta.

6e jour. — *D'Icht à Tamanart.*

Icht est situé, comme Tisint, à la bouche sud d'un kheneg du Bani. Pour aller à Tamanaṛt, on traverse le kheneg et on passe au nord de la chaîne : de là à Ouad Noun, le Bani restera toujours au sud du chemin. En allant d'Icht à Tamanaṛt, on l'a, durant toute la route, en arrière et à gauche. Chemin plat et désert, tantôt sablonneux, tantôt pierreux ; beaucoup de gommiers.

Le premier qçar auquel on arrive est Igouïaz, puis on gagne celui d'Iṛir.

Distance : d'Icht à Tamanaṛt comme d'Agadir Tisint à Mrimima.

7e jour. — *De Tamanart à Tarjijt.*

Entre ces deux points, le chemin traverse une plaine unie et déserte, un areg. Sol pierreux, avec quelques gommiers. On se tient sans cesse au nord du Bani, qu'on distingue pendant tout le trajet à une certaine distance dans le sud. On ne traverse ni ne voit aucun lieu habité jusqu'à Tarjijt. A partir du point où l'on est sorti de Tamanaṛt, on marche sur le territoire des Id Brahim. Tarjijt est un groupe de plusieurs qçars faisant partie d'une des fractions de cette tribu ; une petite rivière y passe : les eaux s'en écoulent, comme toutes celles de cette contrée, vers l'ouest ou le sud-ouest pour aller aboutir à Tiṛmert qu'elles arrosent. Tarjijt a un grand nombre de palmiers, bou souaïr et rares bou feggouç. De Tarjijt on voit le Bani ; il en est à la même distance que le mont Taïmzouṛ de Mrimima.

Distance : de Tamanaṛt à Tarjijt comme d'Idroumen (dunes de sable) à Tatta.

8e jour. — *De Tarjijt à Tirmert.*

Entre ces deux points, le chemin traverse un pays accidenté, mais sans passage difficile. On franchit quelques ruisseaux ; on voit à droite et à gauche des qçars ; je n'ai pu en savoir les noms. Au sortir de Tarjijt on quitte la tribu des Id Brahim et on entre dans celle des..... C'est une tribu nombreuse, se disant d'origine arabe, habitant en partie la tente, en partie des qçars. Celui de Tiṛmert est sur son territoire : il est la résidence de son qaïd, Ould Ḥamed ou Saloum.

Distance : de Tarjijt à Tiṛmert comme de Tatta à Tizgi Ida ou Baloul.

9e jour. — *De Tirmert à Aougelmim.*

Aougelmim est le principal des qçars qui composent le district d'Ouad Noun et la résidence de son chikh, El Ḥabib ould Beïrouk. De Tiṛmert à ce point, ce n'est qu'une plaine unie et déserte, sans un cours d'eau, sans un gommier.

Distance : de Tiṛmert à Aougelmim comme d'Agadir Tisint à Mrimima.

Seketâna et Gezoula.

Toutes les populations habitant entre l'Ouad Sous, l'Ouad Dra et le Sahel sont divisées en deux grandes familles, les *Seketâna* et les *Gezoula*. Personne dans toute cette région, les marabouts exceptés, qui n'entre dans une de ces deux familles : les quelques tribus se disant d'origine arabe en font partie au même titre que les Imaziṛen reconnus, les Ḥaraṭin au même titre que les Chellaḥa. Les marabouts, les cherifs et les Juifs restent seuls en dehors de cette division ; encore l'exception n'est-elle pas absolue pour les marabouts ni pour les cherifs : quelques zaouïas sont Seketâna ou Gezoula. Les tribus sont entièrement de l'une ou de l'autre famille : il ne saurait en être différemment. Mais les districts, les oasis, comme Tisint, Tatta, etc., où les divers qçars n'ont aucun lien entre eux, sont presque toujours mélangés : telle localité est Gezoula, telle autre voisine Seketâna ; on voit même des qçars mi-Seketâna, mi-Gezoula.

La région où les populations sont ainsi divisées en Seketâna et Gezoula est, en résumé, celle qui est arrosée par les affluents de gauche de l'Ouad Sous d'une part, par les affluents de droite du Dra d'autre part, c'est-à-dire le massif presque entier du Petit Atlas. Au nord de cette contrée, sur la rive droite du Sous, on ne m'a plus paru connaître la classification en Gezoula et Seketâna; au sud, il n'y a que le désert; à l'ouest se trouvent les tribus du Sahel, parmi lesquelles cette division n'existe pas; à l'est, sur la rive gauche du Dra, sont les Berâber : ceux-ci ne sont ni Gezoula ni Seketâna, ils ne sont que Berâber : leur tribu, avec ses nombreuses fractions, est, en population comme en étendue de territoire, égale, sinon supérieure aux Gezoula ou aux Seketâna : c'est un troisième peuple, mais qui a gardé jusqu'à ce jour son homogénéité, son fractionnement naturel, son organisation régulière et son groupement compact, choses que les deux autres ont perdues depuis un temps déjà lointain dont ils n'ont pas souvenance.

La classification en Seketâna et Gezoula n'est pas seulement un souvenir généalogique : c'est, encore à présent, une division réelle : un qçar, une tribu Seketâna a-t-elle une guerre contre un qçar ou une tribu Gezoula, c'est toujours parmi les fractions de sa race qu'elle cherchera des alliés. Les Seketâna se prêtent secours entre eux, même à une grande distance, et les Gezoula de même. Ainsi, il y a quelques jours, les habitants de Qaçba el Djouạ ont été jusque dans le bassin du Sous porter aide à une fraction des Aït Semmeg qui avait réclamé leur assistance. De même, pendant mon séjour à Tintazart, il était parti 60 Chellaḥa et Ḥaraṭin de Tatta pour secourir leurs frères dans le voisinage de l'Ouad Isaffen. Cela n'empêche pas cependant les querelles et guerres entre membres d'une des deux familles : bien plus, il arrive parfois, bien que rarement, qu'un qçar ou une fraction, appartenant d'origine à l'une des deux races, change de camp à la suite de querelles intestines et se range du côté de l'autre : on la compte dès lors comme faisant partie de cette dernière. C'est ainsi que les Indaouzal, tout en n'étant d'origine qu'une seule tribu, sont comptés aujourd'hui mi-Seketâna, mi-Gezoula.

Dans le bassin du Sous, on remplace souvent les appellations de Seketâna et de Gezoula par celles d'Aït Semmeg et d'Oulad Iaḥia : les Aït Semmeg sont Seketâna, et les Oulad Iaḥia Gezoula; cela revient donc au même.

Deux tribus ont, comme nom propre, l'une celui de Seketâna, l'autre celui de Gezoula. Toutes deux habitent le bassin de l'Ouad Sous; la première est sur la rive gauche, au sud des Zagmouzen, dans le Petit Atlas; la seconde est sur un des affluents de droite du fleuve, dans le Grand Atlas. Nous manquons de détails sur cette dernière. Quant à la première, c'est une tribu importante, comptée comme Seketâna et entourée de tous côtés de Seketâna : les Zenâga, les Ounzin, les Aït Semmeg, qui l'avoisinent à l'est, au sud et à l'ouest, sont tous Seketâna. On pourrait peut-être considérer cette tribu, qui a gardé en propre le nom générique de toute la famille, comme en étant en quelque sorte le noyau.

Voici comment sont répartis les Seketâna et les Gezoula :

Oulad Iaḥia (du bassin du Sous).	Gezoula.
Indaouzal	mi-Gezoula, mi-Seketâna.
Aït Semmeg.	Seketâna.
Seketâna..	»
Aït Ạmer..	»
Zenâga.	»
Tagmout (Ouad Tatta)..	»
Ida ou Kensous..	Gezoula.
Aït Jellal..	»
Ilir (Ouad Sidi Moḥammed ou Iạqob).	»

Reken			Gezoula.
Fedoukkes			»
Tazouli			Seketâna.
Imtaoun			»
Ounzin			»
Aginan			»
Aït Bou Iaḥia			»
Aqqa Iṛen			Gezoula.
Qçour Beïḍin			Seketâna et Gezoula mélangés.
Qaçba el Djouạ			Seketâna.
Trit			Gezoula.
Tanziḍa			Seketâna.
Tisint	Agadir		Seketâna.
	Aït ou Iran		Gezoula.
	Bou Mousi		n'est d'aucune famille.
	Taznout		Seketâna.
	Ez Zaouïa	Aït Sidi Mḥind	Seketâna.
		Aït Sidi Ạli	Gezoula.
Aqqa Igiren			Seketâna.
Tatta	Tintazart		Seketâna.
	Anṛerif		»
	Adis		»
	Tiiti		»
	Aqqa Izenqad		»
	Tiṛremt		»
	Isbabaten (Toug er Riḥ)		Gezoula.
	Tigiselt		»
	Taldnount		»
	Imtflan		»
	Aït Iasin		»
	Agjgal		»
	Aït Sidi El Ḥoseïn		»
	Aït Zouli		mi-Seketâna, mi-Gezoula.
Aqqa			Seketâna et Gezoula mélangés.
Oulad Iaḥia (du bassin du Dra)			Gezoula.
Ida ou Blal			Seketâna.
Aït ou Mribeṭ			Gezoula.

III.

BASSIN DE L'OUAD SOUS.

L'Ouad Sous porte en son cours supérieur le nom d'Ouad Tifnout : il ne prend celui de Sous qu'à partir de son confluent avec l'Ouad Zagmouzen. Cette rivière, presque aussi considérable que lui, se jette sur sa rive gauche au village de Tinmekkoul (Iouzioun). Nous étudierons séparément l'Ouad Tifnout, l'Ouad Zagmouzen et l'Ouad Sous.

1°. — OUAD TIFNOUT.

L'Ouad Tifnout, avant sa jonction avec l'Ouad Zagmouzen, reçoit sur sa rive gauche, entre Tabia et Taïssa, un autre affluent important, l'Ouad Aït Tameldou. Nous nous occuperons successivement de ces deux rivières.

1° OUAD TIFNOUT. — On l'appelle souvent dans son cours inférieur Ouad Iouzioun. Il sort du flanc du Grand Atlas à un point nommé Tinzer (narine). Ce lieu est ainsi appelé parce qu'il s'y trouve deux ouvertures juxtaposées comme des narines : l'une est bouchée, à l'intérieur, par un poisson monstrueux; de l'autre jaillit l'Ouad Tifnout. Cette source merveilleuse est célèbre à plus d'un titre : elle a, dit-on, des propriétés médicales extraordinaires. Au-dessous de Tinzer, l'Ouad Tifnout entre dans la tribu des Aït Tameldou; il y arrose d'abord un groupe de quatre villages appelé

Tizgi n Taqqaïn;

puis, restant toujours dans la même tribu, il passe successivement par un grand nombre de villages dont voici les principaux :

Imelil.
Taagnit.
Ouaounzourt.
Mezgemmat.
Asareg.
Tasoult.
Amzarko.
Imi n Amoumen.
Tizourin.
Aït Irmor..
Aït Skri...
Askaoun..
Moumalou. } Ces quatre villages sont compris sous le nom d'Aït Oureld.
Dar Ougadir.
Heloud.
Dou Ougadir.
Agerd n Ougadir.
And Aït Dra.
Igidi.
Arled Fouqani.

Timiṭeṛ.
Aṛled Taḥtani.
Mzi.
Tilkit.
Tarneouin.
Tabia.

Ici l'Ouad Tifnout sort du territoire des Aït Tameldou et entre sur celui des Iouzioun. Il y arrose successivement les villages de :

Taïssa.
Takherri.
Tamararsent.
Toug el Khir.
Agaouz.
Tinksif.
Agdz Igourramen.
Taouarsout.
Ichakoukf.
Idergan.
Asoul.
Taṛrat.
Ibergnat.
Asaoun.
Tabia.
Agdz Aït ou Asṛar.
Aoufour.
Toug el Khir Taḥtani.
Anmid.
Tinmekkoul.

A ce village, l'Ouad Tifnout s'unit à l'Ouad Zagmouzen : là commence l'Ouad Sous.

L'Ouad Tifnout a de l'eau durant l'année entière sur toute l'étendue de son cours. Les bords en sont d'une richesse extrême : de la source de la rivière au confluent où elle finit, ils ne sont qu'un long jardin. Les eaux ne cessent de couler au milieu des cultures et à l'ombre des arbres fruitiers. Noyers, grenadiers, oliviers se pressent sur les rives; la vigne court le long de leurs branches; blés, orges, maïs font un tapis à leurs pieds.

Distances :	de Tinzer à Tabia	1 jour.
	de Tinzer à Tizgi n Taqqaïn	3 heures.
	de Tizgi n Taqqaïn à Imelil	1 heure.
	de Imelil à Ouaounzourt	3/4 d'heure.
	de Ouaounzourt à Imi n Amoumen	1 h. 1/2.
	de Imi n Amoumen à Agerd n Ougadir	1 h. 1/2.
	de Agerd n Ougadir à Dou Ougadir	1/2 heure.
	de Dou Ougadir à Timiṭeṛ	1 heure.
	de Timiṭeṛ à Dar Ougadir	1 h. 1/2.
	de Imelil à Tabia	fort 1/2 jour.
	de Tabia à Taïssa	1 heure.

AFFLUENTS. — L'Ouad Tifnout reçoit un grand nombre d'affluents ; ce sont :

RIVE DROITE :

Ouad Amoumen, s'y jetant à Imi n Amoumen.
Ouad Idikel, s'y jetant à Dar Ougadir.
Ouad Izgrouzen, s'y jetant à Dou Ougadir.
Ouad Ikis, s'y jetant à Agerd n Ougadir.

RIVE GAUCHE :

Ouad Inmarakht, s'y jetant à Ouaounzourt.

Ouad Saksad, s'y jetant à Dar Ougadir.
Ouad Msount, s'y jetant à Timiṭeṛ.
Ouad Tizgi n Mousi, s'y jetant à Mzi.

OUAD AMOUMEN. — Il prend sa source dans le Grand Atlas, traverse le territoire des Aït ou Amoumen (composé de 9 villages, tous sur son cours), et se jette dans l'Ouad Tifnout. Les Aït ou Amoumen sont une fraction des Aït Tameldou.

L'Ouad Amoumen a de l'eau sur tout son cours et en toute saison.

Distances : de l'Adrar n Deren aux Aït ou Amoumen . . . . 1/2 jour.
des Aït ou Amoumen à Imi n Amoumen . . . . 1 heure.

OUAD IDIKEL. — Il prend sa source au Djebel Idikel. De là il traverse, en descendant, d'abord le district d'Idikel (composé de 14 villages, tous sur son cours); puis, au-dessous, celui de Talat n Ig (4 villages). L'un et l'autre sont des fractions des Aït Tameldou.

L'Ouad Idikel n'a d'eau que pendant la saison des pluies.

Distances : de l'Idikel au Talat n Ig. . . . . 5 heures.
du Talat n Ig à Dar Ougadir . . . . 1 h. 1/2.
du Talat n Ig à Aṛled Fouqani (route dans le désert) . . . . 3 heures.

OUAD IZGROUZEN. — Il prend sa source au Tizi n Tamejjout. Il passe d'abord par le village de Tamejjout, puis il traverse le territoire des Izgrouzen, composé de 21 villages, tous sur son cours. De là il se jette dans l'Ouad Tifnout. Tamejjout, ainsi que les Izgrouzen, fait partie de la tribu des Aït Tameldou.

L'Ouạd Izgrouzen n'a d'eau que pendant la saison des pluies.

Le Tizi n Tamejjout est traversé par un chemin allant des Izgrouzen à Agoundis : d'Agoundis on peut gagner Dar El Genṭafi, et de là Merrâkech.

Distances : du Tizi n Tamejjout à Tamejjout . . . . 1 heure.
de Tamejjout aux Izgrouzen. . . . . 1 heure.
des Izgrouzen à Dou Ougadir. . . . . 1 h. 1/2.
des Izgrouzen à Agoundis. . . . . fort 1/2 jour.
d'Agoundis à Dar El Genṭafi. . . . . fort 1/2 jour.

OUAD IKIS. — Il prend sa source dans le Grand Atlas et traverse ensuite le territoire d'Ikis (composé de 14 villages, tous sur son cours); de là il se jette dans l'Ouad Tifnout. L'Ikis est une fraction des Aït Tameldou.

Cette rivière n'a d'eau que dans la saison des pluies.

Distances : de l'Adrar n Deren à l'Ikis. . . . . 1/2 jour.
de l'Ikis à Agerd n Ougadir.. . . . . 1/2 jour.

OUAD INMARAKHT. — Il traverse d'abord la fraction d'Inmarakht (composée de 7 villages tous sur son cours); de là il passe dans celle des Aït Leti (composée de 15 villages, tous sur son cours), puis dans celle d'Asif n Sous (3 villages); de là il se jette dans l'Ouad Tifnout. Les divers groupes que traverse l'Ouad Inmarakht font tous partie des Aït Tameldou.

Cette rivière a de l'eau en abondance sur tout son cours, pendant l'année entière.

Distances : d'Inmarakht aux Aït Leti. . . . . 1 heure 1/2.
des Aït Leti à Asif n Sous.. . . . . 1 heure.
d'Asif n Sous à Ouaounzourt. . . . . 1 heure.

OUAD SAKSAD. — Il prend sa source au Djebel Saksad; de là il arrose successivement les deux villages d'Ifergan et d'Ạnd Imzilen. L'un et l'autre font partie des Aït Iṛmor, fraction des Aït Tameldou.

Il y a toujours de l'eau dans l'Ouad Saksad, et sur tout son cours.

Distances : du Djebel Saksaḍ à Ifergan. . . . . 1 heure.
d'Ifergan à Dar Ougadir. . . . . 1 heure.

OUAD MSOUNT. — Il prend sa source dans le Khela Tamzerait (forêt de teceft). Au sortir de ce désert, il entre sur le territoire des Aït Msount, fraction des Aït Tameldou; il y arrose successivement les villages de Isherin, Izoukennan, Aït Ḥedin, Aït ou Allal, Tidirmit, Imi n Msount.

De là il gagne Timiṭeṛ, où il se jette dans l'Ouad Tifnout.

Il n'a d'eau que dans la saison des pluies.

Distances :	du Khela Tamzernit à Isḥerin.	1 heure.
	d'Isḥerin à Timiṭeṛ.	1 heure.

AFFLUENT. — L'Ouad Msount en reçoit un, l'Ouad Aït Mesri, se jetant sur sa rive gauche à Isherin.

Ouad Aït Mesri. — Il traverse le territoire des Aït Mesri (7 villages, tous sur son cours), fraction des Aït Tameldou.

Il n'a d'eau que durant la saison des pluies.

Distance :	des Aït Mesri à Isḥerin.	1/2 jour.

Ouad Tizgi n Mousi. — On l'appelle aussi Ouad Izgern. La source en est dans le désert, peu au-dessus de Tizgi n Mousi. Il passe d'abord par le village de Tizgi n Mousi, puis par l'Amzaourou (6 villages, tous sur son cours); de là il traverse le territoire des Izgern (9 villages); il rentre ensuite dans le désert, où il reste jusqu'à son confluent avec l'Ouad Tifnout. Les villages et fractions situés sur son cours font partie des Aït Tameldou.

Il n'a d'eau que durant la saison des pluies.

Distances :	de Mial (Ouad Aït Tameldou) à Tizgi n Mousi (désert).	3 heures.
	de Tizgi n Mousi à l'Amzaourou.	1 heure.
	de l'Amzaourou aux Izgern.	3 heures.
	des Izgern à Mzi (Ouad Tifnout).	1/2 jour.

REMARQUES SUR LES TRIBUS. — Le territoire des Iouzioun se compose exclusivement des villages que nous avons énumérés sur le cours de l'Ouad Tifnout. Les Iouzioun forment une tribu séparée; ils sont indépendants du sultan, mais reconnaissent la suprématie des deux puissants chikhs des Aït Tameldou : chacun de ces chefs a la moitié d'entre eux sous son autorité. Les Iouzioun sont de race et de langue tamaziṛt. Ils sont Chellaḥa. C'est une tribu riche et commerçante. Un marché, le Tlâta Tabia. Deux mellaḥs.

2° *OUAD AIT TAMELDOU.* — On lui donne aussi parfois le nom d'Ouad Tittal. Il prend sa source dans le désert d'Igisel. De là il entre dans la tribu des Aït Tameldou, où il reste pendant tout son cours; il y arrose successivement les villages suivants :

Tittal, Mial, Tazoult, Aban, Bou Tizi, Aït Melloul, Ikouchoden, Id Marmouch, Inmerzen, Igourzan, Ida ou Amṛar, Talat n Ougnal, Arbalou, Iṛil, Tammarouin, Aït Qedni.

Ce village est le dernier de l'Ouad Aït Tameldou, qui de là se jette sur la rive gauche de l'Ouad Tifnout, un peu au-dessous de Taïssa.

L'Ouad Aït Tameldou a toujours beaucoup d'eau dans son lit, tout le long de son cours.

Distances :	de Tizi n Ougdour à Tittal.	5 heures.
	de Tittal à Mial.	1 heure.
	de Mial à Tazoult.	1 heure.
	de Tazoult à Aït Melloul.	1 heure.
	d'Aït Melloul à Arbalou.	2 h. 1/2.
	d'Arbalou à Aït Qedni.	1 h. 1/2.
	d'Aït Qedni à Taïssa.	1 h. 1/2.

AFFLUENTS. — L'Ouad Aït Tameldou reçoit plusieurs affluents; ce sont :

RIVE DROITE :

Ouad Amzarou, s'y jetant à Tazoult.
Ouad Igemran, s'y jetant à Aït Melloul.
Ouad Mançour, s'y jetant à Arbalou.

RIVE GAUCHE :

Ouad Achakski, s'y jetant à Mial.
Ouad Aoullous.

Ouad Amzarou. — Il prend sa source au désert d'Ifenouan. Tout le cours en est sur le territoire des

Aït Tameldou. Il arrose successivement les villages de Tagrioualt, Ạraben, Assaka, Ida El Ḥasen Ạli, Aït Ouahou, Anrouz, Tazoult.

A ce dernier point, il se jette dans l'Ouad Aït Tameldou.

L'Ouad Amzarou a de l'eau pendant toute l'année et sur tout son cours.

Distances : du Khela Ifenouan à Tagrioualt. 3 heures.
de Tagrioualt à Assaka. . . . . 1/2 heure.
d'Assaka à Tazoult. . . . . 1 heure.

AFFLUENT. — L'Ouad Amzarou reçoit un affluent, l'Ouad Tasoukt, se jetant sur sa rive gauche à Assaka.

Ouad Tasoukt. — Il prend sa source dans le désert de Tiddes. Tout le cours en est sur le territoire des Aït Tameldou ; il y arrose d'abord un groupe de 3 villages appelé Aït Ouartasa puis successivement, Akchtim, Aït Iferd, Assaka, où est son confluent avec l'Ouad Amzarou.

Il a de l'eau en toute saison sur tout son cours.

Distances : du Khela Tiddes à Aït Ouartasa. faible 1/2 jour.
d'Aït Ouartasa à Assaka. . . . . 1 heure.

Ouad Igemran. — Il prend sa source au Djebel Agendi, montagne boisée, couverte de grandes forêts de teceft. Tout le cours en est sur le territoire des Aït Tameldou : il y arrose successivement les villages suivants :

Igemran (formée de 2 villages), Tizgi n Ouḥakki, Tamjerjt (très grand village), Aït Melloul.

Il n'a d'eau que pendant la saison des pluies.

Distances : du Djebel Agendi à Igemran. 1/2 heure.
d'Igemran à Tamjerjt. . . . . 1/2 heure.
de Tamjerjt à Aït Melloul. 1/2 heure.

AFFLUENT. — L'Ouad Igemran reçoit l'Ouad Aït Tougda, se jetant sur sa rive droite un peu au-dessus d'Aït Melloul.

Ouad Aït Tougda. — Il prend sa source au Djebel Agendi. Tout le cours en est sur le territoire des Aït Tameldou. Il arrose successivement les villages suivants :

Aït Ouzaṛar, Aït Tougda.

Puis il se jette dans l'Ouad Igemran.

Il n'a d'eau que pendant la saison des pluies.

Distances : du Djebel Agendi à Aït Ouzaṛar. . . . . 1 heure.
d'Aït Ouzaṛar à Aït Melloul. . . . . 1/2 heure.

Ouad Mançour. — Il prend sa source au désert de Timoures. Tout le cours en est sur le territoire des Aït Tameldou. Il arrose successivement les villages suivants :

Mançour, Tizoui, Amazzer, Agerd n Zarar, Tagadirt, Taṛeroucht, Iloukous, Ilemsen, Taourirt, Imoula, Timiṭeṛ, Ouaouzgert, Arbalou.

A ce dernier village est le confluent de l'Ouad Mançour et de l'Ouad Aït Tameldou.

La rivière a de l'eau sur tout son cours et pendant toute l'année.

Distances : du Khela Timoures à Mançour. . . . . 1 heure.
de Mançour à Tizoui. . . . . 1/2 heure.
de Tizoui à Arbalou. . . . . 1 h. 1/2.

AFFLUENT. — L'Ouad Mançour reçoit l'Ouad Tizgi, qui se jette sur sa rive droite à Tizoui.

Ouad Tizgi. — Il prend sa source au désert d'Ifenouan. Tout le cours en est sur le territoire des Aït Tameldou. Il arrose successivement :

Tizgi, Talmoudat, Igourdan, Tichki, Ida Ạli ou Ḥammou, Imskal, Timgdal, Tizoui.

A ce dernier point est son confluent avec l'Ouad Mançour.

Il a toujours de l'eau dans son lit, sur tout son cours et en toute saison.

Distances : du Khela Ifenouan à Tizgi. . . . . 1 heure.
de Tizgi à Tizoui. . . . . 1 heure.

OUAD ACHAKSKI. — On l'appelle aussi Ouad Mial. Il prend sa source au Djebel Achakski. Pas un seul lieu habité sur son cours.

Il n'a d'eau que pendant la saison des pluies.

OUAD AOULLOUS. — On l'appelle aussi Ouad Aït Tedrart. Il prend sa source dans le Siroua : il arrose sur son cours les villages suivants, appartenant tous aux Aït Tedrart :

Tadmamt, Aoullous, Tamalout, Azgaour, Adrer, Tamalout Aït Amer ou Ali, Asif Zimer, Agerd n Oudrer, Aglagal, Askaoun.

De là, plus de lieu habité sur son cours jusqu'à son confluent avec l'Ouad Aït Tameldou.

Les Aït Tedrart sont une fraction de la tribu des Aït Seltman.

Distances :	de Tadmamt à Askaoun	2 heures.
	d'Aoullous à Amasin (Ikhzama)	1/2 jour.
	d'Agerd n Oudrer à Iril n Oro (en traversant le désert de Teddref)	1/2 jour.
	d'Agerd n Oudrer à Taïssa	3 h. 1/2.

AFFLUENT. — L'Ouad Aoullous reçoit à Askaoun l'Ouad Id ou Illoun, qui se jette sur sa rive gauche.

Ouad Id ou Illoun. — Il reste pendant tout son cours sur le territoire des Id ou Illoun, où il arrose successivement les villages de :

Tinzert, Iferran, Agni, Almessa, Aouzrout.

Les Id ou Illoun sont une fraction de la tribu des Aït Seltman.

Distances :	de Tinzert à Aouzrout	1 heure.
	d'Agni à Aglagal (Ouad Aoullous)	1 heure.
	d'Agni à Outoura (Ouad Zagmouzen)	2 heures.

REMARQUES SUR LES TRIBUS. — Nous avons rencontré sur les cours d'eau que nous venons d'étudier trois tribus : les Iouzioun, dont il a déjà été parlé, les Aït Seltman et les Aït Tameldou. Toutes trois sont indépendantes et de race comme de langue tamazirt. Elles sont Chellaha : il n'existe point de Haratin dans le bassin du Sous. Elles sont sédentaires : le bassin du Sous ne renferme à peu près point de nomades.

AÏT SELTMAN. — Tribu se subdivisant en deux fractions, les Aït Tedrart et les Id ou Illoun. La première est la plus nombreuse. Chacune se compose d'une certaine quantité de villages, les uns sur les cours d'eau, où nous les avons mentionnés, les autres dans la montagne, alimentés par des sources. Les Aït Seltman sont gouvernés par un chikh, dont le pouvoir est héréditaire : le chikh actuel s'appelle Abd Allah Aït Ali ou Ious : la maison des Aït Ali ou Ious réside à Aoullous ; elle n'a aucune relation ni avec le sultan ni avec le Telouet. Pas de marché chez les Aït Seltman. Deux mellahs.

AÏT TAMELDOU. — Ils sont indépendants et gouvernés par leurs chikhs héréditaires : ceux-ci sont au nombre de deux : voici comment ils se partagent le pouvoir.

A Tamjerjt réside la famille de chikhs des Id ou Mhind ; le chef en est en ce moment Mohammed ou Hammou ; il a sous son autorité une partie de l'Ouad Tifnout, une partie de l'Ouad Inmarakht, l'Ouad Amoumen, la moitié de l'Ouad Idikel, la moitié de l'Ouad Izgrouzen, l'Ouad Ikis, l'Ouad Msount, l'Ouad Tizgi n Mousi, l'Ouad Amzarou, l'Ouad Igemran, l'Ouad Aït Tougda, l'Ouad Mançour, la moitié de l'Ouad Tizgi. De plus, en dehors des Aït Tameldou, sa suprématie est reconnue d'une part par la moitié des Iouzioun, de l'autre par les Ikhzama (bassin de l'Ouad Iriri).

A Aït Iferd réside la seconde famille de chikhs ; c'est une branche de la maison des Aït Ouzanif. Le chef actuel en est Mohammed ou Abd Allah ; il a sous son pouvoir le reste de l'Ouad Tifnout (les Aït Irmor), les Aït Leti sur l'Ouad Inmarakht, la moitié de l'Ouad Idikel (Talat n Ig), l'Ouad Saksad, la moitié de l'Ouad Izgrouzen, l'Ouad Aït Tameldou, l'Ouad Achakski, l'Ouad Tasoukt, la moitié de l'Ouad Tizgi. Il faut y joindre, hors des Aït Tameldou, le reste des Iouzioun et les Aït Marlif (bassin de l'Ouad Iriri).

Ces deux puissantes familles entretiennent avec le qaïd du Telouet des relations analogues à celles qu'a avec lui le Zâniñi : c'est leur seul lien avec le makhzen.

Les principaux produits de la tribu sont les noix et les olives, qui abondent sur tout son territoire. On récolte aussi des raisins et des grenades sur les rives de l'Ouad Tifnout. La vallée de cette rivière est la partie la plus riche du pays des Aït Tameldou. Peu d'abeilles. De grands troupeaux de moutons et de bœufs; beaucoup d'ânes et de mulets; des chevaux et des chameaux.

Les Aït Tameldou sortent peu de chez eux pour faire le commerce; mais on se rend en leur pays de Tazenakht, de l'Aït Zaïneb, du Telouet, des bords de l'Ouad Sous, pour acheter des grains et des fruits; on en exporte ainsi du blé, de l'orge, des fèves, des noix, de l'huile.

Le centre le plus important de la tribu est Ạraben (120 familles musulmanes et 3 familles israélites).

Minerai de fer dans le désert d'Ifenouan.

Un seul marché chez les Aït Tameldou, le Ḥad Tamjerjt.

Les Israélites sont nombreux sur leur territoire : ils y ont seize mellaḥs.

2°. — OUAD ZAGMOUZEN.

On l'appelle aussi quelquefois Ouad Aït Oubial et Ouad Aït Ọtman. Il prend sa source au mont Siroua. De là, il coule pendant quelque temps dans le désert, puis il entre dans la tribu des Aït Oubial; il y arrose successivement les villages suivants :

Aït ou Alman, Aït Sin, Assaka, Tagouïamt.

De là il passe immédiatement dans la tribu des Aït Ọtman, où il arrose :

Aït Sin d Aït Ọtman, Tammenout, Outoura, Aït Sạd, Takchtamt, Aït Ạïcht, Tagmout (murailles rocheuses avec cavernes inaccessibles et restes de constructions).

Là finissent les Aït Ọtman : la rivière s'engage dans le long désert de Tifergin, où elle reste durant plusieurs heures; elle entre ensuite sur le terrritoire des Zagmouzen, où elle baigne :

Arfaman, Tagjdit, Anammer, Ikerouan, Tifourt, Irzi, Timicht, Taserga, Agadir Zagmouzen, Armed Zagmouzen, Iṛil n Oro (très grand village), Tabia, Taltnezourt, Taourirt, Tirest, Iṛil Mechtiggil, Dou Ouzrou, Taleouin, Tabia n Boro, Tagergoust, Bou Oulga, Timellilt.

De là, l'ouad, sans que les cultures s'interrompent sur ses rives, passe dans la tribu des Aït Semmeg; il y arrose de nombreux villages, dont voici les principaux :

Imjijouin.
Targa n Mimoun. . . . . rive droite.
Ez Zaouïa (en face de Targa n Mimoun). . . . . rive gauche.
Tazdeṛt Fouqani.
Tazdeṛt Taḥtani.
Tagenza.

Puis il passe dans la tribu des Aït Iaḥia, où il baigne un grand nombre de villages, dont les principaux sont :

Imi n Ougni.
Taourirt el Ḥad. . . . . rive droite.
Arfaman.
Tazarin.
Tastift.
Amzaourou.
Bitgan.
Imiḍeṛ.
Imirgel.

A Imirgel finissent les Aït Iaḥia. Quelques pas plus bas, la rivière se réunit à l'Ouad Tifnout, au village de Tinmekkoul, sur le territoire des Iouzioun.

Au-dessous d'Aït Ạïcht, l'Ouad Zagmouzen a toujours de l'eau, quelle que soit la saison. Plus haut, il est quelquefois à sec.

Distances : d'Aït Oubial à Tagmout. . . . . 1/2 jour.

de Tagmout à Iṛil n Oro . . . . 1/2 jour.
d'Iṛil n Oro à Imirgel . . . . 1 jour.
d'Imirgel à Tinmekkoul . . . . 1/2 heure.
d'Arfaman (Aït Iaḥia) à Tinksif . . . . 1/2 jour.
de Tinksif à Tasdṛemt (Aït Ououlouz) . . . . 1 heure.

AFFLUENTS. — L'Ouad Zagmouzen reçoit deux affluents, l'un et l'autre sur sa rive gauche; ce sont : l'Ouad Amaliz, s'y jetant à Timicht (Zagmouzen), et l'Ouad Aït Semmeg, s'y jetant à Tagenza (Aït Semmeg).

Ouad Amaliz. — Il prend sa source dans le désert Talaṛt Imadid. De là il traverse le territoire des Imadiden, fraction des Seketâna, puis il entre sur celui des Aït Ạbd el Ouirt, où il arrose successivement les villages de Miggar el Ḥedid et d'Amaliz, séparés l'un de l'autre par le désert d'Igidi n Oumaliz. Les jardins d'Amaliz touchent à ceux de Timicht, où la rivière se jette dans l'Ouad Zagmouzen.

Les Aït Ạbd el Ouirt sont une tribu à part, habituellement alliée aux Imadiden; elle ne se compose que des deux villages que nous venons de citer et de deux autres, Tafrent et Tasṛent, situés dans la montagne, à peu de distance des premiers.

L'Ouad Amaliz a de l'eau sur tout son cours et en toute saison.

Distance : d'Amaliz au désert Talaṛt Imadid . . . . 3 heures.

AFFLUENT. — L'Ouad Amaliz reçoit un affluent, l'Ouad Sidi Ḥaseïn, se jetant sur sa rive droite à Amaliz.

Ouad Sidi Ḥaseïn. — Il prend sa source dans le Khela Tasṛirt, passe au pied de la qoubba de Sidi Ḥaseïn, puis entre sur le territoire des Seketâna, dans la fraction des Imskal. Il y arrose d'abord Iṛri, puis Tinfat, et se jette dans l'Ouad Amaliz au village d'Amaliz.

Ouad Aït Semmeg. — C'est une rivière importante, qui presque partout a de l'eau : elle prend sa source dans le Petit Atlas, reçoit divers affluents et arrose sur son cours supérieur plusieurs tribus (on ne peut me donner de renseignements sur cette portion); puis elle entre sur le territoire des Aït Semmeg; elle y arrose successivement un grand nombre de villages, dont voici les principaux :

Asedmer, Timichcha, Agadir Djedid, Ammeïn (groupe de plusieurs qçars), Doutourirt, Imzil, Taṛzout.

Distance : d'Asedmer à Tagenza . . . . 4 heures.

REMARQUES SUR LES TRIBUS. — Les tribus que nous avons mentionnées sur l'Ouad Zagmouzen et ses affluents sont toutes indépendantes et toutes de race et de langue tamaziṛt. D'ailleurs le bassin de l'Ouad Sous tout entier, sauf une ou deux exceptions insignifiantes, n'est peuplé que de Chellaḥa, et la langue tamaziṛt y est partout l'idiome en usage. Parmi les tribus du bassin de l'Ouad Zagmouzen, les unes, telles que les Aït Oubial, les Aït Qtman, les Zagmouzen, les Aït Iaḥia, les Aït Ạbd el Ouirt, ne possèdent que les villages que nous avons énumérés et d'autres intercalés entre eux, et ne s'étendent pas en dehors des vallées des rivières; deux, au contraire, les Aït Semmeg et les Seketâna, sont de grandes tribus dont nous n'avons mentionné qu'une faible portion.

Les Aït Oubial n'ont point de marché. Ils sont renommés pour l'excellent safran qui se récolte sur leur territoire; on en trouve dans la plus grande partie du haut Sous, mais celui de leur pays est réputé le meilleur.

Les Aït Qtman ont un marché, le Tenîn Aït Sin.

Les Zagmouzen en ont un aussi, le Khemîs Iṛil n Oro. On trouve, dit-on, du minerai d'argent sur leur territoire.

Les Aït Iaḥia possèdent un marché, le Tenîn Taourirt el Ḥad. Ils sont gouvernés par un chikh héréditaire résidant à Arfaman.

Pas de marché dans la petite tribu des Aït Ạbd el Ouirt.

Les Juifs sont nombreux dans ces régions : il y a douze mellaḥs dans le bassin de l'Ouad Zagmouzen.

Seketâna. — Toutes les populations du bassin du Sous et toutes celles comprises entre Sous et Dra, à l'exception du Sahel, se divisent en deux grandes familles : les Gezoula et les Seketâna. Nous avons énuméré plus haut les tribus et les groupes divers dont se composent l'une et l'autre. Dans le bassin du Sous, deux noyaux séparés ont conservé l'un le nom de Gezoula, l'autre celui de Seketâna, et se les sont attribués comme dénominations particulières : nous parlerons plus loin des Gezoula, quand nous en serons à l'Ouad Sous proprement dit; ici, dans le bassin de l'Ouad Zagmouzen, se trouve la tribu dite des Seketâna.

Les Seketâna sont cantonnés dans le Petit Atlas, sur la rive gauche de l'Ouad Zagmouzen, à environ 6 ou 8 kilomètres de ce cours d'eau, à peu près à hauteur de la tribu des Zagmouzen. La plupart de leurs villages sont alimentés par des sources : les deux rivières qui traversent leur territoire, l'Ouad Amaliz et l'Ouad Sidi Ḥaseïn, n'arrosent qu'un petit nombre de localités. Les Seketâna possèdent en outre, à proximité de l'Ouad Zagmouzen, un gros village isolé, Ihoukern. Il s'élève à 2 kilomètres au sud de la rivière, entre Tagmout et Aït Aïcht. Quoique presque enclavé dans les Aït Otman, c'est aux Seketâna qu'il appartient.

Ceux-ci se divisent en trois fractions : Seketâna proprement dits, Imadiden, Imskal. Les premiers habitent la portion ouest du territoire, les seconds le centre, les derniers l'est.

Seketâna proprement dits. — Voici leurs principaux villages : Tizgi, Tirikiou, Allegou, Tanfekht, Aouirst, Imgoun, Taglaout, Taourirt, Aït Abbou, Iṛil n Ouaman, Aït Delḥa, Agdz, Tabadricht, Aït Ḥeddou, Tiliona, Aït Roḥou.

Imadiden. — Voici leurs principaux villages : Aderdour, Iṛil n Tefraout, Ṭaddart, Tazga, Aït Roḥou, Ifri Imadiden.

Imskal. — Voici leurs principaux villages : Argoummi, Iṛri, Gounin, Ifran, Imṛid, Tazoult, Tizi n Tifourt, Imi n Ougni, Tamskourt, Agoudal, Timasinin, Timersit. Les cinq derniers portent le nom collectif de Tinfat. Le village isolé d'Ihoukern compte avec les Imskal.

Ces trois fractions sont à peu de distance les unes des autres, surtout les deux dernières : dans chacune, les villages sont fort rapprochés et se touchent entre eux par leurs cultures.

Les principaux centres sont Imgoun, Aouirst, Tanfekht. Un marché, le Ḥad Tirikiou.

Chacune des trois fractions des Seketâna est gouvernée séparément par son chikh héréditaire.

Les principales productions du pays sont les olives, les noix, les figues, et surtout le safran.

Aït Semmeg. — C'est une puissante tribu, atteignant les bords de l'Ouad Zagmouzen et s'étendant au loin sur les pentes du Petit Atlas, qui forme le flanc gauche de la vallée de cette rivière. Elle se divise en nombreuses fractions; plusieurs cours d'eau en arrosent le territoire. Elle est sous l'autorité d'un chikh héréditaire résidant à Tagenza. Le chikh actuel s'appelle Ould Aḥmed ou Aḥman. Un marché, l'Arbạa Doutourirt, qu'on appelle aussi Arbạa Ammeïn.

3°. — OUAD SOUS JUSQU'A TAROUDANT.

La portion de la vallée de l'Ouad Sous comprise entre Tinmekkoul, où il commence à prendre ce nom, et Taroudant s'appelle Ras el Ouad. Cette dénomination est vague : tantôt elle ne s'applique qu'à la plaine au milieu de laquelle coule le fleuve, tantôt on y comprend les versants des montagnes qui la bordent.

L'Ouad Sous, l'Asif n Sous, comme on l'appelle le plus souvent, est très habité sur tout son cours; pas un seul point désert sur ses rives : depuis Tinmekkoul jusqu'à la mer, elles sont couvertes de cultures et de villages se succédant sans interruption. Le fleuve coule au milieu d'une plaine très unie qui prend bientôt une grande largeur; cette largeur augmente sans cesse à mesure qu'on s'avance vers la mer. C'est partout un sol d'une fertilité admirable; mais une partie seulement en est cultivée, le reste est laissé en pâturages et en forêts. Plusieurs tribus habitent sur le cours du Sous : les unes s'étendent sur ses deux rives, comme les Rhala; les autres sur une seule, comme les Menâba ou les

Indaouzal; les unes ne possèdent que les bords mêmes du fleuve : tels les Rḥala et les Menâba; d'autres s'enfonçent au loin dans les terres : tels les Oulad Iaḥia, les Indaouzal.

Au-dessous de Tinmekkoul, l'Ouad Sous entre immédiatement dans la tribu des Rḥala. Elle se compose de trois fractions : Ida ou Gemmed, Aït Ououlouz, Ida ou Tift. Les Ida ou Gemmed sont sur la rive droite, les deux autres groupes en face d'eux sur la rive gauche; les Aït Ououlouz sont en amont, les Ida ou Tift en aval.

Tous les villages des Rḥala se trouvent sur les bords mêmes du fleuve; voici les principaux d'entre eux :

Sur la rive droite : fraction des Ida ou Gemmed :

Iṛanimin.		
Koulat.		
Sidi Ọmar.		
Tir.		
Tasḥmoumt	en face d'Amerli.	
Ikḥfri.	en face de Tloussa.	
Tagenza.		
Aderdour.	en face de Tloussa.	120 fusils.
Zaouïa Sidi Ious.	en face d'Aït Oumbarek.	
Tagadirt n Tafoukt.	en face de Tasserlit.	
Zaouïa el Ferfar.	en face de Tigider.	
El Ferfar	en face de Timikert.	
Tigemmi n Talaṛt	en face de Taḥalla.	
Igedda.		
Tiourza (appelé aussi Aourz).	en face de Taḥalla.	
Aourir.	en face d'Imilan.	
Imilan.	en face de Bouour.	
Aoumselart.	en face de Tassoumat.	
Aougeddim	entre Tassoumat et Assaka.	
Irk.		
Taṛlemt.		
Tagadirt Aït Ḥamed ou Ḥoummou.	en face de Taḥalla.	
Agdour	en face de Bouour.	
Aït Seliman.		
Tiflit	en face de Louleïza.	
Tagendout.		
Aït Ouasṣou.		
Tinnikt.		
Talat n Tiout.		

Sur la rive gauche : d'abord la fraction des Aït Ououlouz :

Tasdṛemt.
Agerd.
Tamgout.
Agadir n Ousekti.
Agadir n Iblaz.
Zaouïa Moulei Ali.
El Qaṣba.
Adouz.
Tamdrart.
Aourir.
Tagergoust.

Ces huit derniers villages sont compris sous le nom collectif d'Aoulouz.

Viennent ensuite ceux des Ida ou Tift :

Amerli . . . . 300 fusils.

Iferd n Khalifa.
Igedad . . . . 150 fusils.
Amari.
Tagoust.
Agadir Aït Ḥaseïn.
Tloussa.
Zaouïa Sidi Mḥind ou Iaqob.
Aït Oumbarek.
Taserlit.
Tigider.
Timikert.
Imejjat.
Bouour.
Tagadirt n Ououddiz.

A Bouour, en face des derniers villages des Ida ou Gemmed, commence, sur la rive gauche, le territoire des Indaouzal. Au-dessous de Tinzert, on entre, sur la rive droite, dans celui des Menâba. Le fleuve forme la frontière entre les deux tribus. Voici les villages qu'il arrose :

Rive droite : Menâba :

Tinzert . . . . 150 fusils.
Ida ou Qaïs (groupe compact de 7 villages). . . . . 120 fusils.
Zaouïa Moulei Ạbd el Qader.
Ạïn n Ougeïḍa.
Igoudar.
Aït Ioub. . . . . 150 fusils.
Oulad Ḥasen. . . . . 150 fusils.
Tamast (sur la rive gauche de l'ouad; seul village des Menâba dans cette situation) . . . . 300 fusils.
Oulad Brahil. . . . . en face de Tamast.
Ạïn el Ạsid.
Souaṭat . . . . 120 fusils.
Zrabia.
El Bordj.
Oulad Brahim.
Agedal.
Dir.
Sama.
Ida ou Gouilal. . . . . 150 fusils.
Igli. . . . . 200 fusils.
Erzagna.
Aït Ạïssa.
Zaouïa Ben Abbou.
Agadir er Remel.

Rive gauche : Indaouzal :

Tassoumat.
Assaka.
Louleïza. . . . . 120 fusils.
Tafellount.
Tirkt.
Agadir el Bour.
Aït Merras.
Sidi Malek.

A Sidi Malek finit la portion occupée par les Indaouzal; ils sont suivis par les Oulad Iaḥia, à qui appartient toute la rive gauche du fleuve depuis là jusqu'à Taroudant : le long de cet espace, ce n'est qu'une série non interrompue de villages; voici seulement les noms des principaux :

Tamast (appartenant aux Menâba, quoique sur la rive gauche).
Taourart.
Tezzart.
El Mḥara.
Timdouin. . . . . 400 feux.
Arazan. . . . . 120 feux.
Taqtrant.
Agadir n Abbou.
Oulad Bou Riṣ. . . . . 120 feux.
Freïja.

Au-dessous des Menâba, sur la rive droite, se trouvent d'abord les Aït Iiggas, bordant l'ouad de leurs villages; puis les Oulad Iaḥia, qui, à partir de là, occupent les deux rives du fleuve jusqu'à Taroudant. Ce n'est, dans ces deux tribus, que succession constante de jardins, de hameaux et de bourgades tout le long du cours d'eau : le principal centre, sur la rive droite, est le village de Ben Sifer.

L'Ouad Sous a toujours de l'eau dans son lit.

Nous avons dit le nombre de fusils des localités les plus importantes : les autres ont en général de 30 à 60 familles.

Distances : de Tinmekkoul à Aoulouz. . . . . 3 heures.
de Tinmekkoul à Tasdremt. . . . . 1 h. 1/2.
d'Aoulouz à Tir. . . . . Le fleuve seul les sépare.
de Tir à Tinzert. . . . . 3 heures.
de Tinzert à Igli. . . . . 3 heures.
de Tir à Ida ou Qaïs. . . . . 4 heures.
d'Aoulouz à Iferd n Khalifa. . . . . Leurs jardins se touchent.
d'Iferd n Khalifa à Tagadirt n Ououddiz. . . . . . 2 heures.
d'Iṛil n Oro à Aderdour (en coupant au court) . . . . forte 1/2 jour.
d'Iṛil n Oro à Aoulouz (en coupant au court). . . . forte 1/2 jour.
d'Iṛil n Oro à Igli. 1 jour 1/3.
d'Iṛil n Oro à Tinmekkoul (en longeant l'ouad). . . forte journée.
d'Igli à Ida ou Gouilal. . . . . Ils se touchent.
d'Igoudar à Ida ou Gouilal. . . . . 2 heures.
d'Igoudar à Igli. . . . . 2 heures.
d'Igoudar à la frontière des Rḥala. . . . . 1 heure.
de Zaouïa Ben Abbou à Agadir er Remel. . . . . . Les jardins se touchent.
d'Aït Aïssa à Agadir er Remel. . . . . Les jardins se touchent.
de Tinnikt à Oulad Ḥasen. . . . . 1 h. 1/2.
de Tinnikt à Aourz. . . . . 3 h. 1/2.
de Tasdremt à Tirkt (en coupant au court). . . . . 3 h. 1/2.
de Tasdremt à Bouour (en suivant l'ouad) . . . . . 3 heures.
de Tirkt à Bouour (en suivant l'ouad) . . . . 2 heures.
de Tirkt à Oulad Bou Riṣ. . . . . 1 jour.
d'Oulad Bou Riṣ à Freïja. . . . . 1 h. 1/2.
d'Oulad Ḥasen à Taroudant. . . . . 1 jour.

De l'examen de ces distances il ressort deux choses : la première, c'est que l'Ouad Sous fait un coude considérable auprès d'Aoulouz; la seconde, que l'Ouad Zagmouzen décrit un long circuit avant de se jeter dans l'Ouad Tifnout.

On ne met en effet que 3 heures et demie pour aller de Tasdremt à Tirkt : on laisse le fleuve à gauche, on coupe au court à travers un désert, le Khela Aït Ouasaou, et on ne retrouve l'Ouad Sous qu'à Tirkt. Si on voulait faire le même trajet en longeant le fleuve, au milieu des villages et des cultures, il faudrait 5 heures de temps.

De même, pour se rendre d'Iṛil n Oro à Aoulouz, il suffit d'une forte demi-journée. On descend l'Ouad Zagmouzen jusqu'à Taourirt el Ḥad : là on le quitte et on coupe au court à travers les montagnes du flanc gauche. On monte d'abord par le désert Timezgida n Izrar; puis on arrive à la qoubba de Sidi Bou Reja, située au col même où se franchit le massif : ce col, fort célèbre, s'appelle Tizi n Sous. De là on passe dans un nouveau désert, la forêt de Dou Ouzrou Zouggaṛ, célèbre par les brigandages qui s'y commettent : non loin de là se trouve le village d'Agni n Fad, qui reste en dehors de la route. Après deux heures de marche dans cette solitude, on débouche chez les Rḥala à Aourir, village du groupe d'Aoulouz. Ce chemin est ce qu'on appelle le chemin de Tizi n Sous. Quoique en montagne, il n'est pas très pénible. Il se fait en une demi-journée. On mettrait deux fois plus de temps en suivant le fond des vallées : en effet, on compte une forte journée pour aller d'Iṛil n Oro à Tinmekkoul, et il y a encore deux ou trois heures de ce point à Aoulouz.

Nous avons dit plus haut que, si les bords du Sous sont cultivés partout, il n'en est pas de même de la large plaine formant le fond de la vallée : elle n'est cultivée qu'en partie : le reste est couvert de bois et de pâturages. Les principales forêts sont : sur la rive droite, celle de Bou Taddout (Aït Iiggas et Oulad Iaḥia); sur la rive gauche, celle de Briouga (Oulad Iaḥia, entre Timdouin et Taroudant); au milieu de cette dernière se trouve le grand village de Tiout, situé à mi-distance entre Igli et Taroudant.

REMARQUES SUR LES TRIBUS. — Les habitants du Sous, sauf un ou deux petits groupes d'Arabes de quelques tentes seulement, comme celui des Oulad Dris, groupes jetés on ne sait comment et noyés au milieu du reste de la population, sont tous de race tamaziṛt (chleuḥa) et de mœurs sédentaires. La langue usuelle y est partout le tamaziṛt. Dans le haut Sous, au-dessus du Ras el Ouad, et dans les chaînes du Grand et du Petit Atlas, cette langue est à peu près la seule connue. Mais à mesure qu'on descend le cours du fleuve et qu'on se rapproche du fond de sa vallée, le nombre des individus sachant l'arabe augmente. A partir des Menâba, il est peu d'hommes, au bord de l'ouad, qui ne connaissent cette langue.

L'état politique des tribus du Ras el Ouad a traversé depuis quelque temps diverses vicissitudes : durant de longues années, ces tribus ont été insoumises, sans aucune relation avec le makhzen. Récemment, pendant l'été de 1882, Moulei El Ḥasen fit une campagne dans le bas Sous et le nord du Sahel Marocain, et en profita pour inviter les habitants du Ras el Ouad à l'obéissance : c'était dans un moment de famine; les populations, pauvres et affaiblies, ne voulurent pas entrer en lutte; d'ailleurs une portion d'entre elles, fatiguée d'une longue anarchie, souhaitait un gouvernement régulier : elles se soumirent. On donna le titre de qaïd à leurs chikhs héréditaires : ceux-ci furent chargés de collectionner l'impôt et de lever des soldats pour le compte du sultan : au reste, point de garnisons, point d'hommes du makhzen, pas un seul fonctionnaire étranger. Tel était l'état du pays au moment de mon voyage. On était soumis au sultan, mais celui-ci n'exigeait que fort peu ; trop cependant, au gré de ces tribus jalouses de leur liberté : même ceux qui naguère avaient désiré ce régime en étaient lassés : il est vrai qu'ils n'y avaient point trouvé le bien qu'ils en attendaient. Aussi cet état de choses n'a, paraît-il, pas duré longtemps. Dès la première année d'abondance, la révolte a été générale : en automne 1884, toutes les tribus ont, dit-on, refusé argent et soldats; en quelques lieux où les qaïds avaient abusé de leur autorité ou voulu maintenir l'ordre établi, elles les ont chassés, en détruisant leurs demeures. Depuis lors toutes vivent de nouveau dans une complète indépendance, sans aucun rapport avec Moulei El Ḥasen.

Celui-ci avait divisé le Ras el Ouad en six provinces, *ąmel*. Chacune d'elles se composait d'une des tribus ou fractions de tribus principales, que gouvernait son chikh avec le titre de qaïd : ce magistrat avait de plus dans son ressort, surtout en ce qui concernait leurs rapports avec le sultan, les tribus voisines moins considérables, ou celles dont la dépendance n'était pas complète. C'est ainsi que le qaïd des Menâba avait dans son ąmel les Aït Iiggas et les Talkjount d'une part, les Indaouzal de l'autre. Les six ąmels étaient :

1° Rḥala (Ida ou Gemmed).

2° Rḥala (Aït Ououlouz et Ida ou Tift).

3° Menâba.

4° Oulad Iahia.

5° Aït Semmeg (sur l'Ouad el Amdad; versant sud du Grand Atlas).

6° Montaga (dans le massif du Grand Atlas).

Rhala. — Tribu occupant les deux rives de l'Ouad Sous. Tous les villages en sont sur les bords mêmes du fleuve. Elle se divise, comme nous l'avons vu, en Ida ou Gemmed, Aït Ououlouz, Ida ou Tift. Deux chikhs héréditaires, portant aujourd'hui le titre de qaïd, les gouvernent : ce sont le qaïd Haïda ould El Hasen ou Ahman, résidant à Tagenza : il a sous son autorité les Ida ou Gemmed; le qaïd Omar el Aoulouzi, demeurant à Agadir n Iblaz : il commande aux Aït Ououlouz et aux Ida ou Tift. Deux marchés chez les Rhala, le Had Aoulouz et l'Arbaa Aoulouz. Cinq mellahs.

Menaba. — Tribu occupant la rive droite de l'Ouad Sous; elle forme une bande étroite le long du fleuve et ne s'étend pas dans l'intérieur de la vallée. Elle est gouvernée par Qaïd El Arbi, résidant à Igli; la maison de celui-ci, vaste demeure avec grandes dépendances, s'appelle El Mkhatir. Trois marchés dans la tribu, Had Igli, Djemaa Tinzert et Tlâta Aït Ioub : ce dernier, connu sous le nom de Tlâta Menâba, est le marché le plus important du Ras el Ouad. Il y a 12 mellahs chez les Menâba.

Indaouzal. — C'est une grande et puissante tribu située sur la rive gauche de l'Ouad Sous; sur les bords immédiats du fleuve, elle n'occupe qu'une faible longueur; mais au delà elle s'étend au loin, bornée à l'est par les Aït Iahia et les Aït Semmeg, au nord par les Rhala et les Menâba, à l'ouest par les Oulad Iahia, au sud et au sud-ouest par diverses petites tribus indépendantes : toute la plaine qui s'étend au sud des Menâba et des Rhala lui appartient, ainsi que les premières pentes du Petit Atlas sur une assez grande profondeur; le Tizi n Sous est sur son territoire. Elle a deux chikhs héréditaires résidant, l'un à Akchtim, l'autre dans un village appelé de son nom, Ould Sidi Malek. De plus, les localités des Indaouzal limitrophes des Aït Iahia se sont rangées sous l'autorité du chef de ces derniers, le chikh d'Arfaman. Pour leurs rapports avec le sultan, les Indaouzal dépendent du qaïd El Arbi, d'Igli. Cette tribu, en paix en ce moment, a été longtemps désolée par des querelles intestines : depuis une époque très ancienne, elle est divisée en deux partis, presque toujours en guerre l'un contre l'autre; dans ces luttes, chaque parti eut constamment pour soutien son voisin, l'un les Aït Semmeg, l'autre les Oulad Iahia. A la longue ils prirent les noms de ces alliés, en sorte qu'aujourd'hui une moitié des Indaouzal est dite Aït Semmeg, l'autre Oulad Iahia.

La tribu est chleuha et sédentaire; elle possède un grand nombre de villages : nous en avons cité quelques-uns sur l'Ouad Sous; ce sont presque les seuls qui soient arrosés par une rivière; la plupart des autres n'ont que des sources ou des citernes; voici les noms des principaux :

Tidnes, Agni n Fad, Kouilal, Tabia n Imaoun, Taourirt el Mrabtin, Aït Ious, Aït Djama, Akchtim, Amalou, Assaïn, Aït Bazmad, Aït Bou Iazza, Tamalalt, Amari, Es Sebt, Imi el Aïn.

Distances :	d'Arfaman (Aït Iahia) à Tidnes.	1 h. 1/2.
	de Tidnes à Agni n Fad (forêt de Dou Ouzrou).	3 heures.
	d'Agni n Fad à Assaïn	1 heure.
	d'Assaïn à Assoumat	3/4 d'heure.
	Aït Bazmad, Aït Bou Iazza, Tamallalt, Amari, Es Sebt, Imi el Aïn sont groupés autour d'Assaïn.	

Deux marchés : l'un se tient le samedi, au village appelé pour ce motif Es Sebt; l'autre est l'Arbaa Aït Abd Allah ou Mhind.

Deux mellahs.

Oulad Iahia. — Très grande tribu, la plus considérable du bassin du Sous. Elle s'étend sur la rive droite du fleuve de Taroudant aux Aït Iiggas, sur sa rive gauche de Tamast à Taroudant. Sur toute cette longueur, la vaste plaine située entre le Grand Atlas d'une part, le Petit Atlas de l'autre, lui appartient. Elle occupe la vallée dans toute sa largeur, au lieu de ne comprendre, comme les Rhala et les Menâba, que les bords de l'ouad. Elle est gouvernée par un chikh héréditaire, portant aujourd'hui le titre de qaïd; il se nomme Ould El Djeïdli; sa résidence est Timdouin : c'est un homme riche et puissant. Il y a quelques années, avant la soumission du Ras el Ouad, ayant eu l'imprudence d'aller à Taroudant, il y fut saisi et incarcéré par ordre du sultan : moyen de lui faire donner une partie de ses richesses. Il demeura près de 6 ans en prison, et ne fut relâché que sur les instances de Sidi Moḥammed ou Bou Bekr, chef de la zaouïa de Tamegrout, lors d'un voyage que ce saint personnage fit à Taroudant.

Le principal marché de la tribu est le Tenin Timdouin. Trois mellaḥs.

Mentaga. — Tribu soumise au sultan, que gouverne, avec le titre de qaïd, son chikh héréditaire, Ali ou Malek. Il réside à Sidi Mousa. Les Mentaga habitent sur les pentes du Grand Atlas. Une seule rivière, à laquelle ils donnent leur nom, arrose leur territoire : elle prend sa source à la crête même de la chaîne; on ne peut me dire où elle se jette. Deux marchés, le Tlâta et l'Arbaa Mentaga.

AFFLUENTS. — L'Ouad Sous en a un grand nombre : voici les principaux : l'Ouad Tazioukt, s'y jetant à Tasdremt; l'Ouad el Amdad, s'y jetant à Ida ou Qaïs; l'Ouad Bou Srioul, s'y jetant à Oulad Ḥasen; l'Ouad Talkjount, s'y jetant à Igli. Il reçoit tous ces cours d'eau sur sa rive droite.

Ouad Tazioukt. — Il sort du désert d'Iger n Znar, qui s'étend entre son cours et le district d'Ouneïn. Il arrose successivement les villages suivants :

Tagoulemt, Tanfit, Agersaf, Takemmou, Bou Mazir, Ihouzin, Tlemkaïa.

Leur ensemble forme le district de Tazioukt; il dépend du qaïd d'Aoulouz.

L'Ouad Tazioukt a de l'eau sur tout son cours et en toute saison.

Distance : de Tasdremt à Tagoulemt. . . . . 3 heures.
Largeur du désert d'Iger n Znar. . . . . 3 heures.

Ouad el Amdad. — Dans son haut cours, on l'appelle souvent Ouad Ouneïn. Il prend sa source aux crêtes du Grand Atlas; en descendant, il entre d'abord dans le district d'Ouneïn : il y arrose un grand nombre de villages, dont les principaux sont :

Adouz, Irazin, Anzi, Taleouin.

De là il passe dans la tribu des Aït Semmeg; il y arrose successivement beaucoup de villages : les principaux sont :

Sidi ou Aziz, Aït Bou Bekr (groupe de plusieurs villages), Aouftout, Touloua.

Durant tout ce temps, il reste en montagne. Ensuite il débouche en plaine par le kheneg d'Imi n ou Asif : il entre là dans la vallée du Sous; il y traverse, dans sa partie orientale, la tribu des Talkjount; puis il sert de limite pendant quelque temps entre les Rḥala et les Menâba, et enfin il se jette dans l'Ouad Sous, entre Ida ou Qaïs et Aïn n Ougeïda.

A Imi n ou Asif se trouve un grand village avec marché, Khemis Sidi Moḥammed ou Iaqob.

L'Ouad el Amdad a de l'eau sur tout son cours et en toute saison.

Distance : d'Aderdour à Ouneïn. . . . . 1 jour.

Le district d'Ouneïn est fort peuplé ; il se compose non seulement des villages arrosés par l'Ouad el Amdad, mais encore de plusieurs autres à proximité : il est gouverné par un chikh. Ce district a fait sa soumission en même temps que tout le Ras el Ouad : auparavant le Genṭafi s'était efforcé à plusieurs reprises de le réduire sous son autorité : il n'avait jamais pu y réussir. Un mellaḥ dans l'Ouneïn.

Les Aït Semmeg sont une nombreuse tribu habitant les bords de l'Ouad el Amdad et la région voisine : ils n'ont rien de commun avec les Aït Semmeg de l'Ouad Zagmouzen. Ceux que nous trouvons ici forment un des 6 ạmels du Ras el Ouad. Ils sont gouvernés par le qaïd Ọmar ben Bacha, résidant à Aouftout. Un mellaḥ sur leur territoire. Deux marchés : le Khemis Sidi ou Aziz et le Tenin Aït Bou Bekr.

Ce nom d'Aït Bou Bekr rappelle une triste histoire. En août 1880, un jeune Autrichien, M. Joseph Ladeïn, quittait Merrâkech avec l'intention de gagner Taroudant par l'Atlas : c'est une route ordinairement sûre : il ne prit pas de travestissement, n'emmena point d'escorte, se pensant assez protégé en se joignant à une caravane. Un domestique israélite le suivait. Il remonta l'Ouad Nfis, traversa l'Ouneïn, entra chez les Aït Semmeg : jusque-là tout allait bien. Mais le malheureux ne devait pas dépasser les

Aït Bou Bekr : cheminant sur leur territoire, il arriva au village d'Hierk, chez les Aït Ben Mançour, non loin de la zaouïa de Sidi Bou Nega. Il voulut s'y arrêter quelques instants et demanda à boire : on lui tendit un vase d'eau : au moment où il le portait à ses lèvres, on se jeta sur lui et on l'égorgea. Dans la suite, les Aït Ben Mançour furent, dit-on, condamnés à une forte amende pour ce crime. Quel en avait été le mobile? Ce n'était point le vol : le voyageur n'avait que des effets de peu de valeur; rien dans son équipage ne dénotait qu'il fût riche. Tous ceux qui me racontèrent le fait me dirent qu'on l'avait tué parce qu'il était chrétien.

OUAD BOU SRIOUL. — Il prend sa source aux crêtes du Grand Atlas, non loin de celle de l'Ouad el Gențafi, auprès du Djebel Arbar. Il passe d'abord dans diverses fractions, puis entre sur le territoire des Gezoula : c'est une nombreuse tribu, restée insoumise au sultan; de là, la rivière débouche en plaine et traverse successivement les terres des Talkjount et celles des Menâba.

L'Ouad Bou Srioul a toujours de l'eau dans son lit.

Distance : d'Oulad Ḥasen au Djebel Arbar. . . . . 1 jour.

OUAD TALKJOUNT. — Il prend sa source au Djebel Titouga; puis il entre chez les Ida ou Zeddar, grande tribu soumise au makhzen : de là il débouche en plaine, et traverse d'abord le territoire des Talkjount, puis celui des Menâba.

L'Ouad Talkjount a de l'eau pendant la plus grande partie de l'année.

Distance : d'Igli au Djebel Titouga. . . . . 1 jour.

4°. — ITINÉRAIRES.

1° *DE L'OUAD TIFNOUT AU TELOUET.* — Un chemin mène de l'un à l'autre : on remonte l'Ouad Tifnout jusqu'auprès de sa source; de là, une côte douce conduit à un col et au bassin opposé. Point de pentes raides; route facile.

2° *DE TAZENAKHT AUX AIT OUBIAL.* — La distance est d'un jour de marche. De Tazenakht, on remonte d'abord l'ouad du même nom, puis l'Ouad Ta n Amelloul jusqu'à sa source. On franchit le désert de Ta n Amelloul : celui-ci s'étend entre les Aït Ouarrda et les Aït Oubial : on se trouve à cette dernière tribu dès qu'on l'a traversé.

Distances : de Tazenakht à Imdrer. 3 heures.
d'Imdrer au Khela Ta n Amelloul . . . . 3 heures.
Traversée du Khela Ta n Amelloul. . . . . 1 h. 1/2.

3° *DE TAZENAKHT AUX AIT TEDRART.* — On gagne les Aït Oubial, puis les Aït Otman; là on laisse l'Ouad Zagmouzen à Outoura, et on monte vers le nord dans les montagnes qui en forment le flanc droit : elles s'appellent à ce point Djebel Ḥeddi et forment un désert dangereux. On y chemine jusqu'aux Id ou Illoun : il y a 2 heures entre leur territoire et Outoura. On traverse l'Ouad Id ou Illoun; on entre dans un nouveau désert, celui de Teddref : après l'avoir franchi, on se trouve à l'Ouad Aït Tedrart. Une heure entre les Id ou Illoun et Aglagal.

4° *DE TAZENAKHT AUX AIT TAMELDOU.* — Il y a deux chemins principaux; les voici :

I. — Gagner d'abord le territoire des Id ou Illoun, puis celui des Aït Tedrart; de là passer aux Aït Tameldou, qui n'en sont qu'à 1 heure de distance. On marche tout le temps en pleine montagne.

II. — De Tazenakht, on gagne les Ikhzama à Tesakoust (Ouad Iriri). De là on va à Amasin (Ikhzama) et on remonte l'ouad de ce nom jusqu'à sa source, au Tizi n Ougdour. On franchit ce col : c'est un passage facile; il forme la limite entre les bassins du Dra et du Sous. De là on s'engage dans le désert d'Igisel, où l'on marche durant 5 heures, jusqu'au village de Tittal, le premier des Aït Tameldou.

5° *DE TAMAROUFT A TINFAT (SEKETANA).* — On compte 1 jour de marche entre ces deux points. On gagne le Khela Tasrirt en passant par Aït Mesri : on marche une demi-journée dans ce désert : on en sort à Irri, sur l'Ouad Sidi Ḥaseïn. Irri n'est qu'à une demi-heure de marche de Tinfat.

Distance : de Tamarouft au Khela Tasrirt. 4 heures.

6° *D'IRIL N ORO AUX SEKETANA.* — On suit les rives de l'Ouad Zagmouzen jusqu'à Iṛil Mechtiggil (Zagmouzen). Là on le quitte et, marchant vers le sud, on s'engage dans le Petit Atlas. Au bout d'une heure de marche, on atteint le territoire des Seketâna : on passe d'abord à Tizgi, puis aussitôt après on trouve Tirikiou. De là, si on veut se rendre chez les Seketâna proprement dits, on prend à l'ouest ; si on veut gagner soit les Imadiden, soit les Imskal, on se dirige vers l'est. Ces deux fractions sont en face l'une de l'autre, du même côté et presque à même distance de Tirikiou.

Distances : d'Iṛil n Oro à Iṛil Mechtiggil. 3/4 d'heure.
d'Iṛil Mechtiggil à Tirikiou. 1 h. 1/4.

7° *DES AIT IAHIA (OUAD ZAGMOUZEN) A TATTA.* — Il y a un chemin partant du territoire des Aït Iaḥia, remontant l'Ouad Aït Semmeg jusqu'à sa source, puis gagnant Tatta.

8° *D'IRIL N ORO A MERRAKECH.* — On compte 5 jours et demi de marche :

1er *jour.* — D'Iṛil n Oro à Tinmekkoul, en descendant l'Ouad Zagmouzen.

2e *jour.* — On gagne Tlemkala sur l'Ouad Tazioukt; on remonte cette rivière jusqu'à Tanfit. Là on la quitte, et on s'engage dans le désert d'Iger n Znar qui s'étend au delà de sa rive droite. On y marche durant trois heures ; puis on atteint à Taleouin (district d'Ouneïn) l'Ouad el Amdad : on le remonte jusqu'à Adouz.

3e *jour.* — On quitte l'Ouad el Amdad à Adouz : on s'engage dans une vaste plaine ; au bout de 3 heures, on atteint un groupe formé de 2 villages : le premier est Tamsellount, le second Tamdroust : ils comptent dans le district d'Ouneïn. En sortant de Tamdroust, on entre dans le désert montagneux d'Ouichdan : côtes raides, chemin parfois difficile : au milieu de ce désert est le col où l'on franchit la crête supérieure du Grand Atlas. On chemine dans le Khela Ouichdan jusqu'à la fin de la journée : le soir, on parvient au village d'Alla où l'on s'arrête : on y entre sur le territoire des Genṭafa. Alla est sur l'Ouad El Genṭafi, qui, à quelques pas plus bas, s'unit à l'Ouad Agoundis. La jonction de ces deux cours d'eau forme l'Ouad Nfis.

4e *jour.* — D'Alla on gagne, à très peu de distance, Dar El Genṭafi, où se trouve le confluent des deux rivières. Dar El Genṭafi, appelée aussi Tagentaft, est un gros village, résidence du qaïd des Genṭafa. A partir de là, on descend le cours de l'Ouad Nfis : jusqu'au soir, on ne cesse d'en longer les bords. C'est une vallée très encaissée, ressemblant à celle de l'Ouad Iounil : les flancs en sont des murailles à pic presque partout infranchissables : on ne peut passer qu'au fond ; là, pas un point désert : tout est couvert de cultures et de villages ; voici les principaux de ceux qu'on traverse successivement : Imeṛraoun, Takherri, Iḥenneïn, Targa, Aït Iraṭ, Iger n Kouris, Toug el Khir, Tigourramin, Talat n As, Imidel, Imgdal, Tagadirt el Bour, Ouirgan, Imaṛiren. On passe la nuit à Imaṛiren. Là s'arrêtent le territoire des Genṭafa et l'autorité de leur puissant qaïd.

5e *jour.* — On quitte l'Ouad Nfis, on gravit le flanc gauche de sa vallée, et on sort de celle-ci. Au bout de 3 heures de marche, on atteint un village, Asdṛem Kik : on entre là sur un nouveau territoire, soumis au qaïd El Gergouri; on passe ensuite à Agdour Kik, Ouizil, Tigzit : ces quatre villages font partie de la fraction de Kik, portion de la tribu où nous sommes. Au delà, on en traverse encore deux du ressort d'El Gergouri, Agergour et Fres. A Fres s'arrête son autorité et commence la juridiction du bacha de Merrâkech. Jusqu'au soir, on continue à cheminer en rencontrant de fréquents villages : les principaux sont Tala Moumen, Toukhribin, Agadir Aït Teççaout, Akreïch. C'est dans ce dernier qu'on passe la nuit. De toute la journée, on n'a pas aperçu une seule rivière sur la route. (D'Asdṛem Kik à Agergour, 2 heures. — Agergour et Fres se touchent. — De Fres à Tala Moumen, 1 heure. — De Tala Moumen à Agadir, 1 heure. — D'Agadir à Akreïch, 2 heures.)

6e *jour.* — D'Akreïch à Merrâkech il n'y a que 4 heures de marche : durant tout ce temps on est en plaine et sous bois : cet espace entier est occupé par une forêt de grands arbres, lieu désert et dangereux, d'ordinaire infesté de brigands.

9° *DE L'OUAD TIFNOUT A MERRAKECH.* — On gagne Dou Ougadir : de là on remonte l'Ouad Izgrouzen jusqu'à sa source. Celle-ci se trouve à la crête du Grand Atlas, au Tizi n Tamejjout. On franchit la chaîne à ce col et on débouche dans la vallée de l'Ouad Agoundis. On en descend le cours en traversant un grand nombre de villages, dont voici les principaux : Tizi n Idikel, Tizi n Glouli, Igisel, Iṛal n Ṛbar, Iberziz, Azgrouz, Agoundis, Taourbart, Dar el Mrabṭin, Ijjoukak, Dar El Genṭafi. De là on suit la vallée de l'Ouad Nfis : le reste de l'itinéraire est le même qu'à l'article précédent.

Le cours de l'Ouad Agoundis est sous l'autorité de Qaïd El Genṭafi. Ce personnage, dans la famille de qui le pouvoir est héréditaire depuis de longues générations, est célèbre dans tout le Maroc par ses immenses richesses : plusieurs légendes ont cours sur leur origine : les uns disent qu'il existe une mine d'or sous son château, d'autres prétendent qu'il a trouvé la pierre philosophale. Pendant longtemps le Genṭafi a été insoumis. Il y a quelqnes années, Moulei El Ḥasen résolut de faire une expédition contre lui. Le Genṭafi n'osa résister ; il préféra désarmer le sultan par des présents : à son approche, il alla au-devant de lui, se faisant précéder par des cadeaux dont voici l'énumération : 100 nègres, 100 négresses, 100 chevaux, 100 vaches avec leurs veaux, 100 chamelles avec leurs petits. Devant de tels dons, Moulei El Ḥasen se tint pour satisfait. Il reçut la soumission du chikh et lui laissa son pouvoir, en lui donnant le titre de qaïd. Seulement il emmena deux de ses filles, dont il fit ses épouses : le Genṭafi a ainsi l'honneur d'être beau-père du sultan. Mais, de son côté, celui-ci a des otages précieux qui lui répondent de la fidélité du puissant qaïd. Lorsque ce dernier vient à Merrâkech, il y est fort bien reçu, mais il ne lui est permis ni de voir ni d'entretenir ses filles.

10° *DE TINTAZART (TATTA) A MERRAKECH.* — Tintazart, Afra, Imi n ou Aqqa (kheneg désert), Ti n Iargouten (qçar des Aït Ḥamid, Chellaḥa vassaux des Aït Jellal) ; Aït el Ḥazen (tribu formée de plusieurs villages situés sur la rivière du même nom ; versant nord du Petit Atlas) ; Arbaa Ammeïn (village avec marché le mercredi ; il fait partie d'Ammeïn, groupe de plusieurs villages situés sur l'Ouad Aït Semmeg) ; Tizi n Sous (c'est le col dont nous avons parlé plus haut, celui où se trouve laqoubba de Sidi Bou Reja) ; Aoulouz ; on gravit la montagne d'Aougeddimt, et on gagne le village de Taleouin ; on traverse l'Ouneïn ; de l'Ouneïn on entre dans le désert, où l'on franchit le mont Ouichdan, très haut massif dont le sommet est presque toujours couronné de neige. De là on passe à l'Ouad Nfis : on le descend assez longtemps, puis on gagne successivement Tagadirt el Bour, Kik, Ouizil, Akreïch, Merrâkech.

Distances : de Tintazart à Imi n ou Aqqa comme de Tintazart à Foum Meskoua.
d'Imi n ou Aqqa à Talella comme de Tintazart à Foum Meskoua.
de Talella aux Aït Ḥamid comme de Tintazart à Tiiggan.
des Aït Ḥamid aux Aït el Ḥazen comme de Tintazart à l'Ouad Tatta (sur la route d'Aqqa).
des Aït el Ḥazen à Arbaa Ammeïn comme de Tintazart à Foum Meskoua.
d'Arbaa Ammeïn à Tizi n Sous comme de Tintazart à Foum Meskoua.
de Tizi n Sous à Aoulouz comme de Tintazart à Foum Meskoua.
d'Aoulouz à Taleouin comme de Tintazart à Aqqa.
de Taleouin à Djebel Ouichdan comme de Tizi n Tzgert à l'Ouad Tatta (sur la route d'Aqqa).
de Tagadirt el Bour à Kik comme de Tintazart à Aqqa.
de Kik à Ouizil comme de Tintazart à Adis.
d'Ouizil à Akreïch comme de Tintazart à Adis.
d'Akreïch à Merrâkech comme de Tintazart à Foum Meskoua.

IV.

SAHEL.

Tribu des Haha.

Le pays des Ḥaḥa est merveilleux de fertilité et encore assez riche, bien qu'après avoir été pressuré par Ould Bihi (le dernier d'une famille de qaïds héréditaires qui a longtemps été à la tête de la tribu), désolé par Anflous (serviteur d'Ould Bihi qui usurpa le pouvoir après que ce dernier eut été empoisonné par le sultan, et qui fut, lui aussi, pris par trahison et mis à mort), il soit aujourd'hui horriblement opprimé par le makhzen. A chaque pas, on voit des ruines, des maisons détruites, des tours à demi renversées : ce sont les traces qu'a laissées la courte domination d'Anflous. A chaque pas, on entend les plaintes des habitants sur les déprédations des représentants actuels du sultan : un homme a-t-il quelque bien, on le dépouille aussitôt. Aussi beaucoup de Ḥaḥa (on dit Ḥaḥa en arabe, et Iḥaḥan en tamaziṛt) cherchent-ils à obtenir la protection de consuls chrétiens de Mogador. Malgré tant de maux, le pays est assez prospère : demeures nombreuses; beaux troupeaux; vastes cultures. Mais le terrain labourable qui reste inculte occupe une immense étendue : on pourrait ensemencer une surface presque double de celle qu'on cultive.

Les Ḥaḥa se divisent en 12 fractions, auxquelles M. El Ḥasen, depuis leur soumission récente (après avoir été longtemps indépendants, ils viennent d'être en révolte durant plusieurs années), a préposé 4 qaïds. Ces qaïds ont sous leurs ordres des chikhs et des ąamels. Les chikhs sont ici les gouverneurs des fractions : il y en a un pour chacune des douze; les ąamels sont chargés de percevoir les impôts pour le sultan : ils sont en plus grand nombre.

Les 12 fractions sont :

Ida ou Gerṭ, Ikenafen, Ida ou Isaṛen, Ida ou Gelloul, Ida ou Tromma, Aït Ąmir, Ida ou Ąïssi, Ida ou Zenzen, Ida ou Khelf, Ida ou Bou Zia, Ida ou Mada..... (1).

Les quatre premières sont les plus importantes.

Les Ḥaḥa sont serviteurs de plusieurs marabouts : ils paient des redevances aux Geraga et à Sidi Ąbd Allah d Aït Iaḥia : nous avons dit que celui-ci était originaire d'Ez Zaouïa, à Tisint. Quant aux Geraga, c'est une célèbre famille de religieux, originaire du Chiadma, où elle a encore sa principale zaouïa, entre Mogador et Safi.

La tribu des Ḥaḥa est sédentaire; elle parle le tamaziṛt, mais l'arabe y est assez répandu (2).

Pas de Juifs chez les Ḥaḥa en dehors des deux villes qui sont sur leur territoire sans appartenir à leur tribu, Mogador et Agadir Iṛir.

District de Tidsi.

Le district de Tidsi se compose de 3 grands villages : Tidsi (300 fusils), El Qaçba (200 fusils), Oumsedikht (700 fusils); ils sont à peu de distance les uns des autres. Le Tidsi est gouverné par un seul

(1) On n'a pu me dire le nom de la douzième fraction.

(2) Une légende qui a cours dans le pays veut que les Haha soient Arabes d'origine et que ce soit par leur long séjour au milieu d'Imaziren qu'ils aient pris les mœurs et la langue de ces derniers.

chikh, en même temps marabout; il s'appelle Sidi El Ḥanafi. Le Tidsi reconnaît le sultan, mais n'est point administré par lui : les mkhaznis n'y entrent point, et il n'y a ni qaïd ni ạamel nommé par Moulei El Ḥasen; mais le chikh héréditaire, tout en ne tenant son autorité que de son sang et de la volonté de ses concitoyens, reconnaît le sultan et va chaque année apporter un tribut à Taroudant.

Pas de Juifs. Un marché, d'une grande importance, le Khemîs Tidsi, se tenant dans le village de Tidsi. Ce village est quelquefois appelé Ez Zaouïa parce que c'est là qu'est la zaouïa, résidence du chikh. Terrain fertile : blé, orge, maïs, lentilles, olives. Pas de rivière; le pays est arrosé par des sources. Il est en plaine, au pied du versant septentrional du Petit Atlas. Les gens du Tidsi sont Chellaḥa et parlent le tamaziṛt.

Distances : du Tidsi à Taroudant comme d'Aqqa Igiren à Trit.
du Tidsi à Afikourahen comme d'Aqqa Igiren à Tatta.

Tribu des Ilalen.

Les Ilalen sont une nombreuse tribu tamaziṛt se divisant en 18 fractions, savoir :

Ida ou Ska (450 fusils; nous avons traversé leur territoire).

Aït Touf el Azz (300 fusils; nous avons traversé leur territoire).

Isendalen (1 600 fusils; nous les avons laissés au sud).

Aït Toufaout (1 500 fusils; nous les avons laissés au sud : nous avons passé près de leurs frontières en sortant des Aït Touf el Ạzz).

Tazalart (200 fusils; leur territoire contient de grandes mines de cuivre. Les ouvriers, s'habillant de vêtements de cuir, descendent l'extraire à 200 ou 300 coudées au-dessous de la surface du sol).

Aït Abd Allah (1 600 fusils; nous les avons laissés au sud : ils sont voisins des Aït Tazalaṛt).

In Timmelt (2 000 fusils; nous les avons laissés au sud; cette fraction habite les bords de l'Ouad In Timmelt, affluent de l'Ouad Oulṛass).

Amzaourou (100 fusils).

Tasdmit (200 fusils; cette fraction est située, par rapport à Afikourahen, au delà de celle d'Amzaourou et dans la même direction).

Aït Ouassou (600 fusils; ils habitent les bords de l'Ouad Ikhoullan, immédiatement au-dessus des Ikhoullan).

Aït Ali (1 200 fusils; ils habitent sur l'Ouad Ikhoullan, immédiatement au-dessus des Aït Ouassou).

Ikhoullan (300 fusils. Nous avons traversé leur territoire).

Mezdaggen (320 fusils. Sur l'Ouad Ikhoullan, immédiatement au-dessous des Ikhoullan).

Ida ou Ska (450 fusils. Cette seconde fraction d'Ida ou Ska est sur l'Ouad Ikhoullan, immédiatement au-dessous des Mezdaggen).

Afra (360 fusils. Nous avons traversé ce territoire).

Tazgelt (1 100 fusils. Nous avons traversé cette fraction).

Ida ou Genadif (1 700 fusils. Ils occupent la vallée de l'Ouad Aït Mezal, immédiatement au-dessus des Aït Mezal).

Irer (300 fusils. Fraction habitant sur l'Ouad Aït Mezal, immédiatement au-dessus des Ida ou Genadif).

Les Ilalen ne reconnaissent point le sultan; ils sont indépendants. Chacune de leurs 18 fractions a son administration séparée : point de chikhs héréditaires, si ce n'est dans une seule fraction, les Aït Ạbd Allah : ceux-ci ont un chikh, Ḥadj Ḥammou; mais là même il y a plutôt un titre qu'un pouvoir, Ḥadj Ḥammou ne fait que les volontés de la djemaạa. Chaque fraction est gouvernée par sa djemaạa, qu'on appelle ici anfaliz : cette assemblée se compose de délégués de toutes les familles de la fraction; chacune en envoie un : l'ensemble de ces chefs de famille forme l'anfaliz, qui règle toutes les affaires du groupe.

Chaque fraction a au moins un agadir; quelques-unes en ont deux ou trois. L'agadir, village où chaque famille a sa chambre ou sa maison renfermant ses grains, ses provisions de toute sorte, ses objets précieux, est le magasin général de la fraction et son réduit en temps de guerre. C'est aussi là que s'assemble l'anfaliz.

Pas de grande zaouïa chez les Ilalen. Mais chacune des 18 fractions en possède une petite où elle entretient un ṭaleb : il est chargé de faire les écrits dont on a besoin et d'enseigner à lire à ceux qui voudraient apprendre. Il est pourvu aux frais de cette zaouïa de la façon suivante : à l'entrée des grains dans l'agadir, on en prélève la dîme, c'est-à-dire exactement un dixième; un tiers de cette dîme est donné à la zaouïa, les deux autres sont distribués aux pauvres.

Les cultures se composent de beaucoup d'orge, d'un peu de blé et de lentilles : mais la richesse des Ilalen est surtout dans leurs amandes et leur huile d'argan. Pas de Juifs sur leur territoire. Les marchés de la tribu sont :

Tlâta Aït Toufaout.
Arbạa Aït Ạbd Allah.
Khemîs Aït Ạli.
Tenîn Aït Touf el Ạzz.
Djemạa Ida ou Genadif.

Les rivières qui l'arrosent sont au nombre de trois : l'Ouad Ikhoullan (affluent du Sous), l'Ouad Aït Mezal et l'Ouad In Timmelt.

Comme nous l'avons vu de nos yeux, les diverses fractions des Ilalen sont souvent en guerre entre elles.

Les Ilalen sont Chellaḥa et sédentaires : ils ne parlent que le tamaziṛt; très peu d'entre eux savent l'arabe.

Itinéraire d'Afikourahen au Tazeroualt.

D'Afikourahen on gagne la fraction des Aït Mezal; on la traverse, et on entre dans celle des Aït Ilougaïm : c'est la première journée. De là on franchit l'Ouad Oulṛass, et on arrive dans la tribu de Zarar Ida Oultit; on y passe la nuit dans un village, le plus souvent dans celui de Bou el Ḥanna : c'est le deuxième jour. De là on part de grand matin et on parvient le lendemain, de bonne heure, après 3 jours 1/2 de marche, à la qoubba de Sidi Ḥamed ou Mousa, c'est-à-dire à la zaouïa de Sidi El Ḥoseïn. On est au cœur du Tazeroualt.

Aït Ilougaïm. — Ils forment une fraction des Chtouka : ce sont donc des Chellaḥa sédentaires parlant le tamaziṛt. Comme tous les Chtouka, ils sont soumis au makhzen et sous la juridiction du qaïd Ould Ben Dleïmi. Ils comprennent une centaine de villages. Pas d'agadir (il n'y en a nulle part en blad el makhzen : chacun y enfouit ses grains dans des silos, qu'on appelle ici *maṭmora*). Pas de chikh général ni de djemạa collective : chaque village a soit son chikh local, soit sa djemạa. Un marché, le Tenîn Ilougaïm, à Tamaliḥt; il forme un centre commercial important. Dans le village de Tamaliḥt, il y a 80 familles juives, les seules de la tribu.

Pas de rivière chez les Aït Ilougaïm. Mais non loin de là coule l'Ouad Oulṛass, où ils ont de nombreux ḥelouan (on donne ce nom aux terres qu'on possède sur le territoire de tribus étrangères). Les Aït Ilougaïm sont riches; ils ont beaucoup de chevaux. A partir des Aït Mezal, et jusqu'au Tazeroualt, les tribus qu'on rencontre en possèdent un grand nombre : il n'y en a au contraire à peu près point dans la portion du Petit Atlas située à l'est des Chtouka.

Quand on vient des Ilalen, on passe d'habitude la nuit dans le groupe des Aït Ilougaïm portant le nom d'Aït ou Adrim. De chez eux on gagne les

Aït Oulṛass. — Ils habitent les bords de l'Ouad Oulṛass. Fraction importante des Chtouka, ils sont soumis au sultan et sous l'autorité d'Ould Ben Dleïmi. Point de chikh ni de djemạa : ils sont en cela dans les mêmes conditions que les Aït Ilougaïm. Ils ont environ 100 villages.

Pas de marché, ni de Juifs.

La vallée de l'Ouad Oulṛass est très riche : quelques palmiers, mais ne donnant que de mauvaises dattes, arbres fruitiers et céréales en abondance. L'Ouad Oulṛass se jette dans la mer, après avoir, au-dessous des Aït Oulṛass, traversé la tribu de Massa, qu'on appelle aussi Mast.

Des Aït Oulṛass, on entre dans la tribu de

Zarar Ida Oultit. — Grande tribu qui habite au sud des Aït Oulṛass, au delà du flanc gauche de la vallée de l'Ouad Oulṛass. Elle est blad el makhzen depuis l'expédition du sultan dans le Sous et le Sahel, et appartient à la juridiction d'Is Oublaṛ, qaïd des Ida ou Garsmouk : pas de chikh héréditaire; un anfaliz règle les affaires de la tribu. Les Zarar Ida Oultit sont une tribu chleuḥa et sédentaire, parlant le tamaziṛt. Beaucoup de qçars; le principal est Ouizzân, qui se prononce aussi Ouzzân et Oujjân. Nombreux chevaux. Point de rivière : des sources et des citernes.

Un marché, très fréquenté, le tlâta d'Ouizzân. Un mellaḥ dans la même localité.

De cette tribu, on passe dans celle des

Ida ou Baaqil. — Grande tribu, autrefois libre comme la précédente, nominalement soumise au sultan depuis l'expédition de 1882. Elle a été placée, avec plusieurs autres, sous le qaïdat de Ḥadj Ṭahar, fils de Sidi El Ḥoseïn, le marabout du Tazeroualt. Tribu riche et puissante. Jadis elle faisait souvent la guerre à Sidi El Ḥoseïn, qui ne l'apaisait qu'à prix d'argent. Les Ida ou Baaqil sont Chellaḥa et sédentaires. Leur langue est le tamaziṛt. Beaucoup de qçars et beaucoup de chevaux.

Point de marché ni de Juifs sur leur territoire. Celui-ci n'est arrosé par aucune rivière.

De là on passe dans le district de

Tazeroualt. — Le Tazeroualt est un grand district traversé par l'Ouad Tazeroualt.

L'Ouad Tazeroualt vient du territoire des Aït Imejjat : de là il entre dans le Tazeroualt; il y arrose d'abord Agadir Sidi El Ḥoseïn, puis Zaouïa Sidi Ḥamed ou Mousa (connue aussi sous le nom de Zaouïa Sidi El Ḥoseïn et sous celui de Tallent Sidi Ḥachem), enfin Iliṛ. Du Tazeroualt il passe chez les Aït Bou Ạmran, où il reste jusqu'à son embouchure dans l'Océan. C'est, disent les indigènes, à l'embouchure de cette rivière que des chrétiens sont venus en 1882 vendre des grains et diverses denrées : c'est, ajoutent-ils, en partie pour empêcher qu'ils ne reviennent sur la côte et que pareil fait ne se renouvelle que le sultan est venu aussitôt après dans le pays, qu'il en a obtenu la soumission nominale et qu'il y a investi des qaïds. Il a même laissé chez les Aït Bou Ạmran un camp de 1200 à 2000 soldats qui depuis lors y sont en permanence.

Le Tazeroualt est riche et fait un grand commerce. Là se tient, deux fois par an, l'une en mars et l'autre à la fin d'octobre, la fameuse foire de Sidi Ḥamed ou Mousa, célèbre dans le Sahel, dans le Sahara et dans le Sous, où l'on vient en foule de Mogador et même de Merrâkech. Outre ces foires, les pareilles de celle de Mrimima et de Souq el Mouloud, le Tazeroualt a un marché chaque semaine, le ḥad d'Iliṛ. Il existe à Iliṛ un grand mellaḥ, le seul du district.

Le Tazeroualt est depuis un temps immémorial gouverné par des marabouts qui descendent de Sidi Ḥamed ou Mousa. Le chef de la zaouïa et chikh du pays est en ce moment Sidi El Ḥoseïn ou Ḥachem. Il a trois résidences principales : 1° *Iliṛ*, grand et riche qçar, le plus important du Tazeroualt et l'un des plus peuplés de tout le sud : là est son habitation principale, avec la plupart de ses femmes et de ses négresses; c'est sa demeure la plus somptueuse et la plus agréable, celle où il vit habituellement; il y a une garde de 200 cavaliers nègres, ses esclaves. 2° *Ez Zaouïa;* ainsi que l'indique ce nom, c'est le sanctuaire religieux de la famille : là sont les qoubbas de Sidi Ḥachem, père de Sidi El Ḥoseïn, de Sidi Ḥamed ou Mousa, son ancêtre, de tous ses aïeux; là habitent les marabouts de sa race, ses cousins, ses neveux. On appelle aussi Ez Zaouïa de divers autres noms, Tallent Sidi Ḥachem, Zaouïa Sidi Ḥamed ou Mousa, Zaouïa Sidi El Ḥoseïn. 3° *Agadir Sidi El Ḥoseïn;* c'est une forteresse bâtie sur le roc au sommet d'un mont escarpé. Sidi El Ḥoseïn y a entassé toutes ses richesses, et a accumulé les défenses de tout genre pour les protéger : l'agadir, situé à la frontière est du territoire, est dans une position telle qu'on ne peut y monter que par un long chemin en escalier, creusé dans le roc et faisant mille lacets; les murs de la forteresse sont d'une épaisseur extrême; les tours en sont garnies de canons; elle est sans cesse gardée par une forte garnison d'esclaves dévoués: c'est là que le marabout s'était enfermé en 1882, à l'approche du sultan.

Ainsi que nous l'avons dit, l'ancêtre des puissants chefs du Tazeroualt est Sidi Ḥamed ou Mousa : sa qoubba s'élève auprès d'Ez Zaouïa. Ce n'était qu'un mendiant à qui Dieu, en récompense de ses mérites, accorda ses grâces, grâces qui de son vivant même se manifestèrent par de nombreux miracles. L'époque à laquelle vivait ce saint est très reculée; il laissa des descendants à qui il légua la bénédiction divine, qui se perpétua en eux jusqu'à ce jour. Mais s'il fut le fondateur de leur grandeur religieuse, il ne fut point celui de leur puissance temporelle. Celle-ci n'échut à sa maison qu'après plusieurs générations : ce fut l'un de ses successeurs, Sidi Ạli Bou Dmia, qui l'établit, à une époque elle-même très lointaine. Sidi Ạli Bou Dmia, à la fois marabout et guerrier, étendit au loin le pouvoir de la zaouïa de Tazeroualt et acquit une grande célébrité : les ruines imposantes de son palais subsistent encore à peu de distance de la zaouïa actuelle. Depuis sa mort, bien des générations se sont succédé : la puissance de sa dynastie, tout en restant considérable, a subi des phases diverses. Sidi Ḥachem, père du marabout actuel, avait donné un grand éclat à sa maison. Brave et guerrier, il avait marché sur les traces de Sidi Ạli Bou Dmia, et, payant sans cesse de sa personne, n'avait pas tardé à se faire un grand renom de valeur dans les régions environnantes. Grâce à cette réputation, à l'admiration et à la crainte qu'il inspirait, il était parvenu à grouper autour de lui toutes les tribus du voisinage. Pendant sa vie, elles lui restèrent soumises, moitié de gré, moitié de force. Cet édifice s'écroula en partie à sa mort. Sidi El Ḥoseïn, son fils et son successeur, âgé de 70 ans aujourd'hui, fut orphelin de bonne heure; un certain nombre de tribus en profitèrent pour s'émanciper : il ne montra dans la suite aucune des qualités belliqueuses de son père; aussi n'est-il plus réellement maître que du Tazeroualt. Mais il est très riche; ses trésors sont immenses; l'autorité que ne lui a pas donnée son caractère, son or la lui procure quand il le veut; il arme à prix d'argent les tribus des environs et peut ainsi réunir à son gré autour de lui tous les fusils du Sahel : c'est ce qu'on lui a vu faire il y a quelques années. Aussi Sidi El Ḥoseïn est-il aujourd'hui encore le plus grand pouvoir qui existe de l'océan Atlantique au pays de Dra. Il peut mettre en armes tout le Sahel, Chtouka compris, et se faire envoyer des contingents de diverses tribus du bassin inférieur du Dra. Son influence religieuse est considérable. Son nom est connu dans tout le Maroc, dont Sidi Ḥamed ou Mousa est un des saints les plus vénérés. Une grande partie des zaouïas du Sahel, du Sous et du Sahara, entre Sous et Dra, appartient à des rameaux de la famille dont il est le chef. Par sa célébrité, son influence religieuse, ses richesses, sa puissance, l'étendue de son autorité, la zaouïa de Sidi Ḥamed ou Mousa peut être comptée comme une des cinq grandes zaouïas du Maroc, allant de pair avec celles d'Ouazzân, de Bou el Djạd, de Tamegrout, du Meṭrara (Sidi Moḥammed El Ạrabi el Derkaoui).

Distances : d'Agadir Sidi El Ḥoseïn à Ez Zaouïa comme d'Agadir Tisint à Ạïoun S. Ạbd Allah ou Mḥind.
d'Ez Zaouïa à Ilir comme d'Agadir Tisint à Trit.

Campagne de Moulei El Hasen dans le Sous en 1882.

Un événement considérable s'est passé récemment dans le bas Sous et dans le Sahel : le sultan y a fait une expédition et a reçu la soumission d'un grand nombre de tribus qui étaient indépendantes depuis un temps immémorial. Ce fait est l'objet de tous les entretiens dans le Sahara, dans le Sous et dans les contrées voisines : voici le résumé de ce que j'ai entendu dire, aussi bien à Tatta et à Mrimima que dans le Sous, le Sahel et chez les Ḥaḥa.

Au commencement de l'été de 1882, Moulei El Ḥasen traversa l'Ouad Sous, auprès de son embouchure, à la tête d'une armée puissante : il avait assemblé tous les contingents de son empire, ceux des tribus de Fâs comme ceux des tribus de Merrâkech : tout ce qu'il avait pu lever, il l'avait emmené : cette armée pouvait être, au début de l'expédition, de 40000 hommes ; une fois en marche, ce chiffre tomba assez vite par suite des nombreuses désertions. Avec ces forces imposantes, le sultan s'avança jusqu'aux limites du Tazeroualt : il s'y arrêta à une localité du nom de Tiznit. Il convoqua alors tous les chikhs ou notables des tribus voisines et en premier lieu les deux principaux personnages du pays, Sidi El Ḥoseïn, chef du Tazeroualt, et El Ḥabib ould Beïrouk, chikh du district d'Ouad Noun. Sidi El Ḥoseïn avait des motifs graves de se défier du sultan : d'une part, il avait toujours témoigné à Moulei El Ḥasen une hostilité extrême; de l'autre, il passait pour le seigneur le plus riche du Maroc : il était fort probable que s'il se rendait à l'invitation du sultan, celui-ci, le tenant entre ses mains, le mettrait à mort, autant par rancune que par cupidité. Aussi, malgré les mille instances de Moulei El Ḥasen, malgré les protestations d'amitié qu'il lui prodigua, se garda-t-il de se rendre à sa convocation; mais il se fit représenter auprès de lui, pendant que de sa personne il allait s'enfermer, à l'abri de ses canons, dans son agadir. Quant aux autres chefs mandés, ils vinrent trouver le sultan. Celui-ci leur tint ce langage : « Vous voyez les Chrétiens installés au sud d'Ouad Noun; d'autres veulent s'établir à Ifni, d'autres ailleurs. Cela vous plaît-il? Non, je veux le croire. Qui peut l'empêcher? Est-ce vous? Vous n'en avez pas la force. Et-ce moi? A mes observations, ils répondent que le pays n'est point sous mon autorité. Il n'y a qu'un moyen de s'opposer à leurs empiétements : reconnaissez mon pouvoir : je vous promets que non seulement il ne vous sera pas lourd, mais même il vous sera profitable. Que les Chrétiens, quand ils viendront sur ces rivages, ne trouvent que des sujets de Moulei El Ḥasen : il suffit; vous n'aurez plus rien à craindre de leur côté; et pour ce qui est de moi, vous ne serez pas longtemps sans éprouver les bienfaits de mon alliance. » Il sortit de là l'arrangement suivant : tous les chikhs présents reconnurent l'autorité du sultan; celui-ci les nomma qaïds dans leurs tribus ou leurs districts et les renvoya avec des présents : il était sous-entendu que le pouvoir du sultan ne serait que nominal, mais qu'il allait l'affirmer et en donner une preuve visible aux yeux des Chrétiens en construisant une ville au cœur de la région qui venait de se ranger sous ses lois.

La contrée qui fit ainsi, en été 1882, sa soumission à Moulei El Ḥasen, est celle qui est comprise entre l'Ouad Sous au nord, l'Océan à l'ouest, l'Ouad Dra au sud, les Aït ou Mrîbeṭ au sud-est. Cette dernière tribu est restée indépendante : à elle s'arrête le blad el makhzen. Mais il ne faut pas oublier que ce blad el makhzen ne l'est que *bel kedeb*, « d'une façon mensongère », comme disent les indigènes, et de nom seulement : c'est une domination qui coûte beaucoup plus au sultan, en cadeaux pour entretenir l'alliance, qu'elle ne lui rapporte en impôts. Cette domination, Moulei El Ḥasen voulut, avonsnous dit, en donner une preuve en élevant une ville dans la contrée : il choisit l'emplacement de Tiznit, où il avait campé, et convint avec les chikhs des environs, désormais qaïds, qu'ils y construiraient pour lui une ville dont il leur donnerait les plans : il paierait leur travail. En effet, peu de jours après le départ de l'armée, arrivèrent plans et architectes : on commença aussitôt : on se mit à construire une cité avec ses mosquées, sa qaçba, son mellaḥ, ses fondoqs; on fit une vaste enceinte carrée avec des murs de cinq largeurs de main d'épaisseur et avec 36 tours sur chaque côté. La ville n'est pas éloignée de la mer : le sultan veut en faire une sorte d'entrepôt où viennent commercer les Européens.

Des Chrétiens sont récemment venus par mer sur cette côte, cherchant un lieu favorable à l'établissement d'un port. Ils ont visité Aglou, Ifni et d'autres points. Ifni, dans la tribu des Aït Bou Ạmran, a paru leur plaire. On ne sait pas autre chose de leurs entreprises.

C'est la première fois que les contrées qui viennent de reconnaître le sultan font acte de soumission; mais ce n'est pas la première fois que Moulei El Ḥasen a affaire à elles. Il y a plusieurs années, du vivant de Sidi Moḥammed, Moulei El Ḥasen, son fils aîné, fit une campagne de ce côté. Il s'avança jusqu'à l'Ouad Oulṛass ; mais là il se trouva face à face avec Sidi El Ḥoseïn ould Ḥachem qui lui barrait le passage à la tête d'une armée : le marabout lui envoya un message, lui donnant trois jours pour battre en retraite : au delà de ce délai, il l'y forcerait les armes à la main. Moulei El Ḥasen, ne se trouvant pas en force, se retira; en partant, il répondit à la lettre de Sidi El Ḥoseïn : « Vous m'avez donné trois jours pour me retirer; je vous donne trois ans pour vous soumettre. » Peu après, Sidi Moḥammed mourut et Moulei El Ḥasen monta sur le trône : depuis ce temps, on se disait chaque année dans le Tazeroualt et dans l'Ouad Noun : « C'est cette année qu'il va venir. » Enfin il est venu en 1882. Dès que Sidi El Ḥoseïn eut connaissance de son approche, il fit transporter tout ce qu'il avait de plus précieux dans son agadir, y accumula des provisions énormes et s'y enferma avec sa famille et son armée d'esclaves. Puis il envoya au-devant du sultan un messager, chargé de présents et d'une lettre fort humble : il priait Moulei El Ḥasen de lui pardonner, de le ménager; il n'était qu'un simple religieux, uniquement consacré à Dieu, n'ayant ni le pouvoir ni la volonté de s'opposer à ses desseins. Moulei El Ḥasen lui répondit qu'il suffisait qu'il ait eu peur, qu'il ait déménagé à son approche et qu'il se soit humilié; à présent qu'il était soumis, il ne voyait plus en lui qu'un marabout, descendant d'un saint, et en conséquence il lui envoyait des cadeaux, hommage à son caractère sacré. En même temps il l'engageait à venir auprès de lui. Nous avons vu comment Sidi El Ḥoseïn eut la sagesse de ne pas se rendre à cette invitation, quelques instances que fît dans la suite le sultan. Mais s'il refusa de se présenter lui-même, il envoya à Moulei El Ḥasen un de ses fils qui fut fort bien reçu.

Telle fut, selon les indigènes, cette campagne dans laquelle le sultan reçut la soumission de la partie du Sahel dont nous avons donné les limites plus haut et en même temps de la vallée de l'Ouad Sous, depuis l'embouchure de ce fleuve jusqu'au haut du Ras el Ouad. L'expédition fut de courte durée : le 6 juin 1882, Moulei El Ḥasen passait avec son armée à proximité de Mogador; le 2 juillet, il arrivait chez les Massa, tribu habitant le bas cours de l'Ouad Oulṛass et comptant environ 1500 maisons (le plus grand village des Massa est Agoubalou, près de l'embouchure de la rivière dans l'Océan); le 26 juillet, le sultan écrivait dans les villes de son empire que la campagne était terminée et avait eu plein succès : on célébra à cette occasion des réjouissances publiques.

Voici, pour un certain nombre de tribus du Sahel, comment le sultan a réparti les qaïds :

Ksima		1 qaïd.
Chtouka		1 qaïd (Ould Ben Dleïmi).
Assaka		1 qaïd.
Ouizzân		1 qaïd.
Aït Jerrar		1 qaïd.
Ida ou Semlal		1 qaïd.
Tazeroualt		réunis sous le qaïdat de Ḥadj Ṭahar ben Sidi El Ḥoseïn.
Ifran		
Tiznit (ville nouvelle)		
Assa		1 qaïd.
Aït Bou Ạmran		1 qaïd.
Aglou		1 qaïd.
Aït Imejjat		1 qaïd.
El Akhsas		1 qaïd.
Aït Brahim		1 qaïd.
Aït Ạbd Allah		1 qaïd.
Isbouïa		1 qaïd.
Tamanaṛt		1 qaïd.
Id Brahim	Ida ou Leggan	réunis sous le qaïdat de Ḥadj Ḥamed el Manaṛi.
	Aït Ḥerbil	
	Aït Ouadaï	
	Aït Illoul	
	Aït Mousa ou Daoud	
	Aït Bou Ạchra	
	Aït Zkri	
	Aït Bouhou	

Aït Bella...	Aït Ḥamed.........	1 qaïd.
	Aït Mesạoud........	
	Aït Azouafid........	
	Aït Iasin...........	
	Aït Bou Hioualat....	
Aït Djemel.	Aït Mousa ou Ạli....	1 qaïd.
	Aït Cheggout.......	
	Aït El Ḥasen........	
	Aït El Ḥaseïn.......	
	Aït Chergouout.....	
	Aït Mejjat..........	
	Aït Tedrarin........	
	Oulad Bou Ạïṭa......	
	Oulad Izenqad......	
	Oulad Taoubbalt....	
Ouad Noun....................		1 qaïd.

Ainsi qu'on le voit, l'expédition de Moulei El Ḥasen dans le Sous et le Sahel avait sans doute un double objet : l'un d'affirmer aux yeux des Chrétiens sa suprématie sur ces contrées; l'autre de s'emparer de la personne de Sidi El Ḥosein, contre qui il nourrissait une vieille rancune et de qui les trésors lui offraient une riche proie. Les instances sans nombre qu'il fit auprès du marabout pour l'attirer dans son camp prouvent le prix qu'il attachait à sa capture. De ces deux buts, c'était, je crois, le second que le sultan avait le plus à cœur. Il ne put l'atteindre. Le premier au contraire fut rempli sans difficulté. Si l'on s'étonne qu'un si grand nombre de tribus aient aisément consenti à se soumettre, que ni elles ni Sidi El Ḥosein n'aient tenté aucune résistance, on trouvera la principale cause de cette conduite dans la famine épouvantable qui régnait alors en ces régions. Le pays était affaibli; chacun était obligé d'aller chercher des vivres au loin; on n'avait plus de bestiaux, plus de provisions, on avait dû vendre les chevaux, enfin on était dans de très mauvaises conditions pour faire la guerre. Il parut sage de se soumettre, quitte à se révolter quand, l'abondance revenue, on serait en état de lutter. On m'a assuré que c'était déjà fait. Lors de mon voyage (hiver et printemps 1884), le pays était encore en l'état où l'avait laissé le sultan. Mais il paraît que, 5 ou 6 mois après, la récolte ayant été excellente et la richesse régnant partout, on s'est soulevé de tous les côtés à la fois et que la plus grande partie des tribus du Sahel, du Ras el Ouad et même du bas Sous, les Chtouka entre autres, ont secoué le joug.

Notes diverses sur le Sahel.

1° ***DAR BEN DLEÏMI*** est un grand village situé au bord de la mer, à un jour de marche au sud d'Agadir Iṛir. Il se trouve sur le territoire des Chtouka et est la résidence du qaïd de cette tribu, Ould Ben Dleïmi.

2° ***OUAD NOUN*** n'est ni le nom d'une rivière ni celui d'une ville, mais celui d'un petit district formé de la réunion de plusieurs qçars; ceux-ci s'élèvent au milieu d'une plaine nue et stérile; autour d'eux, ni palmiers, ni jardins, ni labourages : ils se dressent isolés dans l'areg. L'Ouad Noun a un chikh héréditaire, El Ḥabib ould Beïrouk; c'est un personnage peu aimé, mais puissant et craint aux environs. Le sultan a nommé son frère, Daḥman, qaïd du district.

3° ***REGIBAT, OULAD DELEÏM.*** — Ce sont deux tribus nomades ayant leurs campements dans le Sahel, au sud du Maroc, entre l'Ouad Noun et l'Adrar. Leurs ṛezous écument le Sahara entre Timbouktou et Tindouf et apparaissent parfois sur le cours inférieur du Dra.

4° ***CHQARNA.*** — Tribu nomade errant dans le Sahel, au sud du Maroc. Elle comptait, il y a 20 ans, 500 ou 600 combattants montés à chameau; c'est à peine si elle en possède 200 aujourd'hui. Les Chqarna n'ont point de chevaux, le chameau est leur seule monture.

V.

BASSIN DE L'OUAD ZIZ.

1°. — OUAD ZIZ.

L'Ouad Ziz prend sa source aux crêtes supérieures du Grand Atlas, dans la grande fraction des Aït Ḥediddou. Il coule pendant quelque temps sur leur territoire; cette partie de son cours prend le nom de district des Aït Ḥediddou; des qçars nombreux sont sur ses bords; sa vallée est dominée par de hautes montagnes. En sortant des Aït Ḥediddou, il reste désert un certain temps; puis il entre dans le district du Ziz. Le Ziz se compose de 25 à 30 qçars, tous sur les rives du fleuve; il appartient aux Aït Izdeg. Après avoir arrosé le Ziz, l'ouad traverse un court passage désert et entre dans le Gers. C'est un nouveau district; il le traverse, en baigne tous les qçars, et de là passe immédiatement dans le Tiallalin. En sortant du Tiallalin, le fleuve se trouve de nouveau, mais pour la dernière fois, dans le désert; après y avoir coulé pendant quelque temps, il s'engage dans le district d'El Kheneg, où commencent les palmiers : à partir de là, il ne cesse d'en avoir son cours ombragé, et il se déroule jusqu'au Tafilelt entre deux rubans continus de dattiers et de qçars; ses rives, devenues un des endroits les plus riches du Maroc, s'appellent alors successivement districts de Qçar es Souq, du Metrara, de Reteb, de Tizimi et du Tafilelt.

Nous allons examiner une partie de ces districts.

Nous nous occuperons ensuite des affluents de l'Ouad Ziz.

I. — District des Aït Hediddou.

C'est le premier qu'on rencontre sur le haut cours de l'Ouad Ziz. Il se compose d'un certain nombre de qçars appartenant aux Aït Ḥediddou et échelonnés sur les deux rives du fleuve : ces qçars, avec quelques autres situés sur l'Ouad Sidi Ḥamza, sont les seuls que possèdent les Aït Ḥediddou, fraction très nombreuse des Aït Iafelman, mais composée surtout de nomades. En voici l'énumération, dans l'ordre où on les trouve en descendant l'ouad :

RIVE DROITE :

Aït Bou Ouzellif (2 qçars).	50 fusils.
Sountat.	100
Toulgdit.	20
Aït Ouazerf.	100
Aqdim.	100
Imtras.	300
Aït Ạmer.	30
Taberracht.	60
Aït Ạli ou Iqqo.	50
Tarribant.	20
Aït Ạmer.	50
Igli.	200

RIVE GAUCHE :

Imelouan.	50 fusils.
Aït Amer.	150
Aït Ali ou Iqqo.	30

Igli, Aït Amer, Tarribant forment un groupe distinct, séparé du reste du district par un long kheneg. La réunion de ces trois qçars se nomme Aït Saïd ou Ḥeddou. Les autres portent le nom collectif de Qçour Asif Melloul : l'Ouad Ziz, au nord du kheneg, s'appelle Asif Melloul.

Plus de qçar sur l'Asif Melloul au-dessus de ceux que nous venons de nommer. Ce sont les plus hauts de l'Ouad Ziz.

Les Aït Ḥediddou, maîtres de ce pays, en sont les seuls habitants. Ils sont indépendants. Point de relations avec le makhzen.

Langue tamaziṛt.

Deux marchés : tenin et khemis à Aqdim.

Pas de Juifs.

Distances : de Mezizelt à Igli comme de Mellaḥ Tiallalin à Aït Otman.
d'Aït Bou Ouzellif à Igli comme de Mellaḥ Tiallalin à Qçar es Souq.
de Tarribant à Aït Ali ou Iqqo comme de Mellaḥ Tiallalin à Tamerrakecht.
Aït Ali ou Iqqo (de la rive gauche) est en face de Taberracht.
Imelouan est en face de Toulgdit.
Il y a un espace désert entre Tarribant et Aït Ali ou Iqqo; les autres qçars sont les uns près des autres, unis par leurs cultures.

II. — Ziz.

Le district du Ziz se compose d'un certain nombre de qçars échelonnés sur les deux rives de l'Ouad Ziz; en voici l'énumération, dans l'ordre où on les rencontre en descendant le fleuve :

RIVE DROITE :

Mezizelt.		20 fusils.
Zaouïa Sidi Bou Qil (2 qçars).		500
Tabia..	Tabia.	300
El Ḥara		
Aït Saïd.		
Aït Zebbour.		20
Aït Ḥammou el Ḥadj.		15
Tirezdet.		80
Aït Mousa ou Ali.		70
Irezd (cherifs; 3 qçars).		150
Aït el Ḥadj Saïd.		10
Aït Kharroub.		4
Ibzazen........	Aït Iaḥia ou Khalifa.	150
Aït Bou el Khial		
Izouṛar........		
Rich.		20

RIVE GAUCHE :

Tamagourt.	100 fusils.
Gafaï.	100
Tasiset.	18
Tabarkaït.	25
Ou Allal.	60
Izebban.	15
Izebban.	80
Tagersift.	100

Le pays de Ziz appartient aux Aït Izdeg et n'est habité que par eux. Les Aït Izdeg sont une fraction des Aït Iafelman. Ils sont indépendants.

Langue tamaziṛt.

Deux marchés : tenin et khemis à Zaouïa Sidi Bou Qil.

Pas de Juifs.

Distances : de Tiṛilasin à Rich comme de Souq Tiallalin à Mellaḥ Tiallalin.
de Rich à Mezizelt comme de Tamerrakecht à Mellaḥ Tiallalin.
de Tamagourt à Igli (Aït Ḥediddou) comme d'Aït Oṭman à Mellaḥ Tiallalin.
Désert entre Tamagourt et Igli.
Pas de désert entre Rich et Mezizelt, sur les rives de l'ouad.
Tamagourt est en face de Mezizelt.
Tagersift est en face d'Aït Iaḥia ou Khalifa.

III. — Gers.

Le district du Gers se compose d'un certain nombre de qçars situés sur les bords de l'Ouad Ziz et tous sur sa rive droite : en face d'eux, la rive gauche est déserte. Voici les noms des qçars du Gers, dans l'ordre où on les trouve en descendant l'Ouad Ziz :

RIVE DROITE :

Tiṛilasin Qedim	Tiṛilasin.	15 fusils.
Aït Tikkert.....		40
Kherzouza.		40
Qcira Aït Aouda.		25
Amalou.		60
El Ḥaïn.		150
Aït El Feqih.		50
Qcira Alibou (Alibou est le chikh el ąam de toute la fraction des Aït Izdeg, cette année).		20
Cedouqa.		30

De plus, entre Amalou et El Ḥaïn, on voit les ruines de Douar, grand qçar détruit.

Le district du Gers appartient aux Aït Izdeg. La population y est un mélange d'Aït Izdeg et de Qebala (1).

Langue tamaziṛt.

Point de marché.

Pas de Juifs. Mellaḥ ruiné à Douar.

Distances : Cedouqa est en face d'Aït Khozman, sur la rive opposée de l'ouad.
de Cedouqa à Aït Tikkert comme de Mellaḥ Tiallalin à Aït Çaleḥ.

IV. — Tiallalin.

Le Tiallalin se compose d'un certain nombre de qçars échelonnés sur les deux rives de l'Ouad Ziz. En voici l'énumération, dans l'ordre où on les trouve en descendant le fleuve :

RIVE DROITE :

Kerrando. 50 fusils.
Qcira el Ihoud (appelée aussi Mellaḥ Tiallalin).

(1) C'est en approchant de l'Ouad Ziz que j'ai entendu ce nom pour la première fois. Il est employé sur tout le cours du Ziz et dans le bassin supérieur de la Mlouïa. Il ne désigne point une race, mais l'état d'une partie de la population. Une portion des Imaziren sédentaires de cette contrée n'a pas su conserver son indépendance et a été réduite par des tribus nomades voisines à l'état de tributaire : ce sont ces tributaires qu'on appelle *Qebala*. Ils sont presque tous Chellaha, de même race, par conséquent, et de même couleur que la plupart de leurs dominateurs. Par extension, on désigne quelquefois du nom de Qebala des Chellaha sédentaires, même indépendants, lorsque ces Chellaha vivent isolés, sans aucun lien avec personne. Ainsi les Chellaha du Reris et de quelques autres oasis sont souvent dits Qebala, bien que libres.

Iserdan.	30 fusils.
Bousam.	20
Tadaout.	20
Qcira Aït Aḥa.	10
Aït ou Alil.	50
Aït Ḥaḥou.	15
Aït Ạmer.	4
Aït Ṣaleḥ.	30

RIVE GAUCHE :

Aït Khozman.	40 fusils.
Aït Ḥeqqou.	20
Aït ou Isaden.	20
Aït ou Innou.	20
Aït Zaïa.	15
Bou Idiren.	60
Qcir Cherif.	15
Qcir Sidi Ọmar.	50
Izabouben.	10
Aït Iaḥia ou Khalifa.	10
Aït Brahim.	10
Aït Attou.	30
El Qçar el Kebir.	20
Tamdafelt.	12
Taouaḥit.	80
Imazan.	60
Tamazount.	15
Izerraḥen.	15
Isaffen.	6
Aït Iaḥia.	50
Timṛirt.	12
Imri.	30

Le Tiallalin appartient aux Aït Izdeg et n'est peuplé que d'eux. Chez les Aït Izdeg, chaque district, pour les sédentaires, chaque campement, pour les nomades, se gouverne à sa fantaisie, sans chikh, ni à l'année, ni autre : quelquefois on en nomme, mais pour quelques mois, pour la durée d'une guerre par exemple. Ces jours-ci, on en a élu; voici pourquoi : le sultan a prié les Aït Izdeg de lui envoyer leurs chikhs : après délibération, ils y ont consenti, en ont nommé et les lui ont envoyés. Mais ils ne dépendent point de Moulei El Ḥasen; ils ne lui paient rien et n'ont, disent-ils, que de la poudre à lui donner. S'ils n'ont pas de chikhs permanents dans leurs diverses subdivisions, ils en ont toujours un pour l'ensemble des Aït Izdeg : c'est un chikh el ạam, qui est nommé chaque année par l'assemblée des diverses djemaạas.

Langue tamaziṛt.

Trois marchés à Aït ou Alil, le ḥad, le tlâta, le khemis.

Un mellaḥ.

Distances : Qcir Sidi Ọmar est juste en face de Qcira el Ihoud.

V. — El Kheneg.

On appelle de ce nom le district formé par les qçars échelonnés sur les deux rives de l'Ouad Ziz dans le long défilé qu'il traverse entre Foum Jabel et Foum Ṛiour. Voici les noms de ces qçars, dans l'ordre où on les rencontre en descendant le fleuve :

RIVE DROITE :

Asbarou.	20 fusils.
Aït Otman.	200
Qcira el Mehenni.	30
Oul Itgir.	60
Serrin.	40
Cheba.	20

RIVE GAUCHE :

Tamerrakecht (3 petits qçars).	40 fusils.
Ifri (3 petits qçars).	40
Aït Isfa ou Daoud.	30
Amzou.	300
Ingbi.	30
Tingbit.	40
Beni Iffous.	50
Aït Moulei Mohammed.	100
Timzourin (2 qçars).	40

El Kheneg appartient aux Aït Izdeg et n'est peuplé que d'eux.

Langue tamazirt.

Pas de marché.

Pas de Juifs.

VI. — Qçar es Souq.

Le district du Qçar es Souq se compose d'un certain nombre de qçars échelonnés sur les rives de l'Ouad Ziz; en voici l'énumération, dans l'ordre où on les trouve en descendant le fleuve.

RIVE DROITE :

Tazouqa.	200 fusils.
Tagnit.	40
Qçar es Souq (composée de 5 qçars : Mouskellal, Qciba Aït Moha ou Ali, El Haratin, Agaouz, Azrou : ils forment un cercle au milieu duquel sont le marché et le mellah).	300
Tisgedit.	100
Tarzout (2 qçars).	100
Azemmour.	150
Targa (2 qçars).	150

RIVE GAUCHE :

Tiriourin.	150 fusils.
Beni Ouarain (3 qçars).	100
Er Rahba.	60
Qçar Djedid Aït Hammou (3 qçars).	60

Le Qçar es Souq est peuplé d'Aït Izdeg et de cherifs. Ceux-ci sont indépendants des premiers. Point de djemaa ni de chikh pour l'ensemble du district. Chaque qçar a sa djemaa et son gouvernement à part; ils ne s'unissent entre eux qu'en cas de guerre.

Langue tamazirt.

Un marché, à Qçar es Souq.

Un mellah.

Distances : de Mellah Qçar es Souq à Targa comme de Mellah Tiallalin à Aït Çaleh.
Qçar Djedid Aït Hammou est en face de Tarzout.
Tiriourin est en face de Tazouqa.

VII. — Metṛara.

Le district se compose d'un certain nombre de qçars échelonnés sur les bords de l'Ouad Ziz. En voici l'énumération, dans l'ordre où on les rencontre en descendant le cours du fleuve :

RIVE DROITE :

Tisgedit.	40 fusils.
Beni Meḥelli.	100
Asrir.	200
Mediouna.	20
El Ḥibous.	400
Qaçba Qedima.	400

RIVE GAUCHE :

Oulad el Ḥadj.	300 fusils.
Qçar Dekhlani.	150
El Ṛrouch.	40
Qçar Djedid.	100
Zaouïa Moulei Ạbd Allah.	20
Qçar Berrani.	100
Taourirt.	100
Sidi Bou Ạbd Allah.	300
Ṭitaf.	200
Qaçba Djedida.	200
Beni Mousi.	300
Geri Ourgaz.	4
Gaouz.	100
Tazenagt.	400

Le Metṛara n'est habité que par des cherifs et des Qebala : les premiers sont les plus nombreux et ont la prépondérance. Ils sont seuls maîtres du pays. Ils sont libres, n'obéissent pas au sultan et ne sont sous la dépendance d'aucune tribu : ni Berâber ni autres n'ont droit de parler dans le Metṛara. Cherifs et Qebala sont mélangés dans les divers qçars. Point de chikh ni de djemaạa administrant l'ensemble du district. Chaque qçar a son existence isolée, se gouverne au moyen de sa djemaạa et ne s'unit à d'autres qu'en cas de guerre.

On ne parle que l'arabe.

Quatre marchés : tenin et khemis à Qaçba Qedima; tenin et khemis à Sidi Bou Ạbd Allah.

Pas de Juifs.

Un homme est tout-puissant dans le Metṛara et a en sa main tout le district, c'est Chikh Moḥammed El Ạrabi el Derkaoui. Ce chef religieux, qui réside à Gaouz, est extrêmement influent : chaque année, le sultan lui envoie sa part de dîme; il y a deux ans, il lui a expédié 40 qanṭars (le *qanṭar* vaut ici 1250 francs). Sidi Moḥammed El Ạrabi avait, à la fin de 1881, appelé les Berâber à la guerre sainte contre les Français; mais peu après il les contremanda. Son pouvoir est énorme sur tous les Berâber, Aït Atta comme Aït Iafelman. D'un mot, il peut les armer. Par le nombre et la valeur guerrière de ces tribus, tout à sa dévotion, il est un des cinq chefs religieux les plus puissants du Maroc. Il compte au même rang que Moulei Ạbd es Selam el Ouazzâni, Sidi Ben Daoud, Sidi Moḥammed ou Bou Bekr et Sidi El Ḥosein.

Distances : point de désert entre le Qçar es Souq et le Metṛara.
d'Oulad el Ḥadj à Tazenagt comme de Mellaḥ Tiallalin à Tamerrakecht.
de Qçar Djedid Aït Ḥammou à Oulad el Ḥadj comme de Mellaḥ Tiallalin à Aït Çaleḥ.
de Tisgedit à Targa comme de Mellaḥ Tiallalin à Aït Çaleḥ.
Beni Mousi est en face de Qaçba Qedima.

VIII. — Districts inférieurs.

Les trois districts les plus bas de l'Ouad Ziz se composent chacun, comme les précédents, d'une double ligne de qçars échelonnés sur les deux rives du fleuve.

Le Reṭeb comprend 30 ou 40 qçars : population mélangée, cherifs, marabouts, Qebala. Langue arabe. Un mellaḥ.

Le Tizimi se compose de 30 à 40 qçars. Deux mellaḥs.

Le Tafilelt, d'environ 360 qçars. Cinq mellaḥs.

IX. — Affluents de l'Ouad Ziz.

L'Ouad Ziz reçoit divers affluents; voici quelques-uns d'entre eux :

1° L'Ouad Aït Iaḥia, se jetant sur sa rive gauche à Igli (Aït Ḥediddou).

2° L'Ouad Zaouïa Sidi Ḥamza, se jetant sur sa rive gauche à Tagersift (district du Ziz).

3° L'Ouad Todṛa, se jetant sur sa rive droite au-dessous du Reṭeb, dans un des districts de son cours inférieur.

1° Ouad Aït Iahia. — Il prend sa source dans le Grand Atlas et se jette sur la rive gauche de l'Ouad Ziz à Igli (Aït Ḥediddou). Voici les qçars que l'on rencontre sur son cours, en le descendant :

RIVE GAUCHE :

Tazarin.	90 fusils.
Izloufa.	20
Tabouaṛbit.	50
Anfergal.	150
El Bordj.	10

Ces qçars appartiennent aux Aït Iaḥia, fraction des Aït Iafelman. Les Aït Iaḥia sont très nombreux, mais presque tous nomades; ils ne possèdent pas d'autres qçars que les 5 précédents. Ils sont indépendants et passent pour grands pillards. Leurs quelques qçars n'ont point de chikh spécial.

Langue tamaziṛt.

Ni marché, ni Juifs.

Distances : d'El Bordj à Igli comme de Mellaḥ Tiallalin à Aït ou Alil.
d'El Bordj à Tazarin comme de Mellaḥ Tiallalin à Aït Çaleḥ.
Point de désert entre ces deux derniers points.

2° Ouad Sidi Hamza. — Il prend sa source au Djebel El Aïachi et se jette sur la rive gauche de l'Ouad Ziz à Tagersift (Ziz). Voici les qçars qu'il arrose, dans l'ordre où on les trouve en le descendant :

RIVE DROITE :

Tazrouft (marabouts).	200 fusils.
Zaouïa Sidi Ḥamza (marabouts).	300
Aït ou Allou (2 qçars) (Aït Izdeg).	100
Aït Iaqob (Aït Ḥediddou).	600
Tanṛerift (Aït Ḥediddou).	50
Toullist (4 qçars) (Aït Izdeg).	200

Langue tamaziṛt.

Pas de marché.

Deux Juifs à Zaouïa Sidi Ḥamza.

Distances : de Tagersift à Tanṛerift comme de Mellaḥ Tiallalin à Qçar es Souq.
Défilé désert assez long entre ces deux points, appelé Kheneg Tarq.
de Tanṛerift à Aït Iaqob comme de Mellaḥ Tiallalin à Aït ou Alil.

Désert entre ces deux points.
d'Aït Iaqob à Aït ou Allou comme de Mellaḥ Tiallalin à Qçar es Souq.
Désert entre ces deux points.
d'Aït ou Allou à Zaouïa Sidi Ḥamza comme de Mellaḥ Tiallalin à Aït Otman.
Désert entre ces deux points.
de Zaouïa Sidi Ḥamza à Tazrouft comme de Mellaḥ Tiallalin à Aït ou Alil.
Désert entre ces deux points.
de Toullist à Tagersift comme de Mellaḥ Tiallalin à Aït ou Alil.

L'Ouad Zaouïa Sidi Ḥamza reçoit un affluent, l'Ouad Nezala, se jetant sur sa rive gauche à Toullist.

Ouad Nezala. — Il prend sa source au Djebel El Abbari; voici les qçars qui se trouvent sur son cours, dans l'ordre où on les trouve en le descendant :

Ibabaḥen	rive droite,	6 fusils.
Abbari	rive gauche,	40
Qcira ou Ba El Ḥasen	rive gauche,	20
Bou Seroual	rive droite,	20
Nezala	rive droite,	20
Tiffitra	rive droite,	8
Semlal	rive gauche,	10
Tazalart	rive gauche,	30

Tous ces qçars appartiennent aux Aït Izdeg.

Langue tamazirt.

Ni marché, ni Juifs.

Distances : de Toullist à Tazalart comme de Mellaḥ Tiallalin à Aït Çaleḥ.
Désert entre ces deux points.
de Tazalart à Semlal comme de Mellaḥ Tiallalin à Aït Çaleḥ.
Désert entre ces deux points.
de Semlal à Tiffitra comme de Mellaḥ Tiallalin à Aït ou Alil.
Désert entre ces deux points.
de Tiffitra à Nezala comme de Mellaḥ Tiallalin à Aït Otman.
Désert Taqqat Nezala entre ces deux points.
de Nezala à Ibabaḥen comme de Mellaḥ Tiallalin à Aït ou Alil.

3° Ouad Todra. — L'Ouad Todra, d'une grande importance, et par lui-même, et par son affluent l'Ouad Reris, fera l'objet d'un article spécial.

2°. — OUAD TODRA.

I. — Ouad Todra.

L'Ouad Todra prend sa source à peu de distance de l'oasis du Todra, dans les hauts massifs qu'on en aperçoit vers le nord-ouest. Le mont d'où il sort s'appelle Aqqa Tizgi; c'est une muraille rocheuse du pied de laquelle jaillissent des sources abondantes qui forment l'Ouad Todra. De là il va arroser la longue bande du Todra, où il a toujours de l'eau, été et hiver. Au sortir de cette oasis, le lit s'en dessèche et les bords en deviennent déserts jusqu'au Ferkla. Il arrose le Ferkla, puis rentre dans le désert : du point où il sort du Ferkla à celui où il se jette dans le Ziz, on ne trouve plus sur ses rives aucune grande oasis, mais seulement de loin en loin quelque qçar isolé entouré de dattiers, simple tache dans la plaine. Dans la portion inférieure de son cours, il porte souvent le nom d'Ouad Ferkla.

Nous allons étudier successivement le Todra, le Ferkla et les qçars au-dessous de Ferkla.

1° *TODRA*. — L'oasis du Todra se compose de deux parties : d'abord le Todra proprement dit, formé des qçars appartenant à la tribu chleuḥa des Todra, en second lieu une série de qçars appartenant aux Berâber. Tous sont sur le cours même de l'Ouad Todra, ceux-ci au-dessous des premiers. Une longue bande de palmiers, courant sans interruption sur les bords de la rivière, enveloppe les uns et les autres ; aucune frontière apparente n'existe entre ceux des Todṛa et ceux des Berâber.

TODṚA PROPREMENT DIT. — Voici les noms des qçars qui le composent, dans l'ordre où on les rencontre en descendant l'Ouad Todṛa :

Aït Baha............	⎫		rive gauche,	20 fusils.
Aït Ousal (Zaouïa Sidi Abd el Ali...	⎬ Tizgi..........		rive droite,	120
Tabia............	⎭		rive gauche,	30
Aït Achcha........			rive droite,	25
Aït Sidi ou Brahim........			rive gauche,	100
Aït Zakri........			rive gauche,	
Aït Segmounni......	⎫		rive gauche,	⎫
Aït Ismen........	⎬ Aït Senan............		rive gauche,	⎬ 300
Aït Çaïb ou Otman...	⎪		rive gauche,	⎪
Iḥedzamen........	⎪		rive gauche,	⎪
Zaouïa Iḥedzamen...	⎭		rive gauche,	⎭
Aït Ariṭan........			rive droite,	100
Aït Ijjou........			rive droite,	15
Aït Barra........			rive droite,	40
Aït Ouzana........			rive droite,	100
Asfalou........			rive gauche,	50
Aït Zilal........			rive gauche,	30
Tagounsa........			rive gauche,	35
Aït Bou Oujjan........			rive gauche,	120
Ismarin........			rive droite,	40
Tikoutar........			rive gauche,	100
Tiidrin........			rive gauche,	80
Taourirt........			rive droite,	150
Aït Ourjedal........			rive droite,	40
Afanour........			rive gauche,	200
Tiṛremt........			rive droite,	50
Tinṛir........			rive droite,	200
Imousas........			rive gauche,	30
Ilougan (Zaouïa Oulad Sidi Ḥamed Ben Abd eç Çadoq).....			rive gauche,	30
Helloul........			rive gauche,	70
Tamasint........			rive gauche,	50
Aït b Oulman........			rive droite,	25
Azrou........			rive droite,	25
Tagoummast........			sur les deux rives,	200
Ifri........			rive gauche,	20
Aït El Ḥasen ou Ali........			rive droite,	30
Aït El Qaṭi........			rive droite,	20
Iadouan........			rive droite,	60
Aït Iaḥia........			rive droite,	10
Aït Moḥammed........			rive gauche,	150
Aït Iala........			rive droite,	50
Ikhb........	⎫			
Aït Bou Iaḥia..	⎬ Amzaourou........		rive gauche,	200
Aït Ḥammi....	⎭			
Ḥara Imziouan................	⎫	El Ḥara.......	rive droite,	600
Ḥara Mrabṭin (Zaouïa Sidi el Ḥadj Amer)..	⎭			

Les qçars que nous venons d'énumérer composent toute la tribu des Todṛa. Les Todṛa sont Chellaha ; ils se subdivisent en deux fractions, Aït Çaleh et Aït Genad : tel qçar appartient à telle fraction ; dans certains, les deux fractions sont mélangées. Chaque qçar a son gouvernement à part et vit isolé des autres, ne s'en rapprochant qu'en cas de guerre ; leur organisation à tous est identique : ils se nomment chacun un chikh el ŋam tous les premiers de l'an. En temps ordinaire, aucun lien entre les différents qçars : on ne se concerte, on ne se réunit que s'il y a guerre. Les Todṛa sont indépendants. Ils n'ont de debiḥa sur personne, pas même sur leurs puissants voisins les Beråber. Leur nombre et surtout leur caractère belliqueux ont sauvé leur indépendance.

Les Todṛa ont un qaḍi, Sidi Ḥamed d Aït Sidi Aïssa, habitant Tinṛir.

Langue tamaziṛt.

Deux marchés, tenin et khemis de Tinṛir.

Quatre mellaḥs.

Distances : de Tinṛir à El Ḥara comme de Tinṛir à Tizgi, ou quelques centaines de mètres de plus.
de Taourirt à Asfalou 2 fois 1/2 comme de Taourirt à Tinṛir.
d'Asfalou à Tizgi 4 fois comme de Taourirt à Tinṛir.

De Tizgi à El Ḥara, tout l'ouad n'est que cultures et dattiers (bou feggouç et bou souaïr); pas de désert.

Qçars des Beraber faisant partie de l'oasis. — Voici leur énumération, dans l'ordre où on les rencontre en descendant l'ouad; ils font suite immédiatement aux précédents :

Taria Ilemsan	rive droite,	40 fusils.
Tiṛremt Aït b ou Iknifen	rive droite,	20
Ignaouen	rive droite,	50
Tiṛremt Aït Iạzza	rive gauche,	50
Aït el Miskin (zaouïa)	rive gauche,	30
Tiṛrematin Aït Aïssa ou Brahim (2 qçars : Tiṛremt Fouqania, Tiṛremt Taḥtania)	rive gauche,	100
Tachbacht Aït Isfoul	rive gauche,	50

Ces qçars, bien que se touchant, sont indépendants les uns des autres; ils appartiennent, l'un à telle fraction des Beråber, l'autre à telle autre, et suivent le sort de leurs propriétaires.

Distances : de El Ḥara à Taria Ilemsan comme de Taourirt à Asfalou.
de Taria à Tiṛremt Aït b ou Iknifen comme de Taourirt à Asfalou.
de Tiṛremt Aït b ou Iknifen à Ignaouen comme de Taourirt à Asfalou.
de Tiṛremt Aït Iạzza à T. Aït Aïssa ou Brahim comme de Taourirt à Tinṛir.
de T. Aït Aïssa ou Brahim à Tachbacht Aït Isfoul comme de Taourirt à Asfalou.
Ignaouen et Tiṛremt Aït Iạzza se font face.

2° *FERKLA.* — L'oasis du Ferkla se compose d'un certain nombre de qçars, échelonnés sur les deux rives de l'Ouad Todṛa, au milieu d'une bande de palmiers qui les enveloppe tous. Voici l'énumération de ces qçars, dans l'ordre où on les rencontre en descendant l'ouad :

RIVE DROITE :

El Khorbat (Aït Melṛad).	400 fusils.
Chaṭ (2 qçars) (Aït Melṛad).	200
Aït Ben Nacer (marabouts).	30
Aït Ạsem (Aït Melṛad).	200
Tirdouin (Ahel Ferkla).	120
Gardmit (Aït Melṛad).	200

RIVE GAUCHE :

Asrir (Ahel Ferkla).	600 fusils.
Cheurfa Taïrza (cherifs).	50
Talalt (Ahel Ferkla).	50
Tiṛfert (Ḥaraṭin).	200
Aït Sidi El Houari (marabouts).	400
Oulad Mạmmer (Ahel Ferkla).	150

La population du Ferkla est composée partie d'Aït Melṛad, partie d'Ahel Ferkla, partie de Ḥaraṭin, partie de marabouts. Les uns et les autres sont indépendants. Les Ahel Ferkla sont des Chellaḥa; les qçars que nous venons de mentionner comme leur appartenant, forment toute leur tribu; ils sont libres et n'ont de debiḥa sur personne : les Aït Melṛad mêmes, leurs puissants voisins, ne sont pas plus indépendants qu'eux. Les Ḥaraṭin et les marabouts ont su également conserver leur liberté.

Les divers qçars du Ferkla vivent isolés les uns des autres, chacun avec son gouvernement particulier ; ce gouvernement est le même dans tous : celui d'un chikh el ạam. Aucun lien commun n'unit les qçars entre eux.

Les dattes du Ferkla sont des bou feggouç et des bou souaïr.

Langue tamaziṛt.

Deux marchés, ḥad et khemis d'Asrir.

Un mellaḥ.

Distances : d'El Khorbat à Oulad Mạmmer comme de Tinṛir (Todṛa) à Aït Moḥammed.
Gardmit est en face d'Oulad Mạmmer.

3° *QÇARS AU-DESSOUS DU FERKLA.* — Il existe un chemin direct du Todṛa au Tafilelt, par le cours de l'Ouad Todṛa. Le voici :

On quitte le Ferkla et l'on s'engage dans le désert en descendant la rive droite de l'Ouad Todṛa. On arrive d'abord à :

Izelf Aït Melrad, qçar de 50 fusils, entouré de dattiers ; il est à quelque distance de l'Ouad Todṛa et n'est alimenté que par des sources.

Distance : du Ferkla à Izelf comme d'Imiṭeṛ à Timaṭreouin.

De là on gagne :

Igli Aït Khelifa, grand qçar de 300 fusils, entouré de dattiers, habité par une population de marabouts (Oulad Sidi El Houari), de Ḥaraṭin et d'Aït Khelifa (Aït Atta). Il est aussi à quelque distance de la rivière, sur sa rive droite ; il est arrosé par des sources.

Distance : d'Izelf à Igli comme 2 fois de Taourirt (Todṛa) à Asfalou.

Puis on passe à :

Mellạb Aït Iạzza, qçar de 100 fusils, entouré de dattiers. Mellạb se trouve sur la rive gauche de l'Ouad Todṛa. Chemin faisant, on a traversé la rivière à mi-route entre Igli et Mellạb.

Distance : d'Igli à Mellạb comme deux fois de Taourirt à Asfalou.

On continue à descendre la rive gauche du cours d'eau et on arrive à :

Oul Touroug, qçar de 150 fusils, entouré de dattiers, appartenant aux Aït Iạzza et aux Aït Khelifa. Il est situé sur le bord même de l'ouad (rive gauche).

Distance : de Mellạb à Oul Touroug comme de Taourirt (Todṛa) à Foum el Qous n Tazoult.

De là on continue à descendre l'Ouad Todṛa, qui, peu au-dessous d'Oul Touroug, reçoit sur sa rive gauche l'Ouad Ṛeris. Puis on parvient à :

Tilouin, grand qçar, entouré de dattiers, situé sur le bord de la rivière (rive gauche). C'est auprès de Tilouin qu'eut lieu, en 1883, une grande bataille entre les Aït Atta et les Aït Melṛad. Le qçar appartient actuellement aux Aït Melṛad.

Distance : d'Oul Touroug à Tilouin comme de Mellạb à Oul Touroug.

De Tilouin, en descendant toujours l'Ouad Todṛa, on arrive à :

Fezna, qçar de 300 fusils, entouré de dattiers, s'élevant au bord du cours d'eau (rive gauche). Il appartient aux Aït Iafelman.

Distance : de Tilouin à Fezna comme de Taourirt (Todṛa) à Imiṭeṛ.

Peu au-dessous de Fezna, l'Ouad Todṛa se jette, dit-on, dans l'Ouad Ziz : ce confluent se trouverait non loin d'El Djerf sur le Ziz.

II. — Ouad Imiter.

L'Ouad Todṛa reçoit deux affluents importants : l'Ouad Imiṭeṛ, se jetant sur sa rive droite dans la portion inférieure de l'oasis du Todra, au-dessous du qçar d'Aït Iahia, en face de celui d'Aït Mohammed; l'Ouad Reris, se jetant sur sa rive gauche à quelque distance au-dessous d'Oul Touroug.

Nous allons les étudier l'un après l'autre.

L'Ouad Imiter prend sa source dans les massifs qui s'élèvent au nord de la plaine d'Anbed. Il arrose successivement sur son cours :

Imiter (groupe de quatre qçars contigus : Aït Brahim, Irir, Taouahmant, Aït Mohammed, appartenant tous aux Aït b ou Iknifen).		150 fusils.
Timatreouin Ignaouen.		50
Qciba Aït Moulei Hamed....	rive gauche	50
Qciba Moulei Brahim.......	rive droite	
Qciba Imougar	rive gauche	

Les jardins de ces trois derniers qçars se touchent; ceux-ci ne forment qu'un seul groupe; deux d'entre eux appartiennent à des cherifs, le dernier à des Aït Atta (les Imougar sont une subdivision des Aït Isfoul).

De là, l'Ouad Imiter passe à

Tilouin Aït Isfoul . . . . rive droite, 20 fusils.

Puis il va se jeter dans l'Ouad Todra, en face d'Aït Mohammed.

Des trois qcibas à Tilouin, comme de Tilouin à Aït Mohammed, il n'y a que le désert.

Distances : de Qciba Imougar à Tilouin comme de Timatreouin à Foum el Qous.
de Tilouin à Aït Mohammed comme de Timatreouin à Foum el Qous.

III. — Ouad Reris.

L'Ouad Reris prend sa source sur le versant méridional du Grand Atlas. Le premier endroit habité qu'il arrose est le district d'Amtrous. Après l'avoir traversé, il rentre dans le désert; puis on trouve successivement sur son cours, en le descendant : une réunion de 5 qçars appartenant aux Aït Melrad, un désert, le district de Semgat, un désert, un groupe de 4 qçars des Aït Melrad, un désert, l'oasis de Taderoucht, un désert, le Reris. Au sortir du Reris, il rentre dans le désert et y demeure jusqu'à son confluent avec l'Ouad Todra, à peu de distance d'Oul Touroug.

AMTROUS. — Le district d'Amtrous se compose d'un certain nombre de qçars, situés sur l'Ouad Reris; en voici les noms, dans l'ordre où on les trouve en descendant la rivière :

Toumlilin.	rive droite,	30 fusils.
Aït Daoud ou Azzi.	rive gauche,	70
Taadadats.	rive gauche,	50
Timoula	rive gauche,	50
Igedman	rive droite,	40
Aït Hani	rive gauche,	50
Tizeggarin	rive gauche,	30
Asing.	rive gauche,	100
Tiidrin.	rive gauche,	100

Le district d'Amtrous est habité partie d'Aït Melrad, partie d'Aït Hediddou. Ces deux fractions se partagent les différents qçars.

Ni marché, ni Juifs.

Distance : d'Arorai à Tiidrin comme de Taourirt à El Hara (Todra).

AIT MELRAD. — Au-dessous de ce district, se trouvent, séparés de lui par un désert assez court, 5 qçars unis en un seul groupe, appartenant aux Aït Melrad; ce sont, dans l'ordre où on les trouve en descendant la rivière :

Arorai.	100 fusils.
Achoul Sidi Bou Iaqob.	100
Aït Sidi Mohammed ou Iousef.	20
Aït er Riban.	30
Amougger.	100

Ni marché, ni Juifs.

Distance : d'Imiter à Amougger comme de Tinrir à El Hara.
Les cinq qçars se touchent.

SEMGAT. — Au-dessous de ces cinq qçars, sur le cours de l'Ouad Reris, se trouve, séparé d'eux par un court désert, le district de Semgat. Il se compose des qçars suivants, échelonnés sur les bords de la rivière; les voici, dans l'ordre où on les rencontre en la descendant :

Imiter (2 qçars : Aït Brahim, El Qçar el Kebir).	rive gauche,	100 fusils.
Aït Ouahi.	rive gauche,	30
Aït Seliman.	rive gauche,	50
Aït Ioub..	rive gauche,	80
Aït Bou Izzem.	rive droite,	30
Imelouan.	rive gauche,	50
Amellagou..	rive gauche,	40

Le district de Semgat appartient aux Aït Melrad et n'est peuplé que d'eux.
Ni marché, ni Juifs.

Distances : de Tahamdount au Semgat comme de Tizgi à El Hara (Todra).
d'Amellagou à Imiter comme de Taourirt à Tinrir.

AÏT MELRAD. — Au-dessous du Semgat, séparé de lui par un désert assez court, se trouve, sur l'Ouad Reris, un groupe de 4 qçars appartenant aux Aït Melrad. Ce sont, dans l'ordre où on les voit en descendant la rivière :

Tahamdount.	rive droite,	30 fusils.
Qçar Kebir Aït Brahim..	rive droite,	30
Qçar Aït Brahim..	rive gauche,	30
Timzgit (2 qçars).	sur les deux rives,	50

Ces localités sont toutes entourées de dattiers; ce sont les premières de l'Ouad Reris qui en possèdent; plus haut, cet arbre ne croît pas : au-dessus de Tahamdount, les oliviers, les grenadiers, les figuiers sont les seules essences qui poussent sur les bords de la rivière : au-dessous de ce qçar, pas un lieu habité où il n'y ait des palmiers.
Ni Juifs, ni marché.

Distances : de Timzgit au Taderoucht comme d'Asfalou à Aït Mohammed.
de Timzgit à Aït Brahim comme de Taourirt à Tinrir.
Qçar Kebir Aït Brahim fait face à Qçar Aït Brahim.
De Qçar Kebir Aït Brahim à Tahamdount, 400 mètres.

TADEROUCHT. — Au-dessous de ces 4 qçars, séparée d'eux par un court désert, se trouve, sur l'Ouad Reris, l'oasis de Taderoucht; elle se compose d'un certain nombre de qçars échelonnés sur les deux rives du cours d'eau, au milieu d'une bande continue de palmiers. Voici les noms de ces localités, dans l'ordre où on les trouve en descendant la rivière :

Moui (Qebala)	rive droite,	200 fusils.
Aourir (marabouts)..	rive gauche,	50
Irerm n Cherif (Qebala)	rive gauche,	20
El Hara (marabouts et Qebala)	rive gauche,	60
Qcirat Sidi Abd Allah ou Ali (marabouts).	rive gauche,	10
Taziat (Berâber).	rive gauche,	80
Zenba (marabouts).	rive gauche,	30
El Bordj (marabouts).	rive gauche,	50

Aucun lien n'existe en temps habituel entre les divers qçars du Taderoucht. Chacun vit isolément, administré par son chikh el ąam.

Langue tamaziṛt.

Pas de marché.

Un mellaḥ.

Distances : du Ṛeris au Taderoucht comme de Tinṛir à El Ḥara (Todṛa).
d'El Bordj à Moui comme de Taourirt à Tinṛir.

RERIS. — Au-dessous du Taderoucht, séparée de lui par un court désert, se trouve, sur le cours de la même rivière, la grande oasis du Ṛeris. C'est une longue ligne de qçars échelonnés sur les bords de l'Ouad Ṛeris, au milieu d'un ruban d'épaisses plantations de dattiers. Voici l'énumération de ces qçars, dans l'ordre où on les trouve en descendant le cours d'eau; ils sont tous sur la rive droite :

Maggaman (Berâber).	30 fusils.
Aït Iaḥia ou Ọtman (Berâber).	400
Gelmima (Berâber).	250
Kherraza (Berâber).	50
Aït Mouch (Chellaḥa indépendants).	50
Takatirt (Berâber).	40
Bou Tnefit (Chellaḥa indépendants).	150
Sidi Moḥammed ou El Ḥasen (marabouts).	30
Gaouz Aït Sidi Ąmer (marabouts).	25
Aït Sidi Ąmer (marabouts).	50
Cheurfa Aqqa (cherifs).	50
Ifsaḥen (Chellaḥa indépendants).	100
Aït Iąqob (Chellaḥa indépendants).	40
Aït Sidi Ąli (marabouts).	30
Aït Sidi Ąmer (marabouts).	30
Amtoz (Chellaḥa indépendants).	40
Aït Mouḥ ou Iaḥia (Chellaḥa indépendants).	80
Khelil (Chellaḥa indépendants).	50
Tourza (marabouts).	

Tous ces qçars sont au bord même de l'ouad, arrosés par la conduite dite sagia taḥtia, « canal inférieur ». Il y a encore 5 localités, situées à quelques centaines de mètres du cours d'eau, sur la même rive, alimentées par un autre canal, sagia fouqania, « canal supérieur ». Elles sont unies en un seul groupe et fort rapprochées les unes des autres; elles se trouvent vis-à-vis d'Aït Iaḥia ou Ọtman et de Gelmima. En voici les noms :

Irerrer (Chellaḥa indépendants).	50 fusils.
Tiouanin (Chellaḥa indépendants).	40
Zerrara (Chellaḥa indépendants).	40
Aït Ketto (Chellaḥa indépendants).	100
Aït Ḥarṭ (Chellaḥa indépendants).	

Les habitants du Ṛeris sont indépendants; chaque qçar appartient à ceux qui l'habitent. Tous s'administrent isolément, comme dans le Ferkla. L'organisation en est uniforme : ils ont chacun leur chikh el ąam. Aucun lien ne les unit entre eux; ils ne se joignent qu'en cas de guerre.

Les dattiers du Ṛeris produisent des bou feggouç et des bou souaïr.

Langue tamaziṛt.

Deux marchés : tenin et khemis à Aït Iaḥia ou Ọtman.

Deux mellaḥs.

Distance : de Maggaman à Tourza comme d'Asfalou à Iądouan (Todṛa).

IV. — Localités entre les ouads Todṛa et Ṛeris.

Entre les ouads Todṛa et Ṛeris, se trouvent trois petites localités; ce sont, dans l'ordre où on les trouve en allant du Todṛa à Oul Touroug :

Taddart n Oumira. — Petit qçar situé entre le Todṛa et le Ṛeris, à quelque distance au sud du talus de roche rose qui borde le nord de la plaine entre ces deux oasis. Population mélangée d'Aït Atta et d'Aït Melṛad. 40 fusils. Point de cours d'eau; les jardins sont arrosés par des sources. On laisse ce qçar à main gauche en allant du Ferkla au Ṛeris et on ne l'aperçoit pas du chemin.

Distances : de Ṭaddart n Oumira au Ferkla comme d'El Khorbat à Oulad Mammer.
de Ṭaddart n Oumira au Ferkla comme 2 fois de Taourirt (Todṛa) à Asfalou (Todṛa).
de Ṭaddart n Oumira au Todṛa comme 2 fois de Taourirt (Todṛa) à Aït Iidir (Dâdes).
de Ṭaddart n Oumira au Ṛeris comme 2 fois de Taourirt (Todṛa) à Timaṭreouin.

El Mkhater. — Petit qçar entouré de palmiers situé, entre le Ferkla et le Ṛeris, près de Ṭaddart n Oumira.

Zaouïa Sidi El Houari. — Petite zaouïa située au milieu de la plaine, entourée de jardins sans palmiers; l'eau qui l'alimente provient des sources de Ṭaddart n Oumira et est amenée par des canaux. On passe auprès d'elle en allant du Ferkla au Ṛeris.

V. — Qçars du Sarro.

Toute la région s'étendant au nord du Todṛa, de cette oasis à l'Oussikis, est inhabitée. C'est une contrée montagneuse et déserte.

Au sud du Todṛa, au contraire, dans le Petit Atlas qui porte encore le nom de Sarro, il existe plusieurs localités.

Le Sarro, qui s'étend du Mezgiṭa au Dâdes et qui se prolonge jusque auprès du Ferkla, ne va pas plus loin vers l'est. Au delà du Ferkla, ou, comme je le crois, le Petit Atlas expire, ou du moins il cesse de porter le nom de Sarro. Il existe plusieurs qçars dans les flancs de cette chaîne : on les appelle les qçars du Sarro; en voici les noms :

Tagdielt Aït Bou Daoud. — Ce sont trois tiṛṛemts qui ne sont point habitées d'une manière continue, et où les Aït Bou Daoud emmagasinent leurs biens tandis qu'eux-mêmes vivent sous la tente. Tagdielt est arrosée par des sources; elle se trouve à la lisière sud de la vaste plaine d'Anbed, dans un repli de la montagne.

Distances : de Tagdielt à Imiṭer comme de Taourirt à Timaṭreouin.
de Tagdielt à Tiilit comme de Taourirt à Timaṭreouin.

Aït Merset. — Une seule qaçba appartenant aux Aït Merset, fraction des Aït Ouniṛ. Elle est arrosée par des sources. Elle est située dans un fond, sur les premières pentes du Sarro.

Distances : d'Aït Merset à Tagdielt comme d'Imiṭer à Timaṭreouin.
d'Aït Merset à Imiṭer comme d'Imiṭer à Foum el Qous.
d'Aït Merset à Tiilit comme d'Imiṭer à Taourirt.

Qçibat Ilemsan. — Elles se composent de 4 tiṛṛemts. Des sources les alimentent; un cours d'eau se trouve auprès, mais il n'a d'eau que lorsqu'il pleut.

Distances : de Qçibat Ilemsan à Aït Merset comme de Taourirt à Foum el Qous.
de Qçibat Ilemsan à Imiṭer comme de Taourirt à Foum el Qous.
de Qçibat Ilemsan à Taourirt comme 2 fois de Taourirt à Timaṭreouin.
de Qçibat Ilemsan à Tiilit comme 2 fois de Taourirt à Timaṭreouin.

Ti n Iourkan. — Elle est formée d'un grand qçar et de 4 tiṛremts. Elle appartient à des Aït Atta de diverses fractions, Ignaouen, Aït b ou Iknifen, Aït Iạzza. Des sources l'alimentent. De là part un chemin qui se rend au Dra, par le Tazarin : deux jours de marche de Ti n Iourkan au Tazarin, deux autres de Tazarin au Qtaoua.

Distances : de Ti n Iourkan à Qcibat Ilemsan comme de Taouṛirt à Foum el Qous.
de Ti n Iourkan à Tiilit comme de Taourirt à Aït Iidir (Dâdes).
de Ti n Iourkan à Taourirt comme de Taourirt à Imiṭeṛ.

Irerman Azdar. — Elle est formée de 4 tiṛremts et habitée, comme Ti n Iourkan, par des Aït Atta de diverses fractions. Des sources l'alimentent.

Distances : d'Iṛerman Azdaṛ à Ti n Iourkan comme 2 fois de Taourirt à Asfalou.
d'Iṛerman Azdaṛ à Taourirt comme de Taourirt à Imiṭeṛ.
d'Iṛerman Azdaṛ à Qcibat Ilemsan comme de Taouṛirt à Foum el Qous.

Point de dattiers dans le Saṛro; à tous les qçars que nous venons de citer, il y a pour toute verdure quelques cultures de céréales et de maigres jardins, comme à Imiṭeṛ.

Pas de marché, ni de Juifs.

3°. — BERABER.

Les Berâber, dont le nom est si célèbre, sont une grande tribu, la plus puissante du Maroc. Elle couvre de ses tentes le vaste quadrilatère compris entre l'Ouad Ziz, l'Ouad Dâdes et l'Ouad Dra, possède une foule de qçars sur ces trois cours d'eau et, dépassant ces limites, s'étend au nord sur des portions du versant septentrional du Grand Atlas. Au sud, aucune tribu ne la borne : ses campements s'avancent jusqu'au seuil du Grand Désert, ses ṛezous, terreur du Sahara, le parcourent jusqu'au Soudan. Comme les Ida ou Blal, les Berâber font métier d'escorter et de piller les caravanes sur la route de Timbouktou. A l'est et à l'ouest, ils débordent en quelques points au delà des fleuves qui leur servent de frontières naturelles, et s'étendent au nord-est sur le haut cours du Gir, au sud-ouest jusqu'aux Ida ou Blal.

Les Berâber sont Imaziṛen et ne parlent que le tamaziṛt. Un certain nombre sont sédentaires; la plupart, de beaucoup, sont nomades. Ils se divisent en deux grandes branches, les Aït Atta et les Aït Iafelman; chacune d'elles se subdivise elle-même en de nombreuses fractions. En temps ordinaire, ces fractions se gouvernent isolément, tout petit groupe, tout qçar ayant son chikh el ạam, magistrat élu, se renouvelant chaque année, possesseur d'une autorité fort limitée. En cas d'affaire grave, on se concerte, soit dans les différentes parties d'une fraction, soit plusieurs fractions ensemble, soit tout un groupe, soit la totalité des Berâber : alors on s'assemble partout, on nomme des députés qui se réunissent en djemaạa générale, délibèrent et décident. En 1882, l'assemblée générale des Berâber s'est, dit-on, réunie; elle était composée de délégués de toutes les fractions et formait un total de près de 1000 personnes. Ce fait a lieu rarement, car presque toujours la discorde règne parmi les Berâber : lors de mon passage, Aït Atta et Aït Iafelman étaient en hostilités, et les Aït Atta étaient divisés entre eux. En cas de guerre générale, les Berâber élisent un chikh unique dont l'autorité est illimitée; dans les guerres particulières, chaque parti agit de même.

Voici la décomposition des Berâber :

- **Berâber**
  - **Aït Atta**
    - **Aït Zemroui**
      - Aït b ou Iknifen (Dra, Oussikis, Tazarin, désert) . 1500 fusils.
      - Ilemsan (Ternata, Dâdes, désert) 300
      - Ignaouen (Qtaoua, Dâdes, désert) 500
      - Aït Aïssa ou Brahim (auxquels appartiennent les Izknasen) (Fezouata, Dâdes, désert) 500
      - Aït Ounir (Dra, Dâdes, désert) 800
    - **Aït Hachchou**
      - Aït Isfoul (Fezouata, Dâdes, désert) 1000
      - Aït Bou Daoud (Qtaoua, Dâdes, Tazarin, désert). 500
      - Aït Khelifa (Igli, Oul Touroug, au-dessous du Ferkla) 150
      - Ouchchan (aux environs du Tafilelt) 200
      - Aït El Fersi (au-dessous du Todra) 30
      - Aït Ounbegi (ils portent aussi le nom d'Aït Khebbach (ou Khebbas) (Dra, Reteb, désert) 2000
      - Aït Iazza (qçar au sud du Todra, désert) 1500
      - Aït ou Allal (desquels font partie les Aït Alouan, les Aït b Oulman, les Imsouffa) 2000
      - Izligen (Qtaoua) 80
  - **Aït Iafelman**
    - **Aït Hediddou**
      - Aït Brahim
      - Aït Amer
      - Aït Iazza

      Les Aït Hediddou n'ont pas d'autres qçars que ceux qui ont été mentionnés plus haut; très grand nombre de tentes; 3000 fantassins et 600 chevaux.
    - Aït Iahia (ils ne possèdent comme qçars que ceux qui ont été mentionnés plus haut, mais ont un très grand nombre de tentes. Ils s'étendent jusqu'aux Aït Seri et jusque près des Ichqern, sur les pentes nord de l'Atlas. Leur territoire est tout entier en montagne. 4000 fantassins et 40 chevaux).
    - **Aït Melrad**
      - Aït Mhammed
      - Aït Amer ou Mançour
      - Aït Ioub
      - Aït Mesri
      - Irbiben

      Les Aït Melrad habitent le haut cours de l'Ouad Dâdes, tout l'Ouad Reris, les déserts montagneux avoisinant cette rivière et le Ferkla; leur limite sud est presque partout le talus de roche rose qu'on voit d'Imiter au Todra et de là au Reris. Les Aït Melrad sont très nombreux.
    - Aït Ali ou Brahim (campant vers Tounfid).
    - Aït Izdeg (ils possèdent en qçars ceux qui ont été mentionnés et ceux qui le seront plus bas dans les bassins du Gir et de la Mlouïa; de plus, ils ont un très grand nombre de tentes. 3000 fantassins et 500 chevaux).
    - Aït Aïssa bou Hamar (résidant sur l'Ouad Gir et dans ses environs; qçars et tentes; 2000 fantassins et 200 chevaux).
    - Aït Kratikhsen (habitant vers le Ferkla et vers Asif Melloul).
    - Aït Aïach (ils ont des qçars sur l'Ouad Aït Aïach et des tentes auprès de cette rivière, de l'Ouad Outat Aït Izdeg et de la Mlouïa. Ils sont limitrophes des Beni Mgild. 800 fantassins et 40 chevaux).

4°. — ITINÉRAIRES.

I. — *DU TADEROUCHT AU ZIZ*. — Il existe un chemin menant du Taderoucht au district du Ziz. Du Taderoucht on gagne El Haroun (qçar isolé, sans palmiers, appartenant aux Aït Melrad; 30 fusils). D'El Haroun on passe à El Bordj (qçar isolé, sans palmiers, appartenant aux Aït Melrad; 20 fusils). D'El Bordj on va à Zaouïa Sidi Bou Qil, dans le district du Ziz. Entre ces divers points, la région qu'on traverse est montagneuse et déserte.

Distances : du Taderoucht à El Haroun comme de Mellah Tiallalin à Aït Otman.
d'El Haroun à El Bordj comme de Mellah Tiallalin à Aït Otman.
d'El Bordj à Zaouïa S. Bou Qil comme de Mellah Tiallalin à Tamerrakecht.

II. — *DU TODRA AU DRA PAR LE TAZARIN.* — Il y a 5 jours de route. Voici l'itinéraire qu'on suit :

1er *jour.* — Du Todṛa au Saṛro. On fait gîte dans un des qçars du Saṛro, Ti n Iourkan ou Iṛerman Azdaṛ, par exemple. On a marché jusque-là dans le désert.

2e *jour.* — Du qçar où l'on a passé la nuit à Foum Aserts. On donne ce nom à un kheneg désert où campent en hiver des Aït Atta. Une rivière le traverse; elle a habituellement de l'eau dans son lit; aucun lieu habité n'est sur son cours. Ce second jour encore, on marche sans cesse dans le désert.

3e *jour.* — De Foum Aserts au Tazarin. Chemin désert toute la journée.

Le Tazarin est une longue oasis, plus grande et plus peuplée que le Todṛa, mais lui ressemblant d'ailleurs de tout point : une double chaîne de qçars s'échelonne sur les deux bords d'une rivière, au milieu d'un ruban de palmiers. Une partie des localités du Tazarin appartient à des Chellaḥa indépendants, l'autre à des Aït Atta de diverses fractions, Aït Bou Daoud, Aït ou Allal, Aït b ou Iknifen.

Les principaux qçars du Tazarin sont, en descendant l'ouad : Ikhf n Oṛri, Aït Saïd, Qcîba Aït Bou Daouḍ, Qcîba Ignaouen, Aït Abbarioul, Tamda, Aït Sidi Msạd, Aït Gennoun, Ida Khennioun.

Langue tamaziṛt.

Marché permanent à Aït Abbarioul. C'est le seul.

Pas de Juifs. Mellaḥ détruit à Aït Abbarioul.

4e *jour.* — Du Tazarin à Foum Tizi n Dra. Il n'y a pas un lieu habité sur le chemin du Tazarin au Dra; tout le trajet se fait dans le désert. On n'est plus ici dans la chaîne du Saṛro; on en est sorti au Tazarin. Foum Tizi n Dra est un point d'eau : pas de rivière, mais une source : ce lieu est fréquenté en hiver par des Aït Atta nomades; le reste de l'année, il est désert.

5e *jour.* — De Foum Tizi n Dra au Qtaoua.

Distances : de Ti n Iourkan à Foum Aserts comme deux fois de Taourirt à Timaṭreouin.
de Foum Aserts au Tazarin comme deux fois de Taourirt à Timaṭreouin.
de Foum Tizi n Dra au Qtaoua comme de Taourirt à Aït Iidir.

5°. — SOURCES DE L'OUAD GIR.

OUAD GIR. — L'Ouad Gir prend naissance au Djebel Chouf Agmar, près du Djebel El Ạbbari. Voici les premiers qçars qu'on rencontre sur son cours, en le descendant à partir de sa source :

RIVE DROITE :	
Tiouzzagin (Aït Izdeg).	30 fusils.
Tit n Ạli (Qebala).	200
Mogger (Qebala).	200
RIVE GAUCHE :	
Talḥarit (Qebala).	60 fusils.
El Ḥeri (Qebala).	100
Tagrirt (Qebala).	300
Tizgi n Gerrama (Aït Izdeg).	400
Toulal (Aït Izdeg).	600
Mellaḥa (Aït Izdeg).	400
Batnou (Aït Ạïssa Bou Ḥamar).	150
Iṛara (Qebala).	50
Keddoucha (Aït Ạïssa Bou Ḥamar).	60
El Geraan (Aït Ạïssa Bou Ḥamar).	100

La réunion de ces qçars forme ce qu'on appelle le Gir. Ce district n'a aucune unité politique : chaque qçar en appartient à ses habitants, Qebala, Aït Izdeg ou Aït Ạïssa.

Langue tamaziṛt.

Pas de marché.

Deux mellaḥs.

Distances : de Tiouzzagin à Mogger comme de Mellaḥ Tiallalin à Aït ou Alil.
de Talḥarit à El Geraan comme de Mellaḥ Tiallalin à Qçar es Souq.
de Talḥarit à Mogger, quelques centaines de mètres.

De Mellaḥ Tiallalin on peut aller directement à Talḥarit. Entre ces deux points s'étend une vaste plaine déserte que nous avions à notre droite en traversant le district du Tiallalin; elle s'étend jusqu'à l'Ouad Gir et porte le nom d'Ouṭa n Sema.

Distance : de Mellaḥ Tiallalin à Talḥarit comme de Mellaḥ Tiallalin à Aït Otman.

Il y a un chemin conduisant du district du Gir à Misour, en remontant la vallée de l'Ouad Gir.

AFFLUENT. — Parmi ses affluents, l'Ouad Gir en reçoit un dont la source n'est pas éloignée de la sienne : c'est l'Ouad Beni Mesri. Nous allons dire quelques mots de son cours supérieur.

Ouad Beni Mesri. — Il prend sa source aux crêtes du Grand Atlas. Il arrose plusieurs qçars dans la partie haute de son cours; voici les principaux, dans l'ordre où on les trouve en descendant :

El Bour (Qebala)	rive droite,	100 fusils.
Aït Iaḥia ou Aïssa (marabouts)	rive droite,	100
Aït Aïssa ou Ali (Qebala)	rive gauche,	30
Takhoualt (Qebala)	rive droite,	120
Aït Ḥeddou (Aït Aïssa) (Berâber)	rive droite,	50
Aït Moḥammed (Aït Aïssa)	rive droite,	100
Bou Chiba (Aït Aïssa)	rive gauche,	30
Tirza (Aït Aïssa)	rive droite,	60
Beni Tzit (Qebala)	rive gauche,	300
Aït Iatin (Qebala)	rive droite,	80

Ces divers qçars n'ont entre eux aucun lien politique : chacun appartient à ses habitants, Qebala, marabouts ou Aït Aïssa. Ceux qui sont compris entre Aït Iaḥia ou Aïssa et Tirza, ces deux localités incluses, portent le nom collectif de Beni Mesri.

Langue tamaziṛt.

Marché permanent à Beni Tzit.

Un mellaḥ.

Pour se rendre de Qçâbi ech Cheurfa à El Bour, on gagne d'abord Tanslemt; puis on franchit l'Atlas et on descend à El Bour.

Distances : de Tanslemt à El Bour comme d'Aït Çaleḥ au Gers.
de Aït Iatin à Aïn Chaïr 2 jours.

VI.

BASSIN DE L'OUAD MLOUIA.

1°. — COURS DE LA MLOUIA.

La Mlouïa prend sa source dans le désert appelé Khela Mlouïa, sur le territoire des Beni Mgild. Puis elle coule durant assez longtemps en arrosant les terres de cette tribu.

Elle les quitte au point où elle reçoit l'Ouad Ouṭat Aït Izdeg; ce confluent est la limite entre les Beni Mgild d'une part, les Aït Ioussi et les Aït ou Afella de l'autre : ceux-ci possèdent la rive droite du fleuve, ceux-là ont la gauche. Dans cette partie de son cours, la Mlouïa se déroule au milieu d'une large plaine; elle a déjà beaucoup d'eau, mais ses rives sont à peu près désertes : des tribus entre lesquelles elle coule, la première n'a aucun établissement sur ses bords, ni même dans sa vallée, et ne vient que rarement planter ses tentes ou faire paître ses troupeaux le long de ses eaux; la seconde, peu nombreuse, possède quelques qçars dans la vallée, mais n'en a qu'un sur les rives mêmes du fleuve; ce qçar, Aḥouli (50 fusils; rive droite), est situé à peu de distance au-dessous du confluent de l'Ouad Ouṭat Aït Izdeg. Aḥouli est le seul point habité du cours de la Mlouïa entre ce confluent et Qçâbi ech Cheurfa.

Au-dessous d'Aḥouli, après avoir coulé dans le désert, en formant limite entre les Aït Ioussi et les Aït ou Afella, la Mlouïa se borde subitement de cultures, de jardins et de qçars : c'est le district de Qçâbi ech Cheurfa. A cet endroit le fleuve coule au fond d'une tranchée, profonde d'environ 40 mètres et large de 1500. C'est cette tranchée qui, remplie sans interruption de plantations et de jardins sur une longueur de plus de 15 kilomètres et semée de nombreux qçars, forme le district de Qçâbi ech Cheurfa. Celui-ci ne s'étend pas ailleurs et se compose des seules rives du fleuve, sans déborder dans sa vallée. Des deux côtés du district, la vallée, de plus en plus plate et de plus en plus large, est occupée par les mêmes tribus qu'un peu plus haut, Aït Ioussi à gauche, Aït ou Afella à droite. Le district les sépare comme les séparaient auparavant les eaux du fleuve.

Après être sortie de Qçâbi ech Cheurfa, et avant d'entrer dans le désert, la Mlouïa arrose encore deux qçars : ils font suite au district d'El Qçâbi, mais n'en dépendent pas; ce sont, d'abord Tamdafelt (rive gauche; 120 fusils), puis plus bas Izeṛran (rive droite; 30 fusils). Le premier appartient aux Aït ou Afella, le second aux Aït Izdeg. Les rives du fleuve, au fond de l'encaissement où il coule, ne cessent pas un instant, entre Qçâbi ech Cheurfa et Tamdafelt, comme entre Tamdafelt et Izeṛran, d'être garnies de cultures. Quant à la vallée, elle appartient toujours, d'un côté aux Aït Ioussi, de l'autre aux Aït ou Afella.

Au-dessous d'Izeṛran, la Mlouïa rentre dans le désert; elle continue à couler entre deux tribus : les Aït Ioussi sont encore à gauche; mais ce sont les Oulad Khaoua qui occupent à présent la rive droite : ils succèdent ici aux Aït ou Afella. La Mlouïa est toujours dans sa tranchée, de même largeur et de même profondeur qu'à Qçâbi ech Cheurfa, mais déserte; les riantes cultures y sont remplacées par d'épais taillis de tamarix au milieu desquels serpentent, avec mille détours, les eaux jaunes du fleuve. D'Izeṛran à Misour, la Mlouïa coule ainsi, entre les deux mêmes tribus. Sur ce long espace, sa vallée, immense plaine, est habituellement déserte du côté des Aït Ioussi, semée de quelques campements du côté des Oulad Khaoua. Son cours n'a que deux points habités, deux qçars situés assez loin l'un de l'autre, isolés chacun sur ses bords, où ils coupent un instant le long ruban de tamarix; tous deux appartiennent aux Oulad Khaoua; ils se nomment, l'un Megdoul, l'autre El Bridja. Le premier est le plus haut, il est situé sur la rive droite et se compose de 40 maisons; El Bridja est à onze kilomètres plus bas, sur la rive gauche; elle a à peine 15 ou 20 feux. Le bois de tamarix qui remplit l'encaissement du fleuve porte, entre Megdoul et El Bridja, le nom de Ṛaba Oumm el Lefạ.

Ainsi coule la Mlouïa jusqu'à Misour. Ce lieu est un groupe de 10 à 12 qçars entourés d'admirables jardins, situé au confluent de la Mlouïa et de l'Ouad Souf ech Cherg, tributaire de sa rive gauche. Les qçars de Misour sont tous sur l'Ouad Souf ech Cherg, à l'exception d'un seul, Igli, qui se trouve sur la Mlouïa. Il s'élève sur sa rive gauche, un peu au-dessous du confluent; c'est une localité importante, pouvant lever 300 fusils. Elle est située au bord même du fleuve, au fond de la tranchée où il a coulé jusqu'ici et où il continuera à être jusqu'à Ouṭat Oulad el Ḥadj.

A hauteur de Misour finissent les territoires des Aït Ioussi et des Oulad Khaoua. En les quittant, la Mlouïa entre sur celui des Oulad el Ḥadj; cette puissante tribu occupe tout le fond de sa vallée, sur les deux rives : la vallée est ici une plaine immense, nue et déserte, triste région rappelant les Hauts Plateaux d'Algérie. Le fleuve coule au milieu, caché au fond de son encaissement, que remplissent toujours des tamarix touffus. Il demeure ainsi de Misour à Ouṭat Oulad el Ḥadj. Sur cette portion de son cours, il baigne un seul lieu habité, Touggour, petit village situé sur sa rive même, du côté gauche : le hameau se compose d'environ 50 habitations, occupées par des cherifs, descendants de Moulei Iạqob ben Seliman, et d'une qoubba, mausolée de ce saint. Touggour est située à peu près à mi-distance de Misour à Ouṭat Oulad el Ḥadj. Elle coupe ainsi la longue ligne de tamarix qui, au-dessus et au-dessous d'elle, garnit l'excavation du fleuve, en deux parties presque égales. Elles ont chacune leur nom : de Misour à Touggour, c'est Ṛaba Sidi Ạbd el Ouaḥad, ainsi appelée d'une qoubba qui s'y trouve; de Touggour à Ouṭat Oulad el Ḥadj, c'est Ṛaba el Ạrich.

Ouṭat Oulad el Ḥadj est un groupe d'environ 30 qçars unis entre eux et enveloppés par de superbes jardins; il est situé au confluent de la Mlouïa et de l'Ouad Chegg el Arḍ, son tributaire de gauche. Les jardins de cette sorte d'oasis touchent au fleuve, mais aucune localité n'est sur son cours; toutes sont sur l'Ouad Chegg el Arḍ.

Au-dessous d'Ouṭat Oulad el Ḥadj, la Mlouïa demeure encore longtemps sur le territoire des Oulad el Ḥadj. La vallée tout entière leur appartient jusqu'au petit centre d'Oulad Ḥamid. Dans cette nouvelle portion, la vallée et les rives de la Mlouïa sont un peu différentes de ce qu'elles étaient auparavant. La vallée est toujours une vaste plaine, mais elle est moins large : elle avait plus de 30 kilomètres à hauteur de Misour, elle n'en a que 20 à El Ouṭat et ne cesse de se rétrécir jusqu'à Oulad Ḥamid. Elle reste déserte, avec çà et là de rares campements de nomades. Quant au fleuve, à partir d'El Ouṭat, il n'est plus encaissé et coule au niveau de la plaine; plus de tamarix sur ses bords. Encore désert pendant une grande partie de son cours, il se garnit de qçars de distance en distance; ces qçars sont, en le descendant : Oulad Jerrar (rive droite; 20 fusils), Baṛdad (rive gauche; 40 fusils), Oulad El Ḥasen (rive droite; 40 fusils), Ez Zaouïa (rive droite; 40 fusils), Oulad Sidi Ben Ạïada (rive gauche; 30 fusils), Zerzaïa (rive gauche; 80 fusils), Oulad Sidi Bou Iạqob (rive droite; 30 fusils), Oulad Ḥamid (petite qaçba entourée de tentes et de huttes réparties sur les deux rives du fleuve; 200 fusils). Il y a environ 17 kilomètres d'El Ouṭat à Oulad Jerrar. Les autres localités s'échelonnent au-dessous, ayant tantôt peu, tantôt beaucoup de distance entre elles. Les qçars d'Oulad Sidi Ben Ạïada et d'Oulad Sidi Bou Iạqob sont peuplés de marabouts, celui de Zerzaïa de Qebala, les autres d'Oulad el Ḥadj. Tous appartiennent à cette tribu. Les espaces qui les séparent sont déserts, excepté d'Oulad Sidi Bou Iạqob à Oulad Ḥamid; entre ces deux points, les bords du fleuve sont sans interruption garnis de cultures.

En sortant du territoire des Oulad el Ḥadj, la Mlouïa passe à Refoula. C'est une petite qaçba entourée d'un certain nombre de tentes qui, comme celles d'Oulad Ḥamid, comme celles du Za, de l'Ouad

Mesegmar, sont là constamment, aussi fixes que des maisons. Refoula appartient aux Ḥallaf, bien que le gros de cette tribu soit plus bas, séparé d'elle par les Houara. D'Oulad Ḥamid à Refoula, les bords du fleuve ne cessent d'être couverts de cultures.

De Refoula, la Mlouïa entre sur le territoire des Houara. Cette tribu en occupe les deux rives et parcourt la vaste plaine au milieu de laquelle elle coule. La vallée, après s'être beaucoup rétrécie aux environs d'Oulad Ḥamid, resserrée entre les monts des Riata et les monts Debdou, s'élargit ensuite subitement : les montagnes font place à d'immenses plaines, le Tafrâta, l'Angad, le Jell, le Raret; le fleuve coule à leur niveau; on ne voit plus de limite à sa vallée. C'est dans ces plaines, sur les deux rives de l'ouad, que campent les Houara. Nomades, ils n'ont que deux établissements fixes au bord du fleuve ; ce sont deux qaçbas, Gersif (ou Agersif) et Oulad Ḥammou ou Mousa. La première, très ancienne, mais délabrée aujourd'hui, commande un gué important; elle appartient à la fraction des Oulad Mesạoud; la seconde est à une certaine distance au-dessous de la première; toutes deux sont sur la rive gauche. A défaut d'habitations fixes sur la Mlouïa, les Houara y ont un certain nombre de tentes et beaucoup de cultures. Ils ont divisé le cours du fleuve entre leurs diverses fractions; chacune en possède un tronçon, où elle laboure au bord de l'eau et où elle campe pendant une partie de l'année ; voici, en descendant l'ouad, en quel ordre les fractions des Houara s'y succèdent : Atamna, Oulad Sedira, Mezarcha, Zergan, Oulad Mesạoud, Oulad Ḥammou ou Mousa. Tant que la Mlouïa est sur le territoire des Houara, et depuis Refoula, les deux côtés ne cessent d'en être garnis de cultures.

Des Houara, la Mlouïa passe chez les Ḥallaf; ce sont encore des nomades; ils occupent les deux rives du fleuve et les plaines qui le bordent. Chez eux, pas une seule construction sur son cours; mais il ne cesse d'être garni de cultures tout le temps qu'il demeure sur leur territoire. Celui-ci succédant immédiatement au territoire des Houara, les plantations ne s'interrompent pas entre les deux tribus : ainsi depuis Oulad Sidi Bou Iạqob, chez les Oulad el Ḥadj, jusqu'au point le plus bas des Ḥallaf, les deux rives de la Mlouïa sont constamment cultivées. Comme les Houara, les Ḥallaf ont partagé le cours du fleuve entre leurs diverses fractions; voici, en le descendant, dans quel ordre elles s'y suivent : Oulad Reḥou, Medafra, Oulad Sidi Moḥammed bel Hoseïn (cherifs), Oulad Mahdi, El Arbạ, Oulad Selîman.

En sortant de chez les Ḥallaf, la Mlouïa entre chez les Beni Oukil. C'est une tribu de marabouts, n'ayant que des tentes, mais installés toujours aux mêmes lieux et ne quittant pas les bords du fleuve dont ils possèdent les deux rives. Ils se divisent en trois fractions : chacune d'elles campe groupée en un point déterminé du cours de la Mlouïa. Ces trois points sont espacés à environ 13 kilomètres les uns des autres; on n'a pu me dire le nom de la fraction qui est le plus haut, la seconde s'appelle El Khorb, la plus basse Oulad el Bacha. Entre ces trois groupes, comme entre le premier et la frontière des Ḥallaf, le fleuve est désert; plus de cultures sur ses bords.

Au-dessous des Beni Oukil, la Mlouïa coule dans le désert jusqu'à son embouchure dans la Méditerranée; dans cet espace, ni lieu habité ni plantations sur ses rives. Cette dernière portion de son cours est étroitement resserrée entre deux chaînes de montagnes, l'une à droite habitée par les Beni Iznaten, l'autre à gauche occupée par les Kebdana.

Distances : de Qaçba el Makhzen (Qçâbi ech Cheurfa) au confluent de la Mlouïa et de l'Ouad Ouṭat Aït Izdeg comme de Kerrando à Nezala.
de Qaçba el Makhzen (Qçâbi ech Cheurfa) au qçar le plus haut du district comme d'Aït Çaleḥ à Mellaḥ Tiallalin.
de Qaçba el Makhzen (Qçâbi ech Cheurfa) au qçar le plus bas du district comme 2 fois d'Aït Çaleḥ à Mellaḥ Tiallalin.
de Qaçba el Makhzen (Qçâbi ech Cheurfa) à Aḥouli comme d'Aït Çaleḥ au Gers.
de Qaçba el Makhzen (Qçâbi ech Cheurfa) à Megdoul comme d'Aït Otman à Mellaḥ Tiallalin.
de Qçâbi ech Cheurfa à Izerran comme d'Aït ou Alil à Mellaḥ Tiallalin.
de Megdoul à El Bridja comme d'El Bridja à Misour.
du confluent de la Mlouïa et de l'Ouad Souf ech Cherg à Igli comme d'Aït ou Alil à Mellaḥ Tiallalin.

d'Igli à Touggour comme du Gers à Nezala.
de Touggour à Outat Oulad el Ḥadj comme du Gers à Nezala.
d'El Arzan à Oulad Jerrar comme d'Aït Otman à Qçar es Souq.
d'Oulad Jerrar à Baṛdad comme d'Aït Çaleḥ à Mellaḥ Tiallalin.
Oulad El Ḥasen est en face de Baṛdad.
Ez Zaouïa touche Oulad El Ḥasen.
de Reggou à Oulad Sidi Ben Aïada comme de Qçar es Souq à Aït Otman.
de Feggouç à Zerzaïa comme d'Aït Otman à Tamerrakecht.
de Zerzaïa à Oulad Ḥamid comme d'El Bridja à Misour.
d'Oulad Sidi Bou Iaqob à Oulad Ḥamid, la moitié de la distance d'Oudjda à Lalla Marnia.
d'Oulad Sidi Bou Iaqob à Gersif comme du Za à Qaçba el Aïoun.
de Debdou à Gersif comme du Za à Qaçba el Aïoun.
d'Oulad Selīman au groupe le plus haut des Beni Oukil, la moitié de la distance d'Oudjda à Lalla Marnia.
du groupe le plus haut des Beni Oukil à El Khorb, la moitié de la distance d'Oudjda à Lalla Marnia.
d'El Khorb à Oulad el Bacha, la moitié de la distance d'Oudjda à Lalla Marnia.

Après avoir décrit dans son ensemble le cours de la Mloula, nous allons étudier séparément les trois importants groupes de qçars qui se trouvent l'un sur ses rives mêmes, les deux autres tout près d'elles : Qçâbi ech Cheurfa, Misour, Outat Oulad el Ḥadj.

Qçâbi ech Cheurfa.

Ce district se compose d'un certain nombre de qçars, tous situés sur les rives de la Mloula; en voici les noms, dans l'ordre où on les rencontre en descendant le fleuve :

Oulad Teïr (Qebala)............	rive droite,	30 fusils.
Tarzout (cherifs et Ḥaraṭin).........	rive droite,	120
Oulad Arzin (cherifs et Ḥaraṭin)......	rive droite,	25
Qçar Djedid (cherifs et Ḥaraṭin)......	rive droite,	60
El Qçâbi (cherifs et Ḥaraṭin)........	rive droite,	150
Chegg el Ouad (cherifs et Ḥaraṭin).....	rive gauche,	30
El Mektoufa (cherifs et Ḥaraṭin)......	rive gauche,	20
Saïda (Aït Tserrouchen)...........	rive droite,	50
Aït Blal (Aït Izdeg).............	rive droite,	50
Akhsab (Aït Izdeg).............	rive gauche,	30

Le district appartient aux cherifs qui l'habitent : eux seuls y possèdent la terre et ont part à l'administration. Dans quelques endroits, tels que Saïda et Aït Blal, ils louent la terre à des étrangers, mais sans l'aliéner. Jadis indépendants du sultan, ils se sont soumis à lui sans résistance en 1877. Depuis ce temps, ils ont un qaïd, résidant à El Qçâbi, dans une qaçba appelée Qaçba el Makhzen. Mais celui-ci ne s'ingère point dans leurs affaires locales; il est peu respecté des cherifs, qui plus d'une fois ont répondu à ses demandes par des coups de fusil. De tout temps le district a eu une debiha sur les Aït Izdeg : il l'a aujourd'hui encore et continue, bien que blad el makhzen, à leur payer tribut.

Les cherifs de Qçâbi ech Cheurfa sont originaires du Tafilelt; ils appartiennent à deux rameaux de la branche des Alaoula, ceux des Oulad Moulei Hachem et des Oulad Moulei Ali.

L'arabe et le tamazirt sont également en usage dans le district. La plupart des habitants parlent les deux langues.

Marché permanent dans la localité d'El Qçâbi; c'est le seul du district.

Un mellaḥ.

Misour.

Misour est un district indépendant, formé d'un certain nombre de qçars qui s'élèvent auprès du confluent de l'Ouad Souf ech Cherg et de la Mlouïa; il est divisé en deux parties distinctes, l'une située sur les rives de l'Ouad Souf ech Cherg, l'autre sur celles de la Mlouïa. La première, Misour proprement dit, est de beaucoup la plus considérable; elle se compose de tous les qçars du district à l'exception d'un. La seconde est formée de la seule localité d'Igli. Nous avons déjà indiqué la position d'Igli; nous ne parlerons donc que de la portion de Misour placée sur l'Ouad Souf ech Cherg. Celle-ci ne forme qu'un seul îlot de verdure où sont disséminés les neuf qçars qui la composent; voici les noms de ces derniers, dans l'ordre où on les trouve en descendant la rivière :

Oulad Bou Ḥafra.	rive droite,	15 fusils.
Oulad Bou Jejia.	rive droite,	60
Oulad Seliman	rive droite,	80
El Gara (ce sont 3 tours construites sur une éminence : on les emplit de tireurs en temps de guerre; elles sont inhabitées pendant la paix).	rive droite,	
Oulad Seṛeïr (située sur une colline).	rive droite,	100 fusils.
Gebdour.	rive droite,	50
El Ḥarsa.	rive droite,	30
Bou Kenzt.	rive droite,	300
Oulad Sidi Bou el Ạlam.	rive droite,	50

Les cinq premiers qçars sont très rapprochés les uns des autres; ils portent le nom collectif d'Oulad Abbad. Les 4 derniers sont plus espacés; ils portent le nom d'Oulad Bou Ṭîb.

Misour est indépendant et du sultan et des tribus voisines. Chaque qçar s'y administre isolément, sans aucun lien avec les autres.

La population de Misour se compose partie d'Arabes, partie de marabouts. On n'y parle que l'arabe.

Pas de marché.

Un mellaḥ.

Distances : d'Oulad Bou Ḥafra à l'Ouad Souf ech Cherg comme d'Aït ou Alil à Kerrando.
d'Oulad Bou Jejia à l'Ouad Souf ech Cherg comme d'Aït ou Alil à Kerrando.
d'Oulad Seliman à l'Ouad Souf ech Cherg comme d'Aït ou Alil à Kerrando.
d'El Gara à l'Ouad Souf ech Cherg, 200 mètres de plus que d'Aït ou Alil à Kerrando.
d'Oulad Seṛeïr à l'Ouad Souf ech Cherg, 200 mètres de plus que d'Aït ou Alil à Kerrando.
d'Oulad Bou Ḥafra à Oulad Bou Jejia, 500 mètres.
d'Oulad Bou Jejia à Oulad Seliman, 200 mètres.
d'Oulad Bou Jejia à El Gara, 200 mètres.
d'Oulad Seliman à Oulad Seṛeïr, 200 mètres.
d'El Gara à Oulad Seṛeïr, 200 mètres.
d'Oulad Bou Ḥafra à Oulad Seliman, 700 mètres.
de Gebdour à l'Ouad Souf ech Cherg comme d'Aït ou Alil à Kerrando.
d'El Ḥarsa à l'Ouad Souf ech Cherg comme d'Aït ou Alil à Kerrando.
de Bou Kenzt à l'Ouad Souf ech Cherg comme d'Aït ou Alil à Kerrando.
Oulad Sidi Bou el Ạlam est sur la rive même de l'Ouad Souf ech Cherg.
d'Oulad Seliman à Gebdour, 1000 mètres.
de Gebdour à El Ḥarsa, 1500 mètres.
d'El Ḥarsa à Bou Kenzt, 600 mètres.
d'El Ḥarsa à Oulad Sidi Bou el Ạlam, 2000 mètres.
d'Oulad Bou Ḥafra à l'Ouad Mlouïa comme de Tamerrakecht à Aït Çaleḥ.
d'Oulad S. Bou el Ạlam à Igli comme d'Aït Çaleḥ au Gers.

Outat Oulad El Hadj.

Ouṭat Oulad el Ḥadj, ou El Ouṭat, comme on l'appelle le plus souvent, est un groupe d'une trentaine de qçars situés sur les rives de l'Ouad Chegg el Arḍ auprès de son confluent avec la Mlouïa. Ces qçars sont enveloppés et unis par de superbes vergers qui font du groupe un seul îlot de verdure. El Ouṭat appartient aux Oulad el Ḥadj, sur le territoire desquels elle est située, et n'est peuplée que d'eux, à l'exception de quelques localités habitées par des marabouts. Voici les qçars qui la composent, dans l'ordre où on les trouve en descendant l'Ouad Chegg el Arḍ :

Oulad El Feḍil	rive droite,	6 fusils.
Oulad Ạbd el Malek	rive gauche,	20
Mellaḥ el Ihoud	rive droite,	30
Oulad El Bekri	rive gauche,	20
El Angab (2 qçars)	rive droite,	30
El Hamouziin	rive droite,	30
Zaouïa Sidi Ạbd el Ouaḥad	rive gauche,	40
El Ḥarar	rive droite,	50
Oulad Mellouk (groupe de 12 qçars)	rive droite,	300
Cheurfa Qouareṭ (Oulad Moulei Iạqob; 3 qçars)	rive droite,	50
Cheurfa Touggour (Oulad Moulei Iạqob; 3 qçars)	rive droite,	50
Zaouïa Sidi Ạbd el Ouaḥad	rive gauche,	40
Zaouïa Sidi Oumbarek (marabouts de Kenadsa)	rive gauche,	
Kechchacha (2 qçars)	rive droite,	30
Beni Bou Ḥi	rive gauche,	150

Ces localités sont toutes situées sur la rivière même ou très près d'elle, à l'exception d'Oulad Mellouk; les 12 qçars qui composent ce groupe, presque contigus les uns aux autres, s'élèvent à environ 2 kilomètres de la rivière et des autres qçars; ils leur sont unis par des jardins et sont compris dans l'îlot général d'El Ouṭat. Oulad Mellouk est alimentée par des canaux dérivés de l'Ouad Chegg el Arḍ.

El Ouṭat, étant aux Oulad el Ḥadj, suit leur sort, et chaque qçar suit celui de la fraction à laquelle il appartient. En ce moment, la tribu est insoumise au sultan. Les Oulad el Ḥadj sont de race et de langue arabe; mais beaucoup d'habitants d'El Ouṭat savent aussi le tamaziṛt.

Point de marché à Ouṭat Oulad el Ḥadj.

Un mellaḥ.

On considère souvent comme faisant partie d'Ouṭat Oulad el Ḥadj le groupe isolé d'El Ạrzan : il se compose d'environ 10 qçars (300 fusils) entourés de jardins. C'est un îlot, séparé de celui d'El Ouṭat et distant de lui de 5 kilomètres; il appartient aussi aux Oulad el Ḥadj et est de tout point analogue à celui dont on le regarde comme un complément.

Distances : d'Oulad El Feḍil à Kechchacha comme de Mellaḥ Tiallalin au Gers.
d'El Ạrzan à l'Ouad Chegg el Arḍ comme d'Aït Çaleḥ à Aït ou Alil.
d'El Ạrzan à Kechchacha comme d'Aït Çaleḥ à Kerrando.
Zaouïa Sidi Ạbd el Ouaḥad est en face d'El Hamouziin.
Beni Bou Ḥi est en face de Kechchacha.

2°. — VALLÉE DE LA MLOUIA.

La vallée de la Mlouïa est en général très large; voici les aspects qu'elle prend successivement.

Nous ne savons point ce qu'elle est dans sa partie haute, chez les Beni Mgild.

Du confluent de l'Ouad Ouṭat Aït Izdeg à El Bridja, elle a une largeur uniforme d'environ 16 kilomètres. C'est une vaste plaine, unie au milieu, en pente légère sur les deux bords, bornée à gauche par le pied du Moyen Atlas, à droite par le Grand Atlas.

A El Bridja, la vallée s'élargit beaucoup; à Misour, elle atteint sa plus grande largeur, environ 32 kilomètres. De là à Oulad Ḥamid, c'est une immense plaine, unie et nue, appelée du nom du fleuve, *Mlouïa;* elle est bornée à gauche par le Moyen Atlas, haute muraille sombre aux crêtes neigeuses; à droite par le Rekkam, mouvement de terrain à peine sensible apparaissant comme une ligne jaune à l'horizon : le Rekkam est une succession de côtes très douces et de plateaux très bas, formant dans leur ensemble une longue rampe ondulée, de pente très faible, au sommet de laquelle commence, sous le nom de Ḍahra, la vaste région des Hauts Plateaux. Le Rekkam a son origine au Grand Atlas, se dirige à peu près du sud au nord, et se prolonge jusqu'aux monts Debdou. De Misour à Oulad Ḥamid, la vallée va en se rétrécissant d'une façon insensible, mais continue. A Ouṭaṭ Oulad el Ḥadj, elle n'a plus que 20 kilomètres; à Oulad Ḥamid, elle est beaucoup plus étroite. Aux environs de ce point, le fleuve traverse un kheneg. C'est la trouée par laquelle il perce le Moyen Atlas; là, le Rekkam a disparu : des deux côtés du fleuve, s'élèvent les hautes murailles de la chaîne où il se fraie un passage, après en avoir si longtemps longé le pied. A droite du kheneg, le Moyen Atlas porte le nom de Djebel Debdou. A sa gauche, il n'a pas de nom spécial; c'est la partie de la chaîne occupée, à quelque distance du fleuve, par les Beni Ouaṛaïn.

A cet étranglement de la vallée succède une plaine : sur la rive droite, c'est le vaste désert de Tafrâta, commençant près d'Oulad Ḥamid et se prolongeant jusqu'au pays de Za; sur la rive gauche, c'est la vallée de l'Ouad Melillo : celui-ci coule entre le Moyen Atlas et la chaîne des Ṛiata et se jette dans la Mlouïa à Gersif.

Cette plaine est suivie d'une autre, qui est séparée de la première par une ligne de coteaux très bas unissant le Djebel Ṛiata à la chaîne des monts Mergeshoum, Beni Bou Zeggou et Zekkara, son prolongement; le fleuve perce ces hauteurs presque insensibles vers les confins des Houara et ḍes Ḥallaf, et entre dans la nouvelle plaine qui porte à droite le nom d'Angad, à gauche ceux de Jell d'abord, de Ṛaret ensuite : la plaine de Jell et celle de Ṛaret sont séparées par une chaîne de collines peu élevées, le Gelez. L'Angad, le Tafrâta, le Jell, le Ṛaret sont de vastes surfaces unies et désertes s'étendant très loin à l'est et à l'ouest, et bornées dans ces directions par des mouvements de terrain peu élevés qu'on n'aperçoit pas de la Mlouïa; rien, pendant que le fleuve parcourt ces plaines, ne détermine les limites de sa vallée.

L'Angad et le Ṛaret finissent au-dessous des dernières tentes des Beni Oukil. Là le fleuve rentre en montagne. Sa vallée, jusqu'à la mer, demeure resserrée entre les flancs d'une haute chaîne au milieu de laquelle il s'est percé un passage; cette chaîne, prenant les noms des tribus qui l'habitent, s'appelle, à droite de la Mlouïa, Djebel Beni Iznâten, à gauche Djebel Kebdana.

Après avoir dessiné à grands traits la vallée de la Mlouïa, nous allons énumérer les qçars qui s'y trouvent, situés dans le fond ou sur les flancs, sans être sur le cours du fleuve ni sur ceux de ses affluents. Il y en a fort peu dans le fond, mais un certain nombre sur les premières pentes des chaînes qui le bordent. Nous les diviserons en cinq classes :

1° Qçars des Aït ou Afella.

2° Qçars au pied du Grand Atlas.

3° Qçars du Rekkam.

4° Qçars des premières pentes du flanc gauche de la vallée (Moyen Atlas).

5° Qçars du Djebel Debdou (Moyen Atlas).

1° Qçars des Aït ou Afella.

Ils sont au nombre de trois, tous situés dans le fond de la vallée, entre le Grand Atlas et la Mlouïa : ce sont :

Zebzat.	200 fusils.
Bou Aïach (arrosée par un ruisseau sortant du Djebel Aldoun dans le Grand Atlas).	30
Entrit (arrosée par des sources).	15

Nous les avons vus tous trois en allant du col de Telṛemt à Qçâbi ech Cheurfa; les deux premiers étaient à l'ouest de notre route, le dernier à l'est.

Distances : de Qaçba el Makhzen (El Qçâbi) à Entrit comme d'Aït Çaleḥ à Kerrando.
d'Entrit à Bou Aïach comme d'Aït Çaleḥ à Kerrando.
de Qaçba el Makhzen à Zebzat comme d'Aït Otman à Mellaḥ Tiallalin.

2° Qçars au pied du Grand Atlas.

Voici leurs noms, dans l'ordre où on les rencontre en longeant le pied du Grand Atlas, de l'ouest à l'est :

Zriouila (Aït Tseṛrouchen et Aït Izdeg).	20 fusils.
Bertat (Aït Izdeg).	200

Ces localités sont arrosées par des sources; elles appartiennent aux tribus que nous venons de citer. Dans chacune, la population se compose partie d'individus de la tribu qui possède le qçar, partie de Qebala.

Ni marché, ni Juifs en aucun de ces points.

Distances : de Qaçba el Makhzen (El Qçâbi) à Zriouila comme d'Aït Çaleḥ au Gers.
de Zriouila à Bertat comme d'Aït Çaleḥ à Mellaḥ Tiallalin.
de Bertat à Aïat (Ouad Ouizert) comme d'Aït Otman à Mellaḥ Tiallalin.
d'Aïat à Bou Sellam comme d'Aït Çaleḥ au Gers.
de Bou Sellam à Tagenza comme du Gers à Nezala.
de Tagenza à Azdad comme d'Aït Otman à Aït Çaleḥ.
de Qaçba el Makhzen à Azdad, un jour 1/2 de marche.
de Tagenza à Tanslemt comme d'Aït Otman à Qçar es Souq.
de Tanslemt à Talsit comme de Qçar es Souq à Mellaḥ Tiallalin.
de Talsit à Anoual comme de Nezala à Qçâbi ech Cheurfa.

Les cinq points d'Azdad, de Talsit, d'Anoual, de Tagenza et de Tanslemt, dont il est parlé ici, sont des localités du Ḍahra ou du pied du Grand Atlas. Azdad est un groupe de 5 qçars appartenant aux Aït Tseṛrouchen : 200 fusils. Talsit est un groupe indépendant de 3 qçars contigus, habités par des marabouts de Sidi Ben Abd Allah; il est situé sur une rivière de même nom que lui, dont le reste du cours est à sec et désert : 300 fusils. Anoual est un qçar de 60 fusils, peuplé d'Aït Tseṛrouchen et de marabouts; il compte dans le Ḍahra (1). Tagenza est un qçar de 80 fusils, peuplé moitié d'Aït Izdeg, moitié d'Aït Tseṛrouchen, et dépendant des deux tribus; il est situé sur un petit cours d'eau de même nom que lui dont le reste du cours est désert. Tanslemt est un qçar isolé de 100 fusils, habité par des Qebala; ceux-ci, comme les autres Qebala de la région, sont vassaux des puissantes tribus voisines et indépendants du sultan; Tanslemt est sur une petite rivière dont le reste du cours est désert.

(1) « Anoual, ou Zaouïa Anoual se compose de 50 à 60 maisons habitées par des cheurfa des Oulad Moulei Ali ben Amer (Idrisiin) « appartenant aux Aït Tserrouchen. Ils descendent, comme les marabouts de Kenadsa, de Moulei Abd Allah el Resouani (enterré à « Merrâkech). Mais ils sont berbérisés et parlent tamazirt plus qu'arabe. Ils ont quelques maigres cultures dans les pierres, arro- « sées par des fontaines et par l'ouad dit des Oulad Ali. Cette rivière tombe dans l'Ouad Aït Aïssa à Kheneg Gro, à environ 8 kilomè- « tres au sud de la zaouïa. » (Renseignement fourni par M. Pilard.)

3° Qçars du Rekkam.

Ils sont au nombre de quatre, contigus les uns aux autres, et enveloppés dans une même ceinture de jardins. Ce groupe se nomme.

Tiissaf. 300 fusils.

La population de Tiissaf est composée de marabouts des Oulad Sidi Ạïssa; ces religieux sont regardés comme formant une des fractions des Oulad el Ḥadj.

Une grande ḍaïa alimente ce lieu.

Distances : de Tiissaf au lit de la Mlouïa comme d'Aït Çaleḥ au Gers.
Tiissaf est à peu près en face de Tirnest par rapport à la Mlouïa.

4° Qçars sur les premières pentes du flanc gauche de la vallée.

Ils forment cinq groupes, situés sur les premières pentes du Moyen Atlas, dans la région de cette chaîne comprise entre Misour et Oulad Ḥamid. En voici les noms, dans l'ordre où on les trouve en suivant les premières pentes du Moyen Atlas du sud au nord :

Almis (un seul village; Chellaḥa).	250 fusils.
Tirnest (10 qçars; Oulad el Ḥadj).	600
Reggou (5 qçars; Chellaḥa).	400
Qçar el Mạllemin (1 qçar; Chellaḥa).	12
Feggouç (2 qçars; marabouts des Oulad Sidi Iạqob).	80

Tous ces points sont arrosés par des sources et entourés de jardins fertiles. Tirnest, Reggou, Feggouç ont chacun leurs qçars contigus et groupés au milieu d'un seul îlot de verdure, comme Misour et El Ouṭat. Almis et Reggou, bien que peuplés de Chellaḥa, sont constamment alliés aux Oulad el Ḥadj. Qçar el Mạllemin dépend des Oulad el Ḥadj. A Tirnest, ils forment la majorité des habitants et sont les maîtres. Ni marché, ni Juifs dans aucune de ces localités.

Almis est fort riche; ce village possède à lui seul 100 chevaux.

Distances : d'Almis à Ouṭat Oulad el Ḥadj comme d'Outat Oulad el Ḥadj à Misour.
d'Almis à Misour comme de Megdoul à Misour.
d'Almis à Tiouant comme de Megdoul à Misour.
de Tirnest à Mellaḥ el Ihoud (Ouṭat Oulad el Ḥadj) comme de Megdoul à Misour.
de Tirnest à El Ạrzan comme d'Aït Çaleḥ à Kerrando.
de Tirnest à Oulad Ạli (Ouad Chegg el Arḍ) comme de Qçabi ech Cheurfa à Megdoul.
de Tirnest à Reggou comme de Megdoul à Misour.
de Reggou à Oulad Jerrar comme d'El Bridja à Misour.
de Reggou à l'Ouad Mlouïa comme de Qçar es Souq à Aït Ọtman.
de Reggou à Oulad S. Ben Ạïada comme de Qçar es Souq à Aït Ọtman.
de Reggou à Qçar el Mạllemin comme de Kerrando au Gers.
de Qçar el Mạllemin à l'Ouad Mlouïa comme d'Aït Çaleḥ au Gers.
de Qçar el Mạllemin à Feggouç comme d'Aït Çaleḥ à Kerrando.
de Feggouç à Reggou comme de Megdoul à Misour.
de Feggouç à l'Ouad Mlouïa comme d'Aït Çaleḥ à Kerrando.

5° Qçars du Djebel Debdou.

On appelle *Djebel Debdou* la portion du Moyen Atlas qui s'étend de Sidi Ạli ben Ạbd er Raḥman d Admer à Sidi Ạli ben Samaḥ d Oulad Ạmer, c'est-à-dire de la Mlouïa à l'Ouad Za.

Ce massif renferme un assez grand nombre de qçars et de villages; on leur donne le nom général de Haouz Debdou. Ils peuvent se diviser en trois groupes :

I. Villages de la vallée de l'Ouad Debdou.

II. Rechida et qçars voisins.

III. Villages des Beni Riis.

Nous allons dire un mot des deux premiers groupes; le troisième est situé sur un affluent de la Mlouïa dont il sera parlé plus bas.

I. VILLAGES DE LA VALLÉE DE L'OUAD DEBDOU. — L'Ouad Debdou n'est qu'un ruisseau qui se perd dans le désert de Tafrâta, sans atteindre la Mlouïa. Les villages de sa vallée se composent d'abord de ceux qui sont situés au fond; ce sont, en descendant :

Debdou (300 familles israélites et 100 musulmanes). . .	rive droite,	100 fusils.
Qaçba Debdou	rive droite,	50
Qoubbouin.	rive droite,	15
El Msalla.	rive gauche,	100
Bou Alach.	rive gauche,	10

ensuite de ceux qui se trouvent à mi-côte des flancs; ce sont, en descendant la vallée :

Sellaout.	flanc droit,	50 fusils.
Flouch..	flanc gauche,	30

Ces 7 villages, avec les deux groupes de tentes des Beni Fachat (contigu à Sellaout; flanc droit; 150 fusils) et des Beni Ouchgel (en aval du précédent; flanc droit; 30 fusils), groupes qui, situés auprès de sources, de jardins, de cultures, sont aussi invariables dans leurs positions que des villages, forment ce qu'on appelle le pays de Debdou, ***El Debdou***.

Le Debdou est soumis au sultan et dépend du qaïd de Tâza (en ce moment Ạbd Allah Ech Cherradi); mais celui-ci n'y a placé ni lieutenant, ni mkhaznis, ni aucun représentant de l'autorité; il se borne à venir en tournée tous les ans ou tous les deux ans, et à envoyer de temps en temps quelques mkhaznis lever l'impôt sur les Musulmans. Chose curieuse, le qaïd de Tâza n'a sous ses ordres directs que les Musulmans du Debdou; les Israélites, fort nombreux dans le district, dépendent non de lui, mais d'un des bachas de Fâs, Ould Ba Moḥammed; c'est à ce dernier qu'ils remettent tous les ans le montant de leur tribut.

Les habitants du Debdou s'administrent donc eux-mêmes et, pour les difficultés, s'en réfèrent à Tâza. On les désigne sous le nom d'Ahel Debdou. Ce semble être une population mêlée, Arabes et Chellaḥa, ces derniers dominant. La langue est pour les uns l'arabe, pour les autres le tamaziṛt.

Marché permanent au village de Debdou et, de plus, souq el khemis dans la même localité.

Un mellaḥ.

II. RECHIDA ET QÇARS VOISINS. — Ce second groupe se compose d'un certain nombre de qçars isolés les uns des autres, situés ceux-ci sur les pentes, ceux-là au pied du revers occidental du Djebel Debdou; ils sont beaucoup plus près de la Mlouïa que les précédents et sont situés sur le flanc même de sa vallée. Voici leurs noms, dans l'ordre où on les rencontre en descendant celle-ci :

Admer (marabouts de Sidi Ạli ben Ạbd er Raḥman).	100 fusils.
Beni Khelften.	150
Rechida (marabouts).	200
Alouana.	30

Les habitants de Rechida et d'Admer sont marabouts. Ils font partie, ainsi que les gens de Beni Khelften, des Oulad el Ḥadj, dont les Ahel Rechida et les Oulad Admer sont deux fractions. Mais en ce moment ils sont en guerre avec le reste de leur tribu. Celle-ci est insoumise; eux obéissent au sultan; d'où querelle.

Rechida est un grand et beau qçar, situé à mi-côte du Djebel Debdou, dans un lieu escarpé. Sources abondantes, grands jardins, beaux oliviers.

Beni Khelften est au pied de Rechida, dans la position de Debdou par rapport à Qaçba Debdou.

Admer est au sud de Beni Khelften; des sources l'arrosent.

Alouana se trouve dans un repli de la montagne, au nord-ouest de Debdou.

Admer, Beni Khelften, Rechida, Alouana, sont soumis au sultan et dépendent du qaïd de Tâza.

Distances : d'Admer à Beni Khelften, le tiers de la distance de Lalla Marnia à Oudjda.
d'Admer à Oulad Sidi Bou Iaqob, la moitié de la distance de Lalla Marnia à Oudjda.
de Rechida à la Mlouïa, la distance de Lalla Marnia à Oudjda.
de Rechida à Beni Riis, la moitié de la distance de Lalla Marnia à Oudjda.
de Debdou à Beni Riis, la moitié de la distance de Lalla Marnia à Oudjda.
Beni Khelften est au pied de Rechida.

3°. — AFFLUENTS DE LA MLOUIA.

La Mlouïa reçoit un grand nombre d'affluents. Voici les principaux d'entre eux, dans l'ordre où on les rencontre en descendant le fleuve :

Ouad Outat Aït Izdeg, se jetant sur sa rive droite aux confins des Beni Mgild et des Aït ou Afella.
Ouad Ouizert, se jetant sur sa rive droite entre Megdoul et El Bridja.
Ouad Souf ech Cherg, se jetant sur sa rive gauche à quelques mètres au-dessus d'Igli.
Ouad Tiddarin, se jetant sur sa rive droite à 1 000 mètres au-dessous d'Igli.
Ouad Tiouant, se jetant sur sa rive gauche entre Touggour et Outat Oulad el Hadj.
Ouad Medfa Keddou, se jetant sur sa rive droite entre Touggour et Outat Oulad el Hadj.
Ouad Chegg el Ard, se jetant sur sa rive gauche à Outat Oulad el Hadj.
Ouad Beni Riis, se jetant sur sa rive droite dans la fraction des Atamna (Houara).
Ouad Melillo, se jetant sur sa rive gauche à Gersif.
Ouad Messoun, se jetant sur sa rive gauche dans la fraction des Oulad Rehou (Hallaf).
Ouad Za, se jetant sur sa rive droite dans la plus haute des 3 fractions des Beni Oukil.
Ouad el Qceb, se jetant sur sa rive droite chez les Beni Oukil, au-dessous du Za.

OUAD OUTAT AIT IZDEG. — Cette rivière prend sa source dans le Grand Atlas au Djebel El Aïachi. Elle arrose sur son cours le district d'Outat Aït Izdeg; le reste du temps, elle coule dans le désert. Voici les qçars dont se compose Outat Aït Izdeg, dans l'ordre où on les trouve en descendant l'ouad :

RIVE DROITE :	
Tatteouin.	60 fusils.
Afelilou (2 qçars).	150
Tissouit.	20
Asellim (2 qçars).	150
Aït ou Afella (3 qçars).	100
Ikher Imzioun.	60
RIVE GAUCHE :	
Berrom.	100 fusils.
Tabnattout.	50
Semmoura.	60
Bou Zmella.	60
Aït Otman ou Mousa.	150
Teççaouit.	100

Ces divers qçars ne forment qu'un seul groupe et sont, sur chaque rive, unis entre eux par des cultures. Ils appartiennent aux Aït Izdeg. Ceux-ci en sont la seule population. La localité d'Aït ou Afella dépend de la fraction de ce nom.

Le district étant la propriété des Aït Izdeg, il va de soi qu'il est indépendant du sultan et qu'on y parle le tamazirt.

Marché permanent (le samedi excepté) à Bou Zmella. C'est le seul d'Outat Aït Izdeg.

Deux mellahs.

Distances : de Tatteouin à Ikher Imzioun comme de Mellah Tiallalin à Aït ou Alil.
Berrom est en face d'Asellim.
Ikher Imzioun est en face d'Aït Otman ou Mousa.
d'Outat Aït Izdeg au confluent de l'Ouad Outat Aït Izdeg et de la Mlouïa comme de Mellah Tiallalin à Qçar es Souq.

AFFLUENT. — L'Ouad Outat Aït Izdeg reçoit un affluent, l'Ouad Aït Aïach, se jetant sur sa rive gauche à une certaine distance au-dessous du district d'Outat Aït Izdeg.

OUAD AIT AIACH. — Il prend sa source au Djebel El Aïachi et arrose en descendant quatre qçars appartenant aux Aït Aïach; le reste de son cours est désert. Voici les quatre qçars, dans l'ordre où on les trouve en descendant la rivière :

Aït Tiferrahin	rive droite,	50 fusils.
Aït Tourast	rive droite,	50
Aït Ben Ali	rive gauche,	50
Ansegmir	rive gauche,	150

Les deux derniers qçars sont en face des deux premiers; ils ne forment tous quatre qu'un seul groupe; les jardins sont unis sur chaque rive du cours d'eau.

Les Aït Aïach sont une fraction des Aït Iafelman. C'est dire qu'ils sont indépendants et parlent le tamazirt. Ils composent la seule population des 4 qçars de l'Ouad Aït Aïach.

Ni marché, ni Juifs dans aucun d'eux.

Distances : du confluent de la Mlouïa et de l'Ouad Outat Aït Izdeg à celui de l'Ouad Outat Aït Izdeg et de l'Ouad Aït Aïach comme de Qçar es Souq à Aït Otman.
de Qaçba el Makhzen (El Qçâbi) à Ansegmir comme de Nezala à El Qçâbi.

OUAD OUIZERT. — Il prend sa source dans le Grand Atlas, au sommet appelé Ikhf n Irir (Djebel Gir). Plusieurs qçars se trouvent sur son cours; les voici, dans l'ordre où on les rencontre en le descendant :

Aïat (3 petits qçars : Qcira Cheurfa; Qcira Aït Attou; Qcira Sidi Ben Hachem).		60 fusils.
Bou Sellam (5 petits qçars : Qçar Toual, rive gauche; Qcira Sidi Mohammed bel Bachir, rive gauche; Qcira ech Cheurfa, rive gauche; Qçar Oulad Moulei El Hasen, rive droite; Qçar Ousebri, rive droite).		200
Tisana	rive gauche,	10
Tikoutamin (2 qçars : Haselfa; Oulad Dehou).		50
Ouizert (3 qçars : Oulad Dehou; Oulad Ious; Oulad Abbou)	rive droite,	150

Ces localités sont échelonnées sur la rivière, assez loin les unes des autres. Aucun lien ne les unit. Entre elles, au-dessus et au-dessous, le cours de l'ouad est désert.

Aïat est peuplée de cherifs et d'Aït Tserrouchen, Bou Sellam de Qebala, Tisana de Qebala, Tikoutamin et Ouizert d'Oulad Khaoua.

Distances : d'Aïat à Bou Sellam comme d'Aït Caleh au Gers.
de Bou Sellam à Tisana comme d'Aït Çaleh au Gers.
de Tisana à Tikoutamin comme d'Aït Çaleh à Aït ou Alil.
de Tikoutamin à Ouizert comme d'Aït Çaleh à Aït ou Alil.
d'Ouizert à Megdoul comme d'Aït Çaleh à Aït ou Alil.
d'Ouizert à Megdoul comme de Mellah Tiallalin au Gers.
d'Ouizert au confluent de l'Ouad Ouizert et de la Mlouïa comme d'Aït Çaleh à Kerrando.
d'Ouizert à Igli comme d'Aït Otman au Gers.
de Megdoul au confluent de l'Ouad Ouizert et de la Mlouïa comme d'Aït Otman au Gers.

OUAD SOUF ECH CHERG. — Il prend sa source dans le Moyen Atlas, sur le territoire des Aït Ioussi. Il arrose deux qçars avant d'arriver à Misour; ce sont, en descendant la rivière :

Qcira Aït Hamed ou Seliman.	40 fusils.
El Kseat.	40

De là il passe à Misour, qui a été décrit plus haut.

Qcira Aït Ḥamed ou Seliman et El Kseạt sont habités par des Aït Ioussi et appartiennent à cette tribu. Ces deux qçars sont isolés l'un de l'autre ; entre eux, au-dessus et au-dessous, le cours de la rivière est désert.

Distances : de Misour à El Kseạt comme d'Aït Otman à Kerrando.
d'El Kseạt à Qcira Aït Ḥamed ou Seliman comme du Gers à Aït Çaleḥ.

OUAD TIDDARIN. — Il prend sa source dans le Grand Atlas. Tout le cours en est désert.

OUAD TIOUANT. — Il prend sa source dans le Moyen Atlas, au Djebel Tiouant. Cette montagne, où l'on trouve du sel, est située, par rapport à la Mlouïa, au-dessus de Touggour. A son pied, la rivière arrose quelques villages qui composent le district de Tiouant. Ce sont les seuls lieux habités de son cours, qui tout le reste du temps est désert. Voici les noms de ces villages, dans l'ordre où on les rencontre en descendant l'ouad :

Bou Ḥennoun.	rive droite,	80 fusils.
Aït Ḥammou.	rive gauche,	150
Aït Aïssa.	rive gauche,	80
Aït Baroukh.	rive gauche,	120
Aït ou Iaḥian (2 petits villages se faisant face, l'un sur la rive droite, l'autre sur la rive gauche)		150

Ces localités ne forment qu'un seul groupe ; leurs cultures se touchent sur les deux rives du cours d'eau. A elles cinq, elles composent tout le district de Tiouant.

Les gens du Tiouant sont toujours alliés aux Oulad el Ḥadj. Ils sont Chellaḥa et sédentaires. Leur langue est le tamaziṛt. Point de relations avec le sultan.

Ni marché, ni Juifs sur leur territoire.

L'Ouad Tiouant a toujours de l'eau dans son lit.

Distances : de la Mlouïa à Aït ou Iaḥian 1/2 jour de chemin.
de la Mlouïa à Aït ou Iaḥian comme d'Aït Otman à Kerrando.
d'Aït Ḥammou à Aït ou Iaḥian comme de Mellaḥ Ouṭat Oulad el Ḥadj à Kechchacha.
Aït Ḥammou et Bou Ḥennoun se font face.

OUAD MEDFA KEDDOU. — Il prend naissance dans le Çahra. Tout le cours en est désert. De sa source à son confluent avec la Mlouïa, il y a environ 2 jours de marche.

OUAD CHEGG EL ARD. — La source en est dans le Moyen Atlas. Avant d'arriver à Ouṭat Oulad el Ḥadj, il arrose plusieurs villages. En voici les noms, dans l'ordre où on les trouve en descendant la rivière :

Oulad Bou Ṛilas (bien qu'isolé, ce village compte avec les Beni Ḥassan).	rive droite,	
Beni Ḥassan (4 villages ; 1 sur la rive gauche, 3 sur la rive droite). . .		600 fusils.
Oulad Ali (4 villages).	rive gauche,	200
Beni Ḥaïoun (2 villages).	rive droite,	200
Oulad Saïd.	rive gauche,	30

De là il descend à Ouṭat Oulad el Ḥadj.

Ces diverses localités sont espacées, à distance les unes des autres ; entre elles, le cours de la rivière est désert.

Des villages situés sur l'Ouad Chegg el Arḍ au-dessus d'Ouṭat Oulad el Ḥadj, quatre, Beni Ḥassan, Oulad Ali, Beni Ḥaïoun, Oulad Saïd, ont chacun leur organisation séparée et n'ont aucun lien entre eux. Oulad Bou Ṛilas est peuplée de gens de Beni Ḥassan et dépend de cette localité. Ces divers centres ont pour habitants des Chellaḥa sédentaires n'appartenant à aucune tribu. Ils sont la plupart du temps, mais non toujours, alliés aux Oulad el Ḥadj. Leur position géographique les met, pour certaines choses, dans la dépendance de cette tribu. Elle est la seule avec laquelle ils puissent faire le commerce : d'elle leur viennent et les huiles et les grains. Il y a bien, à travers la montagne, des chemins vers Fâs et vers Tâza ; mais ils sont très difficiles et on ne les prend pas. Cependant ces villages n'ont pas de debiḥa sur les Oulad el Ḥadj : ils ne sont vassaux d'aucune tribu. Au temps où les Oulad el Ḥadj étaient soumis au sultan, ils s'étaient rangés sous l'autorité de leur qaïd. Depuis que les Oulad el Ḥadj ont secoué le joug, eux aussi ont repris leur indépendance.

Ni marché, ni Juifs dans aucune de ces localités.

Langue tamaziṛt.

La rivière a en toute saison de l'eau jusqu'à Ouṭat Oulad el Ḥadj; au printemps et au moment des pluies, les eaux atteignent la Mlouïa; le reste de l'année, elles sont absorbées par les irrigations d'El Ouṭat.

Distances : d'Ouṭat Oulad el Ḥadj à Oulad Saïd comme d'Aït Blal à Megdoul.
d'Oulad Saïd à Beni Ḥaïoun comme de Mellaḥ El Ouṭat à Kechchacha.
de Beni Ḥaïoun à Oulad Ali comme de Megdoul à Misour.
d'Oulad Ali à Beni Ḥassan comme d'El Bridja à Misour.
de Beni Ḥassan à Oulad Bou Ṛilas comme de El Bridja à Misour.

OUAD BENI RIIS. — Il prend sa source dans le Djebel Debdou. Sur son cours se trouve le grand village de :

Oulad Ben el Ḥoul, sur les 2 rives de l'ouad; 400 fusils.

Cette localité appartient aux Beni Ṛiis, fraction des Oulad el Ḥadj. Nous l'avons traversée en allant à Debdou. C'est le seul lieu habité qui soit sur la rivière ; le reste de son cours est désert.

AFFLUENT. — L'Ouad Beni Ṛiis reçoit un affluent, l'Ouad Oulad Ọtman, se jetant sur sa rive droite à 1 kilomètre environ au-dessous d'Oulad Ben el Ḥoul.

Ouad Oulad Otman. — Il prend sa source dans le Djebel Debdou. Sur ses bords se trouvent trois petits villages très rapprochés entre eux, portant le nom collectif de :

Oulad Ọtman . . . . rive droite, 200 fusils.

Pas d'autre lieu habité sur cette rivière. Le reste de son cours est désert. Oulad Ọtman, comme Oulad Ben el Ḥoul, appartient aux Beni Ṛiis. Les habitants de ces deux endroits composent toute la fraction. Les Beni Ṛiis sont soumis au sultan et dépendent du qaïd de Tâza.

Nous avons traversé Oulad Ọtman en allant à Debdou.

OUAD MELILLO. — Il prend sa source dans le Djebel Beni Ouaṛaïn et se jette dans la Mlouïa à Gersif.

OUAD MESSOUN. — Il prend sa source dans le Rif, du côté des Gezennaïa; puis il traverse le Fḥama, plateau ondulé s'étendant entre les monts du Rif et ceux des Ṛiata; ensuite il entre dans la plaine de Jell, où il reste jusqu'à son confluent avec la Mlouïa. Un seul établissement fixe sur ses bords : c'est Qaçba Messoun, située dans le Fḥama et appartenant aux Houara. Tout le reste de son cours est désert ou occupé passagèrement par des nomades. Les eaux de l'Ouad Messoun sont salées.

Distances : de Qaçba Messoun à Tâza comme de Lalla Marnia à Oudjda.
de Qaçba Messoun à Gersif comme de Taourirt (Ouad Za) à Qaçba el Aïoun.

OUAD ZA. — Il prend sa source dans la partie du Ḍahra parcourue par les Aït Bou Ouchchaouen, auprès d'un groupe de puits appelé Tisreïn. Pendant plusieurs journées, son cours se poursuit dans le Ḍahra, c'est-à-dire sur un immense plateau désert.

Il y reste jusqu'à Tegafeït. De sa source à ce point, il n'a qu'un seul lieu habité sur ses bords,

Qaçba Ras el Aïn Beni Matar. 100 fusils.

Sauf ce petit qçar, isolé dans la plaine solitaire, l'Ouad Za est désert jusqu'à Tegafeït. Là il change brusquement d'aspect. Le Ḍahra cesse; la rivière entre dans une étroite vallée, resserrée entre le Djebel Beni Bou Zeggou à droite, le Djebel Oulad Amer et le Djebel Mergeshoum à gauche. Les bords, arides jusque-là, se couvrent de champs et de jardins, et resteront tels jusqu'au confluent de la rivière avec la Mlouïa; de Tegafeït à ce point, l'Ouad Za n'est qu'un long verger : c'est cette riche partie de son cours qu'on appelle *blad Za*. Elle se divise en deux portions : la première, de Tegafeït à Qaçba Beni Qoulal; l'Ouad Za reste en montagne, resserré entre les deux massifs que nous avons nommés; la deuxième, de Beni Qoulal à la Mlouïa; il coule en plaine, ruban vert se déroulant le long des sables de l'Angad.

Tant qu'il est en montagne, l'Ouad Za, bien que garni de superbes cultures, n'est pas très peuplé. Les tribus auxquelles appartiennent champs et jardins, tribus qui ne vivent que sous la tente, habitent le flanc de sa vallée et non le fond. Nous parlerons plus tard de ces tribus. Dans cette partie, le Za n'a que quelques tentes dispersées au milieu des cultures, et deux villages :

Tegafeït.	100 fusils.
Qaçba Beni Qoulal.	50

Mais aussitôt qu'il entre en plaine, il devient très habité. Les Kerarma, qui possèdent cette dernière partie de son cours, résident sur ses rives mêmes, leurs tentes disséminées au milieu des cultures. Ils n'ont point de maisons; il n'existe que deux constructions dans cette portion du Za :

Dar Chikh Ech Chaoui.
Taourirt (appelée aussi Qaçba Moulei Ismaïl).

On voit donc que le cours de l'Ouad Za se divise en deux parties distinctes : l'une, de sa source à Tegafeït, aride, inculte, déserte; l'autre, de Tegafeït à son confluent avec la Mlouïa, cultivée, garnie de jardins, aussi riche que la précédente était désolée, aussi verdoyante qu'elle était aride. Ces deux portions sont si différentes l'une de l'autre que les indigènes donnent à chacune un nom particulier. De Tisreïn à Ras el Aïn Beni Matar, ils appellent la rivière Ouad Charef; de Ras el Aïn Beni Matar à la Mlouïa, ils la nomment Ouad Za. Ils n'étendent jamais la signification de ces deux termes et n'emploient pas l'un pour l'autre. Le point de Ras el Aïn Beni Matar, qu'ils ont choisi comme marquant le lieu de changement dans la manière d'être de l'ouad, est remarquable à un double titre : c'est le premier lieu habité qui se trouve sur le cours de la rivière depuis sa source, et c'est à partir de là que l'Ouad Za a de l'eau d'une façon permanente; au-dessus de ce point, il n'a que des redirs qui se remplissent au moment des pluies; au-dessous, il a de l'eau partout, en toutes saisons. De ce dernier fait vient le nom de Ras el Aïn donné à la qaçba des Beni Matar.

Distances : de Tisreïn à Ras el Aïn Beni Matar comme de Misour à Debdou.
de Tisreïn à Debdou comme de Taourirt (Kerarma) à Lalla Marnia.
de Ras el Aïn Beni Matar à Tegafeït comme de Dar Ech Chaoui à Qaçba el Aïoun.
de Tegafeït à Qaçba Beni Qoulal comme de Qaçba el Aïoun à Oudjda.
de Qaçba Beni Qoulal à Taourirt (Kerarma) comme la 1/2 distance de Lalla Marnia à Oudjda.
de Taourirt (Kerarma) au confluent de l'Ouad Za et de la Mlouïa comme de Lalla Marnia à Oudjda.

POINTS HABITÉS DU COURS DU ZA. — Voici quelques détails sur ces localités, déjà énumérées, et au nombre de 5 seulement :

Ras el Aïn Beni Matar est une qaçba appartenant par moitié aux Beni Matar et aux Mhaïa. Elle est sur la rive de l'ouad, au milieu du désert, en plein Dahra. Il s'y trouve une source très abondante et ne tarissant jamais, dont les eaux forment l'Ouad Za.

Tegafeït est un village appartenant à un marabout qui l'habite, Ould Sidi Hamza.

Qaçba Beni Qoulal. Elle se compose d'une enceinte où les Beni Qoulal serrent leurs grains et d'un certain nombre d'habitations. Elle appartient aux Beni Qoulal.

Dar Chikh Ech Chaoui. C'est une maison unique, demeure de Chikh Ben Ech Chaoui, qaïd des Kerarma.

Taourirt. C'est une qaçba construite par Moulei Ismaïl; elle est en partie ruinée et sert aux Kerarma à emmagasiner leurs grains. Nous avons vu Taourirt, ainsi que Dar Chikh Ech Chaoui, en allant de Debdou à Qaçba el Aïoun.

TRIBUS DU COURS DE L'OUAD ZA. — De sa source à Ras el Aïn Beni Matar, l'Ouad Za, coulant dans le Dahra, traverse les terres de parcours de toutes les tribus qui fréquentent ce désert, mais n'arrose en particulier aucune d'elles. Nous ne parlerons pas ici de ces tribus, dont il sera question plus bas en même temps que du Dahra. Les tribus possédant des terres sur les rives de l'Ouad Za sont les suivantes, dans l'ordre où on les trouve en descendant la rivière : Oulad Amer, Beni Chebel, Oulad el Mîdi, Beni Qoulal, Kerarma. Les quatre premières habitent dans le massif du Djebel Oulad Amer et du

Djebel Mergeshoum; la portion de l'Ouad Za comprise entre Tegafelt et Qaçba Beni Qoulal leur appartient. La dernière possède les rives du Za de Qaçba Beni Qoulal à la Mlouïa, et les habite. Toutes cinq, bien que sédentaires, vivent sous la tente. Pas de Juifs dans aucune d'elles. Deux marchés : Souq el Arbạa Beni Qoulal et Souq et Tenîn Kerarma. Ce dernier, qui se tient à Dar Ech Chaoui, est fort important.

Oulad Amer. — Tribu séparée, soumise au sultan, du ressort du qaïd Ḥamada des Beni Bou Zeggou. Elle habite le massif du Djebel Oulad Ạmer, situé à gauche de l'Ouad Za. Langue tamaziṛt. 1000 fusils. 50 chevaux.

Distance : de Debdou aux Oulad Ạmer comme d'Oudjda à Lalla Maṛnia.

Beni Chebel. — Tribu séparée, soumise au sultan, sous l'autorité du qaïd Ḥamada des Beni Bou Zeggou. Elle habite le Djebel Mergeshoum situé à gauche de l'Ouad Za. Langue tamaziṛt. 70 fusils.

Oulad el Midi. — Tribu séparée, soumise au sultan, dépendant du qaïd Ḥamada des Beni Bou Zeggou. Elle habite le Djebel Mergeshoum. Langue tamaziṛt. 200 fusils.

Beni Qoulal. — Tribu séparée, soumise au sultan, du ressort du qaïd Ḥamada des Beni Bou Zeggou. Elle habite le Djebel Mergeshoum et les rives du Za, où elle possède Qaçba Beni Qoulal. Langue tamaziṛt. 150 fusils.

Kerarma. — Tribu séparée. Elle est soumise au sultan, qui lui a donné pour qaïd son propre chikh héréditaire, Ben Ech Chaoui, résidant à Dar Chikh Ech Chaoui. Elle habite les bords de l'Ouad Za entre le confluent de cette rivière avec la Mlouïa et Qaçba Beni Qoulal. Dar Chikh Ech Chaoui et Taourirt lui appartiennent. Langue arabe. 500 fusils.

AFFLUENT. — L'Ouad Za, au-dessus de Ras el Ạïn Beni Matar, dans la portion de son cours où on l'appelle Ouad Charef, reçoit l'Ouad el Ạououdj venant de l'est et se jetant sur sa rive droite. Cet affluent est une rivière sans eau, comme l'Ouad Charef.

OUAD EL QCEB. — Il prend sa source dans le Djebel Beni Iạla, perce la chaîne des Beni Bou Zeggou et des Zekkara, traverse le désert d'Angad, où il passe auprès de Qaçba el Ạïoun, et enfin se jette dans la Mlouïa. Cette rivière n'a d'eau que les années pluvieuses et pendant quelques jours.

Distances : de Qaçba el Ạïoun au Djebel Beni Iznâten comme de Lalla Maṛnia à Oudjda ou un peu moins.
de Qaçba el Ạïoun au Djebel Beni Iạla comme de Qaçba el Ạïoun à Oudjda.
de Qaçba el Ạïoun au Djebel Beni Bou Zeggou, 5 heures de marche.
de Qaçba el Ạïoun au Djebel Zekkara, 5 heures de marche.

Le Djebel Beni Iạla, où l'Ouad el Qceb prend sa source, est au sud des djebels Beni Bou Zeggou et Zekkara, à hauteur du milieu environ de la chaîne.

AFFLUENT. — L'Ouad el Qceb reçoit un affluent, l'Ouad Mesegmar, prenant sa source dans le Djebel Beni Bou Zeggou et se jetant sur sa rive gauche.

4°. — TRIBUS DE LA VALLÉE DE LA MLOUÏA.

Les tribus qui occupent ou parcourent la vallée de la Mlouïa sont, en la descendant : les Beni Mgild, les Aït Ạïach, les Aït ou Afella, les Oulad Khaoua, les Aït Ioussi, les Aït Tseṛrouchen, les Oulad el Ḥadj, les Houara, les Ḥallaf et les Beni Oukil. Nous allons dire un mot de chacune d'elles.

BENI MGILD. — Puissante tribu limitée au nord par les Beni Mṭir, à l'est par les Aït Ioussi, à l'ouest par les Zaïan et les Akebab, au sud par trois fractions des Aït Iafelman, les Aït Iaḥia, les Aït Ạïach et les Aït Izdeg. Les Beni Mgild sont indépendants; ils sont de race et de langue tamaziṛt.

AIT AIACH. — Ils sont Berâber et forment une des fractions des Aït Iafelman. Ils sont limités au nord par le Djebel El Ạïachi, à l'est par Aït Izdeg et les Aït ou Afella, à l'ouest par les Aït Iaḥia (autre fraction des Aït Iafelman) et les Beni Mgild, au sud par les Beni Mgild. Les Aït Ạïach sont partie sédentaires, partie nomades, ces derniers étant les plus nombreux. Ils ne possèdent que 4 qçars et des tentes.

Les 4 qçars sont ceux qui se trouvent sur l'Ouad Aït Aïach; la population en est de 300 fusils.

Les tentes sont dans la vallée de l'Ouad Aït Aïach, sur l'Ouad Outat Aït Izdeg au-dessous du confluent des deux rivières, et parfois sur la Mlouïa au-dessous du confluent de l'Ouad Outat Aït Izdeg.

Les Aït Aïach forment 800 fusils et 40 chevaux.

Ils sont indépendants.

Langue tamazirt, comme tous les Berâber.

Ni marché, ni Juifs.

AIT OU AFELLA. — Les Aït ou Afella sont une subdivision des Aït Izdeg. Ils sont bornés au nord par la crête supérieure du Grand Atlas, au sud par la Mlouïa et le district de Qçâbi ech Cheurfa, à l'est par les Oulad Khaoua et les Aït Tserrouchen, à l'ouest par le district d'Outat Aït Izdeg, les Aït Aïach et les Beni Mgild.

Les Aït ou Afella sont sédentaires et n'habitent que des qçars; leurs principaux qçars sont :

Dans la plaine entre le Grand Atlas et la Mlouïa : Zebzat, Bou Aïach, Entrit.

Sur la Mlouïa : Ahouli et Tamdafelt.

Sur l'Ouad Outat Aït Izdeg : Aït ou Afella.

Ces six qçars contiennent environ 460 fusils : les Aït ou Afella en forment 600. Point de chevaux.

Bien que fraction des Aït Izdeg, les Aït ou Afella ne comptent pas actuellement avec eux. Ils en sont séparés politiquement. Depuis l'installation d'un qaïd à Qçâbi ech Cheurfa, les Aït ou Afella sont soumis au sultan. Le reste des Aït Izdeg est resté indépendant. De là, séparation et hostilités.

Ni marché, ni Juifs.

OULAD KHAOUA. — Ils sont une fraction des Oulad el Hadj; mais, comme les Aït ou Afella, et depuis plus longtemps qu'eux, ils sont séparés de leur tribu d'origine. Ils sont bornés au nord par la Mlouïa et les Oulad el Hadj, et à l'ouest par les Aït ou Afella; au sud et à l'est, ils s'étendent jusqu'au pied du Grand Atlas et du Rekkam, où commencent les terres des Aït Tserrouchen : cette tribu, qui occupe ces deux massifs, les limite ainsi de deux côtés.

Les Oulad Khaoua sont partie sédentaires, partie nomades; ceux-ci sont les plus nombreux.

Leurs qçars sont au nombre de quatre : deux sur la Mlouïa, Megdoul et El Bridja; deux sur l'Ouad Ouizert, Tikoutamin et Ouizert. A eux quatre, ils contiennent 250 à 260 fusils.

Leurs tentes sont dispersées dans la plaine, au sud de la Mlouïa et près de l'Ouad Ouizert.

Ils forment 600 à 700 fusils. Ils ont environ 30 chevaux.

Appartenant aux Oulad el Hadj, les Oulad Khaoua sont de race et de langue arabe. Politiquement, ils sont, avons-nous dit, séparés de leur tribu. Cette séparation date de très loin. Il y a bien des années, les Oulad Khaoua, ayant eu des querelles avec les autres fractions des Oulad el Hadj, les abandonnèrent et s'allièrent aux Aït Izdeg; leur union avec les Aït Izdeg dure toujours depuis cette époque; aujourd'hui encore, bien que d'origine étrangère, ils comptent comme faisant partie de cette tribu. Lors de l'installation d'un qaïd à Qçâbi ech Cheurfa, ils ont fait leur soumission au sultan; depuis ce temps, ils sont blad el makhzen; le qaïd d'El Qçâbi les a, ainsi que les Aït ou Afella, dans son ressort. Le fait de leur soumission, contrairement à ce qui est arrivé pour les Aït ou Afella, ne les a point brouillés avec les Aït Izdeg. Ils leur sont toujours étroitement unis.

Ni marché, ni Juifs.

AIT IOUSSI. — C'est une grande tribu chleuha occupant toute la région qui s'étend entre Qçâbi ech Cheurfa et Sfrou. Elle est bornée au nord par Sfrou, au sud par la Mlouïa, à l'ouest par les Beni Mgild, à l'est par les Beni Ouaraïn, les Aït Tserrouchen et les Oulad el Hadj.

Les Aït Ioussi se divisent en trois fractions à peu près d'égale force :

Rerraba (au sud de Sfrou).

Aït Ḥelli (au sud des Reṛraba).

Aït Mesaoud ou Ali (au sud des Aït Ḥelli, entre la Mlouïa et le Djebel Oumm Djeniba).

Ils sont soumis au sultan et ont trois qaïds, un pour chaque fraction. Ils sont de race et de langue tamaziṛt. Partie sédentaires, partie nomades, ils ont des villages et des tentes.

Ni marché, ni Juifs sur leur territoire.

Les Aït Ioussi sont une tribu de montagne : ils possèdent à la vérité une grande plaine, la moitié de la vallée de la Mlouïa sur une longue étendue ; mais ils n'y descendent presque jamais : de loin en loin, on y voit apparaître quelques-uns de leurs douars ou de leurs troupeaux ; mais ils ne font que passer et bientôt regagnent les hauteurs. Tout le reste de leur territoire est montagneux ; les diverses chaînes qui le traversent sont nommées indifféremment Djebel Aït Ioussi. Les principales d'entre elles sont le Moyen Atlas et celle que nous appelons chaîne Oulmess-Ṛiata. On y remarque aussi le plateau montueux du Fezaz, qui sépare les Aït Ioussi des Beni Mgild.

Moyen Atlas. — Cette haute chaîne, dont nous avons vu au mois de mai presque toute la crête couverte de neige, commence au sud du Tâdla et se prolonge par les monts Debdou jusqu'aux Hauts Plateaux où elle expire. Dans sa portion comprise entre les Beni Mgild et la Mlouïa, on y remarque trois sommets principaux : à l'ouest, le Djebel Tsouqt, sur le territoire des Aït Ioussi ; à l'est, le Djebel Oulad Ali (portant aussi les noms de Djebel Beni Ḥassan, de Djebel Tirnest et de Djebel Oulad el Ḥadj), occupé partie par de petits groupes isolés de Chellaḥa, partie par les Oulad el Ḥadj ; entre les deux, le Djebel Oumm Djeniba, dont le versant ouest est habité par les Aït Ioussi, le versant est par les Aït Tseṛrouchen. Entre le Djebel Tsouqt et le Djebel Oumm Djeniba, la chaîne est toute sur le territoire des Aït Ioussi ; du Djebel Oumm Djeniba au Djebel Oulad Ali, le versant septentrional en appartient aux Beni Ouaṛaïn, le versant méridional aux Aït Tseṛrouchen.

Le chemin de Qçâbi ech Cheurfa à Fâs, par Sfrou, passe entre le Djebel Tsouqt et le Djebel Oumm Djeniba. Sur cette route se remarque la ḍaïa d'Ifraḥ, grand étang situé dans la montagne.

Chaîne Oulmess-Riata. — Commençant à l'ouest d'Oulmess, se continuant dans le Djebel Ṛiata et se prolongeant jusqu'en Algérie par les monts Beni Bou Zeggou et Zekkara, cette chaîne traverse le territoire des Aït Ioussi au nord de la précédente, à laquelle elle est à peu près parallèle. Entre les Aït Ioussi et la Mlouïa, elle appartient, le versant nord aux Ṛiata, le versant sud aux Beni Ouaṛraïn.

Fezaz. — C'est un plateau élevé, montueux, allant du Moyen Atlas à la chaîne Oulmess-Ṛiata ; sa direction est perpendiculaire à celle de ces deux chaînes entre lesquelles il est comme un trait d'union. Il forme limite entre les Aït Ioussi et les Beni Mgild.

AIT TSERROUCHEN. — Les Aït Tseṛrouchen sont une puissante tribu tamaziṛt composée de deux grandes fractions, l'une sédentaire, l'autre nomade. Les Aït Tseṛrouchen sont connus sous trois noms : on les appelle indifféremment Aït Tseṛrouchen, Mermoucha, et Oulad Moulei Ali ben Amer ; ils se font donner ce dernier nom parce qu'ils prétendent descendre du cherif Moulei Ali ben Amer qui serait leur souche commune (1).

Particularité rare, les deux fractions des Aït Tseṛrouchen vivent complètement isolées l'une de l'autre, sans aucune relation ensemble, leurs territoires séparés par d'autres tribus. L'une d'elles habite le versant sud du Moyen Atlas, la seconde le revers nord du Grand Atlas et le Ḍahra. Toute la vallée de la Mlouïa, avec ses vastes plaines et les tribus qui les occupent, les séparent. Ces deux fractions ne sont pas moins différentes de mœurs qu'isolées de territoires : la première est composée de montagnards sédentaires, la seconde de nomades. Nous allons les étudier l'une après l'autre.

Les *Aït Tserrouchen du nord* sont bornés : à l'ouest, par les Aït Ioussi ; au sud, par la plaine déserte, appartenant aux Aït Ioussi, qui forme la vallée de la Mlouïa de Qçâbi ech Cheurfa à Misour ; à l'est, par

(1) « Les Aït Tserrouchen sont entièrement à la dévotion des marabouts de Kenadsa, qui ont chez eux plusieurs zaouïas et dont « les grandes familles de la tribu disent être parentes. » (Renseignement fourni par M. Pilard.) On a vu par une note précédente que les descendants de Moulei Ali ben Amer et les marabouts de Kenadsa avaient une origine commune.

les groupes isolés de Chellaḥa qui, d'Almis à Feggouç, occupent les dernières pentes du Moyen Atlas, le long de la vallée de la Mlouïa; au nord, par les Beni Ouaraïn : la ligne de faîte du Moyen Atlas forme frontière entre cette dernière tribu et les Aït Tserrouchen du nord. Ceux-ci sont donc entièrement cantonnés dans le massif montagneux que forme le versant sud du Moyen Atlas et que limite à l'est et au sud la vallée de la Mlouïa. Cette fraction est sédentaire et n'habite que des villages. Elle peut lever environ 2000 fusils. Point de Juifs sur ses terres.

Les *Aït Tserrouchen du sud* occupent le revers septentrional du Grand Atlas au nord des Oulad Khaoua, les deux versants de la chaîne à l'est de cette tribu, et une partie du Ḍahra. La plupart d'entre eux sont nomades; cependant ils possèdent un certain nombre de qçars. Ces qçars sont : Azdad (3 qçars) et El Kaf, sur le revers nord du Grand Atlas, Taoura, non loin de Tanslemt, qui leur appartiennent en entier; Zriouila, Aïat, Tagenza, situés dans la même région, qu'ils habitent en commun avec d'autres tribus; de plus ils résident dans la localité de Saïda, dans le district de Qçâbi ech Cheurfa, et ont quelques individus dispersés dans les qçars de Beni Mesri.

Voici la décomposition des Aït Tserrouchen du sud :

Aït Saïd (nomades, vivant habituellement entre Beni Tzit et Talsit).	200 fusils.
Aït Bou Ouchchaouen (ou Aït Bou Oussaouen) (nomades, vivant habituellement près d'Anoual, dans le Ḍahra).	1 000
Aït Saïd ou El Ḥasen (nomades, vivant dans le Ḍahra).	200
Aït Ḥeddou ou Bel Ḥasen (nomades, vivant dans le Ḍahra).	200
Aït Bou Mariem (mi-sédentaires, mi-nomades, possèdent Azdad et ont des tentes).	600
Aït Ali Bou Mariem (mi-sédentaires, mi-nomades, quelques-uns d'entre eux sont dispersés dans les qçars de Beni Mesri. Les autres vivent sous la tente).	80
Aït Ben Ouedfel (mi-sédentaires, mi-nomades, possèdent le qçar de Taoura et des tentes).	120
Aït Ḥaseïn (nomades, vivant aux environs de l'Ouad Gir).	800
Aït Ḥammou Bel Ḥasen (nomades, vivant dans le Ḍahra).	60

Point de marché, ni de Juifs chez eux.

Tous les Aït Tserrouchen sont indépendants et sans relation avec le sultan. On a cru quelquefois que les Aït Tserrouchen étaient une fraction des Aït Iafelman; c'est une erreur : les Aït Tserrouchen ne sont point des Berâber. Ils forment une tribu à part. Ils sont Chellaḥa. Leur langue est le tamaziṛt.

OULAD EL ḤADJ. — Puissante tribu arabe, moitié nomade, moitié sédentaire; elle occupe les deux rives de la Mlouïa et la vaste plaine qui en forme la vallée depuis Misour jusqu'à Oulad Ḥamid. Plusieurs des qçars situés sur les premières pentes du Moyen Atlas lui appartiennent; les autres sont ses alliés. Enfin elle possède le Rekkam et une partie du Djebel Debdou. Les Oulad el Ḥadj sont Arabes de race et de langue. Autrefois ils étaient, de nom plutôt que de fait, soumis au sultan et avaient un qaïd nommé par lui. Depuis 1882, ils ne reconnaissent plus ni sultan ni qaïd et sont indépendants.

Voici leur décomposition :

Ṭoual (nomades)	100 fantassins.	30 cavaliers.
Oulad Bou Qaïs (nomades, toujours unis aux Ṭoual).	100 fantassins.	40 cavaliers.
Oulad Sidi Aïssa (marabouts sédentaires, habitant Tiissaf)	300 fantassins.	
Oulad Ḥamid (nomades et sédentaires; ces derniers habitent Oulad Ḥamid sur la Mlouïa).	300 fantassins.	40 cavaliers.
Ahel Tirnest (sédentaires, habitant le groupe de qçars de ce nom)	600 fantassins.	
Oulad Jerrar (nomades et sédentaires; ces derniers habitent divers qçars de la Mlouïa)..	800 fantassins.	60 cavaliers.
Oulad Daoud (nomades, ils campent dans le voisinage de Debdou)	200 fantassins.	30 cavaliers.
Beni Riis (sédentaires, habitant des villages dans le Djebel Debdou). . . .	600 fantassins.	
Ahel Rechida (marabouts sédentaires, habitant Rechida et Beni Khelften).	350 fantassins.	
Oulad Admer (marabouts sédentaires, habitant Admer)..	100 fantassins.	
Oulad El Bekri (nomades et sédentaires habitant à Ouṭat Oulad el Ḥadj). .	120 fantassins.	30 cavaliers.

Oulad Abd el Kerim (sédentaires, habitant dans les qçars d'Oulad El Fedil, Oulad Abd el Malek, El Angab, El Hamouzîn, etc.)......	90 fantassins.	
El'Arzan (sédentaires, habitant le groupe de qçars de ce nom)......	250 fantassins.	50 cavaliers.
Oulad Mellouk (sédentaires, habitant les qçars de ce nom)........	300 fantassins.	
Beni Bou Hi (sédentaires, habitant Outat Oulad el Hadj).........	150 fantassins.	
El Harar (sédentaires, habitant le qçar de ce nom à Outat Oulad el Hadj).	50 fantassins.	
El Kechchacha (sédentaires, résidant dans la localité de ce nom à El Outat).	30 fantassins.	
enfin, et pour mémoire seulement :		
Oulad Khaoua..........................	650 fantassins.	30 cavaliers.

Cette dernière fraction des Oulad el Hadj s'est séparée de ses frères et n'a plus de commun avec eux que l'origine; elle compte depuis longtemps avec les Aït Izdeg.

Trois autres fractions, les Beni Riis, les Ahel Rechida et les Oulad Admer, sont en ce moment en dehors du concert des Oulad el Hadj. Pendant que ceux-ci sont insoumis, elles reconnaissent le sultan et obéissent au qaïd de Tâza.

Il n'y a qu'un mellah chez les Oulad el Hadj, celui d'El Outat.

Deux marchés, tous deux à Oulad Hamid, tlâta et djemaa.

HOUARA. — Tribu nomade se disant de race arabe. La langue en est l'arabe. La principale installation et les cultures les plus importantes en sont sur les deux rives de la Mlouïa, entre Refoula et le gros des Hallaf. Elle cultive aussi dans le Fhama. Ce sont les seuls labourages qu'elle possède. Quant à ses troupeaux, elle les fait paître dans l'Angad, dans le Fhama, dans le Jell et jusque dans le Dahra.

Les Houara ne vivent que sous la tente, mais ils ont trois qaçbas qui leur servent de magasins; ce sont :

Gersif (ou Agersif), sur la Mlouïa.

Qaçba Oulad Hammou ou Mousa, sur la Mlouïa.

Qaçba Messoun, sur l'Ouad Messoun.

Les Houara sont une forte tribu, ils peuvent lever 1500 fantassins et 500 chevaux. Ils se décomposent en 6 fractions :

Atamna, Oulad Sedira, Mezarcha, Zergan, Oulad Mesaoud, Oulad Hammou ou Mousa.

Les Houara sont soumis au sultan et ont quatre qaïds; ceux-ci sont en ce moment :

Ali El Hamar, gouvernant les Atamna.

Mhammed bel Hadj El Korradi, gouvernant les Oulad Sedira et les Mezarcha.

Chikh Tîb El Hafi, gouvernant les Zergan et les Oulad Mesaoud.

Mhammed ould Qaddour ben Djilali, gouvernant les Oulad Hammou ou Mousa.

Deux marchés, le khemis et le had de Gersif. Point de mellah; des Israélites de Debdou viennent, sans emmener leur famille, passer une partie de l'année dans la tribu pour trafiquer.

HALLAF. — Tribu nomade, de race et de langue arabe. Elle se divise en deux groupes : les Ahel Refoula et les Hallaf proprement dits. Les premiers ont une qaçba sur la Mlouïa, Refoula, et habitent à l'entour sous la tente. Ils forment environ 100 fusils.

Les seconds, qu'on désigne seuls lorsqu'on prononce le nom de Hallaf, occupent les deux rives de la Mlouïa entre les Houara et les Beni Oukil : là sont toutes leurs cultures et leurs tentes; leurs troupeaux paissent dans les plaines voisines. Ils ne possèdent aucune construction. Cette tribu peut lever 400 fantassins et 100 chevaux. Elle se décompose en 6 fractions, savoir :

Oulad Rehou, Medafra, Oulad Sidi Mhammed bel Hoseïn (cherifs), Oulad Mahdi, El Arba, Oulad Seliman.

Les Ahel Refoula et les Hallaf proprement dits forment toute la tribu des Hallaf. Toutefois les Kerarma (tribu de l'Ouad Za) sont considérés comme frères des Hallaf et comme Hallaf d'origine; en cas de guerre, ils leur sont toujours alliés.

Les Hallaf, ceux de Refoula comme les autres, sont soumis au sultan. Ils n'ont point de qaïd particulier. Tous dépendent du qaïd des Kerarma.

Point de marché. Quelques Juifs de Debdou viennent trafiquer dans la tribu, mais il n'y a point de mellaḥ.

BENI OUKIL. — Tribu de marabouts. Ils sont de mœurs sédentaires, bien que vivant sous la tente. Ils habitent trois points du cours de la Mlouïa entre les Ḥallaf et l'embouchure du fleuve. Leurs campements sont en des lieux invariables, au milieu de leurs cultures et de leurs jardins. Aucune construction. Ils forment environ 200 familles; point de chevaux ni de fusils chez eux; ils ne possèdent que des chapelets.

Ils se divisent en 3 fractions. On n'a pu me dire le nom de la première; les 2 autres s'appellent :

El Khorb, Oulad El Bacha.

Les Beni Oukil reconnaissent le sultan, mais, en qualité de marabouts, n'ont point de qaïd et ne paient pas d'impôt.

Ni marché, ni Juifs chez eux.

5°. — PLAINES ENTRE LA MLOUIA ET FAS.

Une des choses remarquables de la géographie du Maroc oriental est la large trouée qui forme une voie naturelle entre l'Algérie et Fâs. De Lalla Maṛnia à cette capitale, le chemin est constamment en sol uni. C'est une succession de plaines que la Mlouïa coupe en deux parties. Nous allons donner quelques renseignements sur chacune d'elles, en commençant par la contrée comprise entre la Mlouïa et Fâs.

La région plate s'étendant entre la Mlouïa et Fâs se compose d'abord de deux plaines désertes, celle de Jell et celle de Ṛaret, situées l'une et l'autre sur la rive du fleuve, la première au sud de la seconde; puis d'un plateau bas et ondulé, le Fḥama, servant de ligne de partage entre le bassin de la Mlouïa et celui du Sebou; enfin de la vallée de l'Ouad Innaouen, affluent du Sebou.

Jell. — C'est une plaine déserte que parcourent en hiver et au printemps les troupeaux des Houara. Elle a pour limites : au nord, le Gelez, ligne de collines très basses qui la sépare du Ṛaret; à l'est, la Mlouïa; à l'ouest, le plateau du Fḥama; au sud, la chaîne des monts Ṛiata, fort abaissée en ce point et qui, aux environs de la Mlouïa, disparaît complètement pour reprendre plus loin avec un autre nom sur la rive droite du fleuve.

Le Jell est arrosé par l'Ouad Messoun, qui y entre au-dessous de Qaçba Messoun et y demeure jusqu'à son confluent avec la Mlouïa.

Ṛaret. — Plaine déserte ayant pour limites : au nord, le Djebel Qelaïa et le Djebel Kebdana; à l'est, la Mlouïa; à l'ouest, le Djebel Metalsa; au sud, les collines du Gelez qui la séparent du Jell. Dans le désert de Ṛaret campe la tribu nomade des Beni Bou Iahia.

Le Djebel Metalsa est situé à l'ouest de Qaçba Iselouan.

Le Djebel Qelaïa se trouve au nord de Qaçba Iselouan et à l'ouest du Djebel Kebdana.

Les Beni Bou Iahia, appelés aussi Beni Bou Iaḥi, sont une tribu nomade ne quittant point le désert de Ṛaret. Ils comptent 800 fantassins et 60 chevaux. Ils sont soumis au sultan et gouvernés par un qaïd nommé par lui, Moḥammed bel Ḥirch. Leur langue est le tamaziṛt.

Fḥama. — Plateau ondulé, désert la plus grande partie de l'année, cultivé en quelques points par les Houara et parcouru par leurs troupeaux. Il a pour bornes : au nord, les montagnes du Rif (massifs des Gezennaïa et des Metalsa); à l'est, la plaine du Jell; à l'ouest, le confluent de l'Ouad Bou el Djerf et de l'Ouad el Arbạ, dont la réunion forme l'Innaouen; au sud, les monts des Ṛiata.

Le peu d'élévation de ce plateau en rend l'accès et le parcours si faciles qu'il prolonge plutôt qu'il ne coupe les plaines voisines. Ce n'est qu'un dos peu accentué séparant les bassins de la Mlouïa et du Sebou.

Il est arrosé par deux cours d'eau, l'Ouad Bou el Djerf, l'une des sources de l'Innaouen, et l'Ouad Messoun, tributaire de la Mlouïa.

Qaçba Messoun, localité appartenant aux Houara, est située dans le Fḥama.

OUAD INNAOUEN. — Cette rivière, dont nous avons parcouru et décrit la vallée entre Tâza et Fâs, se jette dans le Sebou un peu au-dessus de Ḥadjra ech Cherifa. Elle est formée de la jonction de deux cours d'eau, l'Ouad Bou el Djerf et l'Ouad el Arbạ, qui se réunissent à 2 heures de marche au-dessus du confluent de l'Ouad Tâza et de l'Ouad Innaouen.

Ouad Bou el Djerf. — Il prend sa source dans la portion orientale des monts Ṛiata, traverse ensuite le Fḥama et se joint enfin à l'Ouad el Arbạ à peu de distance de Tâza.

Ouad el Arba. — La source s'en trouve dans les montagnes du Rif, au massif du Djebel Brânes, ainsi nommé de la tribu des Brânes qui l'habite. Il arrose les terres de cette tribu, puis entre dans celle des Miknâsa. C'est après l'avoir traversée qu'il s'unit à l'Ouad Bou el Djerf.

AFFLUENTS DE L'OUAD INNAOUEN. — En outre des affluents que nous avons mentionnés dans notre itinéraire, l'Ouad Innaouen reçoit les quatre suivants :

Ouad Bou Ḥelou, se jetant sur sa rive gauche à Ạdjib ech Cherif, point situé chez les Hiaïna, à l'extrémité du Djebel Ṛiata.

Ouad Bou Zemlal, se jetant sur sa rive gauche au-dessous du précédent, dans la tribu des Hiaïna.

Ouad Leben, se jetant sur sa rive droite au-dessous des deux premiers, dans la tribu des Hiaïna.

Ouad El Haḍar, se jetant sur sa rive droite à peu de distance de son confluent avec le Sebou.

Ouad Bou Helou. — Rivière assez considérable descendant du Djebel Beni Ouaṛaïn et arrosant le territoire des Ṛiata.

Ouad Bou Zemlal. — Cours d'eau peu important, prenant sa source dans le Djebel Beni Ouaṛaïn.

Ouad Leben. — Assez grande rivière descendant des montagnes du Rif, et ayant presque tout son cours sur le territoire des Hiaïna.

Ouad El Hadar. — Assez grande rivière qui prend sa source dans le Djebel Brânes. Elle arrose la tribu des Brânes, puis, laissant les Miknâsa au sud, entre dans le territoire des Tsoul qu'elle traverse. De là elle passe chez les Hiaïna et, au point où elle se jette dans l'Ouad Innaouen, forme frontière entre eux et les Oulad Djemạ.

Ainsi qu'on le voit, cette longue bande plane s'étendant entre la Mlouïa et Fâs, et formée du Jell, du Ṛaret, du Fḥama et de la vallée de l'Ouad Innaouen, est bordée au nord et au sud par deux chaînes de montagnes : monts du Rif au nord, monts des Ṛiata au sud. L'une et l'autre sont habitées, et la population y est même, dit-on, très dense. Les monts du Rif sont occupés par plusieurs tribus, d'importance diverse, de mœurs sédentaires, toutes Imaziṛen de langue et de race, quelques-unes soumises, la plupart indépendantes. Les monts des Ṛiata sont habités, sur leur versant nord par les Ṛiata, sur leur versant sud par les Beni Ouaṛaïn. Nous allons dire un mot de cette dernière tribu.

Beni Ouaraïn. — Grande tribu chleuḥa limitée, au nord, par les Ṛiata et les Hiaïna; à l'ouest, par les Aït Ioussi; à l'est, par les petits groupes isolés de Chellaḥa qui garnissent la vallée de la Mlouïa au pied de son flanc gauche; au sud, par les Aït Tseṛrouchen. Les Beni Ouaṛaïn ne parlent que le tamaziṛt. De mœurs sédentaires, ils habitent tous des villages. Ils vivent indépendants au fond de leurs montagnes, sans avoir eu, depuis un temps immémorial, aucune relation avec les sultans.

Point de marché, ni de Juifs sur leur territoire : ils font peu de commerce; cependant ils ont d'excellentes laines, que les marchands de Sfrou vont acheter chez eux.

On compte plus d'une journée de marche pour aller de Sfrou aux Beni Ouaṛaïn.

6°. — PLAINES ENTRE LA MLOUIA ET LALLA MARNIA.

Ces plaines sont au nombre de deux : celle de Tafrâta et celle d'Angad. L'une et l'autre touchent à la Mlouïa; la première est au sud de la seconde. Voici quelques indications sur chacune d'elles.

TAFRATA. — Vaste plaine déserte ayant pour limites : au nord, l'Ouad Za; à l'est, les monts Mergeshoum et Oulad Amer; à l'ouest, la Mlouïa; au sud, les monts Debdou. Le désert de Tafrâta n'appartient à aucune tribu; mais Houara, Chedja, Hallaf, et parfois même Oulad el Hadj, viennent y faire paître leurs troupeaux lorsque la verdure, après les pluies, y apparaît sur le sol nu d'ordinaire. Aucune rivière n'arrose le Tafrâta; on y trouve quelques daïas, de très rares sources, des lits de ruisseaux.

ANGAD. — Vaste plaine déserte ayant pour limites : au nord, le Djebel Beni Iznâten ; à l'est, les hauteurs qui bordent la Tafna; à l'ouest, la Mlouïa et l'Ouad Za; au sud, le Djebel Beni Bou Zeggou et le Djebel Zekkara. Ce désert, le plus étendu de ceux dont nous venons de parler, est sillonné d'un grand nombre de cours d'eau; souvent desséchés pendant plusieurs années, de grandes pluies en font durant quelques heures des torrents impétueux. Plaine aride et nue la plupart du temps, l'Angad se couvre, dans les périodes pluvieuses, d'une végétation abondante, pâturages précieux pour les nomades.

Il n'existe que deux lieux construits dans le désert d'Angad : Oudjda et Qaçba el Aïoun. Mais trois tribus nomades y ont leurs campements, les Mhaïa, les Chedja et les Angad.

Mhaïa. — Tribu nomade, parlant l'arabe. Les tentes et les troupeaux en sont partie dans le Dahra, partie dans l'Angad. Les Mhaïa sont continuellement en mouvement, circulant dans l'Angad, dans le Dahra, allant de l'un à l'autre; la stérilité de ces contrées les force à des changements incessants pour nourrir leurs troupeaux.

Les Mhaïa peuvent lever environ 2000 fusils. Ils sont soumis au sultan depuis la campagne que fit celui-ci en 1876. Un qaïd, qui leur fut donné alors, les gouverne; il s'appelle Bou Bekr, a une maison à Oudjda, et vit habituellement sous la tente dans l'Angad.

Ni marché, ni Juifs.

Chedja. — Petite tribu nomade, de race et de langue arabe. Elle ne compte pas plus de 400 fusils. Comme les Mhaïa, et pour les mêmes motifs, elle est constamment en voyage, parcourant tantôt l'Angad, tantôt le Tafrâta, tantôt le Dahra. Son quartier général est l'Angad; c'est là qu'elle est le plus souvent. Jadis indépendante, elle s'est soumise au sultan lors de l'expédition de 1876. Elle a depuis ce temps un qaïd, Si Hamida, qui réside à Qaçba el Aïoun.

Ni marché, ni Juifs.

Angad. — Petite tribu nomade, parlant l'arabe. Comme les précédentes, elle est presque toujours errante, mais ses terrains de parcours ne s'étendent guère au delà de l'Angad. Elle peut lever environ 400 fusils. Autrefois libre et renommée pour ses brigandages, ainsi d'ailleurs que les Chedja et les Mhaïa, elle est, depuis l'expédition de 1876, soumise au sultan et gouvernée par un qaïd; son qaïd actuel s'appelle Ould Bou Terfas et vit dans la tribu.

Les Angad se décomposent en quatre fractions :

Oulad Serir.

Mezaouir.

Oulad Ali ben Telha.

Houara Angad.

Ni marché, ni Juifs.

Le désert d'Angad est, avons-nous vu, bordé au nord et au sud par deux longues chaînes de montagnes. Prenant les noms des tribus qui les habitent, elles s'appellent, l'une, Djebel Beni Iznâten, l'autre, d'abord Djebel Beni Bou Zeggou, puis Djebel Zekkara. Nous allons dire un mot des Beni Iznâten, des Beni Bou Zeggou et des Zekkara.

Beni Iznâten. — Riche et puissante tribu habitant la chaîne de montagnes qui s'étend entre l'Angad et la Méditerranée, de la frontière algérienne à la Mlouïa. Elle est citée dans la plupart des ouvrages français sous le nom altéré de Beni Snassen. C'est une tribu sédentaire, de race et de langue tamaziṛt. Elle a été longtemps libre et était, il y a quelques années encore, gouvernée en toute indépendance par son chikh héréditaire. Le dernier fut Ḥadj Mimoun ben El Bachir, célèbre et encore populaire dans toute la contrée par sa puissance, ses richesses, et par la justice de son gouvernement. Dans une des premières années de son règne, Moulei El Ḥasen, avec l'aide du moqaddem de la zaouïa de Moulei Edris de Fâs, s'empara par trahison de sa personne et le jeta en prison. Il espérait amener par là la soumission des Beni Iznâten; mais elle ne se fit pas : ils vécurent dans l'anarchie jusqu'au moment où le sultan, en 1876, vint avec son armée à Oudjda. Ils se décidèrent alors à le reconnaître. Il les subdivisa en quatre commandements; à la tête de chacun fut placé un qaïd à qui ils obéissent depuis tant bien que mal.

Beni Bou Zeggou. — Tribu sédentaire bien que n'ayant que des tentes. Celles-ci sont, comme chez les Kerarma, installées au milieu de cultures, en des lieux invariables. Les Beni Bou Zeggou habitent la chaîne de montagnes à laquelle ils ont donné leur nom, entre le Ḍahra et l'Angad; de plus, ils s'étendent à son pied sur la lisière de l'Angad et occupent dans cette plaine le cours entier de l'Ouad Meseg-mar. C'est une tribu tamaziṛt, de langue comme de race. Elle compte 1200 fantassins et 120 chevaux. Indépendante jusqu'en 1876, elle s'est à cette époque soumise au sultan, au moment de l'expédition d'Oudjda. Moulei El Ḥasen donna le titre de qaïd à son chikh héréditaire, Ḥamada. Celui-ci la gouverne depuis lors, réprimant le vol et le brigandage avec une ardeur extrême, qu'égale seulement, dit-on, celle qu'il mettait, avant sa soumission, à les pratiquer lui-même.

Point de Juifs chez les Beni Bou Zeggou.

Zekkara. — Petite tribu sédentaire. Elle vit dans des villages. C'est une tribu de montagne tout entière cantonnée dans le tronçon de chaîne qu'elle occupe et auquel elle a donné son nom. Elle ne compte que 200 fantassins et n'a point de chevaux. Elle est tamaziṛt de langue comme de race. Les Zekkara sont soumis au sultan depuis la campagne de 1876. Ils sont gouvernés par un chikh qui dépend du qaïd d'Oudjda.

7°. — DAHRA.

Ḍahra est le nom que porte la région des Hauts Plateaux dans sa partie marocaine. Le Ḍahra est limité, au nord, par les monts Debdou et Oulad Ạmer et par un long talus montagneux qui le sépare de l'Angad, talus dont les djebels Beni Bou Zeggou et Zekkara sont les degrés inférieurs; à l'est, par la frontière algérienne; à l'ouest, par le Rekkam; au sud, par les dernières pentes du Grand Atlas et le bassin du Gir.

De tout point pareil aux Hauts Plateaux de la province d'Oran, le Ḍahra est une vaste étendue déserte, au sol uni, dure sans être pierreuse, aride, sans autre végétation que l'ḥalfa qui la couvre en entier, sans autre eau que celle de rares puits creusés à grands intervalles, souvent à plus d'une journée de marche l'une de l'autre. Encore les puits sont-ils fréquemment à sec ou comblés, et si l'on y trouve de l'eau, elle est presque toujours saumâtre. Tels sont ces steppes désolés où cependant, comme dans ceux d'Algérie, vivent des tribus nomades. Elles n'y ont point de territoire fixe : toujours en mouvement, changeant constamment de place pour donner de nouveaux pâturages à leurs troupeaux, elles parcourent le Ḍahra en tous sens, tantôt groupées, tantôt éparpillées, tantôt côte à côte, tantôt loin les unes des autres. Cependant certaines tribus sont plus souvent au sud, d'autres se tiennent généralement dans le nord. Les premières sont celles qui ont leurs qçars et leurs dépôts de grains au pied du Grand Atlas, les secondes celles dont les magasins sont près du revers septentrional du plateau, ou dans l'Angad.

Les tribus du sud sont :

Aït Tserrouchen, Beni Gil, Oulad Sidi Ali Bou Chnafa, Oulad Sidi Mhammed ben Hamed.

Celles du nord sont :

Beni Matar, Mhaïa, Chedja.

Les deux dernières n'y sont qu'une partie de l'année et n'y ont qu'une portion de leurs tentes; elles vont et viennent, se partageant entre le Dahra et l'Angad.

Ces sept tribus, les unes imaziren, les autres arabes, sont toutes nomades. Celles du sud sont indépendantes, celles du nord sont soumises au sultan.

Les *Beni Matar* forment une très petite tribu : ils ne comptent que 150 fusils. Ils sont nomades, mais possèdent, de moitié avec les Mhaïa, un qçar où ils serrent leurs grains, Qaçba Ras el Aïn Beni Matar (Ouad Za). Ils sont soumis au sultan et dépendent du qaïd des Mhaïa.

Les Beni Matar parlent l'arabe. Point de Juifs chez eux.

Le Dahra est sillonné par plusieurs rivières; mais ces rivières ne coulent jamais; elles n'ont que des redirs qui se remplissent à la saison des pluies.

Il existe quelques qçars dans la région méridionale de ce désert, auprès des dernières pentes du Grand Atlas et vers les sources des affluents du Gir. Mais ils sont peu nombreux. Ce sont, soit des zaouïas, soit des dépôts de grains appartenant à des tribus nomades du Dahra. Les plus connus sont Talsit, Anoual, et surtout Aïn Chaïr.

8°. — ITINÉRAIRES.

1° *DE TAZA A DEBDOU.* — De Tâza à Qaçba Messoun, 3 heures et demie de marche. De Qaçba Messoun à Gersif, une demi-journée. De Gersif à Debdou, un jour.

2° *DE DEBDOU A SEBDOU.* — On monte sur le sommet du Djebel Debdou : il est couronné par un vaste plateau pierreux, couvert de grands arbres, arrosé de nombreuses sources; ce plateau s'appelle Gada Debdou. On y marche un espace égal à la distance de Lalla Marnia à Oudjda; sol uni, dur, boisé. On se trouve alors à la limite du plateau : on quitte la Gada et on entre dans le Dahra. La forêt cesse et fait place aux longs steppes couverts d'halfa. Après 3 journées et demie de marche faites dans le Dahra et 3 nuits passées dans ce désert, on arrive à Sebdou, le soir du quatrième jour.

3° *DE DEBDOU A MELILLA.* — De Debdou à Taourirt (Ouad Za), 1 jour. De Taourirt à Mouâzen Sidi Bel Khir, 1 jour. De Mouâzen Sidi Bel Khir à Melilla, une forte demi-journée.

1er *jour.* — Cette partie du trajet a été faite par nous et décrite plus haut.

2e *jour.* — On traverse la Mlouïa entre Taourirt et Mouâzen Sidi Bel Khir. Elle est à une distance de ce dernier point égale à celle qui sépare Oudjda de Lalla Marnia. De Taourirt au fleuve, on est dans le désert d'Angad, du fleuve à Mouâzen Sidi Bel Khir dans celui de Raret. Mouâzen Sidi Bel Khir est un lieu inhabité, simple point d'eau dans la plaine.

3e *jour.* — Entre Mouâzen Sidi Bel Khir et Melilla, à mi-distance entre les deux points, se trouve sur le chemin une localité, Qaçba Iselouan. Jusque-là on a continué à marcher dans le Raret. Cette qaçba en marque la fin. On est désormais au bord de la mer et dans la tribu des Qelaïa. Qaçba Iselouan est à une demi-heure de la mer. De ce point à Melilla, on longe le rivage en ayant constamment la Méditerranée à main droite et le Djebel Qelaïa à main gauche.

Qaçba Iselouan est la résidence du qaïd des Qelaïa; elle est arrosée par un petit cours d'eau, le seul que l'on traverse de la journée : il s'appelle Ouad Chlouk et se jette près de là dans la mer. Les eaux en sont salées.

Les Qelaïa sont une tribu tamaziṛt sédentaire; ils sont soumis au sultan. Leur territoire est voisin de celui des Kebdana, tribu de même race et de mœurs semblables; les Kebdana sont soumis et ont un qaïd, Ould Harfouf.

Distance : de Mouâzen Sidi Bel Khir à Melilla comme d'Oudjda à Lalla Maṛnia.

4° *D'OUDJDA A FAS.* — Des cavaliers bien montés mettent cinq journées pour aller d'Oudjda à Fâs.

1er *jour.* — D'Oudjda à Qaçba el Aïoun.

2e *jour.* — De Qaçba el Aïoun à Gersif. (On traverse, sans s'y arrêter, le pays de Za.)

3e *jour.* — De Gersif à Qaçba Miknâsa. (C'est une petite qaçba fort mal construite. On passe, chemin faisant, sous les murs de Qaçba Messoun.)

4e *jour.* — De Qaçba Miknâsa aux Hiaïna.

5e *jour.* — Des Hiaïna à Fâs.

FIN DE LA SECONDE PARTIE.

APPENDICE.

APPENDICE.

LES ISRAÉLITES AU MAROC.

Les Israélites du Maroc se divisent en deux classes : ceux des régions soumises au sultan, Juifs de blad el makhzen; ceux des contrées indépendantes, Juifs de blad es siba.

Les premiers, protégés des puissances européennes, soutenus par le sultan, qui voit en eux un élément nécessaire à la prospérité commerciale de son empire et à sa propre richesse, tiennent par la corruption les magistrats, auxquels ils parlent fort haut, tout en leur baisant les mains, acquièrent de grandes fortunes, oppriment les Musulmans pauvres, sont respectés des riches, et parviennent à résoudre le problème difficile de contenter à la fois leur avarice, leur orgueil et leur haine de ce qui n'est pas juif. Ils vivent grassement, sont paresseux et efféminés, ont tous les vices et toutes les faiblesses de la civilisation, sans en avoir aucune des délicatesses. Sans qualités et sans vertus, plaçant le bonheur dans la satisfaction des sens et ne reculant devant rien pour l'atteindre, ils se trouvent heureux et se croient sages. Les Juifs de blad es siba ne sont pas moins méprisables, mais ils sont malheureux : attachés à la glèbe, ayant chacun leur seigneur musulman, dont ils sont la propriété, pressurés sans mesure, se voyant enlever au jour le jour ce qu'ils gagnent avec peine, sans sécurité ni pour leurs personnes ni pour leurs biens, ils sont les plus infortunés des hommes. Paresseux, avares, gourmands, ivrognes, menteurs, voleurs, haineux surtout, sans foi ni bonté, ils ont tous les vices des Juifs de blad el makhzen, moins leur lâcheté. Les périls qui les menacent à toute heure leur ont donné une énergie de caractère inconnue à ceux-ci, et qui dégénère parfois en sauvagerie sanguinaire (1).

I. — Israélites de blad el makhzen.

Le Juif se reconnaît à sa calotte et à ses pantoufles noires : il ne lui est pas permis de les porter d'une autre couleur. Dans la campagne, il peut aller à âne et à mulet, mais s'il rencontre un religieux ou une chapelle, il met pied à terre ou fait un détour. Aux péages et aux portes, il est soumis à une taxe comme les bêtes de somme. En ville, il se déchausse et marche à pied; les rues voisines de certains sanctuaires lui sont interdites. Il demeure hors du contact des Musulmans, avec ses coreligionnaires, dans un quartier spécial appelé mellaḥ : le mellaḥ est entouré de murs; une ou deux portes lui donnent entrée; on les ferme à 8 heures du soir. Dans le mellaḥ, le Juif est chez lui : en y entrant, il remet ses chaussures, et le voilà qui s'enfonce dans un dédale de ruelles sombres et sales; il trotte au milieu des immondices, il trébuche contre des légumes pourris, il se heurte à un âne malade qui lui barre le chemin; toutes les mauvaises odeurs lui montent au nez; des sons discordants le frappent de toutes parts; des femmes se

(1) J'écris des Juifs du Maroc moins de mal que je n'en pense; parler d'eux favorablement serait altérer la vérité. Mes observations s'appliquent à la masse du peuple : dans le mal général, il existe d'heureuses exceptions. A Fâs, à Sfrou, à Meknâs, à Tâza, à Tazenakht, à Debdou, en d'autres lieux encore, j'ai vu des Israélites donner l'exemple de la vertu. Le grand rabbin de Fâs était, aux yeux des Musulmans mêmes, un des hommes les plus justes de son temps. Mais ces modèles sont rares et on les imite peu.

disputent d'une voix aigre dans les maisons voisines, des enfants psalmodient d'un ton nasillard à la synagogue. Il arrive au marché : de la viande, des légumes, beaucoup d'eau-de-vie, quelques denrées communes, tels sont les objets qu'on y trouve ; les belles choses sont dans la ville musulmane. Le Juif fait ses achats et, reprenant sa route, il gagne sa maison ; s'il est pauvre, il se glisse dans une chambrette où grouillent, assis par terre, des femmes et des enfants : un réchaud, une marmite forment tout le mobilier; quelques légumes la semaine, des tripes, des œufs durs et un peu d'eau-de-vie le samedi, nourrissent la famille. Mais notre Juif est riche. Au moment où il pousse la porte noire, surmontée de mains pour préserver du mauvais œil, qui ferme sa demeure, il pénètre dans un monde nouveau. Voici le jour, la propreté, la fraîcheur, la gaieté. Il entre dans une cour carrée entourée de deux étages de galeries donnant accès aux chambres. Le ciel apparaît, d'un bleu ardent. Les derniers rayons du soleil font briller comme des miroirs, au faîte de la maison, les faïences coloriées dont tout est revêtu, murs, colonnes, sol de la cour, plancher des chambres. Une odeur de bois de cèdre remplit et parfume la demeure. Des enfants rentrant de l'école jouent et crient. Des femmes, bras nus et poitrine découverte, vêtues d'une jupe de couleur éclatante et d'une petite veste de velours brodée d'or, un mouchoir de soie sur la tête, se délassent et causent, assises dans la cour. Au fond des chambres, des vieillards, à figure pâle, à longue barbe blanche, attendent, le livre à la main, l'heure de la prière du soir. Dans les galeries, des servantes, accroupies près des réchauds, apprêtent le repas. Il y a trois ou quatre pièces à chaque étage : elles sont immenses, très élevées, à plafonds de bois de cèdre, à grands murs blancs garnis dans le bas de faïences ou de tentures ; portes, placards, plafonds, toutes les boiseries sont peintes d'or et de couleurs éclatantes. Peu de meubles : deux vastes armoires tenant la largeur entière de la chambre à ses deux extrémités; au-dessus de chacune, un lit de fer; à terre des matelas, des tapis, des coussins ; sur les murs, quatre ou cinq pendules dont aucune ne marche et autant de grandes glaces couvertes de rideaux de mousseline pour les protéger. Dans chacune de ces pièces vit une famille entière, le père, ses épouses, ses enfants non mariés, ses hôtes. C'est une animation, un bourdonnement continuel ; ce sont aussi, entre femmes, des disputes de toute heure. « La femme querelleuse, » dit Salomon, « est semblable à un toit d'où l'eau dégoutte sans cesse au temps d'une grosse pluie ». Il faut avoir habité avec des Juifs pour bien comprendre ce proverbe. Tout à coup le silence se fait, les femmes parlent bas, les enfants se taisent. Le soleil vient de se coucher. Chaque homme se lève et, se plaçant devant un mur, récite, en se balançant, sa prière : tantôt il remue les lèvres en silence, tantôt il psalmodie à mi-voix ; le voici qui fait une inclination profonde, la prière est finie; les causeries éclatent de nouveau : à table, le dîner est prêt. Le Juif a un hôte ; il s'assied avec lui sur un tapis ou sur des coussins, le reste de la famille mange à part, dans un coin. On place une petite table devant les deux hommes, on apporte le thé ; il y a du thé à l'ambre, à la verveine, à la menthe ; on en boit trois tasses, puis se succèdent un potage très épicé, des quartiers de mouton bouilli, des boulettes de viande hachée au piment, des tripes et du foie au piment, un poulet, des fruits confits dans le vinaigre, d'autres frais ; c'est un repas distingné. Une carafe pleine d'un liquide incolore est entre les deux Juifs ; ils s'en versent de grands verres et, tout en mangeant, en boivent un litre à eux deux ; on pourrait croire que c'est de l'eau : c'est de l'eau-de-vie. Au milieu du dîner entrent trois musiciens ; deux sont des Juifs ; ils portent, le premier, une flûte, l'autre, une sorte de guitare ; le dernier est musulman, il chante. Les chansons sont si légères qu'on n'en peut rien dire, pas même les titres. Les instruments accompagnent. Les femmes et les enfants répètent les refrains et battent des mains en cadence. Le bruit attire les voisins ; bientôt on est vingt-cinq ou trente en cercle autour des artistes. Quel contraste entre ce pauvre chanteur musulman et les Juifs qui l'entourent ! lui, beau, la figure éveillée, spirituelle, grands yeux expressifs, dents superbes, cheveux bien plantés et rasés, barbe courte, bien fait, souple, mains et pieds charmants, et, quoique misérable, brillant de propreté. Eux, laids, à l'air endormi, presque tous louchant, boiteux ou borgnes, crevant de graisse ou maigres comme des squelettes, chauves, la barbe longue et crasseuse, mains énormes et velues, jambes grêles et arquées, pas de dents, et, même les riches, d'une saleté révoltante.

Les Juifs sont très laids au Maroc. Les femmes, avec des traits réguliers, ont si peu de physionomie, des yeux si éteints, le visage si pâle, qu'il n'en est guère d'agréables, même de quatorze à dix-huit ans. Les hommes, quelquefois bien dans leur extrême jeunesse, sont affligés de bonne heure de mille infirmités et sont vieillards avant d'avoir atteint l'âge mûr. Les difformes, borgnes, boiteux ou autres, sont si nombreux, dans les villes surtout, qu'ils y forment le quart peut-être de la population. A quoi attribuer une laideur et une décrépitude à ce point générales et excessives? Est-ce à une malpropreté extrême, à une hygiène défectueuse, à des mariages prématurés et entre proches? La nourriture est insuffisante chez les pauvres, immodérée et composée uniquement de viandes chez les riches. Tout le monde fait un usage démesuré d'alcool; on en boit en mangeant et entre les repas; un litre par jour est la moyenne d'un grand nombre (1). Les femmes mêmes en prennent plus ou moins. Le samedi surtout, on en absorbe une quantité prodigieuse : il faut en avaler assez au déjeuner pour dormir ensuite d'un trait jusqu'à la prière de 4 heures. Le Juif marche peu, ne se promène point; il ne sort du mellaḥ que pour aller à la ville vaquer à ses affaires et ne voyage que pour un motif grave. S'il n'est obligé de gagner sa vie par un travail assidu, il se couche à 11 heures, se lève à 10, et fait souvent la sieste dans la journée. On se marie entre aussi proches parents que l'on peut. Un Israélite qui a des neveux dont l'âge convient à celui de ses filles ferait injure à son frère et tort à lui-même en ne les demandant pas comme gendres. Les unions sont d'une précocité presque incroyable, surtout dans les villes de l'intérieur; les jeunes filles, ou plutôt les petites filles, s'y marient entre six et huit ans, les garçons vers quatorze ans. A qui demande la cause d'un tel usage, on répond qu'un homme de quatorze ans a besoin de se marier et que, pour lui appareiller sa compagne, il faut la prendre très jeune; d'ailleurs, pour les filles c'est chose indifférente : qu'est-ce qu'une femme? « *Kerch, chouia djeld itmetted.* » Si la manière de vivre des Juifs est peu propre à leur conserver la santé, malades ils se soignent d'une façon déplorable. J'ai vu régner à Fâs une épidémie de rougeole qui, dans le seul mellaḥ, enlevait quatre et cinq enfants par jour. On ne séparait pas les enfants sains des malades; tous étaient atteints les uns après les autres. On les nourrissait de melons et de pastèques : puisqu'ils avaient la fièvre, il fallait les rafraîchir. Heureusement, point de remèdes. J'en vis pourtant administrer quelquefois. Un jour, à Demnât, un pauvre Israélite avait ses cinq enfants malades, il était inquiet, la fièvre était ardente; à tout prix, il fallait tenter de la calmer. Il possédait dans une vieille caisse divers paquets contenant des remèdes variés de provenance européene; ils étaient de dix ou douze sortes; il sortit ces médicaments, prit un peu de chacun, méla le tout, en fit cinq parts égales et les distribua à ses enfants. Ils n'en sont pas morts!

Les Israélites, qui, aux yeux des Musulmans, ne sont pas des hommes, à qui les chevaux, les armes sont interdits, ne peuvent être qu'artisans ou commerçants. Les Juifs pauvres exercent divers métiers; ils sont surtout orfèvres et cordonniers; ils travaillent aussi le fer et le cuivre, sont marchands forains, crieurs publics, changeurs, domestiques dans le mellaḥ. Les riches sont commerçants, et surtout usuriers. En ce pays troublé, les routes sont peu sûres, le commerce présente bien des risques; ceux qui s'y livrent n'y aventurent qu'une portion de leur fortune. Les Israélites préfèrent en abandonner aux Musulmans les chances, les travaux et les gains, et se contentent pour eux des bénéfices sûrs et faciles que donne l'usure. Ici ni peine ni incertitude. Capitaux et intérêts rentrent toujours. Un débiteur est-il lent à payer? On saisit ses biens. N'est-ce pas assez? On le met en prison. Meurt-il? On y jette son frère. Il suffit pour cela de posséder les bonnes grâces du qaïd; elles s'acquièrent aisément : donnez un léger cadeau de temps en temps, fournissez à vil prix les tapis, les étoffes dont a besoin le magistrat, peu de chose en somme, et faites toutes les réclamations, fondées ou non; vous êtes écouté sur l'heure. Il ne reste alors qu'à prendre le titre de *rebbi*, à demeurer longtemps au lit et longtemps à table, et à encaisser tranquillement l'argent des *goui*, en rendant grâce au Dieu d'Israël.

(1) Les Juifs fabriquent eux-mêmes cette eau-de-vie, qu'ils appellent *mahia*; ils la font, dans le nord, de cire ou de raisins secs; dans la montagne, de figues; dans le Sahara, de dattes. Dans les villes, la mahia s'achète par carafes au marché; dans les campagnes, chaque maison distille tous les jeudis ce qu'il lui faut pour la semaine.

Les Juifs de blad el makhzen dépendent des seuls gouverneurs du sultan et leur paient un impôt. Ceux qui ont quelque fortune sont sous la protection d'une puissance européenne; les uns l'obtiennent par un séjour vrai ou fictif en Algérie, la plupart l'achètent des agents indigènes que les nations possèdent dans les villes de l'intérieur. Ces agents, peu ou point soldés, se font souvent de gros revenus par de mauvais moyens.

Les Israélites du Maroc parlent l'arabe. Dans les contrées où le tamaziṛt est en usage, ils le savent aussi; en certains points le tamaziṛt leur est plus familier que l'arabe, mais nulle part ce dernier idiome ne leur est inconnu. Tous les Juifs lisent et écrivent les caractères hébreux; ils ne connaissent point la langue, épellent leurs prières sans les comprendre, et écrivent de l'arabe avec les lettres hébraïques. Les rabbins seuls ont appris la grammaire et le sens des mots et, en lisant, entendent plus ou moins. Les rabbins sont nombreux; sur cinq ou six Juifs, il y en a un. Ils se distinguent par leur coiffure : ils s'enveloppent la tête d'un long mouchoir bleu qui encadre leur figure et dont la pointe retombe sur leurs épaules. Le titre de rabbin équivaut à celui de bachelier; sur dix rabbins, un à peine peut officier; le rabbin officiant, ou rabbin *sacrificateur*, a pour principal service d'égorger suivant le rite les animaux destinés à la nourriture des fidèles; puis il dit les prières à la synagogue, apprend à lire aux enfants, dresse les actes. On lui donne une légère rétribution et des morceaux déterminés des animaux qu'il tue. Les villes renferment plusieurs synagogues et de nombreux officiants. Il n'est pas de village ayant six ou sept familles israélites qui n'ait sa synagogue et son rabbin. Les Juifs qui n'ont point de sacrificateur sont soumis à diverses privations, telles que celle de ne pouvoir manger de viande. Ceux qui vont isolément trafiquer parmi les Musulmans s'en passent parfois durant six ou huit mois. Les Israélites du Maroc observent avec la dernière rigueur les pratiques extérieures du culte. Mais, comme nous l'avons dit, ils ne se conforment en rien aux devoirs de morale que prescrit leur religion : non seulement ils ne les suivent pas, mais ils les nient. Ils appellent sagesse la ruse, le mensonge, la violation des serments; justice la vengeance, la haine, la calomnie; prudence l'avarice et la lâcheté; la paresse, la gourmandise, l'ivrognerie sont d'heureuses facultés données par Dieu aux mortels pour leur faire supporter les peines de la vie. Les Juifs sont les enfants bien-aimés du Seigneur : qu'ils lui rendent les hommages dus, qu'ils prient, qu'ils jeûnent, qu'ils observent le sabbat et les fêtes, qu'ils mangent seulement la nourriture licite, qu'ils se lavent et se baignent quand il faut, et ils seront toujours chéris de Dieu; ils peuvent, pour les autres choses, se permettre ce qui leur plaît. Haï soit le reste des hommes! Il est maudit pour l'éternité. Le jour n'est pas loin où le Messie, tant de fois annoncé, viendra et mettra le monde sous les pieds du peuple d'Israël. Que dis-je? Le voici peut-être. Rebbi Abnir, grand rabbin de Fâs, a reçu des lettres d'Égypte : le prétendu mahdi, annoncent-elles, n'est point musulman, mais juif; c'est le Messie; il chasse les chrétiens comme l'aquilon dissipe la pluie. « Qu'ainsi périssent, ô Seigneur, tous vos ennemis : mais que ceux qui vous aiment brillent comme le soleil lorsque ses rayons éclatent au matin. »

II. — Israélites de blad es siba.

Tout Juif de blad es siba appartient corps et biens à son seigneur, son *sid*. Si sa famille est établie depuis longtemps dans le pays, il lui est échu par héritage, comme une partie de son avoir, suivant les règles du droit musulman ou les coutumes imaziṛen. Si lui-même est venu se fixer au lieu qu'il occupe, il a dû, aussitôt arrivé, se constituer le Juif de quelqu'un : son hommage rendu, il est lié pour toujours, lui et sa postérité, à celui qu'il a choisi. Le sid protège son Juif contre les étrangers comme chacun défend son bien. Il use de lui comme il gère son patrimoine, suivant son propre caractère. Le Musulman est-il sage, économe? Il ménage son Juif, il ne prend que le revenu de ce capital; une redevance annuelle, calculée d'après les gains de la saison, est tout ce qu'il lui demande; il se garde d'exiger trop, il ne veut pas appauvrir son homme; il lui facilite au contraire le chemin de la fortune : plus le Juif sera riche, plus il rapportera. Il ne le moleste pas dans sa famille, ne lui prend ni sa femme ni sa fille, afin qu'il ne cherche pas à échapper à la servitude par la fuite. Ainsi le bien du sid s'accroît de jour en jour, comme une ferme sagement administrée. Mais que le seigneur soit emporté, prodigue, il mange son Juif comme on gaspille un héritage : il lui demande des sommes excessives; le Juif dit ne pas les avoir; le sid prend sa femme en otage, la garde chez lui jusqu'à ce qu'il ait payé. Bientôt c'est un nouvel ordre et une nouvelle violence; le Juif mène la vie la plus pauvre et la plus misérable, il ne peut gagner un liard qui ne lui soit arraché, on lui enlève ses enfants. Finalement, on le conduit lui-même sur le marché, on le met aux enchères et on le vend, ainsi que cela se fait en certaines localités du Sahara, mais non partout; ou bien on pille et on détruit sa maison et on le chasse nu avec les siens. On voit des villages dont tout un quartier est désert. Le passant étonné apprend qu'il y avait là un mellaḥ et qu'un jour les sids, d'un commun accord, ont tout pris à leurs Juifs et les ont expulsés. Rien au monde ne protège un Israélite contre son seigneur; il est à sa merci. Veut-il s'absenter, il lui faut son autorisation. Elle ne lui est pas refusée, parce que les voyages du Juif sont nécessaires à son commerce; mais sous aucun prétexte il n'emmènera sa femme ni ses enfants; sa famille doit rester auprès du sid pour répondre de son retour. Veut-il unir sa fille à un étranger qui la conduira dans son pays, force est au fiancé de la racheter du seigneur au prix qu'il plaira à ce dernier de fixer; la rançon varie suivant la fortune du jeune homme et la beauté de la jeune fille. J'ai vu à Tikirt une jolie Juive qui venait de l'Ouarzazât; pour l'emmener, son mari avait payé 400 francs, grosse somme en un mellaḥ où l'homme le plus riche possède en tout 1 500 francs. Le Juif, tout enchaîné qu'il est, peut s'affranchir et quitter le pays, si son sid l'autorise à se racheter; le plus souvent celui-ci repousse sa requête; si parfois il consent, c'est lorsque le Juif, par suite d'opérations commerciales, a la majeure partie de sa fortune hors de son atteinte. Il fixe alors le prix du rachat, soit en bloc pour toute la famille, soit pour chaque membre en particulier : la somme exigée est la plus grande partie de la fortune présumée du Juif. Le marché conclu, la rançon payée, le Juif est libre; il déménage avec les siens sans être inquiété et va s'établir où bon lui semble. S'il ne veut ou ne peut donner ce qu'on lui demande, si toute proposition est rejetée de parti pris, et s'il a la ferme volonté de s'en aller coûte que coûte, il ne lui reste qu'un moyen, la fuite. Il la prépare d'avance, l'exécute dans le plus grand secret. Une nuit sombre, il sort à pas de loup suivi de sa famille; tout dort : on ne l'a pas vu. Il arrive à la porte du village. Des bêtes de somme, une escorte de Musulmans étrangers l'attendent. On monte, on part, on fuit à toute vitesse. Courant la nuit, se cachant le jour, évitant les lieux habités, choisissant les chemins détournés et déserts, on gagne d'un pas rapide la limite du blad el makhzen; là enfin on respire : on n'est en sûreté complète qu'arrivé dans une grande ville. Le Juif qui se sauve est en danger mortel. Son seigneur, dès qu'il apprend son départ, se jette à sa poursuite; s'il le rejoint, il le tue comme un voleur qui lui emporte son bien. Lorsque la fuite a réussi, le Juif évitera, lui et ses descendants, pendant plusieurs générations, d'approcher même de loin de son ancienne résidence; il s'en tiendra au moins à trois ou quatre journées, et là même il sera inquiet. J'ai vu des Israélites de plus de cinquante ans, dont le père s'était enfui de Mḥamid el Ṛozlân avant leur naissance, regarder comme périlleux de passer à Tanziḍa et à Mrimima, où ils pouvaient, disaient-ils, rencontrer des Berâber et être pris par eux. En quelque endroit qu'un sid retrouve son Juif ou un rejeton de celui-ci, il met la main sur lui. Il est des exemples d'Israélites dont l'aïeul s'était sauvé et qui, à plus de quatre-vingts ans de distance, ont été ramenés enchaînés au pays de leurs ancêtres par le descendant de leur seigneur. Ce droit permet parfois d'étranges choses. Un jour arrivèrent au Dâdes deux rabbins quêteurs de Jérusalem. Comme ils passaient sur un marché, un Musulman leur saute à la gorge : « Ce sont mes Juifs, s'écrie-t-il. Je les reconnais. Il y a quarante ans, tout jeunes encore, ils s'enfuirent avec leur père. Enfin Dieu me les rend! Qu'il soit loué! » Les pauvres rabbins de se récrier : depuis dix générations leurs familles habitaient Jérusalem. Jamais eux-mêmes n'avaient quitté la ville sainte avant cette année, et plût au ciel qu'ils n'en fussent jamais sortis! « Que Dieu maudisse votre voleur de père! Je jure que je vous reconnais et que vous êtes mes Juifs. » Et il les emmène chez lui. Il ne leur rendit la liberté qu'au prix de 800 francs, que paya pour eux la communauté de Tiilit.

Dans les tribus dont l'organisation est démocratique, chez les Berâber par exemple, chaque Israélite a un seigneur différent. Dans celles qui sont gouvernées par un chef absolu, comme le Mezgîṭa, le Tazeroualt, les Juifs appartiennent tous au chikh et n'ont pas d'autre sid que lui. Aux lieux où le chikh existe, mais avec une autorité limitée, à Tazenakht, chez les Zenâga, le Juif lui doit un tribut annuel, ne peut déménager sans se racheter de lui, mais n'en appartient pas moins à un seigneur particulier qui a sur lui les droits ordinaires.

La contrée où j'ai vu les Israélites les plus maltraités et les plus misérables est la vallée de l'Ouad el Abid, d'Ouaouizert à Tabia. J'y ai trouvé des Juives enfermées depuis trois mois chez leur seigneur parce que le mari ne pouvait payer certaine somme. Là les coutumes fixent à 30 francs l'amende du Musulman qui a tué un Juif. Il les doit au sid du mort, et n'a d'autre peine ni d'autre dommage. Dans cette région, les Israélites ne font point de commerce : dès qu'ils possèdent quelque chose, on le leur arrache; ils ne peuvent être orfèvres : l'argent manque; tous sont cordonniers. Traités comme des brutes, le malheur en a fait des êtres sauvages et féroces; ils se battent, se blessent, se tuent journellement; à Aït ou Akeddir, j'ai vu un matin entrer à la synagogue un homme qui venait d'égorger son neveu dans une querelle et s'en vantait; personne ne lui fit de reproche, la chose était commune. Moi-même, j'ai, deux fois en quinze jours, failli être assassiné dans cette contrée, par des Juifs d'Ouaouizert entre ce village et Qaçba Beni Mellal, par des Juifs d'Aït ou Akeddir dans leur mellaḥ même. La première fois, j'étais parti avec un zeṭaṭ musulman et une caravane d'Israélites d'Ouaouizert. Bientôt je vis mon Musulman donner des signes d'inquiétude; il me prit à part et me rapporta que les Juifs tenaient entre eux des propos inquiétants et semblaient comploter; ils s'obstinaient, malgré lui, à vouloir prendre un chemin désert qui ne pouvait nous conduire qu'à une embuscade. Tout à coup se profila, au sommet d'une croupe, la silhouette de plusieurs cavaliers. « Ce sont des Aït Seri ennemis de ma tribu ! Les Juifs nous ont trahis. » Je tourne bride. Les Israélites veulent me retenir. Mais ils n'osent employer la force en présence de mon Musulman. Je reprends à toute vitesse, avec lui, la direction de Qaçba Beni Mellal. A peine étais-je dans la bourgade, que j'appris, par des parents de mon zeṭaṭ, que les Juifs de la caravane avaient fait pacte la veille avec des Aït Seri : ceux-ci devaient attaquer et tuer le zeṭaṭ, pendant qu'eux-mêmes m'égorgeraient et me pilleraient. Je ne partis que plus tard de Qaçba Beni Mellal, avec une escorte de Musulmans, et sans Juifs du pays. La seconde fois, on s'ameuta contre moi à Aït ou Akeddir, et la majorité du mellaḥ demanda à grands cris ma tête. Une scène tumultueuse eut lieu à la synagogue, on jura que je ne sortirais pas vivant du lieu. Le sang-froid et la fermeté de mon hôte me sauvèrent. Il se montra prêt à me défendre les armes à la main et empêcha les violences immédiates. Il y eut encore des scènes orageuses dans la journée : on me croyait chargé d'or et il semblait que ma mort dût enrichir le mellaḥ entier; cette idée affolait tous ces misérables. Mon hôte me fit évader le lendemain avant le jour avec un Musulman de confiance. Ce ne fut qu'en ces deux points, à Bou el Djạd et à Tatta, que les Israélites me firent courir de graves dangers. A Bou el Djạd et à Tatta, ils me devinèrent, me trahirent et excitèrent contre moi les Musulmans, par flatterie pour ces derniers, sans me menacer eux-mêmes. Sur l'Ouad el Abid, ils n'avaient pas soupçonné ma religion; j'étais un frère étranger et riche qu'ils voulaient faire disparaître pour prendre son bien. Il n'y a aucune peine ni pour le meurtre ni pour le vol. Une nuit que j'étais à Ouaouizert, couché à la synagogue (1) avec dix ou douze autres personnes, un voleur m'éveilla en fouillant dans mon bagage, je parvins à le saisir, on apporta de la lumière; je demandai ce qu'on allait faire du prisonnier : « Le lâcher; » puis on alluma les lampes et l'on chanta des prières pour se tenir éveillé. Dans ces pays, les Juifs d'un village ont-ils une querelle avec ceux d'un autre, on s'arme des deux côtés, on prend rendez-vous et on se livre bataille.

(1) Dans tout le Maroc, les grandes villes exceptées, les synagogues servent d'auberge : on y dort, on y mange, on s'y enivre, on y tue des poulets, on y fait la cuisine; on y trafique et on y vend comme au marché.

III. — Répartition des Juifs au Maroc.

Juifs sont répartis d'une manière inégale dans les diverses parties du Maroc. Ils semblent être ınés surtout, d'une part dans les ports et les grandes villes du blad el makhzen, de l'autre dans ssif du Grand Atlas et sur les cours d'eau qui descendent du versant méridional de cette chaîne.

a très peu d'Israélites dans le Rif; ils y étaient nombreux autrefois; de mauvais traitements ıt chassés dans ce siècle, les uns vers Fâs, les autres vers Tlemsen et Debdou. Les deux prin- ; mellahs du Rif sont à cette heure ceux de Tafersit et de Chechaouen.

Tanger à Agadir Irir, point de port sur l'Océan où les Juifs ne forment une partie importante population.

les divers cours d'eau qui se jettent dans l'Atlantique au nord du Sebou, un seul mellah, ce- El Qçar.

sin de l'Ouad Sebou. — Il n'y existe d'Israélites qu'en cinq points, à Fâs (800 familles), à Meknâs amilles), à Sfrou (250 familles), à Tâza (50 familles), à Qaçba Miknâsa (15 familles). Dans les gran ibus qui occupent le cours supérieur du fleuve et de ses affluents, Beni Mtir, Beni Mgild, Aït , Beni Ouaraïn, il n'y en a point.

sin de l'Ouad Bou Regreg. — Il ne renferme aucun mellah. Pas de Juifs, ni chez les Zaïan, ni es Zemmour Chellaha, ni chez les Zaïr.

sin de l'Ouad Oumm er Rebia. — Très peu d'établissements israélites sur la rive droite du fleuve : and nombre sur les affluents de gauche qui prennent leur source dans le Grand Atlas. Les princi- sont :

....	Bou el Djad	50 fam.
	Qaçba Tâdla	30
	Qaçba Beni Mellal	75
ala....	Takiout	20
	El Arbaa	20
a d Amalou. — Ouaouizert		35
b.....	Aït ou Akeddir	50
	Had Aït Atab	20
	Ikadousen	30
d.		20
....	Djemaa Entifa	50
	Bezzou	20
	Tisoukennatin (1)	15
	Desra (2)	10
	Tabia	10
uoulli. — Aït Brahim		30
mmez. — Aït Ouriad		15
es		30
razen..	Aït Tagella	20
	Bou Harazen	20
t.....	Demnât	250
	Idili	30
	Aït Mazzen	20
	El Hamedna (3)	20
. — El Qlaa		120
n......	Zaouïa Sidi Rehal	25
	Oulad Mançour	15

Glaoua......	Tagmout	30 fam.
	Zarakten	15
	Enzel	20

Bassin de l'Ouad Tensift. — Les Juifs y ont peu de centres sur la rive droite, mais ils en possèdent sur les affluents de gauche du fleuve. Voici quelques-uns d'entre eux :

Merrâkech		600 fam.
Rhamna. — Tamellalt		20
Mesfioua......	Tasremout (Aït Taggant)	30
	Tamazzens	25
	Igni s Neïn	20
	Debra	30
Hiraïa........	Tahennaout	40
	Tassellount	30
Gentafa......	Dar El Gentafi	30
	Tagadirt el Bour	16
Gergoura. — Fres		20
Amsmiz. — Amsmiz		100
Tisgin. — Tisgin		30
Asif el Mal		20

Bassin de l'Ouad Sous. — Les bords de ce fleuve sont une des contrées du Maroc où les Israélites sont les plus nombreux. Sur ses affluents de droite il s'en trouve aussi, mais moins. Il n'en existe à

age situé au pied du Grand Atlas à 1 heure et demie de Tabia. Dans mon itinéraire je l'ai laissé à main gauche.
it village entre Bezzou et Tabia.
age situé au pied du Grand Atlas, entre Idili et Demnât.

peu près point sur les affluents de gauche. Voici la plupart des mellaḥs de ce bassin :

Aït Tameldou	Ouaounzourt	10
	Mezgemmat	10
	Asareg	30
	Amzarko	40
	Igidi	10
	Arled	10
	Aït Ouartasat	2
	Tamjerjt	20
	Aït Tougda	3
	Igourdan	4
	Araben	3
	Inmarakht	20
	Aït Leti	15
Iouzioun	Idergan	20
	Tabia	10
Aït Tedrart	Aoullous	5
	Tamalout	2
Aït Oubial	Aït Sin	3
	Tagouïamt	4
Aït Otman. — Tagmout		8
Zagmouzen	Iṛil n Oro	50
	Taourirt	10
Aït Iaḥia	Taourirt el Ḥad	10
	Arfaman	12
Seketâna	Argoummi	2
	Imi n Ougni	10
	Timasinin	2
	Timersit	2
Rḥala	Aoulouz	30
	Amerli	20
	Igedad	4
	Aderdour	20
	Aït Oumbarek	2
Menâba	Aït Ioub	15
	Oulad Ḥasen	15
	Oulad Brahil	15
	Souaṭat	5
	Oulad Brahim	4
	Agedal	10
	Ida Gouilal	10
	Igli	40
	Ida ou Qaïs	15
	Tinzert	20
	Tamast	10
	Aït n Ougeïda	5
Indaouzal	Asseïn	3
	Louleiza	15
Oulad Iaḥia	Timdouin	20
	Arazan	20
	Oulad Bou Ṛis	10
Aït Semmeg (Ouad el Amdad). — Touloua		10
Ouneïn. — Adouz		20
Taroudant		300

Sahel Marocain. — Peu de Juifs. Ils sont groupés en quelques points clairsemés dont voici les principaux :

Chtouka	Dar Ben Dleïmi	30
	Tamaliḥt	60
Zarar Ida Oultit. — Ouizzân		50
Tazeroualt. — Iliṛ		70
Ouad Noun		40

Bassin de l'Ouad Dra. — Les Israélites sont en grand nombre dans la vallée du fleuve et dans celles de ses affluents supérieurs; il y en a peu dans le reste du bassin. Voici la plupart des mellaḥs :

Assaka (Ouad Iounil)	Iṛris	8
	Timsal	20
	Angelz	30
Tizgi (Ouad Iounil). — Tizgi		25
Aït Zaïneb	Tazleft	2
	Aït Aïssa	8
	Tadoula	12
	Imzouṛen	10
	El Mellaḥ	2
	Tikirt	20
Telouet	Aït Ḥammou ou Ali	6
	Aït Baddou	1
	Tabougoumt	20
	Imaounin	15
Tidili	Timjoujt	15
	Sour	10
	Dir	8
	Igadaïn	6
	Ilṛman	5
	Timzrit	2
	Asell	3
Imini	Iṛil	8
	Tagnit	2
	Afella Isli	6
	Taskoukt	5
Ikhzama	Tourtit	2
	Amḥsin	8
Aït Touaïa. — Taoura		2
Aït Marlif	Almid	15
	Tagdourt n Touda	7
Ouarzazât	Tamasint	18
	Zaouïa Sidi Otman	5
	Tabount	6
	Tigemmi Djedid	2
	Taourirt	15
	Tenmasla	20
	Aït Kedif	10

Aït Ạmer	Tazenakht	55
	Aït Ạli ou Ious	2
Zenâga	Aït Mesri	25
	Tamarouft	19
	Azdif	18
Tammasin. — Enzel		2
Iṛels. — Iṛels		2
Dâdes	Tiilit	60
	Aït ou Ez Zin	20
Imgoun	Tiṛremt Izouralen Aït Ḥammou ou Iaḥia	15
	Iberrousen	8
Imeṛrân	Targanada	10
	Igli Aït Zarar	8
	Timicha	4
	Tindout	40
Mezgiṭa	Rebaṭ	6
	Asellim Agdz	6
	Agdz	20
	Tamnougalt	40
	Asellim	10
Aït Seddrât. — El Ḥara		3
Aït Zeri. — Timesla		8
Tinzoulin	Qaçba el Makhzen	30
	Rebaṭ	20
Ternata	Akhellouf	10
	Beni Zouli	20
	Taṛrelil	10
	Astour	15
	El Mançouria	30
	El Ạroumiat	20
Fezouâta. — Amzrou		20
Qtaoua	Beni Ḥaïoun	40
	Beni Sbiḥ	50
Mḥamid el Ṛozlân. — Oulad Ḥamed		40
Alougoum. — Tiṛremt		6
Zgiḍ. — El Mḥamid		2
Tatta. — Tintazart		14
Aqqa. — Tagadirt		12
Tamanaṛt. — Agerd		20

Bassin de l'Ouad Ziz. — Voici l'énumération des principaux mellahs qui s'y trouvent :

Tiallalin. — Qçira el Ihoud		30
Qçar es Souq. — Qçar es Souq		60
Reṭeb (un mellaḥ)		30
Tizimi (2 mellaḥs)		45
Tafilelt (5 mellaḥs)		200
Zaouïa Sidi Ḥamza (Ouad Zaouïa Sidi Ḥamza)		2
Todṛa	Asfalou	100
	Taourirt	30
	Aït Ourjedal	10
	Tinṛir	30
Ferkla. — Asrir		50
Ṛeris	Bou Tnefit	12
	Gelmima	30
Taderoucht. — El Ḥara		20

Haut bassin de l'Ouad Gir. — On y rencontre quelques Juifs :

Tit n Ạli	25
Tizgi n Gerrama	30
Beni Tzit	20

Bassin de l'Ouad Mlouïa. — Très peu d'Israélites; il n'y en a qu'aux six endroits suivants :

Ouṭat Aït Izdeg	Bou Zmella	30
	Aït Ọtman ou Mousa	80
Qçâbi ech Cheurfa. — El Qçâbi		60
Misour. — Oulad Bou Jejia		10
Ouṭat Oulad el Ḥadj. — Mellaḥ el Ihoud		30
Debdou. — Debdou		300

Entre le bassin de la Mlouïa et la frontière algérienne, un seul mellaḥ, celui d'Oudjda.

LISTE

DES

OBSERVATIONS ASTRONOMIQUES

FAITES AU MAROC AU COURS DU VOYAGE

(Juin 1883 - Mai 1884)

ET

TABLEAU DES LATITUDES ET LONGITUDES

DES POINTS DÉTERMINÉS ASTRONOMIQUEMENT PAR CES OBSERVATIONS.

I. — Liste des Observations.

TÉTOUAN. — 24 juin 1883, 5 h. soir.
Maison de Jacob Danan (mellah). Angle hor. du soleil.

Chronomètre : 4h 19m 20s	Hauteur : 53° 48′ 00″
21 02	53 07 10
22 31	52 30 00
24 01	51 55 40
25 35	51 18 20

Erreur instrumentale : bord supérieur + 0° 31′ 50″
bord inférieur — 0 31 00

TÉTOUAN. — 24 juin, 10 h. soir.
Maison de Jacob Danan. Hauteur de la Polaire.

Chronomètre : 9h 20m	Hauteur : 69° 18′ 30″
42	69 25 10
55	69 32 00

TÉTOUAN. — 25 juin, 7 h. 1/4 matin.
Maison de Jacob Danan. Angle horaire du soleil.

Chronomètre : 6h 45m 54s	Hauteur : 57° 20′ 40″
48 19	58 19 30
50 02	59 01 00
51 36	59 38 10
53 33	60 25 50

TÉTOUAN. — 26 juin, 7 h. matin.
Maison de Jacob Danan. Angle horaire du soleil.

Chronomètre : 6h 38m 43s	Hauteur : 54° 25′ 40″
40 30	55 07 30
41 50	55 40 10
43 09	56 11 20
44 41	56 48 20

TÉTOUAN. — 26 juin, 5 h. 1/2 soir.
Maison de Jacob Danan. Angle horaire du soleil.

Chronomètre : 4h 51m 51s	Hauteur : 40° 55′ 40″
53 41	40 12 30
55 07	39 38 40
56 35	39 04 10
58 10	38 27 20

TÉTOUAN. — 27 juin, 7 h. 1/2 matin.
Maison de Jacob Danan. Angle horaire du soleil.

Chronomètre : 6h 52m 36s	Hauteur : 59° 53′ 30″
54 42	60 47 30
56 16	61 25 50
58 09	62 09 00
59 35	62 44 00

TÉTOUAN. — 27 juin, 5 h. soir.

Maison de Jacob Danan. Angle horaire du soleil.

Chronomètre : 4h 29m 11s	Hauteur : 49° 51′ 50″
30 53	49 11 20
32 18	48 36 40
33 40	48 04 30
35 18	47 26 00

TÉTOUAN. — 1er juillet, 7 h. 1/2 matin.

Maison de Jacob Danan. Angle horaire du soleil.

Chronomètre : 7h 01m 50s	Hauteur : 63° 21′ 40″
03 37	64 05 40
05 15	64 44 20
06 46	65 21 30
08 45	66 10 00
12 39	67 45 05
14 14	68 23 00
15 32	68 55 10
17 05	69 32 00
18 19	70 03 00

TÉTOUAN. — 1er juillet, 4 h. 1/2 soir.

Maison de Jacob Danan. Angle horaire du soleil.

Chronomètre : 3h 46m 23s	Hauteur : 66° 54′ 40″
48 51	65 54 50
50 54	65 06 00
52 34	64 25 10
53 43	63 56 40
58 43	61 55 50
4h 00 00	61 24 30
01 33	60 47 40
03 10	60 09 30
04 19	59 41 20

TÉTOUAN. — 2 juillet, arrêt du chronomètre.

FAS. — 26 juillet, 7 h. matin.

Maison de Samuel Ben Simhoun (mellaḥ). Angle h. du s.

Chronomètre : 5h 14m 45s	Hauteur : 45° 04′ 20″
16 32	45 47 20
18 00	46 23 50
20 29	47 24 40
22 42	48 20 00
25 26	49 26 40

FAS. — 27 juillet, 4 h. 1/2 soir.

Maison de S. Ben Simhoun. Angle horaire du soleil.

Chronomètre : 3h 02m 31s	Hauteur : 51° 21′ 50″
03 55	50 46 10
05 14	50 14 45
06 46	49 36 40
08 33	48 52 40
10 22	48 08 50
11 27	47 40 40

Erreur instrumentale : + 0° 31′ 45″
— 0° 31 00

FAS. — 28 juillet, 8 h. 1/4 matin.

Maison de S. Ben Simhoun. Angle horaire du soleil.

Chronomètre : 6h 48m 41s	Hauteur : 83° 27′ 00″
51 39	84 42 00
54 20	85 47 20
56 31	86 43 20
58 39	87 34 30

FAS. — 28 juillet, 4 h. 1/2 soir.

Maison de S. Ben Simhoun. Angle horaire du soleil.

Chronomètre : 2h 46m 54s	Hauteur : 57° 32′ 00″
49 35	56 25 50
52 04	55 24 30
56 22	53 36 45

TAZA. — 1er août, arrêt du chronomètre.

TAZA. — 5 août, 3 h. matin.

Maison de Bou Douma (mellaḥ). Hauteur de la Polaire.

Chronomètre : 1h 34m	Hauteur : 71° 02′ 30″
46	71 04 30
2h 06	71 07 00

FAS. — 12 août, 7 h. 3/4 matin.

Maison de S. Ben Simhoun. Angle horaire du soleil.

Chronomètre : 6h 10m 40s	Hauteur : 70° 20′ 40″
12 37	70 43 10
14 08	71 20 15
16 09	72 11 50
17 28	72 43 00
18 38	73 12 50

FAS. — 13 août, 8 h. 1/4 matin.

Maison de S. Ben Simhoun. Angle horaire du soleil.

Chronomètre : 6h 04m 21s	Hauteur : 67° 12′ 40″
05 49	67 49 50
07 54	68 41 50
09 34	69 24 10
11 15	70 04 10
12 52	70 39 40
14 23	71 23 00
15 38	71 53 20
16 56	72 25 15
18 18	72 59 50

Erreur instrumentale : + 0° 32′ 00″
— 0° 31 30

FAS. — 13 août, 4 h. 1/4 soir.

Maison de S. Ben Simhoun. Angle horaire du soleil.

Chronomètre : 2h 37m 15s	Hauteur : 50° 42′ 55″
39 21	49 49 40
41 26	48 59 00
42 39	48 28 30
44 00	47 54 30
45 41	47 12 30
46 54	46 43 05
49 55	45 28 00
51 27	44 50 40
52 58	44 12 05

Fas. — 19 août, 8 h. 1/4 matin.

Maison de S. Ben Simhoun. Angle horaire du soleil.

Chronomètre : $6^h\ 05^m\ 45^s$	Hauteur : 66° 42′ 30″
07 48	67 35 30
09 21	68 13 40
11 07	68 57 40
12 52	69 41 20
16 09	71 01 50
21 11	73 04 10
22 41	73 42 40
23 55	74 10 50
24 50	74 39 00
26 45	75 21 00

Fas. — 19 août, 3 h. 1/2 soir.

Maison de S. Ben Simhoun. Angle horaire du soleil.

Chronomètre : $2^h\ 00^m\ 38^s$	Hauteur : 62° 58′ 40″
02 48	62 02 10
04 14	61 29 20
05 45	60 49 40
07 31	60 10 00
08 40	59 39 10
10 03	59 03 30
11 12	58 33 30
12 41	57 56 50
14 06	57 23 00
15 46	56 41 50

Erreur instrumentale : + 0° 31′ 55″
— 0° 31 20

Sfrou. — 20 août, 4 h. soir.

Maison de David Aoulil. Angle horaire du soleil.

Chronomètre : $1^h\ 56^m\ 08^s$	Hauteur : 64° 03′ 10″
57 42	63 24 10
58 50	62 56 20
2^h 00 05	62 24 30
01 10	61 58 20
02 13	61 33 00
03 30	61 00 30
04 21	60 39 20

Erreur instrumentale : + 0° 32′ 00″
— 0° 31 30

Fas. — 21 août, arrêt du chronomètre.

Fas. — 22 août, 7 h. 3/4 matin.

Maison de S. Ben Simhoun. Angle horaire du soleil.

Chronomètre : $4^h\ 10^m\ 11^s$	Hauteur : 62° 01′ 10″
11 09	62 24 30
12 10	62 49 40
13 17	63 17 20
14 42	63 52 40
16 15	64 30 30
17 14	64 54 40
18 11	65 18 10
19 50	65 58 10
23 38	67 27 30
24 31	67 53 40
25 28	68 16 50
Chronomètre : $4^h\ 28^m\ 35^s$	Hauteur : 68° 43′ 40″
29 06	69 45 20
29 59	70 07 10
30 52	70 28 50
31 54	70 53 40
34 33	71 59 00
35 43	72 27 10
36 49	72 54 30
37 52	73 10 30

Erreur instrumentale : + 0° 32′ 00″
— 0° 31 30

Fas. — 22 août, 3 h. 1/2 soir.

Maison de S. Ben Simhoun. Angle horaire du soleil.

Chronomètre : $11^h\ 57^m\ 25^s$	Hauteur : 68° 38′ 30″
58 40	68 08 00
59 40	67 43 00
12^h 00 28	67 23 40
01 33	66 56 20
05 32	65 18 40
06 37	64 52 00
07 41	64 26 00
08 38	64 02 10
10 12	63 23 40
11 37	62 48 40
12 53	62 17 20
13 52	61 53 00
15 43	61 07 15
16 35	60 45 50
18 09	60 07 10
19 14	59 40 30
20 40	59 05 10
21 33	58 43 00
22 18	58 24 20
23 15	58 00 50

Oulmess. — 2 septembre, arrêt du chronomètre.

Bou el Djad. — 7 septembre, 9 h. matin.

Maison de Mousi Alloun. Angle horaire du soleil.

Chronomètre : $1^h\ 35^m\ 55^s$	Hauteur : 78° 13′ 05″
37 58	79 02 10
39 31	79 38 10
41 07	80 14 20
42 14	80 41 10
44 00	81 22 50

Bou el Djad. — 7 septembre, 3 h. 1/2 soir.

Maison de Mousi Alloun. Angle horaire du soleil.

Chronomètre : $8^h\ 16^m\ 04^s$	Hauteur : 67° 43′ 05″
17 32	67 07 00
18 38	66 40 50
19 57	66 08 35
21 16	65 36 20

Erreur instrumentale : + 0° 32′ 00″
— 0° 31 40

Bou el Djad. — 9 septembre, 1 h. matin.
Maison de Mousi Alloun. Hauteur de la Polaire.

Chronomètre : 5h 11m	Hauteur : 67° 58′ 20″
22	68 02 00
36	68 04 30
46	68 08 30
6h 02	68 10 30
15	68 12 10
20	68 13 30

Bou el Djad. — 12 septembre, 8 h. 1/4 matin.
Maison de Mousi Alloun. Angle horaire du soleil.

Chronomètre : 1h 10m 40s	Hauteur : 66° 59′ 20″
11 58	67 30 00
13 11	67 59 00
14 22	68 27 35
15 30	68 53 40
16 57	69 29 00

Erreur instrumentale : + 0° 32′ 00″
— 0° 31 25

Bou el Djad. — 12 septembre, 3 h. 1/2 soir.
Maison de Mousi Alloun. Angle horaire du soleil.

Chronomètre : 8h 31m 04s	Hauteur : 58° 22′ 10″
32 01	57 58 45
33 14	57 29 20
35 09	56 43 00
36 45	56 06 30

Ouaouizert. — 20 septembre, arrêt du chronomètre.

Demnat. — 5 octobre, 3 h. 3/4 soir.
Grande synagogue. Angle horaire du soleil.

Chronomètre : 6h 28m 29s	Hauteur : 49° 55′ 30″
30 13	49 16 50
31 06	48 56 00
32 12	48 30 00
33 20	48 03 10

Erreur instrumentale : + 0° 32′ 20″
— 0° 31 40

Demnat. — 7 octobre, 3 h. 1/2 soir.
Grande synagogue. Angle horaire du soleil.

Chronomètre : 6h 16m 00s	Hauteur : 53° 28′ 10″
17 11	53 01 15
18 38	52 28 40
19 36	52 06 20
20 45	51 39 30
22 05	51 08 45
23 24	50 39 00

Zaouia Sidi Rehal. — 9 octobre, 9 h. 1/4 matin.
Synagogue. Angle horaire du soleil.

Chronomètre : 11h 53m 43s	Hauteur : 69° 41′ 00″
56 08	70 30 25
57 10	70 51 50
58 11	71 12 20
59 15	71 33 55
12h 01 19	72 15 50
02 18	72 35 30

Zaouia Sidi Rehal. — 9 octobre.
Synagogue. Hauteurs circumméridiennes du soleil.

Chronomètre : 2h 25m 14s	Hauteur : 103° 21′ 30″
26 36	24 40
27 30	27 20
29 12	30 20
30 40	33 40
31 59	35 30
32 52	36 50
33 48	37 50
36 25	41 00
39 30	42 35
46 17	41 15
49 40	36 00
51 25	32 10
52 40	29 30

Tagmout (Glaoua). — 10 octobre, 3 h. soir.
Synagogue. Angle horaire du soleil.

Chronomètre : 5h 52m 50s	Hauteur : 61° 00′ 50″
54 05	60 32 30
54 55	60 14 15
56 18	59 43 50
57 34	59 15 50
59 05	58 41 40
6h 00 18	58 14 40
01 17	57 52 40

Erreur instrumentale : + 0° 32′ 30″
— 0° 32 00

Tagmout. — 12 octobre.
Synagogue. Hauteurs circumméridiennes du soleil.

Chronomètre : 2h 26m 23s	Hauteur : 101° 37′ 40″
27 45	40 35
29 24	43 35
31 04	45 50
32 57	48 35
34 20	49 55
37 38	51 25
40 25	51 10
41 38	50 30
43 07	49 15
44 27	48 20
45 42	47 00
46 51	45 10
48 10	43 30
49 48	40 10
51 28	36 05
52 58	32 40
54 18	29 10

Tikirt (Aït Zaïneb). — 19 octobre.
Maison de Mousi Ammer. Hautrs circummérid. du s.

Chronomètre : 2h 15m 28s	Hauteur : 97° 06′ 55″
17 46	14 15
19 34	18 50
21 32	23 50
23 18	27 50

Chronomètre	Hauteur
2h 26m 12s	97° 32′ 35″
29 10	36 10
32 55	39 00
37 35	38 50
40 28	36 30
42 48	35 00
44 22	32 20
45 48	29 40
47 14	27 20
49 36	21 50
52 03	15 20
53 52	08 50

Erreur instrumentale : + 0° 32′ 35″
— 0° 32 10

TIKIRT. — 19 octobre, 2 h. 3/4 soir.
Maison de Mousi Ammer. Angle horaire du soleil.

Chronomètre	Hauteur
5h 35m 43s	61° 27′ 55″
37 09	60 56 55
38 32	60 28 40
40 08	59 54 40
41 41	50 21 30

TIKIRT. — 24 octobre, 9 h. 1/4 matin.
Maison de Mousi Ammer. Angle horaire du soleil.

Chronomètre	Hauteur
11h 59m 00s	66° 28′ 50″
12h 00 07	66 49 20
01 19	67 12 25
02 48	67 39 40
03 43	67 56 00
04 43	68 14 10
05 48	68 35 00

TAZENAKHT. — 28 octobre, 9 h. matin.
Maison d'Abraham Ben Oukhkha. Angle horaire du s.

Chronomètre	Hauteur
12h 04m 04s	66° 36′ 10″
05 16	66 57 55
06 58	67 28 45
08 06	67 49 05
09 23	68 12 10
10 28	68 31 00
18 27	70 49 25
20 01	71 16 40
21 38	71 44 25
22 51	72 04 45
24 16	72 28 10
25 11	72 43 40
26 25	73 04 05

TAZENAKHT. — 28 octobre, 8 h. soir.
Maison d'Abraham Ben Oukhkha. Hauteur de la Polaire.

Chronomètre	Hauteur
10h 49m	63° 07′ 30″
11h 02	12 55
16	19 10
31	25 10
46	30 30
59	34 30
12h 17	39 20
36	43 00

TAZENAKHT. — 29 octobre, 9 h. 1/4 matin.
Maison d'Abraham Ben Oukhkha. Angle horaire du s.

Chronomètre	Hauteur
11h 55m 16s	63° 27′ 00″
56 43	63 53 50
57 40	64 11 35
58 44	64 31 40
59 33	64 47 20
12h 00 32	65 05 05
01 42	65 26 40
02 35	65 42 15
03 18	65 55 45
04 05	66 09 40
05 48	66 40 25
07 33	67 12 35
08 22	67 27 20
09 35	67 48 30
11 05	68 15 05
12 20	68 36 55
13 21	68 55 15

Erreur instrumentale : + 0° 32′ 30″
— 0° 32 05

TAZENAKHT. — 29 octobre.
Maison d'Abraham Ben Oukhkha. Hautrs circum. du s.

Chronomètre	Hauteur
2h 25m 07s	91° 24′ 25″
27 42	25 55
31 28	28 10
33 10	28 10
34 05	28 10
35 32	27 30
37 36	26 10
39 18	24 15
40 35	23 00
41 23	21 55

TAZENAKHT. — 30 octobre, 9 h. matin.
Maison d'A. Ben Oukhkha. Angle horaire du soleil.

Chronomètre	Hauteur
11h 59m 08s	64° 11′ 40″
12h 00 40	64 40 00
03 01	65 23 00
04 44	65 53 55
06 32	66 26 00
07 15	66 38 50
08 35	67 02 30
09 43	67 22 30
11 00	67 45 00
11 42	67 57 40
14 19	68 42 45
16 33	69 21 05
17 20	69 34 45

TAZENAKHT. — 31 octobre, 9 h. matin.
Maison d'A. Ben Oukhkha. Angle horaire du soleil.

Chronomètre	Hauteur
12h 01m 03s	64° 20′ 10″
02 46	64 51 25
03 36	65 06 55
04 36	65 24 50
05 54	65 47 50
07 05	66 08 15

Chronomètre :	12h 08m	26s	Hauteur :	66° 32′	30″
	09	21		66 48	50
	10	42		67 12	45
	11	32		67 26	30
	12	36		67 45	15
	13	39		68 03	00
	14	43		68 22	00
	15	53		68 42	00
	16	40		68 55	10
	17	32		69 10	00
	19	03		69 35	40

Tazenakht. — 1er novembre, 9 h. matin.
Maison d'A. Ben Oukhkha. Angle horaire du soleil.

Chronomètre :	11h 57m	35s	Hauteur :	62° 50′	10″
	59	15		63 20	00
	59	58		63 33	15
	12h 00	55		63 50	50
	02	47		64 24	10
	03	41		64 40	35
	04	40		64 58	35
	05	22		65 11	25
	06	16		65 27	30
	07	03		65 41	05
	07	43		65 53	00
	08	26		66 05	10
	09	35		66 25	20
	10	17		66 37	45
	12	04		67 08	00
	12	52		67 22	10

Tazenakht. — 5 novembre, 9 h. 1/2 matin.
Maison d'A. Ben Oukhkha. Angle horaire du soleil.

Chronomètre :	12h 00m	45s	Hauteur :	62° 00′	20″
	01	50		62 19	00
	02	42		62 34	30
	03	42		62 52	30
	04	52		63 13	05
	05	55		63 30	10
	07	08		63 53	05
	08	13		64 10	45
	09	06		64 26	20
	10	09		64 44	40
	10	57		64 58	10
	12	25		65 22	40
	13	32		65 42	20
	14	34		66 01	00
	15	49		66 18	50
	16	49		66 36	00
	18	08		66 54	50
	20	03		67 29	30
	21	13		67 48	40
	22	08		68 04	20
	23	22		68 24	00
	24	30		68 41	10
	25	35		68 58	30
	26	30		69 13	50
	27	50		69 34	00

Tazenakht. — 9 novembre, 9 h. 1/2 matin.
Maison d'A. Ben Oukhkha. Angle horaire du soleil.

Chronomètre :	12h 12m	23s	Hauteur :	63° 31′	20″
	14	13		64 01	30
	16	06		64 31	30
	17	18		64 50	50
	18	22		65 09	00
	19	48		65 31	40
	21	13		65 53	45
	22	35		66 15	55
	24	06		66 39	50
	25	22		66 59	50
	26	56		67 24	05
	28	20		67 44	20
	29	50		68 07	20
	31	16		68 28	35
	32	35		68 49	00
	34	40		69 20	20
	36	19		69 43	50
	37	31		70 00	55

Agadir Tisint. — 15 novembre, 2 h. 1/2 soir.
Maison dite Dar ez Zenâgi. Angle horaire du soleil.

Chronomètre :	4h 52m	20s	Hauteur :	62° 26′	20″
	53	17		62 10	20
	54	30		61 50	10
	55	35		61 32	00
	56	36		61 14	35
	57	30		60 59	25

Tintazart (Tatta). — 20 novembre, 10 h. matin.
Maison de Nessim Abi Serour (mellaḥ). Angle hor. du s.

Chronomètre :	12h 21m	03s	Hauteur :	61° 58′	20″
	22	57		62 27	35
	24	23		62 49	45
	25	31		63 07	15
	26	49		63 27	05
	27	55		63 43	35
	29	30		64 07	30
	31	18		64 33	20
	32	17		64 48	15
	33	15		65 02	45
	34	31		65 21	10

Erreur instrumentale : + 0° 32′ 45″
— 0° 32 20

Tintazart. — 20 novembre.
Maison de N. Abi Serour. Hautrs circummérid. du s.

Chronomètre :	2h 25m	55s	Hauteur :	80° 44′	35″
	28	20		46	25
	30	27		47	50
	31	43		48	55
	33	20		49	20
	34	35		49	20
	36	35		48	05
	38	10		47	10
	39	15		45	50
	40	38		44	45
	41	45		43	05
	43	17		41	30

TINTAZART. — 20 novembre, 2 h. soir.
Maison de N. Abi Serour. Angle horaire du soleil.

Chronomètre	Hauteur
4h 40m 50s	64° 23′ 10″
42 50	63 53 00
44 12	63 32 00
45 17	63 15 20
46 16	62 59 55
47 12	62 45 00
48 11	62 29 50
49 40	62 06 05
50 50	61 47 20
51 47	61 31 40
53 01	61 11 50

MADER SOULTAN. — 26 novembre, 2 h. matin.
Hauteur de la Polaire.

Chronomètre	Hauteur
4h 57m	59° 19′ 50″
5h 13	59 10 20
24	59 03 20

TINTAZART. — 30 novembre, 3 h. soir.
Maison de N. Abi Serour. Angle horaire du soleil.

Chronomètre	Hauteur
5h 55m 17s	39° 41′ 20″
56 23	39 20 05
57 11	39 04 00
58 06	38 45 30
59 16	38 22 40
6 00 14	38 03 35

Erreur instrumentale : + 0° 32′ 40″
— 0° 32 05

AGADIR TISINT. — 19 décembre, 9 h. 1/2 soir.
Maison de Ḥadj Iselman. Hauteur de la Polaire.

Chronomètre	Hauteur
11h 44m	62° 12′ 40″
57	62 09 00
12h 16	62 03 00
36	61 54 50
49 30s	61 48 40
1h 02	61 42 30
17	61 35 00

AGADIR TISINT. — 20 décembre, 10 h. 3/4 matin.
Maison de Ḥadj Iselman. Angle horaire du soleil.

Chronomètre	Hauteur
1h 17m 22s	66° 11′ 30″
18 50	66 25 55
19 55	66 35 35
21 09	66 47 05
24 32	67 18 30
25 28	67 27 15
26 20	67 34 55
27 28	67 44 35
33 25	68 33 20
34 23	68 41 05
35 32	68 49 50
36 26	68 56 30
37 28	69 04 40
38 52	69 14 40

Erreur instrumentale : + 0° 32′ 50″
— 0° 32 20

AGADIR TISINT. — 20 décembre, 1 h. 1/4 soir.
Maison de Ḥadj Iselman. Angle horaire du soleil.

Chronomètre	Hauteur
3h 39m 33s	69° 46′ 35″
42 41	69 21 30
43 28	69 14 40
44 21	69 09 00
46 13	68 51 35
4h 03 13	66 11 30
04 50	65 53 10
05 36	65 45 35
06 35	65 35 15
07 50	65 22 50
08 40	65 11 45
09 28	65 03 35

AGADIR TISINT. — 25 décembre, 10 h. 1/2 matin.
Maison de Ḥadj Iselman. Angle horaire du soleil.

Chronomètre	Hauteur
1h 10m 48s	64° 51′ 40″
12 32	65 09 40
14 35	65 30 45
15 34	65 40 30
16 46	65 52 50
17 35	66 01 00
18 42	66 11 30

AGADIR TISINT. — 25 décembre, 2 h. soir.
Maison de Ḥadj Iselman. Angle horaire du soleil.

Chronomètre	Hauteur
4h 31m 10s	61° 05′ 50″
33 15	60 39 00
34 13	60 25 35
35 20	60 11 00
35 56	60 02 45
36 46	59 51 30
37 55	59 37 10
38 55	59 22 10
39 44	59 11 00

AFIKOURAHEN (Ilalen). — 18 janvier 1884, 10 h. matin.
Maison de Moḥammed ou Ạddi. Angle horaire du soleil.

Chronomètre	Hauteur
12h 45m 15s	61° 05′ 45″
46 43	61 27 50
47 40	61 41 50
49 00	62 01 30
50 29	62 23 05
56 30	63 39 25
58 11	64 11 35
59 15	64 26 50
1h 00 42	64 56 35

Erreur instrumentale : + 0° 33′ 00″
— 0° 32 25

AFIKOURAHEN. — 18 janvier.
Maison de M. ou Ạddi. Hautrs circummérid. du soleil.

Chronomètre	Hauteur
2h 32m 26s	77° 41′ 30″
34 04	77 46 05
36 08	77 51 10
38 08	77 55 25
40 15	77 59 20
42 39	78 02 30

Chronomètre	Hauteur
2^h 45^m 14^s	78° 05′ 40″
47 40	78 07 25
49 49	78 09 15
52 55	78 09 45
55 36	78 08 35
57 57	78 07 05
00 35	78 05 10
02 25	78 02 25
05 33	77 57 40
08 38	77 51 10
13 34	77 38 50
15 12	77 33 50
17 12	77 27 00

Afikourahen. — 18 janvier, 2 h. soir.
Maison de M. ou Addi. Angle horaire du soleil.

Chronomètre	Hauteur
4^h 50^m 48^s	64° 22′ 35″
52 03	64 04 15
53 03	63 50 40
54 22	63 31 35
55 31	63 15 10
56 32	63 00 25
57 42	62 43 30
58 45	62 27 30
59 58	62 09 20
5^h 01 27	61 47 20
02 17	61 34 40
03 26	61 17 20
04 47	60 56 15

Mogador. — 30 janvier, 9 h. 1/4 matin.
Hôtel Sadia. Angle horaire du soleil.

Chronomètre	Hauteur
12^h 41^m 32^s	61° 39′ 20″
42 43	61 57 55
44 23	62 23 15
45 33	62 41 55
46 55	63 02 50
48 39	63 29 30
49 50	63 47 35
50 55	64 03 55
52 06	64 21 40
53 25	64 40 45

Mogador. — 7 février, 9 h. 3/4 matin.
Hôtel Sadia. Angle horaire du soleil.

Chronomètre	Hauteur
12^h 20^m 45^s	59° 44′ 10″
22 30	60 14 50
26 43	61 29 30
28 54	62 07 50
31 28	62 51 25
32 48	63 14 40
33 52	63 32 15
34 48	63 47 45
36 24	64 14 45
37 39	64 35 40
39 36	65 07 45
41 21	65 36 30
42 28	65 54 45
12^h 45^m 30^s	66° 42′ 40″
47 25	67 13 50
48 28	67 30 30
49 48	67 51 20
51 02	68 10 45

Erreur instrumentale : + 0° 32′ 40″
— 0° 32 15

Mogador. — 7 février, 2 h. 1/4 soir.
Hôtel Sadia. Angle horaire du soleil.

Chronomètre	Hauteur
4^h 59^m 08^s	69° 46′ 20″
5^h 02 30	68 53 50
05 04	68 14 05
06 46	67 47 10
09 36	67 01 35
11 33	66 29 00
14 05	65 47 40
16 18	65 10 35
19 30	64 16 20
23 21	63 11 00

Mogador. — 13 février, 9 h. 1/4 matin.
Hôtel Sadia. Angle horaire du soleil.

Chronomètre	Hauteur
12^h 09^m 22^s	59° 31′ 45″
10 48	59 58 40
12 00	60 20 55
13 05	60 41 35
14 30	61 08 30
15 57	61 35 25
17 07	61 56 50
18 05	62 15 00
19 23	62 38 30
21 13	63 11 55
23 01	63 45 00
25 59	64 38 05
27 15	65 00 40
28 19	65 19 55
20 45	65 45 05
31 12	66 10 25

Erreur instrumentale : + 0° 32′ 40″
— 0° 32 30

Mogador. — 13 février, 2 h. 1/2 soir.
Hôtel Sadia. Angle horaire du soleil.

Chronomètre	Hauteur
5^h 17^m 08^s	67° 49′ 05″
18 26	67 27 35
19 43	67 04 45
20 55	66 43 05
22 19	66 18 30
23 32	65 57 30
25 08	65 28 30
26 18	65 06 15
27 32	64 45 00
32 25	63 14 55
33 36	62 52 55
34 40	62 33 20
36 05	62 06 50
37 18	61 44 10

Mogador. — 25 février, 9 h. matin.
Hôtel Sadia. Angle horaire du soleil.

Chronomètre			Hauteur		
12h	05m	48s	65°	46′	55″
	07	24	66	19	00
	08	42	66	45	00
	09	56	67	09	30
	15	32	68	58	15
	17	17	69	31	15
	18	16	69	51	20
	19	11	70	08	45

Mogador. — 25 février, 3 h. soir.
Hôtel Sadia. Angle horaire du soleil.

Chronomètre			Hauteur		
5h	58m	20s	59°	54′	20″
	59	46	59	23	25
6h	01	09	58	54	20
	02	40	58	22	10
	08	01	56	26	50
	00	01	56	05	45
	10	30	55	33	25
	11	51	55	04	20

Mogador. — 9 mars, 9 h. matin.
Hôtel Sadia. Angle horaire du soleil.

Chronomètre			Hauteur		
12h	08m	00s	75°	24′	40″
	09	45	76	00	35
	11	28	76	35	40
	13	30	77	17	25
	15	19	77	54	55
	17	04	78	29	50
	18	20	78	55	25
	20	40	79	42	45

Mogador. — 9 mars, 3 h. 1/2 soir.
Hôtel Sadia. Angle horaire du soleil.

Chronomètre			Hauteur		
5h	58m	58s	64°	42′	45″
6	00	35	64	08	40
	01	41	63	42	40
	03	00	63	13	10
	04	48	62	31	00
	06	11	62	01	25
	07	57	61	20	40
	09	33	60	43	10

Mogador. — 10 mars, arrêt du chronomètre.

Agadir Tisint. — 2 avril, 8 h. matin.
Maison de Ḥadj Bou Rḥim. Angle horaire du soleil.

Chronomètre			Hauteur		
3h	17m	21s	63°	57′	45″
	18	42	64	32	00
	19	40	64	56	10
	20	35	65	19	20
	21	40	65	47	05

Agadir Tisint. — 2 avril, 5 h. soir.
Maison de Ḥadj Bou Rḥim. Angle horaire du soleil.

Chronomètre			Hauteur		
11h	23m	40s	47°	12′	25″
	24	41	46	45	40
	25	41	46	19	50
	26	27	46	01	05
	27	41	45	28	45

Agadir Tisint. — 5 avril, 9 h. matin.
Maison de Ḥadj Bou Rḥim. Angle horaire du soleil.

Chronomètre			Hauteur		
4h	08m	31s	87°	00′	00″
	09	51	87	32	30
	10	48	87	55	00
	11	50	88	19	45
	12	50	88	44	20
	14	00	89	12	00

Agadir Tisint. — 5 avril, 2 h. 1/2 soir.

Maison de Ḥadj Bou Rḥim. Angle horaire du soleil.

Chronomètre			Hauteur		
9h	40m	22s	90°	56′	25″
	41	32	90	29	30
	42	35	90	04	05
	43	40	89	37	35
	45	35	88	50	35
	46	45	88	22	40
	47	45	87	57	55
	48	52	87	31	30

Tazenakht. — 9 avril, 4 h. 3/4 soir.

Maison d'Abraham Ben Oukhkha. Angle horaire du s.

Chronomètre			Hauteur		
11h	45m	41s	38°	35′	45″
	46	49	38	07	05
	47	49	37	40	55
	49	00	37	10	20
	50	02	36	43	25
	51	05	36	16	20

Tazenakht. — 10 avril, 7 h. 1/2 matin.

Maison d'A. Ben Oukhkha. Angle horaire du soleil.

Chronomètre			Hauteur		
2h	45m	54s	55°	21′	05″
	47	21	55	58	20
	48	27	56	26	40
	49	35	56	55	50
	50	34	57	20	50
	51	43	57	50	10

Tazenakht. — 10 avril, 4 h. 1/2 soir.

Maison d'A. Ben Oukhkha. Angle horaire du soleil.

Chronomètre			Hauteur		
11h	17m	23s	50°	54′	25″
	18	51	50	16	55
	19	43	49	54	55
	21	06	49	19	10
	21	57	48	57	10
	22	49	48	35	00

Tazenakht. — 12 avril, 7 h. 3/4 matin.

Maison d'A. Ben Oukhkha. Angle horaire du soleil.

Chronomètre			Hauteur		
2h	55m	21s	00°	30′	40″
	56	30	60	50	40
	57	11	61	17	30
	57	45	61	32	40
	58	20	61	47	15
	50	11	62	08	20

Tazenakht. — 12 avril, 4 h. 3/4 soir.

Maison d'A. Ben Oukhkha. Angle horaire du soleil.

Chronomètre : 11h 25m 58s	Hauteur : 47° 34′ 00″
27 11	47 02 40
27 55	46 44 20
28 43	46 23 20
29 23	46 06 05
30 18	45 42 45

Tamnougalt (Mezgita). — 15 avril, 5 h. 1/4 soir.

Mellaḥ. Angle horaire du soleil.

Chronomètre : 11h 49m 23s	Hauteur : 36° 35′ 50″
50 23	36 10 40
50 58	35 55 35
51 58	35 29 30
52 36	35 13 40

Tamnougalt. — 18 avril, 1 h. 1/4 matin.

Mellaḥ. Hauteur de la Polaire.

Chronomètre : 8h 60m	Hauteur : 59° 00′ 50″
08	59 04 10
17	59 07 35
23	59 09 40
29	59 11 40
35	59 13 45

Tamnougalt. — 18 avril, 7 h. 1/2 matin.

Mellaḥ. Angle horaire du soleil.

Chronomètre : 2h 48m 13s	Hauteur : 62° 02′ 40″
49 09	62 26 55
50 02	62 49 50
50 45	63 08 15
51 45	63 33 25
52 30	63 53 20

Tamnougalt. — 18 avril, 5 h. soir.

Mellaḥ. Angle horaire du soleil.

Chronomètre : 11h 36m 44s	Hauteur : 42° 31′ 00″
37 48	42 03 20
38 34	41 43 30
39 26	41 21 30
40 04	41 04 30
40 48	40 46 10
41 30	40 28 15

Erreur instrumentale : + 0° 32′ 00″
— 0° 31 45

Tamnougalt. — 20 avril, 7 h. matin.

Mellaḥ. Angle horaire du soleil.

Chronomètre : 2h 11m 20s	Hauteur : 47° 14′ 40″
12 01	47 32 15
12 37	47 47 50
13 11	48 02 10
13 47	48 18 00
14 23	48 32 35

Tilit (Dàdes). — 23 avril, 4 h. 1/2 soir.

Mellaḥ. Angle horaire du soleil.

Chronomètre : 11h 13m 37s	Hauteur : 52° 39′ 15″
14 27	52 17 40
15 16	51 56 40
15 59	21 38 25
16 37	51 22 10
17 22	51 02 55

Tilit (Dàdes). — 24 avril, 7 h. matin.

Mellaḥ. Angle horaire du soleil.

Chronomètre : 2h 13m 55s	Hauteur : 50° 48′ 20″
14 40	51 07 45
15 15	51 22 45
15 49	51 37 15
16 19	51 49 50
16 53	52 04 30

Taourirt (Todṛa). — 27 avril, 3 h. 1/2 matin.

Mellaḥ. Hauteur de la Polaire.

Chronomètre : 10h 01m 00s	Hauteur : 61° 59′ 40″
08 30	62 05 45
17 30	62 11 20
26 00	62 16 50
33 00	62 22 00
43 30	62 29 00

Taourirt (Todṛa). — 27 avril, 8 h. matin.

Mellaḥ. Angle horaire du soleil.

Chronomètre : 3h 05m 05s	Hauteur : 74° 40′ 20″
07 07	75 41 00
07 55	76 01 10
08 50	76 24 10
09 52	76 50 30
10 45	77 12 50
11 47	77 38 55

Erreur instrumentale : + 0° 32′ 15″
— 0° 31 35

Taourirt (Todṛa). — 27 avril, 4 h. 1/2 soir.

Mellaḥ. Angle horaire du soleil.

Chronomètre : 11h 13m 31s	Hauteur : 52° 28′ 30″
14 32	52 03 05
15 23	51 41 00
16 05	51 23 20
16 45	51 07 40
17 29	50 47 45
18 00	50 30 50

Asrir (Ferkla). — 30 avril, 7 h. matin.

Mellaḥ. Angle horaire du soleil.

Chronomètre : 2h 14m 55s	Hauteur : 55° 30′ 50″
16 22	56 08 15
17 06	56 26 30
17 45	56 43 20
18 19	56 58 20
19 25	57 25 40

GELMIMA (Reris). — 30 avril, 5 h. 1/2 soir.
Mellaḥ. Angle horaire du soleil.
Chronomètre : 12ʰ 08ᵐ 26ˢ Hauteur : 28° 49′ 35″
      10 03   28 08 20
      10 46   27 50 25
      12 56   26 56 40
      14 09   26 25 50
      15 14   25 58 35

GELMIMA (Reris). — 30 avril, 10 h. soir.
Mellaḥ. Hauteur de la Polaire.
Chronomètre : 4ʰ 43ᵐ 00ˢ Hauteur : 60° 49′ 40″
      54 30   49 30
     5ʰ 09 00   48 50
      18 30   48 40
      30 00   48 00

MELLAḤ TIALLALIN. — 4 mai, 5 h. 1/4 soir.
Angle horaire du soleil.
Chronomètre : 11ʰ 49ᵐ 35ˢ Hauteur : 36° 40′ 00″
      50 25   36 19 10
      51 26   35 53 45
      52 15   35 33 40
      52 53   35 17 05

MELLAḤ TIALLALIN. — 5 mai, 3 h. 1/2 matin.
Hauteur de la Polaire.
Chronomètre : 10ʰ 18ᵐ 00ˢ Hauteur : 64° 03′ 05″
      26 30   08 45
      50 00   24 05

QAÇBA EL MAKHZEN (Qçâbi ech Cheurfa). — 6 mai, 5 h. s.
Maison du qaïd. Angle horaire du soleil.
Chronomètre : 11ʰ 20ᵐ 42ˢ Hauteur : 49° 16′ 25″
      21 45   48 49 50
      22 19   48 35 50
      22 51   48 22 25
      23 24   48 09 10

QAÇBA EL MAKHZEN (Qçâbi ech Cheurfa). — 7 mai, 3 h. m.
Maison du qaïd. Hauteur de la Polaire.
Chronomètre : 9ʰ 34ᵐ 30ˢ Hauteur : 64° 49′ 30″
      43 30   64 56 15
      51 30   65 01 05
      59 00   65 06 00
     10ʰ 06 30   65 11 10
      16 30   65 18 10

OUTAT OULAD EL HADJ. — 11 mai, 3 h. matin.
Mellaḥ. Hauteur de la Polaire.
Chronomètre : 9ʰ 32ᵐ 30ˢ Hauteur : 66° 02′ 10″
      39 30   07 05
      44 30   09 45
      52 30   15 25
     10ʰ 03 00   23 20
      12 30   29 50

II. — Tableau des latitudes et longitudes.

NOMS DES LIEUX.	LATITUDE NORD.			LONGITUDE OUEST.		
Tétouan.	35°	34′	12″			
Tâza.	34	12	54			
Sfrou.				7°	04′	30″
Demnât.				9	11	15
Zaouïa Sidi Reḥal.	31°	38′	45″	9	33	45
Tagmout (Glaoua).	31	25	07	9	25	00
Tikirt (Aït Zaïneb).	30	57	00	9	09	45
Tazenakht.	30	34	40	9	18	45
Agadir Tisint.	29	54	08	9	28	30
Tintazart (Tatta).	29	38	12	9	58	30
Mader Soulṭân.	29	22	16			
Afîkourahen (Ilalen).	30	04	50	11°	17′	30″
Tamnougalt (Mezgiṭa).	30	40	43	8	26	00
Taourirt (Todṛa).	31	32	00	7	33	00
Gelmima (Reris).	31	41	05	6	58	00
Mellaḥ Tiallalin.	32	15	06	6	24	45
Qaçba el Makhzen (Qçâbi ech Cheurfa).	32	50	14	6	27	30
Outat Oulad el Hadj.	33	21	28			

Les latitudes et longitudes de ce tableau ont été calculées par M. de Villedeuil, calculateur du ministère de la guerre, qui a bien voulu me rendre ce service.

Les observations astronomiques faites au cours du voyage ont été exécutées avec un sextant, un horizon à huile et un chronomètre. Le sextant avait été construit par M. Lorieux; l'erreur instrumentale, insignifiante au départ, ne varia pas sensiblement. Le chronomètre était de M. Bréguet; la marche en demeura régulière, les résultats qu'il fournit furent bons; mais sa délicatesse même le rendait fragile : des mouvements violents de ma montre l'arrêtèrent plusieurs fois.

TABLEAU

DES

OBSERVATIONS MÉTÉOROLOGIQUES

FAITES AU MAROC AU COURS DU VOYAGE

(Juin 1883 - Mai 1884).

NOMS DES LIEUX.	DATES.	HEURES.	HAUTEURS BAROMÉTRIQUES.	ALTITUDES.	HAUTEURS THERMOMÉTRIQUES.	CIEL.	NUAGES.	OBSERVATIONS.
Port de Gibraltar (pont du paquebot).	19 Juin 1883	5ʰ S	763.1	0ᵐ				
Tanger.	21	9ʰ M			21°7	pur.	0	
De Tanger à Tétouan.	»	3ʰ35ᵐ S	763.7	(1) 2				
»	»	4ʰ15	763.4	5				
»	»	4ʰ45	758.2	63				
»	»	5ʰ	759.9	48				
»	»	5ʰ35	755	98				
»	»	6ʰ	759	53				
»	»	6ʰ20	756	88				
»	»	6ʰ33	755	90				
»	»	7ʰ20	756.2	85				
»	»	7ʰ40	760	44				
»	22	4ʰ50 M	754.8	114				
»	»	5ʰ05	753	135				
»	»	5ʰ37	743	260				Fondoq.
»	»	5ʰ45	744.3	240				

(1) Les altitudes ont été calculées par M. Raymond, à qui je dois de vifs remerciements pour ce travail. Voici, sur la manière dont il a procédé, les éléments qui lui ont servi et l'approximation obtenue, une note qu'il a composée.

« Pour la détermination des altitudes, on a fait usage d'un petit baromètre anéroïde construit avec soin et compensé des variations de la « température. Cet instrument a été considéré comme exact au départ, mais il est résulté de comparaisons faites par le voyageur, avec deux « autres baromètres, que vers le milieu d'août 1883 il a éprouvé un dérangement qui lui a fait marquer 2ᵐᵐ en plus; cette erreur instrumentale « s'est conservée jusqu'à la fin du voyage. On a tenu compte de cette correction, ainsi que de celle due à l'oscillation diurne du baromètre, que « l'on a supposée être de 2ᵐᵐ, dans les régions explorées.

« Les calculs des altitudes ont été faits en employant la formule de Laplace et en négligeant les décimales peu importantes.

« La détermination de la pression au niveau de la mer, à chacune des observations, a constitué une des difficultés principales pour l'exac- « titude des calculs. Pour avoir les hauteurs du baromètre au niveau de la mer, on a fait usage des observations relatées dans le Bulletin « météorologique du gouvernement de l'Algérie et dans le Bulletin météorologique international.

« Tant que le voyageur a été dans le voisinage des côtes, les données des Bulletins ont pu être utilisées avec profit, mais dans l'intérieur du « Maroc la tâche a été plus difficile et les valeurs obtenues pour certains jours se sont peut-être éloignées de la vérité de plusieurs milli- « mètres. Du reste, quelques altitudes ont pu être vérifiées et, dans les localités où le voyageur a passé plusieurs fois, on a pris des moyennes « qui, dans certains cas, ont servi à corriger les hauteurs des points voisins qui ont paru défectueuses.

« Nous ferons aussi remarquer que, pendant le cours de ce voyage, la pression au niveau de la mer a presque toujours été bien au-dessus « de 762ᵐᵐ, nombre admis pour la hauteur barométrique de ce pays au niveau de la mer.

« Nous pensons que les erreurs principales proviendront de la difficulté de se rendre compte de la pression atmosphérique au niveau de la « mer, et de la correction $\frac{e}{1.000}\,2\,(t + t')$ de la formule de Laplace, qui a été laissée le plus souvent à l'appréciation du calculateur, la tempéra- « ture n'ayant pu être notée aussi souvent que les hauteurs barométriques. »

Les observations de température ont été faites avec des thermomètres fronde et des thermomètres à minima construits par M. Tonnelot.

NOMS DES LIEUX.	DATES.	HEURES.	HAUTEURS BAROMÉTRIQUES.	ALTITUDES.	HAUTEURS THERMOMÉTRIQUES.	CIEL.	NUAGES.	OBSERVATIONS.
De Tanger à Tétouan (suite).	22 Juin 1883	6h06m M	735	355m				Col du Fondoq.
»	»	6h15	739.7	292				
»	»	7h12	755	114				
»	»	7h53	760	60				
»	»	8h35	761	50				
»	»	9h03	765	10				Pont de l'Ouad Bou Çfiha.
»	»	10h20	765.3	10				
Tétouan (mellah; 1er étage).	»	1h S	759.4	60	23°6	nébuleux.	4	
»	»	6h	759.2	»	21°5	nébuleux.	9	
»	23	nuit.		»	19° Min.			
»	»	9h M	759.4	»	20°7	nébuleux.	10	
»	»	1h S	759.2	»	22°	nébuleux.	10	
»	»	6h	758.5	»	21°	nébuleux.	7	
»	24	nuit.		»	19° Min.			
»	»	9h M	757.8	»	20°7	nébuleux.	10	
»	»	1h S	757	»	23°3	pur.	3	
»	»	6h30m	756.9	»	21°3	pur.	0.5	
»	25	nuit.		»	16°2 Min.			
»	»	9h M	758.2	»	25°	pur.	0	
»	»	1h S	757.6	»	29°5	pur.	0	
»	»	7h30m	757.4	»	22°5	pur.	0	
»	26	nuit.		»	14° Min.			
»	»	11h M	757.5	»	31°	pur.	0	
»	»	1h S	757.2	»	32°	pur.	0	
»	»	6h	757.4	»	26°	pur.	0	
»	27	nuit.		»	12°5 Min.			
»	»	9h M	758.2	»	26°3	pur.	0	
»	»	1h S	758.4	»	27°6	pur.	0	
»	»	6h	758.2	»	25°	pur.	0	
»	28	nuit.		»	14° Min.			
»	»	9h M	758.7	»	26°	pur.	0	
»	»	1h30m S	757.0	»	26°5	pur.	0	
»	»	6h	757.9	»	22°	pur.	0	
»	29	nuit.		»	14° Min.			
»	»	9h30m M	759.1	»	24°3	pur.	0	
»	»	1h S	759	»	27°2	pur.	0	
»	»	6h	759.1	»	23°	pur.	0	
»	30	nuit.		»	14° Min.			
»	»	9h M	760	»	26°	pur.	0	
»	»	1h S	759	»	31°	pur.	0	
»	»	6h	758.3	»	25°6	pur.	0	
»	1er Juillet.	nuit.		»	19°2 Min.			
»	»	5h M		»		couvert.	10	
»	»	9h	758.7	»	24°5	assez pur.	3	
»	»	1h S	757.6	»	25°	assez pur.	0.5	
»	»	6h	756.5	»	21°2	pur.	0	
»	2	nuit.		»	19° Min.			
»	»	5h M		»		couvert.	10	
»	»	6h30m	755.8	»	21°2			
De Tétouan à Chechaouen.	»	8h30m	762	5		pur.	0	
»	»	9h25	750.2	129				
»	»	10h25	734.2	317				
»	»	11h13	745.6	185				
»	»	11h42	736	273				
»	»	12h20 S	746	226				
»	»	2h	725.8	461		pur.	0	
»	»	2h50	709.4	657				
»	»	4h03	702	713				
»	»	4h10	707	651				
»	»	4h55	708.5	631				

NOMS DES LIEUX.	DATES.	HEURES.	HAUTEURS BAROMÉTRIQUES.	ALTITUDES.	HAUTEURS THERMOMÉTRIQUES.	CIEL.	NUAGES.	OBSERVATIONS.
De Tétouan à Chechaouen (suite).	2 Juillet 1883	5h S	712	591m				
»	»	5h30m	712	591				
»	»	6h35	721.8	468		pur.	0	
De Chechaouen à Tétouan.	3	6h10 M	709.6	680		pur.	0	
»	»	6h30	705	684				
»	»	7h35	736.7	279				
»	»	8h30	738	266				
»	»	8h53	736.6	304				
»	»	10h	723.3	468		pur.	0	
De Tétouan à El Qçar.	4	10h30 M	762.3	10		pur.	0	Pont de l'Ouad Bou Çûha (déjà passé).
»	»	2h34 S	734.2	355				Col du Fondoq (déjà passé).
»	»	3h	740.6	260				Fondoq (déjà rencontré).
»	»	6h		»		pur.	0	Même lieu. Température de la source du Fondoq : 17°.
»	5	3h45 M	740.3	»	16°1	couvert.	10	Même lieu.
»	»	5h24	754.8	96				
»	»	5h45	747	190	18°5	assez pur.	0	
»	»	6h33	753.2	120				
»	»	7h43	759	60				
»	»	9h10	762	26				
»	»	9h53	766.3	25				
»	»	11h05	754	120				
»	»	12h08 S	762.8	20				
»	»	1h	764.1	»				
»	»	1h15	762	26				
»	»	1h57	762.3	25				
»	»	3h02	756.2	80				
»	»	3h45	756.8	80		assez pur.	7	
»	6	5h05 M	758	65				
»	»	6h30	756.1	90				
»	»	7h57	760.4	40				
»	»	9h	759	60				
»	»	10h10	762.3	20	22°6	pur.	3	
»	»	11h15	763.8	6				
»	»	12h30 S	760.9	35	27°	pur.	4	
»	»	1h45	762.9	10				
»	»	2h55	761.3	30				
El Qçar (centre de la ville; rez-de-chaussée).	»	5h	762.4	20		pur.	0	
»	7	11h30 M	761.6	»		pur.	0	
»	»	4h S	760.9	»		pur.	0	
»	»	10h30	763.7	»				
»	8	4h M	762	»				
D'El Qçar à Fâs.	»	5h20	763.2	9				
»	»	6h10	761.3	29				
»	»	7h40	756	90				
»	»	8h10	755	100				
»	»	8h40	755.6	95	26°5	très pur.	0	
»	»	10h20	753	125				
»	»	11h07	750.7	150				Température d'une source : 22°.
»	»	12h45 S	755	100	33°5	pur.	0	
»	»	1h45	756.8	80				
»	»	3h10	754	108				Chemmaha.
»	»	7h		»	26°3	pur.	0	Id.
»	9	4h M	754.8	»	18°7			Id.
»	»	4h45	759.6	40				
»	»	5h40	758	67				
»	»	5h55	760.1	42				
»	»	6h30	756	90	27°	pur.	9.5	

NOMS DES LIEUX.	DATES.	HEURES.	HAUTEURS BAROMÉTRIQUES.	ALTITUDES.	HAUTEURS THERMOMÉTRIQUES.	CIEL.	NUAGES.	OBSERVATIONS.
D'El Qçar à Fâs (suite).	9 Juillet 1883	$7^{h}25^{m}$ M	758.3	130m				
»	»	$8^{h}43$	762.1	20				
»	»	$9^{h}30$	758.2	65				
»	»	$11^{h}20$	756	90				
»	»	$1^{h}35$ S	761	30				
»	»	$2^{h}05$	760.2	35	35°	très pur.	8	Douar près de l'Ouad Ouer
»	»	8^{h}		»	24°8	pur.	8	Id.
»	10	5^{h} M	762	»		assez nébuleux.	10	Même lieu. Pluie fine.
»	»	$5^{h}40$	760.7	45				La pluie cesse.
»	»	$6^{h}18$	754.8	110		pur.	6	
»	»	$7^{h}25$	753.3	123				
»	»	$7^{h}40$	757	81				
»	»	$9^{h}10$	756	92				
»	»	$9^{h}45$	753.8	118	27°2	pur.	9	
»	»	$10^{h}34$	757.8	71				
»	»	$12^{h}30$ S	743	242				
»	»	$1^{h}05$	752	129	34°2	pur.	5	
»	»	$2^{h}42$	752.5	133				
»	»	$3^{h}27$	756	92				
»	»	$3^{h}47$	758.1	68				
»	»	$4^{h}04$	757.7	70				Douar sur l'Ouad Sebou.
»	»	7^{h}		»	26°3	pur.	2	Id.
»	11	$4^{h}30$ M	759.1	»	19°5		10	Id.
»	»	$5^{h}15$	755	102				
»	»	$6^{h}40$	749.7	170				
»	»	$6^{h}48$	745.8	217				
»	»	$7^{h}30$	738.3	379				
»	»	$7^{h}57$	725.3	461				
»	»	$8^{h}36$	734.8	349				
»	»	$9^{h}45$	733	369	25°	assez pur.	0	
»	»	$11^{h}08$	720	586				
»	»	$11^{h}37$	705.3	712				
»	»	$12^{h}15$ S	718.7	546				
»	»	$1^{h}05$	735.9	331		pur.	0	
»	»	$1^{h}30$	726.7	440				
»	»	$1^{h}40$	730	387				
Fâs (centre du mellah; 1er étage).	12	$1^{h}30$ S	727.1	380		très pur.	0	
»	13	1^{h} S		»		très pur.	0	
»	14	8^{h} M	731.4	»		très pur.	0	
»	»	7^{h} S	731	»				
»	15	$8^{h}15$ M	731	»		pur.	0	
»	»	9^{h} S	731.7	»		très pur.	0	
»	16	nuit.		»	22°5 Min.			
»	»	7^{h} M	732	»		très pur.	0	
»	»	1^{h} S	731.2	»	33°5	très pur.	0	
»	»	9^{h}	732.9	»		très pur.	0	
»	17	nuit.		»	22°9 Min.			
»	»	9^{h} M	733.3	»	29°2	très pur.	0	
»	»	1^{h} S	732	»	35°3	très pur.	0	
»	»	7^{h}	731	»	32°2	très pur.	0	
»	18	nuit.		»	23°3 Min.			
»	»	7^{h} M	731.4	»	29°5	très pur.	0	
»	»	1^{h} S	730.3	»	35°2	très pur.	0	
»	»	5^{h}	728.7	»	33°	très pur.	0	
»	19	nuit.		»	21°7 Min.			
»	»	7^{h} M	729.2	»	26°5	très pur.	0	
»	»	11^{h}	727.3	»	30°2	très pur.	0	
»	»	1^{h} S	726.3	»	34°1	très pur.	0	
»	»	5^{h}	725.6	»	30°6	très pur.	0	
»	»	10^{h}	727.8	»	25°	très pur.	0	

NOMS DES LIEUX.	DATES.	HEURES.	HAUTEURS BAROMÉTRIQUES.	ALTITUDES.	HAUTEURS THERMOMÉTRIQUES.	CIEL.	NUAGES.	OBSERVATIONS.
Fâs (centre du mellah ; 1er étage) (suite).	20 Juillet 1883	nuit.		390m	18°3 Min.			
»	»	7h M	728.7	»	21°	très pur.	0	
»	»	11h	728.7	»	26°2	pur.	0	
»	»	1h S	728.2	»	29°	très pur.	0	
»	»	5h	727.9	»	28°4	très pur.	0	
»	21	nuit.		»	18°6 Min.			
»	»	7h M	730.8	»	22°3	très pur.	0	
»	»	1h S	729.9	»	29°1	très pur.	0	
»	»	5h	730.1	»	27°1	très pur.	0.5	
»	»	9h	732.2	»		très pur.	0	
»	22	nuit.		»	18°9 Min.			
»	»	7h M	733.1	»	20°	nébuleux.	10	
»	»	10h	733.2	»	22°3	assez pur.	3	
»	»	2h S	732	»	26°9	pur.	0	
»	»	5h	731.2	»	25°6	pur.	0	
»	23	nuit.		»	18°1 Min.			
»	»	7h M	732.9	»	19°1	nébuleux.	10	
»	»	10h	732.8	»	21°2	pur.	0	
»	»	1h S	730.6	»	26°5	très pur.	0	
»	»	4h30m						Température d'Aïn et Touta (source) : 18°5.
»	»	5h	729.2	»	26°2	très pur.	0	
»	24	7h M		»		très pur.	0	
»	»	1h S		»		très pur.	2	
»	»	5h		»		très pur.	0	
»	25	10h M	728	»	26°3	pur.	0	
»	»	1h S	727.3	»	33°5	pur.	3	
»	»	5h	727.4	»	33°2	pur.	7	
»	»	9h	729.4	»	28°1	pur.	2	
»	26	nuit.		»	28°8 Min.			
»	»	6h30 M	728.8	»	27°	un peu nébuleux.	2	
»	»	10h	729.6	»	32°	assez nébuleux.	6	
»	»	1h S	729	»	36°	nébuleux.	5	
»	»	5h	736	»	32°	nébuleux.	10	
»	27	nuit.		»	25°2 Min.			
»	»	10h M	730.8	»	32°5	nébuleux.	1	
»	»	1h S	730	»	37°	nébuleux.	4	
»	»	5h	729	»	35°	un peu nébuleux.	1.5	
»	»	9h	731.4	»	32°	pur.	0	
»	28	nuit.		»	25° Min.			
»	»	6h30 M	731.3	»	26°5	très pur.	2	
»	»	10h	734.8	»	29°7	très pur.	0	
»	»	1h S	734	»	33°5	pur.	2	
»	»	5h	730.3	»	31°4	pur.	6	
»	»	9h	731.9	»	26°3	pur.	2	
»	29	6h30 M	734	»	18°5	très pur.	0	
De Fâs à Tâza.	»	7h15	736.8	318				
»	»	8h15	748.2	180				Pont de l'Ouad Sebou.
»	»	10h	719.5	383				
»	»	11h20	731.4	380				
»	»	12h S	738.7	293		très pur.	0	
»	»	12h25	737	313				
»	»	1h50	744.7	217				
»	»	3h35	743	235				
»	»	4h55	741	257		très pur.	0	Gîte.
»	30	5h M	741	»		très pur.	0	Id.
»	»	5h18	742	245				
»	»	5h50	731	365				
»	»	9h	738	293				
»	»	11h36	733.2	340				

NOMS DES LIEUX.	DATES.	HEURES.	HAUTEURS BAROMÉTRIQUES.	ALTITUDES.	HAUTEURS THERMOMÉTRIQUES.	CIEL.	NUAGES.	OBSERVATIONS.
De Fâs à Tâza (suite).	30 Juillet 1883	12h25m S	712.3	600m				
»	»	12h55	726.4	420				
»	»	1h25	726.6	418				
»	»	2h51	709.8	683				
»	»	3h15	713.8	573		assez pur.	10	
»	»	3h25	716	548				
»	»	4h	709.2	631				
Tâza (mellah ; 1er étage).	»	6h	710	620		assez pur.	10	
»	31	7h M		»		pur.	2	
»	»	10h		»		pur.	0	
»	»	1h S		»		assez pur.	8	
»	»	5h		»		assez pur.	10	Tonnerre et pluie légère d[e] 3 heures à 4 heures S.
»	»	10h		»		assez pur.	10	
»	1 Août.	7h M		»		pur.	0	
»	»	10h		»		pur.	0	
»	»	5h S		»		pur.	0	
»	2	7h M		»		assez pur.	10	
»	»	10h		»		assez pur.	5	
»	»	1h S		»		assez pur.	8	
»	»	5h		»		assez pur.	10	
»	»	10h		»		assez pur.	10	
»	3	8h M		»		pur.	6	
»	»	10h		»		pur.	0	
»	»	1h S		»		très pur.	0	
»	»	6h		»		très pur.	0	
»	4	6h M		»		très pur.	0	
»	»	1h S		»		très pur.	0	
»	»	6h		»		très pur.	0	
»	5	7h M		»		très pur.	0	
»	»	1h S	712.5	»		très pur.	0	
»	»	6h		»		très pur.	0	
»	6	4h30 M	713.4	»		très pur.	0	
De Tâza à Fâs.	»	11h25	729	401				
»	»	1h S		»		très pur.	0	
»	»	6h		»		très pur.	0	
»	7	4h12 M	728	413				
»	»	5h30	732	365				
»	»	6h35	712	606				
»	»	8h01	703.2	720				
»	»	8h39	726	437				
»	»	8h57	721.2	497				
»	»	2h25 S	716.5	559				
»	»	2h51	726.3	436				
»	»	3h15	725	449				
»	»	3h53	736	347				
»	»	5h05	724.3	461				
»	»	5h39	736	347				
»	»	6h08	726	436				
»	»	6h17	730	389				
»	»	6h25	726	437				
»	»	7h		»		très pur.	0	
»	8	4h08 M	713	419				
Fâs (centre du mellah ; 1er étage).	»	1h30 S	730.2	380		pur.	0	
»	»	6h30	730.2	»	31°8	assez pur.	0	
»	9	nuit.		»	21°3 Min.			
»	»	9h M	730	»	29°2	pur.	0	
»	»	1h S	728.3	»	34°3	pur.	0	
»	»	5h	727	»	33°3	pur.	0	
»	»	9h	728.2	»	28°3	un peu nébuleux.	2	

NOMS DES LIEUX.	DATES.	HEURES.	HAUTEURS BAROMÉTRIQUES.	ALTITUDES.	HAUTEURS THERMOMÉTRIQUES.	CIEL.	NUAGES.	OBSERVATIONS.
Fâs (centre du mellah; 1er étage) (suite).	10 Août 1883	nuit.		380m	22° Min.			
»	»	7h M	727.7	»	25°	assez nébuleux.	2	
»	»	10h	726.5	»	29°	assez nébuleux.	6	
»	»	1h S	725.7	»	33°5	assez nébuleux.	8	
»	»	6h	726.3	»	30°3	nébuleux.	10	
»	11	nuit.		»	23°4 Min.			
»	»	7h M	727.9	»	28°	assez pur.	0	
»	»	1h S	726.7	»	32°8	un peu nébuleux.	10	
»	»	3h	725.7	»	37°	assez pur.	8	
»	»	6h	727.3	»	34°	assez pur.	6	
»	12	nuit.		»	26°2 Min.			
»	»	7h30m M	730	»	31°5	très pur.	2	
»	»	11h	729.7	»	30°8	très pur.	0	
»	»	2h S	729.7	»	36°8	très pur.	0	
»	»	5h	729	»	37°8	très pur.	0	
»	»	9h	729.6	»	33°	très pur.	0	
»	13	nuit.		»	26° Min.			
»	»	7h M	730.9	»	31°2	très pur.	0	
»	»	10h	730.3	»	38°	très pur.	0	
»	»	2h S		»	36°	très pur.	0	
»	»	4h		»	39°2			
»	»	4h40		»	39°7			
»	»	5h45	728.9	»	36°	très pur.	0	
»	»	10h30	730.7	»	29°	très pur.	0	
»	14	nuit.		»	23°2 Min.			
»	»	7h M	731.9	»	28°	légèrt nébuleux.	0	
»	»	10h	731.1	»	34°	nébuleux.	0	
»	»	1h S	730.5	»	36°	nébuleux.	1	
»	»	5h	730	»	34°2	assez nébuleux.	1	
»	»	10h	731.9	»	28°	nébuleux.	6	
»	15	nuit.		»	22°4 Min.			
»	»	7h30 M	731.9	»	25°3	nébuleux.	2	
»	»	11h	730.2	»	33°7	nébuleux.	2	
»	»	1h S	729.3	»	35°	nébuleux.	1	
»	»	7h	731.1	»	29°7	assez pur.	0	
»	16	nuit.		»	20°3 Min.			
»	»	7h M	731.8	»	22°7	assez pur.	0	
»	»	11h	731.2	»	30°4	pur.	0	
»	»	1h30 S	729.9	»	32°3	pur.	0	
»	»	7h30	729.9	»	26°9	pur.	3	
»	»	11h	730.2	»	23°3	pur.	1	
»	17	nuit.		»	18°2 Min.			
»	»	8h M	729.7	»	23°3	légèrt nébuleux.	0	
»	»	11h	728.9	»	30°2	légèrt nébuleux.	0	
»	»	1h30 S	727.8	»	32°3	légèrt nébuleux.	0	
»	»	5h	726.9	»	32°2	légèrt nébuleux.	0	
»	18	nuit.		»	22° Min.			
»	»	7h M	728.1	»	24°2	nébuleux.	0	
»	»	11h30	727.3	»	31°7	nébuleux.	0	
»	»	1h30 S	726.7	»	33°1	nébuleux.	0	
»	»	5h	726.2	»	32°2	nébuleux.	0	
»	»	11h	728.1	»	25°6	légèrt nébuleux.	1	
»	19	nuit.		»	22°3 Min.			
»	»	7h M	728.4	»	23°6			
»	»	12h S	727.7	»	34°	légèrt nébuleux.	0	
»	»	2h	726.9	»	35°2	légèrt nébuleux.	0	
»	»	5h30	726.7	»	34°5	légèrt nébuleux.	0	
»	»	9h	726.7	»	30°	légèrt nébuleux.	0	
»	20	nuit.		»	23° Min.			
De Fâs à Sfrou.	»	4h53 M	731.9	330				Pont de l'Ouad el Adam.

NOMS DES LIEUX.	DATES.	HEURES.	HAUTEURS BAROMÉTRIQUES.	ALTITUDES.	HAUTEURS THERMOMÉTRIQUES.	CIEL.	NUAGES.	OBSERVATIONS.
De Fâs à Sfrou (suite).	20 Août 1883	4h50m M	726.5	408m				
»	»	6h05	720.6	476				
»	»	7h20	710.3	599				
»	»	8h22	705	686				
»	»	8h40	698	761				
»	»	10h	692.9	825				Porte de Sfrou.
Sfrou (mellah ; rez-de-chaussée).	»	12h30 S	691.9	837		pur.	0	
»	»	6h		»		pur.	0	
»	21	nuit.		»	24°3 Min.			
De Sfrou à Fâs.	»	4h30 M	691.6	825		légèrt nébuleux.	0	Porte de Sfrou (passée précédemment).
Fâs (centre du mellah ; 1er étage).	»	9h30	726.3	390				
»	»	11h	727.8	»	35°4	légèrt nébuleux.	0	
»	»	2h S	726.3	»	37°	nébuleux.	0	
»	»	5h	726.8	»	35°7	nébuleux.	0	
»	»	11h30	728.6	»	29°	nébuleux.	10	
»	22	nuit.		»	24°1 Min.			
»	»	6h M	729.7	»	26°7	légèrt nébuleux.	3	
»	»	10h	729.1	»	30°5	pur.	0	
»	»	1h S	727.3	»	34°	pur.	0	
»	»	3h	727.8	»	32°0	pur.	2	
»	»	5h30	727.3	»				
De Fâs au pont de l'Ouad el Adam.	»	5h45	731.5	330				Pont de l'Ouad el Adam (déjà passé).
Fâs (centre du mellah ; 1er étage).	»	8h30	729.7	390	28°2	pur.	0	
»	23	nuit.		»	22°4 Min.			
»	»	4h M	729.1	»				
De Fâs à Meknâs.	»	5h	729.3	387		très pur.	0	
»	»	12h S	717	500		très pur.	0	
Meknâs (mellah ; rez-de-chaussée).	»	5h	718.8	535		très pur.	0	
»	24	nuit.		»	17°7 Min.			
»	»	10h30 M	718.7	»	27°7	légèrt nébuleux.	0	
»	»	1h S	717.3	»	31°	pur.	0	
»	»	5h	717.6	»	25°6	pur.	0	
»	25	nuit.		»	16°8 Min.			
»	»	7h30 M	718.4	»	20°6	légèrt nébuleux.	1	
»	»	11h	718.2	»	28°	légèrt nébuleux.	9	
»	»	2h30 S	718.1	»	30°6	légèrt nébuleux.	8	
»	»	7h	719	»	24°5 »	nébuleux.	10	
»	26	nuit.		»	21°3 Min.			
»	»	7h M	720.1	»	25°2	pur.	0	
»	»	12h S	719.3	»	33°2	pur.	0	
»	27	6h M	719.2	»		pur.	0	
»	»	10h30	720.7	»				
De Meknâs à Bou el Djâd.	»	11h10	719.2	535		pur.	0	
»	»	1h25 S	716.5	560				
»	»	2h20	728.9	413				
»	»	3h	735.2	341				
»	»	4h	738.3	305				
»	»	5h30	746	210				
»	»	5h35	746.3	207				
»	»	7h				très pur.	0	
»	28	5h30 M	723.2	486				
»	»	7h05	724	480		nébuleux.	10	Souq et Tlâta ez Zemmour. Quelques gouttes de pluie dans la matinée.
»	»	12h S		»		nébuleux.	10	Même lieu.
»	»	4h	721.6	»				Id.

NOMS DES LIEUX.	DATES.	HEURES.	HAUTEURS BAROMÉTRIQUES.	ALTITUDES.	HAUTEURS THERMOMÉTRIQUES.	CIEL.	NUAGES.	OBSERVATIONS.
De Meknâs à Bou el Djâd (suite).	28 Août 1883	5h S	749.7	523m				
"	"	6h	740.6	269		nébuleux.	10	Moulei Ez Zaqi.
"	29	5h M	741.2	"		assez pur.	0	Id.
"	"	12h S		"		pur.	0	Id.
"	"	6h		"		pur.	0	Id.
"	30	5h M	740.3	"		très pur.	0	Id.
"	"	5h30m	743.7	234				
"	"	6h45	712	621				
"	"	10h15	690.7	885				
"	"	1h S	686	922		très pur.	0	
"	"	1h45	690	898				Moulei Abd el Ouahad.
"	"	6h		"		très pur.	0	Id.
"	31	4h50 M	690	"				Id.
"	"	5h35	677.7	1.033				
"	"	6h05	672	1.131		pur.	0	
"	"	6h40	686	949				
"	"	7h58	669.5	1.157				
"	"	9h20	665	1.250				Aït Omar.
"	"	11h		"		pur.	1	Id.
"	"	6h S		"		pur.	4	Id.
"	1 Septembre.	7h M		"		pur.	0	Id.
"	"	1h S		"		pur.	1	Id.
"	"	6h		"		pur.	3	Id.
"	2	4h30 M	661	"	13°5			Id.
"	"	6h45	660	1.220		pur.	0	
"	"	8h30	700	778				
"	"	8h55	701.4	726				
"	"	9h38	678	1.057				
"	"	10h18	674	1.108				
"	"	10h43	678	1.057				
"	"	11h25	670.3	1.160				
"	"	1h15 S	678	1.057		pur.		
"	"	2h20	693	854				
"	"	3h	696.2	855				Aït Mouloud.
"	"	6h		"		pur.	0	Id.
"	3	5h M	696.3	"		pur.	0	Id.
"	"	11h		"		pur.	0	Id.
"	"	6h S		"		pur.	0	Id.
"	4	5h M	699.3	"		très pur.	0	Id.
"	"	6h25	695	890				
"	"	7h	698	865				
"	"	7h10	696.5	861				
"	"	8h	691	914				Aït El Mati.
"	"	11h		"		très pur.	0	Id.
"	"	6h S		"		très pur.	0	Id.
"	5	5h30 M	706	690				
"	"	5h50	710	665				
"	"	9h	700	789				
"	"	10h25	684	891				
"	"	11h	688	1.025		pur.	1	Qçar Beni Zemmour.
"	"	5h S		"		pur.	1	Id.
"	6	nuit.		"	13° Min.			Id.
"	"	10h25 M	678.8	"		assez pur.	1	Id.
"	"	11h07	689	904				
Bou el Djâd (mellah ; 1er étage).	"	4h S	696	893		assez pur.	1	
"	7	nuit.		"	21° Min.			
"	"	9h45 M	699.2	"	25°6	pur.	0	
"	"	3h S	696.2	"	31°4	pur.	0	
"	8	nuit.		"	20° Min.			
"	"	10h M	701.3	"		pur.	0	
"	"	2 S	701.1	"	28°3	pur.	0	

NOMS DES LIEUX.	DATES.	HEURES.	HAUTEURS BAROMÉTRIQUES.	ALTITUDES.	HAUTEURS THERMOMÉTRIQUES.	CIEL.	NUAGES.	OBSERVATIONS.
Bou el Djâd (mellah ; 1er étage) (suite).	8 Sept. 1883	5h S	700.8	803m	32°7	pur.	0	
»	9	7h M	703	»	26°	pur.	0	
»	»	1h S	701.7	»	31°5	pur.	0	
»	»	5h	700.7	»	31°8	très pur.	0	
»	10	nuit.		»	21°1 Min.			
»	»	8h30m M	703.6	»	28°1	pur.	0	
»	»	1h S	702.5	»	31°8	pur.	1	
»	»	5h	702.8	»	32°4	pur.	2	
»	11	nuit.		»	20°7 Min.			
»	»	7h M	704.1	»	27°3	assez pur.	3	
»	»	3h30 S	702.9	»	33°9	pur.	3	
»	»	5h30	703.8	»	32°	pur.	4	
»	12	nuit.		»	22° Min.			
»	»	7h M	704.2	»	27°2	légèrt nébuleux.	4	
»	»	1h S	702.8	»	32°5	pur.	4	
»	»	4h	702.5	»	31°5	pur.	1	
»	13	nuit.		»	19° Min.			
»	»	7h M	702.9	»	24°	très pur.	0	
»	»	12h S	701.7	»	28°2	très pur.	4	
»	»	6h	700.8	»	28°1	très pur.	6	
»	14	nuit.		»	19° Min.			
»	»	8h M	701.2	»	21°7	très pur.	1	
»	»	3h S	694	»	29°3	très pur.	0	
»	»	7h30	700.8	»	23°3	très pur.	2	
»	15	nuit.		»	19° Min.			
»	»	9h45 M	702.2	»	20°	nébuleux.	0	
»	»	1h15 S	701	»	28°	nébuleux.	10	
»	»	4h	701	»	27°	nébuleux	10	
»	16	6h M	702.9	»	22°3	légèrt nébuleux.	0	
»	»	10h	703.8	»	20°5	assez pur.	2	
»	17	3h15 M	704.5	»				
De Bou el Djâd à Qaçba B. Mellal.	»	5h20	712.2	675				
»	»	6h20	718	601				
»	»	6h33	721.3	565				
»	»	6h59	722.5	553				
»	»	7h02	721.5	554				Qaçba Tâdla.
»	»	9h	721.4	»				Id.
»	»	11h		»		très pur.	0	Id.
»	»	5h S		»		très pur.	0	Id.
»	18	7h M	720.9	»		très pur.	0	Id.
»	»	11h		»		très pur.	0	Id.
»	»	7h S	719	»		très pur.	3	Id.
»	»	11h	719.1	»		très pur.	0	Id.
»	19	5h30 M	719.9	»				Id.
»	»	6h15	722	528				
»	»	7h07	717	579		très pur.	0	
»	»	8h15	716	591				
»	»	8h35	714.5	616				
»	»	10h	709	677				
»	»	12h26 S	711	653				
»	»	1h12	709.3	677		très pur.	0	
»	»	1h53	708	680				
»	»	2h15	702.5	753				
»	»	2h58	703.5	741				
»	»	3h05	701.9	753				Aït Saïd.
»	»	6h		»		très pur.	0	Id.
»	20	9h M	683.5	1.004				Montagne dominant Aït Saïd.
»	»	10h	702.9	753		très pur.	0	Aït Saïd.
»	»	11h12	707	702				
»	»	12h S	715	587				

NOMS DES LIEUX.	DATES.	HEURES.	HAUTEURS BAROMÉTRIQUES.	ALTITUDES.	HAUTEURS THERMOMÉTRIQUES.	CIEL.	NUAGES.	OBSERVATIONS.
Qaçba Beni Mellal (rez-de-chaussée).	20 Sept. 1883	12^h45^m S	715.8	500m		très pur.	0	
»	»	6^h		»		très pur.	0	
»	21	7^h M		»		très pur.	0	
»	»	3^h S		»	28°2	très pur.	0	
»	»	10^h	717.4	»		très pur.	0	
»	22	7^h M	719.2	»		très pur.	0	
»	»	12^h S	717.3	»		très pur.	0	
»	»	4^h	717.3	»		très pur.	0	
»	»	10^h	718.7	»		très pur.	0	
»	23	7^h30 M	719.2	»		très pur.	0	
»	»	12^h S	717.6	»		très pur.	0	
»	»	6^h		»		très pur.	0	
»	24	7^h M	718.9	»		très pur.	0	
»	»	12^h S	717.6	»	29°5	très pur.	0	
»	»	6^h	716.3	»		pur.	0	
»	»	10^h	718.3	»		très pur.	0	
»	25	6^h M	717.8	»		très pur.	0	
De Qaçba B. Mellal à Ouaouizert.	»	6^h58	712	658				
»	»	7^h17	700.7	786				
»	»	7^h30	705	738				
»	»	8^h20	704	750				
»	»	8^h50	698	826				
»	»	9^h37	668.2	1.236				
»	»	9^h47	669	1.196				
»	»	10^h43	660	1.448				
»	»	11^h06	644.4	1.529				
»	»	11^h40	663	1.275				
»	»	12^h30 S	686	977				
»	»	12^h52	680	960				
Ouaouizert (mellah; rez-de-chaussée).	»	12^h50	684.7	1.007				
»	»	6^h		»		très pur.	8	
»	26	7^h M	687.3	»		très pur.	0	
»	»	4^h S	684.4	»		pur.	6	
»	27	7^h M	687.4	»		nébuleux.	3	
»	»	1^h S	683.9	»		nébuleux.	2	
»	»	5^h	683.7	»		légèrt nébuleux.	1	
»	28	7^h M	685.1	»		nébuleux.	5	
»	»	11^h	683.5	»		nébuleux.	8	
»	»	5^h S	683.2	»		légèrt nébuleux.	4	
»	29	7^h M	683.7	»		pur.	0	
»	»	1^h S	681.8	»		pur.	0	
»	»	10^h	681.7	»		pur.	1	
»	30	5^h53 M	681.9	»				
De Ouaouizert à Demnât.	»	6^h	686.3	960		assez pur.	1	
»	»	7^h12	684	970				Souq el Had Aït Bou Zid.
»	»	1^h S		»		pur.	0	Id.
»	»	3^h55	682.9	»				Id.
»	»	4^h50	685.7	805				Lit de l'Ouad el Abid.
»	»	5^h25	689.5	690		pur.	0	Dar Ibrahim.
»	1 Octobre.	5^h M	690.7	»				Id.
»	»	5^h50	698	790				
»	»	7^h	696	917		pur.	0	
»	»	8^h30	701.6	753				
»	»	10^h22	702.2	745				
»	»	10^h40	700.7	725		pur.	0	Aït ou Akeddir.
»	»	5^h S		»		pur.	0	Id.
»	2	nuit.		»	10° Min.			Id.
»	»	10^h M	702.6	»		nébuleux.	6	Id.
»	»	5^h S	702.1	»		nébuleux.	10	Id.

NOMS DES LIEUX.	DATES.	HEURES.	HAUTEURS BAROMÉTRIQUES.	ALTITUDES.	HAUTEURS THERMOMÉTRIQUES.	CIEL.	NUAGES.	OBSERVATIONS.
De Ouaouizert à Demnât (suite).	3 Oct. 1883	nuit.		725m	8°5 Min.			Aït ou Akeddir.
»	»	3h S	706.2	»		très pur.	0	Id.
»	»	5h30m	706.4	»		très pur.	0	Id.
»	»	9h	707.8	»		très pur.	0	Id.
»	4	nuit.		»	6°5 Min.			Id.
»	»	4h52 M	707.5	»				Id.
»	»	5h25	699	882				
»	»	6h25	703.4	857				
»	»	7h12	701.3	868		très pur.	0	
»	»	9h10	717.3	680				
»	»	9h45	722	622				
»	»	9h52	718.5	668				
»	»	11h07	717.2	670				
»	»	12h S	705	805				
»	»	1h12	698.5	884		très pur.	0	
»	»	2h45	695.2	912				
»	»	2h55	697.5	876				
»	»	3h	696	900				Djemaaa Entifa.
»	»	6h		»		très pur.	0	Id.
»	5	5h07 M	696	»				Id.
»	»	6h13	674.3	1.160		très pur.	0	
»	»	6h47	685	1.080				
»	»	9h20	707	728				
»	»	10h45	704	795				
»	»	12h S	695	884		très pur.	0	
»	»	12h15	686.3	972				
»	»	12h40	690.4	923				
Demnât (mellah; rez-de-chaussée).	»	1h30	692.3	1.015				
»	»	4h30	692.7	»	21°	très pur.	0	
»	6	nuit.		»	7°5 Min.			
»	»	7h M	681	»		très pur.	3	
»	»	1h S	678.7	»		très pur.	1	
»	»	11h	677.8	»		nébuleux.	10	
»	7	nuit.		»	10° Min.			
»	»	8h M	676.3	»	11°7	très nébuleux.	10	
»	»	12h S	675.3	»	16°5	très nébuleux.	10	
»	»	4h30	674	»	18°2	nébuleux.	4	
»	»	7h	674.6	»	15°	pur.	8	
»	8	nuit.		»	10° Min.			
»	»	1h M	675	»		nébuleux.	10	
»	»	7h	675.6	»		nébuleux.	9	
De Demnât à Tikirt.	»	8h50	684.8	896				
»	»	9h55	686.5	873				
»	»	11h	686	860				
»	»	12h35 S	691	823				
»	»	2h03	695.8	762				
»	»	3h23	693.7	775				
»	»	6h	698.4	715		pur.	9	Zaouïa S. Rehal.
»	9	6h30 M	701.3	»		pur.	6	Id.
»	»	12h S	701.5	»		légèrt nébuleux.	7	Id.
»	»	12h40	701.5	»				Id.
»	»	12h58	708	701				
»	»	2h45	692	862				
»	»	3h	689.4	870				Enzel.
»	»	9h	690.3	»		pur.	5	Id.
»	10	5h M	688.7	»		pur.	8	Id.
»	»	5h15	688.7	»				Id.
»	»	6h16	686.7	894				
»	»	8h30	680.5	1.219				
»	»	9h45	682	1.334				

NOMS DES LIEUX.	DATES.	HEURES.	HAUTEURS BAROMÉTRIQUES.	ALTITUDES.	HAUTEURS THERMOMÉTRIQUES.	CIEL.	NUAGES.	OBSERVATIONS.
De Demnât à Tikirt (suite).	10 Oct. 1883	10h15m M	666.5	1.143m				
»	»	11h15	654.2	1.368				Tagmout.
»	»	11h30	654.2	»		très pur.	2	Id.
»	»	4h S	651	»		pur.	1	Id.
»	11	7h M		»		assez pur.	5	Id.
»	»	1h S		»		nébuleux.	7	Id.
»	»	6h		»		nébuleux.	8	Id.
»	12	6h M	650.6	»	10°	nébuleux.	6	Id.
»	»	6h45	651	»	10°5	nébuleux.	8	Id.
»	»	1h S	649.3	»		légèrt nébuleux.	1	Id.
»	»	4h30	650.7	»		assez pur.	1	Id.
»	13	7h M		»		pur.	0	Id.
»	»	1h S		»		pur.	0	Id.
»	»	10h	651.3	»	12°	pur.	0	Id.
»	14	5h15 M	650.9	»				Id.
»	»	7h32	648	1.848				
»	»	9h05	627.5	1.683				
»	»	10h25	627.3	1.684				
»	»	1h08 S	598.2	2.081				
»	»	2h23	585	2.261				
»	»	4h13	560.4	2.634				
»	»	4h45	670	2.330				
»	»	7h	604	2.011		pur.	1	Aït Baddou.
»	15	6h35 M	604	»		assez nébuleux.	4	Id.
»	»	7h44	609	1.942				
»	»	8h25	600.2	2.067				
»	»	12h10 S	627	1.697				
»	»	1h	622	1.764				
»	»	1h55	621.8	1.766				
»	»	3h	634.3	1.570				Tizgi.
»	»	6h30	634.5	»		nébuleux.	9	Id.
»	16	7h M	636.8	»		nébuleux.	8	Id.
»	»	11h	637.5	»		nébuleux.	10	Id.
»	»	1h S	637.3	»	19°2	nébuleux.	9	Id.
»	»	5h	638.4	»		assez nébuleux.	6	Id. De 2h à 4h S, forte pluie.
»	17	7h M	641.3	»	10°4	assez pur.	0	Même lieu.
»	»	11h	640.8	»	19°8	assez pur.	0	Id.
»	»	4h30 S	639.8	»	20°	assez pur.	0	Id.
»	18	6h M	640.6	»	12°	assez pur.	0	Id.
»	»	7h	640.7	»	12°2	pur.	0	Id.
»	»	10h30	641.6	»				Id.
»	»	12h S	648	1.463				
»	»	2h05	654.8	1.362				
»	»	4h05	660	1.303				
»	»	4h35	661.4	1.272				
Tikirt (mellah ; 1er étage).	»	4h45	660	1.313		pur.	2	
»	19	9h M	661.7	»		assez pur.	0	
»	»	4h S	658.3	»	23°7	assez pur.	2	
»	»	5h		»			10	De 5h à 5h 3/4, pluie légère et quelques coups de tonnerre.
»	»	9h	661.3	»		nébuleux.	10	De 8h à 10h, quelques gouttes de pluie.
»	20	nuit.		»	9°8 Min.			
»	»	7h M	659	»	11°	assez pur.	0	
»	»	11h30	658.2	»	22°7	assez pur.	1	
»	»	4h S	656.3	»	19°2	assez pur.	3	
»	»	6h		»	18°3	assez pur.	2	
»	»	10h30	658.4	»		pur.	0	
»	21	nuit.		»	8°2 Min.			
»	»	7h30 M	657.2	»	12°4	légèrt nébuleux.	0	
»	»	12h S	655.9	»	20°5	légèrt nébuleux.	0	

NOMS DES LIEUX.	DATES.	HEURES.	HAUTEURS BAROMÉTRIQUES.	ALTITUDES.	HAUTEURS THERMOMÉTRIQUES.	CIEL.	NUAGES.	OBSERVATIONS.
Tikirt (mellah; 1er étage) (suite).	21 Oct. 1883	4h S	654.2	1.313m	24°2	assez nébuleux.	0	
»	»	9h	655.6	»	15°	assez pur.	0	
»	22	nuit.		»	7°5 Min.			
»	»	6h45m M	655.4	»	8°7	assez pur.	0	
»	»	10h30	655.4	»	21°1	nébuleux.	9	
»	»	8h30 S	657.2	»		nébuleux.	10	De 3 à 4h S, pluie légère.
»	23	nuit.		»	8°5 Min.			
»	»	7h45 M	660	»	12°	assez pur.	0	
»	»	1h S	657.3	»	26°7	assez nébuleux.	7	
»	»	5h	658.7	»	21°5	légèrt nébuleux.	2	De 1h à 3h, quelques gouttes de pluie.
»	»	9h30		»	15°9	pur.	0	
»	24	nuit.		»	8°2 Min.			
»	»	8h M	662.1	»	13°	nébuleux.	0	
»	»	1h S	660	»	21°8	nébuleux.	9	
»	»	5h	660	»	23°2	très nébuleux.	9	De 1h à 5h, quelques gouttes de pluie.
»	»	11h	660.7	»		assez nébuleux.	1	
»	25	nuit.		»	10° Min.			
»	»	6h30 M	660	»	12°	nébuleux.	9	
De Tikirt à Tazenakht.	»	9h15	651	1.368				
»	»	11h30	651.5	1.345				Tagenzalt.
»	»	1h S	650.9	»	24°	nébuleux.	10	Id. De 12h30 à 1h, pluie légère.
»	»	1h25	646	1.483				
»	»	2h05	641.3	1.486				
»	»	3h10	630	1.635				
»	»	3h55	642	1.476				
»	»	4h30	647.3	1.410				Ireis.
»	»	5h30	647.2	»	20°	nébuleux.	6	Id.
»	26	7h30 M	647.5	»	15°	légèrt nébuleux.	2	Id.
»	»	8h30	648.3	»				Id.
»	»	8h50	648.8	1.373				
»	»	9h25	637.5	1.517				
»	»	10h20	650.8	1.347				
»	»	1h25 S	646.3	1.412				
»	»	3h38	643.8	1.438				
Tazenakht (mellah, 2e étage).	»	5h		1.502		légèrt nébuleux.	9	
»	27	8h M		»		nébuleux.	10	
»	»	12h S	643.3	»	21°4	nébuleux.	10	De 11h à 12h, quelques gouttes de pluie.
»	»	4h	642.4	»	19°3	nébuleux.	8	De 3 à 3h 1/2, pluie abondante.
»	»	7h		»		nébuleux.	10	Pendant la soirée, il tombe de temps en temps quelques gouttes de pluie.
»	»	11h		»		nébuleux.	10	
»	28	2h M	642.8	»		très nébuleux.	10	Quelques gouttes de pluie.
»	»	nuit.		»	13°8 Min.			
»	»	7h30	643.8	»	17°	nébuleux.	10	
»	»	1h S	643	»	22°5	très nébuleux.	10	
»	»	5h	642.1	»	20°2	nébuleux.	3	
»	»	9h30	643	»		pur.	0	
»	29	nuit.		»	8° Min.			
»	»	7h M	642.5	»	12°	pur.	0	
»	»	1h S	641.7	»	23°1	assez pur.	5	
»	»	5h	641	»	19°2	assez pur.	5	
»	»	9h	641.3	»		pur.	1	
»	30	nuit.		»	11°7 Min.			
»	»	7h M	639.9	»	12°6	assez pur.	2	
»	»	9h	639.6	»		nébuleux.	6	
»	»	1h S	636.8	»	21°2	légèrt nébuleux.	5	

NOMS DES LIEUX.	DATES.	HEURES.		HAUTEURS BAROMÉTRIQUES.	ALTITUDES.	HAUTEURS THERMOMÉTRIQUES.		CIEL.	NUAGES.	OBSERVATIONS.
Tazenakht (mellah; 2e étage) (suite).	30 Oct. 1883	5^h	S	639.6	1.502m	17°2		nébuleux.	8	De 3 à 5^h, quelques gouttes de pluie.
»	»	9^h		639	»			nébuleux.	6	
»	31	nuit.			»	11°6	Min.			
»	»	7^h	M	639	»	12°6		assez nébuleux.	9	Quelques gouttes de pluie de temps à autre.
»	»	9^h		638.8	»	17°		assez pur.	2	
»	»	1^h	S		»			assez pur.	2	
»	»	5^h		636.7	»	16°		légèrt nébuleux.	2	
»	»	9^h		638.4	»			nébuleux.	8	De 6^h à 7^h 1/2, forte pluie.
»	1 Novembre.	nuit.			»	8°5	Min.			
»	»	7^h	M	638.4	»	10°5		pur.	1	
»	»	9^h		638.7	»			très pur.	1	
»	»	1^h	S	636.7	»	17°8		assez pur.	7	Vers 1^h, quelques coups de tonnerre.
»	»	5^h		638.2	»	11°		nébuleux.	10	De 4^h 30^m à 5^h 30^m, pluie fine.
»	»	9^h		639.1	»			assez pur.	3	
»	2	nuit.			»	6°4	Min.			
»	»	7^h	M	638.7	»	9°8		assez nébuleux.	4	
»	»	9^h		638.9	»			légèrt nébuleux.	9	
»	»	1^h	S	636.8	»	16°		assez nébuleux.	10	
»	»	5^h			»	15°3		légèrt nébuleux.	7	
»	»	9^h			»			nébuleux.	8	
»	3	nuit.			»	7°3	Min.			Très forte pluie de 1^h 1/2 à 2^h 1/4 M.
»	»	7^h	M	637.6	»	10°2		très pur.	0	
»	»	9^h		638	»			très pur.	1	
»	»	1^h	S	636.6	»	17°7		assez nébuleux.	7	
»	»	5^h		636.1	»	13°8		nébuleux.	10	Petite averse de 5^h à 5^h 1/4.
»	»	9^h		636.4	»			assez nébuleux.	4	
»	4	nuit.			»	9°	Min.			
»	»	7^h	M	637.3	»	11°1		très nébuleux.	9	Pluie fine de 1^h à 8^h M.
»	»	1^h	S	637.5	»			très nébuleux.	8	
»	»	5^h		638.1	»	11°3		très nébuleux.	8	De 1 à 5^h, plusieurs courtes averses avec quelques grêlons.
»	»	9^h		639.3	»			très nébuleux.	10	Pluie fine de 5^h à 9^h; fréquentes et fortes averses.
»	5	nuit.			»	5°5	Min.			Pluie abondante de 10^h S à 10^h M.
»	»	7^h	M	642.5	»	7°3		très pur.	0	
»	»	9^h			»			très pur.	0	
»	»	1^h	S	642.7	»	17°		pur.	6	
»	»	5^h			»			très pur.	1	
»	»	9^h		643	»			très pur.	0	
»	6	nuit.			»	7°8	Min.			
»	»	7^h	M	642.5	»	9°1		très nébuleux.	10	Pluie fine.
»	»	9^h		644.3	»			très nébuleux.	10	Pluie fine; n'a pas cessé depuis le matin.
»	»	1^h	S	643	»	11°3		très nébuleux.	10	La pluie a cessé à 11^h.
»	»	6^h		642.2	»			très nébuleux.	10	De 1^h à 6^h, pluie fine avec fréquentes interruptions et reprises.
»	»	9^h		641.7	»			nébuleux.	10	
»	7	nuit.			»	9°9	Min.			
»	»	7^h	M	641.3	»	11°		assez nébuleux.	10	
»	»	9^h			»			assez nébuleux.	10	
»	»	1^h	S	640.7	»	14°4		assez nébuleux.	10	
»	»	5^h		640	»	11°7		très nébuleux.	10	Pluie fine depuis 5^h du soir.
»	»	9^h		640.4	»			très nébuleux.	10	Forte pluie depuis 5^h.
»	8	nuit.			»	7°9	Min.			Forte pluie de 9^h du S à 3^h M.
»	»	7^h	M	640.3	»	10°4		pur.	5	

NOMS DES LIEUX.	DATES.	HEURES.	HAUTEURS BAROMÉTRIQUES.	ALTITUDES.	HAUTEURS THERMOMÉTRIQUES.	CIEL.	NUAGES.	OBSERVATIONS.
Tazenakht (mellah; 2e étage) (suite).	8 Nov. 1883	9^h M	641	1.502m	12°	très pur.	3	
»	»	1^h S	639.5	»	$10^\circ 8$	pur.	4	
»	»	5^h	640.7	»	$14^\circ 8$	très pur.	0.5	
»	»	9^h	641.3	»		très pur.	0	
»	9	nuit.		»	$8^\circ 3$ Min.			
»	»	7^h M	642.7	»	$10^\circ 5$	pur.	1.5	
»	»	9^h30^m		»		pur.	2	
»	»	1^h S	641.4	»	17°	pur.	3	
»	»	5^h	641.4	»	$16^\circ 2$	très pur.	0.5	
»	»	9^h		»		très pur.	0	
»	10	nuit.		»	9° Min.			
»	»	7^h M	643.2	»	$11^\circ 5$	nébuleux.	9	
»	»	1^h S	642.1	»	10°	assez pur.	5	
»	»	5^h	642.8	»	$14^\circ 7$	pur.	2	
»	»	9^h	642.9	»		pur.	0.5	
»	11	nuit.		»	0° Min.			
»	»	7^h M	643.8	»	9°	assez pur.	1	
»	»	9^h	644.3	»		très pur.	1	
»	»	1^h S	643.4	»	$16^\circ 9$	pur.	3	
»	»	5^h	643	»	$14^\circ 8$	assez pur.	2	
»	»	9^h	644.2	»		pur.	1	
»	12	nuit.		»	0° Min.			
»	»	7^h M	642.7	»	$7^\circ 5$	très pur.	4	
»	»	10^h	643.2	»		assez pur.	5	
De Tazenakht à Tisint.	»	11^h15	641	1.511				
»	»	11^h45	640.2	1.524				
»	»	11^h55	642	1.498				
»	»	12^h08 S	640.3	1.523				
»	»	1^h55	640	1.527		assez pur.	5	
»	»	3^h58	637.5	1.550				Tamarouft.
»	»	5^h		»		assez pur.	5	Id.
»	»	9^h		»		très pur.	0	Id.
»	13	7^h M	636.3	»		pur.	1	Id.
»	»	8^h07	635.7	1.555				
»	»	8^h45	634.9	1.568				
»	»	9^h35	631.7	1.608				
»	»	9^h50	626.7	1.674				
»	»	12^h15 S	670.9	1.104				
»	»	1^h				légèrt nébuleux.	5	
»	»	4^h45	680.5	979				
»	»	7^h35	698	770		pur.	0	
»	»	11^h45	704	665		très pur.	0	Tanzida
»	14	7^h M	705.5	»		pur.	0	Id.
»	»	9^h	709.1	614				Niveau de l'Ouad Tisint.
Tisint (Agadir; 1er étage).	»	9^h55	709.1	614				
»	»	1^h S		»		pur.	0	
»	»	4^h	707.7	»		légèrt nébuleux.	7	
»	»	7^h		»		assez nébuleux.	6	
»	15	7^h M		»		pur.	0	
»	»	2^h S	708.5	»		pur.	2	
»	»	5^h	708	»	$19^\circ 4$	assez nébuleux.	5	
»	»	9^h	709.9	»	19°	asses nébuleux.	10	
»	16	nuit.		»	$14^\circ 6$ Min.			
»	»	7^h M	709	»	$15^\circ 3$	assez nébuleux.	10	
»	»	9^h30	710.9	»		nébuleux.	10	
De Tisint à Tatta.	»	10^h	706	626				
»	»	10^h25	706.7	636				
»	»	10^h35	709.5	602				
»	»	12^h17 S	704.7	661				
»	»	1^h06	703.7	673		très nébuleux.	10	

NOMS DES LIEUX.	DATES.	HEURES.	HAUTEURS BAROMÉTRIQUES.	ALTITUDES.	HAUTEURS THERMOMÉTRIQUES.	CIEL.	NUAGES.	OBSERVATIONS.
De Tisint à Tatta (suite).	16 Nov. 1883	4h27m S	701.7	720m				Qaçba el Djoua.
»	»	5h		»		très nébuleux.	10	Id.
»	17	4h M		»		très nébuleux.	10	Id. Pluie fine de 3h30m à 5h M.
»	»	7h	702	»		pur.	0	Même lieu.
»	»	1h S	700.7	»		très pur.	0	Id.
»	»	8h		»		très pur.	0	Id.
»	18	5h30 M	703.4	»		pur.	0	Id.
»	»	5h50	703.4	»				Id.
»	»	6h05	703.8	707				
»	»	7h	702.3	718				
»	»	7h55	695.8	803				
»	»	8h45	705	694				
»	»	9h15	706.5	670		pur.	0	
»	»	11h09	703	718				
»	»	11h53	697.5	778				
»	»	12h40 S	697	790				
»	»	1h14	695	815		pur.	0	
»	»	1h34	693.2	844				Col Aqqa Izen.
»	»	1h44	695.2	815				Ligne de partage des eaux.
»	»	3h35	686	994				
»	»	4h25	702.5	718				
»	»	4h50	707	671				
Tatta (Tintazart; mellah; 1er étage).	»	5h20	709	625		pur.	0	
»	»	9h	709.7	»		pur.	0	
»	19	7h M	712.1	»	13°5	assez pur.	1	
»	»	9h30	714	»		assez pur.	0	
»	»	1h S	712.5	»	21°4	pur.	0	
»	»	5h	712.3	»	19°	pur.	0	
»	»	9h	713.8	»		pur.	1	
»	20	nuit.		»	9° Min.			
»	»	7h M	715.8	»	11°	très pur.	0	
»	»	10h	716.7	»		très pur.	0	
»	»	1h S	714.6	»	21°2	très pur.	0	
»	»	5h	714.6	»	18°6	très pur.	0	
»	»	9h	716.1	»		très pur.	0	
»	21	nuit.		»	9° Min.			
»	»	7h M	715.1	»	10°5	très pur.	0	
»	»	10h	716.3	»		très pur.	0	
»	»	1h S	715.1	»	21°	très pur.	0	
»	»	5h	714	»		très pur.	0	
»	»	9h	715.2	»		très pur.	0	
»	22	nuit.		»	10° Min.			
»	»	7h M	715.7	»	12°7	très pur.	0	
De Tintazart à Adis et retour.	»	9h26	714.6	651				
»	»	9h46	713.9	663				
Tatta (Tintazart; mellah; 1er étage).	»	4h S	714.8	625				
»	»	5h	714.2	»	17°6	pur.	0	
»	23	nuit.		»	10° Min.			
»	»	7h M	714.7	»	12°	assez pur.	3	
»	»	10h	715.7	»		nébuleux.	9	
»	»	1h S	713	»	19°3	nébuleux.	9	
»	»	5h	712.3	»		assez nébuleux.	6	
»	24	nuit.		»	10° Min.			
»	»	7h M	712.7	»	12°	nébuleux.	8	
»	»	1h S		»		nébuleux.	10	
»	»	5h		»		assez pur.	2	
»	»	9h		»		assez pur.	0	
»	25	nuit.		»	10°2 Min.			
»	»	7h M	711.7	»	12°	nébuleux.	9	

NOMS DES LIEUX.	DATES.	HEURES.	HAUTEURS BAROMÉTRIQUES.	ALTITUDES.	HAUTEURS THERMOMÉTRIQUES.	CIEL.	NUAGES.	OBSERVATIONS.
Tatta (Tintazart; mellah; 1er étage) (suite).	25 Nov. 1883	11^{h}35^m M	711.7	625^m		assez pur.	8	
De Tatta au Mâder et retour.	»	11^{h}58	712.5	630				
»	»	12^{h}28 S	714	615				
»	»	12^{h}55	716.5	578				
»	»	2^{h}06	719.7	544		assez pur.	8	
»	»	2^{h}40	721.4	520				
»	»	2^{h}58	721.7	516				
»	»	4^{h}55	725.2	472		pur.	0	
»	»	9^h				très pur.	0	
»	26	2^h M				très pur.	0	
»	»	6^h	729.1	423		très pur.	0	
»	»	6^{h}22	730	416				
»	»	8^{h}30	729.8	420				
»	»	11^{h}12	729.3	430		très pur.	0	
Tatta (Tintazart; mellah; 1er étage).	»	5^{h}50 S	710.4	625		assez pur.	9	
»	»	9^h		»		assez nébuleux.	9	
»	27	7^h M	713.3	»		assez nébuleux.	10	
»	»	10^h	715	»		assez nébuleux.	9	
De Tatta à Aqqa et retour.	»	2^{h}15 S	712.4	625				
»	»	2^{h}45	713.3	613				
»	»	2^{h}52	714.9	602				
»	»	3^{h}02	712.8	625				
»	»	3^{h}14	714.6	605				
»	»	3^{h}27	713.6	610				
»	»	4^{h}17	716.7	577				
»	»	5^{h}10	718.2	561				Ouad Tatta.
»	»	9^h				très pur.	0	
»	28	2^h M				légèrt nébuleux.	8	
»	»	7^h	716.7	570		nébuleux.	10	Aqqa.
»	»	8^{h}02	718.2	555				
»	»	8^{h}30	720.5	524				
»	»	11^{h}45	716.5	573		nébuleux.	10	
»	»	1^h S	720	530		nébuleux.	10	
»	»	2^{h}02	717.8	561				Ouad Tatta, au même point que hier.
Tatta (Tintazart; mellah; 1er étage).	»	5^{h}55	711.4	625		nébuleux.	10	
»	»	9^h	712	»		assez nébuleux.	6	
»	29	7^h M	712.8	»		assez nébuleux.	3	
»	»	10^h	713.7	»		assez nébuleux.	7	
»	»	1^h S	712.7	»	20°4	nébuleux.	10	
»	»	5^h	712.8	»		nébuleux.	8	
»	»	9^h	714	»		pur.	0	
»	30	nuit.		»	11°6 Min.			
»	»	7^h M	715.3	»	14°7	pur.	5	
»	»	1^h S	714.6	»	20°4	pur.	3	
»	»	5^h	713.5	»	18°6	pur.	3	
»	»	9^h	714.3	»		pur..	1	
»	1 Décembre	nuit.		»	9° Min.			
»	»	7^h M	715.6	»	10°2	pur.	0	
»	»	1^h S	714.2	»	22°	très pur.	0	
»	»	5^h	713.7	»		très pur.	0	
»	2	nuit.		»	8°7 Min.			
»	»	7^h M	712	»	10°	assez pur.	0	
»	»	1^h S	709.5	»		assez nébuleux.	0	
»	»	5^h	706.8	»		assez nébuleux.	2	
»	3	7^h M	711.6	»		assez nébuleux.	0	
»	»	1^h S	710.7	»		assez pur.	0	
»	»	5^h	713.8	»		assez pur.	0	

NOMS DES LIEUX.	DATES.	HEURES.	HAUTEURS BAROMÉTRIQUES.	ALTITUDES.	HAUTEURS THERMOMÉTRIQUES.	CIEL.	NUAGES.	OBSERVATIONS.
Tatta (Tintazart; mellah; 1er étage) (suite).	4 Déc. 1883	7h M	715.2	665m		assez pur.	0	
»	»	1h S	712.9	»		pur.	0	
»	»	5h	714.4	»		pur.	0	
»	5	7h M	713.9	»		pur.	0	
»	»	1h S	713.4	»		très pur.	0	
»	»	5h	712.8	»		très pur.	0	
»	6	7h M	712.8	»	11°	très pur.	0	
»	»	10h	712	»		pur.	0	
»	»	1h S	711.8	»	12°5	assez nébuleux.	10	
»	»	5h	711	»		nébuleux.	10	
»		7h M	709.7	»	9°5	assez pur.	0	
»	»	11h	708.7	»		légèrt nébuleux.	1	
»	»	1h S	708.5	»		pur.	0	
»	»	5h	708.3	»		pur.	0	
»	8	7h M		»		nébuleux.	9	
»	»	1h S	705	»		nébuleux.	9	
»	»	5h		»		assez pur.	0	
»	9	7h M	712.7	»		pur.	0	
»	»	10h	712.2	»	11°8	pur	0	
»	»	1h S	711.2	»		pur.	0	
»	»	3h	710.4	»		pur.	0	
Tatta (Toug er Rih; 1er étage).	»	4h12m	707	665				
»	»	6h		»		pur.	0	
»	10	7h M	712.3	»		assez nébuleux.	5	
»	»	1h S	711.5	»		nébuleux.	9	
»	»	5h	711.3	»		assez nébuleux.	6	
»	»	9h	712.2	»		nébuleux.	9	
»	11	nuit.		»	7° Min.			
»	»	7h M	712.6	»	7°2	pur.	0	
»	»	10h	713.8	»	11°	pur.	0	
»	»	1h S	712.3	»	13°4	pur.	0	
»	»	5h	712.1	»	12°7	pur.	0	
»	»	9h	713.3	»	10°3	pur.	0	
»	12	nuit.		»	7°6 Min.			
»	»	7h M	714	»	8°	très pur.	0	
»	»	11h	714.2	»	13°	pur.	0	
»	»	1h S	713	»		assez pur.	3	
»	»	5h	712.3	»	13°3	assez pur.	3	
»	»	9h	713	»		assez nébuleux.	8	
»	13	nuit.		»	9°5 Min.			
»	»	7h M	713.3	»	9°9	assez pur.	6	
»	»	10h	714.3	»	13°4	légèrt nébuleux.	3	
»	»	1h S	712.4	»	15°4	assez nébuleux.	7	
»	»	5h	711.5	»	13°4	nébuleux.	8	
»	»	9h	712.2	»	11°8	assez nébuleux.	1	
»	14	nuit.		»	10°4 Min.			
»	»	7h M	712.2	»	11°8	nébuleux.	10	
»	»	10h	713.2	»	14°7	nébuleux.	10	
»	»	1h S	711.5	»	16°2	nébuleux.	10	
»	»	5h	711.7	»		nébuleux.	10	
»	»	9h	712.2	»	15°	nébuleux.	10	
»	15	nuit.		»	11° Min.			
»	»	7h M	712.3	»	12°	nébuleux.	10	
»	»	1h S	711.3	»	18°	nébuleux.	10	
»	»	5h	712.1	»	16°4	nébuleux.	10	
»	16	nuit.		»	12° Min.			
»	»	7h M	710.1	»	13°	nébuleux.	10	
»	»	10h	710.3	»	18°2	assez nébuleux.	10	
»	»	1h S	708	»	20	assez nébuleux.	10	
»	»	5h	707	»	18°	assez nébuleux.	10	

NOMS DES LIEUX.	DATES.	HEURES.	HAUTEURS BAROMÉTRIQUES.	ALTITUDES.	HAUTEURS THERMOMÉTRIQUES.	CIEL.	NUAGES.	OBSERVATIONS.
Tatta (Toug er Rih; 1er étage) (suite).	17 Déc. 1883	7h M	705	665m		nébuleux.	10	
De Tatta à Tisint.	»	7h53m	706.7	647				
»	»	8h20	704	692				
»	»	9h40	702.7	695				
»	»	11h13	697	767				
»	»	12h22 S	692.6	815				Ligne de partage des eaux (passée déjà le 18 Novembre).
»	»	12h35	690.3	844				Col Aqqa Izen (passé déjà le 18 Novembre).
»	18	12h50 S	695.7	720				Qaçba el Djoua. Une pluie fine tombe sans cesse depuis 8h M
»	»	2h05	697.3	674				Trit. La pluie fine continue jusqu'à 2h S; à 2h, elle se change en pluie abondante.
»	»	5h	697.4	»	12°	très nébuleux.	10	
Tisint (Agadir; 1er étage).	19	11h30 M	703.3	614				Même lieu.
»	»	1h S	703.4	»	12°5	nébuleux.	7	
»	»	5h	704.3	»	10°6	assez pur.	2	
»	»	9h	705.3	»		pur.	0	
»	20	nuit.		»	5°6 Min.			
»	»	7h M	706.6	»	6°	pur.	2	
»	»	10h	706.3	»	11°6	pur.	3	
»	»	1h S	705.4	»	13°1	pur.	5	
»	»	5h	705.9	»	11°5	pur.	3	
»	21	nuit.		»	6°6 Min.			
»	»	7h M	707.5	»	6°7	très pur.	0	
»	»	10h	708.7	»	11°	très pur.	2	
»	»	1h S	707.5	»	13°4	pur.	8	
»	»	5h	707.2	»	12°6	pur.	3	
»	22	nuit.		»	8° Min.			
»	»	7h M	709.2	»	8°6	légèrt nébuleux.	6	
»	»	1h S	709	»	13°3	assez pur.	6	
»	»	5h	711.4	»	12°5	pur.	3	
»	23	nuit.		»	8° Min.			
»	»	7h M	711.2	»	8°5	très pur.	0.5	
»	»	10h	712.7	»	11°5	pur.	4	
»	»	1h S	711.4	»	14°3	pur.	2	
»	»	5h	711.9	»	14°4	assez pur.	9	
»	24	nuit.		»	9° Min.			
»	»	7h M	713.9	»	9°8	assez pur.	2	
»	»	10h	714.1	»	13°2	légèrt nébuleux.	7	
»	»	1h S	712.7	»	15°6	assez nébuleux.	9	
»	»	5h	712.8	»	15°5	assez nébuleux.	8	
»	»	9h	713.6	»		assez nébuleux.	9	
»	25	nuit.		»	9°6 Min.			
»	»	7h M	715.3	»	10°5	pur.	3	
»	»	11h	715.5	»	15°3	très pur.	1	
»	»	2h S	714.6	»	15°7	très pur.	2	
»	»	5h	714.7	»	15°2	très pur.	2	
»	»	11h	715	»		très pur.	0	
»	26	7h M	716.8	»		très pur.	0	
De Tisint à Mrimima.	»	9h30	718	600				
»	»	10h08	719.4	584				
»	»	11h22	718.8	598				
»	»	12h40 S	719.7	584				
»	»	1h18	716.9	681				
»	»	1h35	710	704				
»	»	1h52	721.4	563				
Mrimima (rez-de-chaussée).	»	2h05	722.3	508		très pur.	0	
»	27	7h M	723	»		très pur	0	

NOMS DES LIEUX.	DATES.	HEURES.	HAUTEURS BAROMÉTRIQUES.	ALTITUDES.	HAUTEURS THERMOMÉTRIQUES.	CIEL.	NUAGES.	OBSERVATIONS.
Mrimima (rez-de-chaussée) (suite).	27 Déc. 1883	1^{h} S	722.1	509^{m}		très pur.	0	
»	»	5^{h}	721	»		très pur.	0	
»	»	9^{h}	721.2	»		très pur.	0	
»	28	7^{h} M	721.9	»		très pur	0	
»	»	1^{h} S	720.0	»		assez pur.	0	
»	»	5^{h}	721.2	»		assez pur.	3	
»	29	7^{h} M	722.2	»		assez pur.	9	
»	»	1^{h} S	720.5	»		assez pur.	7	
»	»	5^{h}	720.2	»		légèr^{t} nébuleux.	9	
»	»	9^{h}	720.9	»		pur.	0	
»	30	7^{h} M	720.4	»		très pur.	0	
»	»	10^{h}	721.3	»		très pur.	0	
»	»	1^{h} S	718.8	»		pur.	6	
»	»	5^{h}	718.3	»		assez pur.	9	
»	31	7^{h} M	721.3	»		assez nébuleux.	9	
»	»	1^{h} S	720.5	»		assez nébuleux.	10	Quelques gouttes de pluie tombent depuis midi 1/2.
»	»	5^{h}	721.0	»		nébuleux.	10	Pluie violente depuis 2^{h} S.
»	1 Janv. 1884	7^{h} M	723.9	»		assez pur.	9	La pluie a duré toute la soirée d'hier et toute la nuit jusqu'à 6^{h} 1/2 M.
»	»	10^{h}	724.1	»		très pur.	0	
»	»	1^{h} S	722.8	»		très pur.	0	
»	»	5^{h}	722.5	»		très pur.	0	
»	2	7^{h} M	725	»		assez pur.	7	
»	»	1^{h} S	723.3	»		pur.	0	
»	»	5^{h}	722.9	»		pur.	0	
»	3	7^{h} M	723.8	»		pur.	0	
»	»	10^{h}	723.3	»		assez pur.	5	
»	»	1^{h} S	722.2	»		pur.	3	
»	»	5^{h}	722.2	»	18°7	pur.	1	
»	4	8^{h} M	724.2	»	11°	assez pur.	8	
Tisint (Agadir; rez-de-chaussée).	»	$2^{h}15^{m}$ S	715.7	614				
»	»	6^{h}	715.3	»		pur.	0	
»	5	7^{h} M		»		très pur.	0	
»	»	1^{h} S		»		pur.	4	
»	»	11^{h}	716.4	»		assez nébuleux.	9	
»	6	7^{h} M	719	»		nébuleux.	10	
»	»	1^{h} S	716	»		légèr^{t} nébuleux.	8	
»	»	5^{h}	716.7	»	17°1	nébuleux.	10	
»	»	9^{h}	717	»		nébuleux.	10	
»	7	7^{h} M	716.7	»		assez pur.	5	
»	»	1^{h} S	715.7	»	17°	assez pur.	8	
»	»	5^{h}	715.4	»	16°5	assez pur.	10	
»	8	8^{h} M	716.9	»		assez pur.	4	
»	»	1^{h} S	715	»	18°	pur.	2	
»	»	5^{h}	714.8	»	17°	pur.	0	
»	»	10^{h}	715.4	»		assez nébuleux.	9	
»	9	nuit.		»	11° Min.			
»	»	8^{h} M	716	»	11°9	nébuleux.	10	
»	»	1^{h} S	715.2	»	17°	assez nébuleux.	10	
»	»	5^{h}	714.7	»	15°8	nébuleux.	10	
De Tisint à Aßkourahen.	»	9^{h}						Une pluie fine commence et dure jusqu'à 10^{h} S.
»	»	10^{h}						La pluie fine se change en pluie violente, qui dure jusqu'à 3^{h} M.
»	10	7^{h} M				nébuleux.	10	La pluie, qui avait cessé depuis 3^{h} M, reprend, mais légère.
»	»	9^{h}				nébuleux.	10	La pluie cesse.

NOMS DES LIEUX.	DATES.	HEURES.	HAUTEURS BAROMÉTRIQUES.	ALTITUDES.	HAUTEURS THERMOMÉTRIQUES.	CIEL.	NUAGES.	OBSERVATIONS.
De Tisint à Aïkourahen (suite).	10 Janv. 1884	1h S				assez pur.	3	
»	»	5h				assez pur.	0	
»	»	7h				assez pur.	0	Tarla.
»	11	9h M	712.7	675m		légèrt nébuleux.	10	Id.
»	»	1h S	710.4	»		assez pur.	0	Id.
»	»	5h	710.7	»		pur.	0	Id.
»	12	8h M	712.5	»		très pur.	0	Id.
»	»	1h S	711.7	»		pur.	0	Id.
»	»	5h	711.4	»		pur.	5	Id.
»	»	7h50m	711.3	»				Id.
»	»	9h55	709	700		très pur.	0	
»	»	10h50	704.5	744				
»	13	12h M	693.8	874				
»	»	12h20	695	862				
»	»	1h	692.2	897				
»	»	1h09	691.3	907				
»	»	1h35	693.6	874				
»	»	2h25	695	863				
»	»	6h55	689.8	923				
»	»	7h				très pur.	0	
»	»	8h20	681	1.040				Lieu d'une halte.
»	»	12h15 S	679.8	»		très pur.	0	Même lieu.
»	»	1h	681	1.034				
»	»	2h25	659.2	1.340				
»	»	3h20	668.8	1.192				
»	»	4h25	676	1.094				
»	»	4h37	676	1.094				
»	»	5h30	682	1.091		très pur.	0	
»	»	6h50	680	1.043				Tizgi Ida ou Baloul.
»	14	9h M	681.2	»	9°	très pur.	0	Id.
»	»	1h S	679.8	»	13°4	très pur.	0	Id.
»	»	5h	679.3	»	12°	très pur.	0	Id.
»	15	7h M	680.2	»	5°6	assez pur.	9	Id.
»	»	10h30	681.2	1.070				
»	»	1h25 S	668	1.230				
»	»	3h25	654	1.400				
»	»	3h45	650	1.448				Tidgur.
»	»	5h		»		pur.	3	Id.
»	16	7h M	649.9	»		pur.	1	Id.
»	»	10h	617 3	1.873				
»	»	10h30	621	1.833				
»	»	11h55	621.4	1.819				
»	»	12h20 S	618.9	1.860				
»	»	12h46	614.7	1.912		très pur.	0	
»	»	1h52	625	1.772				
»	»	3h05	634.9	1.657				
»	»	3h52	638.2	1.596				Azararad.
»	»	5h		»		très pur.	0	Id.
»	17	7h M	639.4	»	4°6	très pur.	0	Id.
»	»	8h16	640.5	1.543				
»	»	8h35	645	1.494				
»	»	8h45	643	1.516				
»	»	9h25	651.8	1.400				
»	»	10h25	655.8	1.349				
»	»	11h07	664	1.247				
»	»	12h45 S	671.5	1.146				
»	»	1h09	654	1.373		très pur.	0	
»	»	2h20	692	868				
»	»	2h50	708	768				
»	»	4h27	687.6	947				
Aïkourahen (1er étage).	»	3h55	688.2	967		très pur.	0	

NOMS DES LIEUX.	DATES.	HEURES.	HAUTEURS BAROMÉTRIQUES.	ALTITUDES.	HAUTEURS THERMOMÉTRIQUES.	CIEL.	NUAGES.	OBSERVATIONS.
Afikourahen (1er étage) (suite).	18 Janv. 1884	7h M	689	967m		très pur.	0	
»	»	1h S	688.8	»	15°	très pur.	0	
»	»	5h	688.5	»	11°	très pur.	0	
»	19	7h M	689.7	»	7°3	très pur.	0	
»	»	1h S	688.7	»	14°7	très pur.	0	
»	»	5h	689.4	»	10°	très pur.	0.5	
»	20	7h M	690.2	»	8°2	très pur.	0	
D'Afikourahen à Mogador.	»	10h45m	705.5	772				
»	»	11h06	693	930				
»	»	12h S	710.7	713				
»	»	12h52	715.7	655				
»	»	1h33	717	643				
»	»	2h15	722	584				
»	»	3h55	742.7	344				
»	»	4h20	744.6	301				
»	»	4h40	740.5	354		très pur.	0	Taourirt ou Seliman.
»	21	7h M	746.9	»		très pur.	0	Id.
»	»	8h20	746.9	»				Id.
»	»	9h55	750.9	264				
»	»	10h15	756	206				
»	»	11h35	758	186		très pur.	0	
»	»	3h20 S	761.3	142				
»	»	5h10	767	75		très pur.	0	Gîte.
»	22	6h55 M	769.8	»		très pur.	0	Id.
»	»	7h30	771.8	10				
»	»	8h35	771.2	21				Dar Sidi Abd Allah.
»	»	1h S		»		très pur.	0	Id.
»	»	6h		»		très pur.	0	Id.
»	23	9h05 M	770.8	»		très pur.	0	Id.
»	»	11h	772.4	0				Au niveau de la mer.
»	»	1h05 S	766	73		très pur.	0	
»	»	3h35	748	276				Gîte.
»	»	6h		»		très pur.	0	Id.
»	24	7h30 M	747.8	»		très pur.	0	Id.
»	»	9h25	770.4	0				Au niveau de la mer.
»	»	1h30 S	723	530		très pur.	0	
»	»	5h05	765.3	34		très pur.	0	Gîte.
»	25	7h45 M	766.4	»		très pur.	0	Id.
»	»	8h55	747.2	245				
»	»	1h S	740	336		très pur.	0	
»	»	5h	734	420		très pur.	0	Dar Hadj Abd el Malek.
»	26	toute la journée.		»		très pur.	0	Id.
»	27	7h05 M	736	»		très pur.	0	Id.
»	»	8h35	747	277				
»	»	11h05	760.2	120				
»	»	12h S	753	210		très pur.	0	
»	»	12h25	736.5	390				
»	»	1h30	733	436				
»	»	3h	747	277				
»	»	4h17	750.7	238				
»	»	5h	760	131				
»	»	6h	749	242		très pur.	0	Gîte.
»	28	7h25 M	750	»		très pur.	0	Id.
»	»	8h15	756	175				
»	»	11h10	764.2	87				
»	»	11h35	766	65				
Mogador (1er étage).	»	6h S		10		très pur.	0	
»	29	toute la journée.		»		très pur.	0	
»	30	nuit.		»	6°3 Min			

NOMS DES LIEUX.	DATES.	HEURES.	HAUTEURS BAROMÉTRIQUES.	ALTITUDES.	HAUTEURS THERMOMÉTRIQUES.	CIEL.	NUAGES.	OBSERVATIONS.
Mogador (1er étage) (suite).	30 Janv. 1884	7h M	767.6	10m	9°5	pur.	0	
»	»	1h S	767.2	»		très pur.	0	
»	»	5h	767.2	»		très pur.	0	
»	31	7h M	767.5	»		très pur.	0	
»	»	1h S	767.7	»		très pur.	0	
»	»	5h	767.9	»		très pur.	0	
»	1 Février.	nuit.		»	11°8 Min.			
»	»	7h M	767.7	»	13°3	très pur.	0	
»	»	1h S	767.6	»	17°	très pur.	0	
»	»	5h	767.3	»	15°7	pur.	2	
»	2	nuit.		»	10°7 Min.			Il a plu un peu pendant la nuit
»	»	8h M	767.3	»	13°	nébuleux.	10	
»	»	1h S	765.6	»	14°2	assez pur.	3.5	
»	»	5h	764.8	»	14°	assez pur.	2	
»	3	nuit.		»	7°8 Min.			
»	»	8h M	762.4	»	10°4	pur.	1	
»	»	1h S	761.2	»	15°	pur.	1	
»	»	5h	760.9	»	14°	assez pur.	2	
»	4	nuit.		»	9°4 Min.			
»	»	8h M	761	»	11°5	nébuleux.	10	
»	»	1h S	758.8	»	17°4	très nébuleux.	10	
»	»	5h	757.7	»	15°1	très nébuleux.	10	
»	5	nuit.		»	11°5 Min.			
»	»	8h M	760	»	12°	très nébuleux.	10	Il pleut à torrents depuis 3h M.
»	»	1h S	760.5	»	12°3	très nébuleux.	10	La pluie continue; elle n'a pas cessé depuis 8h M.
»	»	5h	760.9	»	12°3	nébuleux.	9	La pluie a continué jusqu'à 3h.
»	6	nuit.		»	10°8 Min.			Pluie de minuit à 3h M.
»	»	8h M	760.7	»	11°9	assez pur.	3	
»	»	1h S	759.9	»	17°2	assez nébuleux.	8	
»	»	5h	759.8	»	15°7	assez nébuleux.	8	
»	7	nuit.		»	11° Min.			
»	»	8h M	760.9	»	13°	pur.	0	
»	»	1h S	760.3	»	16°	très pur.	2	
»	8	nuit.		»	10°5 Min.			
»	»	8h M	763.1	»	12°5	assez nébuleux.	7	
»	»	1h S	763.5	»	18°	légèrt nébuleux.	6	
»	»	5h	764.7	»	16°	assez nébuleux.	3	
»	9	nuit.		»	11° Min.			
»	»	7h M	764.6	»	13°	assez nébuleux.	7	
»	»	1h S	764.8	»	20°	nébuleux.	5	
»	»	5h	764.2	»	18°4	nébuleux.	5	
»	10	nuit.		»	13°7 Min.			
»	»	7h M	764	»	15°3	très nébuleux.	10	
»	»	1h S	762.9	»	18°7	très nébuleux.	10	
»	»	5h	762.1	»	15°8	nébuleux.	8	
»	11	nuit.		»	13°8 Min.			
»	»	7h M	761	»	14°8	très nébuleux.	6	Brume épaisse durant la matinée jusqu'à 11h.
»	»	1h S	760	»	17°	très nébuleux.	4	
»	»	5h	759.7	»	15°6	très nébuleux.	10	
»	12	nuit.		»	11°7 Min.			
»	»	7h M	761	»	14°	assez nébuleux.	2	
»	»	1h S	761.4	»	16°8	légèrt nébuleux.	2	
»	»	5h	761.7	»	14°5	nébuleux.	1	
»	13	nuit.		»	9°1 Min.			
»	»	7h M	763.7	»	9°3	très pur.	0	
»	»	1h S	763.9	»	16°8	pur.	0	
»	»	5h	763.9	»	14°3	pur.	0	
»	14	nuit.		»	8°7 Min.			
»	»	7h M	763.7	»	9°5	assez pur.	0	

NOMS DES LIEUX.	DATES.	HEURES.	HAUTEURS BAROMÉTRIQUES.	ALTITUDES.	HAUTEURS THERMOMÉTRIQUES.	CIEL.	NUAGES.	OBSERVATIONS.
Mogador (1er étage) (suite).	14 Fév. 1884	5h S	761.3	10m	15°3	léger^t nébuleux.	8	
»	15	nuit.		»	12°6 Min.			
»	»	8h M	759.4	»	15°3	nébuleux.	10	
»	»	1h S	757.3	»	17°9	nébuleux.	8	
»	»	5h	756.5	»	15°7	nébuleux.	7	
»	16	nuit.		»	12°1 Min.			Il a plu pendant une grande partie de la nuit.
»	»	7h M	753.2	»	12°8	nébuleux.	10	
»	»	1h S	752.1	»	16°8	nébuleux.	8	
»	»	5h	751.7	»	12°2	nébuleux.	10	Pluie légère depuis 4h 1/2 S; elle dure jusqu'à 6h S.
»	17	nuit.		»	9°4 Min.			Il a plu pendant une grande partie de la nuit.
»	»	7h M	750.7	»	9°7	très nébuleux.	10	Pluie fine.
»	»	1h S	752.8	»	11°7	nébuleux.	7	Il a plu pendant une grande partie de la matinée.
»	»	5h	755	»	12°8	assez nébuleux.	2	
»	18	nuit.		»	7°7 Min.			
»	»	7h M	757.9	»	7°9	très pur.	1	
»	»	1h S	757.7	»	17°4	très pur.	1	
»	»	5h	757.7	»	14°	très pur.	1	
»	19	nuit.		»	12° Min.			
»	»	7h M	760.7	»	12°	très nébuleux.	10	Une pluie fine tombe depuis 2h M.
»	»	1h S	763	»	17°7	très nébuleux.	10	La pluie a cessé à 10h M.
»	»	5h	763.4	»	14°7	très nébuleux.	9	
»	20	nuit.		»	10° Min.			
»	»	7h M	765	»	11°	très pur.	0	
»	»	toute la journée.		»		très pur.	0	
»	21	nuit.		»	9°5 Min.			
»	»	7h M	764.7	»	10°5	très pur.	0	
»	»	1h S	763.8	»	17°	assez pur.	0	
»	»	5h	763.8	»	14°9	assez pur.	0	
»	22	nuit.		»	11° Min.			
»	»	9h M	763.2	»	12°5	pur.	1	
»	»	1h S	763.3	»	18°9	pur.	1	
»	»	5h	763.3	»	15°8	léger^t nébuleux.	1	
»	23	nuit.		»	10°2 Min.			
»	»	7h M	764.2	»	10°8	léger^t nébuleux.	1	
»	»	1h S	764.7	»	15°8	assez nébuleux.	0	
»	»	5h	764.7	»	15°	pur.	0	
»	24	nuit.		»	11° Min.			
»	»	7h M	765.6	»	12°2	assez pur.	8	
»	»	1h S	765.5	»	18°3	assez pur.	7	
»	»	5h	765.4	»	15°7	léger^t nébuleux.	1	
»	25	nuit.		»	9° Min.			
»	»	7h M	765.1	»	9°2	très pur.	0	
»	»	1h S	764.9	»	18°	pur.	0	
»	»	5h	764.8	»	15°8	pur.	0	
»	26	nuit.		»	9°1 Min.			
»	»	7h M	764.5	»	12°4	nébuleux.	9	
»	»	1h S	764.2	»	19°5	nébuleux.	6	
»	»	5h	764.4	»	16°	assez nébuleux.	5	
»	27	nuit.		»	11°3 Min.			
»	»	7h M	763.2	»	12°4	pur.	10	
»	»	5h S		»	16°	pur.	8	
»	28	nuit.		»	10°8 Min.			
»	»	7h M	760.8	»	13°4	assez pur.	7	
»	»	5h S		»	16°	assez pur.	8	Forte averse de 2h à 2h 1/2 S.
»	29	nuit.		»	10°5 Min.			

NOMS DES LIEUX.	DATES.	HEURES.	HAUTEURS BAROMÉTRIQUES.	ALTITUDES.	HAUTEURS THERMOMÉTRIQUES.	CIEL.	NUAGES.	OBSERVATIONS.
Mogador (1er étage) (suite).	29 Fév. 1884	1^h S	762.2	10m	18°5	assez pur.	1	
»	»	5^h	762.1	»	14°	pur.	0	
»	5 Mars	toute la journée.		»		très nébuleux.	10	Il pleut à torrents pendant toute la journée.
»	13	toute la journée.		»		pur.	0	
De Mogador à Tisint.	14	6^h S				pur.	5	
»	15	toute la journée.				pur.	3	
»	16	toute la matinée.				assez nébuleux.	5	
»	»	toute l'après-midi.					10	Forte pluie toute l'après-midi et toute la soirée.
»	17	toute la nuit.					10	Forte pluie toute la nuit.
»	»	toute la matinée.					10	Forte pluie toute la matinée.
»	»	12^h40^m S	725	420				Dar Hadj Abd el Malek (lieu déjà traversé).
»	»	4^h05	731	330				
»	»	4^h33	737.7	240				
»	»	5^h	732	330			8	Zaouïa S. Mhind ou Ouchchen Plusieurs averses pendant l'après-midi.
»	18	toute la nuit.		»			10	Même lieu. Forte pluie toute la nuit.
»	»	10^h15 M	731.7	»			10	Même lieu. Forte pluie toute la matinée.
»	»	5^h S	731	»		nébuleux.	6	Même lieu. Pluie jusqu'à 4^h S.
»	19	7^h M	733	»		assez pur.	2	Même lieu.
»	»	8^h40	733.8	»				Même lieu.
»	»	9^h12	730	308				
»	»	9^h50	732.1	337				
»	»	10^h55	747.4	133				
»	»	12^h05 S	762	0		assez pur.	5	Au niveau de la mer.
»	»	5^h45	760	33		assez pur.	5	Fondoq.
»	20	5^h M				pur.	0	
»	»	11^h				pur.	0	
»	»	5^h S				pur.	0	Dar Sidi Iahia.
»	21	7^h M	760.8	22		pur.	0	Id.
»	»	8^h55	760.7	23				
»	»	11^h20	757.2	55				
»	»	2^h23 S	752.7	111				
»	»	3^h22	752.5	113				
»	»	4^h15	751.9	120				
»	»	6^h	750.4	145		pur.	0	Oulad Segeïr.
»	22	7^h M		»		pur.	0	Id.
»	»	11^h		»		assez pur.	4	Id.
»	»	5^h S		»		assez pur.	8	Id.
»	23	5^h40 M	746.4	»		nébuleux.	8	Id.
»	»	7^h15	745	168				
»	»	7^h35	744.8	170				
»	»	11^h30	741	213		nébuleux.	10	
»	»	2^h35 S	736.7	268				Gîte.
»	»	5^h		»		nébuleux.	10	Id. Pluie violente de 11^h 1/4 M à 4^h S.
»	24	6^h M	736.7	»		assez nébuleux.	10	Même lieu.
»	»	11^h30	730	340				
»	»	1^h08 S	724.5	396				
»	»	2^h55	718	478				
»	»	4^h30	715	513				

NOMS DES LIEUX.	DATES.	HEURES.	HAUTEURS BAROMÉTRIQUES.	ALTITUDES.	HAUTEURS THERMOMÉTRIQUES.	CIEL.	NUAGES.	OBSERVATIONS.
De Mogador à Tisint (suite).	24 Mars 1884	6^h05^m S	710	572^m		assez nébuleux.	5	Douar Oumbarek ou Dehen.
•	25	toute la journée.		•		assez nébuleux.	4	Id.
•	26	5^h05 M	710	•		assez pur.	3	Id.
•	•	5^h32	714	585				
•	•	6^h15	713.8	587				
•	•	8^h50	709	584				
•	•	11^h12	694	765				
•	•	12^h40 S	683	899				
•	•	1^h30	674.3	998				
•	•	1^h54	667	1.098				
•	•	2^h50	644	1.394				
•	•	3^h30	655	1.251				
•	•	7^h35	660	1.293		pur.	0	Amzoug.
•	27	4^h50 M	660	•		assez pur.	4	Id.
•	•	5^h45	656.2	1.226				
•	•	7^h07	636	1.500				
•	•	7^h20	631.8	1.558				
•	•	9^h	622.5	1.673				
•	•	9^h35	610.2	1.849				
•	•	11^h35	632.5	1.539				
•	•	12^h S	617	1.755		assez pur.	6	
•	•	1^h20	604	1.934				
•	•	2^h10	616.3	1.755				
•	•	3^h15	624	1.660				
•	•	3^h40	623	1.673				
•	•	4^h30	630.7	1.566				
•	•	5^h30	639	1.450		assez pur.	8	
•	28	6^h55 M	645	1.394		assez pur.	5	
•	•	7^h50	652.3	1.283				
•	•	8^h03	651.2	1.297				Ilir.
•	•	1^h S		•		assez pur.	5	Id.
•	•	5^h		•		assez pur.	6	Id.
•	29	toute la journée.		•		assez pur.	5	Id.
•	30	7^h15 M		•		assez pur.	3	Id.
•	•	9^h	653.5	1.260				
•	•	11^h30	666.5	1.080				
•	•	12^h S	668.6	1.063				
•	•	12^h15	669.4	1.050				
•	•	12^h36	666.6	1.080		pur.	0	
•	•	2^h15	675	980				
•	•	2^h45	676.7	950				
•	•	3^h30	681.8	880				
•	•	5^h		•		pur.	0	
•	31	3^h M				pur.	0	
Tisint (Agadir ; rez-de-chaussée).	•	11^h		614		pur.	0	
•	•	5^h S		•		pur.	0	
•	1 Avril	toute la journée.		•		très pur.	0	
•	2	toute la journée.		•		très pur.	0	
•	3	toute la journée.		•		très pur.	0	
•	4	toute la journée.		•		très pur.	0	
•	5	toute la journée.		•		très pur.	0	
•	•	11^h05 S	706.2	•				
De Tisint à Tazenakht.	6	5^h25 M	694	906		pur.	0	

NOMS DES LIEUX.	DATES.	HEURES.	HAUTEURS BAROMÉTRIQUES.	ALTITUDES.	HAUTEURS THERMOMÉTRIQUES.	CIEL.	NUAGES.	OBSERVATIONS.
De Tisint à Tazenakht (suite).	6 Avril 1884	6^h M	679.3	954^m				
»	»	11^h33^m	675.8	1.007				
»	»	11^h45	668.7	1.060				
»	»	12^h S	670	1.079		pur.	0	
»	»	2^h	636.3	1.541				
»	»	3^h40	619	1.755				
»	»	4^h	622	1.715				
»	»	4^h58	606	1.935				
»	»	5^h25	618.7	1.759				
»	»	6^h30	613	1.814				
»	»	7^h	612	1.857		pur.	0	Gîte.
»	7	7^h05 M	611.2	»				Id.
»	»	8^h10	598	2.059				
»	»	9^h07	614	1.835				
»	»	9^h25	616.5	1.797				Takdicht.
»	»	11^h		»		pur.	2	Id.
»	»	5^h S		»		pur.	1	Id.
»	8	8^h M	615.8	»		pur.	0	Id.
»	»	8^h45	621.5	1.725				
»	»	9^h12	621.6	1.713				
»	»	10^h15	623.9	1.685				
»	»	11^h37	628.8	1.618				
»	»	12^h30 S	632	1.577				
»	»	1^h	632	1.577				
»	»	2^h37	635	1.537				
»	»	3^h48	636.3	1.511				
Tazenakht (1er étage).	»	4^h30	638	1.502		pur.	2	
»	9	nuit.		»	9°3 Min.			
»	»	7^h M	636.5	»	14°	pur.	0	
»	»	1^h S	635.7	»	23°5	pur.	7	
»	»	5^h	635.3	»	20°5	pur.	0	
»	10	nuit.		»	6°7 Min.			
»	»	7^h M	637.6	»	9°7	très pur.	2	
»	»	1^h S	637.4	»	23°7	assez pur.	7	
»	»	5^h	637.3	»	20°7	léger^t nébuleux.	9	
»	11	nuit.		»	8°6 Min.			
»	»	7^h M	637.7	»	11°5	nébuleux.	7	
»	»	1^h S	636.3	»	21°4	très nébuleux.	6	
»	»	5^h	635.5	»	20°7	très nébuleux.	5	
»	12	nuit.		»	8°8 Min.			
»	»	7^h M	633.6	»	11°4	pur.	0	
»	»	1^h S	632.7	»	17°6	pur.	1	
»	»	5^h	632.9	»	12°7	pur.	1	
»	13	7^h M	634.7	»	6°	pur.	0	
»	»	1^h S	636	»		pur.	0	
De Tazenakht à Tamnougalt.	»	2^h54	639.3	1.410				
»	»	3^h41	636.4	1.455				
»	»	4^h05	631	1.536				
»	»	4^h35	628	1.596				
»	»	5^h03	635.3	1.484				
»	»	5^h30	630.4	1.556				
»	»	6^h18	630.7	1.558		pur.	0	
»	14	5^h02 M	622.6	1.696				
»	»	5^h46	610.6	1.872				
»	»	6^h36	622	1.725				
»	»	6^h43	621	1.738				
»	»	8^h20	600.8	1.208				Tesaouant.
»	»	11^h		»		pur.		Id.
»	»	5^h S	601	»	10°7	très pur.		Id.
»	15	7^h M	600.4	»		pur.		Id.
»	»	8^h10	601.3	»				Id.

NOMS DES LIEUX.	DATES.	HEURES.	HAUTEURS BAROMÉTRIQUES.	ALTITUDES.	HAUTEURS THERMOMÉTRIQUES.	CIEL.	NUAGES.	OBSERVATIONS.
De Tazenakht à Tamnougalt (suite).	15 Avril 1884	9h07m M	663.2	1.160m				
»	»	11h38	670.3	1.080				
»	»	12h10 S	671.5	1.068				
»	»	1h01	673	1.055		très pur.	0	
»	»	2h	673.9	1.043				
Tamnougalt (1er étage).	»	2h40	671.8	1.079				
»	»	6h	671.6	»	19°2	très pur.	0	
»	16	7h M	671.6	»	12°3	pur.	0	
»	»	6h S	670.8	»	18°7	pur.	3	
»	17	1h S	670	»	22°5	assez pur.	5	
»	»	5h	670.3	»	17°5	assez pur.	6	
»	18	10h M		»		très pur.	0	
»	»	5h S	672	»	19°	très pur.	0	
»	19	6h M	673	»	10°	pur.	0	
»	»	1h S	672.8	»	27°	très pur.	0	
»	»	5h	672.3	»	23°	très pur.	0	
»	20	7h M	675	»	13°	assez pur.	0	
De Tamnougalt au Todra.	»	1h57 S	675.5	1.050				
»	»	4h25	677.2	1.023				
»	»	4h46	675.7	1.041		pur.	0	Tirremt Ali d Aït El Hasen.
»	21	5h15 M	675.7	»		pur.	0	Id.
»	»	5h35	677.6	1.019				
»	»	6h53	670.3	1.130				
»	»	7h08	668	1.174				
»	»	9h55	621	1.794				
»	»	10h40	618	1.835				
»	»	11h20	605.5	2.002				
»	»	12h08 S	608	1.974				
»	»	12h30	609.4	1.946				
»	»	1h	603	2.045		assez pur.	5	
»	»	1h40	597	2.137				
»	»	3h07	592.4	2.179				Gîte.
»	»	5h		»		nébuleux.	10	Id.
»	»	7h		»		assez pur.	0	Id.
»	22	6h M	591.5	»		très pur.	0	Id.
»	»	7h15	592.1	»		»		Id.
»	»	8h18	584.3	2.280				
»	»	10h13	620	1.786				
»	»	10h24	617.5	1.814				
»	»	10h31	621	1.772				
»	»	10h52	618	1.814				
»	»	11h	620	1.786				
»	»	11h09	618.5	1.800				
»	»	11h31	627	1.690				
»	»	12h04 S	620.5	1.772		très pur.	0	
»	»	12h17	624.1	1.731				
»	»	1h15	618.9	1.800				
»	»	1h33	621.2	1.772				
»	»	1h58	619.1	1.798				
»	»	3h06	627.4	1.677				
»	»	3h31	632	1.623				
»	»	3h47	632	1.623				
»	»	4h47	636.7	1.538		très pur.	0	Timichcha.
»	23	6h M	636.4	»		très pur.	0	Id.
»	»	9h30	633.3	1.538				
»	»	11h57	628.5	1.616				Tillit.
»	»	1h S		»		assez pur.	4	Id.
»	»	5h		»		assez pur.	10	Id.
»	24	nuit.		»	5°4 Min.			Id.
»	»	6h M	620.7	»	7°	assez pur.	4	Id.

NOMS DES LIEUX.	DATES.	HEURES.	HAUTEURS BAROMÉTRIQUES.	ALTITUDES.	HAUTEURS THERMOMÉTRIQUES.	CIEL.	NUAGES.	OBSERVATIONS.
De Tamnougalt au Todra (suite).	24 Avril 1884	8^h33^m M	620.9	1.646^m				Tillit.
»	»	9^h40	620	1.630				
»	»	12^h20 S	624.9	1.685				
»	»	4^h25	623.6	1.693		pur.	0	Ait Iidir.
»	»	5^h		»		pur.	0	Id.
»	25	4^h50 M	624.6	»				Id.
»	»	4^h58	620.2	1.750				
»	»	6^h26	625.7	1.690		pur.	0	
»	»	7^h56	628	1.612				
»	»	8^h35	634.3	1.561				
»	»	10^h20	637.8	1.526				
»	»	11^h05	636.4	1.517				
»	»	12^h30 S	638	1.522		pur.	0	
»	»	1^h07	641	1.483				
»	»	3^h53	643.6	1.476				
Todra (Taourirt; 1er étage).	»	4^h28	641	1.466		très pur.	0	
»	26	toute la journée.		»		très pur.	0	
»	27	toute la journée.		»		très pur.	0	
»	28	6^h M	648.3	»		très pur.	0	
»	»	1^h S		»		pur.	8	
»	»	3^h20	644.3	»				
Du Todra au Tiallalin.	»	6^h47	652.8	1.427		pur.	4	Tadafals.
»	29	6^h15 M	652.2	»				Id.
»	»	6^h40	654.3	1.389				
»	»	7^h22	655.8	1.375				
»	»	9^h	657.3	1.349				
»	»	11^h15	663.6	1.271				
»	»	1^h27 S	665.7	1.230		très pur.	0	Asrir.
»	»	6^h		»		très pur.	0	Id.
»	30	6^h M	669	»		très pur.	0	Id.
»	»	7^h55	669.3	»				Id.
»	»	8^h30	669.8	1.226				
»	»	10^h53	668	1.252				
»	»	1^h37 S	667.9	1.240		très pur.	0	Gelmima.
»	»	6^h		»		très pur.	0	Id.
»	1 Mai	4^h10 M	670	»		pur.	0	Id.
»	»	4^h19	670.7	1.236				
»	»	4^h57	671.7	1.222				
»	»	6^h08	672	1.219				
»	»	6^h55	670.7	1.236				
»	»	7^h35	663	1.330				
»	»	9^h25	667	1.288				
»	»	10^h50	669.7	1.240				
»	»	11^h23	670.8	1.236				
»	»	12^h16 S	670.6	1.238				
»	»	1^h30	665	1.314		pur.	2	
»	»	2^h21	667	1.288				
»	»	3^h58	666.9	1.265				
»	»	4^h20	666.8	1.260				Oçar es Souq.
»	»	5^h		»		légèrt nébuleux.	10	Id.
»	2	6^h45 M	669.6	»				Id.
»	»	7^h33	670	1.255				Pluie fine de 6^h à 7^h M.
»	»	8^h33	668.8	1.273				
»	»	10^h05	642	1.680				
»	»	1^h45 S	660.5	1.377				
»	»	3^h20	657.4	1.416				
Tiallalin (Qçiba el Ihoud).	»	5^h05	653.8	1.460		assez pur.	4	
»	3	toute la journée.		»			10	Pluie violente.

NOMS DES LIEUX.	DATES.	HEURES.	HAUTEURS BAROMÉTRIQUES.	ALTITUDES.	HAUTEURS THERMOMÉTRIQUES.	CIEL.	NUAGES.	OBSERVATIONS.
Tiliailn (Qçiba el Ihoud) (suite).	4 Mai 1884	toute la nuit.		1.460m			10	Pluie violente.
»	»	jusqu'à 4^h S		»			10	Pluie violente ; elle s'arrête à 4^h.
»	»	4^h S		»		nébuleux.	10	
»	»	5^h		»		assez nébuleux.	5	
»	5	5^h30^m M	650.3	»		très pur.	0	
Du Tiallalin à Qçâbi ech Cheurfa.	»	9^h20	650.4	1.468				
»	»	11^h12	645	1.544				
»	»	1^h15 S	635	1.694		très pur.	0	
»	»	1^h36	628.8	1.762				
»	»	2^h55	632.2	1.707				
»	»	3^h30	630.5	1.735				
»	»	4^h10	628	1.775				
»	»	4^h40	625.5	1.804		très pur.	0	Nezala.
»	6	4^h30 M	627	»		très pur.	0	Id.
»	»	6^h15	622.1	1.870				
»	»	8^h28	607.6	2.067				
»	»	8^h47	603.8	2.125				
»	»	9^h08	608.5	2.063				
»	»	9^h15	600	2.182				
»	»	9^h45	617	1.940				
»	»	10^h40	630.5	1.740				
»	»	12^h02 S	644.8	1.542		très pur	0	
»	»	12^h06	647	1.515				
»	»	12^h50	652.6	1.423				
»	»	2^h37	659.6	1.435				
»	»	3^h38	663.5	1.260				
»	»	3^h47	667.6	1.208				
Qçâbi ech Cheurfa (Qaçba el Makhzen).	»	4^h	667.8	1.211				
	»	6^h		»		très pur.	0	
»	7	7^h M	671	»		très pur.	0	
»	»	1^h S	669.7	»		très pur.	0	
»	»	5^h	669.5	»		très pur.	0	
»	8	5^h M	672	»		très pur.	0	
»	»	5^h50	672	»				
De Qçâbi ech Cheurfa à Debdou.	»	6^h05	672.7	1.199				
»	»	6^h40	671.7	1.211				
»	»	8^h21	673	1.186				
»	»	9^h22	675.4	1.181				
»	»	11^h05	677.5	1.134				
»	»	12^h15 S	672.5	1.199				
»	»	12^h57	674.4	1.173		pur.	3	
»	»	1^h57	674.7	1.169				
»	»	3^h04	679.5	1.109				
»	»	3^h33	679.1	1.114				
»	»	3^h38	681.1	1.089				
»	»	4^h55	679.7	1.106		assez pur.	9	
»	»	7^h25	683	1.070				Misour (Bou Kenzt). Quelques gouttes de pluie entre 5^h 1/2 et 6^h S.
»	9	4^h35 M	683	»				Même lieu.
»	»	5^h17	684	1.058		très pur.	0	
»	»	7^h45	684	1.056				
»	»	8^h17	685.9	1.033				
»	»	10^h30	688	1.008				
»	»	11^h15	689	995				
»	»	12^h03 S	690	988		très pur.	0	
»	»	12^h16	688.7	995				
»	»	12^h40	688.2	1.001				
»	»	3^h40	686.5	1.010				

NOMS DES LIEUX.	DATES.	HEURES.	HAUTEURS BAROMÉTRIQUES.	ALTITUDES.	HAUTEURS THERMOMÉTRIQUES.	CIEL.	NUAGES.	OBSERVATIONS.
De Qçâbi ech Cheurfa à Debdou (suite).	9 Mai 1884	$5^{h}10^{m}$ S	687.4	689^{m}		très pur.	0	Outat Oulad el Hadj (El Mellah).
»	10	7^{h} M	689	»		très pur.	0	Id.
»	»	1^{h} S		»		pur.	3	Id.
»	»	5^{h}		»		assez pur.	8	Id.
»	»	7^{h}		»		pur.	0	Id.
»	11	6^{h} M	687.2	»		pur.	0	Id.
»	»	1^{h} S		»		pur.	4	Id.
»	»	5^{h}		»		pur.	5	Id.
»	12	$3^{h}58$ M	686	»				Id.
»	»	$4^{h}46$	680.7	938				
»	»	$5^{h}33$	692.3	904		pur.	0	
»	»	$5^{h}54$	693.8	888				
»	»	$7^{h}15$	689.8	939				
»	»	$8^{h}25$	689.2	947				
»	»	$9^{h}37$	689.2	947				
»	»	$11^{h}25$	683	1.026				
»	»	$12^{h}22$ S	682.3	1.035				
»	»	$1^{h}12$	683.4	1.021		pur.	4	
»	»	$3^{h}08$	684.8	1.004				
»	»	$4^{h}04$	688	963				
»	»	$5^{h}05$	698	838		assez nébuleux.	10	Gîte.
»	13	$4^{h}55$ M	693	878				
»	»	$5^{h}45$	690.6	903				
»	»	$6^{h}02$	678	1.067		nébuleux.	4	
»	»	$11^{h}45$	644.7	1.499				
»	»	12^{h} S	640	1.596				
»	»	$1^{h}25$	648	1.459		nébuleux.	10	Une pluie fine tombe depuis midi.
»	»	$3^{h}05$	633.5	1.618				De midi à $3^{h}30$ S, pluie fine avec courtes interruptions.
»	»	$5^{h}15$	670.7	1.049				
»	»	$5^{h}20$	678	1.009		nébuleux.	10	Oulad Ben el Houl.
»	14	$6^{h}12$ M	678	»				Id.
»	»	$6^{h}50$	677	1.080		nébuleux.	8	
»	»	$8^{h}30$	637	1.608				Pluie légère de 8^{h} à 9^{h} M.
»	»	$9^{h}28$	670.3	1.157				
Debdou (rez-de-chaussée).	»	10^{h}	674.7	1.134				
»	»	1^{h} S		»		nébuleux.	8	
»	»	5^{h}		»		assez nébuleux.	5	
»	15	7^{h} M	674.3	»		nébuleux.	10	Température de la source principale de Debdou : $13^{o}5$.
»	»	1^{h} S		»			10	La pluie commence à 8^{h} M et dure toute la journée.
»	»	6^{h}		»			10	La pluie continue toute la soirée.
»	16	7^{h} M	672.3	»		nébuleux.	10	Pluie.
»	»	1^{h} S		»			10	Depuis le matin, il tombe de fréquentes averses.
»	»	6^{h}		»			10	La pluie continue toute la journée avec des interruptions.
»	17	7^{h} M		»		nébuleux.	10	Quelques gouttes de pluie.
»	»	1^{h} S		»		nébuleux.	8	Une ou deux courtes averses pendant la matinée.
»	»	6^{h}		»		nébuleux.	6	
»	18	$7^{h}30$ M	670.9	»		assez nébuleux.	4	
De Debdou à Oudjda.	»	$8^{h}33$	681.2	994				
»	»	$10^{h}02$	692.5	893				
»	»	$11^{h}08$	693.9	848				
»	»	$1^{h}03$ S	700.4	755		pur.	2	
»	»	$2^{h}10$	705	707				

NOMS DES LIEUX.	DATES.	HEURES.	HAUTEURS BAROMÉTRIQUES.	ALTITUDES.	HAUTEURS THERMOMÉTRIQUES.	CIEL.	NUAGES.	OBSERVATIONS.
De Debdou à Oudjda (suite).	18 Mai 1884	$3^{h}33^{m}$ S	703.5	719^{m}				
»	»	$3^{h}51$	710	645				
»	»	$4^{h}50$	720	524				
»	»	$5^{h}31$	721.8	500				
»	»	$5^{h}50$	721	512				
»	»	$5^{h}55$	724	476				
»	»	$6^{h}03$	723	495		assez pur.	3	Taourirt.
»	19	5^{h} M	724.3	»		assez nébuleux.	10	Id.
»	»	6^{h}	720.8	515				
»	»	$1^{h}15$ S	723.2	494				
»	»	$1^{h}30$	719	525				
»	»	$3^{h}05$	706	683				
»	»	$3^{h}51$	703	720				
»	»	$5^{h}22$	704	708				
»	»	$5^{h}26$	702	732		nébuleux.	10	Gîte.
»	20	$5^{h}15$ M	701.3	»				Id. De 6^{h} S à 5^{h} M pluie fine.
»	»	$6^{h}10$	699.9	745		nébuleux.	10	
»	»	$7^{h}10$	692.2	832				
»	»	$11^{h}13$	703.7	696				
»	»	$11^{h}32$	698	744				Qaçba el Aïoun.
»	»	1^{h} S		»		nébuleux.	10	Id.
»	»	5^{h}		»		nébuleux.	10	Id.
»	21	nuit.		»				Même lieu. Il a plu à torrents durant toute la nuit, depuis 6^{h} S.
»	»	6^{h} M	695	»				Même lieu. Il pleut avec violence.
»	»	1^{h} S	696	»				Même lieu. Il pleut avec force depuis le matin.
»	»	7^{h}	697	»		nébuleux.	10	Même lieu. La pluie a cessé à 6^{h} S.
»	22	$6^{h}27$ M	700.9	»				Même lieu.
»	»	$7^{h}33$	702.2	720				
»	»	$9^{h}25$	697	704				
»	»	$10^{h}15$	697	704				
»	»	$11^{h}30$	697	704				
»	»	$1^{h}07$ S	693.4	831		nébuleux.	6	
»	»	$1^{h}38$	700	758				
»	»	$2^{h}42$	703	719				
»	»	$2^{h}52$	701.3	732				
»	»	$3^{h}10$	699.8	750				
Oudjda.	»	$4^{h}21$	706	683		nébuleux.	10	

NOTE

SUR LES MATÉRIAUX QUI ONT SERVI A DRESSER L'ITINÉRAIRE DU VOYAGE.

Les matériaux qui ont servi à tracer l'itinéraire de mon voyage sont :

1° Les positions de Tanger, d'Agadir Iṛir et de Mogador, données par les cartes marines; la position d'El Qçar, déterminée astronomiquement par MM. François et de La Porte; la position de Fâs, déterminée astronomiquement par Ali Bey et vérifiée par MM. François et de La Porte; la position d'Oudjda, fournie par la carte de l'Algérie dressée en France, en 1876, au Dépôt de la Guerre; la longitude de Tétouan, donnée par Tofiña.

2° Les points dont j'ai moi-même déterminé astronomiquement les positions, savoir :

En latitude et en longitude : Zaouïa Sidi Reḥal, Tagmout (Glaoua), Tikirt, Tazenakht, Agadir Tisint, Tintazart, Afikourahen, Tamnougalt, Taourirt (Todṛa), Gelmima, Qçra el Ihoud (Tiallalin), Qaçba el Makhzen (Qçâbi ech Cheurfa). En latitude : Tétouan, Tâza, Mạder Soulṭân, Ouṭat Oulad el Ḥadj. En longitude : Sfrou et Demnât.

3° Mon cheminement et mes tours d'horizon faits à la boussole. (Tout mon itinéraire a été relevé à la boussole.)

Sur deux points, je suis en désaccord avec les observations faites avant moi. Je n'admets ni la latitude de Tétouan proposée par Tofiña, ni la position de Tâza donnée par Ali Bey.

J'adopte pour Tétouan la latitude fournie par mes observations astronomiques, latitude qui concorde avec mon levé à la boussole et avec ceux de M. Tissot.

Pour Tâza, la longitude déterminée astronomiquement par Ali Bey place, selon moi, la ville trop à l'est; elle la met à une distance de Fâs qui me paraît exagérée et inadmissible. L'erreur me sembla évidente dès mon arrivée à Tâza; j'y pris plusieurs angles horaires du soleil, dans l'espoir de la corriger; malheureusement, des arrêts du chronomètre rendirent ces observations inutiles. De retour, la construction de mon itinéraire montra que je ne m'étais pas trompé : Tâza d'Ali Bey était trop vers l'est; jamais, placée ainsi, je n'eusse pu y parvenir dans le temps que je mis. En relisant Ali Bey, je vis que sa longitude avait été observée dans des conditions peu favorables, le même jour qu'une latitude où il reconnut dans la suite une erreur de 21'. En outre, l'erreur que je crois exister dans la longitude de Tâza a été trouvée, égale et de même sens, dans celle d'Oudjda, qu'Ali Bey détermina quelques jours plus tard. Je rejette donc cette longitude et j'adopte provisoirement celle que fournit mon levé.

Ali Bey détermina aussi la latitude de Tâza. Il y fit, à peu de distance, deux observations qui présentent un écart de 21'. Cette différence jette des doutes sur leur exactitude. J'ai pris à Tâza plusieurs hauteurs de l'étoile polaire; les résultats qu'elles ont fournis concordent entre eux et avec mon itinéraire à la boussole. J'adopte comme latitude celle qui ressort de mes observations astronomiques.

INDEX

DES NOMS GÉOGRAPHIQUES

CONTENUS

DANS LE VOLUME ET DANS L'ATLAS.

A

	Cartes
Aachoun. 278.	
Aban. 324.	
Abernous. 288. 290.	
Achahod. 277.	7. 8.
Achakski. 326.	
Achil Sidi Bou Iaḥia. 274.	15.
Achlach.	14.
Achoul Sidi Bou Iaqob. 359.	
Adaḥa. 278.	
Aderbaz. 291.	
Aderdour (Ida ou Gemmed). 330. 332. 335. 402.	
(Ilalen).	11. 12.
(Imadiden). 329.	
Adis (kheneg). 143. 145. 147. 158. 310. 311.	10.
(qçar). 128. 143. 144. 145. 310. 311. 320. 338. 433.	10.
Admer. 243. 375. 376. 384.	
Adnan. 199. 200.	10.
Adouz (Aït Ououlouz). 330.	
(Houara).	12.
(Ouneïn). 335. 337. 402.	
Adrar (oasis du Sahel méridional). 154. 156. 346.	
Adrar n Deren. 95. 96. 98. 323.	21.
n Iri. 82. 83. 84.	7. 21.
Adreg. 108. 281. 284.	8.
Adres. 304.	
Adṛeṛ. 326.	
Afanour. 355.	16.
Afelilou. 376.	
Afella n Asif (Aït Ouaṛrda). 281.	
n Asif (Mezgiṭa). 287.	
n Dra. 211. 280. 284. 287.	

	Cartes
Afella Ifri (désert). 277.	
Isli. 278. 402.	
Afikourahen. 120. 179. 180. 181. 185. 340. 341. 411. 412. 415. 437. 438. 439. 450.	11. 12. 21.
Afra (Ilalen). 180. 340.	11. 12.
(Mezgiṭa). 211.	
(Tatta). 144. 145. 300. 310. 311. 338.	
Fouqania. 144. 309.	
Oulad es Soulṭân. 291. 292.	
Aftis.	17.
Agadir n Abbou. 332.	
Afra. 309.	
Aït Ḥaseïn. 331.	
Aït Teççaout. 337.	
Aqqa Iṛen. 200.	
el Bour. 331.	
Djedid. 328.	
el Hena. 309.	
Iberqaqen Fouqani. 178. 314.	11.
Iberqaqen Taḥtani. 314.	11.
n Iblaz. 330. 334.	
Ida ou Ska.	11.
Iṛir. 22. 28. 90. 100. 120. 179. 184. 185. 293. 330. 346. 401. 450.	12. 21.
n Ousekti. 330.	
Ouzrou. 120. 151. 313.	10.
er Remel. 331. 332.	
Sidi El Ḥoseïn. 342. 343.	
Tisint. 117. 120. 121. 126. 127. 128. 134. 137. 158. 159. 165. 171. 200. 201. 202. 203. 300. 306. 307. 310. 315. 316. 317. 318. 320. 343. 410. 411. 413. 415. 432. 436. 437. 443. 450.	9. 21.

	Cartes.
Agadir Zagmouzen. 327.	
Agaouz (Ouad Tifnout). 322.	
(Qçar es Souq). 351.	
Agdal. 282.	
Agdour (Aït Marlif). 279.	
(Ida ou Gemmed). 330.	
Kik. 337.	
Agdz (Mezgiṭa). 212. 284. 285. 287. 288. 291. 403.	
(Seketâna). 329.	
Aït ou Asṛar. 322.	
Igouramen. 322.	
Agedal. 331. 402.	
Agellouz. 310.	
Agelmim. 282.	9.
Agendi. 325.	
Agenf. 300. 304.	
Agerd (Aït Ouonlouz). 330.	
(Tamanart). 316. 317. 403.	
(zaouïa). 275.	
Aït Zaïneb. 273.	
n Oudrer. 326.	
n Ougadir. 321. 322. 323.	
n Oulili. 306.	
Oumerri. 273.	
n Ouzrou. 260. 261. 267.	
n Zarar. 325.	
Agergour. 337.	
Agersaf. 335.	
Agersif. 368. 369. 372. 376. 379. 385. 390. 391.	
Agerzaggen. 300. 310.	
Agilan. 277.	
Aginan (district). 305. 306. 320.	
(Aït Zaïneb).	8.
Agjgal. 311. 320.	
Aglagal (Ouad Aoullous). 326. 336.	
(Tatta). 311.	
Aglou. 344. 345.	
Agmour. 304.	
Agna.	11.
Agni (Fezouata). 293.	
(Id ou Illoun). 326.	
(Ouad Agni). 114. 115. 127. 190. 304	9. 21.
(col). 100. 114. 115. 116. 202. 282. 304.	9. 21.
n Fad. 333. 334.	
Agoubalou. 345.	
Agoudal. 329.	
Agouidir. 306. 309.	
Agoundis. 323. 338.	
Agouti. 275.	
Agred. 302.	
Agroud. 301.	
Agrour. 292.	
Ahel Debdou. 249. 375.	
Ed Doula. 33.	

	Cartes.
Ahel Ferkla. 356.	
Kechchacha v. Kechchacha.	
El Mḥamid. 302. 304.	
el Ouad. 33.	
Ouad Iserki. 276.	
Rechida. 243. 375. 384. 385.	
Refoula. 385.	
Sabeq. 62.	6.
Sous. 262.	
Ṭahar. 33.	
Tirnest. 384.	
Zerberrachi. 262.	
Ahouraïn. 261.	
Aḥansal. 260. 264. 267.	
Aḥouli. 366. 368. 382.	
Aïgou. 310.	
Aïlkemt. 271.	15.
Aïnach. 295. 304.	
Aït Abbarioul. 364.	
Abbes. 76. 260. 265. 401.	
Abbou (Ouad Dâdes). 271.	15.
(Seketâna). 329.	
Aḥa. 350.	17.
Alla. 277.	7.
Allioun. 282.	
Anter. 120. 151. 312.	10.
Aqqo (Fezouata). 292.	
Aqqo ou Ạli. 211. 271.	15.
Atta (fraction des Berâber). 69. 221. 223. 224. 226. 269. 286. 293. 297. 298. 352. 357. 358. 361. 362. 363. 364.	
Atta (district de l'Ouad Dâdes). 268. 269.	
Atta d Amalou. 49. 68. 69. 71. 72. 259. 260. 266. 401.	6. 21.
Attou. 350.	17.
Azouafiḍ. 346.	
Ạbd Allah (tribu du Sahel). 345.	
(Aït Messaṭ). 264. 265.	
(Aït Seddrât). 211. 288.	8. 15.
(Halen). 340. 341.	
(Menâba).	14.
(Ouad Iriri). 279.	
ou Mḥind. 334.	14.
ou Mimoun. 290. 296.	
Ạbd en Nour. 262.	
Ạbd el Ouali (fraction). 262.	6.
(village).	6.
Ạbd el Ouirt. 328.	
Ạbd es Selam. 262.	
Ạchcha. 355.	
Ạïach. 363. 377. 381. 382.	
Ạïad. 49. 73. 74. 265. 401.	6.
Ạïcht. 327. 329.	
Ạïssa (Aït Seddrât). 288.	

	Cartes.
Aït Aïssa (Aït Zaïneb). 277. 402.	8.
(Menâba). 331. 332.	
(Ouad Aït Messaṭ). 260.	
(Ouad El Qabia). 301.	
(Tiouant). 378.	
Bou Ḥamar. 363. 364. 365.	
ou Ali. 365.	
ou Brahim (fraction des Aït Atta). 292. 295. 363.	
ou Brahim (qçar). 295.	
Ala. 261.	
Ali (Aït b Ougemmez). 260.	
(Ḥalen). 340. 341.	
(qaçba). 287.	8.
Bou Mariem. 384.	
ou Brahim. 363.	
ou Ḥaseïn. 280.	
ou Iaḥia. 270.	15.
ou Ious. 282. 403.	
ou Iqqo. 347. 348.	
ou Seliman. 263.	
Alou ou Brahim. 262.	
ou El Ḥasen. 262.	
Alouan. 201. 295. 297. 298. 363.	
Amer (confédération). 91. 106. 111. 114. 280. 282. 303. 319. 403.	8. 9. 21.
(tribu). 106.	
(fraction des Aït Ḥediddou). 363.	
(fraction des Ḥaḥa). 339.	13.
(qçar des Aït Ḥediddou). 347. 348.	
(Tiallalin). 350.	17.
ou Mançour. 363.	
Aouda. 349.	
Arbi. 280.	
Arbi (qaçba). 288.	
Ariṭan. 355.	
Asem. 356.	
Atab. 49. 73. 74. 75. 90. 230. 260. 264. 265. 267. 401.	6. 21.
b ou Iknifen. 267. 293. 294. 358. 362. 363. 364.	
b Ougemmez. 76. 260. 261. 264. 401.	
b Oulman (fraction des Aït ou Allal). 363.	
(Aït Zaïneb). 277.	8.
(Dâdes). 270.	15.
(Todra). 355.	16.
b Oumal. 270. 271.	15.
b Ououlli. 76. 77. 260. 265. 267. 401.	
Ba Ḥaman. 154.	
Baddou. 85. 86. 278. 402. 429.	7.
Baḥa. 355.	
Baḥa ou Bihi.	12.
Bakhous. 272.	
Baroukh. 378.	
Barra. 355.	

	Cartes.
Aït Bazmad. 334.	
Bella. 346.	
Ben Ali. 377.	
Mançour. 336.	
Nacer (Ferkla). 356.	
Nacer (Tatta). 310.	
Ouedfel. 384.	
Saïd. 273.	
Bihi. 261.	
Blal. 238. 360. 379.	18.
Bou Allal. 270.	15.
Achra. 317. 345.	
Amran (tribu). 342. 344. 345.	
Amran (zaouïa). 216. 270.	15. 21.
Amran (zaouïa). 270.	15.
Bekr (Aït Semmeg). 335. 336.	
Bekr (Aït Seri). 262.	
Bekr (Dâdes. Aït Ḥammou). 270.	15.
Bekr (Dâdes. Arba Mia). 271.	15.
Bekr (Dâdes. Arba Mia). 271.	15.
Bekr (zaouïa). 270.	15.
Daoud (fraction des Aït Atta). 267. 295. 361. 363. 364.	
Daoud (Ḥalen).	11.
Daoud (Tazarin). 364.	
Delal. 268. 269. 274.	
Fedaïl. 120. 151. 312.	10.
Hioualat. 346.	
Ḥarazen. 76. 265. 401.	
Ḥeddou. 270.	15.
Iaḥia (tribu). 167. 305. 306. 320.	9. 21.
Iaḥia (Todra). 355.	16.
Iazza. 334.	
Iousef. 270.	15.
Izzem. 359.	
el Khial. 348.	
Khtir. 279.	
Mariem. 384.	
Mesḥaoul. 273.	
Mḥind. 94. 278.	8.
Ouchchaouen. 379. 384.	
Oujjan. 355.	
Oussaouen. 384.	
Ouzellif. 347. 348.	
Taḥammart. 389.	
Zid. 49. 69. 71. 72. 73. 74. 90. 260. 427.	6. 21.
Boudder. 154.	
Bouhou. 317. 345.	
Brahim (tribu du Sahel). 345.	
(fraction des Aït Ḥediddou). 363.	
(fraction des Qeṭaïa). 261.	
(Aït b Ououlli). 401.	
(Aït Melrad). 359.	
(Imiter). 358.	15.

	Cartes.
Aït Brahim (Semgat). 359.	
(Tiallalin). 350.	17.
Çaïb ou Otman. 355.	
Çaleḥ (subdivis. des Beni Zemmour). 261.	
(Tiallalin). 349. 350. 351. 352. 353. 354. 365. 368. 369. 370. 371. 373. 374. 377. 378.	17.
(Todra). 355.	
Cheggout. 346.	
Chergouout. 346.	
Chiama.	14.
Daoud (Aït Abd el Ouali). 262.	
(Aït Ouirra). 262.	
(Imeṛrân). 274.	
ou Azzi. 358.	
ou Bou Ḥïa. 263.	
ou Iousef. 263.	
Delḥa. 329.	
Djamạ. 334.	
Djellal. 120. 151. 312.	10.
Djemel. 346.	
Ersal. 283.	
El Feqih. 349.	
Fers. 277.	7. 8.
El Fersi. 363.	
Genad. 355.	
Gendou. 273.	
Gennoun. 364.	
Hani. 358.	
Haroun (Dâdes). 270. 271.	15.
Isaffen. 314.	11.
Ḥachchou. 223. 363.	
el Ḥadj El Ḥasen. 290.	
el Ḥadj Saïd. 348.	
Ḥaḥou. 350.	17.
Ḥamed (Aït Bella). 346.	
(Dâdes). 270.	15.
(Ida ou Blal). 154.	
(Ouad Imgoun). 275.	
(Ounzin). 306.	
ben Amara.	12.
ou Seliman. 377. 378.	
Ḥamid. 338.	
Ḥammi (Aït Seri). 262.	
(Todra). 355.	16.
Ḥammou (Dâdes). 260. 270.	15.
(Oulad Iaḥia du Dra). 206. 207. 284. 285. 304.	
(Tiouant). 378.	
Bel Ḥasen. 384.	
el Ḥadj. 348.	
ou Ali (Imeṛrân). 276.	
ou Ali (Telouet). 278. 402.	
ou Fekou. 273.	
ou Iaḥia. 275.	

	Cartes.
Aït Ḥammou ou Mançour. 263.	
ou Saïd (Aït Seddrât). 288. 289.	8.
ou Saïd (Aït Seri). 263.	
ou Saïd (Ouad 'Nezala). 232.	17.
Ḥarkat. 47.	
Ḥarṭ. 360.	
Ḥarz Allah. 154.	
El Ḥaseïn (Aït Djemel). 346.	
Ḥaseïn (Aït Tseṛrouchen). 384.	
El Ḥaseïn (Ida ou Blal). 154.	
(Dâdes). 270.	15.
El Ḥasen (Aït Djemel). 346.	
(Aït Iaḥia). 271.	
(Aït Seri). 262.	
ou Ali. 355.	16.
Ḥasen ou Daoud.	8. 15.
el Ḥazen. 196. 338.	10. 14. 21.
Ḥebibi. 262.	6.
Ḥeddou (Assaka). 277.	7.
(Ouad Beni Mesri). 365.	
(Seketâna). 329.	
ou Bel Ḥasen. 384.	
Ḥediddou (fraction des Aït Iafelman). 232. 347. 348. 358. 363.	
(district). 347. 353.	
Ḥedin. 323.	
Ḥelli. 383.	
Ḥeqqou. 350.	
Ḥerbil (Id Brahim). 317. 345.	
(Tamanarṭ). 316. 317.	
Ḥoseïn. 128. 144. 300. 320.	
Iafelman. 220. 276. 347. 349. 352. 353. 357. 362. 363. 377. 381. 384.	
Iaḥi. 261.	
Iaḥia (tribu). 327. 328. 334. 337. 402.	
(fraction des Aït Iafelman). 353. 363. 381.	
(Ouad Dâdes). 215. 216. 268. 269. 271. 272. 275.	15. 21.
(Tiallalin). 350.	17.
(Todra). 355. 358.	16.
ou Aïssa. 365.	
Ali. 276.	
Khalifa (Tiallalin). 350.	17.
Khalifa (Ziz). 348. 349.	
Otman. 360.	
Iasin (Aït Bella). 346.	
(Tatta). 309. 310. 311. 320.	
Iatin. 365.	
Iaïch. 259.	
Iala. 355.	16.
Iaqob (Ouad Zaouïa Sidi Ḥamza). 353. 354.	
(Reris). 360.	
Iaqoub (Aït Seri). 262.	
Iazza (fraction des Aït Atta). 357. 362. 363.	

	Cartes
Aït Iazza (fraction des Aït Ḥediddou). 363.	
Ichcho. 262.	
Iferd. 325. 326.	
Igmad. 271.	15.
Iidir (fraction des Aït Seddrât). 289.	
(Dâdes). 217. 218. 219. 265. 270.	
275. 361. 362. 364. 446.	15. 21.
Iiggas. 194. 332. 333. 334.	14. 21.
Ijja. 311.	
Ijjou. 355.	
Illoul. 317. 345.	
Ilougaïm. 341.	
Imejjat. 316. 317. 342. 345.	
Imi. 99. 261. 277.	21.
Ioub (fraction des Aït Melṛad). 363.	
(Menâba). 331. 334. 402.	
(Semgat). 359.	
Ioud. 270.	15.
Ioudi. 262.	
Ioul. 271.	15.
Ious. 334.	
Iousef ou Talil. 280.	
Ioussa. 168.	
Ioussi (tribu). 10. 20. 21. 38. 39. 62. 101.	
237. 265. 366. 367. 377. 378.	
381. 382. 383. 387. 401.	18. 21.
(monts). 39. 383.	4.
Iqqo (Aït Seri). 262.	
(Ishiḥen). 272.	
Irmaḍ d Imgoun. 275.	
Irṃor (fraction des Aït Tameldou). 323.	
(Ouad Aït Semgan). 283.	
(Ouad Tifnout). 321. 326.	
Isaffen. 313.	
Isfa ou Daoud. 351.	17.
Isfoul. 292. 358. 363.	
Isḥaq (fraction des Aït Seddrât). 289.	
(Aït Messaṭ). 260. 264. 265.	
(Aït Seri). 263.	
(qçar de l'Aït Seddrât). 388.	8. 15.
Ismen. 355.	
Issoumour. 264. 266.	
Izdeg. 227. 228. 232. 236. 237. 241. 243.	
347. 349. 350. 351. 353. 354. 363.	
364. 336. 369. 373. 376. 381. 382.	
385.	17.
Jellal (tribu). 90. 132. 144. 156. 162.	
170. 172. 193. 199. 308. 309.	
311. 319. 338.	10. 21.
(El Qçâbi. Tatta). 331.	
Jerrar. 345.	
Kasi ou Ali. 270.	15.
Kedif. 280. 402.	
Kerkaït. 261.	
Ketto. 360.	
Kratikhsen. 363.	

	Cartes
Aït Kharroub. 348.	
Khebbach. 363.	
Khebbas. 363.	
Kheddou. 292.	
Khelfoun. 288. 296.	8. 15.
Khelifa. 357. 363.	
Khelift. 265.	
Khouzoud. 283.	
Khozman (qçar). 230. 349. 350.	17.
(mont).	17.
El Khrodj. 287.	
Leti. 323. 326. 402.	
Maḥa. 262.	
Mançour. 305. 306. 307.	
Maouas. 303.	
Marlif. 279. 280. 284. 326. 402.	
El Maṭi. 49. 50. 56. 425.	5.
Maziṛ. 264.	
Mazzen. 401.	7.
Meḥelli. 269. 289.	
Mejjat. 346.	
Mekraz. 283.	
Melekt. 288.	8. 15.
Melloul (Ouad Aït Tameldou). 324.	
(Ouad Igemran). 325.	
Melṛad (fraction des Aït Iafelman). 220.	
223. 224. 226. 260.	
276. 356. 357. 358.	
358. 361. 363.	.
(district au-dessus du Semgat).	
358.	
(district au-dessous du Semgat).	
358. 359.	
Meraou. 275.	
Merras. 331.	
Merset. 270. 361.	15.
Meṛrar. 275.	
Mesạoud (Aït Bella). 346.	
(Aït Seri). 262.	
(Dâdes). 270.	
(Ouad Iounil). 277.	7.
ou Ali. 383.	
Mesri (fraction des Aït Melṛad). 363.	
(Aït Tameldou). 324.	
(Zenâga). 282. 283. 336. 403.	9.
Messaṭ. 69. 76. 259. 260. 264. 265. 266.	
267.	6. 21.
Mezal. 340. 341.	11. 12.
Mezber. 270.	15.
Mḥammed (Aït Melṛad). 363.	
(fraction des Aït Seri).	6.
(village des Aït Seri). 262.	
263.	6. 21.
(Ida ou Blal). 154.	
Mimoun.	14.
El Miskin. 356.	16.

	Cartes.
Aït Moḥa ou Ạli. 351.	
Moḥammed (Aït Messaṭ). 264. 267.	
(Imiṭeṛ). 358.	15.
(Ouad Beni Mesri). 365.	
(Todṛa). 223. 355. 357. 358. 359.	16.
(zaouïa) v. Cheurfa.	
Mouch. 360.	
Mouḥ ou Iaḥia. 360.	
Moulei Ḥamed. 221. 358.	
Moḥammed. 351.	17.
Mouloud. 48. 49. 425.	5.
Mousa. 261.	
Mousa el Ḥadj.	14.
ou Ạli (Aït Djemel). 346.	
ou Ạli (district du Ziz). 348.	
ou Daoud (Id Brahim). 317. 345.	
ou Daoud (Ouad Imgoun). 274.	
Mousi. 154.	
Mrabeṭ. 301.	
Msount. 323.	
Nbdaz. 279.	
Ọmar. 46. 48. 425.	5.
Ọtman (tribu). 327. 328. 329. 336. 402.	
(Aït Zeri). 290. 303. 304.	
(El Kheneg). 348. 349. 351. 354. 363. 365. 368. 369. 373. 374. 377. 378.	17. 21.
ou Mousa. 376. 377. 403.	
ou Addar. 271.	15.
Adrim. 341.	
Afella (tribu). 236. 237. 241. 366. 372. 373. 376. 381. 382.	17. 18.
Afella (qçar). 376. 382.	
Aḥman (Adis). 143. 310.	10.
Aḥman (Imeṛrân). 274.	
Akeddir. 74. 75. 260. 400. 401. 427. 428.	6.
Alil. 350. 353. 354. 365. 368. 370. 371. 377.	17.
Allal (Aït Atta). 267. 363. 364.	
(Dâdes). 269. 270.	15.
(Ouad Msount). 323.	
Allou. 353. 354.	
Alman. 327.	
Amoumen. 323.	
Ansera. 282.	
Aoudanous. 78.	7.
Ạzzou. 262.	
Ḥamidi. 106. 301.	
Iaḥian. 378.	
Innou. 350.	
Iran (Aït ou Mribeṭ). 152. 315.	
(Tisint). 120. 121. 128. 315. 320.	9.
Isaden. 350.	

	Cartes.
Aït ou Mribeṭ. 91. 92. 135. 136. 150. 151. 152. 154. 167. 168. 172. 297. 298. 299. 313. 315. 316. 317. 320. 344.	10. 21.
Zgiḍ. 279.	
Ez Zin. 270. 403.	15.
Ouadaï. 317. 345.	
Ouagrou. 313. 314.	
Ouaham. 260. 261. 267.	
Ouahi (Semgat). 359.	
Ouahou (Ouad Amzarou). 325.	
Ouartasa. 325. 402.	
Ouaṛrda. 281. 282. 336.	
Ouasṣou (désert). 332.	
(Ida ou Gemmed). 330.	
Ouassou. 340.	
Ouazerf. 347.	
Oubial. 106. 282. 327. 328. 336. 402.	
Oudinar. 289.	
Ouffi. 289.	
Ougoudid. 264.	
Ougrar. 263.	
Ougzi. 288. 289.	
Ouirra. 66. 262. 263.	6. 21.
Oujana. 154.	
Oujjin.	8. 15.
Oulṛass. 341. 342.	
Oumaziṛ. 277.	7.
Oumbarek. 330. 331. 402.	
Oumendil. 314. 315.	
Ounbegi. 153. 363.	
Ouniṛ (fraction des Aït Atta). 361. 363.	
(Dâdes). 269. 270.	15.
Ououlouz. 330. 333. 334.	
Ouriad. 260. 401.	
Ourjedal. 222. 355. 403.	16.
Ouṛeld. 321.	
Ousaden. 262.	
Ousakki. 262.	
Ousal. 355.	
Oussiḥi. 296.	
Outfaou. 276.	
Ouzana. 355.	
Ouzanif. 106.	
Ouzaṛar. 325.	
Qaïd El Ạmer. 287.	8. 15.
El Qaṭi. 355.	16.
Qedni. 324.	
Qlạa. 275.	
Er Râmi. 271.	15.
Rebạ (Qtaoua). 294.	
Reḥou (Tinzoulin). 290.	
Er Riban. 350.	
Er Ridi. 271.	15.
Robạ (Glaoua). 83.	7.
Roḥou (Imadiden). 320.	

	Cartes.
Aït Roḥou (Seketâna proprement dits). 329.	
Roubẹ. 259. 262.	
El Ṛouadi. 66.	
Sakt (fraction des Aït Seddrât). 289.	
(qçar de l'Aït Seddrât). 288.	
Saoun (Ouad Dâdes). 269.	
(près du Mezgiṭa). 284.	
Ṣâd. 327.	
Ṣaïd (fraction des Aït Seri). 66. 263.	6.
(Aït Tseṛrouchen). 384.	
(Chtouka). 182.	11. 12. 21.
(Tazarin). 364.	
(Ziz). 348.	
(village des Aït Seri). 60. 66. 426.	6.
ou El Ḥasen. 384.	
ou Ḥeddou. 348.	
Seddrât (tribu). 24. 90. 92. 136. 164. 165. 211. 213. 214. 215. 216. 269. 286. 289. 293.	8. 15. 21.
(district du Dra). 22. 210. 214. 216. 285. 286. 288. 289. 292. 403.	8. 15. 21.
(district de l'O. Dâdes). 268. 269.	
Segmounni. 355.	15.
Seliman (tribu). 106. 326.	
(Dâdes). 270.	
(Ida ou Gemmed). 330.	
(Semgat). 359.	
Semgan (district). 106. 283.	
(qçar). 284. 285. 295.	
Semmeg (tribu. O^d Aït Semmeg). 140. 196. 319. 327. 328. 329. 334. 335.	
(tribu. O^d el Amdad). 334. 335. 402.	
Senan. 355.	
Seri (tribu). 21. 49. 52. 59. 65. 66. 69. 259. 262. 263. 264. 363. 400.	
(village des Aït Ạtab).	6. 21.
Sidi Ạbd en Nebi. 297. 298.	6.
Ạïssa. 277.	
Ạli (Ṛeris). 360.	
(Tisint). 320.	
ou Brahim. 47.	
ou Ḥaseïn. 260.	
Ạmer (Ṛeris). 360.	
(Ṛeris). 360.	
El Boṛdad. 270.	
El Houari. 356.	15.
El Ḥoseïn (Tatta). 128. 144. 300. 320.	
(Zenâga). v. Sidi El Ḥoseïn.	
Mḥind. 320.	
Moḥammed ou Iousef. 359.	
Mouloud (Dâdes). 271.	
(Mezgiṭa). 287.	

	Cartes.
Aït Sidi Mṣạd. 364.	
ou Brahim. 355.	
Sin. 327. 328. 402.	
Sin d Aït Ọtman. 327.	
Skri. 321.	
Slillo. 270.	15.
Smaïn. 262.	
Tagdourt. 279.	
Tagella. 401.	
Taggant. 401.	
Tagmout. 312.	
Taltmanart. 270.	15.
Tameldou. 279. 321. 322. 323. 324. 325. 326. 327. 336. 402.	
Tamzout. 260.	
Tarat.	8. 15.
Tasousekht. 175. 313. 314.	
Tazarin. 271.	15.
Tedrarin. 346.	
Tedrart. 96. 282. 326. 336. 402.	
Temouted. 269. 270.	15.
Tiferraḥin. 377.	
Tigdi Ouchchen. 105. 106. 281. 283. 303.	8. 21.
Tigga. 283.	
Tikkert. 349.	
Tizert. 313. 314.	
Tots.	6.
Touaïa. 95. 106. 279. 280. 402.	8.
Touf el Ạzz. 340. 341.	11.
Toufaout. 340. 341.	
Tougda. 325. 402.	
Toumert. 274.	
Tourast. 377.	
Tsegrouchen. v. Aït Tseṛrouchen.	
Tseṛrouchen. 21. 369. 373. 377. 381. 382. 383. 384. 387. 390.	17. 18. 21.
Ṭaleb. 301. 304.	
Zaïa. 350.	
Zaïneb. 81. 92. 93. 95. 106. 107. 110. 176. 277. 278. 279. 280. 327. 402.	7. 8. 21.
Zakri (Todṛa). 355.	
Zaneṭ. 273.	
Zebbour. 348.	
Zemroui. 223. 363.	
Zeri. 210. 285. 286. 288. 289. 290. 292. 303. 403.	
Zerrouq. 276.	
Zilal. 355.	
Zkri (Id Brahim). 317. 345.	
Zouli (subdivision des Aït Seddrât). 269. 289.	
(Tatta). 311. 320.	
Akboub. 270.	
Akchtim (Indaouzal). 334.	
(Ouad Tasoukt). 325.	
Akebab. 265. 381.	

	Cartes.
Akreïch. 337. 338.	
Akhellouf. 286. 290. 292. 296. 403.	
Akherrou.	17.
Akhmâs (tribu). 5. 6. 8. 9. 11.	1. 21.
Akhmâs (mont). 9. 11.	
Akhsab. 369.	18.
El Akhsas. 345.	
Aldoun. 373.	
Alemta. 296.	
Alibou. 349.	
Alla. 337.	
Allegou. 329.	
Almessa. 326.	
Almid. 279.	
Almis. 374. 384.	18.
Alonzi. 260.	
Alougoum. 106. 301. 302. 304. 403.	
Amadaṛ. 290. 296.	
Amaliz. 328.	
Amalou (Gers). 349.	
(Indaouzal). 334.	
Amami.	17.
Amara. 106. 281.	
Amara (désert).	8.
Amari (Indaouzal). 334.	
(Rḥala). 331.	
Amasin (Aït Ouaṛrda). 281.	
(Ikhzama). 279. 326. 336. 402.	
Amazzer (Ouad Mançour). 325.	
Amazzer (Ouad El Qabia). 301.	
Amdnar. 270.	15.
Amdzgin. 302. 304.	
Amellagou. 359.	
Amenrirka. 295.	
Amerdoul (Ouad Dâdes). 273.	
(Ouad Dra). 290.	
Aït Imi. 273.	
Amerli. 330. 402.	
Amerzeggan. 278.	
El Amgar. 262.	
Amhaouch (monts). 59. 66.	6. 21.
Ammeïn. 306. 328. 329. 338.	
Amougger. 359.	
Amsensa. 266.	
Amsmiz (tribu). 401.	
(village). 401.	
Amtoz. 360.	
Amtrous. 358.	
Amzaourou (Ilalen). 340.	11. 12.
(Ouad Tizgi n Mousi). 324.	
(Ouad Zagmouzen). 327.	
(Todṛa). 355.	16.
(Zgiḍ). 301.	
Amzarko. 321. 402.	
Amzou (Houara). 191.	12.
(El Kheneg). 351.	

	Cartes.
Amzou (Zgiḍ). 301.	
Amzoug (col). 90. 277.	21.
(village). 196. 443.	14.
Amzrou. 61. 292. 293. 403.	
Anagam. 296.	
Anamelloul. 311.	
Anamer (Ounzin). 306.	
Anammer (Ouad Zagmouzen). 327.	
Anbed (plaine). 217. 219. 221. 358. 361.	15. 21.
Anfergal. 353.	
Anfoug. 211.	
El Angab. 371. 385.	
Angad (plaine). 97. 253. 254. 256. 257. 368.	
372. 379. 381. 385. 388. 389. 390	20. 21.
(tribu). 253. 388.	20. 21.
Angalf. 283.	9.
Angelz. 277. 402.	
Anisi. 203. 306.	9. 21.
Ankhessa. 278.	
Anmid. 322.	
Anmiṭer. 277.	
Anoual. 373. 384. 390.	
Anrouz. 325.	
Anṛemer. 89. 95. 96. 277. 278.	7.
Anṛerif. 142. 311. 320.	10.
Ansegmir. 377.	
Ansekki. 279.	
Ansera. 281.	
Ansig. 303.	
Anzi. 335.	
Aoufelgach. 302.	
Aoufour. 322.	
Aouftout. 335.	
Aougeddim. 330.	
Aougeddimt. 338.	
Aougelmim. 318.	
Aouirst. 329.	
El Aoulad. 263.	
Aoullous. 326. 402.	
Aoulouz. 330. 332. 333. 334. 335. 338. 402.	
Aoumasin. 308.	
Aoumselart. 330.	
Aounkoụ. 278.	
Aourir (Aït Ououlouz). 330. 333.	
(Ida ou Gemmed). 330.	
(Taderoucht). 359.	
Aourz (Ida ou Gemmed). 330. 332.	
(Ouarzazât). 280.	
Aouzrout. 326.	
Aqdim. 347. 348.	
Aqebt. 290. 296.	
Aqqa (oasis). 22. 35. 100. 120. 121. 126.	
135. 138. 145. 150. 151. 152.	
158. 182. 193. 290. 301. 302.	
308. 312. 313. 314. 320. 338.	
403. 434.	10. 21.

	Cartes.
Aqqa (kheneg). 120. 151. 161. 312.	10.
(col). 151.	10.
(Ṛeris). 360.	
(Ẓgiḍ). 301.	
v. Ṭriq Aqqa.	
Aït Sidi. 117. 138. 299. 304. 305. 306. 307. 308.	9.
Igiren. 139. 140. 141. 158. 299. 307. 308. 309. 317. 320. 340.	10. 21.
Iṛen. 140. 190. 200. 201. 299. 305. 306. 307. 308. 320.	9. 21.
Izen. 307. 310. 433. 436.	10.
Izen (kheneg).	10.
Izenqad. 143. 305. 310. 311. 320.	10.
ou Chaïb. 151.	10.
Tizgi. 354.	
Aran. 280.	
Arazan. 332. 402.	
Arbalou (Mezgiṭa). 287.	
(Ouad Aït Tameldou). 324.	
(Ouad Mançour). 325.	
El Arbạ (Ḥallaf). 368. 385.	
Arbạ Mia. 91. 269. 270. 271.	15.
El Arbạa (Doukkala). 401.	
Arbạa Aït Ạbd Allah. 341.	
Aït Ạbd Allah ou Mḥind. 334.	14.
Aït b Oumal. 271.	
Aït Iiggas.	14.
Akhellouf. 292.	
Ammeïn. 306. 320. 338.	
Amzrou. 293.	
Aoulouz. 334.	
Bdaoua. 13.	1.
Beni Qoulal. 381.	
Bou Ḥarazen. 265.	
Doutourirt. 320.	
Ḥamerin. 191.	
Ikadousen. 75.	
Imzouṛ. 271.	15.
Mentaga. 335.	
Ouaoula. 265.	
Oulad Djemạ. 18.	2. 3.
Tabaroucht. 265.	
Taleouin. 114.	
ez Zemmour. 43.	
Areg (Aït Ouaṛṛda). 281.	
(Telouet). 278.	
Bou Ạjaj. 300.	
Igni n Imerraden. 306.	
er Raoui. 153.	
Souir. 299. 309.	
Tamesraout.	9.
Aremd. 287. 296.	
Arf el Mamoun. 309.	
Arfaman (Aït Iaḥia). 327. 328. 334.	
(Zagmouzen). 327. 402.	

	Cartes.
Argemmi (Ouad Tlit). 302.	
Argioun. 287. 296.	
Argoummi (Imskal). 306. 320. 402.	
Arla ou Asif. 291.	
Oudrar. 292.	
Arled. 402.	
Armed Zagmouzen. 327.	
Aroraï. 358. 359.	
Aṛbar (mont). 336.	
(qçar). 279.	
Aṛlal. 300. 304.	
Aṛlal Fouqani. 290.	
Aṛled Fouqani. 321. 323.	
Taḥtani. 322.	
Asaou n Ougellid. 266.	
Asaoun. 322.	
Asareg. 321. 402.	
Asbarou. 351.	17.
Asdṛem (désert). 283.	
Kik. 337.	
Asedmer. 328.	
Asell. 278. 402.	
Asellim (Mezgiṭa). 273. 287. 403.	8.
(Ouad Ouṭat Aït Izdeg). 376. 377.	
Agdz. 287. 403.	8.
Taḥtani. 287.	
Asemlil Djedid. 300. 304.	
Qedim. 300. 304.	
Asengar. 304.	
Aserif.	1. 21.
Aseṛṛin. 270.	15.
Asersa. 112. 282.	8. 9.
Aserts. 364.	
Aseṛṛar. 305.	
Asfalou (Aït Zaïneb). 277.	8.
(Todṛa). 272. 355. 356. 357. 359. 360. 361. 362. 403.	
Asgig. 308.	10.
Asif Adrar n Iri.	7.
Aït Ạmer.	13. 21.
Aït Bou Zoul.	13. 21.
Aït Mezal. 182. 340. 341.	11. 12. 21.
n Ḥamerin. 190.	12. 21.
Ida ou Gelloul. 187.	13. 21.
el Mal. 401.	
Maṛṛen. 58. 87. 88. 89. 93. 96. 277. 278. 279. 284.	7. 8. 21.
Melloul. 348. 363.	
n Mousi.	9.
Oudad. 142. 158. 310. 311.	10.
n Oumaï.	7.
n Sous (fleuve). 329.	
(district). 323.	
Tamrakht. 185.	12. 21.
Zimer. 326.	
Asing. 356.	

	Cartes.
Askaoun (Ouad Aoullous). 326.	
(Ouad Tifnout). 321.	
Asmerdan. 310.	
Asouḥad. 291.	
Asoul. 322.	
Asrir (Ferkla). 224. 356. 357. 403. 414. 446.	16. 21.
(Metṛara). 352.	
Ignaouen. 292.	
Ilemsan. 291. 292. 293.	
Assa. 345.	
Assaïn. 334. 402.	
Assaka (tribu du Sahel). 345.	
(Aït Oubial). 327.	
(Imeṛrân). 269. 273.	
(Indaouzal). 330. 331.	
(Ouad Aït Tigdi Ouchchen). 281. 282. 283.	8.
(Ouad Amzarou). 325.	
(Ouad El Gloạ). 300. 304.	
(Ouad Idermi). 279.	
(Ouad Iounil). 92. 95. 277. 280. 402.	7. 21.
Ourami. 278.	
Astour. 291. 292. 403.	
Atferkal. 264.	
Atlas. 21. 27. 28. 46. 50. 59. 60. 61. 62. 64. 66. 71. 73. 74. 75. 76. 78. 86. 92. 97. 98. 138. 188. 227. 234. 268. 335. 363. 365.	
Atlas (Grand). 10. 24. 28. 62. 69. 70. 76. 77. 79. 80. 82. 84. 85. 87. 90. 93. 95. 96. 98. 99. 100. 102. 103. 112. 120. 126. 136. 138. 147. 177. 179. 183. 189. 190. 213. 214. 218. 219. 220. 221. 224. 225. 226. 228. 231. 233. 239. 260. 261. 264. 268. 274. 275. 276. 277. 278. 319. 321. 323. 333. 334. 335. 336. 337. 338. 347. 353. 358. 362. 365. 372. 373. 376. 377. 378. 382. 383. 384. 389. 390. 401.	6. 7. 12. 14. 15. 16. 17. 18. 21.
(Moyen). 28. 49. 50. 62. 63. 64. 68. 72. 75. 76. 79. 98. 99. 100. 101. 102. 179. 235. 238. 239. 242. 246. 265. 372. 374. 377. 378. 383. 384.	6. 18. 19. 21.
(Petit). 28. 81. 82. 95. 96. 98. 100. 101. 102. 106. 112. 114. 115. 116. 117. 121. 126. 138. 140. 142. 144. 147. 148. 154. 156. 166. 167. 177. 179. 183. 189. 192. 194. 195. 196. 197. 199. 204. 207. 211. 213. 218. 219. 220. 223. 225. 282. 285. 300. 301. 302. 303. 306. 307. 308. 309. 310. 311. 312. 313. 314.	8. 9. 10. 11.

	Cartes.
Atlas (Petit). 315. 316. 319. 328. 329. 333. 334. 337. 338. 340. 341. 361.	12. 14. 15. 21.
Algérien. 28. 98.	
Marocain. 28. 59. 98. 101. 102.	
Tunisien. 28. 98.	
Atres. 282.	
Atrs n Ouafil. 305.	9.
Aṭṭara. 154.	
Azagour. 288.	
Azaṛar Imi n Tels. 198. 199.	10.
Sidi Moḥammed ou Iạqob. 198.	
Azaṛarad. 178. 438.	11.
Azbed. 276.	
Azdad. 373. 384.	
Azdag. 216. 270. 271.	15.
Azdif. 113. 205. 283. 403.	9. 21.
Azegga. 311.	
Azegza. 305.	
Azemmour. 351.	17.
Azerftin (kheneg). 151. 310.	10.
Azgaour. 326.	
Azger Amṛar.	8.
Azgrouz. 338.	
Azrar (tribu). 100. 311.	10. 14. 21.
(col). 100. 196. 197. 199. 308.	10. 21.
Azreg. 270.	
Azrou (Imgoun). 275.	
(Qçar es Souq). 351.	
(Todṛa). 355.	16.
Azzouz (ruines).	8.

Ạ

Ạbabsa. 261.	
El Ạbbarat (mont). 231. 232.	17. 21.
(défilé). 231. 232.	17.
Ạbbari (qçar). 354.	
El Ạbbari (mont). 234. 354. 364.	21.
Ạdjib ech Cherif. 387.	
Moulei El Feḍil. 46. 47.	5. 21.
El Ạïachi (mont). 99. 102. 231. 233. 234. 239. 353. 376. 377. 381.	17. 21.
Ạïat. 373. 377. 384.	
El Ạïn (Aït Ạmer). 114. 205.	9.
Aït Ḥamed. 282.	
Ạïn Amezouar. 278.	
Asgig.	10.
el Ạsid. 331.	
Chạïr. 365. 390.	
Chebar. 308.	
Delal. 308.	
el Fikroun.	1.
Gramo.	1.
Gramo.	1.
Ḥammou. 251.	20.
el Ḥasin.	1.

	Cartes.
El Ạïn Igouramen. v. El Ạïn (Aït Ạmer).	
Ạïn Imaṛiren. 58. 187.	13.
el Louḥ. 39. 265.	
el Melḥaï.	1.
Oufra.	13.
n Ougeïḍa. 331. 335. 402.	
El Ạïn Ounzin. 306.	
Ạïn es Seka. 308.	
Skhoun.	3.
Ṭïb.	10.
n Zeggert. 284.	
El Ạïoun (Oumm el Bordj).	10.
Ạïoun Chikh Moḥammed Aqqa Iṛen. 200.	9. 10.
el Djemạa.	14.
Sidi Ạbd Allah ou Mḥind. 160. 343.	9.
Sidi Mellouk. 254. 255.	
et Tïn.	4.
El Ạlam (mont). 9.	
Ạli d Aït El Ḥasen. 212. 445.	8. 15.
Ạli Aït El Ḥasen ou Saịd. 273.	
Ạli ou Mousa. 303.	
Ạlouana. 375. 376.	
Ạmer ou Ạbd er Raḥman. 291.	
Ạnd Aït Messạoud. 277.	7.
Ạnd Imzilen. 323.	
Ạqba el Djemel. 18. 26. 27.	4.
Izan.	5.
el Kharroub. 68.	6.
Ạqoub es Soulṭân. 266.	
Ạraben. 325. 327. 402.	
El Ạraïch (ville). 13. 15.	
(province). 4. 13. 15.	
Ạrib. 153. 154. 164. 167. 297. 298.	
El Ạrich (forêt). 367.	18.
El Ạroumiat. 291. 292. 296. 403.	
El Ạrzan. 244. 369. 371. 374. 385.	19. 21.
Ạsara. 262.	
Ạsasga. 261.	
Ạtamna. 368. 376. 385.	
El Ạzrar. 294.	

B

	Cartes.
B Ougemmez. 76. 260. 261. 264. 401.	
Bachkoum. 283. 284.	
Bani. 96. 101. 102. 114. 115. 116. 117. 119. 120. 122. 123. 126. 135. 138. 139. 140. 141. 142. 143. 144. 146. 147. 151. 152. 154. 156. 160. 161. 167. 168. 171. 219. 285. 286. 294. 297. 300. 302. 303. 304. 305. 307. 308. 310. 311. 312. 313. 314. 315. 316. 317. 318.	9. 10. 21.
Baṛdad. 367. 369.	
Batnou. 364.	

	Cartes.
Bdaoua. 13.	1. 21.
Bedaan. 277.	7.
El Behalil (village). 20. 24. 37.	4.
(mont). 20. 39.	4.
Behenni. 154.	
Beka Chikh en Nahr. 310.	
Bel Lebḥan. 299. 300.	
Ben Abbou. 331. 332.	14.
Dleïmi. 346. 402.	
Sifer. v. Oulad Ben Sifer.	
Beni Ạmir. 49. 259. 262.	
Ạoun. 262.	
Ạouzmer. 5.	1. 21.
Bataou. 261.	
Bou Ḥi (fraction des Oulad el Ḥadj). 385.	
(qçar d'Ouṭat Oulad el Ḥadj). 371.	
Bou Iaḥi. 251. 386.	
Bou Iaḥia (tribu). 386.	
(monts). 251.	
Bou Iaḥmed. 33.	
Qitoun. 33.	
Zeggou (tribu). 253. 254. 381. 389.	20. 21.
(monts). 28. 101. 253. 372. 379. 381. 383. 388. 389.	20. 21.
Brahim. 263.	
Chebel. 380. 381.	
Chegdal. 262.	
Fachat. 375.	
Gil. 390.	
Henaït. 294.	
Hessousen. 47.	
Ḥaïoun (Dra). 294. 295. 403.	
Ḥaïoun (Ouad Chegg el Arḍ). 378. 379.	
Ḥamed. 5.	
Ḥasan (tribu du Rif). 5. 6. 10. 11.	1. 21.
(monts). 4. 6. 7. 8. 9.	1. 21.
Ḥasen. 261.	
Ḥassan (Ouad Chegg el Arḍ). 378. 379.	
(mont). 383.	
Iạla (tribu). 254.	
(monts). 254. 381.	
Iffous. 351.	17.
Imman. 263.	
Iznâten (tribu). 25. 253. 255. 368. 372. 389.	20.
(monts). 253. 257. 368. 372. 381. 388. 389.	20. 21.
Khallouf. 292.	
Khelf. 261.	
Khelften. 375. 376. 384.	
Khiran. 49. 66. 261.	
Mançour. 66. 261.	
Matar. 380. 390.	

	Cartes.
Beni Mạdan. 49. 262.	5. 6. 21.
Meḥelli. 352.	
Mellal (fraction des Beni Mạdan). 64. 68. 70. 259. 262.	
(bourgade). 28. 38. 57. 62. 63. 64. 66. 68. 69. 73. 100. 400. 401. 426. 427.	6. 21.
(qçar). 66.	
(mont). 59. 69.	6. 21.
Mesri. 365. 384.	
Mgild. 10. 21. 39. 44. 46. 47. 67. 101. 259. 265. 363. 366. 371. 376. 381. 382. 383. 401.	
Miskin. 49. 67. 259. 262.	
Mousa. 49. 58. 65. 66. 259. 260. 262.	
Mousi. 352.	
Mṭir (tribu). 47. 67. 381. 401.	3. 21.
(monts). 20. 39.	3. 21.
Ọtman. 292.	
Ouaṛaïn (tribu). 10. 20. 21. 33. 39. 372. 382. 383. 384. 387. 401.	21.
(monts). 18. 36. 372. 379. 383. 387.	
(Qçar es Souq). 351.	
Ouchgel. 375.	
Oujjan. 33.	
Oujjin. 262.	
Oukil. 254. 368. 369. 372. 376. 381. 385. 386.	
Ouriaṛel. 24.	
Qoulal (tribu). 380. 381.	
(qaçba). 379. 380. 381.	
Ṛiis. 243. 245. 247. 248. 375. 376. 379. 384. 385.	10.
Sbiḥ. 294. 295. 403.	
Semgin. 294.	
Snassen. 253. 380.	
Snous. 101.	
Sqeten. 263.	
Tzit. 365. 384. 403.	
Zemmour (tribu). 47. 49. 56. 66. 90. 261. 263. 266.	5. 21.
(qçar). 50. 51. 52. 425.	5. 21.
Zeroual. 5. 35.	
Zouli. 285. 290. 291. 292. 403.	
Zrandil. 261.	
El Benian.	1.
Bent en Nạs. 144. 308.	10.
Berâber. 10. 21. 69. 90. 91. 92. 116. 121. 124. 126. 132. 135. 136. 137. 154. 155. 156. 157. 159. 162. 164. 167. 171. 201. 216. 221. 223. 224. 225. 226. 228. 256. 264. 266. 269. 276. 286. 289. 292. 293. 294. 295. 297. 319. 352. 354. 355. 356. 359. 360.	

	Cartes.
Berâber. 362. 363. 365. 381. 382. 384. 399. 400.	15.16.17.21.
Berachona. 261.	
Beradia. 262.	
Beraksa. 66. 261.	
Berda. 277.	7.
Berda (Ternata). 291.	
Berrom. 376. 377.	
Bertat. 373.	
Bettal. 283.	
Bettal Aït Bou Daoud.	9.
Aït Saïd.	9.
El Beṭḥa. 295.	
Bezzaza. 262.	
Bezzou. 76. 260. 266. 401.	
Bibaouan. 99. 120.	21.
Bin el Ouidan. 281.	
Bir Chạt. 291.	
el Ksa. 66.	
Bitgan. 327.	
Blad Dra. 285.	
Za. 252. 379.	20.
El Bordj (Aït Iaḥia). 353.	
(Aït Meiṛad). 363.	
(Aït Tigdi Ouchchen). 104. 105. 106. 283.	8. 21.
(Menâba). 331.	
(Mezgiṭa). 287.	
(Taderoucht). 359. 360.	
Bou Arbạïn. 290. 308.	
Ạbd Allah. 299.	
Ạiach (Aït ou Afella). 373. 382.	
(Ed Debdou). 375.	
Ạjaj. 309.	
Ạqba. 65. 260.	
Chaked. 311.	
Chiba. 365.	
Delal. 301.	
el Djạd. 19. 40. 42. 49. 50. 51. 52. 53. 54. 55. 56. 57. 58. 63. 66. 77. 144. 166. 263. 265. 266. 293. 343. 400. 401. 407. 408. 424. 425. 426.	5. 21.
Felfoul. 277. 284.	
Gir. 302.	
Ḥalg. 299.	
Ḥallal.	1.
el Ḥanna. 341.	
Ḥarazen. 76. 265. 401.	
Ḥennoun. 378.	
Idiren. 350.	
Igouldan. 279.	
Iougi.	17.
Iqba. 273.	
Izri. 279.	
Jeḷia. 370.	18

	Cartes.
Bou Kenzt. 240. 370. 447.	18.
Khelal. 291.	
Maziṛ. 335.	
Mousi (qçar). 121. 303. 315. 316. 320.	9.
(collines). 120. 160. 161.	9.
Naṇạ. 290. 291.	
Nou. 295.	
Oudi. 310.	
Oulga. 327.	
Qandil. 230.	17.
er Rebiạ. 300. 304.	
Rejouan. 24.	
Ṛioul. 299.	
Sellam. 373. 377.	
Selman. 294. 295.	
Seroual. 354.	17.
Taddout. 333.	
Teṛrar. 275.	
Tizen. 305.	9.
Tizi. 324.	
Tneflt. 360. 403.	
Zergan. 291. 296.	
Zeroual. 296.	
Zmella. 376. 377. 403.	
Bouddeïr. 146. 308.	10.
Bouour. 330. 331. 332.	
El Bour (Ouad Beni Mesri). 365.	
(Ouad Ouizert).	18.
(zaouïa). 273.	
Bousam. 350.	17.
Brânes (tribu). 387.	
(mont). 387.	
Brasiin. 263.	
El Bridja. 239. 240. 244. 246. 367. 368. 369. 371. 372. 374. 376. 379. 382.	18. 21.
Briouga. 333.	
C	
Çaḥab el Ermes. 235.	17.
el Geddim. 235.	17.
Cedouqa. 349.	
Cendouga. 295.	
Cenhadja (mont).	4. 21.
Oulḥourri. 113.	
Ceuta. 97.	
Chaouïa. 24. 44. 49. 52. 250. 263.	
Chareṭ. 292.	
Chạanba. 153.	
Chạba Aït Bou Bekr.	15.
Moulei Bou Fers. 296.	
Iạqob. 296.	
Ouin s Tlit. 213.	8. 15.
Tizza.	18.
Chạt. 356.	
Chạt. v. Bir Chạt.	

	Cartes.
Cheba. 351.	17.
Chechaouen. 5. 6. 8. 9. 26. 31. 38. 64. 401. 418. 419.	1. 21.
Chedjạ (tribu de la plaine d'Angad). 252. 253. 254. 255. 257. 388. 390.	20. 21.
(environs de Fâs). 24.	3.
Chegg el Ouad. 369.	17. 18.
Cheikha Djedeïd. 290.	
Chemmaḥa. 15. 419.	2. 21.
Cheradna. 303.	
Cheraga. 5. 15.	2. 21.
Cherarda. 24.	3. 4.
Cheurfa Aït Bou Ạmran. 270.	
Moḥammed. 273.	
Taltmanart. 270.	15.
Aqqa. 360.	
El Bour. 273.	
Iifar. 275.	
Qouareṭ. 371.	
Taïrza. 356.	
Touggour. 371.	
Chiadma (tribu). 188. 339.	
(Mḥamid el Ṛozlân). 295.	
Chikh Aït Oulcheger.	14.
Amerri. 313. 314.	
El Ạrabi ben Oṭman. 290. 303. 304.	
Ech Chaoui. 250. 252. 254. 380. 381.	20. 21.
Kerroum.	14.
Moḥammed.	5.
Ould el Ḥadj Iaḥia. 314.	11. 21.
Chouf Agmar. 364.	
Chqarna. 346.	
Chraạ. 261.	
Chtouga. 259.	
Chtouka. 22. 126. 177. 178. 179. 181. 182. 183. 186. 188. 190. 193. 341. 343. 345. 346. 402.	12. 21.
D	
Dâdes. 22. 78. 91. 95. 99. 100. 101. 158. 210. 211. 215. 216. 217. 222. 223. 228. 229. 230. 260. 265. 268. 269. 270. 271. 274. 361. 363. 399. 403.	15. 21.
Dar Aït Iaḥia. 274.	
Aït Moulei. 274.	
Beïḍa. 19. 54. 56. 63.	
Ben Dleïmi. 346. 402.	
Ech Chaoui. 250. 252. 254. 380. 381.	20. 21.
Chikh Amerri. 313. 314.	
Ech Chaoui. v. Dar Ech Chaoui.	
El Genṭafi. 323. 337. 338. 401.	
El Glaoui. 85. 278.	
Ḥadj Ạbd el Malek. 186. 430. 442.	13.
Ḥadj El Ạrabi. 184.	12.
Ibrahim. 72. 427.	6.

	Cartes.
Dar Ijadiden.	13.
El Mrabṭin. 338.	
Ougadir. 321. 322. 323.	
Ould Sidoïn. 66.	
el Qaïd (Ḥaḥa).	13.
(Telouet). 85. 278.	
Qaïd Ḥamada. 254.	
Sidi Ạbd Allah. 184. 439.	12.
Sidi Iaḥia. 442.	
Ez Zanifi. 106.	
Debạïa. 285. 286. 297. 298.	
Ed Debdou (district). 375. 403.	19. 21.
Debdou (bourgade). 22. 28. 100. 241. 243. 244. 245. 246. 247. 248. 249. 250. 253. 255. 256. 258. 269. 375. 376. 379. 380. 381. 384. 385. 386. 390. 395. 401. 403. 447. 448. 449.	19. 21.
(mont). 100. 239. 243. 247. 251. 257. 368. 372. 374. 375. 379. 383. 384. 388. 389. 390.	19. 21.
Debra. 401.	
Demnât (ville). 22. 28. 38. 64. 70. 76. 77. 78. 79. 96. 100. 260. 261. 265. 266. 267. 276. 401. 408. 415. 427. 428. 429. 450.	7. 21.
(province). 76. 77. 401.	7.
Desra. 401.	
Dir (Menâba). 331.	
Dir (Tidili). 278. 402.	
Dou Ougadir. 321. 322. 323. 338.	
Ouzrou. 327.	
Ouzrou Zouggaṛ. 333. 334.	
Douar (Gera). 349.	
Oumbarek ou Dehen. 189. 193. 194. 443.	14.
Sidi Ạbd Allah. 101.	
Doui Blal. 152. 153. 154. 155.	
Mniạ (tribu du Ḍahra). 136.	
Mniạ (environs de Fâs). 24.	3.
Ed Douirat. 285. 290. 296.	
Doukkala. 43. 259. 401.	
Doutourirt (Aginan). 305.	
(Aït Semmeg). 328. 329.	
Dra (contrée). 22. 35. 69. 81. 109. 121. 123. 162. 164. 166. 167. 168. 169. 201. 202. 206. 207. 210. 211. 214. 216. 220. 222. 224. 225. 281. 285. 286. 289. 293. 295. 297. 298. 303. 304. 343. 362. 363. 364.	
(village du Demnât).	7.
Draoua. 88. 286.	

D J

	Cartes.
Djebaïr. 144. 155. 311.	10.
Djebel Achakski. 326.	
Agendi. 325.	
Aït Ioussi. 39. 383.	4.
Aït Khozman.	17.
Aït Seri. 259.	
Akhmâs. 9. 11.	
Aldoun. 373.	
Alemta. 296.	
Amhaouch. 59. 66.	6. 21.
Anfoug. 211.	
Anisi. 203.	9. 21.
Anṛemer. 89. 95. 96. 277. 278.	7.
Aougeddimt. 338.	
Aqqa Tizgi. 354.	
Aṛbar. 336.	
Asmerdan. 310.	
Azegga. 311.	
el Ạbbarat. 231. 232.	17. 21.
El Ạbbari. 234. 354. 364.	21.
El Ạïachi. 99. 102. 231. 233. 234. 239. 353. 376. 377. 381.	17. 21.
el Ạlam. 9.	
Bani. 96. 101. 102. 114. 115. 116. 117. 119. 120. 122. 123. 126. 135. 138. 139. 140. 141. 142. 143. 144. 146. 147. 151. 152. 154. 156. 160. 161. 167. 168. 171. 285. 286. 294. 297. 300. 302. 303. 304. 305. 307. 308. 310. 311. 312. 313. 314. 315. 316. 317. 318.	9. 10. 21.
El Behalil. 20. 39.	4.
Beni Bou Iaḥi. 251.	
Bou Zeggou. 28. 101. 253. 372. 379. 381. 383. 388. 389.	20. 21.
Ḥasan. 4. 6. 7. 8. 9.	1. 21.
Ḥassan. 383.	
Iạla. 254. 381.	
Iznâten. 253. 257. 368. 372. 381. 388. 389.	20. 21.
Mellal. 59. 69.	6. 21.
Mṭir. 20. 39.	3. 21.
Ouaṛaïn. 18. 36. 372. 379. 387.	
Snous. 101.	
Bou Qandil. 230.	17.
Brânes. 387.	
Cenhadja.	4. 21.
Chouf Agmar. 364.	
Debdou. 100. 239. 243. 247. 251. 257. 368. 372. 374. 375. 379. 383. 384. 388. 389. 390.	19.
el Feggouçat. 120. 160. 161.	9.

	Cartes.
Djebel Gebgeb. 17. 18. 20. 36.	3. 4. 21.
Gelez. 251. 372. 386.	
Gers. 230. 231.	17.
Gezennaïa. 386.	
Gir. 377.	
Hamsaïlikh. 120. 160. 161. 300.	9.
Ḥeçaïa. 48. 50. 51.	5.
Ḥeddi. 336.	
Ida ou Ziqi. 120. 177.	21.
Idikel. 323.	
Ikhf n Iṛir. 377.	
Kebdana. 368. 372. 386.	
Kisan. 209. 212. 296.	8. 15.
Kourṭ. 15.	2. 21.
Megzer.	1.
Mergeshoum. 101. 249. 251. 252. 253. 372. 379. 381. 388.	20. 21.
Metalsa. 386.	
Mezedjel. 8. 9.	1.
Mḥeïjiba. 160. 161. 164. 166. 208. 300.	9.
Miltsin. 99.	
Ouichdan. 338.	
Oulad Ạïssa. 16.	2.
Ạli. 99. 100. 235. 239. 240. 246. 383.	21.
Ạmer. 379. 380. 381. 388. 389.	
Bou Zian.	4.
el Ḥadj. 383.	
Oumm Djeniba. 383.	
Ounila. 95.	21.
Ouṭiṭa. 39. 40.	3. 21.
Qelaïa. 386. 390.	
Reggou. 100. 246.	21.
Ṛiata. 18. 27. 28. 29. 31. 33. 36. 101. 102. 251. 368. 372. 379. 383. 386. 387.	4. 21.
Saksad. 323.	
Sarsar. 13. 15.	1. 21.
Saṛro. 100. 211. 212. 213. 214. 215. 217. 218. 219. 220. 223. 227. 267. 269. 276. 289. 296. 361. 364.	8. 15. 16. 21.
Siroua. 95. 96. 102. 108. 112. 204. 279. 281. 282. 283. 326. 327.	21.
Taïmzouṛ. 114. 115. 116. 117. 137. 139. 147. 161. 318.	9.
Tamatout. 267.	
Tarkeddit. 274.	
Tefraout.	7.
Terrats. 18. 20. 26. 37. 39.	3. 21.
Teza. 99.	
Tidili. 95. 96. 278.	7. 21.
Tifernin. 206. 207.	8.
Tiouant. 378.	

	Cartes.
Djebel Tirnest. 383.	
Titouga. 336.	
Tselfat. 16.	2. 21.
Tsoul.	4. 21.
Tsouqt. 99. 100. 235. 383.	18. 21.
Zalaṛ. 18. 20. 37. 39.	3. 4. 21.
Zekkara. 28. 101. 253. 257. 372. 381. 383. 388. 389.	20. 21.
Zerhoun. 18. 21. 24. 25. 26. 38. 39. 40. 47.	3. 21.
Djedân. 154.	
Djedida. 188.	
Djemaạa Entifa. 76. 265. 266. 401. 428.	7. 21.
Djemạ (Mạder Ida ou Blal). 299.	
Djemạa Amerri. 313. 314.	
Amzou. 191.	
Houara.	12.
Ida ou Genadif. 341.	
Izalaṛen. 313.	
Oulad Ḥamid. 385.	
Oulad Iaḥia.	14.
Tinzert. 334.	14.
Tisergat. 292.	
Djemouạ. 263.	
Djerada ech Cheurfa.	14.
El Djerf. 357.	
Djerf el Ḥammam. 310.	

Ḍ

Ḍahr er Ramka. 153.	
Ḍahra. 28. 90. 100. 147. 253. 372. 373. 378. 379. 380. 383. 384. 385. 388. 389. 390.	
Ḍaïa Ifraḥ. 383.	

E

El Elf. 263.	
Emmigerdan.	10.
Entifa. 49. 75. 76. 77. 230. 260. 264. 265. 266. 401.	6. 7. 21.
Entrit. 373. 382.	
Enzel (Glaoua). 80. 82. 83. 401. 428.	7. 21.
(Ouad Asdṛem). 283. 403.	
Erḥal (Aqqa). 120. 151. 312.	10.
(Ouad el Feïja). 303.	
Erzagna. 331.	
Eufriin. 310. 311.	10.

F

Fâs (ville). 1. 4. 5. 10. 12. 13. 15. 16. 18. 19. 20. 21. 22. 23. 24. 25. 26. 29. 30. 32. 33. 34. 35. 36. 37. 38. 39. 40. 43. 47. 54. 55. 56. 66. 67. 70. 78. 97. 125. 152. 153. 155. 158. 164.	

	Cartes.
Fâs (ville). 188. 232. 237. 241. 243. 250. 255. 265. 344. 375. 378. 383. 386. 387. 389. 391. 395. 398. 401. 406. 407. 419. 420. 421. 422. 423. 424. 450.	3. 4. 21.
(province). 15. 24.	
Fedoukkes. 308. 320.	
Fedragoum. 280.	
El Feggara. 285. 304.	
Feggouç (bassin de la Mlouïa). 369. 374. 384.	19. 21.
El Feggouç (Tinzoulin). 290. 291. 296.	
El Feggouçat. 120. 160. 161. 317.	9.
El Feïja. 115. 116. 117. 118. 127. 138. 139. 140. 154. 156. 201. 202. 297. 300. 301. 302. 303. 304. 305.	9. 21.
Ferarma. 154.	
El Ferfar (qçar). 330.	
(zaouïa). 330.	
Ferkla. 21. 22. 38. 70. 188. 211. 214. 218. 219. 220. 223. 224. 225. 226. 354. 356. 357. 360. 361. 363. 403.	16. 21.
Fezaz. 102. 383.	
Fezna. 357.	
Fezouata. 210. 285. 286. 291. 292. 293. 294. 295. 363. 403.	
Fḥama. 379. 385. 386. 387.	
Fichtâla (qaçba). 38. 59. 60. 64. 66. 250. 263.	6. 21.
(environs de Fâs). 24.	
Figig. 157. 158. 160.	
Fiiṛir. 305.	
Fint. 283.	
Flouch. 375.	19.
Foum Aqqa. 120. 151. 161. 312.	10.
Aserts. 364.	
Asgig. 308.	10.
Azerftin. 151.	10.
el Ạncer. 60. 62.	6.
el Djir.	20.
Jabel. 229. 350.	17.
Meskoua. 151. 312. 338.	10.
el Ouad. 301.	19.
el Qous n Tazoult. 220. 357. 358. 361. 362.	15. 16.
Ṛiour. 228. 350.	17.
Tangarfa (bassin infér. du Dra). 161.	9.
Taqqat. 101. 286. 294.	
Tazenakht. 290.	
Tenia Tafilelt. 296.	
Timeloukka.	9.
Timṛart. 120.	9.
Tisint. 117. 137. 138. 304. 306. 316.	9.
Tizi n Dra. 364.	
Zgiḍ. 161. 302.	9. 21.
Founti. 185.	12. 21.
Freïja. 332.	14.
Fres. 337. 401.	
Friata. 262.	6.

G

	Cartes.
Gafaï. 348.	
Gaouz. 352.	
Gaouz Aït Sidi Ạmer. 360.	
El Gara. 370.	
Gardmit. 356. 357.	
Gạda Debdou. 247. 248. 249. 390.	19. 21.
Gebdour. 370.	
Gebgeb. 17. 18. 20. 24. 36.	3. 4. 21.
El Geddara. 300.	
Gelez. 251. 372. 386.	
Gelmima. 226. 360. 403. 415. 446. 450.	16. 21.
El Gelob (près de l'Ouad Za). 251.	20. 21.
(au sud du Bani). 147. 161. 308.	10. 21.
Gelob Mrimima. 161.	9. 21.
El Gelob es Sṛir. 161.	9. 21
Genadiz. 261.	
Genṭafa. 337. 401.	
El Genṭafi. 323. 337. 338. 401.	
El Geraan. 364. 365.	
Geraga. 339.	
Geraïat. 261.	
El Gerdan. 191.	
Gergoura. 401.	
Geri Ourgaz. 352.	
Gerouân. 40. 42.	3. 21.
Gers (district). 230. 236. 347. 349. 365. 368. 369. 370. 371. 373. 374. 377. 378.	17. 21.
(monts). 230. 231.	17.
Gersif. 368. 369. 372. 376. 379. 385. 390. 391.	
Géryville. 254.	
El Gerzim. 308.	
Gerzima. 308.	
Gezennaïa (tribu). 379.	
(monts). 386.	
Gezoula (famille). 88. 318. 319. 320. 328. 329.	
(tribu). 319. 320. 336.	
Gigo. 100.	
Gir (district). 364. 365.	
(mont). 377.	
Glaoua. 77. 81. 85. 92. 99. 109. 110. 124. 233. 280. 401.	7. 21.
Glercha.	12. 14. 21.
El Gloạ. 300. 304.	
Gouffa. 261.	
Gounin. 329.	
Griourin. 286.	
Gro. 373.	

H

	Cartes.
Haïndaken. 278.	
Hamouziin (subdivision des Oulad el Ḥadj). 243. 248.	

	Cartes.
El Hamouziin (qçar d'Outat Oulad el Ḥadj). 371. 385.	
Hamsaïlikh. 120. 160. 161. 300.	9.
Haouz Debdou. 375.	
El Haroun. 363.	
Haskoura. 70. 96. 260. 274. 276.	
Hejaoua. 15.	2. 21.
Hiaïna. 21. 25. 33. 34. 36. 387. 391.	4. 21.
Hierk. 336.	
Houara (Mlouïa). 33. 368. 372. 376. 379. 381. 385. 386. 387. 388.	
(Sous). 22. 189. 190. 191. 193. 194.	12. 14. 21.
Houara Angad. 388.	
Houasen. 261.	

Ḥ

El Ḥachia. 66.	
El Ḥad (Aït Atab). 75. 401.	6.
El Ḥad (Aït Seddrât). 288.	
Ḥad Agdz. 288.	
Aït Atab. 75. 261. 267. 401.	6.
Aït Bou Zid. 71. 427.	6.
Aït Mezal.	11. 12.
Aïtou Alil. 350.	
Aoulouz. 334.	
Asrir. 357.	
Astour. 292.	
Beni Ḥaïoun. 295.	
Beni Sbiḥ. 295.	
Gersif. 385.	
Ida ou Isaṛen.	13.
Igli. 334.	14.
Iliṛ. 342.	
Imasin. 274.	
Imtaoun. 306.	
Menizela. 191.	
Seketâna. 306.	
Tamjerjt. 327.	
Taourirt. 151.	
Tirikiou. 329.	
El Ḥaddan. 299.	
Ḥadj Abd el Malek. 186. 439. 442.	13.
Ḥadj El Arabi. 184.	12.
Ḥadjra ech Cherifa. 17. 18. 387.	2. 21.
El Ḥadjra El Kaḥela.	4.
Ḥafaïa. 191.	
Ḥaḥa. 22. 24. 28. 58. 73. 98. 153. 155. 170. 177. 181. 182. 184. 185. 186. 187. 188. 189. 190. 330. 343.	12. 13. 21.
Ḥaïan. 142. 152. 154. 155. 159.	
Ḥaïan el Bali. 154.	
El Ḥaïn. 349.	
Ḥallaf. 368. 372. 376. 381. 385. 386. 388.	
Ḥallaf proprement dits. 385.	
Ḥamada. 119. 142. 154. 297.	

	Cartes.
Ḥamdaoua. 263.	
El Ḥamedna. 401.	
Ḥamerin. 190. 191.	12. 21.
Ḥamian. 24.	3.
El Ḥara (Aït Iaḥia. Ouad Dâdes). 271.	15.
(Aït Seddrât). 288. 403.	8.
(Dâdes). 270.	15.
(Mezgiṭa). 287.	
(Taderoucht). 359. 403.	
(Ternata). 291.	
(Tinzoulin). 290.	
(Todṛa). 355. 356. 358. 359. 360.	16.
(Ziz). 348.	
Ḥara Agdz. 287.	
Aqlal. 38.	
Imroudas. 275.	
Imziouan. 355.	
el Khoubz. 291.	
Mrabṭin. 355.	
Tamkasselt. 288.	8. 15.
El Ḥarar (fraction des Oulad el Ḥadj). 385.	
(qçar). 371. 385.	
El Ḥaraṭin. 351.	
El Ḥarsa. 370.	
Ḥaselfa. 377.	
El Ḥasen Moḥammed. 311.	
Ḥasi El Ḥasen Moḥammed. 311.	
Ḥebbaren. 47.	
Ḥebib. 280.	
Ḥeçaïa. 48. 50. 51.	5.
Ḥeddi. 336.	
Ḥedeb Bou Naïla. 299.	
Ḥelloul. 355.	16.
Ḥeloud. 321.	
Ḥelouqt. 283.	
El Ḥeri. 364.	
El Ḥibous. 352.	
El Ḥoch.	19.
El Ḥouaïdj Imersi. 306. 309.	
El Ḥout. 275.	

I

Iannout. 154.	
Iattasen. 270.	15.
Iḍdouan. 355. 360.	16.
Iṛaben. 273.	
Ibabaḥen. 354.	
Ibakellioun. 261.	
Ibaraḥen. 271.	
Ibaraṛen. 264.	
Ibergnat. 322.	
Iberqaqen (tribu). 91. 174. 176. 177. 180. 182. 313. 314. 316.	11. 21.
(col). 100. 177.	11. 21.
Iberroussen. 275. 403.	

	Cartes.
Iberziz. 338.	
Ibousas. 287.	8.
Ibzazen. 348.	
Ichakoukf. 322.	
Ichqern. 21. 46. 49. 51. 52. 67. 259. 263. 265. 363.	
Icht (qçar). 138. 152. 315. 316. 317. 318.	
(kheneg). 315. 318.	
Ichtouken. v. Chtouka.	
Id Brahim. 316. 317. 318. 345.	
Marmouch. 324.	
ou Illoun. 326. 336.	
Ida Ạli ou Ḥammou. 325.	
Ida El Ḥasen Ạli. 325.	
Khennioun. 364.	
ou Amṛar. 324.	
Ạïssi. 339.	
Baạqil. 342.	
Blal. 91. 92. 108. 110. 111. 116. 121. 123. 124. 126. 127. 128. 130. 131. 132. 135. 136. 137. 139. 140. 141. 142. 143. 144. 145. 146. 147. 149. 150. 152. 153. 154. 155. 156. 157. 158. 159. 160. 161. 162. 163. 167. 168. 172. 173. 193. 200. 256. 297. 298. 303. 305. 306. 307. 309. 311. 320. 302.	9. 10. 21.
Bou Zia. 339.	
Garsmouk. 342.	
Gelloul. 339.	13.
Gemmed. 330. 331. 333. 334.	
Genad. 208. 285.	8.
Genadif. 340. 341.	
Gerṭ. 186. 187. 339.	13. 21.
Gouilal. 331. 332. 402.	
Isaṛen. 339.	13.
Kensous. 309. 311. 312. 313. 319.	
Khelf. 339.	
Leggan. 317. 345.	
Mada. 339.	
Mḥammed. 183.	12. 21.
Qaïs. 331. 332. 335. 402.	14. 21.
Semlal. 316. 345.	
Ska (fraction des Ilalen). 178. 340.	11.
Ska (autre fraction des Ilalen, sur l'O. Ikhoullan). 340.	
Tazert. 277.	7.
Tift. 330. 333. 334.	
Tints. 313. 314.	
Tromma. 339.	
Zeddaṛ. 336.	
Zenzen. 339.	
Ziqi. 120. 177.	21.
Zkri. 311. 312. 313.	

	Cartes.
Ida Oulstan. 140.	9. 10.
Oultit. v. Zarar Ida Oultit.	
Idderb. 290.	
Idergan. 322. 402.	
Ideṛ. 84. 266.	7.
Idgich. 315.	
Idikel (district). 323.	
(mont). 323.	
(village). v. Tizi n Idikel.	
Idili (Demnât). 401.	7.
(Saṛro). 211.	
Idrar. 283.	
Idroumen. 139. 318.	9.
Ifenouan (qçar). 282.	9.
(désert du bassin du Sous). 324. 325. 327.	
(désert du bassin de l'Ouad Aït Tigdi Ouchchen). 302. 304.	
Iferd Aginan. 305.	
n Khalifa. 331. 332.	
Ifergan (Ouad Saksad). 323.	
Iferṛan (Id ou Illoun). 326.	
Iferṛes. 264. 267.	
Ifertioun. 271.	
Ifilit. 278.	
Ifni. 344.	
Ifraḥ. 383.	
Ifran (tribu). 316. 317. 345.	
(Imskal). 329.	
Ạli ou Reḥo. 273.	
Ifri (Dâdes). 270.	15.
(El Kheneg). 351.	17.
(Todṛa). 355.	16.
Imadiden. 320.	
Madida. 307.	
Ifriouin. 289. 290. 291. 296.	
Ifsaḥen. 360.	
Ifsfes. 82.	7.
Igadaïn. 278. 402.	
Igdaoun. 290.	
Igdi (Ouad Tizounin). 315. 317.	
Igedad (Ida ou Gemmed). 330. 402.	
(Ida ou Tift). 331.	
Igedman. 358.	
Igelmouz. 276.	
Igemran. 325.	
Iger n Kouris. 337.	
n Znar. 335. 337.	
Igerda. 305.	
Igernan. 276.	
Igertat. 154.	
Igezoulen. v. Gezoula.	
Igidar Aït Ioub. v. Tlâta Menâba.	14.
Igidar et Tlâta. v. Tlâta Menâba.	
Igidat.	12.
Igidi (Ouad Tifnout). 402.	

	Cartes.
Igidi (kheneg). 161.	9.
n Oumaliz. 328.	
Igisel (Ouad Agoundis). 338.	
(désert). 324. 336.	
Igjgan. 282.	
Igli (Aït Ḥediddou). 347. 348. 349. 353.	
(Glaoua).	7.
(Menâba). 189. 331. 332. 333. 334. 335. 336. 402.	14. 21.
(Mlouïa). 367. 368. 369. 370. 376. 377.	18.
Aït Khelifa. 357. 363.	
Aït Zarar. 276. 403.	
Igmoden. 287.	
Ignan n Ikis. 202. 305.	9.
Ignaouen (fraction des Aït Atta). 221. 292. 293. 294. 295. 362. 363.	
(qçar du Todṛa). 356.	
(qçar du Tazarin). 364.	
Igni n Imerraden (désert). 306.	
Igni s Neïn. 401.	
Igoudar. 331. 332.	
Igouïaz. 316. 317. 318.	
Igouramen (Imgoun). 275.	
Igourdan. 325. 402.	
Igourzan. 324.	
Igrikan. 272.	
Ihoukern. 329.	
Iḥaḥan. 170. 339.	
Iḥebaren. 263.	
Iḥedzamen. 355.	
Iḥenneïn. 337.	
Iḥouzin. 335.	
Iifar. 275.	
Ijdouin. 304.	
Ijjoukak. 338.	
Ikadousen. 75. 265. 401.	
Ikandoul. 276.	
Ikazzour. 271.	
Ikeddaren. 271.	15.
Ikenafen. 339.	
Ikerouan. 327.	
Ikis (district). 323.	
(qçar sur l'Ouad Ignan n Ikis). 203. 305.	9.
(désert). 302. 304.	
Ikouchoden. 324.	
Ikounka.	12.
Ikhba. 355.	16.
Ikhchouan. 294.	
Ikher Imzioun. 376. 377.	
Ikhf n Iṛir. 377.	
Ikhf n Oṛri. 364.	
Ikhfri. 330.	
Ikhoullan. 179. 180. 340.	11. 12.
Ikhzama. 170. 279. 280. 283. 326. 336. 402.	

	Cartes.
Ikhzamen. 170.	
Ilala. 170.	
Ilalen. 22. 91. 120. 170. 174. 177. 178. 180. 181. 182. 185. 186. 188. 190. 199. 313. 340. 341.	11. 12. 21.
Ilemsan (fraction des Aït Atta). 292. 294. 363.	
(qçar du Saṛro). 361. 362.	
(qçar du Fezouata). 292.	
Ilemsen (Ouad Mançour). 325.	
Iliṛ (Ouad S. Moḥammed ou Iạqob). 22. 91. 194. 198. 199. 200. 308. 309. 319. 443.	10. 21.
(Oulad Iaḥia). 303.	
(Tazeroualt). 100. 342. 343. 402.	
Iliz.	11.
Ilouaḥen. 271.	
Ilougan. 355.	16.
Iloukous. 325.	
Ilṛman. 278. 402.	
Imadiden. 306. 307. 328. 329. 337.	
Imaouen. 172. 312. 313.	10. 11. 21.
Imaounin. 81. 85. 92. 107. 278. 402.	
Imaraten. 303.	
Imaṛiren (Genṭafa). 337.	
(Ḥaḥa). 187.	13.
Imasin (Imeṛrân). 269. 273. 274. 276.	
Imazan (Tiallalin). 350.	17.
Imazzen (ruines dans la Feïja). 202.	9.
Imchisen. 150.	
Imdras. 268.	
Imdreṛ Fouqani. 281. 336.	
Taḥtani. 281. 336.	
Imejjat. 331.	
Imelil. 321. 322.	
Imelouan (Aït Ḥediddou). 348.	
(Semgat). 359.	
Imentagen. v. Mentaga.	
Imeṛrân (tribu). 58. 92. 211. 213. 269. 272. 274. 276. 403.	8. 15. 21.
(district de l'O. Dâdes). 211. 268. 269. 272. 273. 274. 276. 289. 403.	21.
Imeṛraoun. 337.	
Imgdal. 337.	
Imgoun (Ouad Imgoun). 275. 403.	
(Seketâna). 329.	
Imhaouchen. 262.	
Imi n Amoumen. 321. 322. 323.	
el Aïn (Indaouzal). 334.	
el Aïn (Ounzin). 306. 307.	
n Dra.	8.
n Msount. 323.	
n ou Aqqa. 310. 338.	
Asif. 335.	
Ougadir (qçar). 316.	

	Cartes.
Imi Ougadir (kheneg). 316.	
n Ougni (Imskal). 329. 402.	
(Ouad Zagmouzen). 327.	
Ougni (Ternata). 290.	
n Tels. 198. 199.	
n Tlit. 302. 303.	
n Zgi. 278.	
Imidel. 337.	
Imiḍeṛ. 327.	
Imilan. 330.	
Imini. 95. 278. 279. 280. 402.	8.
Imirgel. 327. 328.	
Imirleïn. 281.	
Imirṛen. 96. 277. 278.	
Imiṭeq. 172. 173. 313.	10. 11. 21.
Imiṭeṛ (Ouad Imiṭeṛ). 218. 219. 220. 221. 265. 357. 358. 359. 361. 362. 363.	15. 21.
(Semgat). 359.	
Imjdoudar (fraction). 289.	
(qçar). 288.	8. 15.
Imjijouin. 327.	
Imougar (fraction des Aït Isfoul). 358.	
(qçar). 358.	
Imoula (Ouad Mançour). 325.	
(Ounziṇ). 306. 309.	
Imoulaten. 153. 154.	
Imousas. 355.	16.
Imraḍen.	8. 15.
Imri. 350.	17.
Imṛeid. 281.	
Imṛid. 329.	
Imseggin. 189. 190. 191. 193. 194.	12. 21.
Imskal (fraction des Seketâna). 303. 328. 329. 337.	
(Aït Tameldou). 325.	
Imsouffa. 292. 363.	
Imtaoun. 306. 307. 320.	
Imtflan. 311. 320.	
Imtras. 347.	
Imzdouder (pour Imjdoudar). 289.	
Imzid Iberqaqen.	11.
Imzil. 328.	
Imzouṛ (Dâdes). 216. 270. 271.	15. 21.
Imzouṛen. 92. 94. 106. 277. 278. 279. 402.	8.
In Timmelt. 340.	
Incheï. 286.	
Indaouzal. 194. 196. 319. 330. 331. 333. 334. 402.	14. 21.
Indiout. 283.	
Ingbi. 351.	
Inisi (Ounzin). 306. 307.	
Inkto. 265.	
Inmarakht. 323. 402.	
Inmezzen. 324.	
Inrad. 294.	

	Cartes.
Intiliten. 287.	
IouliouI. 306.	
Iounilen. 95. 170. 277.	7.
Iounzioun. 306.	
Iouriken. 208. 284. 285. 288. 293.	
Iourtegin. 269. 270.	15.
Iouzioun. 321. 322. 324. 326. 327. 402.	
Iqoubban. 291.	
Irazin. 335.	
Irbiben. 363.	
Ireṛrer. 360.	
Irezd. 348.	
Irf n Iṛir. v. Ikhf n Iṛir.	
Irf n Isli. 284.	
Irf Ouzelag. 142.	
Iriṛer. 287. 288.	8. 15.
Irk. 330.	
Irounan. 277.	
Irsig. 288. 289. 290.	
Irzi. 327.	
Iṛal n Ṛbar. 338.	
Iṛanim. 306.	
Iṛanimin. 330.	
Iṛara. 364.	
Iṛels. 103. 104. 106. 108. 280. 283. 300. 403.	8. 21.
Iṛer (Ilalen). 340.	
Iṛerdaïn. 291.	
Iṛerm Amellal. 274.	
n Cherif. 359.	
n Igran. 270.	15.
n Imzil. 270.	
Melloul. 270.	
n Tizi. 274.	
Iṛerman Azdaṛ. 362. 364.	
Iṛil (Imini). 278. 402.	
(Ouad Aginan). 305.	
(Ouad Aït Tameldou). 324.	
eḷ Abian. 278.	
Mechtiggil. 327. 337.	
n Oïṭṭôb. 100. 211.	8. 15.
n Oro. 326. 327. 328. 332. 333. 337. 402.	
n Ouaman. 329.	
n Tefraout. 329.	
Iṛir (Glaoua).	7.
(Imiṭeṛ). 358.	15.
(Tamanaṛt). 316. 317. 318.	
n Azeggar. 287. 288.	8. 15.
el Ḥadj. 284.	
Igidi. 310.	
Menougar.	8. 15.
Iṛrem Aqdim. 273.	
n Ououl. 279.	
Iṛri (Imskal). 306. 328. 329. 330.	
Iṛris. 277. 402.	
Isaffen (tribu). 22. 91. 92. 170. 172. 174.	

	Cartes.
Isaffen (tribu). 175. 176. 177. 180. 182. 309. 312. 313. 314. 316.	11. 21.
(Tiallalin). 350.	17.
Isbabaten. 153. 311. 320.	
Isbouïa. 345.	
Isektân. 170.	
Iseldeï. 283.	8.
Iselouan. 386. 390.	
Isemdaï.	7.
Isendalen. 340.	
Iserdan. 350.	17.
Isḥerin. 323. 324.	
Isḥiḥen. 268. 269. 272.	15. 21.
Isidan. 285.	
Isil. 282.	9.
Ismarin. 355.	
Issin Imaṛiren. 276.	
Itelouan. 277.	8.
Itkhisen (Zenâga). 282.	
Izabouben. 350.	17.
Izakennioúen. 292.	
Izebban. 348.	
Izelf Aït Melṛad. 357.	
Izerouan. 260.	
Izerraḥen. 350.	17.
Izeṛran (Mlouïa). 366. 368.	
(Tatta). 145.	10.
Izezgir. 284.	
Izgern. 324.	
Izgrouzen. 323.	
Izilal. v. Ṭriq Izilal.	
Izknasen. 270. 363.	15.
Izligen (fraction des Aït Atta). 292. 293. 363.	
(qçar). 292. 293. 294.	
Izloufa. 353.	
Iznâgen. 170.	
Izoukennan. 323.	
Izouralen Aït Ḥammou. 275. 403.	
Izouṛar (plaine). 267.	
(col). 260. 267.	
(qçar). 348.	
J	
Jabel. 229. 350.	17.
Jakana. v. Tajakant.	
Jell. 368. 372. 379. 385. 386. 387.	
K	
El Kaf. 384.	
Kandoula. 276.	
El Kaouka. 264.	
El Kạba (Oulad Iaḥia). 303.	
(Ternata). 291. 296.	
El Kebbaba (Aqqa). 120. 150. 151. 152. 313.	10.
(Mezgiṭa). 287.	
Kebdana (tribu). 368. 372. 391.	

	Cartes.
Kebdana (monts). 368. 372. 386.	
Kechchacha. 371. 378. 379. 385.	
Keddoucha. 364.	
El Kefifat. 191.	
Kenadsa. 371. 373. 383.	
Kerarma. 250. 252. 380. 381. 385. 389.	20.
Kerazba Ṭleuḥ. 303.	
Kerkda. 282.	9.
Kerrando. 229. 230. 349. 368. 370. 371. 373. 374. 377. 378.	17.
Ketâma. 35.	
Kik. 337. 338.	
Kiriout. 305.	
Kisan. 209. 212. 296.	8. 15.
Koudia Bou Mousi. 120. 160. 161.	
Bou Tizen. 305.	9.
Khoḍra. 257.	20.
El Mezarreb. 308.	
Mrimima. 160.	
Oulad Iaḥia. 209.	8. 15.
Kouilal. 334.	
Koulat. 330.	
Kourṭ. 15.	2. 21.
Krazza. 262.	
Krifat. 262.	
El Kseạt. 377. 378.	
Ksima. 182. 184. 188. 189. 191. 193. 194. 345.	12. 21.
KH	
Khanifra. 47. 263.	
El Kharbt. 282.	9.
Khela Adnan. 199. 200.	10.
Afella Ifri. 277.	
Aït Ouassạou. 332.	
Amara.	8
Angad. 253. 254. 256. 257. 368. 372. 379. 381. 385. 388. 389. 390.	20. 21.
Aounkou. 278.	
Asdṛem. 283.	
Assaka. 279.	
Assaka Ourami. 278.	
Azger Amṛar.	8.
Ạïn n Zeggert. 284.	
Bachkoum. 283. 284.	
Bou Igouldan. 279.	
Bou Izri. 279.	
Bou Selman. 294. 295.	
Bou Zeroual. 296.	
Dou Ouzrou Zouggaṛ. 333. 334.	
Ifenouan (bassinde l'Ouad Aït Tigdi Ouchchen). 302. 304.	
Ifenouan (bassin de l'Ouad Sous). 324. 325. 327.	
Iger n Znar. 335. 337.	
Igidi n Oumaliz. 328.	

	Cartes.
Khela Igisel. 324. 336.	
Igni n Imerraden. 306.	
Igrikan. 272.	
Ikis. 302. 304.	
Imaouen. 172. 312. 313.	10. 11. 21.
Imi n Tels. 199.	
Irf n Isli. 284.	
Iṛir el Ḥadj. 284.	
Iseldeï. 283.	8.
Isidan. 285.	
Izezgir. 284.	
Jell. 368. 372. 379. 385. 386. 387.	
el Kheneg. 292. 294.	
Manouïl.	8.
Mlouïa. 366.	
Ouaourmest. 284.	
Ouichdan. 337. 338.	
Ouirṛân.	8.
Ṛaret. 368. 372. 386. 387. 390.	
Ta n Amelloul. 281. 282. 336.	
Tafrâta. 101. 250. 251. 368. 372. 375. 388.	19. 20. 21.
Tala. 284.	
Talaṛt Imadid. 306. 328.	
Tamṛart. 279.	
Tamzernit. 323. 324.	
Taqqat Nezala. 354.	
Taria. 284.	
Tarouni. 300.	
Tasminert. 296.	
Tasṛirt. 281. 282. 305. 306. 328. 336. 337.	9.
Tazga Asdṛem. 283.	
Taznout. 306.	
Teddref. 326. 336.	
Tiddes. 325.	
Tifergin. 327.	
Tifernin. 284.	
Tilqit. 211.	
Tilziṛ. 284.	
Timasinin. 276.	
Timezgiḍa n Izrar. 332.	
Timikirt. 280. 281.	
Timoures. 325.	
Tougdin. 306.	
Khelil. 360.	
Khemis Adis. 145.	
Aït Ạli. 341.	
Ạmer. 106.	
Iaḥia ou Oṭman. 360.	
Khelift. 265.	
ou Alil. 350.	
Aqdim. 348.	
Asrir. 357.	
Beni Ḥaïoun. 295.	
Beni Sbiḥ. 295.	

	Cartes.
Khemis Beni Zouli. 292.	
Debdou. 375.	
Enzel. 81.	
Gersif. 385.	
Iṛil n Oro. 328.	
Isaffen. 314.	
Oulad Daḥou. 191.	
Qaçba Qedima. 352.	
Rebaṭ. 290.	
Sidi Bou Ạbd Allah. 352.	
Sidi Bou Iaḥia. 217. 270. 271. 275.	15.
Sidi Moḥammed ou Iạqob. 335.	
Sidi Oṭman. 280.	
Sidi ou Ạziz. 335.	
Tamnougalt. 288.	
Tazenakht. 108. 109. 110. 280.	
Tidsi. 340.	
Tinṛir. 356.	
Zaouïa Sidi Bou Qil. 349.	
El Kheneg (Ouad Aṛlal). 300.	
(Ouad Dra). 286. 292. 294.	
(Ouad Ziz). 229. 347. 350. 351.	17. 21.
Kheneg Adis. 143. 145. 147. 158. 310. 311.	10.
Aqqa Izen. 307.	10.
Azerftin. 151. 310.	10.
el Ạbbarat. 231. 232.	17.
Bent en Naṣ. 144. 308.	10.
el Gerzim. 308.	
Gro. 373.	
Icht. 315. 318.	
Imi n ou Aqqa. 310. 338.	
Imi n ou Asif. 335.	
Imi Ougadir. 316.	
Jabel. 229. 350.	
Meṛder Djeld.	9.
Tarea. 268. 285. 286. 287. 295.	8.
Tarq. 353.	
Tesatift. 305. 306. 307. 310.	9.
eṭ Ṭeurfa. 140. 141. 147. 154. 307. 308.	10. 21.
Zrorha. 146. 308.	10.
Kheouïa (collines). 299. 311.	10.
El Kheouïa (Ouad Zgiḍ). 301. 303.	
El Kheroua. 308.	
Kherraza (Ṛeris). 360.	
El Kherraza (Ternata). 291.	
Kherzouza. 349.	
Khesasra. 263.	
El Khleṭ (Ida ou Blal). 154.	
El Khloṭ (Chaouïa). 263.	
El Khorb (Beni Oukil). 368. 369. 386.	
El Khorbat (Ferkla). 356. 357. 361.	
Khrouf. 299. 308.	
Khsa (fraction des Oulad Iaḥia). 297. 298. 303.	
(qçar). 297. 303.	

L

	Cartes.
Lalla Maṛnia. 10. 97. 202. 250. 257. 258. 369. 376. 379. 380. 381. 386. 388. 390. 391.	21.
Lebbou.	17.
Lebdia. 209.	
Lemdint. 305.	
Lemta. 24.	3.
Louleïza. 330. 331. 402.	

M

	Cartes.
Madida. 307.	
Maggaman. 360.	
Mançour. 325.	
Mançouria. 285. 286. 291. 292. 403.	
Manouïl (désert).	8.
Maroc (ville). 1.	
Masa (Beni Khiran). 66.	
Massa. 342. 345.	
Mast. 342. 345.	
Mazagan. 21. 188.	
Mạder Aqqa. 146. 152. 298. 299. 300. 312.	
Icht. 146. 298. 300. 315. 316.	
Ida ou Blal. 146. 150. 152. 298. 299. 300. 308.	10.
Imi Ougadir. 146. 298. 300. 316.	
Soulṭân. 146. 147. 411. 415. 434. 450.	10.
Tafrâta Taḥtani.	19. 20.
Tatta. 146. 152. 298. 299. 309. 312.	
Tizgi. 146. 298. 300. 314. 316.	
Mạdna. 261.	
El Mạïach. 271.	15.
El Mạïder. 153.	
Mdahi. 154.	
Mechra el Bacha.	2.
Mechra Ḥadjra ech Cherifa. 17.	2. 21.
Medafra. 368. 385.	
Medaṛra (Chaouïa). 264.	
Medelles. 146. 147. 149. 302. 308.	10.
El Medina (Imini). 278.	
Mediouna (Chaouïa). 264.	
(Metṛara). 352.	
El Megarba. 202.	
Megdoul. 367. 368. 374. 376. 377. 379. 382.	
Mehdia. 291. 292.	
El Mehenni. 351.	
El Meḥagen. 308.	
Meknâs. 1. 19. 22. 24. 25. 37. 39. 40. 42. 43. 46. 56. 67. 73. 75. 252. 256. 395. 401. 424. 425.	3. 21.
Mekrez. 131. 142. 154. 155.	
Mekrez el Ḥadjer. 154.	
El Mektoufa. 369.	

	Cartes.
Mekhtara Aït Abbou. 227.	16. 21.
Melal. 291. 292. 303.	
Melilla. 250. 390. 391.	
El Mellaḥ (Aït Zaïneb). 94. 278. 402.	8.
El Mellaḥ (Ouṭat Oulad el Ḥadj). 242. 371. 374. 378. 379. 403. 448.	18. 19.
Mellaḥ el Ihoud (Ouṭat Oulad el Ḥadj). v. El Mellaḥ.	
Qçar es Souq. 351.	
Tiallalin. v. Qcira el Ihoud.	
Mellaḥa. 364.	
Mellạb Aït Iạzza. 357.	
Menâba. 22. 99. 100. 189. 193. 194. 329. 330. 331. 332. 333. 334. 335. 336. 402.	14. 21.
Menizela. 191.	
Mentaga. 334. 335.	
El Meqaṭra. 291. 292. 296.	
Mergeshoum. 101. 249. 251. 252. 253. 372. 379. 381. 388.	20. 21.
Meris el Bioḍ. 66.	
El Merjạ. 300. 304.	
Mermoucha. 383.	
Merrâkech. 1. 21. 22. 24. 54. 56. 63. 65. 66. 70. 78. 79. 82. 96. 98. 107. 114. 125. 126. 134. 145. 153. 155. 156. 188. 256. 265. 323. 335. 337. 338. 342. 344. 373. 401.	7. 21.
Meṛder Djeld. 160.	9.
El Mesalla. 375.	19.
Mesfioua. 96. 401.	
Mesgoug. 273. 274.	
Meskis. 154.	
Meskoua. 151.	10.
Messaout.	6. 7.
Messoun. 379. 385. 386. 387. 390. 391.	
Metalsa. 386.	
Metṛara. 227. 232. 293. 343. 347. 352.	17. 21.
Mezaouir. 388.	
Mezarcha. 368. 385.	
El Mezarreb. 308.	
Mezdaggen. 340.	
Mezedjel. 8. 9.	1.
Mezgemmat. 321. 402.	
Mezgiḍa (Beni Zemmour). 66.	
Mezgiṭa. 22. 81. 91. 107. 110. 158. 159. 201. 206. 208. 209. 210. 211. 212. 216. 284. 285. 286. 287. 288. 292. 361. 400. 403.	8. 15. 21.
Mezizelt. 348. 349.	
Mfasis. 261.	
Mhaïa (tribu de la plaine d'Angad). 253. 380. 388. 390.	20. 21.
(environs de Fâs). 24.	3.
El Mḥamid (Dra). 295.	
(Zgiḍ). 301. 302. 403.	

	Cartes.
Mḥamid el Ṛozlân. 150. 210. 211. 268. 285. 286. 293. 295. 297. 298. 299. 304. 399. 403.	
El Mḥara (Oulad Iaḥia). 332.	-
Mḥarir. 262.	
El Mḥaroug. 301.	
El Mḥarza. 295.	
Mḥaser.	7.
El Mḥazel. 297.	
Mḥeïjiba. 160. 161. 164. 166. 208. 300.	9.
Mḥinch (Zgiḍ). 301. 302.	
Mial. 324.	
Miggar el Ḥedid. 328.	
Miknâsa (tribu). 25. 33. 387.	
(qaçba). 32. 391. 401.	
Miltsin. 99.	
El Mirna. 275.	
Misour. 22. 35. 99. 231. 238. 239. 240. 241. 242. 243. 244. 365. 366. 367. 368. 369. 370. 372. 374. 377. 378. 379. 380. 383. 384. 403. 447.	18. 21.
El Mkhater (entre le Ferkla et le Ṛeris). 226. 361.	16.
El Mkhatir (Menâba). 334.	
Mlouïa (désert). 366.	
(plaine). 239. 240. 372.	
Mnia. 263.	
Mogador. 1. 21. 22. 70. 98. 99. 122. 126. 152. 153. 156. 166. 169. 170. 177. 180. 181. 182. 184. 185. 186. 187. 188. 199. 200. 203. 314. 342. 412. 413. 439. 440. 441. 442. 443. 450.	13. 21.
Mogger. 364. 365.	
Mouali el Ouad. 262.	
Mouâzen Sidi Bel Khir. 390. 391.	
Moui. 359. 360.	
Moulei Ạbd Allah. 352.	
Ạbd el Oualḥad (douar). 425.	5.
Ạbd el Qader. 331.	
Ạbd er Raḥman. 33. 35.	4. 21.
Ạbd es Selam.	4. 21.
Ạli. 330.	
Bakkan.	1.
Bou Ạzza Ạmer Trab. 65.	
Bou Fers. 296.	
Bou Iạzza. 47. 66. 266.	
Brahim. 358.	
Edris. 24. 25. 389.	
El Feḍil (ạdjib). 46. 47.	5.
Iạqob (ravin). 296.	
Iạqob ben Seliman. 367.	18.
Iousef d Aït Ba El Ḥasen. 273.	
Ismaïl (qaçba). 250. 251. 252. 370. 380. 381. 390. 440.	20. 21.
Ez Zaqi (douar). 425.	3.
Moumalou. 321.	

	Cartes.
Mouskellal. 351.	
El Mqadra. 291.	
Mrabṭen. 262.	
Mrabṭin Aït Sidi Mouloud. 287.	
Ḥamirin. 298.	
Sidi Ech Chergi. 287.	
Mrimima. 128. 153. 154. 159. 160. 161. 163. 164. 165. 166. 167. 168. 169. 189. 201. 297. 300. 301. 302. 303. 304. 306. 315. 316. 317. 318. 339. 342. 343. 399. 436. 437.	9. 21.
Msamsa. 263.	
Mzab. 263. 264.	
Mzi. 322. 323. 324.	

N

	Cartes.
Negert. 34.	
Nekeb Fouqani. 281.	
Taḥtani. 281.	
Nesasda. 298. 303.	
Nesoula. 303.	
Nezala. 232. 354. 368. 369. 373. 377. 447.	17. 21.
Nkheïla. 301.	
Nouaser. 261.	

O

	Cartes.
Ofra. 309.	
Ofran. 316.	
Ou Allal. 348.	
Rijimt. 99. 277.	21.
Ouad Achakski. 324. 326.	
Adis. 143. 145. 150. 158. 310. 311.	10.
Adrar n Iri. 83. 266.	7.
Adres. 304.	
Agennoun.	5.
Aginan. 117. 156. 202. 304. 305. 306.	9.
Agmour. 304.	
Agni. 115. 116. 304.	9.
Agni Ouremd. 296.	
Agoundis. 337. 338.	
Agraz.	1.
Aït Ạïach. 363. 377. 382.	
Ạïssa. 373.	
Ạïssa ou Daoud. 296.	8. 15.
Ạmer. 186. 189.	
Bou Zoul. 187.	
Ḥamed. 274.	
el Ḥazen. 196. 338.	10. 14. 21.
Iaḥia. 353.	
Mançour. 156.	10.
Meraou. 275.	
Mesri. 324.	
Messaṭ. 72. 260. 264. 267.	6. 21.
Mezal. 182. 340. 341.	11. 12. 21.

	Cartes.
Ouad Aït Ọtman. 327.	
Ouaham. 260.	
Oubial. 327.	
Ouzanif. 281.	
Semgan. 283. 284.	8.
Semmeg (affᵗ de l'Oᵈ. Zagmouzen). 307. 328. 337. 338.	
Tameldou. 321. 324. 325. 326.	
Tedrart. 326. 336.	
Tigdi Ouchchen. 103. 105. 112. 206. 281. 283.	8. 21.
Tougda. 325. 326.	
Akhḍeur. 77. 260.	7.
Alemta (inférieur). 296.	
(supérieur). 296.	
Alougoum. 301.	
Amaliz. 328. 329.	
Amasin. 279. 336.	
el Amdad. 196. 335. 337.	14. 21.
Amelloul. 27. 37.	4.
el Amgaz. 50.	
Amoumen. 322. 323. 326.	
Amsensa. 266.	
Amzarou. 324. 325. 326.	
Anbed Tesatift. 305.	9.
Aoullous. 324. 326.	
Aqqa. 151. 152. 172. 173. 174. 175. 188. 300. 312. 313. 314. 316.	10. 11. 21.
Aqqa Igiren. 141. 142. 307. 308.	10.
Iṛen. 300. 305. 306.	9.
Izen. 141. 307.	10.
el Medfạ. 211. 274.	
n Ourellaï. 211. 215.	15.
el Arbạ. 386. 387.	
Arezaz. 6. 9.	1.
Aṛlal. 300. 301.	
Asdṛem. 283.	
Asengar. 304.	
Asgig. 146. 147. 308.	10.
Asmerdan. 310.	
Azerftin. 151. 310.	10.
Azgemerzi. 108. 112. 281. 282. 283. 304.	8. 9.
Azrar. 197.	10. 14. 21.
Ạbd Allah. 296.	
Ạbdi. 296.	
el Ạbid. 54. 65. 68. 69. 70. 72. 73. 74. 75. 76. 100. 102. 259. 260. 264. 266. 267. 400. 427.	6. 21.
el Ạdam. 423. 424.	3.
Ạïcha. 13.	1. 21.
Ạïn es Seka. 308.	
el Ạououdj. 381.	
el Ạrous. 260. 265. 267.	
el Ạsel. 196.	14.
b Ougemmez. 260. 261. 264. 267. 277.	

	Cartes.
Ouad Bachkoum. 283.	
Beht. 42. 43. 46.	3. 21.
Beni Mellạl. 63.	
Mesri. 365.	
Mḥammed. 192.	12. 21.
Ṛiis. 247. 248. 376. 379.	19. 21.
el Benian.	1. 21.
Bent en Nạs. 299. 307. 308. 309.	
El Betḥa el Beïḍa. 296.	
Bou el Aouam.	1.
Çfiḥa. 3. 418. 419.	1. 21.
Chaked. 311.	
el Djerf. 386. 387.	
Fekran.	3.
Felfoul. 277.	
Gerba. 34.	
Herhour. 311.	
Ḥelou. 387.	
Igouldan. 279.	
Lougeïn. 296.	
Rdim. 258.	20.
Regreg. 48. 50. 401.	
Rzab.	19.
Srioul. 193. 335. 336.	14. 21.
Ṭamat. 299. 307.	
Ẓemlal. 387.	
el Bouir. 308. 309.	
Charef. 380. 381.	
Chechaouen.	1.
Chegg el Arḍ. 243. 244. 246. 367. 371. 377. 378.	18. 21.
ech Cheurfa.	1.
Chlouk. 391.	
Dâdes. 21. 70. 211. 213. 214. 215. 216. 217. 218. 219. 224. 266. 268. 269. 270. 271. 272. 273. 274. 275. 276. 277. 280. 285. 289. 293. 362. 363.	15. 21.
Daï. 250.	
Debdou. 249. 250. 251. 375.	19.
Defalia. 313.	10.
Derna. 59. 60. 63. 259.	6. 21.
Dra. 10. 21. 24. 28. 61. 62. 70. 86. 87. 88. 95. 98. 99. 100. 101. 102. 108. 115. 119. 124. 135. 138. 140. 141. 143. 144. 145. 146. 147. 148. 149. 152. 153. 154. 157. 160. 161. 168. 177. 188. 200. 205. 206. 207. 209. 210. 211. 212. 213. 214. 215. 216. 224. 227. 228. 230. 260. 268. 277. 280. 281. 282. 284. 285. 286. 288. 289. 290. 292. 293. 294. 295. 297. 298. 299. 300. 302. 303. 307. 308. 309. 312. 314. 315. 316. 317. 318. 319. 328. 336. 343. 344. 346. 362. 402.	8. 10. 15. 21.

	Cartes.
Ouad Djebaïr. 310. 311.	
Djedari. 308.	
Djedida. 40.	3. 21.
Fareṛ (affluent du Dra). 296.	
Fareṛ (affluent du Sous).	14.
Fâs.	3.
el Feïja (affluent du Dra). 296.	
(affluent de l'Ouad Zgiḍ). 302. 303.	
Ferkla. 354.	
Fichtâla. 60.	6.
el Fondoq.	1.
Foum el Ạncer. 60. 63.	6.
Meskoua. v. Ouad Meskaou.	
El Genṭafi. 336. 337.	
Gir. 21. 99. 102. 108. 233. 362. 363. 364. 365. 384. 389. 390. 403.	
El Gloạ. 300. 303.	
Grenzar. 296.	
Grou. 48. 50. 266.	5. 21.
Hamsaïlikh. 299. 300.	
el Ḥaḍar. 387.	
el Ḥamerin. 190.	12.
el Ḥechaïch. 8. 9.	1.
Ḥenina. 299. 307.	
el Ḥericha. 13.	1. 21.
Ibakellioun. 260. 261.	
Iberqaqen. 175. 176. 178. 312. 313. 314.	11. 21.
Icht. 300. 315. 316. 318.	
Id ou Illoun. 326. 336.	
Ida ou Gerṭ. 187.	13. 21.
ou Isaṛen. 187.	13.
ou Tromma.	13. 21.
Idermi. 94. 95. 103. 105. 112. 268. 277. 279. 280. 281. 284. 285. 293.	8. 21.
Idikel. 322. 323. 326.	
Idili. 296.	
Ifenouan. 282.	
Ifraden. 82.	7.
Igemran. 324. 325. 326.	
Ignan n Ikis. 202. 305.	9.
Ijaṛiren. 187.	
Ijja. 311.	
Ikis (bassin du Dra). 202. 203. 204.	
(bassin du Sous). 322. 323. 326.	
Ikhoullan. 178. 179. 340. 341.	11. 12.
Iliṛ. 198. 199. 308.	
Imaṛiren. 187.	
Imgoun. 271. 274. 275. 276. 277.	15. 21.
Imi n ou Aqqa. 158. 310. 311.	10.
Ougadir. 300. 316. 317.	
n Tels. 198.	10.
Imiḍer. 205.	
Imini. 87. 88. 89. 94. 95. 96. 277. 278. 279.	
Imiṭeq. 173. 313.	10.

	Cartes.
Ouad Imiṭer. 219. 220. 221. 223. 357. 358.	15. 16. 21.
In Timmelt. 340. 341.	
Inmarakht. 322. 323. 326.	
Innaouen. 25. 26. 27. 29. 30. 31. 33. 36. 37. 97. 386. 387.	4. 21.
Iounil. 58. 87. 88. 89. 90. 94. 95. 108. 214. 277. 278. 279. 284. 337.	7. 8. 21.
Iouzioun. 321.	
n Iri. v. Ouad Adrar n Iri.	
Iriri. 87. 94. 277. 278. 279. 283. 284. 326. 336.	8. 21.
Iṛels. 105. 283.	8.
Isaffen. 312. 319.	
Iserki. 274. 276.	
Isli. 257. 258.	20. 21.
Isoumaten.	1. 21.
Izgern. 324.	
Izgrouzen. 322. 323. 326. 338.	
Izourzen. 158. 310. 311.	10.
Kebbaba. 120. 151. 152. 313.	10.
el Kerm.	18.
el Kḥel. 33.	
Ksiksou. 48.	5. 21.
el Kharroub (entre Tanger et Fâs). 13.	1. 21.
(entre Meknâs et Oulmess).	3.
Kheneg eṭ Ṭeurfa. 141. 146. 147. 149. 298. 299. 307. 308.	10.
Zrorha. 147. 308.	10.
Kheouïa. 311.	
Kholkhal.	5.
Landra.	1.
Leben. 387.	
Mançour. 324. 325. 326.	
Medfạ Keddou. 376. 378.	
Mehdouma. 40.	3.
Meḥadjra. 4. 5. 7.	1.
el Melḥ (Asif Marren). 87. 96. 277.	7.
(bassin de l'Ouad Dâdes). 276.	
(affluent de l'Ouad Rdât).	7.
Melillo. 372. 376. 379.	
Mentaga. 335.	
Meraḥ. 2.	1. 21.
Mergou. 296.	
Mesegmar. 253. 254. 367. 368. 381. 389.	20.
Meskaou. 151. 299. 312. 316.	10.
Messoun. 58. 376. 379. 385. 386. 387.	
Metlili. 254.	20.
Mezarreb. 308.	
Mgerouel.	1.
Mḥit. 296.	
Mial. 326.	
el Miet (affluent de droite du Dra). 296.	

	Cartes
Ouad el Miet (affluent de gauche du Dra). 296.	
el Mkhâzen. 14.	1. 21.
Mlouïa. 10. 21. 33. 58. 97. 99. 100. 101. 102. 147. 223. 234. 235. 336. 338. 339. 240. 242. 243. 244. 246. 247. 251. 252. 258. 254. 259. 349. 363. 366. 367. 368. 369. 370. 371. 372. 373. 374. 375. 376. 377. 378. 379. 380. 381. 382. 383. 384. 385. 386. 387. 388. 389. 390. 403.	17.18.19.21.
Mrira.	1.
Msount. 323. 324. 326.	
en Nekhla. 6. 7. 11.	1. 21.
Nezala. 231. 232. 234. 354.	17. 21.
Nfiḍ. 296.	
Nfis. 335. 337. 338.	
Noun (district). 35. 70. 91. 101. 123. 138. 156. 317. 318. 344. 345. 346. 402.	
Nza. 40.	3. 21.
El Ouaạr. 192.	14.
Ouaouizert. 70. 71.	6.
Ouarour.	1. 21.
Ouerṛa. 16. 17. 420.	2. 21.
Ouinjgal. 301.	
Ouizert. 240. 373. 376. 377. 382.	18. 21.
Oulad Ạli. 373.	
Oulad Djouat.	14.
Oulad Oṭman. 248. 379.	
Oulṛass. 340. 341. 342. 344. 345.	
Oumm er Rebiạ. 21. 24. 49. 54. 57. 58. 59. 60. 63. 70. 79. 100. 102. 259. 260. 265. 266. 277. 401.	6. 21.
Ouneïn. 335.	
Ourjelim. 44.	3. 21.
Ouseddan.	20.
Ousillin. 40.	3.
Ouṣreït. 296.	
Ouṭat Aït Izdeg. 363. 366. 368. 371. 376. 377. 382.	
Ouzanif. 106.	
El Qabia. 300. 301.	
Qaçba el Djouạ. 118. 138. 139. 304. 305.	9.
el Qceb (bassin de la Mlouïa). 254. 376. 381.	20.
el Qcib (affluent du Dra). 299. 307. 308.	
el Qous. 14. 15.	1. 21.
Rḍât (entre Tanger et Fâs). 16.	2. 21.
(entre Demnât et Merrâkech). 58. 80. 82. 86. 94. 96. 266.	7. 21.
Ṛeris. 225. 227. 354. 357. 358. 359. 360. 361. 363.	16. 21.

	Cartes
Ouad Samsa.	1.
Saksad. 323. 326.	
Sebou. 10. 12. 17. 21. 24. 26. 27. 39. 97. 100. 101. 102. 256. 386. 387. 401. 420. 421.	2. 4. 21.
Semnara. 191.	12. 21.
Sfrou.	4.
Sidi Ben Sasi. 65.	
Bou Iaḥia. v. Achil Sidi Bou Iaḥia.	
Ḥamza. v. Ouad Zaouïa S. Ḥamza.	
Ḥaseïn. 328. 329. 336.	
Moḥammed el Ḥadj.	1.
Moḥammed ou Iaqob. 22. 197. 199. 200. 308. 309.	10. 21.
Nacer. 310.	
Rejjou.	9.
Siroua. 281.	
Souf ech Cherg. 240. 242. 367. 368. 370. 376. 377.	18. 21.
Souir.	1.
Sous. 22. 24. 28. 81. 88. 95. 99. 100. 102. 108. 124. 138. 140. 160. 177. 179. 181. 183. 184. 188. 189. 190. 191. 192. 193. 194. 195. 196. 199. 232. 282. 293. 306. 307. 309. 316. 317. 318. 319. 321. 322. 326. 327. 328. 329. 330. 332. 333. 334. 335. 336. 341. 343. 344. 345. 346. 401.	12. 14. 21.
Ta n Amelloul. 281. 336.	
Tafna. 253. 388.	
Tagmout (affluent de l'Od Rḍât). v. Ouad Adrar n Iri.	
(affluent de l'Od Dâdes). 211. 274.	
Taïfi.	1.
Talkjount. 193. 335. 336.	14. 21.
Tamanaṛt. 316.	
Tamanat. 96. 279.	
Tamdakht. 277.	
Tamellalt. 296.	
Tamtsift. 207. 208. 285. 288. 295.	8.
Tanamrout. 172. 173.	
Tangarfa (affluent du Dra moyen). 213. 296.	8. 15.
(affluent du Dra inférieur). 300.	
(affluent du Sous). 195.	14.
Tansikht. 296.	
Tanziḍa. 116. 117. 118. 304. 305.	9.
Tanziṭ. 211.	
Tara Melloul. 296.	
Targant (affluent de l'Ouad Kheneg eṭ Ṭeurfa). 141. 305. 306. 307. 308. 309.	10.
Targant (affluent de l'Ouad Qaçba el Djouạ). 139.	

	Cartes.
Ouad Tarza. 227.	16. 17. 21.
Tasminert. 296.	
Tasoukt. 325. 326.	
Tasrirt. 281.	
Tatta. 58. 143. 150. 171. 299. 309. 310. 311. 312. 338. 434.	10. 21.
Tâza. 29. 30. 31. 32. 387.	4.
Tazarin. 364.	
Tazenakht. 103. 105. 106. 108. 109. 112. 206. 281. 282. 283. 294.	8.
Tazeroualt. 342.	
Tazioukt. 335. 337.	
Tazouli. 307.	
Tazrout Timeloukka. 161.	9.
Teççaout. 65. 76. 100. 259. 260. 264. 265. 266.	
Teççaout Fouqia. 77. 260. 265. 266. 267.	7. 21.
Merrâkech. 260.	
Taḥtia. 79. 260. 266.	7. 21.
Temgissin. 302. 303.	
et Tenin.	1.
Tensift. 65. 79. 81. 102. 401.	
Tesatift. 141. 307.	9. 10.
Tétouan. 4. 7.	1. 21.
Tichka. 96. 278.	
Tiddarin. 376. 378.	
Tidili. 93. 94. 278.	8. 21.
Tidsi. 187.	13. 21.
Tifnout. 321. 322. 323. 324. 326. 327. 332. 336. 338.	
Timjijt. 106. 112. 205. 282.	8. 9.
Tiouant. 376. 378.	
Tiouiin. 112. 205. 282.	9.
Tira n Imin. 232.	17.
Tiranekht.	1.
Tirremt. 311.	
Tisint. 58. 117. 118. 120. 161. 166. 302. 303. 304. 306. 432.	9.
Titoula. 83.	
Tittal. 324.	
Tizert. 175. 313. 314.	11. 21.
Tizgi. 325. 326.	
Tizgi el Ḥaratin. 300. 314. 315. 316.	
Iriren. 314.	
n Mousi. 323. 324. 326.	
Tizi Aït Imi. 260.	
Aqqa.	10.
Tizounin. 315.	
Tlit. 302. 303.	
Todra. 219. 220. 221. 222. 223. 224. 225. 228. 267. 353. 354. 355. 356. 357. 358. 361.	16. 21.
Toufasour. 146. 147. 308.	10.
Toug er Riḥ. 143. 158. 310. 311.	10.
Tourza Aït Sekri. 274.	

	Cartes.
Ouad Ṭriq Targant. 139. 305.	9.
Za. 250. 251. 252. 253. 367. 374. 376. 379. 380. 381. 385. 388. 390.	20. 21.
Zagmouzen. 321. 322. 326. 327. 328. 329. 332. 335. 336. 337.	
Zaouïa Sidi Ḥamza. 347. 353. 354. 403.	
Zerri. 296.	
Zfal (zaouïa). 271.	
Zgid. 161. 166. 298. 299. 300. 301. 302. 303. 306.	9. 21.
Ziad. 193.	14.
Ziz. 10. 21. 24. 28. 62. 82. 88. 99. 100. 101. 102. 121. 153. 158. 188. 209. 211. 218. 221. 222. 223. 226. 227. 228. 229. 230. 231. 232. 234. 256. 347. 348. 349. 350. 351. 352. 353. 354. 357. 362. 403.	17. 21.
Zrorha. v. Ouad Kheneg Zrorha.	
Ouagginekht. 301.	
Ouaouizert (village). 28. 68. 69. 70. 71. 72. 96. 99. 100. 259. 260. 264. 266. 267. 400. 401. 408. 427. 428.	6. 21.
(col). 68. 100.	6. 21.
Ouaoula. 265.	
Ouaounsemt. 277.	8.
Ouaounzourt. 321. 322. 323. 402.	
Ouaourmest. 284.	
Ouaouzgert. 325.	
Ouarsdik. 275.	
Ouarzazât. 81. 276. 279. 280. 281. 283. 284. 303. 390. 402.	
Ouarzazât proprement dit. 280.	
Ouazen. 271.	
Ouazzân. 2. 53. 163. 166. 293. 343.	
Ouchchan. 363.	
Oudjda. 230. 250. 253. 256. 257. 258. 369. 376. 379. 380. 381. 388. 389. 390. 391. 403. 448. 449. 450.	20. 21.
Ougdour. 279. 324. 336.	
Ougemmez. v. B Ougemmez.	
Ougins. 283.	
Ouichdan. 99. 337. 338.	
Ouin s Tlit. 213.	8. 15.
Ouinjgal. 301.	
Ouirgan. 337.	
Ouirrân (désert).	8.
Ouizert. 377. 382.	18. 21.
Ouizil. 337. 338.	
Ouizzân. 342. 345. 402.	
Oujjân. 342.	
Oul Itgir. 351.	
Touroug. 357. 358. 361. 363.	
Oulad Abbad. 370.	
Abbou. 377.	
Admer. 243. 375. 384. 385.	

	Cartes.
Oulad Assoun. 262.	
Ạbd Allah (Beni Ạmir). 250. 262.	
(Ida ou Blal). 154.	
Ạbd el Kerim. 243. 385.	
Ạbd el Malek. 371. 385.	
Ạdim. 300.	
El Ạgid. 291.	
Ạïssa (tribu). 15. 17.	2. 21.
(monts). 16.	2.
(Oulad Iaḥia). 303.	
(Smâla). 261.	
Ạli (Beni Ạmir). 262.	
(Ouad Chegg el Arḍ). 374. 378. 379.	
(mont). 99. 100. 235. 239. 240. 241. 246. 393.	21.
ben Ṭelḥa. 388.	
Ạmama. 263.	
Ạmer (tribu). 380. 381.	20.
(monts). 379. 380. 381. 388. 389.	
Ạrif. 262.	
Ạrzin. 369.	
El Ạsri. 263.	
Ạzzouz (Ourdiṛra). 261.	
El Bacha (fraction des Beni Oukil). 368. 369. 386.	
(qçar). 291.	
Bechiḥ. 303.	
El Bekri (fraction des Oulad el Ḥadj). 384.	
El Bekri (localité d'Outaṭ Oulad el Ḥadj). 371.	
Bel Qas. 302.	
Bella. 154.	
Ben el Ḥoul. 247. 248. 379. 448.	19. 21.
Sifer. 332.	14. 21.
Bḥar el Kebar. 261.	
Bḥar es Sṛar. 261.	
Bou Ạïṭa. 346.	
Ạrif. 263.	
Bekr (Beni Mellal). 250.	
(Chaouïa). 263.	
Ḥafra. 370.	
Ḥerira. 294.	
Ḥerrou. 262.	
Iṣoud. 262.	
Ious. 292.	
Jejia. 370. 403.	18.
Qaïs. 384.	
Qdir. 301.	
Ṛadi. 66. 261.	
Ṛilas. 378. 379.	
Ṛis. 332. 402.	
Ṭib. 370.	
Ziân (monts). 36.	4.
Ziri. 263.	

	Cartes.
Oulad Brahil. 331. 402.	
Brahim (Beni Mousa). 262.	
(Beni Zemmour). 261.	
(Fezouata.) 292. 293. 295.	
(Menâba). 331. 402.	
(Ourdiṛra). 261.	
Chaïb. 263.	
Chaouf. 298. 303.	
Daḥou (Sous). 191.	
Daoud. 384.	
Deḥou (Ouizert). 377.	
(Tikoutamin). 377.	
Deleïm. 157. 346.	
Doudoun. 154.	
Dris (El Mḥamid). 295.	
(vallée du Sous). 193. 333.	14. 21.
Djemạ (tribu). 18. 24. 387.	2. 3. 21.
(Zgiḍ). 301.	
Djerrar (Zgiḍ). 301. 302. 304.	
Djouat.	14.
El Feḍil. 371. 385.	
Fennan. 66. 261.	
Fers. 263.	
Fteta. 66.	
Gaouch. 261.	
el Ḥadj (tribu). 10. 34. 35. 136. 241. 243. 244. 245. 247. 248. 367. 368. 371. 374. 375. 378. 379. 381. 382. 383. 384. 385. 388.	18. 19. 21.
(environs de Fâs). 24.	4.
(mont). 383.	
(Meṭrara). 352.	
(Ternata). 291.	
Ḥamed (El Mḥamid). 295. 403.	
Ḥamid (fraction des Oulad el Ḥadj). 384.	
(localité sur la Miouïa). 243. 367. 368. 369. 372. 374. 384. 385.	
Ḥamida (Zgiḍ). 301.	
Ḥammou (Ouad Aṛlal). 300.	
(Zgiḍ). 301.	
Ḥammou ou Mousa (fraction des Houara). 368. 385.	
Ḥammou ou Mousa (qaçba). 368. 385.	
Ḥaris. 264.	
Ḥasen (Beni Ạmir). 262.	
(Menâba). 331. 332. 335. 336. 402.	
El Ḥasen (Miouïa). 367. 369.	
Ḥellal. 301. 302. 304.	
Iaḥia (tribu du Dra). 116. 121. 124. 126. 135. 136. 154. 159. 160. 162. 163. 167. 171. 201. 206. 207. 285. 286. 290. 292. 293. 297. 298. 300. 301. 302. 303. 309. 319. 320.	8. 9. 21.

	Cartes.
Oulad Iaḥia (tribu du Sous). 194. 319. 330. 331. 332. 333. 334. 402.	14. 21.
(collines). 209.	8. 15.
Iaïch (Beni Mạdan). 262.	
Iạqoub. 262.	
Ioub (Ternata). 291.	
(zaouïa). 291.	
Ious. 377.	
Iousef (Beni Mạdan). 262.	
(Beni Zemmour). 261.	
Izenqad. 346.	
Jellal (tribu). v. Aït Jellal.	
Jerrar (fraction des Oulad el Ḥadj). 384.	
(localité sur la Mlouïa). 367. 369. 374.	
Kerzab. 303.	
Khaoua. 237. 238. 240. 241. 243. 246. 366. 367. 377. 381. 382. 384. 385.	17. 18.
Mahdi. 368. 385.	
Mançour. 401.	7.
Mạmmer (Beni Mạdan). 262.	
(Ferkla). 356. 357. 361.	
Mellouk (frac. des Oulad el Ḥadj). 385.	
(localité d'Ouṭat Oulad el Ḥadj). 371.	18. 19.
Meraḥ (Beni Mousa). 262.	
(Ouad Zgiḍ). 301.	
Mesạd. 290. 296.	
Mesạoud. 368. 385.	
Mhiia. 295.	
Mḥammed. 263.	
El Midi. 380. 381.	
Mnisf. 263.	
Moulat. 153. 154.	
Moulei Ạli ben Ạmer (Aït Tserrouchen). 373. 383.	
(Anoual). 373.	
Moulei Iạqob. 371.	
Mousa. 290.	
Nahr. 261.	
Nedjạ. 262.	
Ọtman. 379.	19.
Ousạ. 291. 292.	
Reḥou. 368. 376. 385.	
Rejiạ. 262.	
Sạïd (Beni Mạdan). 262.	
(Chaouïa). 263.	
(Houara).	12. 21.
(Ouad Chegg el Arḍ). 378. 379.	
Sedira. 368. 385.	
Seliman (Ḥallaf). 368. 369. 385.	
(Misour). 370.	
Senjej. 263.	
Segeïr. v. Oulad Seṛeïr.	
Seṛeïr (Misour). 370.	

	Cartes.
Oulad Seṛeïr (Ouad Sous). 190. 191. 192. 194. 442.	12. 21.
Seṛir (Angad). 388.	
Sidi Ạïssa (Chaouïa). 264.	
Ạïssa (Tiissaf). 374. 384.	
Ạli Bou Chnafa. 390.	
Ạmer. 298.	
Bel Qasem. 264.	
Ben Ạbd Allah. 373.	
Ạïada. 367. 369. 374.	
Daoud. 263.	
Bou el Ạlam. 370.	
Ạmran. 66.	
Iạqob. 367. 368. 369. 376.	
Chikh (environs de Fâs). 24.	
El Houari. 357.	
el Ḥadj. 264.	
Ḥamed ben Ạbd eç Çadoq. 355.	16.
Iạqob. 374.	
Mḥammed bel Ḥoseïn. 368. 385.	
Mḥammed ben Ḥamed. 390.	
Smaïn. 262.	
Smida. 262.	
Smir. 261.	
Taoubbalt. 346.	
eṭ Ṭeïma. 191.	
Ṭeïr. 369.	
Zahra. 262.	
Zian (Beni Ạmir). 262.	
(Chaouïa). 264.	
Zireg. 263.	
Zmam. 262.	
Ould Faṭma Ḥammou. 306. 309.	
Sidi Malek. 331. 334.	
Sidoïn. 66.	
Oulmess. 28. 46. 48. 101. 102. 383. 407.	5. 21.
Oumbarek ou Dehen. 189. 193. 194. 443.	14.
Oumm el Ạleg. 152. 313. 317.	10.
el Bordj. 144.	10.
Djeniba. 383.	
el Lefạ. 367.	
er Remman. 274.	
Oumsedikht. 339.	
Ouneïn. 335. 337. 338. 402.	
Ounila. 95. 170. 277.	21.
Ounzin. 156. 196. 305. 306. 307. 309. 319. 320.	
Ourdiṛra. 49. 261.	
Ourika. 208. 276. 285. 286. 287. 288. 290. 291. 294. 295. 296. 297.	8.
Ouriz. 209. 276. 285. 287. 288. 290. 291. 294. 295. 297.	8.
Ouriz Oulad Megeddem. 290.	
Ourti. 279.	
Ousreït. 212.	
Oussikis. 70. 96. 260. 261. 266. 267. 269. 361. 363.	6.

	Cartes.
Outoura. 227. 326.	
Ouṭa Aftis.	17.
Anbed. 217. 219. 221. 358. 361.	15. 21.
Angad. 97. 253. 254. 256. 257. 368. 372. 379. 381. 385. 388. 389. 390.	20. 21.
Azbed. 276.	
Bou Iougi.	17.
Bouddeïr. 146. 308.	
Ifeṛṛes. 264. 267.	
Izouṛar. 267.	
Jell. 368. 372. 379. 385. 386. 387.	
Mlouïa. 372.	
Ṛaret. 368. 372. 386. 387. 390.	
n Sema. 365.	
Tafrâta. 101. 250. 251. 368. 372. 375. 388.	19. 20. 21.
Tiallalin. 229. 231.	17. 21.
El Ouṭat (pour Ouṭat Oulad el Ḥadj). 371.	
Ouṭat Aït Izdeg. 100. 376. 377. 382. 403.	
Oulad el Ḥadj. 22. 240. 241. 242. 243. 244. 246. 367. 369. 371. 372. 374. 376. 378. 379. 384. 385. 403. 415. 448. 450.	18. 19. 21.
Ouṭiṭa. 39. 40.	3. 21.
Ouzdiin. 284. 304.	
Ouzzân. 342.	

Q

	Cartes.
El Qabia. 301. 304.	
El Qaçba (Aït Ououlouz). 330.	
(Aqqa). 120. 151.	10.
(Tidsi). 339.	
Qaçba Aït Ạli. 287.	8.
Ạrbi. 288.	
Ḥerbil. 316. 317.	
el Ạïoun. 22. 250. 253. 254. 255. 256. 257. 369. 379. 380. 381. 388. 391. 449.	20. 21.
Ạïoun Sidi Mellouk. v. Qaçba el Ạïoun.	
Ạli ou Mousa. 303.	
Bel Kouch. 63.	
Beni Mellal. 28. 57. 60. 62. 63. 64. 66. 68. 69. 73. 100. 400. 401. 426. 427.	6. 21.
Qoulal. 379. 380. 381.	
Cherarda. 24.	
Chikh Ould el Ḥadj Iaḥia. 314.	11. 21.
Debdou. 249. 375. 376.	19.
Djedida. 352.	
el Djouạ. 91. 128. 137. 138. 139. 140. 141. 145. 156. 200. 209. 304. 305. 306. 307. 310. 312. 315. 318. 319. 320. 433. 436.	9. 21.
Qaçba Foum el Ouad.	19.
Fichtâla. 38. 59. 60. 64. 66. 259. 263.	6. 21.
Foum Tazenakht. 290.	
Iselouan. 386. 390.	
el Ḳaba. 296.	
el Makhzen (Qçâbi ech Cheurfa). 233. 235. 236. 237. 238. 368. 369. 373. 377. 415. 447. 450.	17. 18. 21.
(Tatta). 143. 145. 309. 310.	10.
(Tinzoulin). 290. 403.	
Messoun. 379. 385. 386. 387. 390. 391.	
Miknâsa. 32. 391. 401.	
Moulei Ismạïl. 250. 251. 252. 379. 380. 381. 390. 449.	20. 21.
Oulad Ḥammou ou Mousa. 368. 385.	
Qedima. 352.	
Ras el Ạïn Beni Matar. 379. 380. 390.	
er Remla. 294.	
Tâdla. 53. 57. 58. 60. 63. 64. 66. 252. 259. 263. 401. 426.	6. 21.
Tadoula.	8.
El Qaçbat. 311.	
Qaïd Faraji.	12.
Sạïd ould Bel Ạïd.	12. 14.
El Qanṭra. 260.	
(Ouad Sidi Ben Sasi). 65.	
El Qçâbi (pour Qçâbi ech Cheurfa).	
(localité de Qçâbi ech Cheurfa). 238. 239. 241. 243. 369. 373. 377. 382. 403.	17. 18.
(Tatta). 311.	
Qçâbi ech Cheurfa. 10. 22. 39. 47. 62. 70. 99. 100. 147. 216. 228. 231. 232. 235. 236. 237. 238. 240. 241. 243. 244. 265. 365. 366. 368. 369. 373. 374. 382. 383. 384. 403. 447. 448.	17. 18. 21.
Izligen. 292. 293. 294.	
Oulad Bou Ḥerira. 294.	
El Qçar (ville). 4. 5. 13. 14. 15. 16. 18. 22. 31. 257. 401. 410. 420. 450.	1. 21.
Qçar Aït Brahim. 359.	
Beni Mellal. 66.	
Beni Zemmour. 50. 51. 52. 425.	5. 21.
Berrani. 352.	
Chaïr. 299.	
Dekhlani. 352.	
Djedid (Meṭrara). 352.	
(Qçâbi ech Cheurfa). 369.	
(Ternata). 291.	
Aït Ḥammou. 351. 352.	
El Qçar el Kebir (ville). v. El Qçar.	
(Semgat). 359.	
(Tiallalin). 350.	17.

	Cartes.
Qçar Kebir-Aït Brahim. 350.	
Khsa. 297. 303.	
el Mallemin. 374.	19. 21.
Oulad Moulei El Hasen. 377.	
Ousebri. 377.	
el Qdour. 305.	
es Souq (district). 90. 101. 218. 220. 221. 226. 227. 228. 229. 230. 232. 347. 351. 352. 403.	17. 21.
(qçar). 219. 223. 226. 229. 348. 351. 353. 354. 365. 369. 373. 374. 377. 403. 446.	17. 21.
Toual. 377.	
Zida. 270.	
El Qciba. 142. 145.	10.
Qciba Aït Aqqo. 292.	
Aïssa ou Brahim. 295.	
Bou Daoud. 364.	
Moha ou Ali. 351.	
Moulei Hamed. 221. 358.	
Tarat.	8. 15.
Berda. 291.	
Chiadma. 295.	
Chikh El Arabi ben Otman. 290. 303. 304.	
Ignaouen. 364.	
el Ihoud. v. Qcira el Ihoud.	
Imougar. 358.	
Moulei Brahim. 358.	
el Mqadra. 291.	
Oulad El Agid. 291.	
Oulad El Bacha. 291.	
Oulad Ousa. 291.	
Sidi Oumbarek. 291.	
Sidi Zaoui. 295.	
El Qcibat (Ida ou Blal). 154.	
El Qcibat (Tatta). 311.	10.
Qcibat Ilemsan. 361. 362.	
Qcir ech Cherif. 350.	
Sidi Omar. 350.	17.
Qcira Aït Aha. 350.	17.
Attou. 377.	
Aouda. 349.	
Hamed ou Seliman. 377. 378.	
Alibou. 340.	
ech Cheurfa (Aïat). 377.	
ech Cheurfa (Bou Sellam). 377.	
el Ihoud (Tiallalin). 230. 348. 349. 350. 351. 352. 353. 354 363. 365. 368. 369. 371. 373. 377. 403. 415. 446. 447. 450.	17.
El Mehenni. 351.	
ou Ba El Hasen. 354.	
Sidi Ben Hachem. 377.	

	Cartes
Qcira Sidi Mohammed bel Bachir. 377.	
Tizi n Isekfan.	8. 15.
Qcirat Sidi Abd Allah ou Ali. 359.	
Qçour Asif Melloul. 348.	
Beïdin. 140. 320.	9. 10.
Qebala. 349.	
Qelaïa (tribu). 390. 391.	
(monts). 386. 390.	
Qeradma. 364.	
Qetaïa. 49. 59. 66. 259. 261. 263.	5. 6. 21.
Qioud. 302.	
El Qlaa (ville). 260. 266. 401.	7.
(Imgoun). 275.	
(zaouïa). 291. 292. 293.	
Qouaret. 371.	
Qoubba Moulei Iaqob ben Seliman. 367.	18.
Moulei Ismaïl. 120. 121.	9.
Sidi Abd Allah ou Djafer.	8.
Abd el Ouahad. 367.	
Aïad (Aït Iiggas).	14.
Aïad (Menâba).	14.
Ali bel Qasem.	19.
Ali ben Djebira. 143. 144. 310.	10.
Ali ou Azza. 307.	
Amara. 300. 312.	
Bou el Alam.	18.
Iahia. 270. 274.	15.
Reja. 332. 333. 338.	
Sekri.	13.
Daoud. 280.	
Daoud Tagoummast.	16.
Haseïn (Ouad Sidi Haseïn). 328.	
El Hasen Ali. 281.	
El Hoseïn (Tatta). 144. 299. 309.	10.
Ismaïl. v. Qoubba Moulei Ismaïl.	
Mançour ou Hamed. 278.	
Mellouk. 255.	20.
Mohammed d Aït Hoseïn. 144. 309.	
ou Bel Qasem.	8. 15.
el Hadj.	1.
ou Dris.	8.
Mousa n Hamerin.	12.
Saïd.	12.
Seliman. 66.	
Tarourt. 295.	
Qoubbouin. 375.	19.
Qtaoua. 210. 285. 286. 293. 294. 295. 362. 363. 364. 403.	

R

	Cartes
Er Rahba (Qçar es Souq). 351.	
Rahba (Tatta). 311.	

	Cartes.
Raḥôna. 5.	
Ras el Ạïn Beni Matar. 379. 380. 381. 390.	.
— Dra. 286. 287.	
— Iṛir. 311.	10. 21.
— Mezgiṭa. 287.	
— el Ouad. 155. 166. 170. 189. 193. 317. 329. 333. 334. 335.	14. 21.
— Rekkam. 239. 246.	19.
— Ternata. 289. 290. 292.	
Rebaṭ (port de mer). 19. 21.	
— (Mezgiṭa). 286. 287. 295. 403.	
— (Tinzoulin). 290. 403.	
— Aït Mimoun. 296.	
— el Ḥadjer. 291. 296. 303.	
Rechida. 243. 247. 251. 375. 376. 384.	19.
Refoula. 367. 368. 385.	
Regba. 294.	
Reggou (groupe de qçars). 369. 374.	19. 21.
— (mont). 100. 246.	21.
Regibat. 157. 346.	
Er Reken (Ouad Imgoun). 275.	
Reken (Ouad Sidi Moḥammed ou Iaqob). 308. 320.	
Rekkam. 147. 239. 240. 242. 243. 244. 246. 247. 372. 374. 382. 384. 389.	18. 19. 21.
Reṛraba. 382. 383.	
Reṭeb. 21. 227. 347. 353. 363. 403.	
Rḥala. 329. 330. 332. 333. 334. 335. 402.	
Rḥamna. 79. 259. 401.	21.
Rich. 348. 349.	
Rif. 4. 5. 8. 12. 24. 25. 35. 136. 251. 379. 386. 387. 401.	
Rist Djedeïd. 147. 148. 150. 156. 299. 307. 308.	10.
Roḥa. 286. 292. 293.	
Rouased. 261.	
Roudat. 287.	

Ṛ

	Cartes.
Ṛaba el Ạrich. 367.	18.
— Ida ou Gerṭ. 186. 187.	13. 21.
— Oumm el Lefạ. 367.	
— Sidi Ạbd el Ouaḥad. 367.	18.
Ṛalil (district). 280.	
— (qçar). 280. 284.	
Ṛarb. 15. 43.	2. 21.
Ṛaret. 368. 372. 386. 387. 390.	
Ṛarm el Ạlam. 66.	
Ṛeris. 21. 99. 100. 101. 211. 218. 219. 220. 224. 225. 226. 228. 230. 239. 242. 349. 358. 360. 361. 363. 403.	16. 21.
Ṛiata (tribu). 25. 29. 31. 32. 33. 34. 35. 36. 65. 248. 383. 387.	4. 21.
— (monts). 18. 27. 28. 29. 31. 33. 36. 101. 102. 251. 368. 372. 379. 383. 386. 387.	4. 21.
Ṛiour. 228. 350.	17.
Ṛiraïa. 401.	
Ṛomera (Rif). 25.	
— (environs de Fâs). 24.	3.
El Ṛouanem. 301.	
El Ṛrouch. 352.	

S

	Cartes.
Safi. 339.	
Sahel. 22. 24. 82. 123. 124. 126. 148. 152. 154. 155. 158. 162. 166. 167. 168. 169. 182. 188. 293. 297. 299. 316. 317. 318. 319. 328. 333. 339. 342. 343. 345. 346. 402.	
Saïs. 20. 24. 37. 39. 40.	3. 21.
Saksad. 323.	
Sama (Menâba). 331.	
Sarsar. 13. 15.	1. 21.
Saṛro. 100. 211. 212. 213. 214. 215. 217. 218. 219. 220. 223. 227. 267. 269. 276. 289. 296. 361. 364.	8. 15. 16. 21.
Saïda. 369. 384.	
Sebdou. 390.	
Es Sebt (Indaouzal). 334.	
Sebt el Gerdan. 191.	
— el Kefifat. 191.	
— Tamegrout. 293.	
Sefala (Mezgiṭa). 287.	
Sefalat (Fezouata). 292.	
Seketâna (famille). 88. 318. 319. 320. 328. 329.	
— (tribu). 167. 170. 282. 306. 307. 319. 328. 329. 336. 337. 402.	
— proprement dits (fraction de la tribu). 320. 337.	
Sellaout. 375.	
Sema (plaine). 365.	
Semgat (district). 358. 359.	
Semget. 66. 261.	
Semlal. 354.	
Semmoura. 376.	
Semṛir. 269.	
Sénégal. 124.	
Seroub (Ouad Iriri). 279.	
— (Ouad Tlit). 302.	
Serṛin. 351.	17.
Serṛina (Qçour Beïḍin). 140.	10.
— (Tatta). 311.	
Sermeṛ. 66.	
Sfrou. 10. 18. 19. 20. 21. 24. 28. 35. 37. 38. 39. 60. 64. 78. 101. 237. 265. 382. 383. 387. 395. 401. 407. 415. 423. 424. 450.	4. 21.
Slaïda. 264.	
Sidi Ạbd Allah. 184. 439.	12.

	Cartes.
Sidi Ạbd Allah (douar). 101.	
ou Ạli. 359.	
ou Djafer.	8.
ou Mḥind (Aït Ạmer). 114. 282.	9.
ou Mḥind (Tisint). 121. 160. 164. 343.	9.
Oumbarek (Aqqa). 151.	
Oumbarek (Mrimima). 159. 166. 167. 303.	9.
Ạbd el Ạli (Qtaoua). 294.	
(Toḍra). 355.	
Ạbd el Ouaḥad (qoubba). 367.	
(forêt). 367.	18.
(zaouïa). 371.	
Ạbd er Raḥman, v. Moulei Ạbd er Raḥman.	
Ạbd er Raḥman (Tamessoult). 203.	9.
Ạïad (Aït Iiggas).	14.
Ạïad (Menâba).	14.
Ạli bel Qasem.	19.
ben Ạbd er Raḥman d Admer. 374. 375.	
ben Ḋjebira. 143. 144. 310.	10.
ben Samaḥ d Oulad Ạmer. 374.	
ech Chergi.	8. 15.
ou Ạbd er Raḥman. 121. 303.	
ou Ạzza. 307.	
Ạmara. 300. 312.	
Ben Ạbd Allah. 373.	
Nacer (Tamegrout). 292. 303.	
Nacer (Ternata). 291.	
Sasi. 65.	
Blal. 301.	
Bou Ạbbed. 66. 266.	
Ạbd Allah. 352.	
el Ạlam.	18.
Bekr.	5.
Iaḥia. 127. 270. 271. 274. 275.	15.
Nega. 336.	
Nou. 293.	
Qil. 348. 349. 363.	
Reja. 332. 333. 338.	
Sekri.	13.
Çaleḥ. 294.	
Daoud. 280.	
Daoud Tagoummast.	16.
Dris (Aït Seddrât). 288. 293.	
(Dâdes). 211. 271.	15.
Felaḥ. 260.	
El Houari. 226. 361.	16.
el Ḥadj Ạmer. 355.	
Ḥamed (Aït Zaïneb). 278.	8.
Ḥamed ou Mousa. 160. 168. 169. 341. 342. 343.	
Ḥamza. 353. 354. 403.	

	Cartes.
Sidi Ḥaseïn (Ouad Sidi Ḥaseïn). 328.	
Ḥaseïn ou Mḥind.	13. 21.
El Ḥasen Ạli. 281.	
El Ḥoseïn (Tatta). 144. 299. 309.	10.
(Tazeroualt). 341. 342. 343.	
(Zenâga). 282.	9.
Iaḥia (village).	7.
(Dar). 442.	
Ious. 330.	
Ismaïl.	9.
Malek. 331. 334.	
Mançour ou Ḥamed. 278.	
El Medaoui. 311.	
Mellouk. 255.	20.
Merri. 302.	
Mḥind ou Iaqob. 331.	
ou Ouchchen. 442.	13.
Moḥammed d Aït Ḥoseïn. 144. 309.	
bel Qasem. 62. 63.	6.
el Ḥadj.	1.
ou Ạbd Allah. 287.	8. 15.
ou Bel Qasem.	8. 15.
ou Bou Bekr (Tisint). 121.	
ou Dris.	8.
ou El Ḥasen. 360.	
ou Iaqob (Ouad S. Moḥammed ou Iaqob). 198. 308. 309.	
ou Iaqob (Ouad el Amdad). 335.	
Mouloud (zaouïa).	15.
Mousa. 335.	
Mousa n Ḥamerin.	12.
Omar (Ida ou Gemmed). 330.	
(Tiallalin). 350.	17.
Otman. 280. 402.	
ou Ạziz. 335.	
Oumbarek (Ouṭat Oulad el Ḥadj). 371.	
(Tâdla). 266.	
(Ternata). 291.	
Reḥal. 22. 70. 79. 80. 81. 82. 99. 266. 401. 408. 415. 428. 450.	7. 21.
El Razi. 153.	
Saïd.	12.
Seliman. 66.	
Zaoui. 295.	
Siroua. 95. 96. 102. 108. 112. 204. 279. 281. 282. 283. 326. 327.	21.
Smâla. 49. 66. 90. 261.	
Smira. 300. 301. 302. 304.	
Soual. 261.	
Soualeb. 154.	
Souaṭat. 331. 402.	
Souekh. 299. 312.	
Souir. 299. 300.	
Soukkan. 154.	

	Cartes.
Sountat. 347.	
Souq el Arbaa Aït Iiggas.	14.
Bdaoua. 13.	1.
Beni Qoulal. 381.	
Oulad Djema. 18.	2. 3.
el Djemaa Houara.	12.
Oulad Ḥamid. 385.	
Oulad Iaḥia.	14.
el Ḥad Aït Ạtab. 75. 261. 267. 401.	6.
Aït Bou Zîd. 71. 427.	6.
Aït Mezal.	11. 12.
Ida ou Isaṛen.	13.
el Mouloud. 168. 169. 342.	
Mrimima. 168. 169. 342.	
S. Ḥamed ou Mousa. 168. 169. 342.	
et Tenin Ida ou Mḥammed. 183.	12. 21.
Kerarma. 250. 252. 381.	20.
Oulad eṭ Ṭeïma. 191.	12.
Todṛa. 224. 356.	16.
Touf el Ạzz. 178. 341.	11. 21.
Tiallalin. 349.	
et Tlâta Hiaïna. 35. 36. 43.	4.
Ksima. 184.	12.
Oulad Ḥamid. 385.	
ez Zemmour. 42. 43. 424.	3. 21.
et Todṛa. 224. 356.	16.
ez Za. 250. 252. 381.	20.
Sour. 278. 402.	
Sous. 24. 70. 96. 109. 110. 120. 124. 126. 145. 148. 155. 166. 169. 170. 181. 189. 190. 192. 193. 194. 196. 256. 316. 317. 328. 333. 342. 343. 346.	
Soussia. 298.	
Srarna. 49. 76. 77. 79. 250. 260. 266. 401.	7. 21.
Steïla. 299.	

T

	Cartes.
Ta n Amelloul (Mezgiṭa). 211.	
n Amelloul (désert). 281. 282. 336.	
Bou Ạbd Allah. 299.	
Taadadats. 358.	
Taagnit. 321.	
Taaqilt. 288. 289. 290. 296.	
Tabadricht. 329.	
Tabaouchit. 275.	
Tabarkaït. 348.	
Tabarkhast. 275.	
Tabaroucht. 265.	
Taberracht. 347. 348.	
Tabia (Aït Tameldou). 321. 322.	
(Iouzioun). 322. 324. 402.	
(Ouad el Ạbid). 75. 76. 400. 401.	6. 21.
(Todṛa). 355.	
(Zagmouzen). 327.	
(Ziz). 348.	
Tabia Aqqa Iṛen. 200.	
n Boro (Ouad Zagmouzen). 327.	
n Boro (Ouad Zgiḍ). 302.	
Djedida. 302.	
n Imaoun. 334.	
en Nkheïla. 302.	
Tabnattout. 376.	
Tabouạrbit. 353.	
Tabougoumt. 278. 284. 402.	7.
Tabount. 280. 402.	
Tabouraḥt. 277.	8.
Tachbacht Aït Isfoul. 356.	16.
Tachdirt.	14.
Tadafals. 223. 446.	16.
Tadakoucht. 152.	
Tadaout (Tiallalin). 350.	17.
Taddart. 276.	
Tadellast. 278.	
Tademricht. 280.	
Taderost (pour Taderoucht).	
Taderoucht. 227. 358. 359. 360. 363. 403.	16. 21.
Tâdla (contrée). 19. 40. 42. 46. 47. 48. 49. 50. 51. 52. 53. 56. 57. 59. 62. 63. 64. 65. 66. 67. 68. 69. 70. 72. 74. 100. 181. 230. 259. 261. 263. 264. 265. 266. 278. 383. 401.	5. 6. 21.
(qaçba). 53. 57. 58. 60. 63. 64. 66. 252. 259. 263. 401. 426.	6. 21.
Tadmamt. 326.	
Tadoula. 92. 106. 278. 402.	8.
Tadja. 280.	
Tafellount. 195. 331.	14. 21.
Tafergalt. 287.	
Tafersit. 401.	
Tafilelt. 20. 21. 22. 30. 47. 153. 154. 156. 157. 167. 168. 169. 227. 232. 286. 293. 297. 347. 353. 357. 363. 369. 403.	
Tafoudeït. 44. 45. 48.	3.
Tafounent. 105. 106. 283.	8.
Tafraout.	14.
Tafraout n Iraden.	9.
Tafrâta. 101. 250. 251. 368. 372. 375. 388.	19. 20. 21.
Tafrent (Aït Ạbd el Ouirt). 328.	
Tafrent (Aït Ouaṛrda). 281.	
Tafrouqt. 302.	
Tafroust. 290. 296.	
Tafrout. v. Ṭriq Tafrout.	
Tagadirt (Aqqa). 120. 151. 403.	10.
(Imseggin).	12.
(Ouad Mançour). 325.	
(Ouad Tlit). 302.	
Aït Atto. 281.	
Aït Daoud. 281.	
Aït Ḥamed ou Ḥoummou. 330.	

	Cartes.
Tagadirt el Bour. 337. 338. 401.	
n Ououddiz. 331. 332.	
n Tafoukt. 330.	
Tagdielt Aït Bou Daoud. 361.	
Tagdourt n Touda. 279. 284. 402.	
Tagemt. 300.	
Tagendout. 330.	
Tagendouzt. 277.	7.
Tagentout (Ouad Aït Tigdi Ouchchen). 106. 283.	8.
Tagenṭaft. 337.	
Tagenza (Dâdes). 270.	15.
(Ḍahra). 373. 384.	
(Ida ou Gemmed). 330. 334.	
(Ouad Zagmouzen). 327. 328. 329.	
Tagenzalt. 103. 104. 284. 430.	8. 21.
Tagergint. 301.	
Tagergoust (Aït Ououlouz). 330.	
(Zagmouzen). 327.	
Tagerra. 195.	14.
Tagersift. 348. 349. 353. 354.	
Tagherot. 99.	
Tagjdit. 327.	
Taglaout. 329.	
Tagmadart. 292. 293.	
Tagmout (Aït Oṭman). 327. 328. 329. 402.	
(Glaoua). 80. 82. 83. 84. 266. 401. 408. 415. 429. 450.	7. 21.
(Isaffen).	11.
(Ouad Tatta). 309. 310. 311. 312. 319.	
Tagnit (Imini). 278. 402.	
(Qçar es Souq). 351.	17.
Aït Moḥo. 271.	15.
Ba Ḥammou d Aït Ṭaleb. 271. 274.	15.
Tagouïamt (Aït Oubial). 327. 402.	
(Ouad Iriri). 279.	
Tagoulemt. 335.	
Tagoummast. 355.	16.
Tagounsa. 355.	
Tagoust. 331.	
Tagrioualt. 325.	
Tagrirt. 364.	
Tagzart. 211.	
Tagzirt. 59. 64. 68. 259.	6
Tahennaout. 401.	
Taḥalla. 330.	14.
Taḥamdount. 359.	
Taïfst (Aït Zaïneb). 277.	8.
(Ounzin). 306. 307.	
Taïmzouṛ. 114. 115. 116. 117. 137. 139. 147. 161. 318.	9.
Taïrza. 356.	
Taïssa. 321. 322. 324. 326.	
Tajakant. 144. 153. 167. 188. 297.	
Tajegjit. 277.	7.

	Cartes.
Takatert (rive droite du Dra). 272. 287. 294. 295.	8.
Aït Ikhelf (rive gauche du Dra). 287.	8. 15.
Takatirt (Ṛeris). 360.	
Takchtamt. 327.	
Takdicht. 204. 205. 444.	9.
Takemmou. 335.	
Takerrat. 277.	7.
Takiout. 401.	
Taksit.	7.
Takhelil. 291.	
Takherri (Genṭafa). 337.	
(Ouad Tifnout). 322.	
Takhoualt. 365.	
Tala. 284.	
Tala Moumen. 337.	
Talalt. 356.	
Talaṛt Imadid. 306. 328.	
Talat (Ouad El Qabia). 301.	
Aït Iaḥia (Mezgiṭa). 287. 296.	8. 15.
n As. 337.	
n Ig. 323. 326.	
n Ougnal. 324.	
n Tanout (Imeṛrân). 273.	
n Tiout. 330.	
Talatin n Ouadil. 266.	
Taldnount. 145. 311. 320.	
Taleint Bou Ḥeddou. 273.	
Talella. 338.	
Talemaṛt. 66.	
Talemt.	10. 14.
Talcouin (Mezgiṭa). 287. 296.	8.
(Ouneïn). 335. 337. 338.	
(Zagmouzen). 327.	
(Zenâga). 114. 283.	
Talesmant.	8.
Talet. 280.	
Talet Tefraout.	8.
Talḥarit. 364. 365.	
Talilt. 301.	
Talkjount. 193. 333. 335. 336.	14. 21.
Tallent Sidi Ḥachem. 342.	
Talmest. 266.	
Talmist.	20.
Talmodat (Ouad Timjijt). 282.	
Talmoudat (Ouad Tizgi). 325.	
Talmout. 275.	
Talmzit. 287.	8.
Taloust (Aït Ạmer). 282.	
(Aït Ouaṛrda). 281.	
Talsit. 373. 384. 390.	
Taltgmout el Ḥaraṭîn. 305. 306.	
Taltnezourt. 327.	
Tamagourt. 348. 349.	
Tamaïoust. 104. 283.	8.

	Cartes.
Tamakoucht. 277.	7. 8.
Tamalalt. 334.	
Tamaliḥt. 341. 402.	
Tamalout (Ouad Aoullous). 326. 402.	
— Aït Ạmer ou Ạli. 326.	
Tamanaṛt. 152. 316. 317. 318. 345. 403.	
Tamanat (col). 95. 96. 99.	7. 21.
Tamararsent. 322.	
Tamarouft. 112. 282. 336. 337. 403. 432.	9. 21.
Tamasint (Ouarzazât). 280. 402.	
— (Todṛa). 355.	16.
Tamast. 331. 332. 334. 402.	
Tamatout. 267.	
Tamaziṛt (Ouad Asdṛem). 283.	
— (Ternata). 291.	
Tạmazount. 350.	17.
Tamazzens. 401.	
Tamda (Tazarin). 364.	
— Aïtbir. 306. 307.	
Tamdafelt (Mlouïa). 366. 382.	
— (Tiallalin). 350.	17.
Tamdakht (Aït Seddrât).	8. 15.
— (Aït Zaïneb). 89. 277. 278.	8.
Tamdrart (Aït Ououlouz). 330.	
— (Ounzin). 305. 306.	
Tamdroust. 337.	
Tamedint.	10.
Tamegrout. 101. 138. 153. 160. 166. 285. 286. 287. 292. 293. 303. 335. 343.	
Tamejjout. 99. 323. 338.	
Tamellakout (Ouad Asdṛem). 283.	
— (Ounzin). 306.	
Tamellalt. 401.	
Tamerrakecht. 229. 348. 349. 351. 352. 363. 369. 370.	17. 21.
Tamerranist. 278.	
Tamerzast. 280.	
Tamesraout. 269. 273.	
Tamesraout (plaine).	9.
Tamessoult (Adis). 143. 145. 158. 310.	10.
— (Ouad Ignan n Ikis). 128. 202. 203. 305.	9. 21.
Tameṭkal. 277.	7.
Tamgout. 330.	
Tamjerjt (Aït Ouaṛrda). 281.	
— (Ouad Igemran). 325. 326. 327. 402.	
— (Ouad Tanziḍa). 304.	
— (Ounzin). 306.	
Tamkasselt. 288. 296.	8. 15.
Tamkasselt el Ḥara. v. Ḥara Tamkasselt.	
Tammarouin. 324.	
Tammasin (district). 106. 280. 283. 284. 403.	
Tammast (Ouarzazât). 277. 280.	
— (Tatta). 311.	
Tammenout. 327.	

	Cartes.
Tamnougalt. 210. 212. 272. 273. 285. 286. 287. 288. 289. 290. 291. 293. 294. 295. 296. 297. 403. 414. 415. 444. 445. 446. 450.	8. 21.
Tamṛart. 279.	
Tamsellount. 337.	
Tamskourt. 329.	
Tamskrat.	7.
Tamsoult (Ouad Aqqa). 175.	11.
— (Ouad Aqqa).	11.
Tamzaourout. 301.	
Tamzernit. 323. 324.	
Tamzerra. 281.	
Tamzout. 291.	
Tanagamt. 291.	
Tanamrout (col). 172. 173.	11.
— (Mezgiṭa). 287.	
Tanfekht. 329.	
Tanfit. 335. 337.	
Tangarfa. v. Foum Tangarfa.	
Tanger (ville). 1. 2. 4. 11. 15. 16. 19. 20. 21. 22. 36. 46. 122. 191. 401. 417. 418. 450.	1. 21.
— (province). 4. 15.	
Tanṛerift. 353.	
Tansikht. 288.	
Tansiṭa Fouqania. 303.	
Tanslemt (qçar). 365. 373. 384.	
— (col). 99.	
Tanziḍa. 116. 117. 300. 302. 303. 304. 320. 390. 432.	9. 21.
Tanziṭa (Ternata). 291.	
Tanzmout (Aït Seddrât). 288. 289.	
— (Glaoua). 266.	
Taouaḥit. 350.	17.
Taouaḥmant. 358.	15.
Taouarsout. 322.	
Taouinekht. 301.	
Taoura (Aït Tseṛrouchen). 384.	
— (Ouad Iriri). 279. 402.	
Taouraṛt. 332.	
Taourbart. 338.	
Taourirt (Aït Iaḥia. Ouad Dâdes). 216. 271.	15.
— (Aqqa). 120. 151.	10.
— (Azrar).	10. 14.
— (Imini). 278.	
— (Indaouzal).	14.
— (Meṭrara). 352.	
— (Ouad Mançour). 325.	
— (Ouad Za). 250. 251. 252. 379. 380. 381. 390. 440.	20. 21.
— (Ouarzazât). 280. 402.	
— (Seketâna). 329.	
— (Tazenakht). 281.	
— (Todṛa). 220. 221. 222. 223. 265. 272. 273. 355. 356. 357.	

	Cartes.
Taourirt (Todra). 358. 359. 360. 361. 362. 364. 403. 414. 415. 459.	16. 21.
(Zagmouzen). 327. 402.	
el Had. 327. 332. 402.	
Ibousas (Mezgita). 287.	8. 15.
n Imakkeren. 85.	7.
Izknasen. 270.	15.
el Mrabtin. 334.	
ou Seliman. 182. 184. 439.	12.
n Ouzenag. 302.	
n Tilles. 302.	
Taqqat. 101. 286. 294.	
Taqqat Nezala. 354.	
Taqtrant. 332.	
Tarea. 268. 285. 286. 287. 295.	8.
Tareddout. 281.	
Targa (Qçar es Souq). 351. 352.	
Aït Irat. 337.	
n Mimoun. 327.	
Targanada. 276. 403.	
Targant. 307. 308. 309.	
Targant Ida ou Gert. 186. 187.	13. 21.
n Ououdmim. 183.	12. 21.
Tarhamt. 266.	
Taria (désert). 284.	
Aït Ali ou Moha. 272.	
Aït Amer. 272.	
Aït Meraou. 275.	
ala sagia Imerrân. 272.	
Ben Sekri. 272.	
Ilemsan. 356.	16.
Tarir n Imiter.	15.
Tarjijt. 318.	
Tarkeddit. 90. 274. 277.	21.
Tarmast. 287.	
Tarmoucht. 270.	15.
Tarneouin. 322.	
Tarokht. 285.	
Taroudant. 22. 99. 100. 102. 193. 199. 313. 329. 331. 332. 333. 334. 335. 340. 402.	14. 21.
Tarouni. 301.	
Tarourt. 295.	
Tarq. 353.	
Tarribant. 347. 348.	
Tarza. 227.	16. 17. 21.
Tareroucht. 325.	
Tarilâst. 278.	
Tarla. 171. 172. 173. 309. 310. 438.	10.
Tarlemt. 330.	
Tarramt. 280.	
Tarrat. 322.	
Tarrelil. 403.	
Tarrout (Mezgita). 286. 287.	
(col). 99.	
Tarzout (Ouad Aït Semmeg). 328.	

	Cartes.
Tarzout (Qçâbi ech Cheurfa). 369.	
(Qçar es Souq). 351.	
(Ternata). 291. 296.	
Imerrân. 269. 273.	
Tasdmit. 340.	
Tasdremt (Aït Ououlouz). 328. 330. 332. 335.	
Taselmant. 106. 277.	
Taserga. 327.	
Taserlit. 330. 331.	
Tasga. 278.	
Tasgedlt. 93. 94.	8.
Tasgelt.	11. 12.
Tashmoumt. 330.	
Tasiset. 348.	
Taskoukt. 93. 94. 278. 402.	
Tasla Aït Brahim. 106. 206. 208. 285. 295.	8. 21.
Tasminert. 296.	
Tasoult. 321.	
Tasremout. 401.	
Tasrekht. 279.	
Tasrent. 328.	
Tasrirt. 281. 282. 305. 306. 328. 336. 337.	9.
Tassellount. 401.	
Tassoumat. 330. 331. 334.	
Tassourt. 287.	8.
Tastift (Ouad El Qabia). 301.	
(Ouad Zagmouzen). 327.	
Tatta (oasis). 22. 35. 91. 120. 121. 126. 127. 128. 130. 132. 135. 137. 138. 141. 142. 143. 144. 145. 148. 150. 151. 153. 154. 156. 158. 160. 168. 170. 171. 173. 174. 180. 193. 256. 293. 297. 298. 302. 308. 309. 310. 311. 312. 315. 318. 319. 320. 337. 338. 340. 343. 400. 403. 432. 433. 434. 435. 436.	10. 21.
(kheneg). 151. 161.	10.
Tatteouin. 376. 377.	
Tâza. 19. 25. 26. 29. 30. 31. 32. 33. 35. 38. 60. 64. 241. 249. 375. 376. 378. 379. 385. 387. 390. 395. 401. 406. 415. 421. 422. 450.	4. 21.
Tazalart (Ilalen). 340.	
(Ouad Nezala). 354.	
Tazarin (district). 22. 288. 362. 363. 364.	
(Aït Iahia). 353.	
(Ouad Zagmouzen). 327.	
Tazdert Fouqani. 327.	
Tahtani. 327.	
Tazeggert. 279.	
Tazenag. 106.	
Tazenagt (Metrara). 352.	
Tazenakht (district). 106. 281.	8. 9.
(village). 22. 62. 81. 92. 96. 103. 105. 106. 107. 108. 109.	

	Cartes.
Tazenakht (village). 110. 111. 113. 114. 124. 135. 138. 171. 181. 196. 199. 202. 203. 205. 206. 216. 280. 281. 284. 285. 288. 300. 301. 304. 327. 336. 395. 400. 403. 409. 410. 413. 414. 415. 430. 431. 432. 443. 444. 445. 450.	8. 21.
(Ouad Dra). 296.	
Tazentout. 89. 94. 277.	8.
Tazerouait (district du Sahel). 70. 107. 168. 293. 316. 341. 342. 343. 344. 345. 400. 402.	
(village).	6.
Tazga (Imadiden). 329.	
Asdrem. 283.	
Tazgelt. 340.	
Taziat. 359.	
Tazioukt. 335.	
Tazleft. 277. 278. 402.	8.
Taznout (Tisint). 120. 121. 320.	9.
(désert). 306.	
Tazouli. 306. 307. 320.	
Tazoulit. 311.	
Tazoult (Imskal). 329.	
(Ouad Aït Tameldou). 324.	
(Ouad Amzarou). 325.	
(Tatta). 310.	10.
(Zenâga). 282. 283.	9.
Tazouqa. 351.	17.
Tazrouft. 353. 354.	
Tazrout (Aït Ouarrda). 281.	
(Ouarzazât). 280.	
(Tazenakht). 281.	8.
(Fezouâta). 293.	
Fouqania (Imgoun). 275.	
Taḥtania (Imgoun). 275.	
Timeloukka. 161.	9.
Taztout el Qadi.	5.
n Sarro.	15.
Teççaïout. 93. 277. 278.	8.
Teççaouit. 376.	
Teççaout Aït Mazzen.	7.
Teddref. 326. 336.	
Tefraout (mont).	7.
(désert).	8.
Tegafeït (Ouad Za). 379. 380. 381.	
Telouet (district). 70. 81. 85. 86. 94. 107. 108. 109. 266. 276. 278. 280. 284. 326. 327. 335. 402.	7. 21.
(col). 82. 84. 85. 95. 96. 99. 233.	7. 21.
Teiṛemt (col). 28. 99. 147. 228. 231. 232. 233. 234. 325. 373.	17. 21.
Temdaouzgez. 112. 282. 302. 304.	9.
Temgissin. 303.	
Temouddat. 281.	
Temsasar. 281.	
Temraṛerin.	9.
Tenin Aït Bou Bekr. 335.	
Aït Iaḥia ou Oṭman. 360.	
Aït Sin. 328.	
Aït Touf el Azz. 178. 341.	11.
Aqdim. 348.	
El Aroumiat. 292.	
Ida ou Mḥammed. 183.	12. 21.
Ilougaïm. 341.	
Kerarma. 250. 252. 381.	20.
Oulad eṭ Ṭeïma. 191.	12.
Qaçba Qedima. 352.	
Rebaṭ. 290.	
Sidi Bou Abd Allah. 352.	
Smira. 302.	
Taourirt el Ḥad. 328.	
Telouet. 81.	
Timdouin. 335.	
Tinṛir. 224. 356.	16.
Todṛa. v. Tenin Tinṛir.	
Touf el Azz. 178. 341.	11. 21.
ez Za. v. Tenin Kerarma.	
Zaouïa Sidi Bou Qil. 349.	
Tenmasla. 280. 284. 402.	
Terboula. 267.	
Terga. 282.	9.
Ternata. 158. 159. 210. 212. 285. 286. 289. 290. 292. 293. 303. 363. 403.	
Terrats. 18. 20. 26. 37. 39.	3. 21.
Tertara.	5.
Teṛrisin. 267.	
Tesakoust. 279. 284. 336.	
Tesaouant. 207. 276. 284. 285. 287. 289. 290. 291. 293. 294. 295. 297. 304. 444.	8. 21.
Tesatift. 305. 306. 307. 310.	9.
Tesfrout. 100.	
Tesla Aït Brahim. v. Tasla Aït Brahim.	
Tétouan (ville). 1. 3. 4. 5. 6. 7. 9. 10. 11. 13. 15. 22. 23. 24. 25. 26. 34. 70. 405. 406. 415. 417. 418. 419. 450.	1. 21.
(province). 4. 15.	
Teza (mont). 99.	
Tezzart. 332.	
Ti n Iargouten. 338.	
n Iourkan. 362. 364.	
Tiallalin (district). 228. 229. 230. 232. 233. 236. 347. 349. 350. 365. 403. 446. 447.	17. 21.
(plaine). 229. 231.	17. 21.
Tichgach.	11.
Tichka. 95. 96. 99. 278.	7. 21.

	Cartes.
Tichki. 325.	
Tiddes. 325.	
Tidgar. 176. 314. 438.	11.
Tidili (district sur l'Ouad Imini). 278. 279. 280. 402.	
(mont). 95. 96. 278.	7. 21.
Tidirmit. 323.	
Tidnes. 334.	
Tidrest. 274.	
Tidsi (district). 339. 340.	
(village du Tidsi). 339. 340.	
(Ternata). 291.	
Tifergin. 327.	
Tifernin (mont). 206. 207.	8.
(col). 100. 207.	8. 21.
(désert). 284.	
Tiferoui. 277.	7.
Tiffitra. 354.	17.
Tiffoultout. 280.	
Tifirt n Zarakten.	7.
Tiflit (Ouad Iserki). 274.	
(Ouad Sous). 330.	
Tifourt (Zagmouzen). 327.	
(Seketâna. v. Tizi). 329.	
Tifrest. 311.	
Tigemmi Djedid. 280. 402.	
n Talarṭ. 330.	
Tazouggarṭ Aït El Ḥaseïn. 273.	
Tigert. 277.	7. 8.
Tiggint. 290.	
Tigider. 330. 331.	
Tigiselt. 143. 309. 310. 320.	10.
Tigit (Mezgiṭa). 287.	
Aït b Oulman. 291. 292.	
Oulad Chạouf. 291.	
Tigouramin. 337.	
Tigzit. 337.	
Tigzmert. 311.	
Tiidrin (Amtrous). 358.	
Tiidrin (Todṛa). 222. 355.	16.
Tiiggan. 150. 309. 310. 317. 338.	10.
Tiiggan Qedim. 145.	10.
Tiilit. 215. 216. 217. 270. 275. 361. 362. 399. 403. 414. 445. 446.	15. 21.
Tiissaf. 244. 374. 384.	19. 21.
Tiiti. 143. 158. 171. 309. 310. 311. 315. 320.	10.
Tikirt. 88. 89. 92. 93. 94. 95. 103. 108. 110. 274. 277. 278. 279. 280. 284. 399. 402. 408. 409. 415. 428. 429. 430. 450.	8. 21.
Tikoutamin. 377. 382.	
Tikoutar. 355.	
Tikhfar. 266.	
Tilioua. 329.	
Tillougit. 260.	
Tilmiouin. 270.	15.
Tilouin (Ouad Todṛa). 226. 227. 357.	16. 21.

	Cartes.
Tiloûin Aït Isfoul. 358.	16.
Tilqit. 211. 322.	
Tilsekht. 282.	
Tilziṛ (qçar). 284.	
(désert). 284.	
Timasinin (Imskal). 329. 402.	
(désert). 276.	
Timaṭreouin Ignaouen. 219. 220. 221. 265. 357. 358. 361. 364.	15. 16.
Timbouktou. 123. 126. 127. 154. 156. 157. 169. 188. 346. 362.	
Timdouin. 332. 333. 334. 335. 402.	
Timekkit.	10. 21.
Timellilt (Ouad Iounil). 277.	7.
(Ouad Zagmouzen). 327.	
Timeloukka.	9.
Timersit. 329. 402.	
Timesla. 289. 290. 296. 303. 403.	
Timezgiḍa n Izrar. 332.	
Timgdal. 325.	
Timi Ourṛt. 266.	
Timicha (Imeṛràn). 276. 403.	
Timichcha (Aït Iaḥia). 215. 271. 445.	15. 21.
(Ouad Aït Semmeg). 328.	
Timicht. 327. 328.	
Timidert. 287.	8. 15
Timikert (Ida ou Tift). 330. 331.	
Timikirt (désert). 280. 281.	
Timiṭeṛ (Ouad Mançour). 325.	
(Ouad Tifnout). 322. 323. 324.	
Timjdout. 278. 279. 402.	
Timjijt. 282.	8. 9.
Timkist. 278.	
Timmi. 153.	
Timoula. 358.	
Timountout Fouqia. 278.	
Taḥtia. 278.	
Timoures. 325.	
Timṛart. 120.	9.
Timṛirt. 350.	17.
Timsal. 277. 402.	
Timskalt. 290. 296.	
Timstiggit. 275.	
Timtedit. 274.	
Timtig. 292. 293.	
Timzgit. 359.	
Timzourin. 351.	17.
Timzourit. 305.	
Timzrit. 278. 402.	
Tindouf. 70. 126. 128. 144. 145. 152. 155. 157. 182. 188. 207. 346.	
Tindout: 276. 403.	
Tinegdid. 291.	
Tinegza. 290.	
Tinfat. 306. 328. 329. 336.	
Tinfou. 293.	

	Cartes.
Tingaï. 299. 300. 302. 307.	
Tingbit. 351.	
Tiniṛil. 211. 287. 296.	
Tinksif. 322. 328.	
Tinmekkoul. 321. 322. 327. 328. 329. 330. 332. 333. 337.	
Tinnikt. 330. 332.	
Tinṛir. 272. 273. 355. 356. 357. 359. 360. 403.	16. 21.
Tintazart. 141. 142. 143. 144. 145. 146. 148. 150. 152. 153. 155. 158. 160. 164. 168. 297. 299. 310. 319. 320. 338. 403. 410. 411. 415. 433. 434. 435. 450.	10. 21.
Tinzalin. 283.	
Tinzats.	20.
Tinzer. 321. 322.	
Tinzert (Id ou Illoun). 326.	14.
(Menâba). 331. 332. 334. 402.	
Tinzoulin. 22. 159. 160. 163. 164. 165. 210. 211. 212. 285. 286. 288. 289. 290. 292. 303. 304. 403.	11.
Tiouaïourt.	
Tiouanin. 360.	
Tiouant (district). 374. 378.	
(mont). 378.	
Tiouiin. 282.	7.
Tiourassin. 89. 277.	
Tiourza. 330.	
Tiout. 333.	
Tiouzzagin. 364. 365.	
Tir. 330. 332.	
Tirdouin. 356.	
Tirest. 327.	
Tirezdet. 348.	14.
Tirga.	15.
Tirigiout. 271.	
Tirikiou. 329. 337.	11.
Tirikht.	14.
Tirit.	
Tirkt. 331. 332.	19. 21.
Tirnest (groupe de qçars). 374. 384.	
(mont). 383.	
Tirza (Ouad Beni Mesri). 365.	
(Ouad Iounil). 277.	
Tiṛfert. 356.	
Tiṛilasin (Gers). 349.	
Qedim. 349.	
Tiṛiourin. 351.	
Tiṛmert. 318.	
Tiṛrematin Aït n Aglou. 272.	
Aït Ạïssa ou Brahim. 356.	16.
Igelmouz. 276.	
Tiṛremt (Ouad El Qabia). 301. 403.	
(El Qçâbi. Tatta). 311.	
(Tatta). 311. 320.	

	Cartes.
Tiṛremt (Todṛa). 222. 355.	16.
Aït Assa. 273.	
Aït Ạbd Allah. 273. 274.	
Aït Ạli ou Iaḥia. 270.	15.
Aït b ou Iknifen. 356.	
Aït Brahim. 272. 273.	
Aït Ḥaddou ou Ạmr. 273.	
Aït El Ḥasen (Aït Iaḥia). 271.	
Aït Ḥasen ou Daoud.	8. 15.
Aït Ḥeddou. 272.	
Aït Ḥeddou ou Sạïd. 272.	
Aït Iazza. 356.	16.
Aït Iddi Ikniouin. 273.	
Aït Kelb ou Ouchchen. 273.	
Aït el Mạllem. 272.	
Aït Merset. 270.	15.
Aït Mezber. 270.	15.
Aït Moḥammed. 273.	
Aït ou Ạggoun. 273.	
Aït ou Ben Ạli. 272.	
Aït Oujjin.	8. 15.
Aït Sidi Ạli. 272.	
Aït Temoudout. 272. 273.	
Azarif. 273.	
Ạaraben. 273.	
Ạli d Aït El Ḥasen. 212. 445.	8. 15.
Ạli Ḥeddou. 272.	
Ben Zizi. 272.	
Bou Ouchchan. 273.	
Bou Tezouerin. 273.	
Fouqania. 356.	
Ḥamed. 270.	15.
Ḥammou d Aït Ạli. 273.	
Ioub. 272.	
El Ḥasen d Aït Isso. 273.	
Ḥeddou Nzaha (d Aït Isso). 272.	
Ibaraḥen. 272.	
Ibaraḥen Taḥtia. 272.	
Iderdar. 273.	
Idir Aït Temoudout. 273.	
Ifertioun. 271.	
Imi n Ichil. 273.	
Isso ou Ḥamed. 272.	
Isso ou Mḥammed. 272.	
Issoun ben Touda. 272.	
Izeggaren. 273.	
Izouralen Aït Ḥammou. 275. 403.	
Moulei Es Sṛir. 273.	
Oụ Tmakecht. 273.	
Ouazen. 271.	
Ousfia. 272.	
Qasi. 270.	15.
Sạïd d Aït Lalla. 273.	
Taḥtania. 356.	
Taria ạla sagia Imeṛrân. 272.	
Tiṛrist. 267.	

	Cartes.
Tiṛzert. 291.	
Tisana. 377.	
Tisenna s Amin. 200. 307. 308. 309.	10.
Tisergat (Mezgiṭa).	8. 15.
Tisergat (Ternata). 291. 292.	
Tisfrioui. 306. 307. 309.	
Tisgedlt (Metṛara). 352.	
(Qçar es Souq). 351.	
Tisgin (tribu). 401.	
(village). 401.	
Tisili. 284.	
Tisint (oasis). 22. 35. 81. 91. 96. 100. 110. 113. 114. 115. 117. 119. 120. 121. 122. 123. 125. 126. 127. 128. 130. 132. 134. 137. 138. 139. 141. 142. 145. 146. 148. 151. 152. 154. 156. 158. 159. 161. 164. 165. 166. 168. 170. 171. 174. 181. 184. 188. 193. 196. 200. 201. 202. 256. 285. 293. 298. 299. 301. 302. 303. 304. 305. 306. 307. 308. 315. 317. 318. 319. 320. 339. 432. 433. 436. 437. 438. 442. 443. 444.	9. 21.
(kheneg). 117. 137. 138. 304. 306. 316.	9.
Tiskmoudin. 140.	9. 10.
Tislit Aït Tiṛdi Ouchchen. 105. 106. 206. 283.	8. 21.
Tammasin. 283. 284.	
Tisoukennatin. 401.	
Tisreïn. 379. 380.	
Tissouit. 376.	
Tit n Ạli. 364. 403.	
Titouga. 336.	
Titoula Fouqia. 83. 84.	7.
Taḥtia. 83.	7.
Tittal. 324. 336.	
Tizeggarin. 358.	
Tizert. 313. 314.	
Tizgelt.	11.
Tizgi (Mezgiṭa). 286. 287.	
(Ouad Iounil. District). 87. 91. 92. 277. 280. 402.	7. 21.
(Ouad Iounil. Village). 87. 88. 89. 274. 277. 402. 429.	7.
(Ouad Tizgi). 325.	
(Seketâna). 329. 337.	
(Todṛa). 355. 356. 359.	
n Gerrama. 364. 403.	
el Ḥaraṭin. 138. 152. 314. 315. 317. 318.	
Ida ou Baloul. 171. 173. 174. 175. 181. 182. 312. 313. 318. 438.	11. 21.
Iṛiren. 315.	
n Mousi. 324.	

	Cartes.
Tizgi n Ouḥakki. 325.	
n Ouzalim. 278.	
es Selam. 152.	
n Taqqaïn. 321. 322.	
Tizgzaouin. 92. 94. 106. 277. 278.	8.
Tizi (Aït Ạmer). 282.	
Agni. 100. 114. 115. 116. 202. 282. 285. 304.	9. 21.
Aït Imi. 99. 261. 277.	21.
n Amzoug. 99. 277.	21.
Aqqa. 151.	10.
Azrar. 100. 196. 197. 199. 308.	10. 21.
n Baroukh. 285.	
n Dra. 364.	
n Glaoui. 28. 62. 80. 82. 84. 95. 96. 98. 99. 233. 265.	7. 21.
n Glouli (village). 338.	
n Haroun. 100. 202. 204. 285. 305.	9. 21.
el Ḥad.	11. 12.
Iberqaqen. 100. 177.	11. 21.
n Idikel (village). 338.	
Igidi. 161.	9.
n Isekan (qçar). 288.	8. 15.
Izouṛar. 260. 267.	
n Omrad. 207.	8.
Ou Rijimt. 99. 277.	21.
Ouaouizert. 68. 100.	6. 21.
n Ougdour. 279. 324. 336.	
n Ouichdan. 99.	
n Ououlli.	17.
n Sous. 333. 334. 338.	
n Taddart. 276.	
n Tamanat. 95. 96. 99.	7. 21.
n Tamejjout. 99. 323. 338.	
Tanamrout. 172. 173.	11.
n Tanslemt. 99.	
n Tarkeddit. 99. 277.	21.
Taṛrout. 99.	
n Telouet. 82. 84. 85. 95. 96. 99. 233.	7. 21.
n Telṛemt. 28. 99. 147. 228. 231. 232. 233. 234. 236. 373.	17. 21.
n Terboula. 267.	
n Teṛrisin. 267.	
n Tichka. 95. 96. 99. 278.	7. 21.
Tifernin. 100. 207.	8. 21.
n Tifourt. 329.	
n Tiṛrist. 267.	
n Tzgert. 142. 338.	10.
Ṭriq Iṛil n Oïṭṭôb. 100.	8. 15. 21.
Tizimi. 227. 347. 353. 403.	
Tizimout.	6. 21.
Tiznit. 344. 345.	
Tizounin. 126. 135. 152. 182. 314. 315. 317.	10. 21.
Tizourin. 321.	
Tizza (ruisseau). v. Chaba.	
Tlâta Afra. 145.	

	Cartes.
Tlâta Aït Aïad. 265.	
Aït Ioub. 334.	14. 21.
Aït ou Alil. 350.	
Aït Toufaout. 341.	
Erḥal. 151. 152.	
Hiaïna. 35. 36. 43.	4. 21.
Ḥafaïa. 191.	
Imgoun. 275.	
Ksima. 184.	12.
Menâba. 334.	14. 21.
Mentaga. 335.	
Ouizzân. 342.	
Oulad Ḥamid. 385.	
Sidi Mellouk. 255.	
Tabia. 324.	
Tanzmout. 289.	
ez Zemmour. 42. 43. 424.	3. 21.
Tleḥa. 295.	
Tlemkaïa. 335. 337.	
Tlemsen (Algérie). 28. 32. 97. 101. 249. 250. 255. 258. 401.	21.
(Ouad Bou Igouldan). 279.	
Tlit. 106. 113. 302. 303. 304.	
Tloussa. 330. 331.	
Tlzoui. 325.	
Todṛa (oasis). 21. 22. 70. 78. 99. 188. 211. 214. 216. 217. 218. 219. 220. 221. 222. 223. 224. 228. 239. 242. 265. 267. 354. 355. 357. 358. 361. 363. 364. 403. 445. 446.	16. 21.
(tribu). 354. 355. 356.	
proprement dit. 221. 354. 355.	16.
Torch. 261.	
Toṛora. 277.	7.
Touat. 35. 123. 154.	
Toudma. 283.	
Touf el Azz (fraction). 340.	11.
(village). 178. 341.	11. 21.
Toufasour. 308.	
Toug el Khir (Gentafa). 337.	
(Iberqaqen). 176.	11.
(Iouzioun). 322.	
Taḥtani. 322.	
Toug er Riḥ. 142. 143. 144. 145. 153. 155. 158. 308. 310. 311. 320. 435. 436.	10.
Tougdin. 306.	
Touggour (village isolé). 242. 367. 369. 370. 378.	18.
(Outat Oulad el Ḥadj). 371.	
Toukhribin. 337.	
Toulal. 364.	
Toulgdit. 347. 348.	
Toullist. 353. 354.	
Touloua. 335. 402.	
Toumjoujt. 278.	

	Cartes.
Toumlilin. 358.	
Tounfid. 363.	
Touroug. 357. 358. 361. 363.	
Tourtit. 279. 284. 402.	
Tourza (Ṛeris). 360.	
Aït Sekri. 274. 275. 276.	
Trit. 128. 139. 299. 305. 306. 307. 308. 310. 316. 320. 340. 343. 436.	9.
Tsabit. 153.	
Tselfat. 16.	2. 21.
Tsoul. 25. 33. 387.	4. 21.
Tsouqt. 99. 100. 235. 383.	18. 21.
Tzgert. 142. 338.	10.

Ṭ

Ṭaddart (Imadiden). 329.	
Ṭaddart n Oumira. 361.	
Ṭalạt n Tarfaqt.	13.
Ṭegaga. 15.	1. 2. 21.
Ṭerf eḍ Ḍel. 302.	
Eṭ Ṭeurfa. 140. 141. 147. 154. 307. 308.	10. 21.
Ṭiba Marnia. 299.	
Ṭitaf. 352.	
Ṭoual. 243. 384.	
Ṭriq Anfoug. 211.	
Aqqa. 267.	
Idili. 200.	
Iṛil n Oïṭṭôb. 100. 211.	8. 15. 21.
Izilal. 267.	
Tafrout. 267.	
Tagzart. 211.	
Tilqit. 211.	

Z

Za. 250. 252. 254. 367. 369. 372. 379. 391.	20.
Zagmouzen. 306. 319. 327. 328. 329. 402.	
Zaïan. 10. 19. 21. 44. 45. 46. 47. 48. 49. 65. 66. 67. 90. 101. 191. 259. 263. 264. 265. 266. 381. 401.	5.
Zalaṛ. 18. 20. 37. 39.	3. 4. 21.
Zania. 261.	
Ez Zaouïa (Aït el Ḥazen).	14.
(Aqqa). 120. 151. 312.	10.
(Assaka).	7.
(Mlouïa). 367. 369.	
(Ouad Zagmouzen). 327.	
(Tammasin). 283.	
(Tatta).	10.
(Tazeroualt). 342. 343.	
(Tidsi). 340.	
(Tisint). 117. 121. 128. 160. 166. 184. 316. 320. 339.	9.
(Tizgi).	7.
Zaouïa Agerd. 275.	

	Cartes.
Zaouïa Aḥansal. 260. 264. 267.	
Aïnach. 295. 304.	
Aït Ben Nacer (Ferkla). 356.	
(Mezgiṭa). 287.	
(Tatta). 310.	
Aït Bou Ạmran. 270.	15. 21.
Aït Bou Bekr. 270.	15.
Aït Haroun Isaffen. 314.	11.
Aït El Miskin. 356.	16.
Aït Ouaham. 260. 267.	
Aït El Ṛouadi. 66.	
Aït Sidi Ạli ou Ḥaseïn. 260.	
Aït Sidi El Boṛdad. 270.	15.
Aït Sidi El Ḥoseïn. v. Zaouïa S. El Ḥoseïn.	
Aït Sidi Mouloud. 271.	
Aït Zerrouq. 276.	
Alonzi. 260.	
Amadaṛ. 290. 296.	
Ankhessa. 278.	
Anoual. 373. 384. 390.	
Ạmer ou Ạbd er Raḥman. 291.	
el Baraka. 291. 292. 296.	
Ben Abbou. 331. 332.	14.
el Berrania. 294. 295.	
Bou Felfoul. 277. 284.	
el Feggouç. 290. 291. 293.	
el Ferfar. 330.	
Fouqania Sidi Dris.	15.
el Ftaḥ. 291. 296.	
Griourin. 286.	
Igouramen (Aït Touaïa). 279.	
(Ouad Iounil. Assaka). 277.	7.
(Ouad Iounil. Tizgi). 277.	7.
Iḥezdamen. 355.	
El Kaouka. 264.	
El Maṭi. 153.	
Moulei Ạbd Allah. 352.	
Ạbd el Qader. 331.	
Ạbd er Raḥman. 33. 35.	4. 21.
Ạbd es Selam.	4. 21
Ạli. 330.	
Bakkan.	1.
Edris (Fâs). 25. 389.	
(Zerhoun). 24. 25.	
Mrabṭin Sidi Ech Chergi. 287.	
Ouad Zfal. 271.	
Oulad Ioub. 291.	
Sidi Ạïssa. 264.	
Bel Qasem. 264.	
Ben Ạïada. 367. 369. 374.	
Bou Ạmran. 66.	
Bou Iạqob. 367. 368. 369. 376.	

	Cartes.
Zaouïa Oulad Sidi el Ḥadj. 264.	
Ḥamed ben Ạbd eç Çadoq. 335.	16.
Ouzdiin. 284.	
Qeradma. 264.	
el Qlạa. 291. 292. 293.	
es Sagia. 287.	
Sidi Ạbd Allah ou Mḥind (A. Ạmer). 114. 282.	9.
(Tisint). 121. 160. 164.	
Ạbd Allah Oumbarek (Aqqa). 151.	
(Mrimima). 159. 166. 167. 303.	9
Ạbd el Ạli (Qṭaoua). 294.	
(Todṛa). 355.	
Ạbd el Ouaḥad. 371.	
Ạbd er Raḥman. v. Zaouïa Moulei Ạbd er Raḥman.	
Ạbd er Raḥman. (Tamessoult). 203. 305.	9.
Ạïad.	14.
Ạli ou Ạbd er Raḥman. 121. 303.	
Ạli ech Chergi.	8. 15.
Ben Nacer (Tamegrout). 292. 303.	
(Ternata). 291.	
Ben Sasi. 65.	
Blal. 301.	
Bou Bekr (Mezgiṭa). 286.	
Bou Nega. 336.	
Bou Nou. 293.	
Bou Qil. 348. 349. 363.	
Çaleḥ. 294.	
Dris (Aït Seddrât). 288. 296.	
(Dâdes). 211. 271.	15.
Felaḥ. 269.	
El Houari (Ferkla).	16.
(entre Ferkla et Ṛeris). 226. 361.	16.
el Ḥadj Ạmer. 355.	
Ḥamed (Aït Zaïneb). 278.	8.
Ḥamed ou Mousa. 160. 168. 169. 341. 342. 343	
Ḥamza. 353. 354. 403.	
Ḥaseïn ou Mḥind.	13. 21.
El Ḥasen el Ioussi. 38.	
El Ḥoseïn (Tazeroualt). 341. 342. 343.	
(Zenâga). 282.	9.
Ious. 330.	
Merri. 302.	
Mḥind ou Iạqob. 331.	
Mḥind ou Ouchchen. 442.	13
Moḥammed bel Qasem. 62. 63.	6.

	Cartes.
Zaouïa Sidi Moḥammed ou Ąbd Allah. 287.	8. 15.
Moḥammed ou Iaqob. 198. 308. 309.	
Mouloud Fouqania.	15.
Mouloud Taḥtania.	15.
Otman. 280. 402.	
Oumbarek. 371.	
Reḥal. 22. 70. 79. 80. 81. 82. 99. 266. 401. 408. 415. 428. 450.	7. 21.
es Souq. 287.	8.
Tamkasselt. 288.	8. 15.
Tanziṭa. 291.	
Zarakten. 80. 82. 83. 96. 266. 401.	7. 21.
Zarar Ida Oultit. 341. 342. 402.	
Zaïr (tribu). 21. 46. 47. 49. 66. 67. 264. 401.	
(qçar). 297. 298.	
Zbar. 299.	
Zebzat. 373. 382.	
Zegoura. 293. 296.	
Zekak. 287.	
Zekkara (tribu). 380.	
(monts). 28. 101. 253. 257. 372. 381. 383. 388. 389.	20. 21.
Zemmour Chellaḥa. 19. 21. 40. 42. 43. 44. 45. 46. 47. 48. 49. 67. 401.	3. 5. 21.
Zemrân. 77. 79. 81. 401.	7. 21.

	Cartes.
Zenâga. 22. 90. 91. 107. 108. 109. 110. 111. 112. 113. 114. 115. 121. 126. 127. 134. 135. 170. 203. 204. 205. 280. 282. 303. 304. 305. 307. 308. 310. 400. 403.	9. 21.
Zenata. 264.	
Zenba. 359.	
Zergan (Houara). 368. 385.	
(Ternata). 290.	
Zerhoun. 18. 21. 24. 25. 26. 38. 39. 40. 47.	3. 21.
Zerrara. 360.	
Zerzaïa. 367. 369.	
Zgiḍ (oasis). 135. 138. 161. 202. 290. 301. 302. 303. 304. 403.	
(kheneg). 161. 302.	9. 21.
Zida. 270.	
Zidania. 259.	
Ziz (district). 99. 347. 348. 349. 353. 363.	
Zizouan. 66.	
Zouaïa. 299.	
Zouaïr. 262.	
Zouaïzel. 161.	9.
Zouaoui. 287.	
Zrabia. 331.	
Zrïouila. 373. 384.	
Zrorḥa. 146. 308.	10.

TABLE DES MATIÈRES.

Pages.

Rapport fait à la Société de Géographie de Paris par M. Henri Duveyrier sur le voyage du Vicomte Charles de Foucauld au Maroc VII

PREMIÈRE PARTIE.

Voyage.

Avant-propos XIII

I. De Tanger à Meknâs 1

II. De Meknâs à Qaçba Beni Mellal 42

III. De Qaçba Beni Mellal à Tikirt 68

IV. De Tikirt à Tisint 103

V. Séjour dans le Sahara 119

VI. De Tisint à Mogador 170

VII. De Mogador à Tisint 188

VIII. De Tisint au Dâdes 202

IX. Du Dâdes à Qçâbi ech Cheurfa 218

X. De Qçâbi ech Cheurfa à Lalla Maṛnia 238

SECONDE PARTIE.

Renseignements.

I. Bassin de l'Ouad Oumm er Rebiạ 259

II. Bassin de l'Ouad Dra 268

III. Bassin de l'Ouad Sous 321

IV. Sahel 339

V. Bassin de l'Ouad Ziz 347

VI. Bassin de l'Ouad Mlouïa 366

APPENDICE.

Les Israélites au Maroc 395

Liste des observations astronomiques faites au Maroc au cours du voyage et tableau des latitudes et longitudes déterminées astronomiquement par ces observations 405

Tableau des observations météorologiques faites au Maroc au cours du voyage 417

Note sur les matériaux qui ont servi à dresser l'itinéraire du voyage 450

Index des noms géographiques contenus dans le volume et dans l'atlas 451

[Photogravures.]

Tikirt. — Demeure du chikh 1

Chechaouen 8

Tigert (Ouad Iounil) 86

Vallée de l'Ouad Dra. — Vue prise de Tamnougalt 210

FIN.

63

ERRATA.

TEXTE.

Page 70, 1er croquis. Au lieu de Ouad el Abip, *lisez* Ouad el Ạbid.
Page 78, ligne 30. Au lieu de Ben Ạli ou El aMḥsoub, *lisez* Ben Ạli ou El Maḥsoub.
Page 134, lignes 22 et 23. Au lieu de Imi n Tels, *lisez* Tisenna s Amin.
Page 144, lignes 13, 14 et 15. Au lieu de Aït Ḥaseïn, *lisez* Aït Ḥoseïn.
Page 175, ligne 4. Au lieu de Tinzert, *lisez* Tizert.
Page 211, ligne 15. Au lieu de Tanziṭ el Aqqa n Ourellaï, *lisez* Tanziṭ et Aqqa n Ourellaï.
Page 211, ligne 20. Au lieu de Aït Aqqa ou Ạli, *lisez* Aït Aqqo ou Ạli.
Page 264, ligne 31. Au lieu de Ifeṛres, *lisez* Ifeṛṛes.
Page 267, ligne 4. Au lieu de Aït Bou Iknifen, *lisez* Aït b ou Iknifen.
Page 267, ligne 17. Au lieu de Ifeṛres, *lisez* Ifeṛṛes.
Page 270, ligne 44. Au lieu de Aït Ouzzin, *lisez* Aït ou Ez Zin.
Page 278, ligne 5. Au lieu de Adḥaa, *lisez* Adaḥa.
Page 278, ligne 40. Au lieu de Sidi Aḥmed, *lisez* Sidi Ḥamed.
Page 287, lignes 46 et 47. Au lieu de Iṛerm Azeggar, *lisez* Iṛir n Azeggar.
Page 287, ligne 24. Au lieu de Ras Dras, *lisez* Ras Dra.
Page 290, ligne 40. Au lieu de Bou Nạn, *lisez* Bou Nạnạ.
Page 291, ligne 30. Au lieu de Zaouïa Ạmrou ou Ạbd er Raḥman, *lisez* Zaouïa Ạmer ou Ạbd er Raḥman.
Page 293, ligne 2. Au lieu de Aït Bou Iknifen, *lisez* Aït b ou Iknifen.
Page 294, lignes 19 et 21. Au lieu de Aït Bou Iknifen, *lisez* Aït b ou Iknifen.
Page 299, ligne 15. Au lieu de Chebka Djedeïd, *lisez* Chelkha Djedeïd.
Page 306, ligne 21. Au lieu de Tamjejrt, *lisez* Tamjerjt.
Page 307, lignes 38 et 41. Au lieu de Tisennasamin, *lisez* Tisenna s Amin.
Page 308, ligne 4. Au lieu de Tisennasamin, *lisez* Tisenna s Amin.
Page 309, ligne 18. Au lieu de Tisennasamin, *lisez* Tisenna s Amin.
Page 324, ligne 29. Au lieu de Inmerzen, *lisez* Inmezzen.
Page 326, ligne 17. Au lieu de Ifeṛran, *lisez* Ifeṛṛan.
Page 329, ligne 16. Au lieu de Tiliona, *lisez* Tilioua.
Page 330, ligne 23. Au lieu de Igedda, *lisez* Igedad.
Page 334, ligne 37. Au lieu de Assoumat, *lisez* Tassoumat.
Page 337, ligne 32. Au lieu de Targa, Aït Iraṭ, *lisez* Targa Aït Iraṭ.
Page 339, ligne 19. Au lieu de Aït Ạmir, *lisez* Aït Ạmer.
Page 355, ligne 46. Au lieu de Ikhb, *lisez* Ikhba.
Page 402, ligne 9. Au lieu de Aït Ouartasat, *lisez* Aït Ouartasa.
Page 402, ligne 42. Au lieu de Ida Gouilal, *lisez* Ida ou Gouilal.
Page 402, ligne 47. Au lieu de Aït n Ougeïda, *lisez* Ạïn n Ougeïḍa.
Page 402, ligne 30. Au lieu de Timjoujt, *lisez* Timjdout.

ATLAS.

Feuille 14. Au lieu de Aït Tiggas, *lisez* Aït Iiggas.
Feuille 14. Au lieu de Ouad Bou Seroual, *lisez* Ouad Bou Srioul.

www.ingramcontent.com/pod-product-compliance
Lightning Source LLC
Chambersburg PA
CBHW051138230426
43670CB00007B/849
* 9 7 8 2 0 1 2 6 2 2 2 0 3 *